METTERNICH

Staatsmann und Diplomat
für Österreich und den Frieden

Guillaume de Bertier de Sauvigny

METTERNICH

Staatsmann und Diplomat
für Österreich und den Frieden

Casimir Katz Verlag

Titel der französischen Originalausgabe
„Metternich"
Ins Deutsche übersetzt von
Elmar Braunbeck

© Librairie Arthème Fayard, Paris 1986
© der deutschsprachigen Ausgabe: Casimir Katz Verlag,
Gernsbach 1988
Satz: Casimir Katz Verlag, Gernsbach
Druck: Druckerei Mühlberger, Augsburg
Buchumschlagsgestaltung: Zembsch' Werkstatt, München
ISBN: 3-925825-11-8

Inhalt

Kapitel 1:	Ein gutes Kind	9
Kapitel 2:	Die Entdeckung der Welt	19
Kapitel 3:	Vom Rhein zur Donau	45
Kapitel 4:	Dresden. Erste Schritte	55
Kapitel 5:	Berlin. Erste Enttäuschungen	67
Kapitel 6:	Paris. Im Angesicht des Minotaurus	81
Kapitel 7:	Österreich tritt allein in die Schranken	97
Kapitel 8:	Tu Felix Austria nube	113
Kapitel 9:	Gefährliche Neutralität	139
Kapitel 10:	Nicht zu verwirklichende Vermittlung	153
Kapitel 11:	Minister der Koalition	173
Kapitel 12:	Baumeister des Friedens	199
Kapitel 13:	Erste Früchte des Sieges	215
Kapitel 14:	Der Wiener Kongreß. Das große Theater	233
Kapitel 15:	Der Wiener Kongreß. Das politische Werk	253
Kapitel 16:	Die hundert Tage	275
Kapitel 17:	Paris. Die Heilige Allianz	289
Kapitel 18:	Rosen und Dornen des Friedens	301
Kapitel 19:	Ein hübscher kleiner Kongreß: Aachen	323
Kapitel 20:	Von Italien nach Deutschland	341
Kapitel 21:	Der Kutscher Europas	357
Kapitel 22:	Die Orientfrage	381
Kapitel 23:	Spanien. Der Kongreß von Verona	391
Kapitel 24:	Auf dem Weg in die Isolation	407
Kapitel 25:	Der Hauch des Übels	433
Kapitel 26:	Die Hydra erhebt ihr Haupt	449
Kapitel 27:	Willenloses Dahintreiben	471
Kapitel 28:	Lange Dämmerung	489
Kapitel 29:	Exil und letzte Jahre	507

Epilog	529
Fußnoten	535
Chronologie	541
Bibliographie	551
Quellen	553
Personenregister	557

Einleitung

Als er 1773 geboren wurde, herrschte Ludwig XV. noch in Frankreich, Maria Theresia in Österreich, Katharina II. in Rußland und Friedrich II. in Preußen; Napoleon Bonaparte war erst vier Jahre alt, genau wie Arthur Wellesley, sein späterer Bezwinger. Als Metternich 86 Jahre später starb, hießen die Fürsten, die seinen Tod erlebten, Viktoria I., Franz-Josef I., Alexander II.; und in der königlich-preußischen Familie war ein Knabe geboren worden, dessen Bestimmung es war, der Totengräber des alten monarchischen Europa zu werden, das der alte Diener des österreichischen Kaiserreiches gegen alle Unbilden aufrecht erhalten hatte. Zwischen diesen beiden Epochen gibt es kaum ein Ereignis von Wichtigkeit, in das Metternich nicht verwickelt war, sei es als Zeuge, sei es als aktiv Beteiligter; es gibt sozusagen keine markante Persönlichkeit, die er nicht getroffen hätte.

Schon diese Betrachtung rechtfertigt das Interesse, das die Geschichte der Karriere des großen Staatsmannes entgegenbringt. Man kann daraus aber auch die Schwierigkeit verstehen, diese Biographie im Rahmen eines einzigen Bandes zusammenzufassen. Eine Schwierigkeit, die umso größer ist, als der Zustand der verfügbaren Quellen sowie die Menge der Arbeiten, die bis jetzt aus diesen Quellen entstanden sind, es noch nicht gestatten, eine methodisch unanfechtbare Synthese auszuarbeiten – wie weiter unten in der Schlußbibliographie ausgeführt werden wird.

Seit ungefähr 50 Jahren sind in englischer wie in deutscher Sprache jeweils etwa ein halbes Dutzend allgemeiner Biographien über ihn erschienen, ohne die Menge anderer Arbeiten und Essays über besondere Aspekte der Persönlichkeit oder des Werkes zu zählen. Frankreich hat in der gleichen Zeit nur drei recht allgemein gehaltene, um nicht zu sagen lückenhafte Werke hervorgebracht, will man einmal von der Übersetzung der am wenigsten wohlwollenden deutschen Biographie absehen, nämlich der von Victor Bibl.

Metternich war dem französischen Geist und dem französischen Nationalismus zutiefst unsympathisch.

Während eines großen Teils des 19. Jahrhunderts hatte sich die französische Intelligenzia, bevor sie begann, den Marxismus zu verehren, in einem entsprechenden Kult dem Liberalismus und der Demokratie verschrieben. Metternich, die symbolische Inkarnation des konservativen monarchistischen Systems, mußte zwangsläufig Zielpunkt ihres Hasses sein. In den gleichen Generationen verbanden andere den Patriotismus mit militärischem Ruhm und der Einnerung an Napoleon. Allen diesen mußte der hinterhältige Diplomat, der den Fall ihres Idols mitbewirkt hatte, Haß und Verachtung eingeben.

Metternich hat sich ein wenig wie Chateaubriand in gewisser Weise in Bezug auf Napoleon entdeckt und definiert, und bis zum Ende seines Lebens hat er nicht aufgehört, in seinen Gesprächen darauf zurückzukommen. Wenn er seine eigene Karriere betrachtete, so war für ihn seine große Zeit die vor 1815, als er sich dem revolutionären und erobernden Frankreich entgegenstellte, eher noch als die Zeit, die viel länger dauerte und die von der Geschichte manchmal als die „Ära Metternich" bezeichnet wird. So wie der Mond am Himmel dank des Reflexes der Sonne leuchtet, die selbst bereits hinter dem Horizont verschwunden ist, so ist auch der bleiche Schein des Gestirnes Metternich nach 1815 offensichtlich nur ein Reflex der Ehre des großen verstorbenen Mannes.

Die weiter oben angegebenen Schwierigkeiten dienen mir als Entschuldigung dafür, daß ich die unmögliche Aufgabe übernommen habe, in einem einzigen Bande das zusammenzutragen, was drei oder vier Bände verlangt hätte, wenn nicht gar mehr. Es soll auch entschuldigen, daß ich darauf verzichtet habe, in diesem Buch von der politischen Philosophie und den diplomatischen Methoden Metternichs zu sprechen, die ich im übrigen schon an anderer Stelle aufgezeichnet hatte. Es soll aber auch entschuldigen, daß ich meine Ausführungen auf einen einfachen Lebensbericht beschränkt habe, der Jahr für Jahr, Monat für Monat und manchmal Tag für Tag beschreibt und so eine Art chronologisches Suchraster für spätere Detailarbeiten liefert, die ich mir sehr zahlreich wünsche. In jedem Fall soll dieses Buch eine erste Einführung für Leser und Liebhaber der Historie sein.

„Meine Biographie wird mich möglicherweise in ungünstigem Licht beschreiben, aber sie wird zumindest nicht langweilig sein", hat Metternich geschrieben. Der Autor der hier vorliegenden Biographie hofft, daß er diesem Anspruch gerecht geworden ist.

KAPITEL 1

Ein gutes Kind

Eine große rheinische Familie

Das Dorf Metternich schmiegt sich an den Fuß der Hügel am linken Moselufer, nur wenige Kilometer vor Koblenz, kurz bevor die Mosel in den Rhein fließt. Es zeichnet sich durch nichts anderes aus, als daß es seinen Namen einer adligen Familie gab, die sich seit Anfang des Mittelalters in mehreren Zweigen über die ganze Gegend ausgebreitet hat. Ein Zweig findet sich gegen 1500 in Rhein-Haardtstein bei Malmedy; man kann dort immer noch die massiven Türme einer Burg bewundern, die kürzlich als Touristenattraktion restauriert wurde.

Der Aufstieg derer von Metternich in den modernen Zeiten war das Ergebnis einer Wahl, die sie im 16. Jahrhundert trafen und aufgrund derer sie dem Katholizismus treublieben und aus diesem Grunde ihr persönliches Schicksal mit dem Haus Habsburg verbanden. So erhielt ein Heinrich von Metternich für seine tratkräftige und erfolgreiche Teilnahme an der Schlacht am Weißen Berg (1620) – entscheidender Sieg der katholischen Armee des Kaisers Ferdinand über die aufständischen böhmischen Protestanten – das Gut Königswart (heute Kynzvart) in West-Böhmen. Zweifelsohne war es auch dank der kaiserlichen Protektion, daß der Bruder dieses Heinrich, Lothar, zu Beginn des 17. Jahrhunderts mit der herausragenden Würde eines Erzbischofs von Trier bekleidet wurde, mit der die Kurfürstenwürde des Heiligen Römischen Reiches Deutscher Nation verbunden war. Dieser hinterließ seinen beiden Neffen Karl-Heinrich und Philipp-Heinrich seine moselanischen Besitzungen Beilstein und Winneburg, deren letzter direkter Erbe er gewesen war. Vielleicht hätte sich die Familie von Metternich ohne den Reiz dieser Besitzungen in Böhmen niedergelassen, näher an der kaiserlichen Sonne, und wäre eventuell zum gleichen Rang aufgestiegen wie die anderen großen österreichischen Familien mit Besitz in Böhmen: die von Schwarzenberg, von Kaunitz, von Lobkowitz, von Windischgrätz u.a.; dies waren einige wenige privilegierte Familien, die sich in Wien im 18. und 19. Jahrhundert wie eine gesonderte Schicht zwischen der kaiserlichen Familie und dem Rest des Adels niedergelassen hatten.

Stattdessen entwickelte sich das Schicksal derer von Metternich im Rahmen ihres Rheinlandes. Karl-Heinrich wurde 1679 Erzbischof und Kurfürst von Mainz; und durch die Gnade des Kaisers Leopold I. wurde sein jüngerer Bruder, Philipp-Heinrich, Reichsgraf mit dem Rang Hoch- und Wohlgeboren, der ihm zusammen mit dem Stimmrecht über das kaiserliche Budget den Status eines kleinen Herrschers über seine Erbgüter gab. Sein Wille, in der Nähe seiner Stammesherkunft zu bleiben, gipfelte gegen 1670 im Bau eines großzügigen Stadtsitzes in Koblenz, dessen strenge Fassade sich gegen Süden hin auf eine der Hauptstraßen der alten Stadt öffnete, zum Münzplatz hin, während sich seine Seitenflügel und sein Garten im Norden an der Mosel entlang bis zu den ehemaligen Stadtmauern hin ausdehnten. In diesem Haus wurde der spätere Kanzler des österreichischen Kaiserreiches geboren und verbrachte die ersten Jahre seines Lebens. Dort war auch sein Vater, Franz-Georg, geboren worden, mit dem wir jetzt nähere Bekanntschaft schließen wollen.

Graf Franz-Georg von Metternich

Wenn man die Art und Weise betrachtet, mit der er seine Karriere entwickelte, so kann man ihn sich vorstellen, wie er zwischen seinen Ambitionen und dem Gewicht der egoistischen Genüsse hin- und hergezogen wurde, die ihm sein komfortables Einkommen ermöglichte.[1] Auch wollte er sich nicht damit zufrieden geben, wie sein eigener Vater, der Graf von Metternich-Winneburg-Beilstein, Erbkammerherr des Erzbischofs und Kurfürsten von Trier sowie souveräner Herr über 6.500 Untertanen zu sein, die in mehreren Herrschaften verstreut lebten.

Aber in der Tat mußten die ersten Stufen für jeden Aufstieg in Wien erklommen werden, beim kaiserlichen Hof, der die hohen Würden verlieh. Dazu wollte der Erzbischof und Kurfürst von Trier behilflich sein, der ihn 1768 zu seinem Gesandten beim Kaiser ernannte. Der Hof in Wien war damals zwischen zwei rivalisierenden Fraktionen gespalten, derjenigen der untergehenden Sonne, der würdigen Kaiserin Maria-Theresia, und derjenigen der aufgehenden Sonne, des jungen Herrschers und Mitregenten Josef II. Franz-Georg vermied es, entweder aus eigener Intelligenz oder auf einen guten Ratschlag hin, sich sowohl mit der einen als auch mit der anderen Partei einzulassen und bemühte sich vor allen Dingen darum, die

Gunst des allmächtigen Kanzlers, des Fürsten von Kaunitz zu gewinnen. Diese Taktik zahlte sich aus: Im Januar 1771 erhielt er die Hand der Maria-Beatrix von Kagenegg, Tochter aus einer in der besonderen Gunst der Kaiserin und ihres Kanzlers stehenden Familie. Die Hochzeit wurde in Freiburg i. Br. gefeiert, da die von Kagenegg ihren Hauptbesitz in dieser weit westlichen Provinz der Stammlande der Habsburg hatten.

Wenig danach kehrte Franz-Georg nach Koblenz zurück. Er hatte nun eine junge und brillante Ehefrau, war durch seine Kontakte mit den höchsten Stellen in Wien ausgezeichnet und konnte jetzt ein Amt als Staatsrat für die Auswärtigen Beziehungen annehmen, das ihm der Kurfürst von Trier anvertraute.

Er war ein guter Fürst, wenn es jemals einen gab, dieser Clemens-Wenzeslas, Sohn des Königs August III. von Sachsen, Bruder der Kronprinzessin von Frankreich, Marie-Josephe, und folglich Onkel von Ludwig XVI. Bevor er sein geistliches Amt antrat, hatte er mit Auszeichnung in den österreichischen Armeen gedient; seine Erhebung auf den Kurfürstenstuhl von Trier hätte als sichtbares Zeichen der kürzlich eingerichteten guten Beziehungen zwischen Frankreich und Österreich gelten können. Aus seinen libertinistischen und ausschweifenden Jugendjahren in Sachsen hatte er, so scheint es, nur ein geringfügiges Laster behalten, er liebte die Baukunst. Sein Vorgänger hatte sich in der Mitte des 18. Jahrhunderts in Trier eine neue Barockresidenz gebaut. Aber Clemens-Wenzeslas war dort zu weit abseits seiner Kollegen aus den großen Bischofsstädten am Rhein; er ließ sich also in Koblenz von französischen Architekten ein neoklassizistisches Palais bauen, außerhalb der alten Stadtmauern, über dem Rhein.

Die Tatsache, daß Graf Franz-Georg seinem ältesten Sohn die Vornamen Clemens-Wenzeslas[2] gegeben hat, läßt tief in die zwischen dem Fürstbischof und seinem Staatsrat entstandenen Beziehungen blicken. Ein anderes Zeichen des Wohlwollens des Kirchenfürsten: kurz nach der Geburt seines Patensohnes arrangierte er ein erstaunliches Bäumchen-Wechsle-Dich, das seinem treuen Diener gestattet, zugleich in den Dienst des kaiserlichen Throns von Wien überzutreten und dennoch die angenehme Residenz in Koblenz nicht verlassen zu müssen: Franz-Georg wurde, nachdem er zuvor schon der Vertreter des Kurfürsten in Wien gewesen war, jetzt Botschafter des Kaisers bei den geistlichen Kurfürstentümern Trier, Köln und Mainz. Ganz offensichtlich war man in Wien mit den Diensten Metternichs sehr zufrieden, denn 1778 wurden seine diplomatischen Funktionen auf den gesamten Bereich Westfalen ausgedehnt. „Dieses Amt paßte zu ihm", wird später sein Sohn erklären. „Er befand sich dabei mitten in seinen Besitztümern, nahe seiner Untertanen, die er glücklicher gemacht hat, als es die Republik vermochte, die sie ihm entrissen hat."

Der Raub, von dem er spricht, ist der, der durch den Vertrag von Lunéville und dem Kongreß von Rastatt abgesegnet wurde. Ich werde später genauer darauf eingehen, wie auch auf den weiteren Verlauf seiner Karriere.

Und der Mensch? Wie soll man ihn sich vorstellen? Ein kleines gestochenes Portrait, das aus der Zeit seines Aufenthaltes in Brüssel stammt, zeigt im Profil ein etwas rundliches Gesicht, mit sensitiven Lippen, unter einer sorgsam gelockten und gepuderten Frisur. Das ganz offensichtlich schmeichlerische Bild steht aber dennoch nicht im Gegensatz zu dem Eindruck, den der Comte de Bray uns überliefert, der ihn so beschreibt: „Er hatte eine gewisse Art von affektierter Leichtigkeit, mit der er einen kleinen, wirklichen Dünkel umgab, der aber immer durchschien." Und auch nicht das Urteil eines gewissen französischen Vertreters beim Kongreß in Rastatt, der ihn als „kalt, wenn notwendig impertinent, großer Formalist mit wenig Geist und deswegen sehr dickköpfig" beschreibt. „Ein langweiliger Schwätzer und geborener Lügner", sagt von ihm Graf Stadion, der unmittelbare Vorgänger des Sohnes Metternich im Außenministerium.

Außer den Fragen der Etikette und der Repräsentation scheint der Graf seine Pflichten sehr leicht genommen zu haben. Dies ergibt sich zumindest aus der banalen Binsenweisheit, die, so sagt man, einer seiner liebsten Wahlsprüche war: „Diese Angelegenheit wird enden, wie alle anderen Angelegenheiten, so oder so." Man weiß auch, daß Erzherzogin Maria-Christina, die Regentin der österreichischen Niederlande, glaubte, ihren Bruder, den Kaiser bitten zu müssen, ihr keine Nachrichten durch den Grafen Franz-Georg zu übersenden – der seinerzeit der oberste Beamte Österreichs in Brüssel war –, denn dieser, so sagte sie, versäume gar zu oft, seine Post zu öffnen.

Er war ein recht borniter Skeptiker und pflegte seine Lebenslust vielleicht zu sehr: In den Archiven der Familie findet sich eine Korrespondenz, aus der hervorgeht, daß der Sohn manches Mal genötigt war, einen Mantel des Stillschweigens über die Ausschweifungen seines alten Vaters zu breiten und seine Spielschulden zu begleichen. Wenn sich auch die Herausgeber der Einnerungen natürlich gehütet haben, diese etwas anrüchigen Dokumente aufzuführen, so haben sie aber andererseits hübsche Musterstückchen der intimen Ratschläge des Grafen Franz-Georg an seinen Sohn aufgeführt. „Ich bin zufrieden mit Deinem Stil und Deiner Schrift", sagt er 1785. „Ich empfehle Dir aber, die Wiederholung gleicher Gedankengänge und gleicher Ausdrücke zu vermeiden." Und fünf Jahre später schreibt er seinen beiden Söhnen, die zu dieser Zeit in Straßburg studierten: „Seid ehrlich und zuvorkommend gegenüber jedermann und mißachtet vor allen Dingen nicht die alten Damen, die durch ihr Geschwätz, vielleicht mehr als

Ihr glaubt, die allgemeine Meinung angesichts junger Leute beeinflussen. Wichtig sind vor allen Dingen Geschmeidigkeit und Diensteifer."

Diese beiden Ratschläge setzte Clemens wunderbar in die Tat um. Was nun den ersten Ratschlag anbetrifft, so klagten seine zeitgenössischen Gesprächspartner und die Historiker häufig genug darüber, daß er sich seiner nicht besser erinnerte.

Gräfin Beatrix und ihre Kinder

Zum Glück für den Sohn überwog bei ihm, wie es oft passiert, das mütterliche Erbteil. Maria-Beatrix von Kagenegg hatte, so überliefert man uns, eine herrliche Figur, feine Züge, sprühende Augen. „Sie ist charmant und einzigartig begabt, ein Haus zu führen", versichert Graf von Bray. Von ihr hat Clemens sicherlich seine aufgeschossene Figur, seine aristokratischen Züge und die liebenswerten Beigaben des Verführers. Sie war es, die darauf bestand, und es auch durchsetzte, daß er Französisch und Deutsch gleichermaßen gut sprach; sie war es, die seine beruflichen Ambitionen weckte und seine ersten Schritte in diese Richtung lenkte, wobei sie ihren Charme sowohl bei dem guten alten Kurfürsten in Koblenz als auch in Wien beim Kanzler Kaunitz spielen ließ. Bis zum Ende ihres Lebens 1828 erfreute sie sich der zärtlichen und vertrauensvollen Zuneigung ihres großen Sohnes.

Vor Clemens (15. Mai 1773) hatte Maria-Beatrix ihre Tochter Pauline zur Welt gebracht (29. November 1771). Diese letztere war eine attraktive, gutmütige Person, die sich lange Zeit im Schatten der Mutter verlor, bevor sie schließlich den Mann heiratete, dem sie versprochen war, Herzog Ferdinand von Württemberg. Am 11. November 1774 schließlich wurde Joseph geboren, der zweite Sohn der Familie, der durch nichts auf sich aufmerksam machte; in der Familie hieß er nur der brave „Pepi", was zweifelsohne bedeutet, daß er das Schießpulver nicht erfunden hatte. Zu guter Letzt erblickte ein kleiner Ludwig (14. Januar 1777) das Licht der Welt, der nur wenig älter als ein Jahr wurde. Die Tatsache, daß danach die Schwangerschaften der Gräfin Beatrix ein Ende hatten, und dies in einer Zeit und in einer Klasse, in der die Kinder, seien sie nun lebensfähig oder nicht, fast jährlich aufeinanderfolgten, sagt sicherlich einiges über die Art der Beziehungen zwischen Franz-Georg und seiner Ehefrau aus.

Die Erziehung

"Ich war ein gutes Kind und sehr mit meinen Hausaufgaben und meinen Büchern beschäftigt." Das ist alles, was dieser Mann, der später so gern von sich selbst erzählte, an Kindheitserinnerungen von sich zu geben bereit war. Wir müssen also unsere Phantasie bemühen, wenn wir uns den kleinen Blondschopf vorstellen wollen, der von seiner Mutter liebevoll umsorgt wurde und von ihr die schöne Sprache und gutes Benehmen lernte, der voller Ehrfurcht zu einem in reservierter Distanz lebenden Pater Familias aufsah und sich gleichzeitig von den weiblichen Hausangestellten, die ihn alle bewunderten, verhätscheln ließ; zur schönen Jahreszeit spielte er in dem englischen Garten, den der Graf oder die Gräfin, die sich immer darum bemühten, den aktuellen Modetrends zu folgen, hatten einrichten lassen. Es war dies ein Garten, in dem keines der als notwendig angesehenen Elemente fehlte: ein kleiner Aussichtshügel und eine „Ermitage".

Als Spielkameraden hatte er nicht nur seinen Bruder und seine Schwester, sondern manchmal auch einige Abkömmlinge lokaler Kleinadliger, unter denen sich auch ein Junge namens Clemens Eduard befand, der Sohn des Ritters von Moustier, des Gesandten Ludwigs XVI. bei dem Kurfürsten von Trier. „Die Möglichkeiten der Gesellschaft sind sehr beschränkt", gestand dieser Diplomat. Hier kann man zum ersten Mal das Auftauchen des jungen Moustier festhalten, des ersten in dieser unzählbaren Reihe von Persönlichkeiten, deren Geschick sich mehr als einmal mit dem Metternichs kreuzte.

Zweifelsohne hat Graf Franz-Georg seinen Sohn manchmal auch in das kurfürstliche Palais geführt, damit dieser seinem Patenonkel, dem guten Fürstbischof, seine Reverenz erweisen könne. So konnte das Kind über die Raffinesse der Ausstattung der Räume staunen: Kamineinfassungen aus exotischem Marmor, Verzierungen und Ornamente aus vergoldeter Bronze, Parkettböden aus kostbarem Holz, Wandbehänge aus Gobelin oder aus Seide. Welch ein Kontrast zum düsteren Haus am Münzplatz!

Die Schönheit der Stadt Koblenz selbst war nicht so, daß man in Versuchung geführt wurde, durch die Straßen zu schlendern, von denen nur einige, so sagt ein Zeitzeuge, „als normal angesehen werden konnten". Alle übrigen waren schlecht gepflastert und vollgestopft mit allen möglichen Gegenständen, die unter der französischen Verwaltung später verschwanden. „Eine sehr hübsche, wenn auch ein wenig traurige Stadt", urteilt der große Reisende, Baron von Risbeck. Trotz ihrer günstigen Lage blieb ihre Bevölkerung am Ende des 18. Jahrhunderts bei knapp 9.000 Einwohnern stehen. Die Bevölkerung, die im wesentlichen aus Verwaltungsbeamten des kurfürstlichen Hofes bestand, ernährte zusammen mit etwa

20 adligen Familien eine Reihe von Kleinbürgern, Händlern und Handwerkern, eine Reihe von Tagelöhnern und Hausangestellten. Vergessen wir nicht den relativ zahlreichen geistlichen Stand, der drei Pfarrkirchen und zwei Kollegialkapitel sowie vier Klöster, ein Seminar und ein seinerzeit von den Jesuiten begründetes Gymnasium zu bedienen hatte.

Die jungen von Metternich hätten, um in den Genuß des Unterrichts dieses Gymnasiums kommen zu können, sich auf die gleichen Bänke setzen müssen wie die Bürgersöhne von Koblenz: Aber dies wäre eine unpassende Promiskuität gewesen! Aus diesem Grunde wurde die Sorge um ihre Erziehung und die Unterrichtung in den Anfangsgründen des Schreibens einem alten piaristischen Bruder anvertraut, der Mitglied einer ursprünglich römischen Kongregation war, die in Frankreich unbekannt ist, aber in den habsburgischen Landen weit verbreitet war. Da dieser Mann starb, als Clemens neun Jahre alt war, wurde er von einem Abbé namens Bertrand ersetzt, von dem nichts anderes bekannt ist, als daß er Franzose und, nach Aussage seines Schülers, „ein gesetzter und gelehrter Mann gewesen war", den er späterhin als „seinen Freund und seinen Ratgeber" bezeichnete. Vielleicht liegt in seinem Unterricht der Ursprung der psychischen Krise, die der Jüngling durchlitt? „In den ersten Jahren meiner Entwicklung", bekennt er später, „verfiel ich in eine religiöse Überspannung, so daß meine Eltern und meine Erzieher regelrecht davon erschreckt wurden."

Möglicherweise nahm Graf Franz-Georg seinen ältesten Sohn im Jahre 1786 mit zu einem Besuch des Gutes Königswart, um ihm eine Ablenkung zu verschaffen, während er selbst dort die laufenden Angelegenheiten regelte. Erstmalig setzte zu dieser Zeit Clemens die Füße auf eine Erde, die von der österreichischen Krone abhängig war, und man kann glauben, daß seine empfindsame Seele von dem melancholischen Anblick des altertümlichen Gebäudes traurig geprägt wurde, das im tiefen Tannenforst des Böhmerwaldes dem Verfall anheim gegeben war. Der Aufenthalt dort jedenfalls war sehr kurz, denn die Nachricht vom Tod des preußischen Königs zwang Franz-Georg, sich schnellstmöglich wieder zu seinem Posten zu begeben, um an den vom Ereignis vorgeschriebenen verschiedenen Zeremonien teilzunehmen.

Damals fand zweifelsohne der Graf auch ein viel radikaleres Mittel, seinen Sohn von den Anfällen an Religiosität zu heilen; er gab ihm als Erzieher einen gewissen Johann-Friedrich Simon. Simon stammte aus einer protestantischen Familie und hatte sich in die Schönheiten der Erziehung nach Rousseau in einem in Dessau von Johann-Bernhardt von Basedow mit dem Namen „Philantropium" gegründeten Institut einführen lassen: Der Name war Programm! In Nachahmung der Doktrin des Emile wollte man dort alles unterrichten, sogar Latein, und zwar auf eine sozusagen „natürliche" Art und Weise, wobei man von der Beobachtung des Realen ausgehen wollte. In Religionsfragen beförderte man die Ökumene und in der Politik den Kosmopolitismus. Dies waren Dinge, die dem Grafen Franz-Georg gefallen konnten; wiewohl er dem Katholizismus nicht abgeneigt war, hatte er sich, wie viele andere seiner Klasse, mit der Freimaurerei eingelassen.

Unbestreitbar heilsam war der Abschnitt der Erziehung von Basedows, der sich mit der physischen Disziplin befaßte. Unter der Anleitung von Simon lernte Clemens schwimmen, reiten, Körperpflege und zweifelsohne auch den wohltätigen Effekt des gemäßigten Lebens. Dank dieser rechtzeitig ihm eingetrichterten Gewohnheiten bewahrte Clemens sein ganzes Leben ein elegantes, wenn nicht robustes Äußeres, das sich nicht unwesentlich von dem seines Vaters unterschied. Der Einfluß des Erziehers wurde noch wichtiger, als dieser im Jahre 1788 seinen Zögling nach Straßburg begleitete, wohin man ihn zur Fortführung seiner Studien an der Universität zu schicken beschlossen hatte.

Vom Kind zum Staatsmann

Dieser Übergang vom Familiennest in die äußere Welt ist der Augenblick, in dem man schon versucht sein kann, zu sagen, daß die Kinderjahre zur Heranbildung des Staatsmannes beigetragen haben.

Da war zunächst einmal, ganz wesentlich, das Wissen um die Zugehörigkeit zur privilegiertesten Klasse in der Gesellschaft des Ancien Régime, und nicht nur das Bewußtsein, sondern das gute Gewissen. Nirgends findet sich in den Schriften Metternichs auch nur der geringste Hinweis seines Verständnisses, seines Mitleides mit den Leiden der weniger Begünstigten. Dieses Unwissen oder diese Fühllosigkeit kann man zum Teil durch die Tatsache erklären, daß das Kind und der Heranwachsende innerhalb einer doppelten Isolierzelle lebten, nämlich sowohl innerhalb einer wohlhabenden aristokratischen Familie und auch innerhalb einer kleinen Stadt oder eines kleinen Staates, in denen mehr als anderswo die Bedingungen eines „Wohllebens" aufeinandertrafen, wie sie von schwärmerischen Liebhabern des Ancien Régime gefeiert worden waren. In den Kurfürstentümern Trier, Köln und Mainz herrschten wohlwollende Fürsten, und altertümliche Rechtssprechung wurde gepflegt, deren Bemühen wesentlich dahin ging, den Eingriff der Verwaltung auf das Leben der Einzelnen zu beschränken; es gab keine Frondienste und keine drückenden Steuern, die anderswo notwendig waren, um die Armeen zu unterhalten und die außenpolitischen Intrigen zu stützen und die außerdem im Inland den Luxus der Fürsten und ihrer Mätressen unterhalten mußten. Der herrschende Katholizismus war stark von der Aufklärung gefärbt; man war tolerant und man förderte die Bildung auf allen Ebenen. Wenn auch eine ziemlich große Stadt wie Köln einige Spuren von Armut im Volk zeigte, so gab es in Koblenz nichts Vergleichbares, denn dort konnte sich die Barmherzigkeit der Kirche nach bestem Willen und Wissen vollziehen. Auch gab es in den umgebenden Dörfern keine Armut, denn sie waren wegen ihres Weinbaus und ihrer Viehzucht wohlhabend.

Ein anderer maßgeblicher Punkt in der Ausformung seiner Persönlichkeit war, daß Metternich in einer in Europa einzigartigen Gegend aufwuchs, im Rheinland, wo sich die lateinische und die germanische Zivilisation vermischen. Dieses Land wird von dem großen symbolträchtigen Fluß bewässert, der von Konstanz nach Rotterdam fließt, „vom Land der Adler, zur Stadt der Heringe" (Victor Hugo), es ist das Land der Früchte der Erde und der Früchte des Geistes. Seit dem Westfälischen Frieden blickten die Fürsten der rheinischen Fürstentümer nach Frankreich, um dort weltlichen Schutz für ihre Länder und kulturelle Inspiration für ihre geistige Elite zu finden. Es gab keinen Adligen, der nicht Französisch sprach, nicht die in Paris veröffentlichten Bücher las und der nicht zumindest einen Aufenthalt oder Besuch in der französischen Hauptstadt gemacht hatte. Natürlich gehörte man zu dem Reich, „das nicht heiliger ist als es germanisch ist", zu diesem großen, von Pufendorff, dem Doyen des internationalen Rechts, beschriebenen Block, den er als „irregulare aliquot corpus et monstro simile" (eine Art unförmigen, monströsen Körper) bezeichnet, aber der sich daraus ergebende Zusammenhalt erzeugte keinerlei Nationalgefühl im modernen Sinn des Wortes. Der Nationalismus wird immer ein dem Geist Metternichs fremder Wert sein. „Schon lange", schreibt er 1824, „hat Europa für mich die Rolle des Vaterlandes übernommen."

Schon lange ... ja, seit seiner Kindheit im Rheinland.

KAPITEL 2

Die Entdeckung der Welt

An der Universität

Zu Ende des Sommers 1788 kamen also die beiden Söhne Metternich mit ihren Erziehern und Domestiken in Straßburg an, denn man hatte die beiden Brüder, die immer zusammengelebt hatten, nicht trennen wollen. Joseph sollte so lange, bis er das Universitätsalter erreicht hatte, seine humanistische Ausbildung mit dem Abbé Bertrand vervollständigen, wohingegen Clemens sich am 12. November im Sonderregister für adlige Studenten einschrieb — „Matricula serenissimorum et illustrissimorum" — eine Unterscheidung, die nicht nur ehrenhalber gemacht wurde: das reiche Domkapitel von Mainz bezahlte denjenigen Studenten die Studiengebühren, die eine Reihe von sechzehn adligen Ahnen vorweisen konnten.

Die Universität Straßburg war seinerzeit eine der kosmopolitischsten in Westeuropa; die Mehrzahl der Studenten kam zweifelsohne aus dem Elsaß und aus Lothringen, man sah dort aber auch — wie Metternich schreibt — „viele Deutsche, die von der leichten Möglichkeit angezogen wurden, gleichzeitig Deutsch und Französisch zu lernen". Auch einige Russen und eine Handvoll Engländer und Schweizer.

In einem seiner ersten Briefe an seinen Vater beschreibt Clemens genau das tägliche Programm, das ihm sein Erzieher aufgestellt hat: Am Vormittag Unterricht und Wiederholungen, am Nachmittag eine Naturwissenschaftsstunde und eine Stunde Musik (Clemens lernte damals einigermaßen gut Geige spielen); um vier Uhr eine Stunde Geschichtsunterricht. Die Abende stehen frei für nützliche Zerstreuung zur Verfügung, wie z.B. Reiten, Fechten und manchmal Theater. Clemens unternimmt auch seine ersten tastenden Schritte in den Salons unter der wohlwollenden Überwachung durch den Fürsten Maximilian von Zweibrücken, dem Obristen des königlich-elsässischen Regiments. Die Ehefrau dieses Herrn war eine Jugendfreundin der Gräfin von Metternich, und die beiden Knaben waren sogar eine Zeitlang unter ihrem Dach aufgenommen worden, bevor man eine eigene Wohnung eingerichtet hatte. 16 Jahre später sollte dieser Ex-Obrist des königlich-elsässischen Regiments unter dem Namen Maximilian-Joseph König von Bayern werden. Ist es nötig, zu bemerken, daß diese bereits 1788 eingerichteten Bindungen dem österreichischen Minister späterhin in seinen Verhandlungen mit der bayerischen Regierung manchen Weg ebneten?

Unterdessen war diese Schirmherrschaft das beste, was ein junger Debütant sich wünschen konnte. Er wußte zu gefallen; Simon konnte mit Befriedigung dem Grafen Franz-Georg berichten, daß sein Zögling „glücklich, schön, liebenswert" war. Und der Vater konnte seinerseits seinen Söhnen schreiben: „Ich habe Briefe erhalten, die sehr gute Zeugnisse über Euch enthalten. Es ist also nötig, daß Ihr versucht, den guten Ruf zu erhalten, den Euer Debüt Euch erschaffen hat, denn darin liegt das ganze Geheimnis."

Von allen Professoren, die damals der junge Metternich kennenlernte, hatte Christian-Wilhelm Koch den größten Einfluß auf seine Gedankenwelt. Er galt zu seiner Zeit als der beste Wissenschaftler auf dem Gebiet des Öffentlichen Rechts; Talleyrand und Benjamin Constant sollen zu seinen Schülern gezählt haben, und später nahm er einen Platz in der Gesetzgebenden Versammlung und im Obersten Gerichtshof ein. Der Titel seines Hauptwerkes beschreibt schon recht gut den Gegenstand seiner Beschäftigung: „Bildnis der Revolutionen in Europa vom Beginn des römischen Imperiums bis zu unseren Tagen". Und dies war auch der Gegenstand, den er in seinen Vorlesungen den Straßburger Studenten vermittelte.

Ein Tag des Aufruhrs in Straßburg

Wie hätten diese Studenten von Koch auch nicht fasziniert sein sollen, wo sich doch die theoretische Unterweisung aus dem Vorlesungssaal praktisch unter ihren Augen illustrierte?

In Straßburg, wie in allen anderen Städten des Landes, hatte die Einberufung sowie das Zusammentreten der Generalstände den Gärungsprozeß der politischen Leidenschaften in der Bourgeoisie sowie den Geist der Revolution im niederen Volk ausgelöst und genährt. Am Abend des Samstag, des 18. Juli, verkündete ein Grollen die Ereignisse des 14. Juli in Paris in der Öffentlichkeit, es dauerte aber bis zum Montagmorgen, dem 20. Juli, bis die Bestätigung der Ereignisse in den öffentlichen Zeitungen gegeben wurde. Der englische Reisende Arthur Young kam an diesem Tag in Straßburg an und fand auf den Straßen Ansammlungen von sehr aufgewühlten

Menschen vor. Am nächsten Tag, dem Dienstag, versammelte sich eine Menge von Demonstranten auf dem Marktplatz; sie waren mit Eisenstangen und Beilen bewaffnet und stürmten die Gemeindeverwaltung, wobei sie das Mobiliar und die Archive zerstörten, und begannen dann, die in den Kellern der Bürgermeisterei eingelagerten guten Weine auszutrinken und wegzutragen. Es handelte sich dabei um 1.300 Stück. Vergeblich flehte der „Magistrat" (der Rat der Stadt) um Schutz durch die Armee: Diese nahm passiv an der Plünderung teil, und zwar auf formellen Befehl des Militärkommandeurs der Provinz, des berühmten Marquis de Rochambeau.

Erst am Abend bekam Fürst Maximilian von Zweibrücken die Genehmigung zum Eingreifen; zwei Infanteriekompanien reichten aus, um den Platz zu säubern, ohne daß Blut vergossen wurde, denn die wütenden Aufständischen des Morgens waren von der magischen Tugend des gemeindeeigenen Weines in Grüppchen von lallenden Säufern und euphorischen Alkoholikern verwandelt worden. Das einzige Opfer war ein armer Teufel, bei dem man 66 Louisdor vorfand, die er im Rathaus gestohlen hatte und der zwei Tage später gehängt wurde.

Trotz aller Dinge, die man in den Memoiren von Metternich lesen kann, ist es sehr wahrscheinlich, daß er als Student Augenzeuge dieser Saturnalien gewesen war, aber was immer er hat sehen und hören können war jedenfalls so, daß das Gefühl eines jungen Aristokraten, der bis dahin in einem Milieu erzogen worden war, in dem alles ruhig, luxuriös und höflich war, bis ins tiefste Innere hätte getroffen werden können. Als die Nachricht über diese Ereignisse nach Koblenz kam, schrieb Gräfin Beatrix ganz entsetzt sofort an ihre Söhne und flehte sie an, die „verdammte Stadt Straßburg" zu verlassen und sich zu Verwandten im Breisgau zu flüchten.

Ein jakobinischer Erzieher?

Die arme Mutter hatte jedoch keine Ahnung, daß ein viel gefährlicheres Übel ihren lieben Clemens bedrohte. Die Schlange lag schon am Busen: der gutmütige Anhänger Rousseaus weinte vor Entzücken angesichts der Neuerschaffung des Menschengeschlechts, erarbeitete die erste deutsche Übersetzung der Erklärung der Menschenrechte, veröffentlichte ein kleines – recht harmloses – Wochenblatt und beteiligte sich an den Aktivitäten des örtlichen Klubs der Freunde der Verfassung, der im Januar 1790 gegründet worden war. Will man den Memoiren Metternichs Glauben schenken, so machte die revolutionäre Karriere seines Erziehers aus diesem später ein Mitglied des Elsässischen Revolutionstribunals, das einer der Anstifter der Ereignisse des 10. August 1792 in Paris war. Aber dies ist eine der Übertreibungen, mit denen Clemens seine Berichte zu würzen liebte.[1] Wenn sich Simon so benommen hätte, hätte ihn sein ehemaliger Zögling 1829 sicherlich nicht so freundlich aufgenommen, wie dieser letztere es in einem Brief an seinen Sohn Victor berichtet.

Mehr Wahrheit liegt in dem, was er über seinen Professor für Kanonisches Recht an der Universität erzählt, der ebenfalls mit seiner Unterrichtung in Fragen der Religion beauftragt war. Franz-Anton Brendel schwor in der Tat den Eid auf die Verfassung, wurde zum Bischof des Departements Niederrhein gewählt und mußte auf erbärmliche Art und Weise auf sein Bistum und sein Priestertum verzichten, um zu verhindern, daß er 1793 von den Jakobinern in Straßburg gefangen gesetzt wurde.

„Ich muß diesen beiden Männern Gerechtigkeit werden lassen", schreibt Metternich, „denn sie haben niemals versucht, meine Meinung zu vergewaltigen ... Die Doktrinen dieses Jakobiners (Simon) und der Appell an die Leidenschaften der Volksmassen erfüllten mich mit Abscheu, die durch fortschreitendes Alter und Erfahrung nur verstärkt wurde."

Die Kaiserkrönung in Frankfurt

Zu diesen heilsamen Erfahrungen gehört in erster Linie diejenige, die Graf Franz-Georg seinem ältesten Sohn zuteil werden ließ, als er ihn in seinem Gefolge zur Krönung des neuens Kaisers Leopold II. (Oktober 1790) nach Frankfurt mit sich nahm. Der junge Metternich war berufen, das Amt eines Zeremonienmeisters im Orden der Katholischen Westfälischen Grafen wahrzunehmen; so war er zugleich aktiv an der Entfaltung der altertümlichen, großartigen Riten beteiligt, die dieses Ereignis begleiteten, und Zuschauer mit besonderem Sitz in der ersten Reihe.

Den Auftakt machte in den letzten Tagen des Monats September die pompöse Ankunft der sieben Kurfürsten; der Kurfürst von Trier, Clemens-Wenzeslas, erschien auf einem Prunkschiff, das den Rhein und den Main hinaufgerudert war. Gleichzeitig kamen die Gesandten der deutschen Fürsten an. Franz-Georg hatte in seiner Eigenschaft als Gesandter Österreichs bei den rheinischen Fürsten alle anderen ausstechen wollen; seine Karosse und die Livréen seines zahlreichen Gefolges – scharlachroter Velours mit Goldbordüren an allen Nähten – waren Gegenstand vieler Kommentare.

Am 30. September begaben sich die Kurfürsten in einem großen Festzug vom Römer in den Dom, die Bischöfe zu Pferd, wie die anderen in goldgewirktem Mantel. Um zwei Uhr nachmittags fand die Wahl statt, deren Resultat vom Erzmarschall des Reiches verkündet wurde, als ob man es vorher nicht gekannt hätte; daraufhin erfolgte der Jubel des Volkes, die Glocken wurden geläutet und Kanonensalven abgeschossen.

Der neue „König der Römer" hielt seinen Einzug am 4. Oktober; dies war eine erneute Gelegenheit für die Prachtentfaltung eines ganzen Festzuges von Gesandten und Delegationen, die vor dem Erwählten erschienen, um ihn bis zu seiner Residenz zu geleiten. Die Krönung erfolgte am 9. Oktober: Der Kaiser ging langsam vom Römer bis zum Dom unter einem gelben Baldalchin, der mit dem kaiserlichen doppelköpfigen Adler verziert war; vor ihm gingen die vier weltlichen Kurfürsten und die Gesandten, hinter ihm die Trabanten — oder Hellebardiere — in den vielfarbigen Livréen der verschiedenen Delegationen. Auf dem gesamten Weg war das Pflaster mit Holzbohlen abgedeckt worden, die wiederum mit drei langen Bändern aus weißem goldenem und schwarzem Stoff bedeckt waren. Die drei kurfürstlichen Erzbischöfe empfingen den Kaiser am Eingang des Domes und führten ihn in einer Prozession bis zu seinem Thron, der mitten im Chor stand; auf beiden Seiten des Kirchenschiffes und des Chors waren Stufen und Tribünen aufgebaut, auf denen die privilegierten Teilnehmer Platz nahmen. Zum guten Schluß empfing der neue König den Krönungsmantel und die sogenannte Karlskrone sowie das Schwert, mit dem er einige neue Ritter schlug.

Was waren nun die Gefühle und Gedanken des jungen Clemens im Verlauf dieser unvergesslichen Tage?

„Ich wurde zu einem Wächter der öffentlichen Ordnung in einem Rathaus gemacht, wo so viele imposante Zeremonien stattfanden, und das nur wenige Schritte von einem Frankreich entfernt, in dem der Aufruhr raste. (...) Ich dachte nur an diesen Kontrast und ich vertraute sehr in eine Zukunft, in der, gemäß meiner Jugendträume, der Triumph dieser gewaltigen Organisation über die Schwäche und die Verwirrung, die ich jenseits unserer Grenzen sah, besiegelt werden sollte."

Ein persönlicherer und viel konkreterer Vorteil aus seiner Tätigkeit war, daß Metternich mit vielen wichtigen Personen bekannt wurde, die ihm in seiner Karriere würden behilflich sein können. Der erste in dieser Reihe war der Erbe des neuen Kaisers, Erzherzog Franz, dem Graf Franz-Georg seinen Sohn hatte vorstellen können: Dies war der erste Kontakt zwischen den beiden Männern, die gemeinsam dreißig Jahre lang einen großen Staat lenken sollten.

Metternich, der Vater, erhoffte sich ohne Zweifel einige Gunstbezeugungen als Entschädigung für den Aufwand, den er zu Ehren des neuen Herrschers getrieben hatte. Leopold II. soll ihm zunächst den Fürstentitel angeboten haben, den jener ganz bescheiden abgelehnt haben soll, eine Bescheidenheit, die so wenig zu dem Charakter der Person Franz-Georgs paßt, daß sie sicherlich eine andere Berechnung verdecken sollte. Nachdem er derart mitgeteilt hatte, daß er eine greifbarere Belohnung erwartet hatte, wurde er in der Tat am 30. Dezember des gleichen Jahres zum unumschränkt bevollmächtigten Gesandten des Kaisers bei der Regierung der österreichischen Niederlande ernannt. Die Umstände gestatteten es ihm allerdings nicht, diesen Posten vor Juni des folgenden Jahres einzunehmen; dies jedoch hinderte ihn nicht, sofort das beachtliche Gehalt von 42.000 Gulden zu kassieren, mit dem diese Funktion verbunden war – was dazu beitrug, die von der großartigen Prunkentfaltung in Frankfurt leicht in Mitleidenschaft gezogenen Finanzen des Grafen wieder aufzubessern.

An der Universität Mainz

Clemens kehrte nicht an die Universität Straßburg zurück: Das Klima dort war für einen jungen ausländischen Aristokraten ungesund geworden. Er sollte seine Rechtsstudien in Mainz fortsetzen. Die Universität dort hatte zwar nicht den Ruf der Universität, aus der er gerade auszog, und die Studenten waren dort nicht sehr zahlreich: nur 200 bis 300. Aber die Bibliothek mit 50.000 Bänden war bereits zu dieser Zeit eine der umfangreichsten Deutschlands, und sowohl die Qualität als auch die Bandbreite der angebotenen Vorlesungen spiegelten die Ambition des Erzbischofs Friedrich Karl von Erthal wider, aus seiner Stadt ein neues Athen für ganz Westdeutschland zu machen. Zusätzlich zu den traditionell unterrichteten Fächern – Theologie, Philosphie, Recht, Medizin – hatte die Reorganisation von 1784 Vorlesungen in Politik, Diplomatie, Angewandter Mathematik, Chemie, Tiermedizin, Agrarwissenschaften und Wirtschaft gefügt. Es ist nicht bekannt, ob der junge Metternich davon profitierte, um sein Interessenfeld auszuweiten; Simon war nicht mehr da, um ihn zu lenken. Man weiß nur, daß er fleißig den Vorlesungen von Nikolas Voigt über die Geschichte des deutschen Kaiserreichs folgte. 60 Jahre später ehrte Metternich noch immer das Andenken an diesen Gelehrten und beschrieb, was er diesem Manne „im konservativen Sinne" verdankte. Und er fügte als besondere Details an:

> „In seinem Testament (...) bestimmte er, daß der Johannisberg seine Begräbnisstätte sein sollte; er bat darum, daß seine Eingeweide in einen Felsen auf dem linken Ufer des Binger Lochs eingemauert würden und daß sein Herz im Loreley-Felsen beigesetzt werde. Ich habe dazu beigeholfen, daß sein letzter Wille Punkt für Punkt befolgt wurde."

Unter den Kollegen Voigts befanden sich aber auch welche, die von den revolutionären Ideen verführt waren, die von einer Lesegesellschaft diskutiert und verbreitet wurden, welche bereits 1782 gegründet worden war. Ihre Namen erscheinen in der ersten Reihe in der Geschichte der Revolutionsbewegungen im Rheinland: Andreas-Josef Hofman, Christian Wedekind, Georg Forster und ein Mathias Metternich, der später unter dem französischen Regime der Gründer des Jakobinischen Klubs von Mainz wurde.

Die französischen Emigranten

Die Studien hinderten den jungen Metternich nicht daran, ein ausgesprochen aktives Gesellschaftsleben zu führen. Mainz, mit seinem riesigen Dom und dem neuen Stadtviertel, das sich um den prunkvollen Palast des Kurfürsten herum entwickelt hatte, schien damals neben Koblenz oder Trier eine Großstadt zu sein. Auf seine Bevölkerung von ungefähr 30.000 Seelen flossen über hundert verschiedene Kanäle die enormen Einkünfte hernieder, die der Kurfürst genoß, von dem behauptet wurde, er sei der reichste Prälat der Christenheit nach dem Papst. Das Gewicht seines Amtes als Erzkanzler des Heiligen Römischen Reiches, als rechtmäßiger Vorsitzender des Kurfürstenkollegiums auf den Regensburger Reichstag, als Primas Germaniae, zog in den Bannkreis seines Hofes eine große Anzahl der adligen Familien aus der Umgebung; Graf Franz-Georg von Metternich besaß selbst ein schönes Haus am Ballplatz; man kann annehmen, daß der zukünftige Herr eines anderen und viel berühmteren Ballplatzes während seines Aufenthaltes in Mainz dort wohnte.

Zu dieser bodenständigen Schicht der rheinisch-deutschen höheren Gesellschaft kam von 1790 an ein Element, das den jungen Metternich faszinierte: das der französischen Emigranten. Ihre Zahl stieg enorm an im Verlauf des Jahres 1791 aufgrund der Ankunft der beiden Brüder Ludwigs XVI. in der Gegend. Im Juni dieses Jahres empfing der Kurfürst von Mainz den Grafen von Artois auf fast königliche Art mit Artilleriesalven, der in Begleitung des Herrn de Calonne, dem früheren Generalaufseher über die Finanzen, aus Italien kam, welcher sein wichtigster „Beamter" geworden war. Sie waren aber nur auf der Durchreise, denn sie gingen weiter rheinabwärts, um sich im weitläufigen Schloß Schönborn-Lust vor den Toren von Koblenz niederzulassen, das der Kurfürst von Trier, Clemens Wenzeslas, seinem Neffen zusammen mit einer großzügigen Finanzspritze zur Verfügung stellte. Wenig später, am 7. Juli, kam der Graf de Provence, der sich zunächst nach Brüssel geflüchtet hatte, um sich mit seinem Bruder zu treffen. Um die Fürsten herum bildete sich ein regelrechter Hofstaat, während ihr Cousin, der Prinz de Condé, es auf sich nahm, eine kleine Armee aufzustellen. Zu Beginn des Jahres 1792 gab es in Koblenz und Umgebung etwa 5.000 Franzosen; fast ebensoviele fanden sich in Mainz, wo der Kurfürst von Erthal sich, von einer Menge von Parasiten entsprechend eingestimmt, in der Rolle als geistiger Führer eines antirevolutionären Kreuzzuges sah. Der Zustrom und die Ansprüche der Emigranten waren so, daß ein preußischer Adliger, Graf von Hatzfeldt, schreiben konnte, daß die Kurfürstentümer von Mainz und Trier mehr wie eroberte französische Provinzen aussähen, denn wie unabhängige deutsche Staaten.

Clemens von Metternich hatte nicht nur in Mainz oder in Koblenz Gelegenheit, die Blüte der französischen Gesellschaft des Ancien Régime kennenzulernen, sondern auch in Brüssel, wo er bei seinen Eltern die Semesterferien verbrachte. Die Vertreter der ersten Welle dieser freiwillig Exilierten hatten vielfach die Finanzmittel mit sich nehmen können, die nötig waren, um im Ausland zu überleben und dort während eines von ihnen als kurz eingeschätzten Aufenthaltes ihre übliche sorglose Existenz in Luxus zu führen. Die elegante Ungezwungenheit ihres Benehmens, ihre raffinierte Sprache wurden für den jungen rheinischen Aristokraten ein Vorbild, das er, nicht erfolglos, nachzuahmen suchte, wohingegen ihre Blindheit und ihre Leichtfertigkeit in Fragen der Politik ihn zu ernsten Überlegungen anregten und dazu beitrugen, in seinem Geist ein wenig vorteilhaftes Bild des französischen Charakters zu schaffen, das er immer beibehielt. „Damals", schrieb er, „lernte ich die Franzosen kennen, sie verstehen und mich ihnen verständlich zu machen."

Die erste Liebe

Diese hochmütige Äußerung, die in sich selbst lächerlich ist, wird zumindest dann interessant bestätigt, wenn man sie vom Plural in den Singular transferiert, vom Allgemeinen zum Besonderen. In der Tat lernte Metternich in diesem Emigrantenmilieu eine Französin kennen, nicht nur, um sie zu verstehen und von ihr verstanden zu werden, sondern um sie zu lieben und von ihr geliebt zu werden.

Diese erste Liebe des jungen Mannes hieß Marie Constance de Lamoignon, Comtesse de Caumont. Clemens sah sie zunächst im Sommer 1791 in Brüssel und war von ihr geblendet. Der Marquis de Bouillé, ein anderer Bewunderer der jungen Dame, beschreibt sie als „herrlich im ersten Glanz der Jugend" (sie war damals siebzehn Jahre alt). „Ihre Gesichtszüge", sagt er, „waren fein, angenehm und zart, wenn auch nicht sehr regelmäßig. Sie bezauberten durch ihre elegante Harmonie und wurden durch einen fast noch kindlichen und jungfräulichen Gesichtsausdruck nur noch schöner; sie war von schlankem, hohem Wuchs und ihr Gang war weich und leicht." Sie verstand es, „durch ihre Koketterie, die sie unter einem Ausdruck der Treuherzigkeit verbarg", zu gefallen.

Die in Brüssel geborene Leidenschaft loderte hell auf, als die Familie Caumont im Gefolge des Grafen de Provence aus Belgien ins Rheinland übersiedelte.

„Ich habe sie geliebt", erzählt später Metternich, „wie ein junger Mann liebt. Wir wollten beide das, was wir uns gegenseitig niemals zu fragen wagten. Ich lebte nur für sie und für meine Studien. Sie, die nichts besseres zu tun hatte, liebte mich den ganzen Tag; sie verbrachte ihre Nächte mit einem Ehemann, und ich glaube, daß sie in dieser Zeit sich mehr mit mir als mit ihm beschäftigte. Dieses Verhältnis dauerte mehr als drei Jahre, und es hatte den Vorzug, mich von allen geschmacklosen Verrücktheiten zurückzuhalten, die in diesem Alter üblich sind. Wenn wir zusammen waren, versicherten wir uns unserer gegenseitigen Liebe und wir sahen eine so lange Zukunft vor uns, daß wir die Erfüllung von soviel Liebe auf günstigere Zeiten verschieben wollten. (...) Wenn wir uns nicht sahen, schrieben wir uns, und wir konnten kaum die Zeit abwarten, bis wir uns wieder trafen."

Fünfzehn Jahre später traf Metternich als Gesandter in Paris dort Constance de Caumont „um zwei Fuß gewachsen" und „in einer Liaison" wieder. Da er ein galanter Mann war, hat er keinen Namen genannt. Einige Briefe, die in der Familie von Constance überliefert wurden, bezeugen die Fortdauer der Gefühle des reifen Mannes für diejenige, die er ganz zärtlich seine „älteste und beste Feundin" nennt.

Die politische Erziehung in Brüssel

Brüssel 1791 ist das Jahr der ersten Liebe, aber auch der politischen Erziehung.

Der Graf von Metternich fand bei seiner Ankunft im Juni 1791 in der brabantischen Hauptstadt keine leichte Lage vor, genausowenig wie die Gouverneure, Erzherzogin Maria-Christine und ihr Ehemann, Herzog Albert von Sachsen-Teschen. Die Vertreter des Kaisers waren zwei Jahre zuvor während einer Erhebung mit Schimpf und Schande verjagt worden, die die unüberlegten Reformen von Joseph II. hervorgerufen hatte. Sein Bruder und Nachfolger, Leopold II., der geschickt mit Zuckerbrot und Peitsche zu agieren verstand, hatte zunächst den Widerstandswillen der Gemäßigtesten durch das Versprechen geschwächt, die traditionellen Privilegien wieder herstellen zu wollen, die von seinem Bruder als „absurde Freiheiten" bezeichnet worden waren. Danach hatte er, nachdem er sich zum Kaiser hatte krönen lassen und sich der Unterstützung Preußens versichert hatte, seine Truppen eingreifen lassen. Die Provinz war gegen Ende 1790 schnell wiedererobert und stand einige Monate unter Militärverwaltung. Der Wiedereinzug der Gouverneure im Juni 1791 brachte die Rückkehr zu einer Zivilherrschaft und ein normales Funktionieren der wiederhergestellten Verwaltungsstrukturen. Unter Vorgabe einer diplomatischen Vertretung erfüllte Graf von Metternich in der Tat die Funktion des Ersten Ministers der Generalverwaltung.

Wenn es darum ging, die Augen über die Vergangenheit zu schließen und sich damit zufriedenzugeben, die zeremoniellen Erscheinungsbilder der Macht vorzuführen, so hatte Leopold II. seinen Mann nicht schlecht ausgewählt; um aber sich darauf vorzubereiten, dem Gewitter entgegenzutreten, das bedrohlich im benachbarten Frankreich heranwuchs, so hätte es zweifelsohne jemandes mit ganz anderer Statur bedurft als des dicken Franz-Georg.

Welcher Art nun oder zu welchem Zweck die Erfahrung diente, die der junge Metternich bei seinem Vater im Verlaufe des Sommers 1791 erwarb, kann man nicht sagen. Wenn man seinen eigenen Aussagen Glauben schenken kann, so ist er im Herbst des Jahres 1791 nach Mainz zurückgekehrt und war mehr als je zuvor entschlossen, die revolutionäre Hydra in all ihren Erscheinungsbildern zu bekämpfen.

Noch vor Ende des Universitätsjahres beschleunigten unvorhersehbare und ernsthafte Ereignisse die Eröffnung des Kampfes um Leben und Tod. In Paris sah seit Anfang des Jahres 1792 die aus der Gironde stammende Mehrheit der Gesetzgebenden Versammlung, die spürte, daß das Land ihr zu entgleiten drohte, das Heil in einem Krieg, in einem Kreuzzug, der den Nachbarvölkern helfen sollte, sich von ihren Tyrannen zu befreien und der gleichzeitig im Inneren Frankreichs den erlahmenden Enthusiasmus neu anheizen und die Feinde schlagen helfen sollte. Kaiser Leopold II. hatte sich darum bemüht, diesen Krieg zu vermeiden, indem er die französischen Provokationen einfach überging und außerdem den Hilferufen seiner Schwester, der Königin Maria Antoinette, kein Gehör schenkte und die Kampfeslust der Emigranten, die darauf drängten, loszumarschieren, bremste. Am 1. März 1792 jedoch starb Leopold II. völlig unerwartet. Sein Sohn, Franz, war ein schmächtiger, schweigsamer und mürrischer junger

Mann. Seine von seinem Onkel Joseph II. genau geplante Erziehung hatte ihn mit allen Kenntnissen versehen, derer ein Monarch bedarf, mit Ausnahme des Selbstvertrauens und der Entscheidungsfreude. In der ersten Zeit ließ er sich von seinem ehemaligen Erzieher, dem Grafen Colloredo, lenken, den er zu seinem Ersten Minister gemacht hatte und der der Kriegspartei angehörte.

Diplomatische Noten mit Drohgebärden führten ganz schnell zu dem beiderseits gesuchten Vorwand. Am 20. April erklärte Frankreich dem „König von Ungarn und Böhmen" den Krieg, wobei dies eine absolut gerechtfertigte Bezeichnung war, da der Habsburger noch nicht zum Kaiser gekrönt war und man somit den Vorteil hat, nicht alle anderen deutschen Fürsten einzubeziehen.

Der Plan von Dumouriez, dem Hauptanstifter dieser kriegerischen Politik, zielte darauf ab, Belgien schnell zu erobern. Aber die am 30. April fast ohne Vorbereitung ausgelöste französische Offensive scheiterte erbärmlich. Die österreichischen Truppen, die in diesem ersten Aufeinandertreffen siegreich waren, waren jedoch nicht stark genug, den Krieg in das feindliche Land zu tragen. Die Regierung in Wien wollte sich Zeit lassen, ihre Möglichkeiten zu verbessern, sich mit ihren Alliierten abzustimmen, vor allen Dingen mit den Preußen, deren Eingreifen, so glaubte man, kriegsentscheidend wäre. So gab es eine Art Waffenstillstand.

Die letzte Kaiserkrönung

Während in Paris die Extremisten ihren Angriff gegen die Monarchie vorantrieben, gönnte sich Österreich den Luxus, einen neuen deutschen Kaiser zu krönen, den 54. seit Karl dem Großen und den 20. aus der Habsburger Dynastie. Seltsamer Zufall: Franz II. wurde am gleichen Tag (14. Juli 1791) und fast zur gleichen Stunde in Frankfurt gekrönt, zu der der unglückliche Ludwig XVI. seinen letzten öffentlichen Auftritt als König bei der Erneuerung seines Eides auf die Verfassung am Altar des Vaterlandes auf dem Marsfeld vor einer feindseligen und höhnischen Menschenmasse hatte.

Weniger als zwei Jahre waren seit der letzten Veranstaltung dieser Art in Frankfurt vergangen; die Dekorationen konnten wiederverwendet werden und die handelnden Personen — die gleichen wie im Oktober 1790 — kannten ihre Rollen.

Es ist nicht bekannt, ob Graf Franz-Georg es wagte, angesichts der Krisensituation Brüssel zu verlassen; auf alle Fälle wäre es wesentlich diskreter gewesen als zwei Jahre zuvor, denn niemand hat von seiner Anwesenheit berichtet.

Im Gegensatz dazu war sein ältester Sohn Gegenstand der schmeichelhaftesten Aufmerksamkeit. Weniger allerdings aufgrund der Tatsache, daß er, wie 1790, als Zeremonienmeister der katholischen Grafen von Westfalen amtierte als vielmehr aufgrund seiner Leistungen beim großen Ball, der am Tag nach der Krönung von Fürst Antonius Esterhazy, dem Botschafter der böhmischen Krone, gegeben wurde. Dort trat in Gegenwart des Kaisers und seines ganzen Hofes zur Eröffnung das schönste Paar vor, das man hatte auswählen können, junge Leute, die wie lebendig gewordene Porzellanfiguren aus den Schaukästen der sächsischen Porzellanmanufaktur aussahen. Sie paßten hervorragend mit ihrem blonden Haar und ihren blauen Augen zusammen, dieser junge Clemens von Metternich in blaßgrünem Satinrock mit Silberknöpfen, Spitzenkrawatte und mit einer Rose im Knopfloch, der einer jungen Frau in rosenfarbenem Satin die Hand reichte, deren Kleid mit Blumengirlanden und weißem Musselin verziert war. Die Tanzpartnerin war Prinzessin Louise von Mecklenburg; sie wurde später Königin in Preußen und, nach ihrem frühen Tode im Jahre 1810, verehrt, weil sie angesichts des korsischen Eroberers den Stolz der besiegten Nation verkörperte.

In Frankfurt waren die französischen Emigranten zahlreicher und lärmender als zwei Jahre zuvor. Zu denen, deren Bekanntschaft Metternich seinerzeit machte, gehören laut seiner Aussage auch der Abbé Maury und der Vicomte de Mirabeau, der Bruder des großen Redners der Revolution. Nach Beendigung der Feierlichkeiten begab sich die ganze glänzende Gesellschaft mit dem Kaiser an der Spitze nach Mainz, um dort die grandiose Gastfreundschaft des erzbischöflichen Kurfürsten zu genießen, wobei gleichzeitig Pläne für eine Invasion in Frankreich gemacht wurden. Clemens fand in Koblenz, wo er einige Tage oder einige Wochen verbrachte, eine Menge preußischer Truppen vor, die sich dort unter dem Kommando des Herzogs von Braunschweig zusammenzogen. Er traf auch König Friedrich Wilhelm II., einen Koloß von beeindruckender Körperfülle, sowie dessen Sohn, der jenem 1797 nachfolgte; auch dies war nun wieder eine Persönlichkeit, deren Schicksal sich mit dem seinen kreuzte.

Belgien verloren und wieder gewonnen

Nachdem sich die preußische Kriegsmaschine endlich gerührt hatte, begab sich Metternich zu seinem Vater nach Brüssel. Es war überhaupt nicht mehr die Rede davon, daß er seine Studien wieder aufnehmen sollte. Welche Funktionen sollte er nun beim Generalgouvernement annehmen? Metternich schweigt sich in seinen Memoiren zu diesem Punkt seltsamerweise aus. „Ich reiste ständig zwischen Brüssel und der Armee hin und her, beförderte manchmal Befehle meines Vaters und versuchte dann wieder, Freunde zu treffen." Wenn man das so liest, glaubt man kaum, ein Abbild der dramatischen Ereignisse des Winters 1792/93 zu erkennen: Den unerwarteten Einbruch der preußischen Armee nach der Schlacht von Valmy, die darauf folgende Offensive der republikanischen Armeen gleichzeitig in Belgien und am Rhein, wo sie Mainz und Frankfurt besetzten.

Am 6. November errang Dumouriez den blutigen und glorreichen Sieg in der Schlacht von Jemmapes über die mächtige österreichische Armee von Clerfayt. Bereits am nächsten Tag flohen Erzherzogin Maria-Christine und ihre Regierung aus Brüssel. Nach einem kurzen Zwischenaufenthalt in Roermonde begaben sich Metternich und seine Familie nach Koblenz, das die Franzosen zumindest für den Augenblick offensichtlich nicht angreifen wollten.

Während dieser Zeit versuchte Dumouriez, der am 14. November im Triumph in Brüssel eingezogen war, aus Belgien ein persönliches Lehen zu machen. Seine Anstrengungen wurden von dem dummen Eifer der Kommissare der Konvention zunichte gemacht, die im Handumdrehen die Kirchengüter und die Besitztümer der Adligen verstaatlichten und vermittels der jakobinischen Klubs Terror verbreiteten und dann schließlich unter Zwang und Drohungen die Zustimmung zur Annexion der österreichischen Niederlande durch Frankreich erzwangen. Diese Tatsache bewog ebensosehr und fast mehr noch als der Tod Ludwigs XVI. England, auf den Plan zu treten. Unter seinem Einfluß entstand eine fast allgemeine Koalition Europas gegen das revolutionäre Frankreich. Im März 1793 verfügte der Fürst von Coburg über 100.000 Mann, um Belgien wiederzuerobern. Dumouriez, der in Neerwinden am 18. März geschlagen worden war, mußte sich hinter die französische Grenze zurückziehen. Er verhandelte mit Coburg. In Paris erweckte sein Verhalten Verdacht – nicht grundlos. Da er sich weigerte, zum Rapport zu erscheinen, schickte die Konvention ihm vier ihrer Mitglieder – Bancal, Camus, Lamarque, Quinette – zusammen mit dem Kriegsminister Beurnonville. Für den Fall, daß Dumouriez sich in seiner Haltung versteifen sollte, sollten sie ihm seine Befehlsgewalt nehmen und ihn freiwillig oder gewaltsam nach Paris zurückbringen. Dumouriez, der jetzt gezwungen war, zwischen der Rebellion und der Guillotine zu wählen, ließ die Konventsmitglieder verhaften und lieferte sie dem österreichischen General Clerfayt aus, wobei er ihm einredete, daß sie als Geiseln zur Rettung des Lebens der gefangengesetzten königlichen Familie dienen könnten. Aus Mons wurden die Gefangenen nach Brüssel geschickt. Als sie dort am 3. April ankamen, bereitete sich die Bevölkerung darauf vor, den braven Metternich im Triumphzug zu empfangen, der jetzt zurückkehrte, um den Posten wieder einzunehmen, von dem er fünf Monate zuvor vertrieben worden war. Da er zu sehr mit der Vorbereitung der Zeremonien beschäftigt war, beauftragte er seinen Sohn, die lästigen Gefangenen auszufragen. Es war ein langes Gespräch, berichtet Clemens. Es war sein erster Kontakt mit einer neuen Menschenrasse, und er mußte zweifellos gewaltig an sich halten, um sich von dem Fluß der Rede dieser arroganten Königsmörder nicht aus seiner kalten Höflichkeit reißen zu lassen, die gegen die Behandlung protestierten, die sie erlitten, wobei sie noch unter dem Eindruck der Pfiffe und der feindlichen Haltung der Menge litten, die ihren Weg in die Gefangenschaft begleitet hatte. Dieses Gespräch ist in dem sehr genauen Bericht, den die Gefangenen dem Rat der Fünfhundert nach ihrer Freilassung vorlegten, nicht erwähnt, was zumindest vermuten läßt, daß sie sich darüber nicht zu beklagen hatten. Nur Beurnonville verliert darüber ein kurzes Wort in seinem persönlichen Bericht und teilt dabei mit, daß der junge Metternich in Begleitung seines Bruders erschienen war und berichtet von den Leuchtfeuern und Raketen, die zu Ehren der Rückkehr des höchsten Beamten des österreichischen Kaisers nach Brüssel entzündet worden waren. Die Straßen, so wird berichtet, waren mit Transparenten geschmückt, auf denen der belgische Löwe dem österreichischen Adler die Pfote reichte. Welch besonderer Händedruck! Bereits am nächsten Morgen wurden die französischen Gefangenen nach Maastricht gebracht und von dort an verschiedene Orte, wo sie gefangengehalten wurden. Sie wurden dort bis Dezember 1795 festgehalten, als sie gegen die Tochter Ludwigs XVI., der einzigen Überlebenden der königlichen Familie, ausgetauscht wurden.

Dumouriez hatte nach seinem Heldenstück seine Armee gegen die Konvention führen wollen. Seine Truppen jedoch weigerten sich, zu marschieren. Aus diesem Grunde hatte der glücklose Spieler kein anderes Mittel mehr, seinen Kopf zu retten, als sich den österreichischen Behörden auszuliefern, was er am 4. April in Begleitung einiger Getreuer unternahm, unter denen sich der junge Herzog von Chartres befand. Traf Metternich bereits zu dieser Zeit den zukünftigen König Frankreichs? Wahrscheinlich nicht, denn der Prinz reiste nicht über Brüssel sondern begab sich direkt in die Schweiz. Im Gegensatz dazu hatte Dumouriez in Brüssel ein langes Gespräch mit dem Grafen von Metternich, von dem er, so sagt er, äußerst freundschaftlich empfangen wurde; außerdem erhielt er Pässe, um sich frei nach Deutschland und anschließend nach England begeben zu können.

Coburg konnte aus der von der Flucht Dumouriez' hinter den französischen Reihen hervorgerufenen Verwirrung keinen Vorteil ziehen und verzettelte sich, statt direkt auf Paris zu marschieren, gemäß der guten Regeln der Kriegführung alten Stils, in der methodischen Einnahme der seinerzeit von Vauban zur Deckung der Nordfront errichteten befestigten Plätze. Darunter befand sich u.a. Valenciennes, dessen Belagerung bis zur Kapitulation der Stadt fast zwei Monate dauerte. Der junge Metternich, der mit der Verbindung zwischen Brüssel und dem alliierten Hauptquartier beauftragt war, fand Gelegenheit, an fast allen Militäraktionen teilzunehmen. Er schmeichelte sich späterhin, dort Kriegserfahrung gewonnen zu haben, wiewohl er weder damals noch irgendwann später auch nur das geringste Gefühl für die großartigen Massaker entwickeln konnte, die von der neuen revolutionären Taktik geschaffen worden waren. Sehr viel wertvoller und nützlicher waren ohne Zweifel die Verbindungen, die sich der liebenswerte junge Mann seinerzeit zu schaffen verstanden hatte, der wie ein Schmetterling zwischen all den Zelten umherflatterte, in denen sich die Offiziere des Belagerungscorps gegenseitig die neuesten Rezepte verrieten, wie man die Zeit totschlagen könne.

Nach dieser aufregenden und amüsanten Erfahrung mußte Clemens im Verlauf des Winters 1793/94 nach Brüssel zurückkehren, wiewohl er sich nicht darauf freute, sich wieder den trockenen Arbeiten in den Büros seines Herrn Vaters unterziehen zu müssen. „Ich beteiligte mich an Staatsangelegenheiten", sagt er kurz, „wobei ich gleichzeitig meine Studien fortsetzte (er sagt nicht, welche Studien) immer im Hinblick auf die Karriere, die für mich bestimmt war." Dennoch war das Leben in dem schönen großen Haus in der Rue aux Laines (heute Merode-Westerloo), der Residenz des obersten Beamten und Sitz seiner Verwaltung, sicherlich so traurig nicht. Die junge Comtesse von Liedekerke schrieb seinerzeit an ihre Mutter: „Die von Mettenichs geben viel Geld aus und lieben die Gesellschaft." Und sie beschreibt Dîners: „Von erstaunlicher Großartigkeit." Es gibt auch eine Geschichte, nach der der junge Metternich nach einem stark alkoholgetränkten Abend sich angeblich damit amüsiert haben soll, zusammen mit gleichaltrigen Freunden die Nasen einiger Statuen im Park zu zerschmettern.

Aufenthalt in England

Im Frühling des Jahres 1794 ergab sich für Metternich eine Gelegenheit, aus Brüssel zu entfliehen. Der Generalschatzmeister der Finanzabteilung der Regierung der Niederlande, Vicomte Desandrouin, war damit beauftragt worden, mit der britischen Regierung über eine Anleihe zu verhandeln. Graf Franz-Georg sah darin eine Gelegenheit, seine Söhne auf eine Reise zu schicken, die ihrer Erziehung nützlich sein würde. Desandrouin erklärte sich gerne bereit, die beiden in sein Gefolge aufzunehmen. Außerdem begleitete ihn sein eigener Schwiegersohn, Graf Hilarion de Liedekerke, der damit beauftragt wurde, in gewisser Weise als Mentor für die beiden jungen Metternichs zu dienen; die beiden Familien pflegten freundschaftlichen Verkehr und Hilarion war mit Clemens zusammen bei der Belagerung von Valenciennes gewesen.

Der Bericht über diesen Aufenthalt, den Metternich vierzig Jahre später gab, ist äußerst aufschlußreich über die Art und Weise, in der er es bei mehr als einer Gelegenheit verstanden hatte, die Tatsachen in der für seine Eitelkeit vorteilhaftesten Art und Weise zu färben. Dies ergibt sich aus dem Vergleich, den man — welch selten gute Gelegenheit — mit einem Bericht machen kann, der sehr viel glaubwürdiger ist und der von Graf von Liedekerke-Beaufort in Form einer Art Tagebuch[2] während der Reise sofort niedergeschrieben wurde. Es wäre sinnlos, hier alle die von oben genanntem Dokument widerlegten Details aufgreifen zu wollen. Dennoch sollten wir die folgenden festhalten. Die Reise fand im Frühling 1794 statt und nicht „gegen Ende des Winters 1793", wie Metternich schreibt. Andererseits wird nirgends in seinem Bericht darauf eingegangen, daß er von seinem jüngeren Bruder und von einem wesentlich älteren Mann — Liedekerke war seinerzeit 32 Jahre alt — begleitet wurde. Wenn Metternich sich selbst und alleine herausstreicht, wollte er sich wahrscheinlich als einzigen Mittelpunkt der schmeichelhaften Aufmerksamkeit herausstellen, die er sich mehr oder minder einbildete und die ihm angeblich in der hohen Gesellschaft wie auch am Hofe von Saint-James zuteil geworden sein soll.

Folgen wir also dem humoristischen Tagebuch Liedekerkes. Am 25. März also fand die Überfahrt bei relativ rauher See von Ostende nach Dover statt. Bei einer Zwischenlandung in Worcester hatten die Reisenden ein erstes Mal Gelegenheit, die englische Küche zu kosten und britische Sitten zu erleben: „Ein Gericht aus geschnetzeltem Fleisch, Kartoffelbrei und eine schlechte Johannisbeertorte bildeten unsere Mahlzeit; es war Sitte, nur ein oder zwei reichhaltige Gerichte der einfachen Art zu servieren. (...) Zum Dessert hatten wir einen sehr guten Portwein. Nach dieser einfachen Mahlzeit wurden wir gefragt, ob wir Wein trinken möchten, denn offensichtlich trinken die Engländer den Wein erst nach den Mahlzeiten." In London logierten die drei Freunde in einer Herberge, die von einem Schweizer auf der Pantonstreet geführt wurde und die dafür bekannt war, daß sie den besten Gästetisch Londons hatte, „was allerdings nicht viel sagen will", fügt Liedekerke hinzu. Wiederum zeigt sich ein glücklicher Zufall: In dieser Herberge befand sich außerdem Comte de Néry, ein Verwandter Liedekerkes, der in politischen Kreisen sehr bekannt und beachtet war; dieser öffnete Metternich viele Türen. Der erste Besuch bei Hofe mit der Vorstellung Metternichs bei König Georg III. fand am 2. April statt und wurde vom Grafen von Starhemberg, dem Botschafter Österreichs, arrangiert; dieser auch verschaffte den Besuchern Eintrittskarten zum Oberhaus, damit sie dort an einigen Sitzungen des Prozesses gegen den ehemaligen Gouverneur der Krone in Indien, Warren Hastings, teilnehmen konnten. Dieser Prozeß ist in den Annalen des Westminsterparlamentes berühmt.

Einige Tage später erlebten die beiden Metternich und ihr Freund ein weiteres denkwürdiges Ereignis. Auf der See vor Portsmouth in der Spithead Bay sammelte sich eine große Flotte, die dazu bestimmt war, einen umfangreichen Konvoi mit Bestimmung Ostindien zu schützen und eventuell der französischen Flotte von Brest einen Kampf zu liefern. Die Admiralität stellte Empfehlungsschreiben aus; als aber unsre drei Reisenden in Portsmouth ankamen, war die Stadt mit neugierigen Gaffern, die aus dem gleichen Grunde angereist waren, derartig überfüllt, daß sie zunächst keine Unterkunft fanden und eine recht mühsame und unbequeme erste Nacht in einer in einem Schuppen abgestellten Postkutsche verbringen mußten. Nachdem sie sich am Morgen mehr schlecht als recht bei einem Barbier die Toilette hatten herrichten lassen, begaben sie sich zu dem Admiral und Hafenkommandanten, um dort in Erfahrung zu bringen – was sie ja wohl hätten voraussehen können – daß an eben diesem Tag Ostersonntag war, und daß das Arsenal geschlossen blieb. Was sollte man also tun, wenn man sich schon nicht auf den Befestigungswällen ergehen wollte wie alle anderen, nachdem man festgestellt hatte, daß die Stadt sehr wenig Attraktionen zu bieten hatte. Denn „Portsmouth bestand zum größten Teil aus Herbergen und Kneipen für die Matrosen und die weibliche Bevölkerung, insbesondere die der kleinen Gassen, (...) die im wesentlichen aus Fräuleins bestand, die Matrosen zu Willen waren."

Der nächste Morgen brachte jedoch einigen Ausgleich: Ein Offizier, der vom Admiral geschickt worden war, kümmerte sich um die drei Besucher; so konnten sie alle Werften, Baustellen und Lagerhallen des immensen Arsenals besichtigen; am Ende des Nachmittags nahm eine Schaluppe mit zwölf Ruderern sie auf ein 100-Kanonen-Schiff mit, auf die „Cäsar", die sie von allen Seiten besichtigen durften. Bei der Rückkehr fuhren sie an 56 Kriegsschiffen entlang, die „groß wie Berge" waren und die kaum 300 Fuß voneinander entfernt verankert waren. Sie bemerkten vier französische Schlachtschiffe, die in Toulon erobert worden waren und die noch die weiße Flagge der Königlich Französischen Kriegsmarine trugen.

Am folgenden Tag brachte sie ein kleines Ruderboot, das von einem einzigen Matrosen gerudert wurde, bis zur Insel Wight. Dort konnten sie vom Semaphorenhügel aus „eines der schönsten Spektakel erleben, die ein Mensch je zu Gesicht bekommen kann". Der Aufmarsch der beiden Konvois, der eine für Ostindien bestimmte, welcher von 6 Kriegsschiffen eskortiert wurde; der andere, der nach Westindien fuhr, mit 26 Schlachtschiffen des Admiral Howe, der drei Wochen später die französische Flotte unter Admiral de Villaret-Joyeuse angreifen sollte. Diese wichtige Seeschlacht fand vor der Insel Ouessant vom 28. Mai zum 1. Juni hin statt und endete mit dem totalen Sieg der Royal Navy. Hier entfernt sich der Bericht der Memoiren des Metternich in schwindelerregender Weise von den anderweitig sorgfältig berichteten Tatsachen; er behauptet, bei der Rückkehr von der Insel Wight von Admiral Howe auf dessen Admiralsschiff empfangen worden zu sein. Diesen Besuch erwähnt Liedekerke überhaupt nicht, der einen solch delikaten Augenblick sicherlich mit Genuß berichtet hätte. Außerdem behauptet Metternich, daß er bei seiner Rückkehr nach London zwei Tage später die Bevölkerung im Freudentaumel vorfand zur Feier des Sieges von Ouessant ..., wohingegen sich die Nachricht von diesem Sieg in London erst am 10. Juni verbreitete!

Außer den vorstehenden Episoden berichtet das Tagebuch Liedekerkes über die angenehmen und frivolen Beschäftigungen von drei jungen Kontinentalaristokraten, die in eine neue Welt losgelassen wurden und in Konzerte und Theateraufführungen liefen, an den von den Botschaftern und einigen großen Häusern gegebenen Bällen und großen gesellschaftlichen Veranstaltungen teilnahmen und in angenehmer Gesellschaft nach Greenwich, Oxford, Richmond, Blenheim und anderen fürstlichen Besitztümern reisten. Sie lernten auch die Besonderheiten des britischen Lebens kennen, die angenehme Art und Weise, die Straßen und die Häuser in den neuen Wohnvierteln im Westen einzurichten, die sich so sehr von dem pittoresken Chaos der alten Stadt unterschieden, sie lachten manchmal über die Frauen, die „ohne Geschmack gekleidet und mehr oder weniger lächerlich frisiert waren", sie waren aber auch „voller Bewunderung für den Reichtum, den Arbeitswillen und den gesunden Menschenverstand der Engländer". Im Verlaufe dieser Wochen – daran gibt es keinen Zweifel – begründete Metternich seine Bewunderung und Verehrung für die britische Macht, die später eine der Konstanten in seiner Politik darstellte.

Das Tagebuch von Liedekerke liefert außerdem einige Züge, die es gestatten, am Portrait des jungen Metternich einige Veränderungen vorzunehmen. Am 18. Mai schreibt er, daß sie die Messe beim Botschafter Spaniens versäumt hatten: „Die Herren von Metternich waren immer etwas langsam bei ihrer Toilette." An einem anderen Tag berichtet er, daß die beiden Brüder „einen Streifzug durch die wunderbaren Boutiquen der Bondstreet" unternommen hatten. Vielleicht standen diese Besorgungen in einem Zusammenhang mit einer Clemens von der schönen Constance de Caumont anvertrauten delikaten Mission: Sie hatte ihn damit beauftragt, in London ihr Geschmeide zu verkaufen; die Tage der goldenen Emigration waren denen der bitteren Schwierigkeiten der in die Länge gezogenen Emigration gewichen.

Ende Mai kehrte Liedekerke, zweifelsohne des mondänen Wirbels müde und in dem Gedanken an seine Frau, nach Belgien zurück. Die beiden Metternich fühlten sich deswegen nicht schlechter, wie man aus einem frechen Briefchen entnehmen kann, das Clemens am 10. Juni an seinen „lieben Lili" gerichtet hat. Aber von diesem Augenblick an gibt es keine genauen Auskünfte mehr über die Taten und Handlungen von Clemens. Zweifelsohne sind die Kontakte, derer sich Metternich mit Berühmtheiten wie Pitt, Fox, Burke, Sheridan, Grey und auch dem Prince of Wales rühmt, ans Endes seines Aufenthaltes in England zu legen. Vom Prince of Wales behauptet er, „daß er eine große Zuneigung für mich hatte". Man muß zugestehen, daß sich für ihn, der gerade die Mitteilung seiner Ernennung zum Verwaltungsbeamten des Kaisers bei der Regierung der Republik der Vereinigten Provinzen in Den Haag erhalten hatte, etliche Türen geöffnet hatten. Um so ausgezeichnet zu werden, mußte ein junger Mann von 21 Jahren sicherlich Verdienste haben ... oder aber eine Protektion, die es wert war, gepflegt zu werden.

Der Zusammenbruch in Belgien

Clemens nahm seine Amtsgeschäfte in Den Haag allerdings nie auf. Während seiner Abwesenheit hatten sich die Ereignisse in Belgien in der Tat für Österreich und für seine Familie ganz wesentlich zum Schlechten gewendet. Die von Carnot aufgestellten neuen republikanischen Armeen hatten im Frühling des Jahres 1794 erneut die Offensive ergriffen. Der Sieg von Fleurus (26. Juni) ließ Belgien wieder in ihre Hände fallen; und noch einmal war Graf Franz-Georg mit seiner Familie und dem gesamten Personal seiner Verwaltung gezwungen, Brüssel zu verlassen. Diesmal jedoch herrschte sowohl in der besseren Gesellschaft wie auch bei den Emigranten eine allgemeine Panik, denn man wußte, daß man es nicht mehr mit einem Mann des Ancien Régime wie Dumouriez zu tun hatte, sondern mit unerbittlichen Jakobinern, die nach Rache dürsteten und die bezüglich der Anwendung der Prinzipien republikanischer Gleichheit wenig empfindsam vorgingen.

Dieses Mal endete auch der Rückzug des Grafen Metternich und seines Gefolges nicht in Koblenz, das von der Offensive der „Carmagnole" ebenfalls bedroht war, sondern führte bis Düsseldorf, wo sich im Schutz der Rheinlinie die besiegten österreichischen Armeen neu gruppierten. Dort erreichte Franz-Georg die Nachricht, daß der Kaiser seinen Tätigkeitsbereich liquidiert und die Verwaltung der österreichischen Niederlande schlicht und einfach aufgelöst hatte. Die Art und Weise, in der diese Entscheidung mitgeteilt wurde, hatte alle Anzeichen der kaiserlichen Ungnade.

Was konnte man nun diesem unglücklichen Verwaltungsbeamten eigentlich vorwerfen? Eine vertrauliche Mitteilung seines Mitarbeiters und Freundes Desandrouin klärt uns darüber auf.

> „Herr von Metternich hatte die Grenzen der Zurückhaltung und alle Verträglichkeit bei weitem überschritten, als er ganz allgemein den äußersten Ansprüchen der Generalstände nachgab (...). Es war ihnen gelungen, alle Royalisten ihrer Ämter zu berauben, um diese entschlossenen Patrioten zukommen zu lassen." (In: Liedekerke, op.cit., Band I, Seite 257.)

Schlimmer noch, er soll angeblich einen Plan unterstützt haben, der darin bestand, Einheiten aus Nationalgardisten aufzustellen, deren Offiziere hätten gewählt werden sollen, und die sich so der königlichen Autorität entzogen hätten. Diese Beschwerden sollen Franz II. offensichtlich während seines Aufenthaltes im vergangenen April zu Ohren gekommen sein, als er traditionsgemäß angereist war, um sich als Herzog von Brabant und Limburg inthronisieren zu lassen. Vielleicht aber war der strenge junge Herrscher, der die Schule Josephs II. durchlaufen hatte, nur von dem Brüsseler Wohlleben schockiert, das sein Vertreter in seiner Tölpelhaftigkeit dem Kaiser vorführte.

Mühsame Heimkehr

Aus London hatte Clemens sicherlich mit zunehmender Unruhe die Entwicklung der Ereignisse verfolgt. Er hätte im Prinzip „zur Mitte des Sommers" wieder nach Brüssel zurückkehren sollen, aber wegen des unwiderstehlichen Vormarsches der revolutionären Flut riet man ihm, seine Abreise aufzuschieben. Zu Ende Juli hatte die von Pichegru befehligte französische Armee Antwerpen überrannt, aber ihr Vormarsch wurde von dem natürlichen Hindernis der Mündungen der Maas und des Rheines blockiert. Als man feststellen konnte, daß die Franzosen nicht versuchten, dieses Hindernis sofort zu überrennen, hielt Metternich die Zeit für gekommen, England zu verlassen. Das Schiff, auf dem er sich in Harwich einschiffte, sollte nach Hellenvoetsluys an der Mündung des nördlichen

Armes der Maas auslaufen, aber ein kleiner Sturm trieb es bis vor Dünkirchen, wo es sich im Feuergefecht zwischen den Kanonen der Stadt und einer britischen Schwadron wiederfand, die von dem Abenteurer Sidney Smith[3] befehligt wurde. Ein glückliches Umspringen des Windes gestattete es dem Schiff, sich aus dem Gefecht zu lösen, sodaß Metternich schließlich holländischen Boden erreichte.

An dieser Stelle verzeichnen seine Memoiren eine Anmerkung, über deren Besonderheit seine Biographen bisher noch nicht berichtet haben. „Ich hielt mich in diesem Lande", so sagt er, „nur solange auf, wie es nötig ist, um Den Haag, Amsterdam und einen Teil des nördlichen Holland zu besuchen, wonach ich mich zum Sitz des Generalgouvernements der österreichischen Niederlande begab, zu dem sich dieses geflüchtet hatte." Was wird in diesem touristischen Bericht aus der diplomatischen Mission beim holländischen Generalgouvernement? Ein Generalgouvernement, das doch immerhin bis zur Eroberung durch die Franzosen im Januar 1795 durch die Armee von Pichegru existierte. Hatte sich diese Mission zur gleichen Zeit wie die des Grafen Franz-Georg erledigt? Oder mußte er sich, bevor er seinen Posten offiziell antrat, mit Beglaubigungsschreiben und Instruktionen versehen? Hätte er sich dann allerdings nicht beeilen müssen, statt eine kleine Lustreise zu unternehmen?

Was er in Düsseldorf oder anderswo vorfand, war nicht, wie er schreibt, ein geflohenes „Generalgouvernement", sondern ein unglücklicher Vater, der von seiner politischen Ungnade und von dem Verlust aller seiner linksrheinischen Besitzungen, die in die Hände der verfluchten Jakobiner gefallen waren, schmerzlich niedergerückt war.

Die Trauer und der Ärger des jungen Metternich, der hier mit einer für ihn ganz neuen Situation konfrontiert wurde, haben, so kann man annehmen, seine erste veröffentlichte Schrift geprägt, die eine Art Herausforderung darstellte, welche er einem Gegner entgegenschleuderte, der ihn sein ganzes Leben lang nicht mehr losließ. In einer Broschüre mit dem Titel „Über die Notwendigkeit, das Volk entlang der französischen Grenzen zu bewaffnen. Von einem Freund der allgemeinen Ruhe" vergleicht Metternich die französische Invasion mit derjenigen der Barbaren in das Römische Reich und bezeichnet die französische Invasion als sehr viel gefährlicher.

„Zu keiner Zeit wollten die Barbaren die moralischen Strukturen verändern, die heiligsten Pflichten umstürzen und in den eroberten Ländern den Schrecken der Revolution zum Durchbruch verhelfen. Das Ziel der modernen Barbaren ist es, alle sozialen Bande zu brechen, alle Prinzipien zu zerstören und alles Eigentum zu enteignen." (Das Eigentum der Metternich ganz besonders!)

Gegen die neuen Barbaren hat sich die Verteidigungsanstrengung der bedrohten Länder als unwirksam erwiesen. Der Grund war, daß der Charakter des Krieges sich geändert hatte: In den Revolutionsarmeen zögert man nicht, Tausende von Leben zu opfern, während in den Armeen der Berufssoldaten, die ihnen entgegengestellt wurden, der Verlust einiger hundert Männer bereits ausreichte, um die Organisationsstrukturen zu zerstören. Das einzige Mittel zum Heil war also, „das bewaffnete Volk den feindlichen Massen entgegenzustellen (...), das Volk findet sein Heil in der Verteidigung seines Lebens und seines Eigentums (...), also sollte man dem Dorfbewohner und dem Bauern auf seiner Erde Waffen in die Hand geben oder ihnen zumindest erlauben, sich zu bewaffnen und dazu beizutragen, die ernste Gefahr zu bannen, die sie bedroht".

Hier erkennt man die Idee wieder, die der ältere Metternich am Vorabend der zweiten Invasion Belgiens befürwortet hatte und die einer der Gründe für seine Ungnade gewesen war. Clemens zeigte sich also bei dieser Gelegenheit als treuer Sohn; aber dachte er vielleicht daran, daß er es riskierte, seine eigene Karriere zu zerstören? Der mit der österreichischen Außenpolitik beauftragte Staatsminister war Baron Johann-Amadeus Thugut, der dem Grafen Franz-Georg gegenüber schon eine ziemlich schlechte Einstellung hatte. Und jetzt versuchte auch noch dieser Windbeutel von Sohn, denjenigen eine Lektion zu erteilen, die überhaupt keinen Gefallen daran gefunden hatten, das revolutionäre Konzept der Volksbewaffnung in Belgien umzusetzen! Thugut gehörte zu ihnen.

So kann man annehmen, daß die Metternichs weniger herzlich empfangen wurden, als Clemens es vorgab, als Vater und Sohn gegen Ende Oktober 1794 in Wien erschienen. Der junge Mann erschien zum ersten Mal in der Hauptstadt, die späterhin Sitz seiner dauerhaften Macht werden sollte. „Ich wurde dort von der besseren Gesellschaft in Güte aufgenommen. Ich war 21 Jahre alt und offensichtlich traute man mir mehr Vernunft und mehr Weltläufigkeit zu als einer ganzen Menge unserer Perückenköpfe." Hier zeigt sich recht gut die Persönlichkeit dessen, der in den Memoiren des Marquis de Bouillé so beschrieben wird: „Ein eitler Stolz, der sich darin gefiel, mehr schlecht als recht die eleganten Formen, die Leichtigkeit und selbst die Nachlässigkeit Frankreichs mit der Strenge und der Behäbigkeit Deutschlands zu verbinden."

Dieser erste Kontakt war in jedem Fall ziemlich kurz, denn Graf Franz-Georg schickte seinen Sohn nach Königswart; er sollte eine Aufstellung über die Vermögenswerte des letzten Gutes erstellen, das ihnen nach der Katastrophe übriggeblieben war; es mußten dort Arbeiten durchgeführt werden, die von den vorangegangenen Generationen zu sehr vernachlässigt worden waren. Damit beschäftigte sich der junge Mann während der

Monate November und Dezember geradezu akribisch. Der Vater mußte sich unterdessen sputen, um einen gewissen Ersatz für die Verluste, die er im Dienst des Herrschers erlitten hatte, zu erhalten. Franz II. gestand ihm schließlich eine Pension zu – deren Höhe uns nicht bekannt ist –, aber es gab keinen neuen Posten: Thugut achtete schon darauf!

Die schöne Heirat

Zum Glück war da noch Gräfin Beatrix. Die Karriere ihres schwerfälligen Ehemannes schien blockiert: Dies war ein Grund mehr für sie, den Versuch zu wagen, die Karriere ihres geliebten Clemens zu retten und voranzutreiben. Während ihr Ehemann sich durch die eisige Atmosphäre der Wiener Verwaltung bewegte und der Sohn sich im genausowenig gastfreundlichen böhmischen Winter aufhielt, begann die Gräfin ihre eigene Kampagne in den Salons. Sie traf dort auf eine Freundin aus ihren Kindertagen, auf die Fürstin Oettingen-Spielberg, die Ernst von Kaunitz geheiratet hatte, den einzigen Sohn des großen Kanzlers der Maria Theresia, der zu Beginn des Jahres 1794 gestorben war. Aus dieser Verbindung war im Oktober 1775 ein Mädchen namens Eleonore geboren worden, die ebenfalls das einzige Kind ihrer Eltern war. Zu Beginn des Jahres 1795 erschien sie weder schön noch häßlich. „Meine Frau wird niemals schön", wird Metternich 1818 schreiben. Sie war klein von Gestalt und ihr Lächeln war von ihren unregelmäßigen Zähnen verzerrt. Es fehlte ihr aber weder an gutem Willen noch an gesundem Menschenverstand und aufgrund ihrer Herkunft war sie zweifelsohne eine hervorragende Partie für jemanden, der eine diplomatische Laufbahn anstrebte. Anscheinend waren die beiden Mütter sehr schnell einer Meinung im Wunsche, eine Ehe zwischen Clemens und der jungen Eleonore zu stiften. Aber die Fürstin Ernst von Kaunitz starb zu Beginn des Jahres 1795; ihre Schwester, die Fürstin von Liechtenstein (sie wurde Lori genannt), übernahm die weitere Erziehung ihrer Nichte und Patentochter und kümmerte sich darum, ihren Schwager aus den Eheplänen herauszuhalten, der der Meinung war, daß die Metternich, die zur Hälfte ruiniert und bei Hofe schlecht angesehen waren, eine doch sehr mittelmäßige Partie darstellten, wenn man die anderen Bewerber betrachtete, die in einer Reihe anstanden, junge Leute aus den höchsten Familien der österreichischen Aristokratie. Clemens selbst gesteht – und man kann es diesmal wohl glauben –, daß er zu jener Zeit keine große Lust hatte, zu heiraten. „Mein Vater wünschte es, und ich tat was er wollte."

Jedenfalls spielte er die Rolle, die man von ihm erwartete, so gut wie möglich. Er hatte ein vorteilhaftes Äußeres, eine elegante Haltung, eine gewisse Leichtigkeit im Verhalten, die er zu Füßen der schönen Constance de Caumont und anderer emigrierter Damen erworben hatte, er besaß genügend verschiedenartige Kenntnisse und ausreichend Erfahrung, die er schon in der Nähe der Großen der Welt erworben hatte, um eine hervorragende Konversation führen zu können: Mit all diesen Trümpfen war es ihm nicht schwierig, das ängstliche junge Mädchen zu blenden und zu bezaubern, das bis dahin in abgeschlossener Einsamkeit erzogen worden war. Ihrer Tante Lori vertraute sie bald darauf an:

„Ich fühle eine Schwäche für Clemens Metternich. Er gefällt mir sehr und ich vertraue ihm. Er ist sehr gebildet und außerdem noch verständnisvoll und weise, er beherrscht sich sehr gut; er mag keine Romane, sondern zieht ernste Bücher vor. Außerdem ist er auch noch religiös und verehrt meinen Vater wegen des tiefen Respektes vor der Erinnerung an meinen Großvater. Ich kann ihn lieben und ihm eine gute Ehefrau sein. Ich bitte Sie, sprechen Sie mit meinem Vater darüber." (Zitiert bei Corti, Metternich und die Frauen, Seite 19.)

Unter den vereinten Bemühungen seiner Schwägerin und seiner Tochter gab Fürst Ernst nach und stimmte im Juli zu, die Metternichs in seiner Sommerresidenz in Austerlitz zu empfangen. Clemens inspirierte ihm wenig Sympathie: zu höflich, zu geschwätzig, zu französisch. Und bezüglich des schwerfälligen Vaters, wie sollte man ihm glauben, wenn er versicherte, daß sein Sohn ein Abbild des jungen Pitt sei, schon wegen des frühen Erscheinens seines politischen Talentes und daß er selbst schon bald sein Grundvermögen wiedererlangen würde nach der unvermeidlichen und schon offensichtlichen Niederlage der jakobinischen Eroberer? Als die Besucher Austerlitz verließen, hatte Eleonore ein Medaillon in ihrem Besitz mit einer Haarlocke dessen, den sie als ihren Verlobten betrachtete. Dieser letztere versäumte es nicht, von Königswart aus die Flamme der Liebe durch fast tägliche Briefe zu nähren. Schließlich stimmte Fürst Ernst fast gegen seinen Willen der Heirat zu, aber nur zu zwei Bedingungen, die sicherstellen sollten, daß seine Tochter, die sein einziger Trost seit dem Tod seiner Frau gewesen war, in seiner Nähe blieb: Dies bedeutete erstens, daß das junge Paar immer in seinem Hause zu wohnen habe und zwar sowohl in Wien als auch auf dem Lande, und zum zweiten, daß sein Schwiegersohn, solange er selbst noch lebe, keinerlei diplomatische Mission annehmen sollte. Was auch immer man auf der Seite der Metternich von dieser letzten Forderung hielt, sie wurde akzeptiert.

Die Hochzeit fand am 27. September 1795 in der Kirche des mährischen

Dorfes statt, dessen Name, der bis dahin in der Welt völlig unbekannt war, zehn Jahre später in feurigen Buchstaben in das Geschichtsbuch Europas geschrieben werden sollte. In Austerlitz jedoch gab es an diesem Tag weder Kanonenschüsse noch Gewehrfeuer, keine Schreie von Verwundeten und Verletzten, sondern nur den Lärm und den Umtrieb des fröhlichsten und friedlichsten aller Feste. Gleichzeitig mit der Eheschließung der Tochter des Herrn wurde die Ehe für sechs Paare von Hintersassen gesegnet; bis zum Abend erschollen im Park von Kaunitz und auf dem Dorfplatz die Gesänge und die fröhlichen Rufe der Tänzer, während der Neue Wein in Strömen floß.

Dies war der Tag des Triumphes für Gräfin Beatrix von Metternich. Man kann sicher sein, daß ihr Clemens es verstand, jeden falschen Ton zu vermeiden, aus dem man hätte ablesen können, daß die Vernunft viel mehr als das Herz das Band knüpfte, das sein Junggesellenleben beendete. Als er sich ein Vierteljahrhundert später an diesen entscheidenden Schritt erinnerte, schrieb er, so scheint es, in aller Aufrichtigkeit:

„Ich bin heute weit davon entfernt es zu bedauern. Meine Frau ist ausgezeichnet, voller Geist und vereint in sich alle die Qualitäten, die das Glück eines Hauses ausmachen. (...) Sie ist nur für diejenigen liebenswert, die sie sehr gut kennt. Diese lieben sie alle. Die Öffentlichkeit findet sie mürrisch, und das genau ist es, was sie möchte. Es gibt nichts auf dieser Welt, das ich nicht für sie täte."

Es ist richtig, daß der so brillante Metternich trotz aller seiner außerehelichen Abenteuer seiner bescheidenen und weisen Eleonore gegenüber immer ein Gefühl der vertrauensvollen und respektvollen Zärtlichkeit hatte.

KAPITEL 3

Vom Rhein zur Donau

Verfügbar

Der Übergang von den Ufern des Rheins an die der Donau war so leicht und so schnell erfolgt, daß der Betroffene sich selbst darüber wunderte. Im April 1798 konnte Clemens seiner Frau schreiben: „Während meines letzten Aufenthaltes in Frankfurt (1793) habe ich Wien so gesehen, wie Sie Neapel oder Petersburg betrachten würden; ich sollte mich dort nur für drei Wochen aufhalten und jetzt gehöre ich mein ganzes Leben dorthin. Dies alles ist sehr gut und ich würde diese Vorzüge nicht für die Schätze des Universums aufgeben wollen."

Was sollte er auch mehr wünschen, da er doch im Alter von 23 Jahren durch eine ruhmvolle Verbindung in den Kreis der am höchsten geschätzten Familien der österreichischen Aristokratie aufgenommen worden war, da es keine materiellen Bedürfnisse mehr gab und da ihm seine liebevolle und ihn pflichtgemäß bewundernde Ehefrau ohne großes Zögern im Januar 1797 eine erste Tochter namens Marie schenkte; da er in den Salons brillierte, in denen die größten Geister auftraten — unter anderem auch der Fürst von Ligne, den er schon einige Jahre zuvor in Brüssel getroffen hatte? Was sollte er noch wünschen, als vielleicht im Adoptivland eine Rolle zu spielen, auf die er glaubte, durch seine Erziehung vorbereitet worden zu sein?

„Die diplomatische Karriere hätte zweifelsohne meinem Ehrgeiz geschmeichelt, aber ich war mein ganzes Leben lang für dieses Gefühl nicht empfänglich." Man sollte dieser Erklärung nicht mehr Aufmerksamkeit schenken, als den gleichartigen, die man aus der Feder so vieler Staatsmänner fließen sieht. Ein einziges ihm entschlüpftes Wort klingt wahr: „Mein Schwiegervater hat mich daran gehindert, mich mit Staatsaffären zu beschäftigen." Gehindert: damit ist alles gesagt! Metternich verstand es — und man kann es ihm zugute halten —, von dieser unfreiwilligen Untätigkeit guten Gebrauch zu machen.

„Meine wahre Berufung, so schien mir, war es, die Wissenschaften zu pflegen, vor allen Dingen die genauen Naturwissenschaften. (. ...) Ich besuchte fleißig Vorlesungen in Geologie und in Chemie ... Ich verfolgte aufmerksam den Fortschritt der medizinischen Wissenschaft. (...) Ich habe allen Ekel überwunden und in den Krankenhäusern und Anatomielehrsälen gelebt."

Im September 1797 starb Fürst Ernst von Kaunitz. Aber Thugut war immer noch da und lenkte die österreichische Politik in einer in den Augen Metternichs so angreifbaren Art und Weise, daß er – so versichert er – überhaupt keine Lust hatte, dieser Politik seine Dienste anzubieten. Und dennoch profitierte er kurz nach dem Tod seines Schwiegervaters vom ein wenig suspekten Wohlwollen des gleichen Thugut, um seine wiedergefundene Freiheit zu gebrauchen.

Der Rastatter Kongress

Nach den brillanten Siegen von Bonaparte in Italien hatte Österreich in Campoformio (18. Oktober 1797) einen Friedensvertrag zu unterschreiben, der der französischen Republik nicht nur Mailand und Belgien auslieferte, die bis dahin direkte Besitztümer der habsburgischen Krone gewesen waren, sondern auch die linksrheinischen deutschen Territorien. Anders gesagt warf der Kaiser, um sich aus einer schlechten Lage zu befreien, dem jakobinischen Tiger kleine Staaten zum Fraß vor, deren Beschützer er eigentlich hätte sein sollen. Die Herrscherhäuser dieser kleinen Staaten sollten für die Enteignung durch andere Enteignungen entschädigt werden, die zu Lasten der überlebten geistlichen Fürstentümer, Bistümer und Abteien vorgenommen werden sollten, wobei diese glatt und einfach in ganz Deutschland säkularisiert werden sollten. Bei dieser weitläufigen Neuverteilung der Landflächen wollte sich Österreich selbst großzügig bedienen.

Aus diesem Willen heraus entstand der Beschluß, zu Ende des Jahres 1797 in Rastatt einen Kongress aller beteiligten Parteien einzuberufen. Da die Fähigkeiten des Grafen Franz-Georg von Metternich bei Thugut nur mittelmäßiges Vertrauen genossen, muß man darüber staunen, daß er ausgerechnet ihm den Auftrag erteilte, die Leitung der österreichischen Delegation zu übernehmen. Man muß jedoch wissen, daß er von zwei weiteren Bevollmächtigten eingerahmt wurde, die mit unterschiedlichen Instruktionen versehen waren: In dem Grafen von Lehrbach, dem Vertreter Franz II. in seiner Eigenschaft als Erzherzog von Österreich und dem Grafen von

Cobenzl, dem Vertreter des Herrschers als König von Ungarn und Böhmen. Ganz augenscheinlich zählte man auf diesen letzteren für die ernsthaften Gespräche mit den Vertretern Frankreichs: Hatte er nicht Bonaparte bereits bei den Verhandlungen zum Vertrag von Campoformio gegenübergesessen? Was den Grafen Franz-Georg betrifft, so sollte er seine Opfer mit Sprüchen und wohlmeinenden Handlungen betäuben; außerdem sollte er diesem Jahrmarkt der Landräuber dadurch einen gewissen Anschein von Würde geben, daß er ihn mit dem Apparat wirklicher Verhandlungen umgab und daß er, wenn nötig, die Dinge durch die minutiöse Anwendung der protokollarischen Regeln in die Länge zog. Für diesen Zweck konnte man niemand besseren finden: Eine der ersten Handlungen seiner Mission sollte es sein, ein Conklusum – einen in lateinischer Sprache begründeten Vorschlag – vorzulegen, die einem besonders wichtigen Problem gewidmet war: Der Anzahl der Schritte nämlich, die jeder Delegationsleiter zu machen haben würde, um seinen Gesprächspartner von der Gegenseite zu empfangen oder zurück zu geleiten.

Die Rolle des Clemens von Metternich

Wohlgemerkt beschränkt sich die Geschichte des Kongresses von Rastatt nicht auf solche Kindereien, sie soll aber hier noch nicht einmal summarisch abgehandelt werden. „Dieser Kongress", sagt Metternich später, „war vom ersten bis zum letzten Tag nur ein Köder." Für Österreich hatte es sich hauptsächlich darum gehandelt, die notwendige Zeit zu finden, neue Waffen und eine neue Allianz zu bilden und Frankreich den Ruch des Landräubers und des Mörders anzuhängen, der das verehrungswürdige Deutsche Reich zu Grabe brachte.

Was für uns hier wichtig ist, ist, die Rolle zu sehen, die Clemens von Metternich in diesem Geleitzug spielte. „Die Grafen von Westfalen", erklärt er später, „vertrauten mir die Vertretung ihrer Interessen an. Ich übernahm diese Aufgabe mehr aus Pflichtgefühl, denn aus der Hoffnung, nützlich sein zu können." Welch edle Sprache, über die man allerdings nicht ein viel realistischeres Eigeninteresse vergessen sollte. Die schon im voraus festgelegten Ergebnisse des Kongresses – Annexion des linken Rheinufers durch Frankreich, Ersatz des Schadens der so betroffenen deutschen Fürsten – interessierte die Metternichs ganz besonders. Aus diesem Grunde war es für sie lebensnotwendig, möglichst im Zentrum der Verhandlungen dabei zu sein. Graf Franz-Georg hatte zweifelsohne diesen Gedanken im Kopf, als er – vielleicht hatte man ihn sogar darum gebeten – eine Mission akzeptiert hatte, die ihm nur die Abneigung seiner Gleichgestellten einbringen konnte. Da er sich aber so in einer Stellung als Oberschiedsrichter befand, konnte er seine Eigeninteressen selbst wahrnehmen. Sein Sohn hatte andererseits mehr Bewegungsfreiheit und man konnte fest auf ihn zählen, damit aus der Lage der größtmögliche Vorteil gezogen werden könnte.

Am 6. Januar 1798 vertraut Clemens seiner Frau an: „Meine Eigenschaft als Abgesandter der Grafen ist für mich ein unschätzbarer Vorteil; sie versetzt mich in die Lage, selbst für mich arbeiten zu können und ich schwöre Ihnen, daß ich weder eine Minute noch eine Gelegenheit versäume." Und unter welchem Gesichtspunkt? Er hatte es bereits am 7. Dezember erläutert: Das Römische Reich geht zum Teufel, wir müssen deswegen Trauer tragen, „aber dies ist jetzt der Augenblick, wo jeder daran denken sollte, soviel wie möglich aus dem Schiffbruch des Staatsschiffes für sich zu retten". Das Herz blutet bei dem Gedanken, den Familienbesitz in die Hände von Spitzbuben fallen zu sehen und die Säkularisierungen haben einen scheußlichen Beigeschmack, aber wenn man sich selbst enthalten wollte, seinen Anteil sicherzustellen, würden andere profitieren. So „bin ich überzeugt, daß wir persönlich nichts verlieren werden, wir werden vielleicht etwas gewinnen".

Kleine Geschichten vom Kongress

„Sagen Sie niemandem etwas", empfahl Clemens nach diesen etwas weit getriebenen Vertraulichkeiten. Aber bezüglich des Restes der aus Rastatt an die junge Ehefrau übersandten Korrespondenz zeigt sich, daß diese Briefe dazu bestimmt waren, im Salon der Fürstin Lori von Liechtenstein gelesen zu werden, um das Getuschel in den Wiener Salons zu nähren. Man muß zugeben, daß sich in diesen Briefen die Elemente eines sehr pikanten Bildes einer langweiligen und an und für sich sinnlosen Versammlung finden.

Als die Metternichs am 2. Dezember 1797 in Rastatt ankamen, war Bonaparte mit seinem ganzen Generalstab aus jungen und tatkräftigen Offizieren gerade abgereist. Er hatte mitgeteilt, daß er binnen zehn Tagen zurück sein werde. Aber andere Sorgen hielten ihn in Paris zurück; im Verlauf der folgenden Monate wurde seine Ankunft, die zehnmal angekündigt worden war, regelmäßig wieder abgesagt. Statt seiner hatte man es mit Leuten einer andere Altersstufe und eines anderen Gehabes zu tun: Es handelte sich um die Mitglieder des Konvents Bonnier und Treilhard. Die beiden Delegationsleiter waren in dem „herrlichen Schloß" aus rosenfarbenem Vogesensandstein untergebracht, das zwischen 1695 und 1705 für den

Markgrafen Ludwig-Wilhelm von Baden gebaut worden war. Unter der zentralen Kuppel, auf der ein blitzeschleudernder Jupiter aus vergoldeter Bronze thront, befindet sich ein großer Saal von zwölf Metern Höhe, der zum einen für die Sitzungen der Abordnungen des Reiches und zum anderen für Aufführungen, vielleicht sogar für Bankette diente.

Die Unterkünfte der Franzosen befanden sich im Nordflügel und gegenüber, im Südflügel, diejenigen der Metternich und des Leiters der Abordnung des Reiches; so konnte also Metternich von seinem Zimmer aus die Fenster dieses „Kerns von Septemberverbrechern und Henkern" sehen, bei deren Anblick sich ihm „die Eingeweide umdrehten". Und welch ein Anblick! „Alle ihre Lakaien sehen so aus, als würden sie von ihnen ausgehalten und die Herren tragen bürgerliche Kleidung, den Frack, die lange Hose, so würden wir uns noch nicht einmal am frühen Morgen ankleiden (...) In meinem ganzen Leben habe ich noch keine solche Werwölfe getroffen. Sie besuchen niemanden, ziehen sich in ihre Räume wie in eine Höhle zurück und sind wilder als Eisbären." Mit zunehmendem Kontakt jedoch verbessert sich das Bild ein wenig. Als Treilhard und Bonnier dem Grafen Metternich ihre erste protokollarische Visite abgestattet hatten, „waren sie sehr höflich, besser angezogen als üblich, in blauem Frack, Schuhen und Strümpfen usw., ohne jegliche Nationalfarbe, Kokarde oder Schärpe". In der Folge zeigt sich Treilhard „außergewöhnlich höflich", spricht seine Gegenüber mit allen Titeln an, versteht es, eine Konversation zu führen, wie alle ehemaligen Advokaten. Er gab am 25. Dezember ein erstes Essen, das offensichtlich von sehr guter Qualität war. Im Gegensatz dazu ist sein Kollege Bonnier, der Königsmörder, „die Quintessenz des Bauernlümmels"; er ist ein so primitiver Wilder, daß er alle Ausgänge seiner Räume hat zumauern lassen. Zu Fronleichnam protestierte er heftig gegen die „Provokation", die nach seiner Aussage darin bestand, daß unter seinen Fenstern ein Ruhealtar für die Prozession aufgebaut worden war.

Nur wenige Tage dauerte es, bis sich eine monotone Routine eingespielt hatte. „Ich speise entweder bei meinem Vater oder bei Herrn von Cobenzl; es sind dies die beiden einzigen, die ein richtiges Haus führen; ich verbringe meinen Vormittag mit Schreiben; das gleiche tue ich nach dem Essen und dann gehe ich zu den im allgemeinen guten Aufführungen." In der Tat hatte Bonaparte Schauspieler aus der Comédie Française und aus dem Odéon aufgeboten und in der Folge sah man auch Theatergruppen aus Straßburg. Der angenehmste Abend, nach Geschmack Metternichs, war der, für den er selbst ein kleines Konzert mit Amateurmusikern arrangiert hatte. „Ich habe ein Sinfonieorchester dirigiert und habe zusammen mit dem Helden des Festes und zwei Amateuren ein Quartett gespielt, das so gut war, daß heute alle Welt davon spricht."

Der erste Ball, der am 7. Januar gegeben wurde, war ein reines Desaster: „Es gab ungefähr hundert Männer, fast alles hohe Beamte oder Abgeordnete und acht oder zehn Frauen, von denen die Hälfte mindestens fünfzig Jahre alt war." Metternich flüchtete sich daraufhin zur Baronin von Reinach von Werth, einer Cousine seiner Mutter, oder zu Cobenzl, wo man zumindest ein wenig schwätzen und einige Dukaten bei verschiedenen Glücksspielen setzen konnte.

Politische Fragen

Nachdem die protokollarischen Probleme geregelt worden waren, konnte der Kongress offiziell am 19. Januar 1798 mit Fleiß seine Arbeit aufnehmen; und bereits vier Tage später konnte Clemens sich als Überbringer von Depeschen nach Wien zu seiner kleinen Familie flüchten. Diese hatte sich im Februar 1798 durch die Geburt eines ersten Sohnes vergrößert; das Kind trug den Namen Franz zu Ehren seines Großvaters und gleichzeitig zu Ehren des Kaisers, von dem zukünftig das Wohlergehen der Metternich abhing.

Die Abwesenheit dauerte ungefähr sechs Wochen, während derer logischerweise kein Briefverkehr stattfand. Am 19. März war Clemens wieder in „dem elenden Rastatt", wo sich nichts geändert hatte, nicht einmal die im Theater gespielten Stücke. Bezüglich der politischen Angelegenheiten diktierten die Franzosen das Geschehen und dies „mit einer Arroganz und einer Erfolgszuversicht, die schon unglaublich waren". Andererseits war es Herrn Metternich, dem Vater, gelungen, „alle mit sich zu versöhnen. Sie können sich nicht vorstellen, wie zufrieden man ganz allgemein mit ihm ist und in welchem Umfang ihm Gerechtigkeit wird". Dies sollte sich in Wien herumsprechen! Der gute Sohn vergaß die Interessen der Familie nicht. Am 11. April hatte es ihm eine „sichere Gelegenheit" gestattet, seiner Frau konkretere Informationen zu geben: Die Delegation des Kaiserreichs hatte sich auf zwei wesentliche Konzessionen geeinigt, nämlich auf die Aufgabe des linken Rheinufers zugunsten der französischen Republik und auf die Entschädigung der enteigneten Herrscher durch die Säkularisierung der bislang kirchlichen Besitztümer im Reste des Kaiserreichs. Und Clemens kommentierte: „Jetzt sind wir sicher, daß wir auf dem linken Rheinufer alles verlieren, was wir haben (...) und ebenfalls sicher, auf dem rechten Rheinufer dafür entschädigt zu werden. Es handelt sich im Augenblick darum, zu wissen, an welcher Stelle sich alle Vorzüge vereinen ließen." Sehr wahrscheinlich handelte es sich um die Fürstabtei Ochsenhausen, die in der Tat im Jahre 1803 aufgrund des Regensburger Reichsdeputationshauptschlusses in den Besitz des Grafen Franz-Georg überging.

Einige Tage später konnte Metternich nach Frankfurt gehen, um mit dem Bankier Bethmann über finanzielle Angelegenheiten zu sprechen und Kontakt mit dem Kurfürsten von Köln aufzunehmen. Es war dies die Zeit der Messe; alle Einwohner des linken Rheinufers waren gehalten, eine Kokarde in den französischen Farben zu tragen. Dies galt auch im Ausland, sodaß die Straßen der alten deutschen Stadt von einer Menge Franzosen bevölkert zu sein schienen. Am 22. April wurde in Frankreich der Zusammenstoß bekannt, der in Wien am 13. April stattgefunden hatte: Die französische Botschaft und die französische Fahne waren von einem Pöbel beleidigt worden, Botschafter Bernadotte war im Zorn abgereist, dies alles zeugte von dem Beginn eines radikalen Bruchs. Dennoch schien bei Rückkehr Metternichs nach Rastatt die Gefahr gebannt zu sein und Metternich, der den Botschafter getroffen hatte, fand, daß dieser „beschämt" aussah. Das Direktorium in Paris schien jedenfalls nicht ganz die provokatorische Haltung zu billigen, die Ausgangspunkt für die Massendemonstration in Wien gewesen war. Die Beilegung dieser Angelegenheit sollte sowohl Österreich als auch Frankreich einen Vorwand liefern, zweiseitige Verhandlungen am Rande des Kongresses aufzunehmen; diese Verhandlungen wurden in der kleinen Stadt Seltz im elsässischen Department Niederrhein geführt; Metternich war dort bei dem österreichischen Bevollmächtigten Cobenzl zum Dîner. Der französische Vertreter, der sich dort befand, François de Neufchateau, zeigte sich „sehr höflich, sanft und freundlich; er ist ein gebildeter Mann und kann dies auch zeigen".

Da sich diese Gespräche in die Länge zogen, entschloß sich Metternich, dem Beispiel seines Vaters und anderer Delegierter zu folgen: Er ließ aus Rastatt seine Frau und seine Kinder nachkommen. Gräfin Eleonore machte sich am 25. Juni auf den Weg. „Ich grüße meine gute kleine Frau auf Reichserde", schrieb Metternich am 26. Juni, „jetzt also befinden Sie sich in München. Ich werde von hier am Sonntag, dem ersten Juli, abends, nach Ulm reisen, wo ich Sie erwarte."

Das Ende des Kongresses

Die glückliche Wiedervereinigung der Eheleute setzte natürlich der kleinen Briefchronik des Kongresses ein Ende. Schade? Der Elan von Clemens sollte noch einige Gelegenheiten finden, sich auszutoben. So z.B. als die Königinwitwe von Preußen auf der Durchreise in Rastatt im Theater erschien und sich die Deutschen alle von den Sitzen erhoben, um zu applaudieren, während die Franzosen auf ihren Sitzen wie festgeklebt schienen. So auch, als die österreichischen Delegierten alle zusammen zu einer Galavorstellung am 22. September aus Anlaß des ersten Tages des republikanischen Jahres erschienen, wohingegen sich die Franzosen weigerten, dieser Geste der Höflichkeit Genüge zu tun und bei dem großen Fest zu erscheinen, das Graf Franz-Georg von Metternich am Tage des Hl. Franziskus (4. Oktober), gab: ein Bankett mit fünfzig Gedecken, ein Maskenball und die Beleuchtung von Schloß und Park. Man sieht, es wurde zu Ehren des Namens des Kaisers an nichts gespart ... und die Freigiebigkeit seines Gesandten konnte sich sehen lassen.

Sand in die Augen zu streuen war immer das eleganteste Mittel in der Politik Franz-Georgs. Unter den gegebenen Umständen war dies alles, was ihm übrigblieb, denn seit Bonaparte nach Ägypten abgereist war, bereiteten sich die Gegner Frankreichs darauf vor, die Feindseligkeiten wieder zu beginnen, während bei dem Kongress die Delegationen, um Zeit zu gewinnen, sich mehr und mehr nichtssagende Schriftstücke zusandten.

Zu Beginn des Februar 1799 gestattete Österreich einer ersten russischen Armee, die von Zar Paul I. nach Italien in Marsch gesetzt worden war, den Durchmarsch. Am 12. März erklärte das Direktorium der französischen Republik Österreich den Krieg. Man war in Rastatt darauf so gut gefaßt, daß die Metternichs schon einige Zeit vorher ihre Dispositionen getroffen hatten: Am 13. März stieg Clemens mit seiner Frau, seiner Mutter und seiner Schwester in den Wagen. Vom Grafen Franz-Georg weiß man nicht, ob er bei der blutigen Tragödie vom 28. April noch dort gewesen ist, welche den Schlußpunkt des vergeblichen Kongresses bedeutete: Die Ermordung der drei französischen Delegierten Bonnier, Debry und Roberjot auf ihrer Heimreise durch ungarische Husaren. Es ist jedenfalls ganz offensichtlich, daß die Verantwortung für dieses unentschuldbare Attentat dem Grafen von Metternich nicht angelastet werden kann; auf alle Fälle ist der Schmutzfleck, den diese Untat auf das Ende seiner Mission drückte, geeignet, die Erinnerung daran zu trüben. Vielleicht ist darin einer der Gründe zu sehen, daß er schließlich endgültig im Abseits stand.

Ein ungünstiges Bild

Seinem Sohn jedoch kann man glauben, wenn er schreibt: „Mein Aufenthalt in Rastatt konnte meine Abscheu vor einer Karriere nur steigern, in der mein Geist keine Zufriedenheit finden würde." Man muß sogar hinzufügen, daß dies gilt, obwohl diese Erfahrung es ihm gestattet hatte, seinen Bekanntenkreis zu erweitern und über die Interessen der Familie zu wachen. Zu dieser Zeit hatte er begonnen, sich in Frankreich bekannt zu machen. Ein in der Schrift: „Le Publiciste" unter dem Datum des 26. September 1798 (5. Vendémiaire des Jahres VII) erschienener Artikel gibt uns ein Bild, das ganz offensichtlich vom Gefühl eines Mannes geprägt ist, der sich für irgendeinen Tort hat rächen wollen.

> „Graf Clemens von Metternich ist sehr jung. Er zeigt Anlagen, die die Wurzel des Verdienstes sind; er wird vielleicht eines Tages das Verdienst seines Vaters haben. Er hätte es früher, wenn er weniger durch Gnadenerweise blasiert wäre, die er aufgrund der Vermittlung seiner Mutter erhalten hat und wenn er davon überzeugt wäre, daß der Zufall seiner Geburt in Europa nicht mehr länger die Kenntnisse ersetzen kann, die man nicht in Spielsälen und noch schlechteren Schulen erwerben kann. Wiewohl er mit einer liebenswerten Frau verheiratet ist, hat er einen Geschmack, den man bei einem jungen Mann nicht mehr tolerieren kann. Es geschieht nicht selten, daß man erleben kann, daß er seine Ehefrau einer ausländischen Gesellschaft überläßt, um selbst ein kleines Souper mit Schauspielerinnen und verdächtigen Bankiers einzunehmen ..."

Die Beschuldigung ermangelt der Wahrscheinlichkeit. Der Autor dieses Giftes liefert am Ende die Herkunft seiner Gemeinheiten. „Er (Metternich) sollte sich daran erinnern, daß der Dünkel nicht der Würde entspricht und daß es zumindest von extremer Inkonsequenz zeugt, wenn man sich einerseits mit wenig geschätzten Leuten vergnügt, während man andererseits wohl angesehene Personen mit Hochmut empfängt."

Zurück in Wien

Nachdem Clemens nach Wien zurückgekehrt war, nahm er seinen Lebensstil und seine üblichen Beschäftigungen von vor dem Kongress wieder auf: Studien in den Wissenschaften und der Medizin, Verwaltung der Güter seiner Familie, Besuch von Salons in der hohen Gesellschaft. Er erklärt:

> „Ich hatte mein Leben so eingerichtet, daß ich den Winter in der Hauptstadt und den Sommer auf dem Lande entweder auf den Besitzungen meiner Frau in Mähren oder in Böhmen auf den Besitzungen meiner Familie verbrachte. Ich hatte mich absolut aus den öffentlichen Angelegenheiten zurückgezogen; sie interessierten mich nur

noch als einfachen Beobachter. Meine Beobachtungen waren jedoch kaum günstig für die Sache, die ich mein ganzes Leben lang als vernünftig und rechtens angesehen hatte".

In der Tat war es die Politik von Thugut, während dessen Ministerium, so fügt Metternich hinzu, „eine ununterbrochene Serie von Pannen und falschen Berechnungen passierte ..., die alle nur zum Übergewicht Frankreichs geführt hatten". Der Mann jedoch war trotz der von seinen Feinden verbreiteten Beschuldigungen der Bestechlichkeit durchaus aller Wertschätzung würdig. Metternich – aus Neugier, aus Interesse oder aus Höflichkeit – besuchte ihn weiterhin manchmal im Kanzleramt, wiewohl er sich nicht um einen Platz bewarb.

Der Kaiser seinerseits hatte den jungen Mann nicht vergessen, der ihm in Frankfurt 1790 vorgestellt worden war. Als er ihn bei Hofe sah, neckte er ihn wegen seiner „Faulheit", und fügte eines Tages hinzu: „Halten Sie sich zu meiner Verfügung, das ist alles, worum ich Sie im Augenblick bitte."

KAPITEL 4

Dresden. Erste Schritte

Gesandter Österreichs in Sachsen

Die wohlwollenden Anwandlungen des Herrschers verdichteten sich zu Beginn des Jahres 1801. Der zweite Koalitionskrieg mit Frankreich hatte sich nach anfänglichen Erfolgen für Österreich in den katastrophalen Niederlagen von Marengo und Hohenlinden niedergeschlagen. Die Vorhut der Armeen von Moreau kampierte im majestätischen Kloster Melk über der Donau, nur hundert Kilometer von Wien. Franz II. hatte um einen Waffenstillstand bitten müssen (25. Dezember). Um daraus einen Frieden machen zu können, mußte zunächst einmal der für den Schiffbruch verantwortliche Lotse ausgeschaltet werden: Thugut.

Zu Beginn des Jahres 1801 ernannte der Kaiser den Grafen Ludwig von Cobenzl, seinen Botschafter in St. Petersburg, zu dessen Nachfolger. Von diesem Mann wurde gesagt, er sei freundlich, weltmännisch und lebenslustig. Aber hatte er das Zeug zu einem Staatsmann? Gentz sagt in einem im Oktober 1804 für William Pitt geschriebenen Bericht schonungslos: „Er hat keine Ausbildung, keine Prinzipien, keinen Weitblick, keinen Charakter. Das Geheimnis seiner Politik besteht darin, den Schwierigkeiten, die heute auftauchen, mit einer Art Flickschusterei auszuweichen. Das Morgen fließt nicht in seine Gedankenwelt ein." Stärker als der Einfluß des neuen Ministers blieb derjenige des ehemaligen Erziehers Franz II., des Grafen Colloredo, eines Mannes, sagt wiederum Gentz, „dessen Dummheit fast sprichwörtlich geworden ist, (...) eines abergläubischen, finsteren und aufbrausenden Charakters, der eine tiefe Abscheu vor Talent und Aufklärung hatte, wenn er sie traf".[1]

Zumindest hatte Metternich in Cobenzl einen Mann, der ihm unter vielerlei Gesichtspunkten wesentlich näher war. Cobenzl, der Vater, war vor Graf Franz-Georg als österreichischer Gesandter in Brüssel gewesen und hatte seinem Nachfolger viel Unterstützung gegeben. Graf Ludwig hatte selbst bei langen Abenden in Rastatt Gelegenheit genug gehabt, Clemens gut kennenzulernen, wenn auch der Altersunterschied – 20 Jahre – eine echte Freundschaft ausschloß. Alles ließ also vermuten, daß Metternich in den diplomatischen Dienst berufen würde, für den er so wohl vorbereitet war.

Der Ruf allerdings kam nicht von Cobenzl selbst; der neue aus Rußland zurückgerufene Minister kam nur auf der Durchreise nach Wien, denn man hatte ihm die Aufgabe übertragen, erneut mit Bonaparte zu verhandeln, dem jetzt allmächtigen ersten Konsul, um die vom Sieger diktierten Konditionen zu hören und zu akzeptieren: Es handelte sich dabei um den Vertrag von Lunéville, der am 9. Februar 1801 unterzeichnet wurde. In Abwesenheit von Cobenzl war das Außenministerium dem Grafen von Trautmansdorff, einem Freund der Familie Metternich, anvertraut worden und er war es, der vom Kaiser beauftragt wurde, Clemens vorzuschlagen, in seine Dienste einzutreten, wobei ihm die Wahl unter drei Positionen angeboten wurde: die Gesandtschaft Österreichs in Dresden, diejenige in Kopenhagen oder der Posten des Vertreters des böhmischen Königs beim Reichstag in Regensburg. „Der Gedanke nach Regensburg zu gehen, um an der Beerdigung des edlen deutschen Reiches teilzunehmen, stieß mich ab." Er hatte keine Lust, die schmerzlichen Stunden von Rastatt erneut zu durchleben. In Dänemark wäre er zu weit vom Zentrum der Macht entfernt gewesen. Dresden jedoch, „eine Etappe auf der Straße nach Berlin oder St. Petersburg", schien ihm ein Beobachtungsposten zu sein, auf dem man späterhin gute Dienste würde leisten können. Zu dieser Entscheidung trugen zweifelsohne private und familiäre Überlegungen bei: In Dresden würde es leichter sein, den Familienbesitz in Königswart zu überwachen, der nur etwa 100 Kilometer davon entfernt war. Andererseits muß man wissen, daß die junge Familie Metternich nacheinander zwei Knaben verloren hatte, Clemens, der im Juni 1799, und Franz, der im Februar 1798 geboren war. Angesichts der von Metternich gegenüber seinen Kindern immer gezeigten wirklichen Zuneigung hat ihn dieser Verlust sicherlich sehr getroffen und sicher mehr noch die junge Mutter. Sich von Wien zu entfernen, mußte für die beiden eine wohltuende Ablenkung von ihrem häuslichen Kummer sein.

Bevor er ganz formell akzeptierte, bestand Clemens darauf, sich von dem Herrscher selbst bitten zu lassen; nachdem er ihm seine eigenen Gesichtspunkte dargelegt hatte, endete er mit diesen Worten: „Eure Majestät sollten niemals meinen guten Willen in Zweifel ziehen, aber Eure Majestät sollten auch meinen Fähigkeiten mißtrauen; ich werde sie auf die Probe stellen, aber Eure Majestät sollten mir gestatten, mich an dem Tage aus dem Dienst zurückzuziehen, an dem ich fürchten müßte, meiner Aufgabe nicht mehr genügen zu können." Darauf antwortete Franz II. mit jenem wohlmeinenden Hauch von Humor, der teilweise seine Mängel überdeckte: „Wenn man diese Befürchtungen hegt, braucht man keine Angst zu haben, Schlechtes zu tun. Im übrigen verspreche ich Ihnen, der erste zu sein, der Sie davon unterrichten wird, wenn Sie in die falsche Richtung gehen."

Ahnten sie beide vielleicht, daß der so mit wenigen Worten geschlossene Pakt erst 35 Jahre später durch den Tod des Hauptpartners aufgelöst werden würde?

Die politischen Aspekte der Mission

Die Ernennung Metternichs ist auf den 5. Februar 1801 datiert, somit also drei Tage vor der Unterzeichnung des Vertrags von Lunéville. Es sollten aber acht Monate vergehen, bevor der neue Vertreter Österreichs in Dresden seinen Posten nach einem Aufenthalt von einigen Wochen Dauer in Königswart übernahm. In der Zwischenzeit studierte er intensiv die Beziehungen zwischen den europäischen Mächten, wie sie sich nach den umstürzlerischen Ereignissen seit 1790 entwickelt hatten. Seine Überlegungen — die ersten dieser Art — finden sich in einem Dokument, das in der Sammlung der Memoiren des Kanzlers unter dem Titel: Instruktionen, nach denen sich der Graf von Metternich-Winneburg, unser bevollmächtigter Gesandter am Hof von Kursachsen, zu richten haben wird (2. November 1801).

Darin heißt es, daß die alten und auch neueren Allianzen alle gebrochen worden seien und daß die Gründe, die die Rechtfertigung für diese Allianzen gewesen waren, selbst verschwunden seien. Die Aufgabe der Niederlande erlöse Österreich auf dieser Seite von einer fast unerträglichen Verteidigungsanstrengung, wohingegen es sich auf der anderen Seite in Italien durch die Organisation der norditalienischen Staaten bedroht sehe, die in Wirklichkeit Protektorate der französischen Republik seien. Was also wäre unter diesen Umständen die Politik Österreichs? „Die Macht wiederherzustellen; im Inneren Ruhe zu bewahren; die Freiheit zu bewahren; unter Bedingungen, die sich eventuell ergeben könnten, die Rolle auszusuchen, die einem Staate zukommt, der aufgrund seiner Größe und seiner zentralen Lage ein Staat Erster Ordnung bleibt."

Man zählte auf die Kontakte, die der österreichische Gesandte mit den Beauftragten des Zaren und mit der großen Anzahl russischer edler Familien haben würde, die sich in Dresden aufhielten, um Informationen über den inneren Zustand dieses Kaiserreichs zu erhalten, „das sich gegenüber dem Rest Europas und insbesondere gegenüber Österreich fast vollständig abgeschlossen hat", nachdem ihre diplomatischen Beziehungen abgebrochen worden waren. Außerdem war der Gesandte Franz' II. damit beauftragt, die Aktivitäten des Vertreters Frankreichs zu beobachten, der offensichtlich der Führer von Geheimagenten für die revolutionäre Propaganda in den deutschen Staaten war.

Die Instruktionen Metternichs endeten mit dem üblichen Auftrag, einen wöchentlichen Bericht zu erstellen und abzusenden über alles, was er erfahren und getan hätte. Clemens versichert, daß er es nicht gemacht habe wie der Gesandte Englands, ein sympathisches Original namens Elliot: „Eines Tages, als ich ihn fragte, wie er es mache, um mit jedem Boten (er hatte zwei pro Woche) einen Bericht zu schicken, antwortete er mir: 'Wenn ich etwas erfahre, was meine Regierung interessieren könnte, unterrichte ich sie darüber; wenn ich nichts erfahre, erfinde ich meine Nachrichten und dementiere sie mit dem nächsten Boten.'"

Jedenfalls sind die aus Dresden abgesandten Briefe nicht von großem Interesse. Die europäische Politik erfuhr nach dem Vertrag von Lunéville und nach der Ermordung des Zaren Paul I. (März 1801) eine erhebliche Beunruhigung aus einer ungewissen Nervosität heraus. Da der sächsische Hof nicht in die gleiche Nervosität verfiel, hatte Metternich den Eindruck, in einer „Oase in der Wüste" zu leben. Sein Abschlußbericht vom 20. November 1803 faßte noch einmal alles zusammen, was er im Verlauf der vorangegangenen Monate erfahren hatte.

> „Der Gang der Ereignisse in der hiesigen Regierung wird immer so bleiben, wie er jetzt ist: Es erfolgt ein äußerst feierlicher Protest wegen Prinzipien, die in ihrer Anwendung sofort aufgegeben werden, sobald sie auch nur im geringsten den sächsichen Hof gegenüber Preußen kompromittieren könnten sowie der ausdrückliche Wunsch, nur eine sekundäre Rolle in allen Diskussionen über wichtigere Probleme spielen zu wollen: dies allein ist der Schlüssel für alle Entschlüsse und Handlungen."

Gesellschaftliches Leben

Nachdem der Aufenthalt in Dresden bezüglich der Politik doch relativ steril war, so sollte er doch im Gegensatz dazu Metternich in seinem privaten Leben tief prägen. Dresden, das deutsche Florenz, die „Stadt des Porzellans" mit all ihren Kirchen und barocken Palästen, die in uns die „vedutte" von Bellotto anklingen lassen, Dresden, in dem weiterhin eine außerordentlich edle Gesellschaft sich in einem außerordentlich edlen Rahmen bewegte und in dem die Sitten des 18. Jahrhunderts fortlebten. „Die Mode, die Galavorstellungen, die Sitten, nichts hat sich seit dieser Zeit geändert", erklärt Metternich. „Die französische Revolution war schon bis zum Konsulat Bonapartes gediehen, als am sächsischen Hof die Damen immer noch Korbröcke trugen." Die bessere Gesellschaft Dresdens hatte aus dem 18. Jahrhundert auch die sehr lockeren Sitten weitergeführt, die sich dort am Beispiel der Herrscher, insbesondere am Beispiel August des Starken eingebürgert hatten, der als inzestuöser Bigamist, als sagenhafter Erzeuger von 354 Bastarden (wenn man dem Markgrafen von Bayreuth Glauben schenken will) in die Geschichte eingegangen ist.

In diesem privilegierten Refugium der Galanterie, diesem Inselchen der Freizügigkeit in einem puritanischen Deutschland, weit weg von den inquisitorischen Blicken der verwitweten Fürstinnen von Wien und der Spionage der österreichischen Polizei konnte sich der junge und verführerische Diplomat sehr viel leichter seinen ersten außerehelichen Abenteuern hingeben. An Gelegenheiten, seinen Charme bei den Schönheiten der höheren Gesellschaft spielen zu lassen, war kein Mangel. Am sächsischen Hof wurde Metternich schon von vornherein wie ein Mitglied der Herrscherfamilie aufgenommen, fast wie ein Freund, da Kurfürst Friedrich-August der Neffe des Kurerzbischofs von Trier, des guten Clemens-Wenzeslas war. Außerdem war die Schwägerin des Herrschers, Erzherzogin Maria-Theresia, die Schwester Kaiser Franz II. Clemens gehörte also zur Zahl der privilegiertesten Gäste bei allen Zeremonien und Festen des Hofes. Wie nahm er sich nun dabei aus? Dies berichtet uns der Graf Fedor Golowkin, der ihn nicht nur in Dresden, sondern auch bei vielen anderen Gelegenheiten im Verlauf der beiden Karrieren traf:

> „Er war von guter Gestalt, gut gekleidet, sehr blond, sehr bleich; seine zerstreute Miene, die bei den Frauen als romantisch galt, galt bei den Männern als nachdenklich. Einige Russinnen und Polinnen, die sich ihm an den Hals warfen, vermittelten ihm mehr einen Geschmack für den Roman als für die Geschichte, für die die Karriere, die er jetzt aufgenommen hatte, ihn ganz besonders bestimmt zu haben schien. Im allgemeinen hatte er eine besondere Art von Hochmut, die sehr gut zu den herausragenden Plätzen paßte, die er bekleidete, und er zeigte eine unerschütterliche Zurückhaltung, die dazu angelegt war, seine besondere Begabung für die Diplomatie zu offenbaren."

Cathérine Bagration

Die von Golowkin genannten Russinnen und Polinnen traf Metternich vor allen Dingen im Salon der Fürstin Isabella Czartoryska, der Mutter des Fürsten Adam. Dieser letztere war der Vertraute und der Mitarbeiter des jungen Zaren Alexander, woher sich das Interesse Metternichs erklären läßt, daß sein Name bei der Fürstinmutter genannt werde. Aber der schöne Clemens besuchte nicht nur deswegen diesen Salon, sondern auch wegen der schönen Augen der schönen Slawinnen, deren bevorzugter Treffpunkt dieser war.

Ganz gewißlich traf Metternich dort zum ersten Mal Cathérine Skawronska, die Großnichte des berühmten Potemkin; im Alter von 18 Jahren hatte sie auf Befehl Pauls I. hin Fürst Peter Bagration heiraten müssen, den brillanten General, der sich in Austerlitz auszeichnen sollte und der in Borolino starb. Er war doppelt so alt wie seine junge Frau, vernachlässigte sie wegen seiner Soldaten oder anderer Zerstreuungen und ließ sie absolut frei nach ihrem Willen leben. Einige Jahre später, während des Wiener Kongresses, während dessen sie eine der Göttinnen am Himmel der Kaiserstadt war, zeichnet Lagarde-Chambonas das folgende Portrait von ihr:

> „Man stelle sich ein junges Gesicht vor, weiß wie Alabaster, leicht rosenfarben mit lieblichen Zügen, eine sanfte Physiognomie, ausdrucksvoll und voller Sensibilität, ein Blick, dem seine gesenkten Augen etwas Furchtsames und Ungewisses verliehen, mittlere Größe, aber hervorragende Figur, eine Gestalt, die in sich orientalischen Adel mit andalusischer Grazie vereinte."

Alles in allem war dies eine Affaire, bei der man gegen das Geschwätz in der Gesellschaft würde ankämpfen müssen. Als Cathérine aus ihrer Verbindung mit Metternich eine Tochter geboren wurde, besaß sie die Frechheit, sie Clementine zu nennen, damit niemand auch nur auf den Gedanken käme, an der Identität des Vaters zu zweifeln. Die gleiche Neigung zum Exhibitionismus zeigte sie bei ihren schwindelerregend ausgeschnittenen Kleidern, die sie bei den Empfängen des Wiener Kongresses trug und die ihr den Spitznamen „schöner nackter Engel" eintrugen.

Wilhelmine von Sagan

Eine andere Frau, die er zu dieser Zeit traf, sollte später Gegenstand der verrücktesten und zerstörerischsten Leidenschaft im Gefühlsleben Metternichs werden, eine Episode, deren Wichtigkeit erst kürzlich ans Licht kam.[2]

Wilhelmine Herzogin von Sagan lebte seinerzeit in Dresden bei ihrer Mutter, der Herzogin von Kurland. Diese war seit dem Jahre 1800 Witwe und besaß im Alter von mehr als vierzig Jahren noch genügend weibliche Schönheit, denn sie wurde 1809 die Mätresse von Talleyrand. Wenn sie seinerzeit in Dresden residierte, statt in ihrer weit entfernten Besitzung Mittau oder in ihrem nähergelegenen Schloß Lobikau in Sachsen, so war es deswegen, weil sie in der angenehmen Gesellschaft der Stadt mehr Möglichkeiten fand, ihren unersättlichen Liebeshunger zu stillen. Wilhelmine, ihre älteste Tochter, sollte dem mütterlichen Beispiel folgen, ja, es übertreffen. Im Alter von 24 Jahren hatte sie im Jahre 1803 bereits ein reiches Vorleben; als ganz junges Mädchen war sie von dem offiziellen Liebhaber ihrer Mutter, Baron Gustav von Armfeld, einem durchtriebenen Liederling, in die erotischen Spiele eingeführt worden. Die erhoffte und fast vollzogene Heirat mit Prinz Louis Ferdinand von Preußen hatte sich zerschlagen; der preußische König hatte ihr, teilweise als Trost, zugestanden, den Titel „Herzogin von Sagan" zu tragen, somit also den Namen einer Besitzung in Schlesien, die sie von ihrem Vater Peter II. Biron, der im Jahre 1800 verstorben war, geerbt hatte. In diesem Jahr war sie aufgrund der Bemühungen von Armfelds schwanger geworden und suchte nach einem Ehemann: Es traf den Prinzen Louis von Rohan. Es scheint jedenfalls, daß dieser die Rolle, die man ihm zugedacht hatte, nicht annehmen wollte, denn Wilhelmine begab sich heimlich zur Niederkunft ihrer Tochter Gustava nach Hamburg und diese – man nannte sie „Vava" – wurde als Adoptivkind bezeichnet. Zu Beginn des Jahres 1804 ließ sich Wilhelmine scheiden, um fast sofort danach den Fürsten Wasili Trubetzkoi ... zu heiraten, von dem sie sich nach weniger als einem weiteren Jahr trennte.

Aus diesen unglücklichen Eheerfahrungen schloß die junge Frau, daß es „praktischer" sei, sich Liebhaber zuzulegen. Metternich beschreibt zwanzig Jahre später diesen Aspekt ihrer Persönlichkeit und erklärt aus Erfahrung: „Es handelt sich hier um eine Person mit starkem Gewissen, mit unendlich gesundem Urteil und einer fast unzerstörbaren physischen Leichtfertigkeit. Nun gut, sie macht nur Dummheiten. Sie sündigt siebenmal täglich und benimmt sich wie eine Verrückte und geht mit Männern ins Bett so wie andere zum Essen."

Woher rührte diese besondere Anziehungskraft, die so viele herausragende Männer zu ihren Füßen niederknien ließ? Die folgenden wenigen Zeugnisse zeigen, daß es sich dabei um wesentlich andere Attribute handelte, als um ihr unersättliches Liebesbedürfnis.

Gentz: „Die außergewöhnliche Schärfe ihres Geistes, verbunden mit einer fast ebenso großen Klarsicht, (...) ich würde fast sagen, eine seelische Transparenz, ist das, was bei ihr nach ihrer Schönheit den Weg zum Herzen öffnet."

Prokesch-Osten: „Ich liebe diese Frau sehr und ich kann absolut verstehen, wie ein Mann für sie eine hellodernde Leidenschaft empfindet. Sie besitzt zugleich Intellekt und Herzenswärme und schwebt mit Hilfe dieser beiden Flügel über der Arena dieser traurigen Zeit."

Metternich: „Wenn Sie ein Mann gewesen wären, wären Sie mein Freund gewesen. Wir hätten zusammen große und glückliche Dinge vollbracht. Sie wären Botschafter gewesen und ich der Minister — oder umgekehrt."

Sie sprach in der Tat fließend französisch, deutsch, englisch und russisch. Andere erinnern an die herzliche Einfachheit ihres Umgangs, an ihre Generosität, an ihre Seelengröße. Und welche Art Schönheit? In ihren Portraits von Kriehuber und Ender scheint sie eine Art „femme fatale" zu sein mit etwas zu stark ausgeprägten Zügen, insbesondere bei der Nase, aber auch mit Augen, die in seltsamem und dunklem Feuer brennen.

In Dresden jedoch, wie in Berlin, wo sie Metternich nach 1803 wiedersah, gingen ihre Beziehungen nicht so weit, wie Wilhelmine es sich gewünscht hätte, die zehn Jahre später darüber schreibt, wie „diese Neigung, die mich zu Ihnen hingezogen hat, selbst in den Zeiten, als Sie mich, wenn schon nicht mit ihrer Indifferenz so doch zumindest mit einem Wohlwollen ehrten, das schon fast dieser Indifferenz glich."

Im Salon der Herzogin von Kurland traf Metternich auch die drei Schwestern von Wilhelmine, deren Liebesleben nicht weniger bewegt war als das ihre: Pauline, die Ehefrau und dann geschiedene Ehefrau eines Fürsten von Hohenzollern-Hechingen; Johanna, die im Alter von siebzehn Jahren von einem italienischen Musiker entführt worden war, der übrigens seinen Mut mit dem Leben bezahlte, und die anschließend einen neapolitanischen Herzog heiratete, der nicht mit ihr zusammenlebte; schließlich Dorothée, die bemerkenswerteste von allen, die Frucht einer Verbindung ihrer Mutter mit dem Polen Alexander Bartowski; sie heiratete den Neffen von Talleyrand und ist unter dem Namen Herzogin von Dino die Gefährtin der letzten Jahre des „hinkenden Teufels".

Es war durchaus nötig, an alle diese Frauen zu erinnern, denn sie waren, solange sie lebten, im Dunstkreis Metternichs präsent und trugen mehr oder weniger dazu bei, um ihn herum dieses Gefühl weiblicher Verehrung zu schaffen, das er brauchte, um aufblühen zu können.

Die Haltung der legitimen Ehefrau

Es gab in Dresden eine Frau, die allen Grund gehabt hätte und jedes Recht dazu, eifersüchtig zu sein: die kleine Gräfin Eleonore – Laura für ihren Ehemann und seine Vertrauten. Wie reagiert sie auf die Untreue ihres Ehemannes? Man weiß es nicht. Vielleicht lehnte sie sich zunächst auf oder sie zeigte ihm ihre Verachtung. Vielleicht hat sie ihrem Ehemann auch alles Punkt für Punkt mit gleicher Münze zurückgezahlt, als sie sich von einem jungen und brillanten Legationsattaché aus Frankreich namens Clément-Edouard de Moustier trösten ließ, dem gleichen, den wir schon in Koblenz getroffen hatten, als er die Spiele der Kinder der Familie Metternich teilte. Das Gezeter der besseren Gesellschaft über die Liaison hatte wohl keinen anderen Grund als die eifrigen und häufigen Besuche von Moustier in der Wohnung eines Kindheitsfreundes. In jedem Falle scheint sich die Ehefrau sehr früh damit abgefunden zu haben, nur die Hüterin des heimischen Herdes zu sein und die amourösen Abenteuer ihres flatterhaften Ehemannes mit einer Art resignierter oder ironischer Nachsicht zu betrachten. Einige Jahre später sagte sie, als der Herzog von Ragusa die Rede darauf brachte, mit aller Nachsicht, sowohl für ihre Rivalinnen als auch für ihren Ehemann, „daß sie nicht glaubte, daß irgendeine Frau ihm widerstehen könne". Im übrigen hinderten die Seitensprünge des Ehemannes diesen nicht daran, auch gegenüber seiner legitimen Frau seine Pflichten zu erfüllen; zum Beweis dessen wurde am 2. Januar 1803 der Sohn Victor geboren, eine Geburt, die nach dem Verlust der beiden ersten Knaben besonders willkommen war; und dies bestärkte die Eltern nur darin, trotz aller Äußerlichkeiten die Realitäten des Ehelebens aufrechtzuerhalten.

Friedrich Gentz

Auf Seiten der Männer fehlte es ebenfalls nicht an neuen und nützlichen Beziehungen. Unter anderem lernte er den Grafen Karl von Nesselrode kennen, der seinerzeit der Beauftragte des Zaren war und der während der gesamten politischen Karriere Metternichs einer seiner Hauptgesprächspartner auf der russischen Seite war. Der Chef der französischen Gesandtschaft in Dresden, Alexandre de La Rochefoucauld, war eines der ersten Mitglieder der alten Aristokratie, der sich mit Bonaparte verbunden hatte, noch bevor das Konsulat den Anschein einer neuen Monarchie angenommen hatte; seine Korrespondenz mit dem Außenminister Talleyrand spiegelt einen gewissen Ärger gegen den österreichischen Gesandten wieder, der bei jeder Gelegenheit den Anspruch auf Vortritt geltend machte, was die beiden allerdings nicht hinderte, schließlich zu Freunden zu werden.

Eine andere Persönlichkeit, die er in Dresden traf, hatte auf Metternich einen viel tieferen und dauerhafteren Einfluß: Friedrich Gentz. Er war im Jahre 1764 in Schlesien als Sohn eines hohen preußischen Beamten und einer Mutter französischer Herkunft geboren worden, woraus sich eine hervorragende Beherrschung sowohl der deutschen als auch der französischen Sprache erklärte. Er hatte in Königsberg studiert und war, so sagt man, weniger eifrig bei den Vorlesungen des großen Immanuel Kant als in den Tavernen, den Spielhäusern und bei den Freudenmädchen. 1785 verschaffte ihm die Protektion seines Vaters einen Posten als Sekretär beim preußischen Generaldirektorium. Sein erster Durchbruch in der Literatur zeigt auch seine gesamte politische Orientierung: Es war die Übersetzung eines berühmten konservativen Manifestes von Edmund Burke, die „Reflexionen über die Revolution in Frankreich". In der Folge begründete ein ununterbrochener Fluß von Broschüren und Artikeln in den beiden nacheinander von ihm gegründeten Zeitschriften – „Die Neue Deutsche Monatsschrift" und „Das Historische Journal" – seinen Ruf als brillanten Polemiker und allgemein kompetenten politischen Kommentator.

In Berlin jedoch liefen seine Stellungnahmen zugunsten einer Teilnahme Preußens an der zweiten Koalition gegen die von der Regierung angenommene Neutralität, woraus sich eine schwierige Position für ihn ergab, die noch von den Skandalen eines Privatlebens verschlimmert wurde, das seine Frau dazu bewegt hatte, die Scheidung einzureichen. Der Botschafter des Kaisers, Graf Stadion, bewog ihn, in die Dienste Österreichs zu treten. Bevor er sich nach Wien begab, verbrachte Gentz mehrere Monate in England, wo er von Pitt empfangen wurde und von diesem eine Pensionszahlung für vergangene und zukünftige Dienste erhielt. Als er von diesem Aufenthalt zurückkam, verbrachte er einige Zeit in Dresden und wurde Metternich durch seinen Freund Elliot, den Botschafter Englands, vorgestellt.

Die beiden Männer fanden Gefallen aneinander und verstanden sich sofort. Am 27. September 1802 schrieb Gentz an Stadion: „Sie kennen den ausgezeichneten und freundlichen Grafen von Metternich, bei dem ich den größten Teil meiner Tage und meiner Abende zubringe; es handelt sich hier um das beste Haus in Dresden, das einzige, das auch nur im entferntesten an Ihr eigenes Haus erinnert." Dies war der Beginn einer so intimen Zusammenarbeit, daß es oft schwierig sein wird, festzustellen, was in den Schriften des Ministers von dem einen oder dem anderen formuliert worden war.

Solange er darauf wartete, direkt an der Seite Metternichs im Jahre 1809 in Wien zu sein, wurde Gentz am 6. Dezember 1802 zum Staatsrat ernannt mit Bezügen von 4.000 Gulden, „in Anerkennung seiner außergewöhnlichen Kenntnisse, seines bewährten Eifers für die Aufrechterhaltung der Regierung, der guten Sitten und der öffentlichen Ordnung". Gute Sitten! Scheinheiligkeit oder Zynismus? Vielleicht eher nur Dummheit, denn dies war etwas, was in den hohen und niederen Sphären der österreichischen Regierung zu dieser Zeit niemals fehlte.

Erwerb des Fürstentums Ochsenhausen

Der Monat Februar 1803 zeigte zwei für Metternich wichtige Ereignisse. Das erste betraf zunächst einmal seinen Vater. Der vereinte Druck Frankreichs und Rußlands hatte schließlich den Reichstag in Regensburg dazu gezwungen, die in Rastatt vergeblich diskutierten Projekte in die Tat umzusetzen. Am 25. Februar 1803 nahm der Reichstag eine Schlußresolution an, den Reichsdeputationshauptschluß, gemäß dessen alle kirchlichen Fürstentümer und 46 Reichsstädte, insgesamt 112 Staaten mit insgesamt 3 Millionen Einwohnern von der Landkarte gelöscht wurden. Die Territorien wurden einem Dutzend Fürsten als Ersatz für die auf dem linken Rheinufer verlorenen Besitztümer übergeben. Preußen war am besten bedient worden: Seine Erwerbungen in Westfalen beinhalteten ungefähr 500.000 Untertanen, wobei es nur etwa 127.000 Untertanen abgetreten hatte; dies war der Preis für die Neutralitätspolitik, die seit dem Frieden von Basel im Jahre 1795 verfolgt worden war und die es der französischen Republik erlaubt hatte, die zweite Koalition 1799 bis 1801 siegreich zu bekämpfen.

Die Machenschaften von Vater und Sohn Metternich hatten Früchte getragen. Graf Franz-Georg, der selbst in Regensburg tätig geworden war, hatte die Fürstabtei Ochsenhausen in der Nähe von Ulm erhalten, mit dem Titel eines Fürsten und dem Recht eines Sitzes im Reichstag ..., falls er jemals wieder zusammentreten sollte.

Metternich wird nach Berlin entsandt

Andererseits schien diese Stabilisierung in Deutschland dem österreichischen Kabinett ein guter Augenblick zu sein, um mit Rußland die Beziehungen wiederaufzunehmen, die unterbrochen worden waren, seit Paul I. seinen Verbündeten 1799 brutal hatte sitzen lassen. Man wählte als Botschafter, der die österreichische Botschaft in St. Petersburg wieder eröffnen sollte, den Grafen Philipp von Stadion, der seit 1801 den Kaiser in

Berlin vertrat. Für den so vakant gewordenen Posten schlug Cobenzl Metternich vor: „Er ist jung", argumentierte der alte Colloredo, „aber absolut nicht ungeschickt. Wir werden sehen, wie er sich in Berlin aus der Affäre ziehen wird. In Dresden sind wir recht zufrieden mit ihm, aber nicht so sehr mit seiner Frau." Arme Eleonore, sie war in der Tat wenig für das diplomatische Défilé geschaffen.

KAPITEL 5

Berlin. Erste Enttäuschungen

Ziel der Mission

Die Ernennung Metternichs war zu Beginn des Februar 1803 erfolgt. Dennoch erschien der neue Vertreter Franz II. erst Ende November in Berlin. In der Zwischenzeit hatte sich Metternich bis Mai in Dresden aufgehalten; er hatte anschließend den Sommer mit seinem Vater auf ihrer neuen Besitzung Ochsenhausen verbracht; er war im September nach Dresden zurückgekehrt, um seinen Umzug vorzubereiten ... und vielleicht auch, um erneut in die Arme der schönen Bagration zu fallen.

Es ist schwer zu glauben, daß ein solcher Mangel an Eifer nicht den Absichten der Wiener Regierung entsprochen haben soll; diese wünschte zweifelsohne, bevor sie ihre Haltung gegenüber der preußischen Regierung festlegte, genau zu wissen, welche Wendung ihre neuen Beziehungen mit Rußland nehmen würden. Im Mai 1803 war der Krieg zwischen England und Frankreich wieder aufgeflammt und Bonaparte hatte die Gelegenheit genutzt, um die Hansestädte, die den Handel an Weser und Elbe beherrschten, zu besetzen, auch um sich Hannovers zu bemächtigen, das persönliches Besitztum der englischen Könige war und nach dem auch die Preußen begehrlich schielten.

Die wesentlichste Aufgabe Metternichs, der in diesem Punkt mit Stadion in St. Petersburg eng zusammenarbeiten sollte, sollte sein, den Versuch zu unternehmen, dem aggressiven Eroberungsimperialismus des französischen Diktators eine Liga der drei Monarchien in Zentral- und Osteuropa entgegenzustellen.

„Das Schicksal Europas hängt von der Entschlossenheit der Herrscher Österreichs, Rußlands und Preußens ab", schreibt er am 15. Januar 1805 ... „Sie können nur dann mit einem wirklichen Frieden rechnen, wenn sie alle drei ernsthaft einer Meinung sind, den Frieden zu erhalten (oder) ihn für die Zukunft auf eine solide Grundlage zu stellen. Eine solche Union müßte vor allem auf äußerstem Vertrauen in die Reinheit, die Mäßigung und die Energie ihrer gegenseitigen Gefühle basieren."

Aus diesem Konzept ist der Weg in die Heilige Allianz von 1815 oder eher noch in die Dreierallianz von Troppau deutlich vorgezeichnet. Aber in Berlin war man in den Jahren 1803/04 noch nicht so weit und es sah so aus, als sei es extrem schwierig, die Dinge zu verwirklichen.

Beziehungen bei Hofe und in der Gesellschaft

Der erste Auftritt bei Hof war jedoch sehr schmeichelhaft. König Friedrich Wilhelm III. und die Königin hatten Metternich „wie einen alten Freund" empfangen. Königin Luise vor allem erinnerte sich nach wie vor bestens an ihren eleganten Kavalier des Balls in Frankfurt von 1791; sie erschien jetzt, elf Jahre später, in „einer wahren Aureole von Schönheit und Majestät. Aber der Hof in Berlin war nicht wie in Dresden der Rahmen, in dem man neue Beziehungen anknüpfen oder ausbauen konnte; es gab nur selten festliche Empfänge und die Diplomaten wurden auf Distanz gehalten. Wenn man versuchte, die Regierung zu beeinflussen, so fand man sie zwischen zwei Gegensätzen hin und hergezogen. Zum einen wollte sie friedlich mit Frankreich zusammenarbeiten – dieser Trend wurde von dem Außenminister Graf von Haugwitz und bis zu einem gewissen Punkt auch von seinem Stellvertreter, Baron von Hardenberg, repräsentiert – und andererseits die Haltung der Armeekommandanten, die einstmals allmächtig waren und die jetzt über die beschämende Unbeweglichkeit jammerten, in der sie die Politik von Haugwitz' hielt; sie wurden am Hofe vom königlichen Prinzen Louis-Ferdinand unterstützt und, etwas vorsichtiger, auch von Königin Luise. Der König selbst wurde von seinem privaten Sekretär namens Lombard an der Nase herumgeführt, der, so sagt Metternich, „ein den Interessen Frankreichs absolut ergebenes Subjekt war, das von Frankreich bezahlt wurde und von niemandem sonst gekauft werden konnte, weil Frankreich seine Dienste ebenso gut oder besser noch bezahlte als es jeder andere hätte tun können".

Wenn der preußische Hof nun kein Spielplatz für gesellschaftliche Treffen war, wo könnte man sich also zeigen, wo könnte man schwätzen, wo Herzen erobern? Der Salon der Familie Metternich war nicht sehr frequentiert; eine erneute Schwangerschaft hatte Laura gute Gründe geliefert, sich dem gesellschaftlichen Leben, das sie verabscheute, zu entziehen. Der

Name, den sie ihrer neugeborenen Tochter am 30. August 1804 gab, könnte zu erstaunlichen Rückschlüssen führen: Clementine. Wollte die Mutter auf die Unverschämtheit der Bagration antworten? Clemens war zwar in der Tat der Vorname des legitimen Ehemannes, aber auch der seines großen Freundes Moustier; dieser jedoch hatte gute Gründe, häufig in Berlin zu sein: sein Vater residierte dort seit 1796.

Ein sicherer Stützpunkt im Laufe der vielen Winter war der Palast der Familie von Kurland „Unter den Linden"; dort hielt sich mehr als einmal Wilhelmine von Sagan auf. Sie hatte zu dieser Zeit eine andere Rivalin beim schönen Clemens und als Gipfel der Unverschämtheit auch noch eine andere russische Prinzessin, Katharina Dolgoruki, geborene Bariatinski; ihr Ehemann reiste im Dienste des Zaren unaufhörlich zwischen Berlin und St. Petersburg hin und her und ließ sie zu häufig allein. Vielleicht hatte Metternich sie bereits bei einem Aufenthalt in Dresden getroffen: die großen russischen Damen reisten sehr viel.

Eine andere Frau belegte einige Abende Metternichs in Berlin. Madame de Staël hielt sich im Frühjahr 1804 dort auf.

„Ich war ständig bei ihr", sagt er, „und sie wollte noch mehr bei mir sein. Unsere Gedanken waren gegensätzlich. Ihr Geist schmerzt mich. Ihre Gesten haben mich beängstigt. Das Mannweib tötet mich. Ihr Salon ist weit davon entfernt, angenehm zu sein und gleicht einem Marktplatz und ihr Sessel einer Tribüne." Clemens konnte es ganz offensichtlich schlecht ertragen, daß ein anderer und insbesondere eine Frau das Zentrum einer Konversation war.

Politische Unsicherheiten

Aus dem Gesichtspunkt der Politik, sagt Metternich, „verlief das Jahr 1804 in schmerzlicher Ungewissheit", während sich am Horizont Gewitterwolken auftürmten. Insbesondere von Rußland her. Zar Alexander war ernstlich erbost über das heimtückische Attentat, das Bonaparte auf den Herzog von Enghien hatte verüben lassen. Die persönliche Beleidigung, die die Entführung des Prinzen vom Territorium des Großherzogs von Baden, des Schwiegervaters des Zaren, darstellte, war noch schlimmer geworden durch die unverschämte Antwort, die er auf seinen Protest hin erhielt; man erinnerte in dieser Antwort an die tragischen Umstände des Todes Paul I. Schließlich krönte sich Bonaparte im Mai 1804 zum Kaiser.

Die Angelegenheit betraf in der Tat viel mehr noch den Hof in Wien. Dort wurde man zwischen zwei Gefühlen hin- und hergerissen. Zufriedenheit einerseits, weil die Wiederherstellung der Monarchie der revolutionären

Ansteckungsgefahr ein Ende zu setzen schien. Andererseits aber Empörung und Unruhe vor dieser Art Usurpation, die auf einen Wettstreit mit dem verehrungswürdigen Heiligen Römischen Reich Deutscher Nation hinauslief. Franz II. war nach vielem Taktieren gezwungen, die Tatsachen anzuerkennen und versuchte das Gleichgewicht wiederherzustellen, indem er sich zum „Erbkaiser Österreichs" (11. August 1804) erklärte, wobei er ziemlich weinerlich auf die Notwendigkeit hinwies, daß eine absolute Gleichheit in den Titeln mit den höchsten Mächten und Herrscherhäusern Europas aufrecht zu erhalten sei.

Man weiß nicht, was Metternich von dieser Handlungsweise hielt, aber die absolute Stille, die er bewahrte – zumindest in seinen Schriften – ist schon aus sich heraus ziemlich deutlich. Zweifelsohne war er nicht weit davon entfernt, den Ekel zu teilen, mit dem Gentz ihm am 22. August 1804 schrieb:

„Was sagen Sie zu der jammervollen Geschichte, daß sich Österreich zum Kaiserreich erklärt hat? Ein „Kaiser von Österreich" ist ein echter politischer Fehler, denn Österreich ist durch das Recht der Investitur Provinz eines Kaiserreichs und deswegen könnte man sich genauso gut einen Kaiser von Salzburg, von Frankfurt oder von Passau vorstellen (...), und als Gipfel muß man sich noch vorstellen, daß diese Extravaganz als Antwort auf die schlimmste Usurpation erfolgt ist, als Pendant zur Kaiserwürde eines Bonaparte, die von der unverschämten Handlung eines Operettenkönigs, eines Königsmörders und eines Parvenüs gerechtfertigt wurde: welch tiefer Sturz."

Die dritte Koalition gegen Frankreich

Erst im November 1804 entschloß sich Kaiser Franz, sich über die Warnungen hinwegzusetzen, die ihm sein Bruder, Erzherzog Karl, der sich über die Schwächen der österreichischen Armeen absolut im klaren war, hatte zukommen lassen. Cobenzl befahl Stadion, ein erstes Geheimabkommen mit Rußland zu unterzeichnen und gleichzeitig erging an Metternich der Befehl, in Übereinstimmung mit dem Gesandten des Zaren in Berlin, Alopeus, alle Anstrengungen zu unternehmen, Preußen in die geplante neue Koalition zu führen. „Der König", hatte Metternich erklärt, „gehorcht nur einem einzigen Gefühl (...), der Angst. Selbst wenn wir uns versteckten, würde man uns auch weiterhin fürchten; und nur die Macht wird hier so viel Angst erzeugen, daß sie mit sicheren Erfolgsaussichten die Handlungen des preußischen Kabinetts wird steuern können."

Also mußte der Zar eingreifen. Man brauchte ihn dazu nicht zu ermuntern. Da er in die Fähigkeiten von Alopeus nur mäßiges Vertrauen hatte, schickte er nacheinander den General Wintzingerode, einen Württemberger im Dienste Rußlands, und seinen liebsten Adjutanten, den Fürsten Dolgoruki, nach Berlin, wo sie die Aktivitäten seiner Vertreter durch persönliche Schreiben an den König unterstützen sollten. Zur gleichen Zeit zog er eine Armee an den Grenzen Ostpreußens zusammmen. Dies alles hatte keinen Erfolg. Friedrich Wilhelm III. wurde von Haugwitz und Lombard darin bestärkt, sich auf die Idee zu versteifen, daß es sein Interesse wäre, so lange wie möglich die Neutralität zu bewahren, was ihn zum Schiedsrichter bestimmte oder zumindest sich seine Unterstützung bei möglichst geringem Aufwand möglichst teuer bezahlen zu lassen.

Die Ereignisse jedoch überstürzten sich. Im März 1805 hatte sich Napoleon zum König von Italien proklamieren lassen. Dieser letzte Beweis eines alles an sich reißenden Imperialismus beschleunigte den Abschluß des Vertrages zwischen Rußland und England, der seit Jahresbeginn in London vom Gesandten des Zaren Nowosilzow ausgehandelt worden war. Der am 11. April unterzeichnete englisch-russische Vertrag wurde Grundstein für eine dritte Koalition, an der sich Schweden und das Königreich Neapel beteiligten. Napoleon trieb die Dinge immer noch weiter voran, als er am 28. Mai die Annexion von Genua durch das französische Kaiserreich und die Errichtung des Fürstentums Lucca für seine Schwester Elisa verkündete. „Wenn wir uns seinen Vorhaben nicht entgegenstellen", erkannte Cobenzl, „hören wir auf zu existieren". Am 17. Juni erklärte sich der Kronrat in Wien schließlich für den Beitritt zum englisch-russischen Vertrag, aber letzte Bedenken verhinderten den formellen Abschluß einer Allianz gegen Frankreich noch bis zum 9. August.

Der Feldzug von 1805

Die Österreicher hatten sich bis dahin sehr zögernd verhalten, nachdem aber einmal die Würfel gefallen waren, übernahmen sie die Spitze und stürzten sich blindwütig in den bewaffneten Kampf.

Aufgrund seiner geographischen Lage war Bayern in der unglücklichen Lage eines Pufferstaates zwischen den beiden großen Gegenspielern. Sein Herrscher, Maximilian-Josef – der alte Freund Metternichs aus Straßburg – mußte den Bündnisvertrag akzeptieren, den ihm Napoleon „anbot". Es geschah dies am 26. August, am gleichen Tag, als sich die große Armee in Bologna nach Deutschland in Bewegung setzte. Der österreichische Generalstab, anders gesagt, General Mack, wollte dieser Armee beim Übergang über die Verteidigungslinien am Oberlauf der Donau zuvorkommen. Cobenzl schickte, um der Form Genüge zu tun, ein Ultimatum nach München, die österreichische Armee jedoch marschierte, ohne eine Antwort abzuwarten, in Bayern ein.

Abwartendes Taktieren Preußens

In Berlin wurden diese Ereignisse mit zunehmender Angst betrachtet, während gleichzeitig der Ärger des Zaren vor dem hinhaltenden Taktieren Preußens stieg. Mit Nachdruck verlangte er von Friedrich-Wilhelm, zumindest seine Armeen durchmarschieren zu lassen, um es ihm zu gestatten, seine Verpflichtungen Österreich gegenüber zu erfüllen. Am 6. Oktober wurden Alopius und Dolgoruki beauftragt, eine Art Ultimatum zu überbringen: Wenn der König die Forderung Alexanders erneut zurückwiese, würde dieser seinen Truppen dennoch den Befehl geben, durch preußisches Territorium zu marschieren. Metternich, der von den Vertretern des Zaren unterrichtet worden war, warnte sie, daß ihre Handlungsweise das Gegenteil des gewünschten Effektes hervorrufen würde. Und in der Tat plusterte sich Friedrich Wilhelm auf: Er würde sich als im Krieg gegen jede Macht befindlich betrachten, die sein Territorium verletzte und würde die entsprechenden Befehle erteilen.

Kaum aber hatten sich die russischen Gesandten zurückgezogen, als der König die Nachricht erhielt, daß ein französisches Armeecorps sich den Durchgang durch preußisches Territorium bei Ansbach erzwungen hatte. Dolgoruki wurde sofort zurückgerufen und beauftragt, dem Zaren mitzuteilen, daß der König ihm die Grenzen seines Staates öffne und ihn einlade, mit ihm in Potsdam zu sprechen. Zwischen zwei Verletzungen seiner Neutralität hatte Friedrich Wilhelm sich entschlossen, diejenige zu bekämpfen, die in ihrer Form die beleidigendste war: Alexander hatte ihm zumindest seine Absichten mitgeteilt, wohingegen Napoleon sich noch nicht einmal diese Mühe gemacht hatte.

Am Tag nach diesen dramatischen Ereignissen konnte Metternich schreiben: „Bonaparte hat bei dieser Gelegenheit der Sache besser gedient, als jegliche Verhandlung. Er treibt den König in die Armee der Alliierten, da er ihn an seiner empfindlichsten Stelle getroffen hat. Er hat ihm direkt bewiesen, was seine Versprechungen wert sind und hat sich nicht gefürchtet, ihn angesichts Europas zu kompromittieren."

Zum guten Schluß konnte also auch der Botschafter Österreichs eine Möglichkeit sehen, die Mission, mit der er schon seit einem Jahr beauftragt war, zu einem guten Ende zu führen: Preußen nämlich dazu zu bringen, der Koalition beizutreten. In einem langen Gespräch öffnete ihm Friedrich-Wilhelm sein wundes Herz: Er hatte gutgläubig angenommen, neutral bleiben zu können, aber er war sich jetzt darüber im klaren, daß sich die Franzosen über ihn lustig machten. Die Gespräche jedoch, die Metternich mit Hardenberg im Verlauf der nächsten Tage führte, zeigten ihm, daß das preußische Kabinett sich immer noch an den Gedanken einer „bewaffneten Vermittlerrolle" klammern wollte. Diese Haltung stand ganz offensichtlich in Verbindung mit der Möglichkeit, Hannover zu besetzen, die Napoleon Preußen zugestanden hatte.

Der Zar kam am 25. Oktober in Potsdam an. Vier Tage später sah Metternich zum ersten Mal in seinem Leben den Mann, der im Verlauf der nächsten zwanzig Jahre nacheinander sein Gegner und dann sein Partner sein sollte. Bei diesem ersten Zusammentreffen verstand es Alexander, wie immer, seinen Gesprächspartner zu bezaubern, den er „mit einer Zuvorkommenheit, einer Güte und einer Hingabe" empfing, mit denen er auch den treuesten seiner Diener hätte überschütten können. „Sie haben das Schiff hervorragend geführt", soll er zu ihm gesagt haben, „jetzt geht es darum, den letzten Ruderschlag zu tun, um es auf See zu bringen."

Diese Aufgabe stellte sich aber als schwieriger heraus, als angenommen worden war. Die in der Zwischenzeit eingetroffene Nachricht des österreichischen Desasters bei Ulm löschte den Effekt der Erniedrigung von Ansbach. Metternich bemerkte dies, als er am Konferenztisch mit dem Fürsten Adam Czartoryski, dem Gesandten des Zaren, Haugwitz, der vom Herzog von Braunschweig begleitet wurde, gegenüber saß, welch letzterem das Oberkommando über die preußische Armee anvertraut werden sollte. Die beiden Vertreter Friedrich-Wilhelms übertrafen sich darin, die Diskussion in die Länge zu ziehen, wo doch eine massive und sofortige preußische Intervention Napoleon in eine kritische Situation hätte bringen können. Zu guter Letzt wurde der Bündnisvertrag zwischen den drei Monarchen am 5. November in Potsdam unterzeichnet und der Zar reiste zum Hauptquartier des österreichischen Kaisers ab.

Der Abfall Preußens

Aber Haugwitz hatte noch einen Trumpf in der Hinterhand. Sofort nach Unterzeichnung des Vertrages übersandte er den Vertragstext dem französischen Gesandten Laforest: „Versichern Sie den Kaiser, daß dies nur ein Spiel ist und daß wir die besten Freunde sind und bleiben." Er ließ den Beschluß fassen, daß die Allianz nur dann wirksam werden sollte, wenn er selbst Napoleon den Entschluß seines Herrn hätte mitteilen können, einzugreifen, wenn die französische Armee ihren siegreichen Vormarsch nicht stoppte. Und der trickreiche Minister verzögerte seine eigene Reise so sehr, daß er Napoleon erst in Wien antraf. Als er ihn endlich in seinem Hauptquartier in Brünn antraf, bereitete jener sich darauf vor, in die Schlacht zu gehen; dies war ein guter Grund, jede politische Dikussion zu verweigern und den Preußen nach Wien zurückzuschicken.

Nach dem Donnerschlag von Austerlitz war es für Haugwitz schwierig, die Drohrede zu halten, mit der er im Prinzip beauftragt war. Der Zar floh, geschlagen und gedemütigt, und der österreichische Kaiser bat selbst um Frieden. Der preußische Minister übernahm es nun, mit Napoleon und Talleyrand das sogenannte Schutz- und Trutzbündnis von Schönbrunn (15. Dezember) auszuhandeln: Preußen erhielt als Preis für seine Neutralität Hannover und mußte dafür Ansbach und Neuenburg abtreten.

Österreich gedemütigt

Einige Tage später (25. Dezember) unterzeichnete Österreich selbst den katastrophalen Vertrag von Preßburg: Venedig mit seinen Ländereien in Istrien und Dalmatien wurde an das Königreich Italien abgetreten, anders gesagt, an Napoleon. Schmerzlicher jedoch war, daß Tirol und Vorarlberg inklusive des strategisch wichtigen Brennerpasses Bayern zugeschlagen wurden. Die anderen kleinen habsburgischen Enklaven in Schwaben wurden zwischen Bayern und Württemberg aufgeteilt. Diese letzte Klausel betraf Metternich persönlich, denn der neue Familienstammsitz in Ochsenhausen verlor dadurch den Schutz des österreichischen Kaisers und fiel jetzt in den Herrschaftsbereich von Württemberg, das von einem von Napoleon ernannten Witzblattkönig regiert wurde, dessen üblen Marotten man jetzt ausgesetzt war.

Vergebliche Anstrengungen Metternichs

Man kann sich die Ängste Metternichs angesichts dieses Wasserfalls an schlimmen Ereignissen vorstellen. „Schreckliche Lage", „fürchterliche Krise", dies sind die Ausdrücke, die in seiner Korrespondenz im Verlauf des Dezember immer wiederkehren. Selbst nach der Nachricht von der Niederlage von Austerlitz hatte er noch darauf gehofft, daß der preußische König seine Verpflichtungen einhielte und hatte gemeinsam mit seinem russischen Kollegen alle Kräfte aufgeboten, Hardenberg davon zu überzeugen, daß im militärischen Bereich noch einiges getan werden könne:

Die vor Zorn weißglühende Armee brannte darauf, loszuschlagen. Dann kam am 15. Dezember General Stutterheim, der Verbindungsoffizier Kaiser Franz', in Berlin an: Die Verpflichtungen von Potsdam waren jetzt überholt. Es handelte sich vielmehr darum, der preußischen Regierung zu verstehen zu geben, daß eine feste Haltung ihrerseits zumindest dazu beitragen könnte, die Forderungen Napoleons in den Verhandlungen über den Friedensvertrag, den Österreich gezwungenermaßen würde abschließen müssen, würden mäßigen können.

Auf diesen Gesichtspunkt hin orientierten sich von da ab die Anstrengungen Metternichs. Preußen, so gab er an, konnte nicht darauf hoffen, Hannover um den Preis irgendeiner Gefälligkeit zu erhalten: Der französische Kaiser war in Deutschland. Die Ankunft von Haugwitz' mit seinem Vertrag von Schönbrunn brachte eine herbe Enttäuschung.

> „Unsere Beziehungen zu Preußen müssen als erloschen betrachtet werden", schreibt Metternich am 10. Januar 1806 zum Abschluß seines großen Schlußberichtes über seine Mission in Berlin. (...) „Man muß Preußen als zur Zeit an das zerstörerische Vorgehen der Politik von Bonaparte geklammert betrachten. Eine Umkehr kann nur von den übertriebenen Forderungen des Siegers gegenüber diesem Lande kommen, das er bereits jetzt als eine seiner Präfekturen behandelt."

In Metternich selbst hatte die schmerzliche Erfahrung sicherlich dazu beigetragen, den Staatsmann heranreifen zu lassen. „Ich bin um dreißig Jahre gealtert", schreibt er an Gentz, „denn diese drei letzten Jahre entsprechen mehr als dreißig Jahren in einem anderen Jahrhundert." (21. Januar 1806). In der während dieser dramatischen Monate entstandenen Korrespondenz erhebt er sich mehr als einmal über die direkten Aufgaben seiner Mission und beschreibt seine Gedanken über die europäische Politik und das Vorgehen, das er von dem österreichischen Kabinett erwarten würde. Es gibt zum Beispiel eine beachtenswerte Note über die Dringlichkeit eines Gegenangriffes in der Presse gegen die napoleonische Propaganda, die in Deutschland verbreitet wurde und die wirksam dazu beitrug, den Widerstand gegen die französische Vorherrschaft zu schwächen. Für den Augenblick jedoch blieb ihm nur die Bitternis, die Früchte der ersten Verhandlungen, die er persönlich zu führen hatte, zu nichts zusammenschmelzen zu sehen, ohne von anderen Enttäuschungen sprechen zu wollen. In Wien hatte man jedoch anerkannt, daß er sein Bestes gegeben hatte, da der Kaiser ihm das Großkreuz des Ordens vom Heiligen Stefan hatte schicken lassen.

Seine Gefühle, als er erfuhr, daß Napoleon am Abend des Sieges von Austerlitz in seinem eigenen Bett im Schloß Kaunitz geschlafen hatte, sind nicht bekannt.[1] Konnte er ahnen, daß er bald Gelegenheit haben würde, dem ungebetenen Gast dieser Nacht zum 2. Dezember von Angesicht zu Angesicht gegenüberzustehen?

Metternich für St. Petersburg vorgesehen

Kaiser Franz war trotz seiner Abneigung gegen jeden Wechsel verpflichtet gewesen, diejenigen zu opfern, die in der öffentlichen Meinung für die erneute Demütigung verantwortlich waren: Colloredo und Cobenzl. Er berief als neuen Leiter der Außenpolitik den Grafen Philipp Stadion, seinen Botschafter in St. Petersburg. Der so freigewordene Posten wurde für Metternich vorgesehen. Vielleicht hat Stadion diese Idee eingebracht oder unterstützt, was nur natürlich erscheint, denn er stand seinem jungen Kollegen in vielen Punkten sehr nahe: Sie entstammten beide der gleichen Klasse der Ritter des deutschen Reiches, die in habsburgische Dienste getreten waren, er war in Mainz geboren und hatte Besitztümer in Böhmen, war von Kaunitz in die diplomatische Karriere eingeführt worden und war der Bruder einer Freundin der Gräfin Eleonore.

Im Verlauf der dritten Februarwoche 1806 erfuhr Metternich von seinem neuen Amt. Dieses war nicht dazu angetan, ihm zu mißfallen. Die Freundlichkeit, mit der der Zar ihn bei ihrem ersten Treffen in Potsdam überhäuft hatte, gaben ihm die Hoffnung, daß er in St. Petersburg ebenso gut behandelt werden würde. Und nicht nur, so hat er wohl gedacht, von dem Herrscher, sondern auch von mancher faszinierenden Prinzessin des kaiserlichen Hofes. Die in der kleinen kosmopolitischen Welt der Diplomaten geweckte Neugier hat uns ein Portrait eingebracht, das man durchaus lesen kann, um die zu schmeichelhaften Farben zu nuancieren, in denen sich unser Modell im eigenen Spiegel sah. Es ist eine Antwort, die Karl von Nesselrode, der sowohl in Dresden als auch in Berlin bei den Metternichs ein- und ausgegangen war, seinem Vater auf eine Anfrage hin geschrieben hat.

„Herr von Metternich ermangelt nicht des Geistes, wiewohl er noch nicht, das gestehe ich ein, den Platz, der ihm bestimmt ist, ausfüllen kann. Sein Geist überragt drei Viertel der Wiener Exzellenzen. Er ist außerdem sehr freundlich, wenn er es will, von angenehmem Äußeren, fast immer verliebt, aber häufiger noch zerstreut, was in der Diplomatie genauso gefährlich ist wie in der Liebe. Seine Frau ist klein, recht hübsch, ohne Geist und ohne Freundlichkeit, im allgemeinen von etwas öder Natur, sie hat ihren Mann betrogen, wofür sich dieser mit der illustren Fürstin Dolgoruki schadlos gehalten hat. Dies ist, mein lieber Vater, das Paar, das man an unseren Hof senden wird, wo es den Versuch unternehmen soll, den Hof wieder der Wiener Regierung anzunähern." (Nesselrode, Briefe und Papiere ..., Band III, Seiten 131, 132.)

Nach Paris entsandt

Nein! Petersburg wird weder Clemens noch Eleonore sehen. Bevor Metternich sich dorthin begab, war er ganz logischerweise nach Wien geschickt worden, um Kontakt mit seinem neuen Vorgesetzten aufzunehmen. Am 2. April reiste er ab und ließ seine Frau und seine Kinder in Berlin. Das erste, was Stadion ihm mitteilte war, daß er statt nach St. Petersburg nach Paris geschickt würde. Was war geschehen?

Die Wiederherstellung des Friedens zwischen Frankreich und Österreich beinhaltete natürlich auch die Wiederherstellung der diplomatischen Beziehungen. Napoleon hatte nicht gezögert, den Grafen Alexandre de La Rochefoucauld nach Wien zu entsenden, den gleichen, der schon in Dresden der Kollege Metternichs gewesen war. Auf Seiten Österreichs hatte man sich weniger beeilt. Die Sorge, die Botschaft wieder zu eröffnen, war einem einfachen Geschäftsträger anvertraut worden, einem Belgier namens Engelbert de Floret; und zur Regelung militärischer Fragen, wie zum Beispiel des Austauschs von Gefangenen, hatte man als Sonderbotschafter den General Vincent, einen soliden, schweigsamen und höflichen Lothringer entsandt. Stadion hatte daran gedacht, nach Paris denjenigen zurückzuschicken, der die Botschaft vor dem Krieg geleitet hatte, den Grafen Philipp von Cobenzl, den älteren Bruder des entlassenen Ministers. Aber Napoleon wollte ihn nicht mehr. Am 26. März schrieb er ungeduldig an Talleyrand: „Man müßte jemanden aus dem Hause Kaunitz hierher entsenden, einem wirklich österreichischen Haus, das schon lange mit dem französischen System verbunden ist." Der Kaiser hatte den Gedanken, der ihm in der Nacht vom 2. Dezember des vergangenen Jahres gekommen war, nicht aus dem Kopf verloren. Als Talleyrand Floret den Wunsch mündlich mitteilte, fragte dieser ein wenig entrüstet, ob er damit auf den Fürsten Alois von Kaunitz anspiele, einen Enkel des großen Kanzlers, einen Sohn eines jüngeren Bruders des Fürsten Ernst. „Ja", sagte Talleyrand, „er ist ein junger Mann und trägt einen großen Namen."

Sicherlich, aber was stand hinter diesem Namen? Die gesamte diplomatische Erfahrung dieses jungen Mannes beschränkte sich auf einige

Monate, die er bei der Gesandtschaft von Neapel verbracht hatte; außerdem war in Wien schon das Problem seiner wenig stabilen und hinterhältigen Art bekannt, die später Metternich viele Sorgen machen sollte. Dies alles brachte Stadion in große Schwierigkeiten! Alois war unmöglich, also bot man an, was man als nächstbestes zur Verfügung hatte, einen angeheirateten Enkel, den Ehemann von Eleonore. La Rochefoucauld wurde befragt und stimmte freudig zu. „Ausgezeichnete Idee", urteilte auch Laforest aus Berlin; sein österreichischer Exkollege hatte es trotz aller Dinge, die sie gegeneinander hätten aufbringen können, verstanden, auf persönlicher Ebene sehr höfliche Beziehungen zu unterhalten. „Einverstanden mit Metternich" ließ also Napoleon am 12. Mai mitteilen. In Wien war man jedoch weniger eilig; die Ernennung wurde erst Ende Juni schriftlich fixiert, aber auf den 18. Mai zurückdatiert, vielleicht um dem Vorwurf der Verschleppung entgegenzuwirken, vielleicht aber auch aus dem einfachen Grund, es Metternich zu ermöglichen, das mit der Funktion verbundene Gehalt von 90.000 Gulden früher zu beziehen.

Persönliche Konsequenzen

„Die Änderung im Ort meiner Tätigkeit", schreibt er, „traf mich wie ein Blitzschlag", und dann folgt der beliebte Refrain, daß er sich nur damit abgefunden habe, weil er von seinem Pflichtgefühl dazu getrieben wurde. Aber wie in vielen anderen Fällen zeigt das, was uns von seiner persönlichen Korrespondenz überliefert wurde, ein recht anderes Bild. Man kann glauben, daß Metternich einen gewissen Widerwillen empfand, den Zorn und die absoluten Forderungen des fürchterlichen Korsen ertragen zu müssen, statt die schmeichelhaften Freundlichkeiten des Autokraten im Osten. Aber sein natürlicher Optimismus und sein monumentales Selbstvertrauen gewannen bald die Oberhand. „Dies ist ein größeres Ereignis in der Geschichte meines Lebens", schreibt er am 25. Juni an Eleonore, „das mich der Möglichkeit aussetzt, entweder sehr hoch zu steigen oder sehr tief zu fallen." Und am 28. Juni: „Du kannst Dir nicht vorstellen, was diese Ernennung wirklich bedeutet. Alles war schön und gut, solange Bonaparte weniger zornig war und der Posten weniger mühsam und ermüdend erschien. Ich muß allerdings zugeben, daß ich alle meine im Dienstalter gleichen Kollegen weit hinter mir gelassen habe."

Die zusätzlichen Bonbons waren allerdings auch nicht zu verachten: „Paris schafft uns zahlreiche Möglichkeiten und vor allen Dingen unendliche Chancen für die Erziehung unserer Kinder."[2] Die schon etwas empfindlichere Gesundheit von Eleonore würde dort ein weniger strenges

Klima vorfinden als in Rußland. Außerdem käme das Gehalt von 90.000 Gulden gerade recht, um das Vermögen, das durch die unglücklichen Spekulationen des „Fürsten" Franz-Georg ernstlich angeschlagen worden war, wieder aufzufrischen. Zu Beginn des jahres 1807 schätzte Clemens seine Schulden auf 700.000 Gulden, wobei sein jährliches verfügbares Einkommen nur 35.000 betrug. In den Monaten Mai/Juni hatte Clemens die schmerzliche Pflicht einen Gerichtsbeschluß herbeizuführen, der den unglücklichen Vater unter die Vormundschaft seines Sohnes stellte. „Er kann über nichts mehr verfügen", schreibt er an Eleonore.

Zweifelsohne war diese vorsorgliche Maßnahme getroffen worden wegen dem, was man von den in Paris geführten Verhandlungen zur Gründung des Rheinbundes erfahren hatte. In der Tat beinhaltete die neue Struktur, die Deutschland von dem Sieger aufgezwungen wurde, die formelle Auflösung des Heiligen Römischen Reiches Deutscher Nation und folglich auch hunderter kleiner Fürstentümer, die der Reichsdeputationshauptschluß von 1803 hatte überleben lassen. Diese wurden „mediatisiert", das heißt, daß sie, anstatt direkt an die kaiserliche Krone zu fallen, unter die Herrschaft des einen oder anderen mittleren Staates fallen sollten, der Mitglied der neuen Vereinigung war.

Im Falle Ochsenhausen handelte es sich um das Königreich Württemberg. Diese Art der Herabstufung machte Franz-Georg zu einem einfachen Untertanen und unterwarf ihn somit der Willkür irgendeines Gläubigers, der von einem übelwollenden Herrscher unterstützt würde. Für seine angeberische Persönlichkeit war die Demütigung vielleicht noch schmerzlicher als sein finanzieller Schiffbruch. In Zukunft würde seine Existenz von dem Vermögen seines Sohnes abhängen. Das, was von ihrer Korrespondenz übrig geblieben ist, läßt vermuten, daß der Vater sich nie darüber zu beklagen hatte.

KAPITEL 6

Paris. Im Angesicht des Minotaurus

„Erst in Paris begann wirklich mein öffentliches Leben", schreibt Metternich später. Und er erklärt: Als er angesichts des Mannes, „der der Schiedsrichter der Welt" war, seine Beobachtungen anstellen konnte, hatte er die Stärken und Schwächen des Meisters und des Systems abschätzen können. Dies sind Erfahrungen, die sich als besonders kostbar erweisen würden, als er die gefahrvolle Schachpartie der Jahre 1809 bis 1814 zu spielen hatte.

Zwangsaufenthalt in Straßburg

Der erste Kontakt mit dem Kaiserreich Frankreich lieferte Metternich ein unangenehmes Muster der brutalen Realitäten der napoleonischen Herrschaft: Willkürliche Entscheidungen an der Spitze, blinder Gehorsam an der Basis. Er war in Wien am 11. Juli abends abgereist, statt jedoch den direkten Weg über München zu wählen, hatte er einen Umweg über Frankfurt gemacht, um die Finanzsituation der Familie mit ihrem Bankier Mühlens zu überprüfen: „Zur Zeit sind wir ruiniert", berichtete er seinem Vater nach der Bilanz.

Als er in der Nacht vom 22. zum 23. Juli in Kehl ankam, erfuhr Metternich von seinem Boten, den er als Quartiermeister vorausgeschickt hatte, daß jeder Übergang von Reisenden zur Zeit untersagt sei. Selbst für einen diplomatischen Vertreter höchsten Ranges? Ja, denn so lautete der Befehl aus Paris. Der Grund für diese Maßnahme war nicht der, den Metternich in seinen Memoiren[1] angenommen hat. In der Tat hatte Napoleon, der am 12. Juli in Paris die Unterschrift unter den Vertrag erhalten hatte, der den Rheinbund schuf, dessen sofortige Ratifizierung durch die betroffenen Herrscher verlangt und wollte ihnen keinerlei Möglichkeit lassen, sich mit ihren Vertretern in Paris oder mit dem Vertreter Österreichs abzustimmen.

Wie hätte Metternich auf diese demütigende Blockade reagieren sollen? Umkehren? Dies hätte aber bedeutet, daß er eine sowohl für ihn selbst als auch für seine Regierung wichtige Mission aufs Spiel gesetzt hätte. Dies hätte außerdem bedeutet, den in der Stadt umlaufenden Gerüchten über eine Wiederaufnahme der Feindseligkeiten Nahrung zu geben, die wegen des Durchmarsches starker französischer Truppenverbände nach Osten entstanden waren. Hätte er nicht zumindest bei den lokalen Autoritäten laut protestieren müssen, die so taten, als sei er nicht existent! „Mehr Lärm zu schlagen wäre gegen meinen Stil gewesen", schrieb er an Stadion. Also faßte sich der ehemalige Straßburger Student in Geduld und besuchte die Stätten seiner Jugend und vielleicht auch einige alte Freunde. Seine einsamen Spaziergänge zeigten ihm, wie er berichtet, „die prunkvolle Ausstellung unserer guten und schönen Kanonen (die in Ulm erorbert worden waren) und die zu Hunderten auf den Mauern der Zitadelle verteilt waren". Wären die lokalen Autoritäten aufmerksamer gewesen, so hätten sie einige verdächtige Treffen registrieren können; das zum Beispiel mit einem bestimmten hohen Verwaltungsbeamten, der Metternich einige äußerst interessante und wichtige Bemerkungen über die Person des berühmten Spiones Schulmeister geliefert hatte, der im Jahre 1805 Napoleon so gut gedient hatte; auch über die Herstellung falscher österreichischer Banknoten, die dazu bestimmt waren, die Wirtschaft des Gegners zu untergraben; Metternich erfuhr, daß die Hauptkommanditisten der in Marseille ansässigen Druckerei niemand anders als Talleyrand und Murat waren.

Am 29. Juli teilte der Präfekt dem Botschafter endlich mit, daß er seine Reise fortsetzen könne. Napoleon hatte von seinen deutschen Partnern das bekommen, was er wollte.

Ankunft in Paris

Am 30. Juli also setzte seine Exzellenz die Reise fort; er fuhr fast ohne Unterbrechung und kam am Samstag, dem 2. August abends an. Vincent und Floret erwarteten ihn; ihr erster Kontakt war äußerst unerquicklich. Man hatte in Paris die Ernennung des Grafen Stadion, der als Parteigänger des „russischen Systems" galt, schlecht aufgenommen und man hatte ebenfalls die Verzögerung in der Entsendung eines Botschafters negativ vermerkt — schließlich war es bereits mehrere Monate her, seit der Vertreter des französischen Kaisers nach Wien zurückgekehrt war.

Nichts von alledem jedoch sollte beim ersten Treffen am 5. August zwischen Metternich und Talleyrand angesprochen werden. Der Außenminister entfaltete für seinen Besucher „alles, was ihm an Freundlichkeit und

Verbindlichkeit zur Verfügung stand", ging ihm bis zur Tür seines Salons in der Rue du Bac entgegen und ließ ihn an seiner Rechten Platz nehmen. Er überschlug sich mit Entschuldigungen wegen des unangenehmen Abenteuers in Straßburg: Es war, so sagte er, das Ergebnis einer fehlerhaften Interpretation der kaiserlichen Befehle durch den Präfekten. Die Erklärung wurde logischerweise als das angenommen, was sie war. Als der Botschafter so tat, als wolle er einige der zwischen Wien und Paris offengebliebenen Probleme ansprechen, umging Talleyrand freundlich jede positive Antwort. Metternich zog sich zurück, nicht unzufrieden mit sich selbst und mit dieser ersten Lektion über diplomatisches Verhalten, das ihm von einem älteren, einem Meister der diplomatischen Komödie, einem Grandseigneur und Vertreter der seinerzeit von ihm in Brüssel und Mainz bewunderten Rasse gegeben worden war.

Protokollarische Schwierigkeiten

Dies war allerdings nur ein Vorspiel zum Hauptakt: Die Audienz beim französischen Kaiser, die auf den 10. August festgesetzt war. Am Vorabend dieses Tages jedoch wurde Metternich darüber unterrichtet, daß er nur unter dem Titel des Botschafters des Kaisers von Österreich empfangen und begrüßt werden könne und nicht als Botschafter „seiner Majestät des Kaisers des Heiligen Römischen Reiches Deutscher Nation und Österreichs", obwohl diese beiden Titel seit August 1804 gemeinsam in Gebrauch waren.

Was war geschehen? Da die Schaffung des Rheinbundes die Auflösung des Heiligen Römischen Reiches Deutscher Nation beinhaltete, hatte Napoleon Wien mitgeteilt, daß er von Franz II. einen formellen Verzicht auf eine sinnlos gewordene Würde erwarte; die Antwort auf dieses Verlangen sollte am 10. August genau eintreffen, wenn nicht ... die Truppen waren schon in Bewegung. In Wien hatte man wie üblich gezögert und sich gesträubt: Erst am 6. August hatte Franz II. das Schriftstück unterzeichnet, mit dem er den Titel des deutschen Kaisers aufgab, um als Franz I. erblicher Kaiser von Österreich zu werden. Angesichts der Daten und der Bedingungen seiner Reise wußte Metternich nichts von dem Ultimatum und dem verzögerten Schriftstück vom 6. August. Was er allerdings von der Lage der beiden betroffenen Parteien wußte, ließ in ihm wenige Zweifel über den Ausgang dieser letzten bewaffneten Drohung aufkommen; für ihn war das Heilige Römische Reich Deutscher Nation seit Rastatt nur noch eine künstlich am Leben erhaltene Leiche. Er entschloß sich also, auch diesen zweiten Frosch zu schlucken und den Text seiner Beglaubigungsschreiben so abzuändern, daß sie den Anforderungen des unersättlichen Despoten entsprächen.

Wenige Tage später gab ihm die offizielle Mitteilung des kaiserlichen Erlasses vom 6. August recht. Ganz entschieden war dadurch unter den in Paris residierenden Diplomaten der Eindruck entstanden, daß der junge Metternich seine Verantwortung bestens wahrgenommen habe.

Das erste Treffen mit Napoleon

Lassen wir nun Metternich selbst über die erste Audienz am 10. August 1806 berichten, da wir bei dieser hervorragenden Gelegenheit gut sehen können, welches Bild sich Metternich im Geiste von seinem großen Gegner gemacht hatte.

„Ich hatte Napoleon nie zuvor gesehen. (...) Ich fand ihn inmitten eines der Salons stehen, in Begleitung des Außenministers und sechs anderer Persönlichkeiten seines Hofes. Er trug eine Uniform der Gardeinfanterie und hatte den Hut auf dem Kopf. Dieser unter allen denkbaren Umständen unpassende Aufzug (...) traf mich wie eine deplazierte Angeberei und zeigte deutlich, daß es sich um einen Emporkömmling handelte; ich zögerte deswegen einen Augenblick, ob ich nicht meine Kopfbedeckung auch aufsetzen sollte. Ich machte aber nur einige spitze Bemerkungen.

Seine Haltung schien mir von Hemmungen und sogar von Verlegenheit zu zeugen. Sein kurzes, eckiges Gesicht, seine nachlässige Kleidung und sein dennoch ausgeprägtes Bemühen, sich bemerkenswert zu machen, schwächten in mir das Gefühl der Größe, das man ganz natürlich diesem Manne zuschrieb, der die Welt zum Erzittern brachte. Dieser Eindruck hat sich in meinem Geiste niemals vollständig gelöscht."

Das negative Bild wurde jedoch im Verlaufe der entspannteren Beziehungen, die auf dieses erste Treffen folgten, korrigiert.

„Was mir zunächst besonders auffiel, war der herausragende Scharfblick und die große Einfachheit seiner Gedankengänge (...), mit denen er jeden Gegenstand beim Kernpunkt erfaßte und ihn aller unnützen Beigaben entkleidete, seine Gedanken entwickelte und sie erst dann weiter ausarbeitete, wenn sie absolut klar und schlüssig waren. (...) So wie in seinen Plänen alles klar und genau war, so hatte für ihn alles, was eine Handlung erforderlich machte, keinerlei Schwierigkeiten oder Ungewißheiten. Überkommene Regeln störten ihn kaum (...), er wählte am liebsten den graden Weg zum Ziel, wenn er etwas erreichen wollte, und verfolgte diesen Weg bis zum Ende."

Metternich hatte begonnen, Napoleon, diesen bewunderten und gleichzeitig gefürchteten Mann, am 2. September in einer langen Privataudienz unter vier Augen besser kennenzulernen. Der Vorwand dazu war die Übergabe der Dokumente betreffend der deutschen Kaiserkrone durch Franz I. „Ich will nicht deutscher Kaiser werden", versicherte Napoleon. „Als ich den Rheinbund schuf, wollte ich nur die Interessen und das Schicksal einiger Fürsten enger an Frankreich binden. Ich habe bei dieser Gelegenheit nur das getan, was die französischen Könige früher schon gemacht haben. Ohne diese Könige hätten Österreich und Preußen die Fürsten schon seit langem aufgefressen." Danach besprachen die beiden bis ins kleinste Detail die gesamte Lage in Europa sowie die Probleme, die zwischen Frankreich und Österreich nach dem Frieden von Preßburg noch zur Lösung anstanden. In dieses Gespräch muß man zweifelsohne das kleine Wortgeplänkel verlegen, das alle Biographen Metternichs berichten, ohne daß sie eine authentische Quelle liefern könnten. „Sie sind doch wohl recht jung, Herr von Metternich, um ein so altes Reich zu vertreten." „Sire, ich bin in einem Alter, das Eure Majestät in Austerlitz hatten." Ob Napoleon die Schmeichelei mit ihrer unterschwelligen Ironie genossen hatte oder nicht, es ist unbestreitbare Tatsache, daß Metternich bei diesen ersten Gesprächen seine Rolle sehr gut gespielt hat. Talleyrand schreibt an La Rochefoucauld: „Seine Majestät erschienen sehr zufrieden mit dem Herrn Grafen von Metternich und haben ihn sehr gut behandelt." Metternich seinerseits war sehr beeindruckt von dem Luxus der aus Anlaß seines Empfanges in Saint-Cloud organisierten Zeremonien.

Positionsanalyse

Was aber konnte man hinter diesem prächtigen Äußeren, das von gelehrten Pedanten zum Gebrauch dünkelhafter Parvenüs ausgearbeitet worden war, vermuten? „Napoleon", sagt Metternich, „erschien mir als die fleischgewordene Revolution, wohingegen ich in der Macht, die ich vertrat, die sicherste Hüterin der Fundamente sah, auf denen der soziale Frieden und das politische Gleichgewicht ruhen." Zwischen diesen beiden gegensätzlichen Polen war der Widerspruch zu groß und stark und der Konflikt früher oder später unausweichlich.

„Das heimtückische Räderwerk der Regierung in Saint-Cloud kennt keinen anderen Rivalen in Europa als Österreich (...). Er (Napoleon) fürchtet unsere politischen Prinzipien, die Loyalität der Leute des Kaisers, aber er fürchtet unglücklicherweise unsere innenpolitischen Möglichkeiten nicht mehr. Wir sind mit großer Sicherheit das erste Opfer, das er in seiner unersättlichen Begier für sein lächerliches System der Weltherrschaft hinschlachten will; wir alleine stören ihn noch bei der Ausführung dieses Projektes."

Diese erste Warnung, die er Stadion bereits am 11. August 1806 zukommen ließ, müssen wir im Gedächtnis behalten, denn während der dreißig Monate seiner Botschafterzeit in Paris sagt Metternich nie etwas anderes. In diesen Äußerungen findet sich schon die Grundlage dessen, was im Frühling 1809 zum Bruch führen wird.

Während des Feldzuges 1806-1807

Im Augenblick wandten sich die Kriegspläne des französischen Kaisers in eine andere Richtung. Preußen regte sich jetzt über die Eroberungspolitik in Norddeutschland, seinem eigenen Jagdrevier, auf. Es war ungehalten darüber, zu erfahren, daß man in den mit England eingeleiteten Verhandlungen darüber gesprochen hatte, Hannover an England zurückzugeben, welches doch Preußen als gerechten Preis für seine Neutralität 1805 ansah. Die Kriegspartei gewann also in Berlin die Oberhand. Metternich konnte, obwohl er nicht alle Details kannte, Stadion mitteilen, daß der Versuch einer Übereinkunft mit England gescheitert sei und Napoleon Kriegsvorbereitungen treffe. Am 16. September unterrichtete er den Minister, daß der Krieg beschlossene Sache sei; zehn Tage später bestätigte das von Haugwitz überbrachte unverschämte Ultimatum diese Einschätzung der Lage.

Die Überheblichkeit der preußischen Führung hat die Historiker immer wieder erstaunt: Wie konnten sie darauf hoffen, ganz alleine die Armee und den Armeeführer zu schlagen, der ein Jahr zuvor die vereinten Kräfte Österreichs und Rußlands zerschmettert hatte? Der Zar war zweifelsohne noch ihr Verbündeter; aber der Bär war in seine Höhle zurückgekrochen und leckte seine Wunden, anders gesagt, seine militärischen Kräfte waren noch weit davon entfernt, wieder den Kampf aufnehmen zu können. Österreich hatte sich erst kürzlich die Finger verbrannt und wahrte die strikteste Neutralität. Metternich hatte in Paris eine diesbezügliche Zusicherung abgegeben und Talleyrand war damit beauftragt worden, seinen guten

Willen zu beweisen, indem er irgendwelche illusorischen Pläne einer französisch-österreichischen Allianz diskutierte, wobei er natürlich im Gedenken an Kaunitz zu handeln behauptete.

Während der elf Monate der Abwesenheit Napoleons von 1806 bis 1807 war der Botschafter Österreichs sozusagen arbeitslos.[2] Die wenigen Handlungen, die zwischen Frankreich und Österreich notwendig waren, wurden zwischen Talleyrand, den Napoleon bis Warschau mitgenommen hatte, und seinem Botschafter in Wien, dem General Adreossi, abgehandelt, welch letzterer im November 1806 den Freund La Rochefoucauld ersetzt hatte.

Die Einrichtung des Hauses

Dieses Zwischenspiel erlaubte es Metternich, die Einrichtung seiner Botschaft zu vervollständigen und sich einen erstrangigen Platz in der besseren Gesellschaft zu sichern, begierig, alle Freuden der „Weltstadt" zu genießen, wie er Paris in einem Brief an seine geliebte Tochter Maria nennt. Die Erinnerung an seine persönlichen Eindrücke findet sich auch zweifelsohne in einem Hinweis, den er später einem Botschafter gibt: „Jeder Neubeginn an einem so wildbewegten Ort wie Paris ist anfangs schwindelerregend."

Sein erstes Haus in Paris, das Hotel des Prince of Wales an der Rue du Faubourg-Saint-Honoré hatte sich sehr schnell als wenig angenehm entpuppt. Dieses alte und majestätische Haus, das zu Ende der Herrschaftszeit Ludwigs XV. für den Marschall de Beauvau gebaut worden war, war nach der Revolution von einem gewissen Delpech, „der schlimmsten Ratte unter den Spitzbuben, die in Paris Hotels besitzen" – wie Clemens an seine frühere Freundin Constance de Caumont schreibt – in ein Hotel für reiche Ausländer verwandelt worden. Dieses „abscheuliche Hotel", fügte er hinzu, „war das kälteste, leerste und rauchigste aller Hotels. Ich bin nicht erstaunt, daß alle Beauvau darin gestorben sind. Für die Metternichs hätte bald das gleich gegolten, wenn wir dieses schreckliche Gemäuer nicht schnellstens verlassen hätten."

Mitte Oktober waren in der Tat Eleonore und ihre Kinder, die den Sommer noch in Dresden verbracht hatten, endlich zu Clemens gekommen; es war eine Abenteuerreise durch die französischen und preußischen Truppenbewegungen hindurch. „Wenn sie jemals jemanden brauchen, der für Sie eine Armee kommandiert", scherzte Clemens mit einem gewissen Stolz, „dann wählen Sie Frau von Metternich, denn sie fürchtet sich vor nichts."

Ihr praktischer Sinn für die Leitung eines großen Hauses half ihrem Ehemann zwar zweifelsohne, einen angemesseneren Rahmen für den großartigen Lebensstil zu finden, den er zu entfalten gedachte, um die Würde seiner Mission zu erhöhen und er wollte darin dem Beispiel des unbeschreiblichen „Fürsten" Franz-Georg folgen. Das Hotel, das drei Jahre lang die Residenz des österreichischen Botschafters werden sollte, war Mitte des 18. Jahrhunderts von dem Architekten Antoine-Mathieu Le Carpentier für den Finanzier Bouret de Vézelay, dem Schatzmeister des königlichen Hauses, gebaut worden. Danach hatten es zwei Großgrundbesitzer nacheinander in Besitz: Jean-Joseph de Laborde und Delaage de Bellefaye; von den Erben des letzteren hatte Metternich das Gebäude gemietet. Es lag an der Ecke zwischen Boulevard Montmartre und Rue Neuve-Grange-Batelière, die heute Rue Drouot heißt. Heute steht an dieser Stelle ein einfaches Mietshaus aus der zweiten Hälfte des 19. Jahrhunderts. Aufgrund eines Zufalls lag es genau neben dem Haus, das der Graf von Mercy-Argenteau, der österreichische Botschafter bei Ludwig XVI., seinerzeit geführt hatte. Der große Eingangshof öffnete sich auf eine Toreinfahrt nach der Rue Grange-Batelière 2. Der mittlere Gebäudeteil war nicht sehr hoch gebaut und bestand aus Erdgeschoß, Zwischengeschoß mit Terrasse, Schlafzimmern im ersten Stock, Mansarden und Dienstbotenräumen. Zwei Nebengebäude umschlossen zwei kleine Höfe und beherbergten die Ställe und andere Diensträume.

Der in dem am 5. Dezember 1806 unterzeichneten Mietvertrag genannte Mietpreis von 22.000 Franc sagt wohl einiges über die Qualität des Hauses aus, genau wie der Kaufpreis von 332.000 Franc, der im März 1809 von Edmond de Périgord, beziehungsweise wohl eher von seinem Onkel, bezahlt wurde, als er das Haus den Erben von Delaage abkaufte.[3] Diese hatten das Gebäude mehr oder weniger sich selbst überlassen und Metternich mußte es vom Keller bis zum Speicher neu einrichten. Die Arbeiten waren zu Beginn des Monats Dezember 1807 abgeschlossen, denn Metternich konnte bereits zu diesem Zeitpunkt ein großes Essen geben, bei der der Ehrengast, die Fürstin von Thurn und Taxis, die Schwester der preußischen Königin, sich von so interessanten Gästen umgeben sah wie dem Wirtschaftsphilosophen Dupont de Nemours und dem Doktor Gall, dem Erfinder der Phrenologie; dieser letztere konnte seine Kunst am Kopf der Prinzessin demonstrieren. Der Polizeiinformant, dem wir dieses Detail verdanken, versichert, daß „Herr von Metternich viel Vertrauen in die Gedankengänge des Herrn Gall setzt und dieser hat versprochen, einen privaten Kurs für zehn bis zwölf Personen bei dem Herrn Botschafter abhalten zu wollen."

Die Stallungen des Hauses wurden ihrem ursprünglichen Zweck wieder zugeführt, denn der Polizeibericht verzeichnet im April 1808, daß das Gespann des österreichischen Botschafters bei der großen Jahresparade auf der „Promenade de Longchamp" besonders hervorstechend ins Auge gefallen war.

Gesellschaftliches Leben

Die Ankunft seiner Familie hatte im gesellschaftlichen Leben von Clemens sicherlich keine großen Veränderungen hervorgerufen. Außer einigen Empfängen, bei denen sie unbedingt erscheinen mußte, versuchte Gräfin Eleonore niemals, einen Salon zu eröffnen. Sie hatte geradezu Angst vor dem gesellschaftlichen Leben und fand eine gute Entschuldigung in ihrem augenscheinlich schwachen Gesundheitszustand. Napoleon selbst hatte dies bemerkt: Bei den Empfängen bei Hofe waren seine üblichen Begrüßungsworte: „Nun, Gräfin, wir weden älter, wir werden dünner und wir werden häßlicher." Und da sie über diese Worte lachte, fügte er hinzu: „Aber wirklich, Sie haben mehr Geist als alle die Kraniche, die um Sie herumschwirren." Man kann verstehen, daß das arme Würmchen sich mehr und mehr in ihrer Wohnung vergraben hatte und ihrem Ehemann jegliche Freiheit ließ, seiner Tätigkeit als Tag- und Nachtschwärmer nachzugehen.

Für solche Aktivitäten war die Lage der Rue Grange-Batelière sozusagen ideal, denn das Haus war nur wenige Schritte von den beiden Hauptzentren des pulsierenden Pariser Lebens entfernt: Dem Boulevard und dem Palais Royal mit Cafés, Geschäften, Theatern, öffentlichen Bädern und Restaurants. In der Rue de la Loi (heute Rue de Richelieu) war ein privater Spielzirkel entstanden; Metternich war Mitglied, „obwohl er nicht spielte", vermerkt der Polizeispitzel. Das Interesse, das Metternich an diesem Kreis hatte, war, daß er dort leicht Persönlichkeiten der höheren Gesellschaft treffen konnte, die dort aktive Mitglieder waren. In der gleichen Straße, halbwegs zu den Tuilerien und zum Boulevard, war der Opernsaal, der sicherlich vom Botschafter häufiger besucht wurde; gleich nach seiner Ankunft hatte er dort eine Loge gemietet. Er war eifriger und geblendeter Zuschauer und Zuhörer und schrieb an Eleonore:

> „Es ist unmöglich, einen großartigeren und glänzenderen Hof zu finden. Alles hier ist absolut würdig und alles, das Theater und die Kostüme, sind auf dem neusten Stand. Ein Galaabend bietet ein feenhaftes Bild. (...) Ich glaube fast, daß die Männer die Frauen ausstechen, die in ihrer Mehrzahl keine oder sehr wenige Diamanten tragen. Im

Verhältnis zu denen, die hier in der besseren Gesellschaft glauben, welche zu besitzen, werden Sie damit zugedeckt erscheinen."

In Erwartung der Ankunft seiner Frau hatte Metternich alle Zeit der Welt, sich in den Salons zu bewegen und dort Eroberungen zu machen. Sein distinguiertes Auftreten, die Eleganz seiner Sprache, die aller von der revolutionären Epoche eingebrachter Popularismen ermangelte, seine Leichtigkeit, lockere und doppeldeutige Sätze zu verstehen und von sich zu geben, gaben ihm insbesondere in den Augen der Damen einen großen Vorteil gegenüber den affektierten Neureichen und den ungehobelten Militärs, die zu dieser Zeit in der Pariser Gesellschaft das große Sagen hatten.

Er lehnte weniger raffinierte Beziehungen nicht unbedingt ab, wenn man den Memoiren der Schauspielerin Mme Georges Glauben schenken kann, die von den Bonapartisten verehrt wurde, weil sie mehrere Male die Gunst des großen Mannes genossen hat. Sie sah den österreichischen Botschafter oft, so versichert sie, aber sie trafen sich hauptsächlich in Theaterlogen oder auf Promenaden im geschlossenen Wagen. Die Spione von Fouché berichten zweimal im Januar 1808, daß die Schauspielerin ihre Gunst zwischen Metternich und dem jungen Benckendorff aufteilte. Bezüglich dieses letzteren gibt es keinen Zweifel über die Intimität der Beziehungen, denn er überredete die Georges, mit ihm nach St. Petersburg zu gehen. Aber das Nebeneinander, das von den Polizeiberichten unterstellt wird, genügt nicht, zu beweisen, daß das Verhältnis zu Metternich gleichartig gewesen sei. Die Worte der jungen Dame in ihren Memoiren beweisen nichts anderes, als freundschaftliche, familiäre Beziehungen: „Er war sehr fröhlich", sagt sie, „ungekünstelt, einfach, geistreich und spöttisch. Er lachte gern, der große Diplomat."

Caroline Bonaparte

Aus den Polizeiberichten könnte man auch eine ganz andersartige Liaison ablesen.

„Man schreibt Herrn von Metternich eine Rolle zu, die jenseits seines Alters und seines äußeren Aussehens liegt (Man weiß, daß Herrn Metternich viele Zähne fehlen). Die jungen, hübschen Frauen lieben Männer, denen es an nichts fehlt. Man hat sich nicht darauf beschränkt, ihm Beziehungen zu Theaterprinzessinnen (= Georges) zuzuschreiben; man hat ihm Affairen bis in den Palast hinein nachgesagt. Es wird behauptet, daß er häufig bei der Königin von Neapel (Caroline Bonaparte) empfangen worden sei. (...) Die Reise nach Morfontaine, die er unternommen hat, als die Königin dieses Gut besichtigte, hat die lächerlichen Gerüchte bestätigt, die in dieser Richtung verbreitet wurden."

Lächerliche Gerüchte? Die vorsichtige Ausdrucksweise sollte das Ehrgefühl des korsischen Clanhäuptlings schonen, aber die Realität dieser Liaison ist für jeden, der die nach 1815 zwischen dem Herrn am Ballhausplatz und derjenigen, die sich dann Gräfin von Lipona nennen ließ, ausgetauschten Briefe gelesen hat, über jeden Zweifel erhaben: Herrisches Verlangen auf der einen Seite, liebevolles und höfliches Nachgeben auf der anderen; die Beziehung ist ganz offensichtlich die ehemaliger Geliebter.

Über die Umstände und die Dauer der Beziehung ist nichts genaues bekannt. Napoleon soll selbst in gewisser Weise dafür verantwortlich gewesen sein, denn er hat seiner Schwester gesagt: „Unterhalten Sie mir diesen Hohlkopf gut, wir brauchen ihn zur Zeit." Man kann nur annehmen, daß Caroline gerade vor Metternich ihr Taschentuch hat fallen lassen, als Napoleon sie brutal von ihrem Liebhaber, dem tapferen aber beschränkten General Junot getrennt hatte, weil er diesen letzteren – zum größten Unglück für alle – beauftragt hatte, das Expeditionscorps zu kommandieren, das den Befehl hatte, sich Portugals zu bemächtigen. Dies würde den Beginn dieser neuen Liaison auf das Ende des Jahres 1807 terminieren.

Die uns wohlbekannte Persönlichkeit von Caroline – egoistisch, wenig kultiviert, kalt, berechnend – schließt ihrerseits eine echte Liebe aus. Seitens Metternich kann man wohl kaum daran glauben, daß seine Sinne und sein Gefühl ihn spontan zu dieser Frau mit der großen Nase und den harten Augen getrieben haben, bei der die offiziellen Porträtisten schon Mühe hatten, ihre doch etwas fette Gestalt zu kaschieren. In der Tat lassen die vertraulichen Mitteilungen des Schandmauls Mlle Avrillon, der Vorleserin der Kaiserin Joséphine, und die Kommentare der sehr würdigen Mme de Rémusat deutlich werden, daß das Interesse beiderseits die Hauptantriebsfeder für die Intimitäten war. Für Metternich konnte diese enge Vertrautheit bedeuten, daß er in die Geheimnisse der kaiserlichen Familie eindringen konnte; so konnte er Wien bereits Ende November 1806 mitteilen, daß Murat auf die Krone eines wiedergegründeten Polens spekulierte; und schon in den ersten Tagen des Februar 1807 berichtete er, daß Napoleon in Warschau eine Mätresse hatte. Die Indiskretionen von Caroline erlaubten ihm ebenfalls, Stadion im Oktober 1807 zu berichten, daß eine gewisse Mademoiselle Cusani, eine Vorleserin der Kaiserin, Gegenstand der Leidenschaft des Kaisers sei und dazu bissig zu kommentieren: „Da alle

Damen der Kaiserin und alle mit gewissem äußerem Charme begabten Prinzessinnen die gleichen Funktionen erfüllt haben (sic!) und da sich keine schmeicheln kann, den Kaiser an sich gebunden zu haben, rühmt sich auch keine ihrer vorübergehenden Tätigkeit." Später zeigt sich der Botschafter bestens über die Scheidungspläne Napoleons informiert. Der unschätzbare Vorteil, den Caroline Clemens verschaffte, war zweifelsohne das Verständnis, das er aus dieser Beziehung für den Charakter eines Bonaparte zog und das durch die Vertraulichkeiten ein Bild belebte, das eigentlich nur in der mündlichen Überlieferung eines Familienverbandes heimlich weitergegeben wird. Teilweise dank dieser Dinge konnte Metternich später sein großes Porträt Napoleons schreiben, welches somit sehr viel durchdringender ist, als alle anderen, die von Zeitgenossen geliefert wurden.

Bezüglich Caroline schreibt Metternich:

„Sie vereinte mit einem angenehmen Gesicht (jedoch nicht mehr!) einen wenig üblichen Geist. Sie hatte den Charakter ihres Bruders genau studiert und machte sich keinerlei Illusionen über seine Fehler wie auch über die Risiken, die er in seiner Karriere wegen seiner übertriebenen Ambitionen und seines Herrschaftswillens einging. (...) Caroline hatte große Macht auf den Geist ihres Bruders und sie hielt die Familienbande zusammen."

Laure Junot

Das politische Interesse und die Sorge um vertrauliche Informationen beeinflußten sicherlich auch eine andere Liaison, die zur gleichen Zeit gepflegt wurde. Es darf nicht vergessen werden, daß die betreffende Geliebte, Laure Permon, Ehefrau des tapferen Generals Andoche Junot war, der seinem Herrn wie ein Jagdhund ergeben war und der leider von ihm mit Aufgaben betraut wurde, die weit über seine Fähigkeiten als Nachschubsergeant hinausgingen. Die kleine Frau Junot fand sich plötzlich im Alter von 21 Jahren als Ehefrau des Militärgouverneurs von Paris wieder und konnte einen großen Lebensstil im schönen Hotel de La Reynière in der Rue Boissy-d'Anglas oder in ihrem Schloß Raincy führen. Sie wurde von ihrem tölpelhaften Ehemann vernachlässigt und lebte dann von ihm getrennt, als er nach Portugal entsandt wurde. Sie stürzte sich in einen schwindeligen Wirbel von Empfängen, bei denen alles, was in Paris Rang und Namen hatte, insbesondere die ausländischen Diplomaten, zu ihr kam. Ihr Salon war also ein idealer Ort, um wichtige Personen zu treffen und vertrauliche Informationen zu sammeln.

Es scheint aber auch, daß sich zwischen ihr und Metternich ein Gefühlsband knüpfte, das offensichtlich dichter war, als das zwischen Metternich und Caroline Bonaparte. „Sie vereinte", sagt Metternich, „mit der Leidenschaft, gefallen zu wollen und der äußeren Schönheit einen lebhaften und angenehmen Geist." Und man konnte sich leicht in sie verlieben, „in diese kleine, hübsche, gute und anbetungwürdige Frau", fügt Madame Divoff in ihren *Souvenirs* hinzu. Dieses Gefühl war etwas, das alle hatten, die sie zu dieser Zeit und später regelmäßig besuchten. Dazu gehörte unter anderem auch Balzac, der ihr bei ihren literarischen Aktivitäten half. Ihre Beziehungen zu Metternich waren schon recht freundschaftlich, als sie an einem Märztag des Jahres 1808 gemeinsam zur Modewahrsagerin Adelaide Lenormand gingen, um sich die Karten legen zu lassen. Natürlich war diese Hellseherin – wie man damals sagte – im Solde der Polizei von Fouché; so wissen wir, daß sie Metternich „Sachen gesagt hatte, die sich auf seinen Beruf, seinen Charakter und seine Liebesaffairen bezogen, um ihn zu überraschen. Madame Junot, die dabei anwesend war, hat die Äußerungen der Kartenlegerin auf einige Bemerkungen angewandt, die Ihre Majestät, die Kaiserin, unter der Maske an Herrn von Metternich gerichtet hat, und zwar bei dem von Ihrer kaiserlichen Hoheit der Prinzessin Caroline gegebenen Ball". Man kann sich leicht vorstellen, worum es dabei ging. Josephine war selbst eifrige Kundin bei der Lenormand und war absolut nicht die letzte, die sich für die Ausschweifungen ihrer gefährlichen Schwägerinnen interessierte!

Fand die entscheidende Liebesszene, die zwanzig Jahre später von Laure d'Abrantès beschrieben wurde, vor oder nach dem Besuch bei der Wahrsagerin statt? In der Beschreibung fehlt es an nichts: Ein romantisches Dekor – die Grotte im Sommergarten der Folie-St.-James in Neuilly – die Nacht, der Mondschein, die wortlosen Erklärungen, die Ohnmacht und die Tränen nach der Kapitulation ... Danach berichtet sie von nächtlichen Rendezvous, die mit erfinderischer Vorsicht organisiert wurden, mit Wagenwechsel, die es dem Geliebten gestatteten, der selbst ein Sommerhaus in Boulogne gemietet hatte, von hinten durch den Garten zum Wohnsitz seiner Geliebten zu gelangen.

Andere Freundinnen

In ihren Memoiren gibt Laure d'Abrantès zu verstehen, daß sich Metternich auch für die Ehefrau eines der großen Würdenträger des Régimes, Regnault de Saint-Jean-d'Angély, interessiert hatte; seine Frau, die sehr viel jünger war als er, war eine geborene Laure (noch eine Laure!) Guesnon de Bonneuil, „ein hinreißendes Geschöpf", sagt ihre Rivalin, „das reinste Modell einer griechischen Schönheit, mit einer göttlichen Figur, die es nie nötig hatte, ein Korsett zu spüren".

Unter den Salons, die Metternich seinerzeit besuchte, muß man auch den von Madame de Souza nennen, der Ex-Gräfin de Flahaut, der Ex-Mätresse Talleyrands – und mehrerer anderer –, der Mutter des brillanten Offiziers, der späterhin, wenn er es zu dieser Zeit noch nicht war, der Geliebte der Hortense de Beauharnais werden sollte. Es wird berichtet, daß sich gegen Mitternacht dort eine ganze Anzahl von Diplomaten zusammen mit anderen Leuten der besseren Gesellschaft einfand. Metternich, so sagt der Polizeiinformant, fehlte selten; man kann es ihm glauben.

Politisches Echo

Gewisse Stimmungsberichte, die der Botschafter während der langen Abwesenheit Napoleons nach Wien schickte, sind so geartet, daß Metternich sicher sein mußte, daß er sie der Neugier der Spione von Fouché entziehen konnte. Am 9. Oktober schreibt er zum Beispiel: „Ganz Frankreich hat nur einen Wunsch, nämlich den, die Pläne seines Herrn scheitern zu sehen. Die Nachrichten von Niederlagen werden hier so aufgenommen wie die Nachrichten über Siege anderswo." Und am 17. November: „Totenstille herrscht in der Hauptstadt und der Enthusiasmus, von dem die öffentlichen Blätter sprechen, findet nur in diesen statt. Die Bulletins werden bei öffentlichen Aufführungen verlesen und werden nur vom Applaus von zwei oder drei Polizeiagenten getragen."

Wenn es auch möglich ist, wie der Polizeibericht schreibt, daß das Personal der österreichischen Botschaft bei der Nachricht von der Demütigung Preußens, der arroganten Rivalin Österreichs, ein gewisses hämisches Vergnügen gezeigt habe, so steht doch fest, daß Metternich dieses Gefühl nicht geteilt hat. „Das Schicksal Europas ist vollendet", schreibt er am 17. November 1806 an Stadion, „und eine neue Ordnung kann nur aus der Asche entstehen." Und ein Brief, den er Ende des Jahres 1806 an seinen Vater schreibt, zeugt von schwärzestem Pessimismus. „Ich glaube, daß ich mich nur solange hier aufhalten werde, wie es die Monarchie gibt, wie die Hoffnung auf Ruhe in der Welt und eine allgemeine Befriedung möglich ist (...). Die ganze Welt ist verloren und niemals war jemand in einer besseren Position als ich, um zusehen zu können, wie die letzten Grundmauern geschleift werden." (21. Dezember)

Im Verlauf der ersten Monate des Jahres 1807 wurden die Kontakte zwischen Metternich und Wien auch deswegen seltener, weil Stadion geglaubt hatte, einen Gesandten nach Warschau zu Napoleon schicken zu müssen, der diesem angenehm erschien, nämlich den General Vincent. Der Botschafter konnte sich jedoch nicht enthalten, seine Meinung mitzuteilen: Er schrieb, man solle sich nicht beunruhigen wegen irgendwelcher Bemerkungen, die Napoleon Österreich gegenüber mache; seine Drohungen hätten nur das Ziel, irgendwelche kriegerischen Gedanken zu lähmen, die gewisse Leute in Wien eventuell hätten haben können, als sie zusahen, wie sich die französische Kriegsmaschinerie in den Schlammfeldern Polens festrannte. „Er wird uns mitten im Frieden angreifen, wenn er sicher ist, daß er uns zerschmettern kann." (31. März.) Stadion jedoch glaubte nicht, daß sich Österreich noch lange Zeit aus dem Streit zwischen den beiden Großmächten Frankreich und Rußland würde heraushalten können. Wie auch immer dieser Streit ausgehen würde, auf jeden Fall stellte sich die Frage über das Schicksal Polens und der Türkei, denn diese Fragen betrafen unweigerlich die österreichische Monarchie.

Nach Tilsit

Die Nachrichten über die Schlacht von Friedland und den Vertrag von Tilsit hatten in Wien den Effekt eines Keulenschlages. „Von allen ärgerlichen Ereignissen ist das ärglichste, zu erfahren, was jetzt geschehen ist", schrieb Stadion an Kaiser Franz, „und dies alles unter den gefährlichsten Begleitumständen."

Metternich selbst zeigte sich weniger pessimistisch und seine Vorhersage war beachtlich genau. Ohne Zweifel hat sich Alexander von Napoleon verführen lassen, aber „die Instabilität im Willen des russischen Kaisers und die andauernde Bewegung im Willen des Franzosen wird sie binnen kurzem wieder auseinander treiben (26. Juli). Der Streit mit Rußland wird wieder aufflackern und ist absolut unvermeidlich. Nach meiner persönlichen Überzeugung ist dieser Tag schon näher als viele glauben."

Es ist richtig, daß die französischen Armeen in Preußen und in den Territorien des Rheinbundes Österreich einschlossen, aber Österreich blieb dennoch in bezug auf seine wirtschaftlichen und menschlichen Reserven unangetastet. Wenn Kaiser Franz und seine Minister berufen waren, diese Reserven zu organisieren und zu verbessern, so lag es an ihm, Metternich, in Paris dafür zu sorgen, daß sie für ihr Werk die nötige Zeit erhielten.

KAPITEL 7

Österreich tritt allein in die Schranken

Abbau der Beziehungen

Die dem Botschafter übertragene delikate Aufgabe schien zunächst realisierbar zu sein. Der Kaiser zeigte sich nach seiner Rückkehr von Tilsit bei einem am 2. August für das diplomatische Korps gegebenen Empfang ziemlich grob und sogar vulgär gegen einige Botschafter, insbesondere gegenüber dem Nuntius des Papstes. Aber mit dem Botschafter Österreichs unterhielt er sich „sehr freundlich". Einige Zeit danach erteilte er ihm sogar dieses Zeugnis: „Sie haben bei mir und in der Öffentlichkeit Erfolg, weil Sie nicht viel reden und weil man von Ihnen nirgends spitze Bemerkungen zitiert." War denn die Polizei von Fouché taub und blind?

Zum Unglück für Metternich war sein üblicher Gesprächspartner im Außenministerium nicht länger Talleyrand, der seine Funktionen am 9. August zu Gunsten einer rein dekorativen – und lukrativen – Würde als Vice-grand-électeur aufgegeben hatte, wobei getuschelt wurde, dies sei das einzige Laster, das ihm noch fehle. Statt dieses geistreichen Mannes, der immer höflich und intelligent war, hatte Metternich es ab jetzt mit Champagny zu tun, einem Beamten mit „kleinlichem und überängstlichem Charakter", der den Willen des Despoten blind durchführte. Talleyrand soll Metternich und anderen Diplomaten, die sich über den Wechsel beklagten, gesagt haben: „Sie haben Unrecht, meine Herren, es hat sich absolut nichts geändert. Der einzige Unterschied, den es zwischen Champagny und mir gibt, ist, daß wenn der Kaiser ihm befiehlt, jemandem den Kopf abzuschneiden, er es binnen einer Stunde tut und ich, in diesem Falle, einen Monat brauchte, um seinen Befehl auszuführen."

Ein Echo dieser Rede findet sich in dem Bericht, den Metternich anschließend an Stadion schickt:

> „Ein einziger Kopf plant hier, befiehlt und führt aus. Alle die, derer er sich bedient, sind nur Handlanger. Ein charakterloser Minister führt die Befehle sofort aus (...), ein anderer, der vielleicht ein bißchen mehr Charakter hat, wird bis zum folgenden Tag warten, in der Hoffnung, irgendeine Änderung erreichen zu können, deren Durchsetzung ihm im ersten Augenblick zu erbitten ungünstig erschienen war."

Während des ersten Gesprächs, das Metternich mit Champagny führte, entstand sofort eine gegenseitige Abneigung. Der Minister verlangte mir nichts dir nichts Erläuterungen über den Sinn der Aufrüstung, die man in Österreich beobachtet habe; Metternich antwortete hochmütig, daß sein erhabener Herrscher niemandem Rechenschaft schuldig sei über das, was er in seinem Herrschaftsgebiet zu tun beliebe; daraufhin konnte Champagny, da er völlig aus dem Konzept gebracht war, nur noch einige wirre Sätze stammeln. Metternich kommentierte die Angelegenheit in seinem Bericht wie folgt:

> „Es gibt nichts erstaunlicheres und für den Verhandlungsführer schwierigeres, wenn er mit Herrn de Champagny verhandeln muß, als der extreme Unterschied, der sich zwischen der einstudierten Rolle dieses Herrn und notwendig werdenden improvisierten Antworten ergibt. Er strömt zunächst über von einem wahren Fluß der Rede; dann aber bekommt man von ihm nur noch abgehackte Satzteile, die niemandem die Möglichkeit geben, sich mit ihm ernsthaft zu unterhalten." (16. Oktober 1807)

Metternich hatte diesen Verhandlungsstil, als er vorstehende Zeilen schrieb, gerade bitter am eigenen Leibe verspürt; es handelte sich dabei um die Verhandlungen, die er über den ganzen Monat September hinweg zu führen hatte, und die schließlich zu einem am 9. Oktober in Fontainebleau unterzeichneten Abkommen führten: „Ich bin noch nie auf soviel Mißtrauen und so viel Unverschämtheit bei irgendeiner der gewundenen Verhandlungen getroffen, mit denen ich jemals beauftragt war." Gegenstand des Abkommens waren die Punkte, die seit dem Frieden von Preßburg offengelassen worden waren und die hier nicht aufgeführt werden sollen. Metternich erkannte an, als er das Verhandlungsresultat Stadion präsentierte, daß dieses recht enttäuschend ausgefallen war, aber er entschuldigte sich damit, daß er vor dem Recht des Stärkeren habe weichen müssen und daß ein stärkerer Widerstand den Preis nur noch in die Höhe getrieben hätte. Bei Eingang der aus Wien kommenden Ratifizierungsurkunden geruhte Napoleon, seine Zufriedenheit mit dem Geist der Versöhnung auszudrücken, „den Österreich gezeigt habe". Dem Botschafter zeigte er seine Wertschätzung durch das Geschenk einer Tabakdose im Wert von 30.000 Franc.

Das Geschenk war nicht dazu angetan, die Bitternis des Besiegten zu erleichtern. Für Stadion schrieb er auf, was er daraus gelernt hatte: „Nicht nur, daß Napoleon keine Grenzen mehr kennt, er hat seine Maske völlig fallenlassen (...); dieser Mann ist tollwütig und seine letzten Erfolge haben ihm mehr als alles zuvor den Kopf verdreht." Man konnte daraus einen wenn auch absolut negativen Vorteil lesen: „Zum ersten Mal befinden wir uns in einer absolut klaren Situation Frankreich gegenüber (...), es ist offiziell festgestellt worden, daß Napoleon nichts mehr von uns zu fordern hat."

Welch unvorsichtiger Optimismus! Napoleon wäre nicht Napoleon, wenn er nicht immer noch etwas mehr zu fordern gehabt hätte. Das ließ nicht auf sich warten. Schon am 16. Oktober ließ Champagny mitteilen, daß man von Wien eine aktive Teilnahme an der Kontinentalsperre erwarte; dies bedeutete nicht nur eine Beendigung des Seehandels zwischen Österreich und England, sondern auch den Abbruch der diplomatischen Beziehungen zwischen Wien und London. Wenn diese offiziösen Andeutungen keinen Effekt zeitigten, so würde eine offizielle Anfrage folgen, die mit der Drohung einer Kriegserklärung im Falle der Weigerung verbunden sein würde.

Was hätte man nun tun sollen, außer nachzugeben und zu versuchen, das Gesicht zu wahren? Dazu sollten sogenannte Friedensverhandlungen dienen, die zwischen Paris, Wien und London geführt wurden; bei diesen Gesprächen spielte Metternich den Hahn auf dem Mist und gab sich lächerlichen Illusionen über seine Wichtigkeit hin. Als Ergebnis dieser Gespräche verließ der österreichische Botschafter Starhemberg London am 19. Januar 1808. Auf der Durchreise blieb er eine Weile in Paris, so daß sich das Gerücht verbreite, daß er der Nachfolger Metternichs werden solle.

Vertrauliche Informationen von Talleyrand

Die Position Metternichs wurde jedoch durch zwei neue Elemente gestärkt. Einerseits war dies die Ankunft des Generals Pjotr Tolstoi als Botschafter des Zaren in Paris, in dessen Begleitung sich als Erster Sekretär Karl von Nesselrode befand, ein alter Freund von Floret, der dessen Kollege bei der österreichischen Botschaft war. Tolstoi, der Metternich bereits in Berlin selbst kennengelernt hatte, war instruiert worden, eine sehr enge und vertrauliche Zusammenarbeit mit seinem österreichischen Kollegen aufzunehmen. Bereits am 9. Dezember 1807 schrieb er an seinen Hof: „Graf von Metternich rechtfertigt absolut den hohen Grad der Vertraulichkeit (...); er sieht das Heil für sein Vaterland nur in engen Bindungen an Rußland; er bezeugt eine große Ergebenheit gegenüber Seiner Majestät, dem Kaiser (Alexander)."

Andererseits war dies die Entdeckung einer neuen Haltung bei Talleyrand, der jetzt nicht mehr von seinen Pflichten als Minister gebunden war. Dieser überraschte Metternich durch die Freiheit der Äußerungen, die er ihm gegenüber am 16. November machte.

„Das System Napoleons ist nicht mein System und ist es nie gewesen. (...) Ich werde es vielleicht nicht mehr erleben, aber Sie, Sie werden sehen, daß alle europäischen Nationen über uns herfallen werden und sich an ihren Unterdrückern wegen des hassenswerten Jochs rächen werden, das wir ihnen auferlegen. (...) Österreich ist notwendig zur Aufrechterhaltung der Gesellschaftsordnung und nur ein intaktes und vollständiges Österreich kann als Großmacht dafür die Garantie übernehmen."

Und später spricht er vom Frieden von Tilsit als „von einem Notbehelf, der ersatzweise zu einem System geworden ist". „Österreich ist in einer guten Lage, weil jede Vertragspartei Österreich braucht, um die andere zu überwachen.

Die häufigen Unterredungen mit Talleyrand und Tolstoi im Verlauf des Winters 1807/08 hatten einen nicht durchführbaren Plan zum Hauptzweck, der damals von Napoleon ernsthaft ins Auge gefaßt worden war: Eine Aufteilung des ottomanischen Reiches, die er der Phantasie des Zaren als Köder hinhielt, wobei er versuchte, gleichzeitig Österreich einzubeziehen.

Die Meinung, die Metternich in einer langen, dieser Angelegenheit gewidmeten Depesche äußerte, atmet einen Realismus, den man fast schon als Zynismus bezeichnen könnte.

„Wir sollten viel für die Aufrechterhaltung der Hohen Pforte opfern; aber unsere wahre Existenz und unsere politischen Überlegungen (...) sollten unseren Wünschen Zügel anlegen. Wir können die Türkei nicht retten, wir sollten also dazu beitragen, sie zu teilen, und versuchen, das größtmögliche Stück davon zu bekommen." (18. Januar 1808)

Die spanischen Angelegenheiten

Das kaum angedeutete orientalische Wunder verschwand in den düsteren Bränden, die Napoleon auf der iberischen Halbinsel entzündete. Die Wendung, die die Ereignisse nahmen, überraschte Metternich; die Truppenbewegungen an der Pyrenäengrenze waren ihm nicht entgangen, aber nichts war von den Absichten des Kaisers durchgedrungen, als dieser Anfang April 1808 nach Bayonne abgereist war. Die Nachricht über die innerhalb der spanischen Regierung durchgeführte Revolution erregte bei Metternich Verblüffung und Ablehnung.

„Das also ist das Maß der verschlagenen, destruktiven und kriminellen Politik Napoleons, die er von seinem Anbeginn an immer verfolgt hat. (...) Ob nun Robespierre den Schlössern den ewigen Krieg erklärt oder ob Napoleon den Krieg in die Staaten trägt, die Tyrannei ist die gleiche. (...) Glauben zu wollen, daß wir (...) nicht betroffene Zuschauer der derzeitigen und zukünftigen Veränderungen in Europa sein könnten (...) wäre ein schon seltsamer Irrtum (...) Die Gefahr, in der wir schweben, ist groß, sie ist augenscheinlich. Der Sturz der Bourbonen vom Thron vergrößert diese Gefahr nicht; dieser Sturz wird sich als große Wohltat erweisen, wenn er ganz allgemein ein Gefühl der Betroffenheit erweckt und bei uns insbesondere die Überzeugung, daß ein Friede mit Napoleon kein Friede ist."

Die später bekanntgewordenen Details über die Art und Weise, in der die Abdankung des Königs Carlos IV. erreicht wurde – „schreckliches Schauspiel" – mußte Abscheu erregen. „Es gibt eine Art von Unterschriften, denen sich die Hand eines Königs genauso wie die Hand eines Privatmannes verweigern müßte, und koste es das Leben." Und die Art und Weise, in der der Herrscherwechsel angekündigt wurde, unterstrich noch die Frechheit des Despoten: „Es ist überhaupt keine Rede mehr von diplomatischen Noten und Schriftstücken (...), der Sturz eines der ersten Throne in Europa kostet Napoleon nur noch einen einfachen Artikel in der Zeitung."

Zu Beginn jedoch zweifelte Metternich nicht daran, daß Napoleon in Spanien, wie anderswo auch, seine Ziele erreichen würde. Er glaubte, das ganze sei die Angelegenheit eines Jahres im Höchstfalle. Danach würde er seine großen Pläne im Orient wieder angehen; diese Pläne sollten ihm, laut Metternich, als Vorwand dienen, für den Fall, daß Österreich sich nicht seinen Absichten total unterordnete und er würde dann die Habsburger so behandeln, wie er die Bourbonen behandelt hatte. Das Vorhandensein dieser alten Dynastien schien ihm mit seiner Weltherrschaft unvereinbar zu sein. Die österreichische Monarchie würde also in zweitrangige Staaten — Böhmen, Ungarn, Steiermark, Illyrien, usw. — zerschlagen, in denen seine Anhänger herrschen würden.

Die Gefahr, wenn sie denn wirklich bestand, war jedenfalls nicht offensichtlich. Der Widerstand, der sich in Spanien und Portugal entwickelte, ließ die Vermutung aufkommen, daß Napoleon Österreich nicht angreifen werde, bevor er die iberische Halbinsel nicht fest im Griff habe. Es war also für die österreichische Monarchie absolut lebenswichtig, so sehr wie möglich von der Atempause zu profitieren, um ihre eigene Verteidigung zu stärken. Diese Sprache wurde von Stadion jubelnd begrüßt: „Ihre Schreiben sind Gold wert und werden hier wie Gold gehandelt. Zum erstenmal habe ich einige Hoffnung, daß man weiß, was man wissen muß und daß man will, was man wollen muß." (11. April 1808). Kaiser Franz gab seinem Bruder, Erzherzog Karl, trotz der Bedenken, die er gegen ihn hatte, endlich weitergehende Vollmachten, um das österreichische Militärsystem zu erneuern und zu verstärken. Mit der Einführung der allgemeinen Wehrpflicht, der Schaffung von Reserveeinheiten, der Aushebung von Landwehreinheiten bereitete sich Österreich auf die absehbare Herausforderung vor.

Das Netz von Informanten, das Napoleon quer über Deutschland gelegt hatte, hatte natürlich seine Aufmerksamkeit auf die Wiederaufnahme militärischer Aktivitäten in Österreich gelenkt. Er war böse darüber. Aus Bayonne, Toulouse, Bordeaux gingen über das Büro von Champagny Anfragen an Metternich heraus, die in immer schärferer Form Erklärungen forderten und die er in gleichem Ton beantwortete. Dennoch wollte Metternich den Krieg nicht. „Einen Krieg mit Frankreich vom Zaun zu brechen, wäre Selbstmord", schrieb er am 1. Juli 1808. Vor allen Dingen, weil man nicht auf die Neutralität Rußlands zählen konnte. Durch diese öffentlichen Äußerungen bemühte er sich also, die beunruhigenden Gerüchte zu zerstreuen, die von der Pariser Presse verbreitet wurden: Napoleon habe die in Österreich eingeleiteten Maßnahmen falsch interpretiert; wenn er mit ihm sprechen könne, könne er diese Mißverständnisse sicherlich ausräumen.

Die große Szene am 15. August 1808

Die Gelegenheit zu solchen Erklärungen wurde ihm am 15. August gegeben, als Napoleon, der von seinem langen Aufenthalt im Süden Frankreichs zurückgekommen war, dem in St.-Cloud versammelten diplomatischen Corps den üblichen Galaempfang zu seinem Geburtstag gab. Bei solchen Gelegenheiten machte Napoleon üblicherweise zweimal die Runde der Versammelten. In Abwesenheit des Nuntius war Metternich der erste in der Reihe und hatte den Grafen Tolstoi neben sich. Der Kaiser richtete einige banale Worte an ihn und defilierte an den versammelten Diplomaten vorbei. Dann kam er zu Metternich zurück und sagte: „Nun gut! Österreich rüstet stark auf!" „Nein, Sire, Österreich führt nur die organisatorischen Maßnahmen durch, die es seit dem Frieden von Preßburg geplant und festgelegt hatte; es macht nichts anderes, als dem Beispiel vieler Nachbarn zu folgen, hinter denen es wichtig ist, nicht zurückzustehen." Auf diesen kleinen Wortwechsel hin entwickelte sich eine angeregte Diskussion, die nicht weniger als fünf Viertel Stunden dauerte und die zum großen Erstaunen aller anderen Diplomaten so geführt wurde, daß sie nur einige bruchstückhafte Sätze mitbekamen.

Die beiden authentischsten Versionen, die von dieser Unterhaltung[1] existieren, sind sich zumindest in dem Punkt einig, daß es keine lautstarke Auseinandersetzung gegeben habe, bei der Metternich angeblich seine äußerst ironische Kaltschnäuzigkeit gezeigt haben soll.[2] „Der Kaiser", berichtet der Botschafter selbst, „erhob nicht einen Augenblick lang die Stimme; er wich weder im Ton noch in seinen Ausdrücken jemals von erstaunlicher Selbstbeherrschung ab (...) Wir hatten den Anschein, ein normales Gespräch zu führen und eine politische tour d'horizon zu unternehmen."

Zeitweise Beruhigung

Das Zusammentreffen hatte jedoch viel zu sehr in der Öffentlichkeit stattgefunden und war viel zu ungewöhnlich, als daß es nicht zu der allgemeinen Empfindung beigetragen hätte, daß ein Bruch zwischen Frankreich und Österreich bevorstehe. Beide Seiten boten alle Kräfte auf, die Unruhe zu besänftigen. Metternich versicherte Champagny, daß die Äußerungen seines Herrn ihn auf einer Erneuerung der friedlichen Beziehungen hoffen ließen. Seinerseits sagte Napoleon dem Botschafter bei einem erneuten Treffen am 25. August, allerdings diesmal ohne Zeugen: „Ich habe nie daran geglaubt, daß der Kaiser oder Graf Stadion oder auch Erzherzog Karl den Krieg wollten, sie stehen schlecht mit Rußland, sie können ohne Rußland keinen Krieg gegen mich führen."

Napoleon versuchte anschließend, seine spanische Unternehmung zu rechtfertigen: Die Bourbonen waren für ihn persönliche Feinde, andere Dynastien jedoch hätten nichts zu fürchten: „Ich mache einen gewaltigen Unterschied zwischen dem Haus Lothringen und den Bourbonen." Eine erstaunliche Art, nicht von den Habsburgern sprechen zu müssen! Er beklagte sich darüber, daß Kaiser Franz und die Kaiserin den französischen Botschafter bei Empfängen niemals nach dem Wohlbefinden seines Kaisers befragten. Und warum wurde zwischen ihnen beiden kein Austausch von Geschenken eingeleitet, wie zwischen ihm und dem Zaren Alexander? „Darauf kann ich Ihnen antworten, Sire", scherzte Metternich, „ich werde sehr schnell den Auftrag erhalten, Ihnen einige Vasen zu übergeben, wenn dies dazu dienen kann, die guten Beziehungen zwischen uns zu konsolidieren." Die Unterhaltung, an der Napoleon sichtlich Freude hatte, wurde beendet, als die Ankündigung kam, daß die an diesem Abend bei Hofe gegebene Vorstellung jetzt schon mehr als eine Stunde darauf wartete, daß der Kaiser geruhe, sich zu seiner Loge zu begeben.

Im Nachgang zu diesen Gesprächen konnte Metternich Graf Stadion versichern, daß jede Kriegsgefahr für den Augenblick gebannt sei. Angesichts der aus Spanien und Portugal eintreffenden verheerenden Nachrichten würde sich für Napoleon zwingend die Notwendigkeit ergeben, zur Bereinigung der Lage einen Teil seiner in Deutschland stationierten Truppen abzuziehen. Die persönliche Befriedigung, die Metternich aus dieser Lage zog, zeigt sich ganz deutlich in einem Schreiben, das er an seinen Vater gerichtet hat. Es ist richtig, daß in der Stilistik des aufgeblasenen Fürsten Franz-Georg, auch noch die schreiendste Parabel als Untertreibung gegolten hätte:

„Die weiße Fahne wurde gehißt! Gott, die tapferen Spanier und auch mein persönlicher Mut und mein kaltes Blut haben dieses Resultat erzielt (...). Ich habe mir viel Hochachtung erworben wegen der Tatsache, daß ich im kritischsten Moment, in dem sich ein Botschafter jemals hat befinden können, den Kopf nicht verloren habe. Ich hatte mich so sehr in die Situation hineingefühlt, daß ich ganz alleine Österreich gewesen bin ..."[3]

Unerwünscht in Erfurt

Vielleicht wäre dieser Lobgesang weniger triumphal ausgefallen, wenn Metternich die Demütigung hätte voraussehen können, die ihn fast postwendend erwartete. Man hatte gerade erfahren, daß Napoleon in Erfurt auf seinen „lieben Bruder und Verbündeten", den Zaren Alexander treffen würde. Nachdem er Talleyrand befragt hatte, erklärte Metternich Champagny: Österreich kann gegenüber dem, was in Erfurt passieren wird, nicht indifferent bleiben; seine Ehre und die Wichtigkeit des Platzes, den es in Europa einnimmt, alles schreit danach, daß Österreich direkt an diesen Konferenzen teilnimmt oder zumindest ganz genau über deren Ablauf informiert werde. Warum also sollte der österreichische Botschafter Napoleon nicht nach Erfurt begleiten, so, wie Caulaincourt, der französische Botschafter in St. Petersburg, zweifelsohne im Gefolge des Zaren reisen werde? Nein, ließ Napoleon antworten: Der österreichische Kaiser sei nicht eingeladen und Metternich auch nicht.

Metternich rächte sich dafür, daß sein Antrag abgeschmettert worden war. Einige Wochen zuvor hatte er Graf Stadion dazu aufgefordert, Napoleon in einem wichtigen Punkte entgegenzukommen: Es handelte sich dabei um die offizielle Anerkennung der beiden in seiner Familie neu ernannten Könige: Joseph in Madrid und Murat in Neapel. Jetzt, so riet Metternich, solle man diese Anerkennung als Tauschobjekt gegen vollständige Information über die Verhandlungen in Erfuhrt behandeln.

Man muß kein ausgebuffter Politiker sein, um das Ziel zu erraten, das Napoleon vor Augen hatte, als er am 22. September nach Sachsen abreiste. Er war entschlossen, sich nach Spanien zu begeben, um dort die Fehler seiner Generäle auszubügeln. Gleichzeitig wollte er sich versichern, daß Rußland Österreich nicht erlauben werde, sich zu rühren. „Ich will sicher sein, daß Österreich nervös, aber zurückhaltend ist", hatte er Talleyrand erklärt. Unter diesen Bedingungen war die Anwesenheit des Kaisers Franz als Drittem in der Runde absolut nicht wünschenswert und natürlich auch nicht die Anwesenheit seines fast schon zu raffinierten Botschafters.

Während aber dieser Botschafter in Paris vor Wut schäumte, hatte ein anderer Spieler die Karten wieder aufgenommen: Talleyrand, den Napoleon unvorsichtigerweise in seinem Gefolge mitnehmen wollte. Bevor er nach Erfurt abreiste, hatte er Metternich gesagt: „Ich erachte Ihre Interessen als die Meinigen." Man weiß, wie er sein Versprechen hielt. Nachdem er den Zaren gründlich abgekanzelt hatte, verweigerte dieser nicht nur ein erneutes Engagement gegen Österreich, sondern schrieb auch noch persönlich an Kaiser Franz, um diesen seiner Freundschaft zu versichern.

Alles in allem konnte Metternich einige Tage nach der Rückkehr Napoleons aus Paris schreiben, nachdem er mit Napoleon und mit Champagny gesprochen hatte: „Das Resultat der Konferenzen in Erfurt hat in keiner Weise den Vorstellungen entsprochen, mit denen man dort hingereist war."

Besuch in Wien

In seinem Schreiben vom 30. Oktober hatte es Metternich vorsichtigerweise vermieden, die wichtigsten Bemerkungen mitzuteilen, die ihm in vertraulichem Gespräch mit Talleyrand mitgeteilt worden waren. Er wollte diese Botschaft selbst seiner Regierung überbringen. Nachdem Napoleon nach Spanien abgereist war, konnte sich der Botschafter am 29. Oktober ebenfalls aus Paris entfernen, ohne daß dies irgendwelche Konsequenzen nach sich gezogen hätte.

Sobald Metternich (am 12. November) in Wien angekommen war, eilte er zu Stadion; die beiden Männer konnten sich endlich das gegenseitig sagen, was sie auch den sichersten Kurieren nicht anzuvertrauen gewagt hatten. Was Metternich brachte, wissen wir aus dem Text von drei großen Berichten, die er im Verlauf der folgenden Tage abfaßte, nachdem er die Situation mit Kaiser Franz[4] diskutiert hatte. Was wirklich wichtig und neu in diesen weitschweifigen Abhandlungen erscheint, ist die Aufdeckung dessen, was sich zwischen dem Zaren Alexander und Talleyrand abgespielt hatte, insbesondere der Appell des einen an den anderen: „... das französische Volk ist zivilisiert, sein Herrscher ist es nicht; der Herrscher Rußlands ist zivilisiert und sein Volk ist es nicht; also müßte der russische Herrscher der Verbündete des französischen Volkes sein." Nachdem Alexander diese Idee aufgegriffen hatte, war der Tilsiter Bund praktisch annulliert und die Perspektive einer effektiven Zusammenarbeit zwischen Rußland und Österreich zur Rettung Europas vor der verzehrenden Begierde Napoleons schien sich zu eröffnen. Insgesamt war es die Hoffnung und die Vorausschau auf das, was 1813/1814 Wirklichkeit werden würde, nachdem beide Partner zunächst einmal die Kriegswut des modernen Attila jeder für sich herausgefordert hatten.

Für Stadion ebenfalls sehr wichtig zu wissen war, daß es für diese Neuordnung in Frankreich auf der höchsten kaiserlichen Regierungsebene Befürworter gab: Talleyrand und Fouché. Bezüglich des ersten hatte Metternich erklären können: „Männer wie Herr von Talleyrand sind wie scharf schneidende Instrumente, mit denen zu spielen gefährlich ist, aber große Wunden kann man nur mit großen Mitteln heilen (...), was so lange gefährlich war, wie er in Richtung auf Zerstörung marschierte, wird jetzt im Haupt der Opposition positiv." Und dann noch dieses durchdringende Urteil: „Er wäre nicht geworden, er wäre nicht, was er jetzt ist, wenn er Moral besäße."

Metternich seinerseits war überrascht, von Stadion zu erfahren, daß die österreichische Regierung im Gegensatz zu den Versicherungen, mit deren Abgabe man ihn in Paris beauftragt hatte, die Entscheidung gefällt hatte, von der durch die Verstrickungen Napoleons in Spanien gebotenen Gelegenheit zu profitieren, um in einer gemeinsamen Anstrengung der wieder aufgebauten österreichischen Armee und der sich am Beispiel des spanischen Widerstandes aufrichtenden deutschen Völker dem französischen Imperialismus ein deutliches Haltesignal zu setzen. Das einzige, was noch offenblieb, war das Datum der Auslösung der Operation. Man gab jedenfalls zu, daß die Finanzkraft des Kaiserreiches über das Jahr 1809 hinaus die militärischen Anstrengungen nicht mehr würde tragen können und daß man danach wieder in eine Situation abglitte, in der man sich unter den Willen des Herrn Europas würde beugen müssen.

Hier stellt sich unausweichlich die Frage der persönlichen Verantwortlichkeit Metternichs für den mißlungenen österreichischen Versuch von 1809. Über diesen Punkt haben sich historische Autoritäten gegensätzlich geäußert. Jeder konnte in den Schriftsätzen Metternichs eine Stütze für seine jeweilige These finden. In einem Dokument, das höchstwahrscheinlich von 1809 stammt, versichert er:

„Ich äußerte gegenüber dem Kaiser und dem Grafen Stadion die Unruhe, die ich mit Erzherzog Karl bezüglich eines Waffenganges teilte. Ich versicherte, daß man sich über die Stärke der Truppen, über die Napoleon gegen uns verfügen könnte, Illusionen hingäbe. (...) Ich erklärte, daß die Hoffnungen, die das Kabinett auf Hilfestellung Preussens und Rußlands hatte, nicht begründet seien. Ich sagte, daß man auch nicht auf eine wirksame Unterstützung durch das Nationalgefühl hoffen dürfe, das in Norddeutschland bei einer gewissen Anzahl von Individuen aufgebrochen war, das sich aber in Süddeutschland gegen Österreich und nicht gegen Napoleon richten würde, wenn der Krieg unter schlechten Vorbedingungen beginnen sollte."

Nun gut! Aber was hatte er unaufhörlich in seiner Korrespondenz wiederholt, seit er in Paris war? Die Existenz des österreichischen Kaiserreichs war mit der napoleonsichen Weltherrschaftstheorie nicht verträglich; man durfte den Erklärungen des Kaisers der Franzosen bezüglich seines Friedenswillens keinerlei Glauben schenken; Napoleon würde, sobald er die spanische Angelegenheit geregelt hätte, irgendeinen Vorwand finden, um die Habsburger Monarchie anzugreifen; dank des Widerstands des spanischen Volkes verfügte Napoleon in Deutschland nicht über eine erdrückende militärische Übermacht und im Inneren der französischen Nation entwickelte sich eine Opposition gegen die kriegerische Eroberungspolitik.

Waren da nicht ausgezeichnete Argumente vorhanden für die österreichische Kriegspartei? Um die oben gestellte Frage beantworten zu können, müßte man eine genaue Aufzeichnung der Gespräche haben, die zwischen dem Kaiser, Stadion und Metternich geführt wurden. Eine einfache Überlegung läßt aber eine Antwort erahnen: Hätte der Kaiser wohl Metternich die Aufgabe übertragen, den Trümmerhaufen des gescheiterten Versuchs von 1809 zu beseitigen, wenn er diesen hätte dafür verantwortlich machen müssen, ihn in das dumme Abenteuer gestürzt zu haben?

Schwertwache

Wie dem auch sei, die Position des Botschafters, als er am 1. Januar 1809 nach Paris zurückgekehrt war, war „sehr delikat", da er zwar alles über die Absichten seiner Regierung wußte und gehalten war, die friedlichen Absichten nicht zu dementieren, die er so großzügig verbreitet hatte. Allein die Tatsache seiner Rückkehr war von der öffentlichen Meinung schon als günstiges Zeichen interpretiert worden. In Abwesenheit des Herrn war die Stagnation der Staatsangelegenheiten total. Die Haupttätigkeit Metternichs zu Beginn 1809 war offensichtlich, das Vertrauen von Rumiantsow, des Kanzlers und Außenministers des Zaren, zu gewinnen, der sich zu dieser Zeit in Paris aufhielt, um die im Grundsatz in Tilsit beschlossenen Übereinkünfte auszuarbeiten. Diese Aufgabe war nicht sehr schwierig; Rumiantsow hatte den jungen Metternich bereits kennengelernt, als er als Kollege des Grafen Franz-Georg als Vertreter Rußlands bei den rheinischen Fürsten akkreditiert war. Dieser glückliche Umstand tröstete über den fühlbaren Verlust hinweg, der durch den Rückruf des Generals Graf Tolstoi zu Ende des Jahres 1808 nach St. Petersburg entstanden war, denn dieser war ein sicherer Freund und seine Ablösung durch den Fürsten Kuriakin wurde von Stadion als „eine erstaunliche Kombination aus Unwissen, Unfähigkeit und Hochmut" charakterisiert.

Am 23. Januar fiel Napoleon wie eine Bombe auf Paris, nachdem er von Valladolid Tag und Nacht durchgefahren war. Von jetzt an nahmen die Dinge einen ganz anderen Verlauf. Am 28. fand die berühmte Szene statt, in der der Kaiser Talleyrand die Beschuldigung ins Gesicht schrie, er habe mit Fouché gemeinsam gegen ihn konspiriert. Man weiß nicht, bis zu welchem Umfang Metternich über die Pläne der beiden Kumpane unterrichtet war. Am 17. Januar 1809 hatte er geschrieben: „Ich sehe sie, ihn und seinen Freund Fouché, immer gleich; sie sind sehr entschlossen, die Gelegenheit zu ergreifen, wenn sich diese Gelegenheit zeigt, sie haben aber nicht genug Mut, diese Gelegenheit hervorzurufen." Man könnte annehmen, daß Metternich von Caroline Murat unterrichtet worden war, aber er war zweifelsohne nicht mehr ihr Liebhaber und die ambitionierte junge Dame war jedenfalls zu schlau, um sich auf dem Kopfkissen zu solch kompromittierenden Vertraulichkeiten hinreißen zu lassen.

Talleyrand versuchte sofort, die Auswirkungen der Ungnade, in die er gefallen war – anders gesagt, den Verlust gewisser Einkünfte – dadurch auszugleichen, daß er seinen Verrat verstärkt gegen Geld betrieb. Metternich diente als Mittelsmann. Am 23. Februar bat er Stadion, daß man ihm 300.000 bis 400.000 Francs in Wechseln auf holländische Banken zukommen lasse und erklärte: „Wenn diese Summe auch sehr hoch zu sein scheint, so ist sie doch wesentlich geringer, als das, was man (Talleyrand) schon geopfert hat. Und die Resultate seiner Verwendung können enorm sein."

Diese „Resultate" waren sehr schlaue Ratschläge: Wenn Sie sich zum Krieg entschlossen haben, dann warten Sie nicht; jede Woche, die vorübergeht, erlaubt es Napoleon, seinen militärischen Aufmarsch zu verstärken. Es waren aber auch nützliche Hinweise, wie zum Beispiel detaillierte Tabellen über den Zustand der französischen Armeen, die aus dem Sekretariat des Kaisers selbst stammten.

Die Kriegsvorbereitungen Napoleons waren inzwischen deutlich zu sehen. Am 29. Januar hatte er bei einem Ball der Königin Hortense erklärt: „Österreich ist eine absolut verrottete Macht und es ist höchste Zeit, ihr eine Ohrfeige zu versetzen." Rumiantsow, der diesen Satz gehört hatte und ihn Metternich berichtete, schloß daraus, daß der Krieg unvermeidlich sei. Von da an und bis zum endgültigen Bruch versuchte jede der beiden Parteien, die Verantwortung für die Eröffnung der Feindseligkeiten der jeweils anderen Partei zuzuschieben.

Die Position des Botschafters, der verpflichtet war, das Gesicht zu wahren, wurde immer schwieriger. Bei den allgemeinen diplomatischen Empfängen sprach Napoleon nicht mehr mit ihm, es sei denn, um ihn in rauhem Ton zu fragen: „Wie geht es denn Frau von Metternich?" Im Verlauf einer säuerlichen Unterhaltung, die Metternich am 2. März mit Champagny hatte, sagte der Minister zu ihm: „Der Kaiser spricht nicht mehr mit Ihnen (...), denn Sie haben bei ihm durch trügerische Versprechungen jeden Kredit verloren, den man einem Botschafter einräumt." Der gleiche Bericht von Champagny, der später im *Moniteur Universel* (25. April 1809) abgedruckt wurde, liefert ein hübsches Beispiel über die psychologische Vorbereitungsarbeit der napoleonischen Presse. Nachstehend ein Auszug des Dialoges zwischen dem Minister und dem Botschafter, sei er nun echt oder nachgestellt.

Champagny: „Wollen Sie denn mit uns Krieg führen, Herr Botschafter?"

Metternich: Wenn wir den Krieg hätten erklären wollen, hätten wir nicht bis jetzt gewartet; dann wären unsere Truppen noch vor dem Monat Januar über dem Rhein gewesen.

Champagny: Dies wäre nicht so leicht gewesen, Herr von Metternich, die Mittel, die wir zur Zeit haben, gab es bereits im Monat Januar.

Metternich: Aber der Kaiser war in Spanien.

Champagny: Ja, aber im Jahre 1805 waren Sie in Ulm, als er noch in Boulogne war und er ist nicht zu spät gekommen.

Man kann hier sehen, wie Metternich die langsame Handlungsweise seiner eigenen Regierung nutzte – über die er im Prinzip enttäuscht war –, um die angeblich friedlichen Absichten herauszustellen. Alle seine Handlungen wurden überwacht und von Polizeibeobachtern interpretiert. Herr Metternich hat ein Landhaus in Clichy gemietet: also glaubt er nicht an einen baldigen Krieg (27. Februar). Herr Metternich läßt seine Weine und seine Pferde verkaufen: also bereitet er sich darauf vor, abzureisen (7. März). Herr von Metternich gibt ein großes Essen: er rechnet also mit Frieden (21. März). Auf dem Polizeibericht vom 13. März fügt Fouché mit eigener Hand hinzu: „Herr von Metternich sagt, daß es für seine Regierung leichter ist, Krieg zu führen, als die fünfzig Millionen zu zahlen, die Kaiser Napoleon von ihr verlangt."

Der Bruch

Am 31. März schickte Stadion schließlich Metternich den erwarteten Befehl, seine Reisepässe zu beantragen. Der Botschafter Frankreichs in Wien habe seinen Posten bereits verlassen. Diese Botschaft erreichte aber ihren Empfänger nie. Am 17. März war ein französischer Offizier, der Depeschen des französischen Geschäftsträgers in Österreich zu überbringen hatte, an der österreichisch-bayerischen Grenze verhaftet worden und seine Papiere wurden nach Wien geschickt. Als Gegenmaßnahme gegen diese Verletzung der diplomatischen Usancen wurden die Depeschen Stadions in Nancy ebenfalls beschlagnahmt; bei diesen Briefen befand sich ein Schreiben von Cathérine Bagration, datiert vom 25. März, in dem sie Clemens schrieb: „Laß' Dich doch davonjagen, denn hier wird niemals jemand eine feste Position beziehen. Sie haben genau das Ausmaß an Mut und die Art von Mut, die eine Frau hat, wenn sie ein Kind zur Welt bringt. (...) Sie brauchen fünfzehn Jahre, um sich vorzubereiten und mindestens genau so viel, um zu sagen: Wir sind bereit."

Metternich, der jetzt von jedem Kontakt abgeschnitten war, verbrachte, so scheint es, einige Zeit in tiefer Depression. So kann man offensichtlich einen sehr seltsamen Brief interpretieren, den er am 9. April an Schwarzenberg, der seinerzeit Botschafter in St. Petersburg war, schrieb, und den er ihm offensichtlich durch den russischen diplomatischen Kurierdienst wollte zukommen lassen. Er beschreibt darin zunächst einmal das Schicksal, das das österreichische Kaiserreich im Falle einer Niederlage erwarte: „Gruppen von zwei bis höchstens drei Millionen Einwohnern werden unter französischen Generälen und einigen anderen aufgeteilt." Was ihn, Metternich, betraf, so rechnete er damit, in Vincennes ins Gefängnis gesetzt zu werden. „Und wenn Sie erfahren sollten, daß man mich erschossen hat, sagen Sie sich, daß ich vorher noch einigen Leuten, die damit beauftragt sind, mich zu verhaften, das Gehirn ausgeblasen habe." Die fixe Idee, daß er das Schicksal des unglücklichen Herzogs von Enghien erleiden könne, verfolgte ihn noch zwei Tage später, denn er bat Graf Stadion in einem Brief, für ihn im Falle eines Unglücks „ein schönes Requiem" lesen zu lassen.

Ob nun diese beunruhigenden Gedanken gerechtfertigt waren oder nicht, sie lösten sich alsbald in Wohlgefallen auf. Am 12. April um 10 Uhr abends erfuhr Napoleon durch eine telegraphische Depesche, daß die Truppen des Erzherzogs Karl in großer Stärke die Grenze am Inn überschritten hatten. Alles war für dieses Ereignis vorbereitet; schon am nächsten Morgen war der Kaiser unterwegs zum Rhein; die Kaiserin sollte ihm folgen und ihn in Straßburg erwarten. Am 14. erstattete Champagny dem Senat einen Bericht, eine Art von Manifest, in der alle Beschwerden gegen Österreich zusammengefaßt wurden und in dem Österreich die gesamte Verantwortung für den Krieg aufgebürdet wurde. Am 15. rief Champagny Metternich zu sich und eröffnete ihm, daß er ermächtigt sei, ihm Pässe für ihn persönlich und seine Mitarbeiter zu übergeben. Der Kaiser, so fügte er hinzu, wollte ihm einen Beweis seiner persönlichen Wertschätzung geben und teilte ihm mit, daß Frau von Metternich und ihre Familie so lange in Paris würden bleiben können, wie sie wollten. Der Botschafter nahm dieses generöse Angebot dankend an und erklärte für sich selbst, daß er die Befehle seines Hofes abwarten müsse. Wenn jedoch seine Anwesenheit jetzt nicht mehr wünschenswert erschiene, so sei er bereit, schnellstmöglich abzureisen und setzte selbst den Termin auf den 21. April fest.

Der Postdirektor verweigerte ihm jedoch die angeforderten Gespanne. Die Erklärung dieser Weigerung kam erst einige Tage später: Die österreichische Regierung hatte erneut eine Ungeschicklichkeit begangen und den französischen Geschäftsträger in Wien zusammen mit seinem gesamten Personal verhaftet und festgesetzt. „Diese Maßnahme", gesteht Metternich, „stand im Gegensatz zu jedem üblichen Verfahren und war außerdem absolut unnötig; sie war aus der Furcht geboren, daß ich in meiner persönlichen Sicherheit bedroht sei (...), aber das österreichische Kabinett schätzte den Geist und den Charakter Napoleons völlig falsch ein."

Jedenfalls hatte dieser doppelte Anschlag auf die diplomatischen Gebräuche zur Folge, daß jetzt eine Art Geiselaustausch vereinbart wurde. Inzwischen, so erzählt Metternich, „blieb ich ruhig in Paris. (...) Mein gesellschaftliches Leben blieb, was es vor dem Bruch gewesen war; mehr noch, ich konnte feststellen, daß meine Umgebung sich mir gegenüber noch mehr zuvorkommend zeigte, als vorher." Am 16. Mai ließ Fouché mitteilen, daß der Austausch der Diplomaten in Wien stattfinden könne. Der Botschafter sah sich jedoch gezwungen, seine Abreise wegen einer schmerzhaften Ohrenentzündung hinauszuschieben. Gemäß des Berichts des Rates Floret war die Abreise am 25. Mai Anlaß für eine Szene, die die Gaffer lebhaft interessierte: Vier Wagen, jeder mit vier Pferden bespannt, bildeten einen Zug an der Ecke der Rue Grange-Batelière; in die schwer mit aufgestapeltem Gepäck beladenen Wagen stiegen nicht nur die Mitglieder des Personals der Botschaft, sondern auch einige andere österreichische Persönlichkeiten, die bis dahin keine andere Möglichkeit gefunden hatten, Paris zu verlassen. Als um vier Uhr nachmittags jeder seinen Platz eingenommen hatte, erschien Metternich als letzter, wie ein Fürst, und stieg in den ersten Wagen, wo ihn der Gendarmerieleutnant Brouville erwartete, der damit beauftragt war, ihn bis zum Bestimmungsort zu eskortieren.

Die kleine Karawane verließ Paris am Schlagbaum in Richtung Pantin und fuhr in die Nacht hinein in Richtung der Champagne. In Chalôns-sur-Marne traf man auf eine Marschkolonne mit österreichischen Gefangenen; von einigen Offizieren, die er kannte, erhielt Metternich einige authentische Berichte über die Entwicklung des Feldzuges. Kaum war er in Straßburg vom Wagen gestiegen, als er von Kaiserin Joséphine die Einladung erhielt, sie besuchen zu kommen. Aus ihrem kaiserlichen Mund erhielt er die Bestätigung eines zunächst in Lunéville aufgeschnappten Gerüchtes: nämlich, das einer ernsten Niederlage der französischen Armee vor Wien in der Schlacht bei Aspern. Jedenfalls mußte Metternich wegen der offensichtlichen Unruhe Joséphines glauben, daß die Wette Stadions vielleicht doch nicht scheitern würde. Würde der Anblick der Tausenden von Toten auf beiden Seiten nicht die Gegner schließlich doch dazu bringen, zu verhandeln. Und wenn dies der Fall wäre, wer anders als er ...?

Zurück in den Wagen also. Richtung Wien! Schnell, schnell!

KAPITEL 8

Tu Felix Austria nube

In Quarantäne in Wien

Am 5. Juni war Metternich über von Militärverbänden verstopfte Straßen in Wien eingetroffen. Sein erster Haltpunkt war das majestätische Palais Esterhazy in der Wallnerstraße, der Familienwohnsitz seines jungen Botschaftsattachés Paul Esterhazy, der mit ihm zusammen gereist war.

Danach eilte er sofort zu seinem Vater; er erwartete, diesen in düsterer Stimmung vorzufinden. In der Tat hatte Clemens, noch bevor er Paris verließ, erfahren, welch schäbige Rache der korsische Tyrann sich gegen seine Familie hatte einfallen lassen: Auf seine Anregung hin hatte der König von Württemberg die Einziehung der Herrengüter verordnet, die in seinem neuen Königreich lagen und die im Eigentum von Untertanen waren, welche im Dienste einer ausländischen Macht standen; die Metternichs und Stadions waren in genau dieser Lage. Für die ersteren bedeutete dies den Verlust des Fürstgutes Ochsenhausen, das sie als Ersatz für ihre verlorengegangenen Güter im Rheinland erhalten hatten. Aber Franz-Georg mußte seinem Sohn eine noch traurigere Mitteilung machen: Nachdem der Generalintendant der französischen Armee, Martial Daru, der Stadt Wien eine schwere Kriegsschuldlast auferlegt hatte, hatte er sich außerdem ausgedacht, Geiseln zu bestimmen, die in Frankreich gefangen gesetzt werden sollten: den Fürsten Franz-Georg zusammen mit dem Erzbischof von Wien und zwei anderen Persönlichkeiten. Clemens tröstete den alten Mann: Er machte sich dafür stark, die Annullierung dieser brutalen Maßnahme zu erreichen.

Schon am nächsten Vormittag begab er sich unter Hintanstellung aller seiner persönlichen Abneigung zu Champagny, der sich in der Hofburg in der Altstadt in den Räumen der Kaiserin einquartiert hatte, während Napoleon selbst in Schönbrunn residierte. Der Minister empfing ihn mit honigsüßen Worten, durch die jedoch ein Gefühl der Beunruhigung hindurchschimmerte. Die Atmosphäre in Wien war nicht mehr die gleiche, wie bei der ersten Besetzung 1805. Diesmal hatte die Stadt, bevor sie sich ergab, eine sechsstündige Kanonade erdulden müssen; die gegen die Eroberer aufgebrachte Bevölkerung litt Not; die Hospitäler quollen über von Verwundeten aus der blutigen unentschiedenen Schlacht von Aspern; die Nachrichten aus Tirol und anderen Gegenden verstärkten den Widerstandsgeist und in der Folge den Druck und die Vorsichtsmaßnahmen der Besatzer. Champagny sagte zu Metternich, daß er noch nicht wisse, unter welchen Bedigungen der Austausch des auf beiden Seiten festgesetzten diplomatischen Personals würde erfolgen können. In der Zwischenzeit, so ließ er durchblicken, habe der Botschafter doch wohl eigentlich alles Interesse daran, sich über die vom Kaiser selbst getroffenen Maßnahmen zu informieren, die sich auf eine mögliche friedliche Regelung bezogen. Darauf antwortete Metternich, daß er, da er Gefangener sei, sich nicht in Staatsangelegenheiten einzumischen habe. Dennoch akzeptierte er, anschließend am Tisch des Ministers zu speisen. Um zu entschuldigen, was uns heute wie ein gewisser Mangel an Würde erscheint, kann man annehmen, daß er hoffte, eine Gelegenheit zu finden, das Schicksal seines Vaters zu regeln; und in der Tat erreichte er vom Marschall Berthier die Widerrufung der scheußlichen Anordnungen, die Martial Daru getroffen hatte.

Am darauffolgenden Tag, dem 7. Juni, hatte General Andreossi, der seine Rolle als Botschafter gegen die eines Militärgouverneurs von Wien getauscht hatte, Metternich mitgeteilt, daß er nicht in der Stadt bleiben könne, aber daß man ihm die Wahl einer Residenz überließ, wo er unter Überwachung des Gendarmericoffiziers, der ihn aus Paris eskortiert hatte, wohnen könne. Nun besaß Metternichs Mutter ein kleines Landhaus an einem Ort namens Grünberg, eine halbe Meile vor Wien und ganz nahe am Park Schönbrunn. Dort konnte sich Metternich mit seinem Bewacher einquartieren. Die drei Wochen der Zurückgezogenheit, die er dort zubrachte, nutzte er sicherlich, um über die Zukunftsperspektiven seines Landes und für sich selbst nachzudenken. Daß man von verschiedenen Seiten her dachte, daß er eine Rolle zu spielen haben würde, war ihm klar. Eines Tages erschien ein Kavalier, der sich nicht hatte ankündigen lassen: es war Savary. Nach einigem Drumherumgerede sagte der getreue Helfershelfer Napoleons schließlich zu ihm: „Warum nutzen Sie eigentlich nicht Ihre Nachbarschaft zum Kaiser, um ihn besuchen zu gehen und mit ihm zu sprechen? Ihre Gärten berühren sich; statt nun in Ihrem eigenen Garten spazieren zu gehen, könnten Sie sich doch im Park von Schönbrunn ergehen; der Kaiser würde sich sicherlich freuen, Sie zu sehen." Die Antwort, die Metternich angeblich daraufhin gegeben hat, ist sicherlich zu schön, um nicht im Nachhinein geschrieben zu sein: „Da ich ein Gefangener bin, benehme ich mich auch wie ein Gefangener (...), wäre ich aber frei, so würde ich meine Freiheit sicherlich nicht dazu nutzen, mit Napoleon im Park meines Herrn und Kaisers spazieren zu gehen." Savary verschlug's die Sprache.

Der vorgesehene Austausch der Diplomaten wurde noch zweimal von unvorhergesehenen Schwierigkeiten verzögert, über die wir nicht unbedingt etwas wissen müssen. Er fand schließlich erst am 1. Juli statt, und zwar in Komaron an der Donau, auf halbem Weg zwischen Preßburg und Budapest. Von dort aus reiste Metternich auf dem linken Donauufer wieder nach Westen und traf im Hauptquartier der österreichischen Armee, das sich seinerzeit in Wolkersdorff, etwa 30 Kilometer im Norden Wiens, befand, mit Kaiser Franz zusammen.

Minister ohne Ernennung

Zwei Tage später begann in der Ebene des Marchfeldes die riesige Schlacht von Wagram. Metternich nahm an der Seite des Kaisers daran teil. Gentz berichtet sarkastisch in seinem Journal, daß sein späterer Vorgesetzter sich ein langes Fernrohr beschafft hatte und das blutige Schauspiel mit Kommentaren wie „Bewundernswert! Unvergleichlich! Jetzt greift unsere Kavallerie an! Jetzt marschieren wir vorwärts!" u.s.w. belegte.

Gegen ein Uhr nachmittags des zweiten Tages (6. Juli) teilte Erzherzog Karl seinem Bruder mit, daß er gezwungen sei, den Rückzug zu befehlen. „In Ordnung", sagte der Herrscher ganz einfach mit unbewegter Stimme; er wandte sich an Metternich: „Es wird viel Mühe kosten, diese Scharte auszuwetzen." Wenig später begaben sie sich nach Znaim, einer kleinen Stadt in Mähren, etwa 70 Kilometer nordwestlich von Wien in Richtung Prag.

Am Vormittag des 8. Juli teilte der Kaiser Metternich mit, daß er ihn mit dem Außenministerium zu beauftragen gedenke, wo er der Nachfolger Stadions werden sollte, der um seine Demission eingekommen war. Diese Demission entsprang weniger einem Gefühl der Entmutigung vor der Niederlage, als vielmehr einer vernünftigen Überlegung: Für den Fall möglicher Verhandlungen wäre es besser, daß Napoleon als Gesprächspartner nicht den hätte, den er als für den Krieg verantwortlich betrachtete. Die Entscheidung Franz' I. traf Metternich sicherlich nicht unvorbereitet, wie sich aus seiner geschickt ausgewogenen Reaktion ablesen läßt: Zunächst einmal gab er an, daß er den Anforderungen, die dieses Amt an ihn stellen würde, nicht genügen könne — wobei der Kaiser diese Bedenken mit einem Wort voll finsterer Ironie beseite fegte: „Ich habe weniger Angst vor

Männern, die an ihren Fähigkeiten zweifeln, als vor denen, die glauben, jede Aufgabe erfüllen zu können." Es gab aber einen ernsteren Einwand: Die Entlassung Stadions in diesem kritischen Augenblick würde vom Gegner so interpretiert werden, daß man bereit sei, zu kapitulieren. Man mußte jedoch dem Gegner ganz im Gegenteil den Eindruck vermitteln, daß man, wenn nötig, entschlossen war, den Kampf fortzusetzen. Die Mittel dazu waren vorhanden: Der Rückzug der Armee des Erzherzogs Karl war wohlgeordnet erfolgt; außerdem hätte man in Böhmen und vielleicht auch in Deutschland zusätzliche Soldaten finden können; die Armee, die Erzherzog Johann unter großen Mühen von Italien bis Preßburg geführt hatte und deren Ankunft im Verlauf des 6. Juli in Wagram den Ausgang der Schlacht möglicherweise geändert hätte, war absolut funktionstüchtig; ebenfalls funktionstüchtig waren die von Erzherzog Joseph, dem Statthalter in Ungarn, ausgehobenen Milizen. Außerdem hätte man noch die Truppen beiziehen können, die in Galizien den Truppen des Großherzogtums Warschau gegenüberlagen. Zudem hatten die Engländer versprochen, zur Ablenkung der französischen Aufmerksamkeit eine Landungsexpedition in den Niederlanden durchzuführen. Und der Umfang der dort getroffenen Vorbereitungen gab Hoffnung, daß dieses Versprechen eingehalten werden würde – wie es denn auch tatsächlich in den letzten Tagen des Juli geschah.

Stadion erkannte die Richtigkeit der Argumentation Metternichs; in edler Einsicht gestand er zu, daß sogar seine eigene Position als Handelsobjekt in die Verhandlungen mit Napoleon eingebracht wurde. Die beiden Männer einigten sich über eine Kompromißformel: Stadion würde vorübergehend den Titel behalten und Erzherzog Karl auf seinem Marsch nach Norden folgen, um so die Beziehungen mit Preußen, England und den deutschen patriotischen Organisationen aufrechtzuerhalten, an deren Aufbau sein eigener Bruder Friedrich wesentlich mitgewirkt hatte. Metternich sollte mit dem Titel eines Staatsministers in der Nähe des Kaisers bleiben und die möglichen Verhandlungen mit Napoleon leiten; wenn der Frieden erst einmal unterzeichnet war, konnte der Austausch der Minister offiziell über die Bühne gehen.

Zum Frieden hin

Der Kaiser akzeptierte den Vorschlag. Kurz darauf verließ er Znaim, das von der französischen Vorhut bereits bedroht wurde, und begab sich in die Sicherheit Ungarns, nach Schloß Totis bei Komaron. Bei dieser Reise über 300 Kilometer Entfernung begleitete Metternich den Kaiser in dessen

Wagen. Es war das erste Mal, daß beide Männer die Gelegenheit hatten, über eine so lange Zeit hinweg unter vier Augen miteinander zu sprechen. Man kann wohl annehmen, daß der schweigsame Habsburger ein wenig schwindelig wurde und manchmal sogar ärgerlich über die unermüdliche Beredsamkeit seines jungen Ministers, aber insgesamt hatte es letzterer offensichtlich verstanden, das Vertrauen des düsteren Herrn zu gewinnen, indem er vorsichtig dem Punkt schmeichelte, der bei jenem das Beste war: die ruhige Ergebenheit ins Unglück und das hohe Ethos, das er in seine Aufgabe als Herrscher legte. „Ich gewann die Überzeugung", schreibt Metternich später, „daß wir in allen wichtigen Fragen immer einer Meinung sein würden und ich war auch sicher, daß es eine der großen Qualitäten des Kaisers war, mir die feste Unterstützung zu geben, ohne die ein Minister, und hätte er die besten Absichten der Welt, einen festgelegten Plan weder ausarbeiten noch erfolgreich vertreten könnte."

Die Hauptthemen der von Metternich gehaltenen Reden finden sich zweifelsohne in den schriftlichen Berichten, die von Komaron mit Datum 20. Juli, 10. und 11. August abgesandt wurden. Uns interessiert hier nur ein einziger Abschnitt:

„Gleichgültig, welche Friedensbedingungen ausgehandelt werden würden, das Ergebnis wäre jedenfalls, daß wir Sicherheit nur finden würden, wenn wir uns auf das triumphierende System Frankreichs stützten. Ich brauche Eurer Majestät nicht zu wiederholen, wie wenig wir in der Lage sind, dieses System nachzuvollziehen, das sich gegen alle Prinzipien einer vernünftigen Politik richtet, sowie gegen jeden großen Zusammenschluß der Staaten. Meine Prinzipien sind unerschütterlich, aber mit Notwendigkeiten braucht man sich nicht herumzuschlagen (...) Vom Tage der Unterzeichung des Friedensvertrages an wird unser System ausschließlich daraus bestehen, zu lavieren, auszuweichen und zu schmeicheln. Nur so wird es uns gelingen, bis zum Tag der sehr wahrscheinlichen allgemeinen Befreiung zu überleben."[1]

Chaotische Verhandlungen

Für den Augenblick war die Frage, ob die Feindseligkeiten fortgesetzt oder der Frieden gesucht werden sollte. Die erstere Alternative stellte sich vorerst nicht, denn die am 12. Juli von Erzherzog Karl getroffene Entscheidung zur Unterzeichnung eines Waffenstillstandes verhinderte dies. Kaiser Franz war unzufrieden damit, nicht befragt worden zu sein, entband den Erzherzog von seinem Kommandeurposten und ersetzte ihn durch Fürst Johann von Lichtenstein. Dieser installierte sein Hauptquartier in Schloß Totis beim Kaiser. In der Zwischenzeit hatte er Napoleon zweimal getroffen, und zwar in Znaim und in Wien. Er hatte so die enormen Forderungen abschätzen können, die, wie es der Gegner wünschte, für den Fall von Friedensverhandlungen auf Österreich zukommen würden.

Nachdem Napoleon schlicht und einfach von einer Aufspaltung des österreichischen Kaiserreiches gesprochen hatte, hatte er durchblicken lassen, daß er die Abdankung Franz' I. verlangen würde, den er als für den Krieg verantwortlich bezeichnete, und sagte, er erwarte, daß dieser durch seinen Bruder, Erzherzog Ferdinand, ersetzt würde; um diesen Preis könnte er das Territorium der österreichischen Monarchie mehr oder weniger intakt belassen. Ansonsten würde er eine Amputation des Staatsgebietes in gleichem Umfang verlangen, wie diejenige, die das Resultat des Friedens von Preßburg 1805 gewesen war, das heißt, um etwa vier Millionen Untertanen, wozu aber noch andere erniedrigende Garantien kommen müßten. Gleichzeitig mit Lichtenstein erreichte ein offizieller und formeller Vorschlag zur Eröffnung von Friedensverhandlungen die kaiserliche Residenz; Champagny schlug vor, daß diese Verhandlungen in Altenburg, einer kleinen Stadt einige Kilometer südwestlich von Preßburg, in der seinerzeit von der französischen Armee besetzten Zone stattfinden könnten. Metternich, so sagte er, sei von Napoleon als der gewünschte Verhandlungspartner benannt worden.

Nachdem diese Bedingungen akzeptiert worden waren, begab sich Metternich also nach Altenburg, wobei ihn, auf seine Bitte hin, der Chef des Generalstabes des Fürsten Johann von Lichtenstein, General Nugent, begleitete. Die Diskussionen und Verhandlungen zogen sich mühsam von Mitte August bis Ende September hin, und waren in jeder Etappe von der Notwendigkeit unterbrochen, in der sich sowohl Metternich als auch Champagny befanden, ihren jeweiligen Herrschern über den Fortgang zu berichten. Die umfangreiche Korrespondenz, die auf diese Art und Weise ausgetauscht wurde, würde es erlauben, mit großer Genauigkeit fast tagtäglich den Ablauf dessen nachzuzeichnen, was nach einem Ausspruch Metternichs selbst „nur ein gespieltes Verhandlungsverhalten" sein sollte. Wozu sollte man denn auch in Detailverhandlungen eintreten? Die unermüdliche Aktivität, die Virtuosität der Ausdrucksfähigkeit und sogar der Mut, die der österreichische Unterhändler entfaltete, sind nichtsdestoweniger bewundernswert. Man kann es fast als eine Generalprobe dafür ansehen, was 1813 sein großes Spiel sein würde.

Auf Schloß Totis war Kaiser Franz zwischen den Parteigängern einer Unterwerfung, die ihm seine Krone bewahrt hätte, und denen des bedingungslosen Krieges hin- und hergerissen. Metternich selbst pflegte eine Redeweise, die gleichzeitig politisch und kriegerisch erscheinen konnte: Je kritischer unsere Lage ist, umso notwendiger ist es, einen Frieden abzuschließen, der uns eine Atempause verschafft, und umso mehr müssen wir auch die materiellen Mittel sammeln, die uns retten könnten; anders gesagt: der ausgehandelte Friede wäre umso weniger schlecht, als der Gegner ein Aufbäumen des Besiegten würde fürchten müssen.

Napoleon hatte die Sache anfangs absichtlich in die Länge gezogen; es war seine Absicht, zu versuchen, den Zaren Alexander in die Verhandlungen einzubeziehen; dieser aber entzog sich Napoleons Ansinnen höflich und geschickt: Die Franzosen und die Österreicher sollten doch bitte versuchen, alleine miteinander auszukommen. Am 15. September schließlich beauftragte Napoleon den österreichischen General Bubna, nach Altenburg und Totis Vorschläge zu überbringen, die alle Kennzeichen eines Ultimatums trugen: Entweder Abdankung Kaiser Franz' mit Aufrechterhaltung des territorialen status quo oder aber die Aufgabe ganz bestimmter, präzise benannter Territorien. Im übrigen, sagte er, solle man doch diesen Tanz der Diplomaten in Altenburg endlich beenden; man solle ihm Fürst Johann von Lichtenstein nach Wien schicken: unter Militärs würde man sich wohl schnell verständigen können.

Abdanken? Wenn es nur um seine Person gegangen wäre, hätte Franz möglicherweise aufgegeben. Was aber jetzt von der Auslöschung bedroht war, war die Ehre und das heilige Erbe der ehrwürdigen Krone Habsburgs. Es war undenkbar, den korsischen Abenteurer nach seinem freien Willen darüber verfügen zu lassen, so wie er über andere Kronen verfügt hatte, die er über die Köpfe der Mitglieder seines Clans oder seiner fügsamen Vasallen im Rheinbund verteilt hatte. Es wäre wohl besser, mit den Waffen in der Hand unterzugehen. Bevor man allerdings den Kampf wieder aufnahm, wollte man doch erfahren, was Napoleon Lichtenstein zu sagen hatte.

Letzterer reiste also nach Wien ab. Als er durch Altenburg fuhr, mußte er Metternich mitteilen, daß dessen Rolle als Verhandlungsführer beendet war. Welche Überraschung, welche Demütigung, nach so vielen Anstrengungen derart auf die Seite geschoben zu werden! Als Metternich von den Verhandlungen entbunden wurde, erlebte Champagny ihn bleich und verstört. „Ich habe gesehen, daß die Enttäuschung, das gekränkte Ego und die Furcht, nicht mehr gebraucht zu werden, über jegliches andere Gefühl und über jegliche andere Überlegung die Oberhand gewannen."

Der Frieden von Schönbrunn

Dieweil Metternich nach Totis zurückkehrte, um dort zu schmollen, hatte Stadion, der nach Böhmen zurückgekehrt war, das Außenministerium wieder übernommen. Am 14. Oktober abends ging Metternich – in seiner Beschäftigungslosigkeit gelangweilt – traurig auf der Wiener Straße spazieren. Da kamen in vollem Galopp einige Wagen angepreßt: es waren Lichtenstein und seine Begleitung. Angesichts Metternichs ließ der Fürst seinen Wagen anhalten und sprang heraus. „Ich bringe den Frieden", sagte er, „aber ich bringe auch meinen Kopf; der Kaiser soll mit dem einen oder dem anderen machen, was ihm gefällt."

Was er über die Umstände und die Ergebnisse seiner Mission berichtete, bedeutete in der Tat, daß er sich von Napoleon glatt hatte aufs Kreuz legen lassen. Nachdem Champagny den Fürsten unter verschiedenen Vorwänden zunächst mit Drogen vollgepumpt hatte, hatte er ihn – was nicht vorgesehen war – in echte Verhandlungen gezogen; er war aus diesen Verhandlungen mit einem Dokument herausgekommen, das die Überschrift trug: „Friedensplan, der dem Kaiser von Österreich zur Kenntnis zu geben ist". Einige Stunden vor seiner Abfahrt wurde Lichtenstein im Morgengrauen von Artilleriesalven geweckt: Man teilte ihm mit, daß diese die Unterzeichnung des Friedensvertrages bedeuteten. Überrascht und erbost wollte Fürst Johann sich nach Schönbrunn begeben, um Napoleon nach den Gründen für diese Täuschung zu befragen; aber der Kaiser, so versicherte man ihm, sei abgereist – was in der Tat unrichtig war – und in den Straßen Wiens zeigte die Bevölkerung ihre Freude.

Die Bedingungen dieses erschwindelten Friedens waren erschreckend: Zunächst einmal Landabtretungen, die mit dem Verlust von dreieinhalb Millionen Untertanen gleichzusetzen waren: im Osten, in Galizien, zugunsten des Großherzogtums Warschau, im Westen zugunsten Bayerns, im Süden in Kroatien und Slowenien, wo eine neue Provinz des französischen Kaiserreichs, Illyrien, Österreich von jeglichem Zugang zum Meer abschneiden würde und es praktisch zwänge, jeden Handel mit England aufzugeben. Andererseits die Verpflichtung, den Personalstand des Heeres auf 150.000 Mann zu beschränken. Außerdem eine Kriegsentschädigung von 85 Millionen Gulden, verbunden mit der Übernahme der Schulden der abgetretenen Provinzen. Zu guter Letzt, und dies war die beschämendste Klausel, sollte der österreichische Kaiser alle Militärs und Zivilpersonen, die in Frankreich, Piemont und dem ehemaligen venezianischen Territorium geboren worden waren, entfernen, bzw. sie auf Verlangen aus Paris sogar ins Exil schicken. In den Rheinprovinzen Geborene wurden von dieser Proskription nicht erfaßt. Hatte Napoleon an Metternich gedacht?

Gewiß, er hatte ihm einen herausragenden Dienst geleistet, als er Kaiser Franz gezwungen hatte, den jungen designierten Minister von der endgültigen Ausarbeitung des Friedensvertrages auszuschließen; so traf Metternich auch nicht der Hauch einer Schuld an den verheerenden Bedingungen des Vertrages, den zu ratifizieren sein Herr schlußendlich gezwungen war. Daß dieser Entschluß, so schmerzlich er auch war, dem tiefen Wunsch des Volkes entsprach, konnte man bei Rückkehr des Kaisers nach Wien am 26. November deutlich am Beifall der Bevölkerung ablesen.

Metternich richtet sich ein

An eben diesem 26. November zog Metternich in das große Haus am Ballhausplatz ein, das für 40 Jahre der Sitz seiner Macht und der Rahmen seines Privatlebens werden sollte. „Ich gestehe", sagt er später, „daß ich das Ministerium mit mehr Selbstsicherheit übernommen habe, als ich drei Monate zuvor gehabt hätte." Gentz, der Zeuge dieser Übernahme, schreibt in seinem privaten Tagebuch: „Ich werde Metternich niemals die Indifferenz und die Leichtigkeit verzeihen, mit denen er Graf Stadion hat gehen sehen, noch verzeihe ich ihm das wirklich schockierende Selbstvertrauen, mit dem er sich eine so schreckliche Last auflädt." Der neue Minister hatte, noch bevor er Totis verlassen hatte, dem Kaiser die Zustimmung zur Reorganisation der Verwaltung sowohl im Kanzleramt des Hofes als auch des Staates abgerungen. So konnte er sich seiner Frau gegenüber rühmen: „Ich werde ein dreifaches Amt ausüben, und das in weniger Zeit, als manch ein anderer und als alle meine Vorgänger. Ich habe etwas auf die Beine gestellt, das in vielem dem gleicht, was Ihr Großvater geschaffen hatte!"

Viel wichtiger als die interne häusliche Entwicklung Metternichs war die Ernennung des Fürsten Karl von Schwarzenberg als neuer Botschafter Österreichs in Paris. In der Tat war diese Wahl bereits am 27. Oktober durch eine Übereinkunft zwischen Lichtenstein und Champagny festgelegt worden, sie paßte aber absolut in Metternichs Konzept. Zweifelsohne hatte dieser tapfere Militär, der jetzt zum Diplomaten gemacht worden war, einen wenig subtilen Geist; seine schwerfällige und feierliche Art aber würde manchen seinem brillanten Vorgänger nachtrauern lassen. Andererseits konnte man absolut auf seine Loyalität zählen, die bereits in St. Petersburg positiv vermerkt worden war. Als Gehilfe und Führer durch die vielen Fallstricke der Pariser Gesellschaft hatte er an seiner Seite den treuen und subtilen Mitarbeiter Metternichs Engelbert von Floret und auch die Ehefrau des Ministers, die die französische Hauptstadt nicht verlassen hatte.

Die österreichische Heirat. Präliminarien

Die Angelegenheit ist mindestens zwanzigmal erzählt und berichtet worden, auch von Metternich selbst. Aber sein Bericht beinhaltet, wie immer, gewisse Unsicherheiten und Widersprüche. Will man ihm glauben, so wäre der Anstoß dazu von französischer Seite gekommen und habe ihn völlig überrascht; der formelle Vorschlag dazu soll von Napoleon selbst der Gräfin Eleonore gemacht worden sein, als sie sich bei einem Kostümball bei Erzkanzler Cambacérès trafen. Dies aber ist nicht das, was die unwiderlegbaren Dokumente aus zeitgenössischer Korrespondenz über die Tatsachen berichten.

Es scheint, daß die Idee von verschiedenen Persönlichkeiten auf österreichischer Seite schon vor der Wiederherstellung der regelmäßigen Beziehungen zwischen Wien und Paris ins Spiel gebracht worden sein soll: Lichtenstein, Bubna und Floret hatten in allgemeinen Wendungen bei Champagny über den Nutzen und den Wert einer irgendwie gearteten dynastischen Allianz gesprochen. Am 28. November schließlich, dem zweiten Tag nach seinem Einzug am Ballhausplatz, hatte Metternich den Grafen Alexandre de Laborde in sein Büro gebeten, den Sohn eines großen Finanziers und einer österreichisch-belgischen Mutter; er war als Mitglied des Staatsrates in Wien und ging einer Tätigkeit als Kommissar zur Regelung gewisser Finanzinteressen nach, die vom gerade geschlossenen Friedensvertrag abhängig waren. Wir sind im Besitz des langen Berichtes, den er über seine Unterredung mit dem Minister geschrieben hat. Nachdem Metternich einige Zeit um den heißen Brei herumgeschlichen war, sprach er offensichtlich klar über die Möglichkeit einer Heirat zwischen dem Kaiser der Franzosen und einer Erzherzogin – wobei er niemanden anders als Marie-Louise meinte: „Dieser Gedanke stammt von mir", sagte er; „ich habe die Absichten des Kaisers zu diesem Punkt noch nicht erfragt (...), ich bin aber fast sicher, daß er dem Gedanken zugeneigt ist."

Die Vorteile, die man aus der Verwirklichung dieses Projektes zu ziehen hoffen konnte, waren so offensichtlich, daß man sogar zögern muß, es als gewagt zu bezeichnen. Waren Heiraten nicht schon seit langem das beliebteste Instrument der habsburgischen Politik? „Bella gerant alii, tu felix Austria nube!" Kaunitz hatte sich seiner bedient, in seiner Beziehung zum Frankreich Ludwigs XV.; sein angeheirateter Enkel, würde sich seiner für das neue Frankreich bedienen. Eine österreichische Ehefrau in Paris könnte die Forderungen des Eroberers abmildern, sein Mißtrauen einschläfern. Und außerdem war dies das Mittel der Wahl, um eine besonders gefürchtete Eventualität zu vermeiden. Metternich erklärte im März 1810: „Die über uns schwebende Gefahr einer verwandtschaftlichen Verbindung zwischen Frankreich und Rußland bedrohte Österreich mit der Zerstörung und Europa mit einer Aufteilung zwischen diesen beiden Großmächten."

Schon im Jahre 1808 wußte man, daß Napoleon daran dachte, seine Erbfolge durch eine neue Heirat sicherzustellen und zwar vorzugsweise durch eine Heirat in eine kaiserliche Familie. Die Einheirat in die russische Zarendynastie wäre ihm dabei sehr gelegen gekommen, da er sie als natürliche Konsequenz und Garantie des Tilsiter Abkommens betrachtete. Als er aber dieses Thema bei seinen Erfurter Gesprächen anschnitt, hatte Alexander klar und deutlich abgewehrt und gleich darauf diejenige seiner Schwestern, auf die Napoleon sein Auge geworfen hatte, Großfürstin Katharina, mit dem Herzog von Oldenburg verheiratet. Es war aber noch nicht das letzte Wort gesprochen; denn es gab ja noch Anna, die jüngste Schwester des Zaren. Ihr Alter jedoch — sie war erst 1795 geboren — verlangte einen Zeitaufschub, der sich nur schlecht mit der Ungeduld des korsischen Werbers vereinbaren ließ und außerdem mußte man sich auf schärfsten Widerstand seitens der Kaiserinmutter, Maria Feodorowna, gefaßt machen. Wenn Napoleon trotz alledem anscheinend einen so unpassenden Plan weiterverfolgte und wenn er noch im November 1809 seinen Botschafter in St. Petersburg, Caulaincourt, damit beauftragt hatte, eine offizielle Anfrage zu machen, so mag das vielleicht seltsam erscheinen. Zwei Gründe jedoch können sein Verhalten erklären, auch wenn man zugeben muß, daß er zu dieser Zeit bereits entschlossen war, in Österreich einzuheiraten: Zunächst entzog er dem Zaren jegliche Möglichkeit zu Enttäuschung oder Verdacht aufgrund der Tatsache, daß man doch zunächst an seine Tür geklopft hatte. Zum anderen könnte diese deutlich verkündete Möglichkeit als Druckmittel dienen, das österreichische Zögern auszuspielen. Wenn dies der Plan war, so war er bestens gelungen. Metternich hatte sich hereinlegen lassen oder aber, er hatte mitgespielt. Verfolgen wir also die Entwicklung weiter.

Verhandlungen werden geführt

Laborde berichtete, nachdem er Anfang Dezember nach Paris zurückgekehrt war, seinem Vorgesetzten Daru. Dieser hatte in der gleichen Zeit den Bericht von Sémonville über ein Gespräch erhalten, das dieser mit dem Berater Floret auf dem Nachhauseweg von den Tuilerien geführt hatte. Daraus ergab sich, daß man in Österreich absolut darauf vorbereitet war, eine Bitte um die Hand einer Erzherzogin positiv aufzunehmen. Diese Feststellung wird von Daru schnell an Maret, den Vorsteher des kaiserlichen

Büros, weitergegeben und Maret berichtet Napoleon. Am 16. Dezember, am gleichen Tag, an dem der Senat die Scheidung zwischen Napoleon und Joséphine ausgesprochen hatte, beauftragte der Kaiser Maret, von Schwarzenberg eine Eröffnung zu machen: „Der Botschafter ist verbindlich zu verpflichten, ohne daß ich eine Verpflichtung eingehen muß." Mit dieser Mission wird Laborde beauftragt. Schwarzenberg, der bis dahin an die Realität des russischen Hochzeitsplanes geglaubt hatte, berichtet Metternich über die Bitte von Laborde (21. Dezember). Seine Depeschen kreuzen sich mit einer Instruktion, die Metternich ihm am 25. Dezember zukommen läßt, in der er ihm genau mitteilt, zu welchen Bedingungen man einem französischen Vorschlag gegebenenfalls würde nähertreten können.

Erst in diesem Augenblick tritt Gräfin Eleonore von Metternich auf den Plan. Am 3. Januar 1810 kann sie ihrem Ehemann recht interessante Neuigkeiten vermelden; Napoleon habe ihr bei einem großen Empfang zum Jahresende in den Tuilerien eine besonders herzliche Begrüßung zukommen lassen; er habe sich insbesondere bei ihr dafür bedankt, daß sie seinem Wort vertraut habe und während des Krieges in Paris geblieben sei. Außerdem habe er in wohlwollenden Worten über den neuen Minister gesprochen. Am nächsten Tag begab sich Laura auf drängende Einladung der Exkaiserin Joséphine hin nach La Malmaison; Joséphine erklärte ihr: „Ich habe einen Plan, der mich ausschließlich beschäftigt (...), nämlich daß der Kaiser Ihre Erzherzogin heiratet; ich habe gestern abend mit ihm darüber gesprochen und er hat mir gesagt, daß er seine Wahl noch nicht getroffen hat, aber ich glaube, daß dies nicht das Problem wäre, wenn der Kaiser sicher sein könnte, daß seine Bitte nicht abgeschlagen würde." Hortense de Beauharnais, die bei diesem Gespräch zugegen war, hatte den Standpunkt ihrer Mutter sehr unterstützt.

Zehn Tage später, am 13. Januar, gab es neue Depeschen von Schwarzenberg, Eleonore und Floret, nachdem dieser letztere die Meinung Talleyrands eingeholt hatte. Alle drei wiederholen darin, daß man darauf vorbereitet sein müsse, ohne zu zögern auf eine Anfrage zu antworten, die immer wahrscheinlicher werde. Schwarzenberg, dem Laborde zugesetzt hatte, wies auf die „enormen Schwierigkeiten" hin, „die auf die Prinzipien der römisch-katholischen Religion zurückzuführen sein würden", die sich einer kirchlichen Trauung der Erzherzogin mit einem geschiedenen Mann widersetzen würden. Darauf hatte Laborde geantwortet, daß die erste Eheschließung Napoleons nicht den Kirchengesetzen entsprochen hatte und daß dieses Problem Gegenstand einer Studie durch Cambacérès sei.

Närrische Schicksalswende

Hier nun geschieht etwas, das die schwierigen Verhandlungen eventuell zum Scheitern hätte bringen können. So sehr die Familie Beauharnais auf die Einheirat in das österreichische Haus drängte, so sehr bemühte sich die Familie Bonaparte, das heißt vor allem die ehrgeizige Caroline, alle Hebel in Bewegung zu setzen, den Kaiser daran zu hindern, sich hier eine Erbmöglichkeit zu schaffen, die seinen Brüdern und Schwestern endgültig jede Aussicht auf eine mögliche Thronfolge verbauen würde.

Am 13. Januar gab Graf Marescalchi, der Außenminister des Operettenkönigreiches Italien, einen Maskenball in seiner Residenz an der Ecke der Champs-Elysées und der Rue d'Angoulême (heute de la Boétie)[2]. Am Ende einer Quadrille näherte sich Caroline in Maske Junot und flüsterte ihm ins Ohr: „Deine Frau betrügt Dich und ihr Liebhaber ist Metternich." Und als er darauf bestand, mehr zu erfahren: „Geh' nach Hause, laß' den Schreibsekretär Deiner Frau öffnen und in einer bestimmten Schublade wirst Du eine Kassette finden, in der sich ein Bündel Briefe befindet, die von einem schmalen, rosenfarbenen Seidenband zusammengehalten werden und auch andere Beweise für die Untreue." Wer anders als eine eifersüchtige Rivalin hätte diese Details wissen und auch fähig sein können, den Verrat einer Kammerzofe so teuer zu bezahlen?

Junot wird von wahnsinnigem Zorn erfaßt; er zerrt Laura mit Gewalt vom Fest weg und wirft sie in seinen Wagen. „Du wirst sterben", schreit er, „ich weiß alles!" Und er beginnt in seiner Wut die Scheiben zu zerschlagen. Der Weg bis zu ihrer Residenz in der Rue Boissy-d'Anglas ist nur kurz. Als sie dort ankommen, läßt er sich besagte Kassette übergeben, in der er Gegenstände vorfindet, wie sie üblicherweise als romantisches Liebesunterpfand gegeben werden: eine blonde Haarlocke, ein goldener Ring, ein Buch mit Zeichnungen, getrocknete Vergißmeinnicht. Es folgt eine stürmische Aussprache, die mit einer brutalen versuchten Vergewaltigung endet. Am nächsten Morgen begibt sich Junot zur Audienz beim Kaiser und erzählt ihm sein Unglück; er verlangt, daß von Österreich die Ablösung des Ministers gefordert werde, der sich einer „Junot-Beleidigung" schuldig gemacht habe. Darauf antwortet Napoleon: „Hoppla, mein Lieber! Ich hätte keine Zeit, mich um alle Angelegenheiten in Europa zu kümmern, wenn ich es auf mich nehmen wollte, jeden Hahnrei meines Hofes zu rächen."

Junot begibt sich völlig aufgelöst nach Hause. Da Napoleon ihn offensichtlich fallen ließ, wird er sich selbst rächen; er schreibt Metternich und fordert ihn zu einem Duell auf Leben und Tod, das in Mainz am 15. Februar stattfinden soll. Er gibt diesen Brief seiner Frau zu lesen, die noch im Bette liegt, und verlangt von ihr, daß sie ihren Liebhaber verfluche. Da sie dies verweigert, hat er einen erneuten Zornesausbruch und sticht ihr mit einer goldenen Schere sechsmal in die Brust; er beginnt, sie zu würgen und sieht plötzlich, daß das Blut heraussprudelt. In diesem Augenblick öffnet sich die Tür: Es erscheint Gräfin Eleonore, die Junot „in einer eiligen Angelegenheit" hatte rufen lassen. „Wir sind beide verraten worden", sagt er, „wir haben beide eine gemeinsame Angelegenheit zu bestehen, unsere Rache sollte auch gemeinsam stattfinden." Zum Erstaunen des in brutaler Wut vertieften Junot bemüht sich Eleonore, statt sich als getäuschte Ehefrau aufzuführen, die arme bettlägerige Frau zu trösten, denn die Liaison war ihr bekannt gewesen; sie gibt Junot sogar noch die Sporen: „Die Rolle eines Othello steht Ihnen nicht; ein Mann wie Sie, über den sich ganz Frankreich wegen seines miserablen Betragens aufgeregt hat, sollte sich nicht so benehmen, wie Sie es tun." Junot wendet seinen Zorn nun gegen sie und die Gräfin entflieht entsetzt. Daraufhin vergewaltigt das losgelassene Ungeheuer seine eigene Frau auf dem blutigen Bett; endlich beruhigt, findet er seine Vernunft wenigstens insoweit wieder, um einen Arzt kommen zu lassen.

Napoleon mußte nun einen Skandal zu vertuschen suchen, der sich wie ein Lauffeuer durch das Vorzimmergeschwätz verbreitete, und der sehr wohl unangenehme Folgen für seine Verbindungen mit Österreich hätte haben können. Madame Mère, eine enge Freundin der Familie Permon, wurde damit beauftragt, Laura ihre Scheidungsabsichten auszureden; Junot wurde auf einen Posten nach Spanien abkommandiert und sollte Paris am 2. Februar verlassen, nachdem er sich offensichtlich mit seiner Frau wieder versöhnt hatte. Sie würde Metternich erst im Frühling 1814 wiedersehen. Auf die Diskretion Eleonores jedenfalls konnte man zählen. Napoleon bat sie zu sich und dankte ihr für ihre Haltung: „Sie sind eine tapfere kleine Frau und Sie haben mich aus der unangenehmen Situation, in die der Rammbock Junot mich gebracht hat, gerettet." Nicht weniger dankbar konnte ihr untreuer Ehemann sein, dessen verliebte Schreibwut fast seine Karriere in einem der kritischsten Augenblicke hätte in sich zusammenbrechen lassen[3].

Er wußte in der Tat nichts von diesem Melodrama, als er am 27. Januar auf die Depeschen Schwarzenbergs antwortete. Bei dieser Sendung befand sich auch ein Brief an seine Frau, der so geschrieben war, daß er den Damen Beauharnais gezeigt werden konnte: „Ich betrachte diese Angelegenheit als die zur Zeit größte, die Europa beschäftigen könnte. Ich sehe in der Wahl, die Kaiser Napoleon treffen wird, die Möglichkeit, daß hier ein Unterpfand gegeben wird für eine Ordnung der Dinge, die nicht nur dem allgemeinen Interesse so vieler Völker entspricht (...) sondern auch den persönlichen Interessen dieses Fürsten" etc. Er fügte hinzu, daß die Hauptbetroffene noch nicht befragt worden sei, man glaube aber, keinen Zweifel daran haben zu müssen, daß sie sich nicht großherzig einem von ihrem erhabenen Vater ausgesprochenen Wunsch unterwerfe.

Am 7. Februar schrieb Metternich seinem Herrscher: „Die Heiratsangelegenheit wird sich sicherlich zu unseren Gunsten entwickeln." An diesem Tag war in Paris bereits alles klar. Napoleon hatte endlich von Caulincourt die definitive Absage des Zaren erhalten und hatte sofort seinen Stiefsohn Eugène de Beauharnais zu Schwarzenberg geschickt, um dort offiziell die notwendige Anfrage zu machen und von ihm eine schriftliche Zustimmung zu erhalten, welches am gleichen Abend mit einem Vertrag besiegelt wurde, den der Botschafter und Champagny unterzeichneten. „Wenn man den Charakter Kaiser Napoleons kennt", erklärt Schwarzenberg weinerlich am 7. Februar, „so erscheint es nicht zweifelhaft, daß, wenn ich meinerseits mich wenig kooperativ verhalten hätte, er dieses Projekt sofort aufgegeben hätte, um sich etwas anderes zu suchen. Wenn die Angelegenheit auch übers Knie gebrochen erscheint, so muß man wissen, daß Napoleon fast nie anders handelt."

Die Rolle Metternichs

Als Kaiser Franz diesen Bericht Schwarzenbergs entgegennahm, war er verständlicherweise leicht schockiert; er konnte nicht verstehen, sagt Metternich, wie ein solcher Vertrag vor einer offiziellen Brautwerbung hatte unterzeichnet werden können. Die Absicht war also, in Wien vorzugeben, daß man den am 7. Februar unterzeichneten Vertrag als einfaches Versprechen anzusehen hätte, wobei der wirkliche Vertrag später unterzeichnet werden würde, nachdem der Heiratsantrag ordnungsgemäß formuliert und angenommen worden wäre.

Man kann sich auch die Enttäuschung Metternichs vorstellen: Napoleon hatte durch den gewaltigen Druck, den er der ganzen Angelegenheit verliehen hatte, die Festung im Sturm erobert, statt über die Übergabe zu verhandeln und dadurch der österreichischen Seite jede Möglichkeit genommen, sich ihre Zustimmung durch politische Zugeständnisse erkaufen zu lassen. Die Absichten des Ministers sind in dieser Hinsicht nicht zu leugnen; Metternich hatte am 14. Februar, d.h. bevor er noch das Schreiben Schwarzenbergs erhalten hatte, geschrieben: „es bleiben noch mehrere andere Fragen von größerem Interesse zu lösen, die wir uns allerdings für die Zeit aufheben wollen, zu der ein offizieller Antrag bei uns gestellt werden wird. (...) Wir müssen in unsere Berechnungen die Tatsache mit einbeziehen, daß wir aus diesem Opfer den größtmöglichen Erfolg herausschlagen." In seinem absichtlich dramatisierenden Bericht hat Metternich die Möglichkeit gefunden, sein Versagen dadurch zu vertuschen, daß er seinem Kaiser die edlen Worte in den Mund legt: „Ich werde dem Antrag des Kaisers der Franzosen unter dem formellen Vorbehalt zustimmen, daß weder die eine noch die andere Seite Bedingungen stellt; es gibt Opfer, die nicht zusätzlich durch irgendetwas befleckt werden sollten, das auch nur den leisesten Ruch eines Kuhhandels trägt." Was soll's! Metternich hat sich wie üblich selbst davon überzeugen können, daß er einen enormen persönlichen Erfolg errungen hatte. An Eleonore schreibt er: „Ich will mich nicht rühmen, aber ich habe nicht wenig zu diesem Erfolg beigetragen. (...) Ich habe mich einzig und allein auf die Eingebungen meines kleinen Kopfes verlassen, jetzt ist die Sache gelungen und dies ist alles, was wir uns wünschen. Aber wie viele schlechte Nächte habe ich verbracht, unter welcher Unruhe und Sorge habe ich gelitten! Es ist wahrlich unbeschreiblich!"

Die Nachricht hatte sich schon vor Eingang des Briefes Schwarzenbergs auf ganz wunderbare Art und Weise in Wien wie ein Lauffeuer verbreitet. Nach Angaben des französischen Botschafters Otto herrschte allgemeine Freude und die Befriedigung der besitzenden Klasse zeigte sich deutlich an der Börse durch einen Kursanstieg der österreichischen Staatspapiere um 30 % – wobei andere Quellen diese Tatsachen leugnen. Metternich seinerseits schrieb an Eleonore: „Es wäre schwierig, sich einen Überblick über die extreme Popularität der Angelegenheit zu verschaffen. Wenn ich der Retter der Welt wäre, so könnte ich nicht mehr Glückwünsche und mehr Ehrerbietung für meinen Teil erfahren, von dem allgemein bekannt ist, daß ich ihn an der Sache hatte." Dennoch, so berichtet die Comtesse Lulu Thürheim, gab es Leute, denen das Herz bei dem Gedanken brach, daß eine Tochter des Hauses Österreich einen Emporkömmling würde heiraten müssen, einen Mann ohne Prinzipien, „daß eine solche Dame sich eventuell sogar wünschen könnte, auf einen Thron zu steigen, der noch mit dem Blut ihrer Tante befleckt war".

Da man sich nicht an den Vater halten konnte, der zweifelsohne seine Iphigenie einzig und allein zum Heil seines Volkes geopfert hatte, nahmen sich die bösen Zungen bei Hofe und in der Aristokratie Metternich zum Ziel, der nicht ohne Grund für verantwortlich gehalten wurde. Das würde nicht leicht vergessen werden.

Die Heirat

Nachdem der grundsätzliche Gedanke einmal akzeptiert war, wurde die Handlung im Sturmlauf weitergeführt. Am 22. Februar erhält Napoleon die Zustimmung Wiens; am 27. teilt er dem Senat seinen Entschluß mit; sein Marschall Berthier, der Fürst von Neuchâtel, ist schon unterwegs (er hat sogar soviel Zartgefühl, daß er beim Übertritt über die österreichische Grenze seinen Titel als Fürst von Wagram ablegt); er ist damit beauftragt, den offiziellen Heiratsantrag zu überbringen und den wirklichen Ehevertrag zu unterzeichnen. Nachdem er am 4. März angekommen ist, begibt er sich zu Metternich, der ihm das Festprogramm mitteilt und ihm auch verkündet, daß er, Metternich, die Funktion des kaiserlichen Bevollmächtigten für die Unterzeichnung des Dokumentes übernehmen werde. Am 6. findet ein großes Fest in der französischen Botschaft statt. Am 7. erscheint Berthier mit großem Pomp als offizieller Brautwerber und übergibt Marie-Louise ein Miniaturporträt Napoleons, das von wunderbaren Diamanten umrahmt ist. „J'aime mieux le présent que le futur" (Anmerkung des Übersetzers: doppeldeutiges Wortspiel: Ich ziehe die Gegenwart der Zukunft vor, beziehungsweise, mir gefällt das Geschenk besser als der zukünftige Ehemann), bemerkte der alte Fürst von Ligne ironisch. Am 11. März zelebriert der Erzbischof von Wien, Graf Hohenwart, die kirchliche Trauung in der Kapelle der Hofburg.

Einige Teilnehmer beobachteten die finstere Miene des Prälaten während der Zeremonie, aber nur wenige konnten den Grund dafür verstehen. Als der Erzbischof von den Heiratsplänen unterrichtet worden war, hatte er sich ganz unerwartet gesperrt und verlangt, daß man ihm die Beweise über die Nichtigkeit der ersten Ehe übergebe. Folglich waren die Kopie der Prozeßakte über die Nichtigkeitserklärung und andere, dazugehörende Schriftstücke aus der Pariser Verwaltung an den Botschafter Otto übersandt worden. Statt diese jedoch Hohenwart zu übergeben, hatte Otto sie nach Paris zurückgeschickt! Ein ärgerlicher Irrtum seines Büros, so versicherte er. Fast nicht zu glauben ... Viel wahrscheinlicher erscheint die Hypothese, daß die Dokumente, nachdem er sie zusammen mit Metternich gelesen hatte, den beiden Männern nicht geeignet erschienen, das Gewissen des Erzbischofs und des Kaisers absolut zu beruhigen; es wäre besser, sie außerhalb der Reichweite dieser beiden Männer zu bringen, selbst um den Preis einer faulen Ausrede. Da die Termine für die Zeremonie bereits festgelegt waren, hätte es einen enormen und gefährlichen Skandal hervorgerufen, alles zu verschieben. Hohenwart mußte sich voller Zorn mit einer eidesstattlichen Erklärung des Grafen Otto über den zufriedenstellenden Inhalt der nicht mehr vorhandenen Dokumente zufriedengeben.

Wie dem auch sei, die junge, neunzehnjährige Erzherzogin hatte offensichtlich keinerlei Zweifel, als sie am 11. März die Worte des Ehesakramentes mit ihrem Onkel, Erzherzog Karl, austauschte, der aufgrund einer Vollmacht den Platz seines Gegenspielers von Wagram einnahm. Am

13. März verließ unter dem Klang von Artilleriesalven und dem Geläute sämtlicher Glocken langsam ein Zug von neunzehn Wagen Wien, mit dem sich Marie-Louise und ihrem Gefolge nach Frankreich begaben. Beim Gefolge befand sich Graf Josef von Metternich; Clemens hatte daran gedacht, seinen geliebten Bruder, den „guten Pepi" bei dieser Gelegenheit mitzuschicken, damit er Paris kennenlerne. Gemäß dem 40 Jahre zuvor von ihrer Tante Marie-Antoinette durchgeführten Ritual ließ Marie-Louise in Braunau alle ihre österreichischen Kleider zurück, und legte diejenigen an, die ihr aus Paris von der Schwester des Kaisers, Caroline Murat, gebracht worden waren, welche sicherlich zwischen Ablehnung und Neugier hin und hergerissen war, die Zuchtstute aus der Nähe kennenzulernen, deren Aufgabe es sein würde, ihre eigenen hochfliegenden Träume zu beenden. Die Geschichte, unter welchen Umständen die junge Frau ihren Ehemann in Compiègne am 26. März traf, ist sehr gut bekannt. Nachdem die Ziviltrauung in Saint-Cloud am 1. April vollzogen worden war, wurde am Tag darauf die kirchliche Trauung gefeiert; nicht etwa in Notre-Dame, da wegen des Konflikts mit dem Papst der erzbischöfliche Sitz von Paris vakant war, sondern im Salon Carré des Louvre, der aus diesem Anlaß in eine Kapelle umgewandelt worden war. Man kann sich vorstellen, daß Metternich zu den 400 privilegierten Gästen gehörte, die der Zeremonie beiwohnen durften; war dies nicht etwa der Triumph seiner Politik?

Metternich kehrt nach Paris zurück

Schon am vorangegangenen 17. Februar hatte Metternich an Schwarzenberg geschrieben, daß er die zukünftige Kaiserin gerne selbst nach Frankreich begleiten würde und dabei vorgegeben, seine Familie besuchen zu wollen. War dies nach dem Skandal mit der Familie Junot nicht sehr gewagt? „Ich glaube nicht", hatte ihm Gräfin Eleonore geschrieben, „daß Ihre Affäre mit Frau Junot, die unglücklicherweise einigen Staub aufgewirbelt hat, ein wirklicher Hinderungsgrund dafür (sein) kann, daß Sie nicht kommen sollten. Ich weiß, daß sie auf den Kaiser keinen schlechten Eindruck gemacht hat." Die Zustimmung des Letzteren war jedoch unerläßlich. Diese Zustimmung kam aus der Feder des hinterhältigen Champagny, allerdings nur mit äußerster Zurückhaltung: „Der Kaiser wird ihn mit Freude sehen. Es muß allerdings klargestellt sein, daß Herr von Metternich in eigener Sache, aus Freude, in Geschäften oder in Geschäften seines Hofes reist, nicht aber mit dem Anspruch, Frau Erzherzogin begleiten zu wollen." Der Betroffene signalisierte sein Einverständnis und antwortete, der offizielle Gegenstand seiner Reise sei, seine Familie zu holen; er könne allerdings auch seinem Herrn die beruhigenden Nachrichten zurückbringen, die „der besorgte Vater" vielleicht von diesem Kind haben wolle, das ja politischen Aufgaben geopfert wurde. Schwarzenberg hatte außerdem bemerkt, daß man es schließlich Metternich verdanke, nicht nur die Entscheidung Kaiser Franz' herbeigeführt zu haben, sondern auch Fürsprecher Napoleons gewesen zu sein, als es darum ging, das Einverständnis der jungen Dame zu erreichen; und schließlich habe er es verstanden, sie im Laufe langer Gespräche, in denen er ihr das Leben, das sie in Frankreich erwartete, in den leuchtendsten Farben ausmalte, positiv auf den ganzen Plan einzustimmen.

Um den äußeren Anschein einer Privatreise zu wahren, mußte Metternich einen anderen Reiseweg wählen, als der offizielle Zug. Er verließ Wien am 15. März, reiste über Nürnberg und Metz; trotz dieses Umweges kam er vor Marie-Louise an, denn er traf auf der Straße nach Châlons auf den Fürsten Schwarzenberg und seine eigene Frau, die der neuen Kaiserin entgegenreisten. Aufgrund dieser Begegnung kam die böse Bemerkung in Umlauf, die Charles de Clary berichtet, „daß es eines so außerordentlichen Ereignisses bedurfte (...), damit Herr und Frau von Metternich sich nachts einmal trafen."

Er selbst setzte seine Reise nach Paris fort, wo er wahrscheinlich in dem kleinen Hotel abstieg, das seine Familie bescheiden in dem Viertel an der Chaussée nach Antin seit dem Ende des Jahres 1809 bewohnte[4]. Die schöne Wohnung an der Rue Grange-Batelière war in der Tat am vorangegangenen 29. März an Edmond de Périgord verkauft worden und dieser hatte sich natürlicherweise dort mit der jungen Ehefrau einrichten wollen, die ihm sein Onkel verschafft hatte, einer Dorothée von Kurland, welche Hofdame der neuen Kaiserin werden sollte.

Champagny ließ von Compiègne aus, wo er sich mit dem kaiserlichen Hof aufhielt, Metternich wissen, daß der Kaiser glücklich sei, ihn dort zu sehen; zur gleichen Zeit benachrichtigte ihn Duroc, der Großmarschall des Palastes, daß man ihm das herrliche Hotel Saisseval am Quai d'Orsay als Residenz zugewiesen habe, das Marschall Ney gehörte, der immer noch auf Feldzug in Spanien war; das kaiserliche Haus würde auch sämtliche Kosten für seinen Aufenthalt übernehmen. Jedenfalls, so versichert Metternich, nutzte er diese Großzügigkeit „nur zu einigen außergewöhnlichen Anlässen" (zweifelsohne einige gehobenere Empfänge) und „da ich nicht wollte, daß meine Familie auf Kosten des Hofes lebte, richtete ich mich in dem Haus ein, das meine Frau an der Chaussée nach Antin bewohnte."

Empfang bei Napoleon

Bei seiner Ankunft in Compiègne erfuhr Metternich, daß Napoleon in seiner Ungeduld seiner jungen Frau entgegengereist war. So sah er den Kaiser erst am folgenden Tag, was dieses Treffen auf den 27. März datiert (Le Moniteur sagt der 28.) und folglich die Ankunft Metternichs in Paris auf den 23. oder 24. März. Im Verlauf dieser ersten Unterredung und während einer zweiten, sehr viel längeren am 28., nach einem Diner, zu dem er Metternich eingeladen hatte, zeigte sich Napoleon sehr herzlich und fröhlich; er gefiel sich darin, aus dem Stegreif heraus über alle möglichen Gegenstände gemeinsamen Interesses zu sprechen. „Ich dankte ihm persönlich", erzählt Metternich, „daß er mich für die Verhandlungen von Wien abgelehnt hatte und versicherte ihm, daß ich niemals den letzten Frieden abgeschlossen hätte. 'Nun wohl', unterbrach er mich, 'was hätten Sie getan?' 'Einen passenderen Frieden geschlossen', sagte ich, 'der unserer wirklichen Stärke entsprochen hätte und folglich besser gewesen wäre, oder den Krieg'. 'Es wäre ein Fehler gewesen, Krieg mit mir zu führen', antwortete der Kaiser. 'Ich war schwer aus Wien herauszuwerfen, aber sie hätten wohl bessere Friedensbedingungen erreicht.'"

Als Schlußfolgerung der umfangreichen Berichte, die Metternich nach seiner Rückkehr aus Compiègne für seinen Herrn abfaßte, erklärte er sich überzeugt, daß Napoleon entgegen seiner früheren Einstellung die Existenz des österreichischen Kaiserreiches nicht mehr als unverträglich mit seiner eigenen Macht ansah, sondern als nützliche Unterstützung. Man konnte also hoffen, daß diese neuen Bedingungen es gestatteten, diejenigen Vorteile zu erreichen, die die überstürzten Verhandlungen im Februar verhindert hatten.

Was nun waren seine Zielvorstellungen? Metternich hatte sie vor seiner Abreise in seinem Bericht vom 14. März festgelegt: Veränderung des geheimen Artikels des Wiener Vertrages, der die Stärke der österreichischen Armee beschränkte; das Zugeständnis eines Hafens an der Adria und einer Handelsroute zur illyrischen Küste; Erleichterungen bei der Bezahlung des Kriegsentschädigungsbetrages und bei der Eröffnung eines österreichischen Kredits bei Banken im französischen Herrschaftsbereich.

Zu diesen bereits vorformulierten Zielen kamen andere, schwerer einzugrenzende Angelegenheiten, über die umfangreich diskutiert werden mußte. Es war vor allen Dingen der Gedanke einer Vermittlung zwischen dem französischen Despoten und Papst Pius VII., den jener in Savona gefangenhielt, seitdem er Rom erobert hatte. Napoleon hatte schon bei seinem ersten Gespräch mit Metternich am 27. März über diesen Punkt gesprochen. Es war klar, daß es im Interesse beider katholischer Kaiser lag, ein Schisma zu vermeiden. Andererseits war es wichtig für die Ausrichtung der österreichischen Politik, die Folgen abzuwägen, die sich aus der österreichischen Heirat für die Beziehungen zwischen Frankreich und Rußland ergeben würden, da die Polenfrage für den Zaren immer noch ohne zufriedenstellende Lösung geblieben war.

Verlängerung des Aufenthaltes

Man muß zugeben, daß Metternich schon zu Beginn erklärt hatte, daß sein Aufenthalt in Paris mindestens sechs Wochen dauern würde. In der Tat dauerte er aber sechs Monate! Im Rückblick erscheint diese lange Abwesenheit als eine der erstaunlichsten Episoden seiner Karriere als Minister. Da ist ein junger Mann, der erst seit sechs Monaten im Amt ist, der den leicht beeinflußbaren Charakter seines Herrschers kennt und der auch weiß, daß er zahlreiche mächtige Feinde am Hof und in der Wiener Aristokratie hat und er überläßt ihnen das Feld! Die einzige Vorsichtsmaßnahme, die er getroffen hat, – die Ernennung seines eigenen Vaters als Geschäftsträger seines Ministeriums – unterstreicht gleichzeitig seine Isolierung innerhalb der herrschenden Klasse und den Mangel an treuen und qualifizierten Mitarbeitern. Um ein solches Risiko eingehen zu können mußte er seiner selbst sehr sicher und auch davon überzeugt sein, daß er sich als Vermittler zwischen Franz I. und Napoleon unersetzlich gemacht hatte.

Vielleicht allerdings kann man darin auch eine Äußerung der Flatterhaftigkeit seines Charakters sehen, beziehungsweise seines Geschmacks an frivolen Freuden, seines Drangs, in Gesellschaft zu glänzen, den Gentz ihm zu dieser Zeit mehr als einmal vorgeworfen hatte. Metternich genoß niemals mehr als zu dem Zeitpunkt dieses Aufenthaltes in Paris den Gipfel an schmeichelhafter Aufmerksamkeit seitens seiner Umgebung. Die hohe Gunst, die er sowie seine Frau beim Kaiser und seiner Familie genossen, sowie das Ansehen seines Amtes machten aus ihm die notwendige Zierde aller Feste und aller Salons. Vor allen Dingen die Frauen waren neugierig, den Verführer aus der Nähe kennenzulernen, der Anlaß zum Drama der kleinen Laura Junot gewesen war. Diese war zwar jetzt weit weg, aber Caroline war da; und man kann nur erstaunt das Zeugnis von Clary vernehmen, daß sie bei jedem Ball fröhlich mit ihrem ehemaligen Geliebten tanzte ..., der diese Funktion vielleicht immer noch ausübte.

Wie dem auch sei, es ist sicher, daß sich zwischen den Eheleuten Metternich eine Annäherung vollzog. Der Beweis? Im Juli 1811 erblickte Leontine das Licht der Welt, die spätere Gräfin Sandor, Mutter der lebhaften Pauline, die ihrerseits an einem anderen Kaiserhof berühmt werden sollte.

Vertrauliche Mitteilungen Napoleons

Napoleon selbst trug dazu bei, Metternich in Paris zurückzuhalten; er tat dies, indem er die Antworten auf Anfragen, die ihm vorgelegt wurden, unaufhörlich vor sich herschob und den Minister seines Schwiegervaters mit Freundlichkeiten überhäufte. Außerdem ließ er sich mit ihm in endlose Gespräche ein, in denen er ihm zeitweise ein erstaunliches Vertrauen entgegenbrachte. Wie zum Beispiel an dem Tag, als er Metternich unter vier Augen mit der jungen Kaiserin einschloß damit diese dem Vertreter ihres Vaters in aller Freiheit erklären konnte, was sie nach den ersten Monaten ihres Ehelebens empfand. Oder aber, als er bei Gelegenheit der Erhebung Bernadottes auf den Thron von Schweden zugab, zu bedauern, Murat die Krone Neapels gegeben zu haben. „Es gibt", so sagte er, „Verwandte, Cousins und Cousinen, und das taugt alles nichts. Ich hätte ihn zum Vizekönig ernennen und grundsätzlich noch nicht einmal meinen Brüdern Throne geben sollen; aber man wird nur mit der Zeit weise." Das Beispiel Bernadottes war andererseits dazu angetan, in den Köpfen der Marschälle Flausen zu wecken: „Euer Majestät", scherzte Metternich, „wird sich binnen kurzem in der Notwendigkeit sehen, einen Marschall erschießen zu lassen, um die anderen in Ihrer Großmannssucht zu beruhigen."

Als sich der Kaiser im Monat Mai mit großem Pomp nach Brüssel begab, um dort den Belgiern stolz die Tochter ihres ehemaligen Herrschers vorzuführen, lud er Metternich ein, ihn zu begleiten; man gab ihm allerdings zu verstehen, daß diese Anwesenheit gegebenenfalls Anlaß zu wenig wünschenswerten Erinnerungen sein könnte. Napoleon drängte jedoch darauf, daß Metternich ihn mindestens bis Cambrai begleite. Dort wollte der Kaiser, daß jener an dem Empfang teilnahm, den er für die örtlichen Honoratioren gab. „Ich wollte Ihnen zeigen, wie ich mit solchen Leuten spreche." So konnte Metternich von Tag zu Tag, von Gespräch zu Gespräch, seine Kenntnis des außerordentlichen Mannes vertiefen und in seiner Erinnerung Züge und Aussprüche speichern, die es ihm bis zum Ende seines Lebens gestatteten, eine bewundernde Zuhörerschar zu bezaubern.

Eine tragische Nacht

Insbesondere wird eine Episode überliefert, und zwar die Episode der tragischen Nacht vom 1. Juli 1810, während des vom österreichischen Botschafter Schwarzenberg im Rahmen des weitläufigen Hotels Montesson in der Rue du Mont-Blanc gegebenen Festes. Der Ball wurde durch eine Brandkatastrophe beendet, in der der provisorisch über einem kleinen Teil des Gartens errichtete Saal in Schutt und Asche fiel. Metternich konnte dabei den General Bonaparte in Aktion erleben. Der Kaiser kam, nachdem er seine Ehefrau in den gemeinsamen Wagen gesetzt hatte und Befehl gegeben hatte, sie nach Saint-Cloud zurückzubringen, an den Ort der Katastrophe zurück und übernahm die Leitung der Rettungsaktionen, schrie den französischen und österreichischen Helfern, die in ihrer schönen Festkleidung sich gegenseitig ihren Mut beweisen wollten, genaue und in ihrer Wirksamkeit erstaunliche Befehle zu.

Metternich war natürlich mit seiner Frau und seiner ältesten Tochter anwesend. Beiden letzteren war es gelungen, sich rechtzeitig aus der Feuersbrunst zu entfernen und sich an das Ende des Gartens zu flüchten. Clemens versuchte vergeblich, Fürstin Pauline von Schwarzenberg, die Schwägerin des Botschafters, zu finden, nachdem er die Königin von Westfalen und die Prinzessin von Württemberg in Sicherheit gebracht hatte. Später wurde ihr verkohlter Leichnam gefunden. Unter den Verletzten – welch seltsamer Zufall – befand sich Marie-Constance de Caumont, die erste Jugendliebe Metternichs.[5]

Magere politische Bilanz

Wenn man vom gesellschaftlichen Bereich in die politischen Realitäten übergeht, so erscheint die Bilanz für einen so langen Aufenthalt recht dürftig. Zu Beginn ließ Metternich in den Augen seines Herrschers die Vorteile aufblitzen, die man von der Anwesenheit Marie-Louises erwarten könne. „Der Kaiser ist absolut von ihr eingenommen und alles beweist mir, daß sie beginnt, ihn perfekt zu kennen. Er hat vielleicht mehr schwache Seiten als manch ein anderer und wenn die Kaiserin diese weiterhin ausnutzt, (...) so wird sie ganz alleine Europa und sich selbst die größten Dienste erweisen können."

Welche Illusion! Metternich mußte erkennen, daß sich bei allen Handlungen Napoleons zwischen dem Bett und dem Büro eine undurchdringliche Wand erhob. Durch die lauwarm fließenden Bächlein der von Paris nach Wien geschickten Berichte hindurch kann man sehen, wie sich die klaren Zielvorstellungen, die zu Beginn gehegt wurden, langsam auflösten. Ein Hafen an der Adria? Die österreichischen Unterhändler mußten sich mit einigen Möglichkeiten in Fiume zufriedengeben; Triest und der gesamte Küstenbereich Illyriens sollten fest in französischer Hand bleiben. Eine Minderung der Kriegslasten? Die Zahlungen könnten vielleicht etwas weiter ausgedehnt werden, aber Österreich würde die Zinsen für die betreffenden Summen zu zahlen haben. Eine Staatsanleihe? Napoleon behauptet, dem nichts in den Weg legen zu wollen, aber da er seinen förmlichen Aval verweigert, kneifen die französischen und die holländischen Bankiers. Der Kaiser weigert sich auch, Österreich die im Jahre 1809 hergestellten falschen Banknoten auszuhändigen und Metternich muß sich mit der Versicherung begnügen, daß sie zerstört worden seien. Selbstverständlich gibt es ein Handelsabkommen, das in 14 Artikeln diskutiert und unterzeichnet wird, aber Metternich muß die Demütigung hinnehmen, daß eben dieses Abkommen später von seiner eigenen Regierung abgelehnt wird. Das einzige positive Resultat, dessen er sich bei seiner Rückkehr rühmen kann, ist die Annulierung der Klausel des Wiener Vertrages, die die Mannschaftsstärke der von Österreich unter Waffen gehaltenen Soldaten auf 150.000 Mann begrenzte. Dieses Zugeständnis war jedoch ohne praktischen Wert, da der Zustand der Finanzen des österreichischen Kaiserreichs die Aufrechterhaltung einer solchen Militärmacht nicht lange gestattete, sie gab aber dem Selbstwertgefühl des Schwiegervaters und seines Ministers einen gewissen Trost; wahrscheinlich deswegen hatte Napoleon dieses Zugeständnis als Trumpf im Ärmel behalten, das er dann schließlich erst während der Abschiedsaudienz hervorzog, die er Metternich am 24. September gab.

Die zwischen dem Papst und dem Kaiser vorgesehene Vermittlung hatte sich ebenfalls als enttäuschend entpuppt, wiewohl sich Metternich sehr viel Mühe gegeben hatte, sie vorzubereiten. Der Mann, der die Verbindung hätte herstellen sollen, war zweifelsohne gut gewählt: Ludwig von Lebzeltern, geboren 1774, Sohn eines österreichischen Diplomaten und einer französischen Emigrantin, war fast gleichaltrig mit Metternich und gefiel ihm wegen seiner französisch-deutschen Kultur, die ihm die gleichen Qualitäten und Fehler eingeprägt hatte, denen auch Metternich unterlag. „Er ist von etwas überschießender Vorstellungskraft", sagt Gentz von ihm, „außerdem sehr zugänglich für Schmeicheleien (...), geistreich und gewissenhaft." Er wird einer der engsten Mitarbeiter des Ministers bis zu dem unglücklichen Unfall, der 1825 seine Karriere beendete. Lebzeltern wurde von Papst Pius VII. in Savona empfangen und hatte es erreicht, das Vertrauen des alten Pontifex zu gewinnen. Er hatte einige Versöhnungsvorschläge mitgebracht. Napoleon jedoch verwarf diese unter verschiedenen Vorwänden. Metternich mußte sich eingestehen, daß die ganze Vermittlungsidee von Napoleon nur in der Hoffnung aufgegriffen worden war, sich bei seinem eigenen Klerus den Anschein des guten Willens zu geben und daß er niemals auch nur daran gedacht hatte, seine Ansprüche aufzugeben. „Der Kaiser braucht beim Papst keinerlei Schritte zu unternehmen, er braucht ihn nicht", hatte er erklärt. Dennoch sollte, wie es gerade ein jüngerer Historiker beobachtet hat, die vergebliche österreichische Demarche von 1810 später einige Früchte tragen; sie bereitete nämlich die Wiederherstellung herzlicher Beziehungen zwischen Österreich und dem Heiligen Stuhl vor, welche durch die Religionspolitik Josefs II. so ernstlich gelitten hatten. Es war nicht etwa nichts für Metternich, zukünftig von Pius VII. und seinem getreuen Consalvi als Freund und vertrauenswürdiger Bundesgenosse angesehen zu werden.

Im Bereich der französisch-russischen Beziehungen hatte Metternich eine fortschreitende Abkühlung beobachten können. Napoleon war angesichts eines eventuellen Konfliktes mit dem Zaren sogar soweit gegangen, eine aktive Mithilfe Österreichs zu erbitten, um die europäische Türkei gegen die von den Russen im Süden der Donau gestartete Offensive schützen zu helfen. Als Preis für die Mithilfe bot er Serbien an; und für den Fall eines siegreichen Krieges gegen Rußland, der als Ergebnis die Wiederherstellung eines großen polnischen Königreiches gehabt hätte, hatte er durchblicken lassen, daß er zu einer Aufteilung dieser Territorien neigte, bei der Österreich im Tausch gegen Galizien Illyrien erhalten sollte und vielleicht sogar einen Teil Schlesiens. Gegenüber diesen Äußerungen stellte Metternich sich taub. Es war so sicher, daß ein Konflikt zwischen Napoleon und dem Zaren früher oder später unausweichlich würde, daß Metternich daraus einen kostbaren Baustein für seine weitere Politik machen konnte.

Abreise aus Paris

Als Metternich schließlich am 26. September Paris mit Frau und Kindern verließ, hatte er als Minister nicht so sehr viele positive Ergebnisse seiner langen Abwesenheit vorzuweisen. Als Privatperson durfte er nicht frustriert sein. Napoleon, der mit Staaten so unerbittlich umging, verstand es, sich Einzelpersonen gegenüber mehr als großzügig zu erweisen, deren Unterstützung er sich versichern wollte. Metternich hatte in seinem Gepäck großartige Geschenke: eine Büste des Kaisers, einen Gobelinteppich, der auf 2.400 Francs geschätzt wurde, ein komplettes Service aus Sèvres-Porzellan mit einigen alten Stücken, das auf 8.600 Francs geschätzt wurde.

Viel wichtiger für ihn und die seinen war die schon am 1. Mai von Napoleon dekretierte Entscheidung: die Familien von Schwarzenberg und Metternich sollten wieder in Besitz aller ihrer Güter gelangen, die sie vor dem Krieg in den Staaten des Rheinbundes besessen hatten. So wurde das Fürstentum Ochsenhausen dem Zugriff des bösartigen Württembergers entrissen und wieder an den Fürsten Franz-Georg gegeben. Wenn man Metternich Glauben schenken will, so soll Napoleon noch mehr gewollt haben; er soll Metternich und Schwarzenberg vorgeschlagen haben, für sie die

Mediationsakte des Jahres 1806 zu annullieren und sie als souveräne Mitglieder in den Rheinbund aufzunehmen. Angesichts der Geringfügigkeit der territorialen Basis von Ochsenhausen kann man wohl an der Realität dieser Tatsache zweifeln. Zumindest kann man annehmen, daß diese individuelle Maßnahme vom 1. Mai die beiden Begünstigten von einer Bedingung ausnahm, die in einer allgemeinen Konvention enthalten war, welche am 30. August 1810 unterzeichnet wurde. Durch diesen Akt befahl Napoleon die Wiederherstellung der Güter der mediatisierten Herren, die in den Dienst Österreichs getreten waren, wobei er zur Bedingung machte, daß die Nutznießer die Souveränität der deutschen Monarchen in den Ländern anerkannten, innerhalb derer sich ihr Besitz befand und daß sie den Titel einem Familienmitglied übertrugen, das nicht im Dienste eines ausländischen Fürsten stand. Jedenfalls sollte diese Restriktion für die Familie Metternich kein unüberwindliches Hindernis sein, da Fürst-Franz-Georg, wenn er in Wien hätte bleiben wollen, Ochsenhausen in die Hände seines zweiten Sohnes Josef hätte übergeben können.

KAPITEL 9

Gefährliche Neutralität

Metternich definiert die Leitlinien

24 Stunden nach seiner Rückkehr nach Wien war Metternich erneut unterwegs. Der Kaiser befand sich auf einer Inspektionsreise in der Steiermark und wollte sich unbedingt schnellstmöglich anhören, was sein Minister ihm sagen konnte, um eine so lange Abwesenheit zu rechtfertigen. Die Begegnung fand nicht in Graz statt, wie alle neueren Biographen schreiben[1], sondern in Cilli, einer kleinen Stadt an der Save, mehr als hundert Kilometer von der steirischen Hauptstadt entfernt. Metternich übergab dort seinem „erhabenen Meister" den Brief, den ihm Napoleon beim Abschiedsempfang anvertraut hatte und in dem er das Zugeständnis bezüglich der Militärklauseln des Vertrages von Wien mitteilte. „Ich habe den Grafen von Metternich mehrfach getroffen", schrieb er seinem Schwiegervater. „Ich habe mit ihm über die Gefühle gesprochen, die ich Eurer kaiserlichen Majestät entgegenbringe. Ich hoffe, daß er wohl überzeugt von dem lebhaften Interesse zu Eurer Majestät zurückkehrt, das ich an Eurer Majestät und an Eurer Majestät Monarchie habe. Ich war zufrieden mit seinem Aufenthalt hier."

Diese Erklärung Napoleons — wenn man annimmt, daß sie aufrichtig war — hätte zweifelsohne die Kenntnis der Exposées überlebt, die Metternich erstattet und deren Substanz sich in einem großen Bericht wiederfindet, den er einige Wochen später abfaßte (17. Januar 1811). Diese lange Abhandlung, in der sich der Schlüssel der Politik des Ministers für die nächsten drei Jahre findet, muß zusammengefaßt werden. Napoleon ist praktisch entschlossen, mit Rußland Krieg zu führen: „Das riesige Ziel, das in der Unterwerfung des Kontinents unter die Herrschaft des Einzelnen besteht, war und ist noch immer in ihm lebendig." Er wird das Jahr 1811 für Vorbereitungen nutzen und die Feindseligkeiten erst zu Beginn des Jahres 1812 eröffnen. Dies läßt uns die Zeit, unser Verhalten in aller Ruhe zu studieren und unsere eigenen Kräfte wiederherzustellen. Die familiäre Verbindung, die dank des Opfers der Tochter des Kaisers hergestellt wurde, gibt uns die Sicherheit, daß Napoleon nicht mehr die Absicht hat, wie zu Beginn des Jahres 1809, die österreichische Monarchie als Vorspiel zu seiner Offensive gegen Rußland zu zerstören, sondern daß er sich mit Österreichs Neutralität zufriedengeben wird. Was nun wird die Politik Österreichs unter solch kritischen Perspektiven sein? Zunächst einmal und sofort die unvermeidliche Katastrophe so weit wie möglich hinauszuzögern, wobei es vermieden werden muß, den einen oder anderen Gegner zu ermutigen und ganz entschlossen eine Haltung der Unabhängigkeit einzunehmen, die in Europa allein von Österreich ausgefüllt werden kann. Wenn dann die Würfel gefallen sein werden, heißt es unter drei Möglichkeiten zu wählen: ein Vertrag Österreichs mit Rußland, eine effektive Allianz zwischen Österreich und Frankreich und der Neutralität. Die erste Wahl würde in die sichere Katastrophe führen: Napoleon würde sich mit allen seinen Kräften auf Österreich stürzen, während Rußland seine eigenen Kräfte sammeln könnte. Von den deutschen Fürsten des Rheinbundes, die sich dem Schicksal Frankreichs verbunden haben, ist keine Hilfe zu erwarten. Auch nicht von Preußen, das „nicht mehr zum Kreis der Großmächte zählt". Die zweite Hypothese – eine totale Allianz mit Frankreich – „würde bedeuten, heilige und unabänderliche Prinzipien aufzugeben und folglich den direkten Interessen Östereichs entgegenzuwirken". Der habsburgische Kaiser, der einzige Repräsentant des Rechts, kann sich nicht auf das Niveau der elenden Rheinbundfürsten hinabbegeben, die nur Statthalter Napoleons sind. Es bleibt also die Neutralität. Aber diese Wahl würde mehr als eine Gefahr beinhalten. Wenn sich die Waage des Kriegsglücks ohne Österreichs Eingreifen zugunsten des einen oder anderen neigte, so würde Österreich keinerlei schonende Behandlung erwarten dürfen. Und dann: Adieu Galizien; denn der erste Kriegsakt Napoleons würde sein, sich der Mithilfe der Polen zu versichern, wobei er ihnen die Wiederherstellung des früheren unabhängigen Königreiches in Aussicht stellte. Unser Interesse wäre es also, vor dem Krieg und um den Preis unserer Neutralität ein Arrangement auszuhandeln, das Napoleon selbst in einer der Unterhaltungen vorgeschlagen hatte, das heißt also, einen Austausch zwischen österreichisch Galizien und Illyrien.

„Der Kaiser", versichert Metternich, „teilte diese Sicht der Dinge, nach der wir in der Zukunft unser Verhalten einrichteten. Wir verloren nie unser Hauptziel aus den Augen und hatten dabei immer den Anschein gegeben, uns durch die Entwicklung der anderen Ereignisse hindurchzulavieren, doch dabei gelang es uns, zur gegebenen Zeit die männliche Politik in die Praxis umzusetzen, die von einem so strahlenden Erfolg gekrönt werden sollte ..." Männlich, diese Politik? Vielleicht, aber auf die Art und Weise des „Fürsten" von Machiavelli.

Gleichgewichtsübungen

Die erste Sorge Metternichs bei seiner Rückkehr zum Ballhausplatz war es, einen Schnitzer auszubügeln, den sein Herr Papa als stellvertretender Chef des Minsteriums gemacht hatte. Franz-Georg hatte positiv auf Vorschläge geantwortet, die ein Sondergesandter des Zaren, General Schuwaloff überbracht hatte; dies war nicht weniger als ein geheimer Vertrag über eine Verteidigungsallianz, dem als Gegenleistung einige Vorteile in den rumänischen Provinzen entgegenstanden, die kürzlich von russischen Truppen besetzt worden waren. Clemens gab Schuwaloff klar zu verstehen, daß Kaiser Franz sich auf keine Art und Weise seine Handlungsfreiheit würde beschneiden lassen. Bezüglich Frankreichs war die Heirat seiner Tochter eine Familienangelegenheit und nichts mehr. Neue Vorschläge, die im Frühling 1811 vom russischen Gesandten Stackelberg vorgebracht wurden, hatten den gleichen negativen Erfolg.

Zu diesem Augenblick nahmen die Dinge von der französischen Seite her einen beunruhigenden Verlauf. Was Napoleon jetzt gemäß der Berichte Schwarzenbergs wünschte, war nicht mehr nur eine unbedingte Neutralität, sondern eine aktive Mithilfe. Metternich vermied es, eine ihn festlegende Antwort zu geben und schickte einen ganzen Stapel von hinhaltenden Fragen nach Paris, die angeblich die Absichten des französischen Kaisers ergründen sollten. Um dem Tiger zu schmeicheln, übte er sich andererseits in Wohlverhalten. So hatte er sich beeilt, Bernadotte als königlichen Prinzen von Schweden anzuerkennen und Murat als König von Neapel. Früher schon hatte er Carlo Pozzo di Borgo aus Wien vertrieben, den Todfeind Napoleons, der in die Dienste Rußlands getreten war, eine Schikane, die dieser ihm nicht vergessen würde, bis beide Männer schließlich nach 1815 die Gelegenheit erhielten, sich zu duellieren. Er war schließlich sogar soweit gegangen, die Aufführung des Wilhelm Tell von Schiller wegen der Anspielungen zu verbieten, die man darin auf die Aktivitäten des tapferen Andreas Hofer, des Helden des Tiroler Widerstands hätte sehen können, der ganz schändlich der französischen Militärgerichtsbarkeit ausgeliefert worden war. Die Zensur des Theaters und der Presse ließ nichts durchgehen, was dem französischen Botschafter Graf Otto Gelegenheit zu Beschwerden und Berichten nach Paris gegeben hätte.

Kritik und Opposition

Diese Haltung und Handlungsweise wurde natürlich streng verurteilt. Der Publizist Adam Müller, der in Diensten der Staatskanzlei stand, beschrieb seinen Vorgesetzten so:

> „Niemand anders ist weiter entfernt von dem kavaliergemäßen Charakter seines Vorgängers (Stadion); er liebt es, den Spuren des Vaters seines Schwiegervaters zu folgen und fühlt sich besonders von jeder Anspielung auf Kaunitz geschmeichelt. Die Innenpolitik ist ihm ebenso fremd wie er sie verachtet. Er liebt die großen politischen Intrigen und übt sich darin, wenn sie nur mit einer gewissen Leichtigkeit zu vollziehen sind und ihm keine Sorgen bereiten. Kurz gesagt, dieses Schoßkind des Glücks hat sich in den Minister der Neutralität verwandelt." (Zitiert bei Bibl, Metternich.)

Wenn solche Gedanken sogar im Apparat des Kanzleramtes gedeihen konnten, kann man sich die Kommentare der Schandmäuler im Salonklatsch der hohen Wiener Gesellschaft gegen den Fremdling deutlich vorstellen. Die Familie Lichtenstein, die früher einmal seine Verbündete war, verzieh ihm nicht die Art, in der Fürst Johann, der Unterhändler des unglücklichen Vertrages vom Oktober 1809 als Schaf auf die Schlachtbank geführt worden war. Die Familie Schwarzenberg war beleidigt über die unbekümmerte Sorglosigkeit des jungen Ministers, der während seines langen Aufenthaltes in Paris hemmungslos in den dem Botschafter zustehenden Funktionen herumgefuhrwerkt hatte. Stadion wunderte sich, daß sein Familienbesitz unter württembergischer Verwaltung blieb, während Ochsenhausen den Metternichs zurückgegeben worden war. Und Stadion hatte noch viele treue Gefolgsleute in der hohen Verwaltung, unter anderem den sehr einflußreichen Baron Baldacci, einen Staatsrat.

Die Zerrüttung der Finanzen

Ein anderer heftiger Widersacher – Metternich betrachtete ihn als „seinen wütendsten Feind" – war Graf Joseph Wallis, der Finanzminister. Zu seiner Entlastung muß man anerkennen, daß die Lage des kaiserlichen Schatzes verzweifelt war: der Vertrag von Wien hatte ihn wichtiger Einkommensquellen beraubt – die Salzminen von Wieliczka und Salzburg sowie die Hafenzölle der Adriahäfen; England hatte natürlich seine Unterstützungszahlungen eingestellt; auf der anderen Seite mußten bei

Fälligkeit die von Frankreich geforderten Kriegsentschädigungen gezahlt werden.

Da die Ungarn die geforderte Mithilfe verweigerten, traf die volle Last die Bourgeoisie der Stammlande. Ihre Verärgerung wurde bis zur Verzweiflung getrieben durch eine auf Initiative von Wallis getroffene brutale Maßnahme, das Finanzpatent vom 20. Februar 1811, nämlich der Ausgabe und der verpflichtenden Anwendung neuer Banknoten, der Einlösungsscheine, deren Wert nur noch ein Fünftel dessen des bisherigen Geldes, der Bankzettel, hatte. Abwertung oder Teilbankrott, der Effekt war zu Ende des Jahres der gleiche, mehr als 50.000 Industriearbeiter waren arbeitslos. Die besitzenden Klassen, die noch gut überleben konnten, beklagten sich über die Einschränkung in der Belieferung mit Kolonialwaren: Zucker, Kaffee, Schokolade waren von der Kontinentalsperre Napoleons betroffen.

Metternich selbst mußte dem allgemeinen Mangel Tribut zollen; er hatte wie selbstverständlich um die Gunst nachgesucht, Wein aus Frankreichs importieren zu dürfen, wobei er sich auf die Empfänge berief, die er aus seinem Amt heraus geben mußte. Der Kaiser antwortete mit einem handschriftlichen Brief: „Es wird keine Ausnahme von den Regeln geben, die ich bezüglich der Einfuhr ausländischer Weine aufgestellt habe. Da diese für alle gelten, müssen auch Sie sich pünktlich daran halten, wie jeder andere meiner Untertanen. FRANZ."

Wie konnte man, so fragte Metternich, in dieser Zeit des allgemeinen Mangels die Mannstärke der Armee aufstocken? Von diesem Truppenaufbau hing in der Tat das Gewicht ab, das man sowohl in Frankreich als auch in Rußland dem hypothetischen Unterstützungswert Österreichs beimessen würde. Wenn diese politischen Überlegungen dem Finanzminister auch nicht einsichtig erschienen, so fanden sie jedoch andererseits Unterstützung bei Feldmarschall Graf von Bellegarde, dem Präsidenten des Kriegsrates, einem nützlichen Alliierten gegen die Antipathie Erzherzog Karls, der sein Vorgänger auf diesem Posten gewesen war, und der im Offizierskorps viele eifrige Parteigänger hatte.

Die kaiserliche Familie

Letzterer war nicht der einzige innerhalb der kaiserlichen Familie, der den angeberischen Rheinländer verachtete, diesen heuchlerischen Schmeichler des korsischen Tyrannen. Da war insbesondere Erzherzog Johann, der seine geliebten Tiroler nicht vergessen konnte, die dem diensteifrigen bayrischen Löwen zum Fraß vorgeworfen worden waren.

Erzherzog Josef, der Statthalter in Ungarn und vor allen Dingen Kaiserin Maria Ludovika, die Seele der antifranzösischen Partei des Hofes.

„Was macht Metternich nur den ganzen Tag?" schreibt Erzherzog Johann in seinem geheimen Tagebuch. „Er erhebt sich um 11 Uhr, oft erst zu Mittag, döst in der Konferenz beim Kaiser vor sich hin und begibt sich anschließend zur Fürstin Bagration, verschwindet gegen 4 Uhr, besucht einen oder zwei Zirkel, diniert spät, macht Besuche und geht zu Gesellschaften, wacht die halbe Nacht, bevor er zu Bett geht. In einem dieser Kreise hat der angeblich so taktvolle Mann einmal zwei Stunden lang über die Frage referiert, ob eine Frau Außenminister sein könne." (In: CORTI, Metternich und die Frauen.)

Gegen alle diese Sticheleien hatte Metternich nur das unerschütterliche Vertrauen seines Herrn zu setzen, der durchaus geneigt war, die Ratschläge seiner Brüder beiseitezuschieben, da er ihnen gegenüber eine Art Minderwertigkeitskomplex bezüglich der Geistesgaben und des Körperbaus entwickelt hatte. Wie um seinem Minister ein öffentliches Zeichen seiner Hochachtung zu geben, ernannte er ihn Anfang Januar 1811 zum Kurator der Akademie der schönen Künste in Wien, was für Metternich eine angenehme Zerstreuung war und seinem Geschmack entgegenkam. Einige Zeit später gab er ihm ein noch persönlicheres Zeichen seiner Gunst: Da er erfahren hatte, daß Gräfin Eleonore schwanger war, bot er an oder akzeptierte, Taufpate des Kindes zu werden für den Fall, daß es ein Sohn werde.

In seinem Kampf gegen die Feindschaft der nahen Familie des Kaisers mußte Metternich im Juni 1812 auf eine Waffe zurückgreifen, deren Wirksamkeit er vielleicht in der Schule Fouchés kennengelernt hatte, bei deren Verwendung er aber akzeptieren mußte, daß sie das Bild des perfekten Edelmannes, das zu bieten er gewillt war, ein wenig trübte. Die Arbeit der Postlogisten im schwarzen österreichischen Kabinett hatte eine Korrespondenz zwischen Erzherzog Johann und der russischen Kaiserinmutter in seine Hände gespielt, worin dieser sich über die frankophile Politik seines Bruders beklagte; andere Briefe zum gleichen Thema, die der Erzherzog mit der Kaiserin Maria Ludovika gewechselt hatte, enthielten sogar für den kaiserlichen Ehegatten peinliche Vertraulichkeiten. Metternich wagte es, diese Dokumente seinem Herrn vorzulegen, wobei er sich ordentlich über die Mühen und Sorgen aufregte, die er als treuer Diener seines Herrn ob dessen gutem Ruf und wegen des Verhaltens seiner nahen Verwandtschaft haben müsse.

Die schwache Gesundheit der Kaiserin hinderte sie anscheinend seinerzeit daran, ihre ehelichen Pflichten zu erfüllen; die Enthaltsamkeit, die der

Ehemann nur sehr schlecht ertrug, war zwischen ihnen ein Faktor der Spannung, aber vielleicht auch ein geheimes Sympathieband mit dem Minister, der sich, was seine Ehefrau anging, in einer analogen Situation befand. Am 18. Juni 1811 hatte Gräfin Eleonore eine dritte Tochter namens Leontine geboren. Die Niederkunft war ausgesprochen schwierig und man kann glauben, daß diese letzte Schwangerschaft, ebenso wie ihre Folgen, intime Beziehungen zwischen den Eheleuten unmöglich machten und Clemens so einen guten Grund lieferten, seinen Trost bei der schönen Bagration zu suchen, die jetzt in Wien wohnte; eine Art von Kompensation, die sich der mürrische Gefangene in der Hofburg nicht leisten konnte.

Sein Eifer bei Cathérine Bagration konnte aber auch einigen politischen Nutzen abwerfen, denn bei ihr verkehrten alle hochgestellten Russen. Noch besser für solche Kontakte war der Salon des Fürsten Andreas Ratsumovsky, eines großartigen Gastgebers, den auch Metternich besuchte. Man kann annehmen, daß diese gesellschaftlichen Aktivitäten, die einige Leute empörten, dem Minister doppelt nützlich waren; nicht nur um Beobachtern etwas vorzugaukeln, sondern auch, um nicht unter den durch seine Rolle aufgezwungenen Spannungen zu straucheln. Bei ihm hätten Hochmut und Frivolität zu dem beigetragen, was bei anderen Staatsmännern Charakterstärke und klare Erkenntnis ihrer Grenzen war.

Systematische Duplizität

Es war in der Tat ein riskantes und schwieriges Spiel, das Metternich im Verlauf des Jahres 1811 aufrecht zu erhalten hatte. In einem Gespräch, das von einem Geheimagenten der britischen Regierung im August 1811 berichtet wird, hatte der Minister gestanden: „Es ist notwendig, daß nicht nur die französische Regierung sondern auch der größte Teil Europas über meine Prinzipien und meine Absichten getäuscht wird." Diese Duplizität erscheint insbesondere in den Beziehungen mit England. Trotz des offiziellen Bruchs und trotz des Stroms von vulgären Beleidigungen, die die britische Presse über Kaiser Franz nach der Hochzeit seiner Tochter mit dem verhaßten „Boney" vergoß, trotz der Verwünschungen, die man gegen seinen heimtückischen Minister aussprach hatte Metternich nie aufgehört, geheime Verbindungen mit London aufrechtzuerhalten; eine geheime Nachrichtenlinie, die er in aller Vorsicht organisiert hatte, endete in Wien bei einem Hardenberg, einem Verwandten des preußischen Ministers, und in England bei Graf Münster, einem Minister in partibus des Königreichs

Hannover, das sich seinerzeit in den Händen Frankreichs befand. General Nugent, ein Ire in österreichischen Diensten, unternahm ebenfalls mehrere Hin- und Rückreisen mit gewaltigen Umwegen.

Der Druck der Ereignisse zu Ende Dezember 1811 ließ die abwartende Haltung, in der sich Metternich seit 18 Monaten verschanzt hatte, immer unhaltbarer werden. „Frankreich", erklärte er seinem Fürsten am 28. Dezember 1811, „bereitet sich darauf vor, der alten Ordnung der Dinge den letzten Stoß zu versetzen, ohne Rücksicht auf Österreich zu nehmen." Gleichzeitig glaubt Rußland, auf uns verzichten zu können. Wenn wir unseren Standpunkt wählen, wäre die beste Seite, für den Fall, daß der Ausgang des Krieges für Frankreich ungünstig wäre, sicherlich die Neutralität, aber nur eine aktive Rolle wird uns die Möglichkeit belassen, unsere Existenz zu retten, falls Frankreich siegreich ist. In dem unausweichlichen Konflikt wird „Frankreich aller Wahrscheinlichkeit nach jedoch triumphieren". Preußen hat beachtlich aufgerüstet; es wird von beiden Seiten umworben. Wenn es sich für Frankreich entscheidet, „wird es in gewisser Weise einen Vorteil vor uns haben." Für den Fall, daß es sich in die Arme Rußlands wirft, würde dies das Ende des preußischen Staates bedeuten und seine Trümmer würden zwischen den deutschen Fürsten des Rheinbundes und dem wiedererstandenen polnischen Reich aufgeteilt. In beiden Fällen riskiert Österreich den Verlust Galiziens ohne Kompensation. „In dem Krieg, der ausbrechen wird, nicht politisch Partei zu ergreifen ist, nach meiner innersten Überzeugung, mit Sicherheit mit dem unausweichlichen Ruin der Monarchie gleichzusetzen." Schwarzenberg, der gerade nach Paris zurückgekehrt war, sollte also beauftragt werden, mit Napoleon über die eventuelle Teilnahme eines österreichischen Armeekorps zu verhandeln, einer Teilnahme, die von einer Menge von Bedingungen begleitet war, die das äußere Bild einer unabhängigen Handlung bewahren sollte.

Bezüglich der erwarteten Gebietsvorteile während der Wiederherstellung des Friedens wird nicht nur über Illyrien sondern auch über Salzburg und Schlesien gesprochen; diese Provinz, die Österreich seinerzeit von Friedrich II. entrissen worden war, könnte jetzt bei einer möglichen Auflösung des preußischen Staates an Österreich zurückfallen. Wäre dies nicht die beste Kompensation für den Verlust Galiziens?

Der Vertrag mit Frankreich

Wohlgemerkt, diese letzteren Perspektiven waren nicht angesprochen worden bei den Unterredungen, die Metternich seit Anfang Dezember mit General Scharnhorst geführt hatte, der vom preußischen König nach Wien geschickt worden war. Letzterer wurde von der antifranzösischen Partei stark getrieben, sich an der Seite Rußlands zu engagieren; er wollte wissen, was Österreich in diesem Fall unternähme. Metternich blieb undurchdringlich. Nach vier Wochen Aufenthalt in Wien kehrte Scharnhorst mit einer einzigen Gewißheit zurück: Österreich würde sich in keinem Fall gegen Frankreich wenden. Da dies so war, entschlossen sich Friedrich Wilhelm III. und sein Kanzler Hardenberg entgegen ihren Neigungen, den Forderungen Napoleons nachzugeben. Der Vertrag über ein Bündnis und die Zusammenarbeit, der am 24. Februar 1812 unterzeichnet wurde, enthielt so demütigende Klauseln, daß ein Viertel der preußischen Offiziere sofort demissionierte.

Nachdem es Metternich gelungen war, die Preußen zum ersten Sprung ins kalte Wasser zu treiben, konnte er selbst weiterarbeiten. Schwarzenberg zog sich gemäß seiner Instruktionen schließlich nicht allzu schlecht aus der Affäre. Der Vertrag, der in Paris am 14. März 1812 unterzeichnet wurde, verpflichtete Österreich zur Gestellung eines „Hilfskorps" und nicht etwa zur Gestellung eines „Kontingents", wie die Preußen und die anderen Bundesgenossen. Dieses 30.000 Mann starke Korps – nur die Hälfte dessen, was Napoleon zunächst verlangt hatte – sollte unter österreichischem Befehl bleiben und in keinem Fall gegen England oder Spanien eingesetzt werden dürfen. Napoleon hatte sich zum Kommandanten dieses Hilfskorps Erzherzog Karl gewünscht. Es erschien aber nicht angemessen, die kaiserliche Familie in einer so unpopulären und zwiespältigen Rolle zu sehen; Schwarzenberg mußte erneut die undankbare Aufgabe auf sich nehmen und die Verantwortung als Vollstrecker des Vertrages auf sich nehmen, den er unterzeichnet hatte.

Dieser Vertrag, so versicherte Metternich dem Geheimagenten Englands in Wien, würde Österreich wieder auf gleichen Rang mit Frankreich heben, ganz wie der Vertrag, den Kaunitz 1756 mit dem Frankreich Ludwigs XV. unterzeichnet hatte. Gleichzeitig beauftragte er General Nugent, dem Prinzregenten Englands einen Brief Kaiser Franz' zu überreichen; Österreich, so versicherte er, würde seine Kooperation mit Napoleon strikt auf die Dinge beschränken, die die Umstände unabweisbar machten, ohne jemals das gemeinsame Ziel aus den Augen zu verlieren, Europa vom französischen Joch zu befreien. Andererseits sorgte Metternich dafür, dem russischen Botschafter in Wien, Graf Stackelberg, die Existenz und den allgemeinen Inhalt des Vertrags vom 14. März mitzuteilen; er versicherte ihm, daß die Haltung des österreichischen Hilfskorps rein defensiv sei; zu guter Letzt würde das österreichische Kabinett es nicht verabsäumen, jeden aus Rußland kommenden Verhandlungsversuch bei Napoleon freundschaftlich zu unterstützen.

Das Treffen von Dresden

Für den Augenblick jedoch war es nötig, zu tarnen und zu täuschen. Napoleon wollte, bevor er seine enorme Kriegsmaschine, die er seit Monaten vorbereitet hatte, in Marsch setzte, seine Vasallen zusammenrufen, um sie durch das Schauspiel seiner Größe zu bestärken. Auf den unglücklichen König Friedrich-August fiel die Ehre, sich damit zu ruinieren, in Dresden den neuen Karl den Großen mit seinem Gefolge und dessen Gefolge an Getreuen zu empfangen.

Der Kaiser der Franzosen kam spät in der Nacht des 16. Mai an und leistete sich die Befriedigung, die gesamte Bevölkerung mit Artilleriesalven und Glockengeläut wachzuhalten. Er kam mit seiner jungen Kaiserin, was es gestattete, der Anwesenheit des erhabenen Hauptes des Hauses Österreich einen anderen Sinn zu geben, als den der Anwesenheit in der Menge der anderen gekrönten Häupter. War es für einen zärtlichen Vater nicht natürlich, die Gelegenheit zu ergreifen, seine älteste Tochter zu treffen? In der Tat wurde er freudig überrascht, als er seinerseits am 18. Mai ankam, Marie-Louise offensichtlich absolut zufrieden mit ihrem Ehemann vorzufinden und naiv den Prunk zu genießen, von dem sie umgeben war: sie selbst hatte mehr als 100 Personen in ihrem Dienst und der Kaiser, ihr Vater, hatte nur zwei. Diese Feststellung im Verein mit den verführerischen Anstrengungen, die Napoleon verstärkt unternahm, hatten Franz schließlich, so scheint es, ein wenig aufgetaut. „Er ist doch offensichtlich ein ganzer Kerl", soll man ihn haben murmeln hören.

Auf der anderen Seite hatten sich die Brüder Erzherzöge, die gehalten waren, in Dresden zu erscheinen, nach Ableistung eines Minimums an Freundlichkeiten bereits wieder aus dem Staub gemacht. Kaiserin Maria-Ludovika, die verpflichtet war, zu bleiben, setzte allen Bemühungen des Korsen eine eisige Reserviertheit entgegen. Sie verweigerte die Geschenke an Geschmeide, durch die ihre junge Stieftochter in ihrer Narretei glaubte, sie zu besänftigen. Sie trug wesentlich dazu bei, ihren Ehemann davon zu überzeugen, den erstaunlichen Vorschlag Napoleons nicht anzunehmen, mit dem dieser ihn aufgefordert hatte, ihn auf seinem Marsch nach Osten zu begleiten. Ganz offensichtlich hatte sie einen Alliierten gefunden, mit dem sie nicht gerechnet hatte. Ihrer Mutter schrieb sie:

> „Es ist mir gelungen, ihn davon zu überzeugen, daß diese Entscheidung im ganzen Land größtes Erstaunen hervorrufen würde und unberechenbare Konsequenzen haben könnte. Ich weiß nicht mehr, was ich ihm unter heißen Tränen gesagt habe, aber zum Glück hat Metternich, der uns in diese Lage gebracht hat, mich diesmal unterstützt.

Es war jedoch auch für ihn schwierig, das Ganze zu verhindern, denn man (der Kaiser) glaubte, durch dieses Opfer dem allgemeinen Wohl zu dienen."

Franz war in der Tat von der Weigerung seines Bruders Karl irritiert, der den Befehl über das österreichische Hilfskorps abgelehnt hatte. „Wir sind keine guten Freunde mehr", hatte er ihm trocken erklärt.

Als politisches Ereignis war das Treffen von Dresden absolut sinn- und nutzlos, da alles, was Anlaß zu Verhandlungen hätte sein können, schon in Verträgen niedergeschrieben war. Offizielle Empfänge, Besuche und Gegenbesuche, Bankette, Opern, Jagden und Feuerwerke rollten eine Woche lang gemäß dem vorgesehenen Programm ab. Napoleon, der im Palais Marcolini untergekommen war, fand trotzdem die Zeit, Metternich mehrfach zu empfangen. Aber er vermied es sorgsam, die beiden Gesprächsgegenstände anzupacken, die der Minister gerne aufs Tapet gebracht hätte, nämlich eine finanzielle Unterstützung für die von Österreich zugestandene Militärhilfe und bessere Garantien bezüglich des zukünftigen Schicksals Galiziens. Statt dessen gefiel sich Napoleon darin, wie in Paris oder Saint-Cloud, den freundschaftlichen Zuhörer mit vertrauten Dissertationen über verschiedene Gesprächsgegenstände zu erfreuen, wobei der interessanteste zweifelsohne seine Kriegspläne betraf. Der Feldzug dieses Jahres, so sagte er, werde ihn nicht über Smolensk oder Minsk hinausführen, wo er mit seiner Armee in Winterquartier zu gehen beabsichtige, während er selbst die kältesten Monate in Paris zu verbringen gedachte. Wenn Alexander sich nicht entschlösse, zu verhandeln, so werde er 1813 bis ins Herz des moskowitischen Imperiums vorstoßen und dort erneut warten. „Der Triumph gehört dem Geduldigsten." Hatte der Kaiser wirklich ernsthaft diese Strategie ins Auge gefaßt? Oder hatten diese vertraulichen Mitteilungen nur zum Ziel, den Gesprächspartner gegen eventuelle Enttäuschungen eines ersten unentschiedenen Waffengangs zu wappnen?

Rückkehr nach Wien

Wie dem auch sei, Napoleon verließ Dresden bester Laune und vertrauensvoll am 29. Mai. Franz I. und Metternich begaben sich nach Prag, wo sie auf Marie-Louise warteten, die glücklich war, Gelegenheit zu haben, einige Wochen bei ihrer Familie zu verbringen. Angesichts der mangelnden Herzlichkeit im Empfang durch die Bevölkerung, angesichts der verschlossenen Gesichter unter den Hüten, die nicht vom Kopf genommen wurden, konnten der Kaiser und sein Minister sich über den Eindruck der

Demütigung klar werden, die das Volk empfunden hatte, als der Erbe der Habsburger sich unter das Gefolge des französischen Despoten begeben hatte. Man hielt sich nicht lange in Prag auf; der Kaiser, der immer von seinem Minister und seiner Tochter begleitet war, suchte Entspannung im heilenden Wasser von Teplitz, so, als habe er gefüchtet, der Wiener Öffentlichkeit zu bald gegenübertreten zu müssen. Erst Ende Juli war Metternich wieder in seinem Büro am Ballhausplatz und im Schoße seiner kleinen Familie, die in Baden[2] in Sommerfrische war. Der Minister, der sich vom Kaiser getrennt hatte, welcher noch außerhalb seiner Hauptstadt geblieben war, spürte, daß sich die von seiner offensichtlich profranzösischen Politik erregte allgemeine Feindseligkeit auf seine Person konzentrierte. Dies war eine umso schmerzlichere Situation, als der Erfolg oder der Mißerfolg von nichts mehr abhinge, was er würde sagen oder tun können, alles hing von den Handlungen und Gesten des kleinen Mannes im grauen Militärmantel ab, der irgendwo in den Weiten der russischen Steppen verloren schien. Seit er jedoch mit seiner Armee den Njemen überschritten hatte, konnte man seine Bewegungen genausowenig verfolgen, wie die Bewegungen einer Eskadrille, die irgendwo im Ozean segelte. Die einzigen verfügbaren Informationen waren gegebenenfalls von der Relaisstation des französischen Außenministeriums zu erhalten, die Napoleon in Wilna unter der Leitung von Maret, dem Herzog von Bassano, dem Nachfolger Champagnys, „dem blindesten und fanatischsten Gefolgsmann" Napoleons – nach Aussage Metternichs – eingerichtet hatte. Bei ihm befand sich Floret, der österreichische Geschäftsträger, der zu diesem Zweck von Paris gekommen war. Natürlich gab es nichts anderes zu berichten, als das, was Napoleon der Welt mitzuteilen gefiel. Außerdem wurde die Reise der Kuriere immer gefährlicher, je weiter das Jahr voranschritt und je deutlicher die Desorganisation in den Versorgungslinien der Großen Armee wurde. So wurde der Einmarsch der Franzosen in Moskau (14. September) in Wien erst am 4. Oktober bekannt und man kannte wohlgemerkt auch nicht die Verluste, die im Verlauf des Langen Marsches und im Verlauf des schrecklichen Blutbades der Schlacht von Borodino eingetreten waren. Metternich konnte sich also weiterhin auf den Gedanken verlassen, den er sich von der Unbesiegbarkeit des Herrn Europas gemacht hatte.

Noch zu Beginn November, während die Armee Napoleons sich bereits auf dem Rückzug befand, drückte sich Metternich in einem Gespräch mit John King, dem Geheimagenten der britischen Regierung, abfällig über die Minister und die Generäle Rußlands aus und erachtete die Niederlage Rußlands als vollendete Tatsache. Selbst die Nachricht, die am 7. November in Wien über den fehlgeschlagenen Putschversuch des General Malet eintraf, erschütterte sein Vertrauen nicht; er schloß daraus nur, daß Napoleon noch geneigter wäre, Frieden zu schließen, da ihm jetzt wohl klar geworden sei, wie gefährlich es wäre, so weit außerhalb seines Kaiserreiches Krieg zu führen.

Erst am 8. Dezember ging in Wien das berühmte 29. Bulletin der Großen Armee ein, das in Smorgony am 3. Dezember geschrieben worden war; darin wurden gleichzeitig die Räumung Moskaus, der Rückzug und der Übergang über die Beresina angekündigt und alles dies als französischer Sieg dargestellt. Aber niemand konnte getäuscht werden: der Unbesiegbare gab seine Niederlage zu und die Situation schwang ins Unvorhergesehene.

KAPITEL 10

Nicht zu verwirklichende Vermittlung

Metternich ändert sein Ziel

Nach diesem Donnerschlag verlor Metternich keinen Augenblick und schwenkte um. Am 9. Dezember teilte er Floret die erste Reaktion ihres erhabenen Herrn mit. „Die Stunde ist gekommen", soll er gesagt haben, „in der ich dem Kaiser der Franzosen zeigen kann, wer ich bin." Nach einer anderen Quelle soll er sich genauer festgelegt haben: „Vor allem will ich die Allianz mit Napoleon aufkündigen. Ich will den Sattel wählen, in dem ich am liebsten reite." Für den Augenblick, so erklärte der Minister, erachtete sich der Kaiser als durch den Vertrag vom März 1812 gebunden und dies im Interesse aller betroffenen Parteien: „Österreich muß allen beteiligten Parteien Frieden predigen. Frankreich gegenüber als Alliierter und den andern gegenüber als absolut souveräner Staat." Und die Depesche endete mit der kaum verhüllten Drohung: „Österreich allein verfügt in diesem Augenblick durch seine ruhige und unerschütterlich feste Haltung über 50 Millionen Menschen, die bereit sind, sich wegen dieser Sache zu bewaffnen, und es hängt nur an einem einzigen Wort des österreichischen Herrschers und wir gehen zu Taten über."

Es ist anzunehmen, daß Floret diese Rede Maret nicht gehalten hat, denn der Minister war im Gefolge seines Herrn schon nach Paris unterwegs. Metternich wählte, als ausgekochter Stratege, zur Überbringung seiner Friedenspläne an Napoleon General Ferdinand Bubna, einen Mann, den der Kaiser der Franzosen als Adjutanten Fürst Johanns von Lichtenstein im September 1809 bei den Friedensverhandlungen über den Vertrag von Schönbrunn kennengelernt hatte. Der Sonderbotschafter begab sich am 17. Dezember auf den Weg und hatte seine erste Audienz bei Napoleon am 31. Er war Überbringer eines persönlichen Briefes Kaiser Franz', in dem dieser die nützliche Rolle unterstrich, die Österreich in Friedensverhandlungen würde spielen können.

In Erwartung einer Antwort auf diese Vorschläge – und sicherheitshalber – hatte man Schwarzenberg am 20. Dezember den Befehl übersandt, seine Truppen zurückzuziehen, neu zu ordnen und so die galizische Grenze zu decken.

Bei seinem ersten Gespräch konnte Bubna sich davon überzeugen, daß Napoleon nicht in der Stimmung war, über den Frieden zu reden. Das einzige, was ihn interessierte, war, zu erfahren, was Schwarzenberg unternähme, und er ging sogar so weit, die Verdoppelung der Mannstärke des Hilfskorps zu verlangen. Bei einem zweiten Gespräch am 7. Januar jedoch gestand er ziemlich mißmutig zu, daß Österreich bei Rußland einige klärende Schritte unternehmen solle. Er war immer noch in dem Gedanken, daß die Allianz vom März 1812 Gültigkeit behalten hatte. Seine Überraschung und seine Wut mußten beachtlich gewesen sein, als er 3 Wochen später erfuhr, daß Schwarzenberg am 30. Januar einen Waffenstillstandsvertrag abgeschlossen hatte, der es den Russen erlaubte, ihre Invasion in Deutschland bis zur Oder vorzutragen.

Gleichzeitig aber verwirklichte sich ein von Metternich Anfang Dezember bereits gewünschtes Ziel: Österreich nämlich seine Handlungsfreiheit wiederzugeben.

Das Umschwenken Preußens

Zweifelsohne hatten der Kaiser und Metternich bei ihrer Genehmigung an Schwarzenberg, diesen unabhängigen Akt zu vollziehen, in Betracht gezogen, was sich auf preußischer Seite tat. Am vorangegangenen 30. Dezember hatte General Yorck, der Befehlshaber des preußischen Kontingentes, mit den Russen den Neutralitätsvertrag von Tauroggen geschlossen, nach dem es ihm gestattet war, unter Waffen in Ostpreußen stehenzubleiben, während die russische Armee ihren Vormarsch durch Polen fortsetzte.

König Friedrich-Wilhelm hatte sich zunächst geweigert, die Vereinbarung von Tauroggen zu ratifizieren und sein Kanzler Hardenberg hatte General von Knesebeck in aller Eile nach Wien geschickt, um eine gemeinsame Handlungsweise abzusprechen und schlug sogar vor, die preußischen Truppen unter österreichisches Kommando zu stellen. Österreich, so antwortete Metternich, hatte zur Zeit nicht die finanziellen Mittel, entsprechende militärische Anstrengungen zu unternehmen; er ermutigte den Preußen, offen Partei für Rußland zu ergreifen, was den großen Vorteil hätte, das Kriegstheater der Gegenoffensive, die Napoleon mit tödlicher Sicherheit schon im Frühling antreten würde, nach Norden hin zu verlegen.

Im übrigen blieb dem preußischen König keine andere Wahl. Bereits Ende Januar 1813 hatte Freiherr vom Stein, der Vorsitzende des Widerstandskomitees der in Rußland exilierten Deutschen sich nach Ostpreußen begeben und dort den Landtag einberufen, wodurch er einer provisorischen Regierung der befreiten Territorien den Anstrich von Legalität gab. Der preußische König war folglich gezwungen, der Entwicklung nachzugeben und erließ am 3. Februar eine Proklamation, mit der er alle Patrioten zu den Waffen rief. Schließlich wurde in Kalisch, im polnischen Gebiet von Posen, am 27. Februar die Allianz unterschrieben, in der die Herrscher Preußens und Österreichs ihre Kräfte zur Befreiung Europas vom französischen Joch vereinten. Aufgrund dieses Vertrages sollte Preußen in einem Friedensvertrag die territoriale Ausdehnung wiedererlangen, die es vor seiner Niederlage 1806 erreicht hatte.

Die Haltung Metternichs

Was nun waren die Reaktionen in Wien vor diesen dramatischen Entwicklungen? Der britische Geheimagent beschrieb die Haltung Metternichs wie folgt:

> „Ich glaube, daß er im Grunde seines Herzens keine große Hoffnung haben kann, den Frieden herbeizuführen, er schmeichelt sich jedoch, daß er aufgrund seiner Beweglichkeit und seines Verhandlungsgeschicks schließlich alle Hindernisse wird überwinden können. Auf jeden Fall hofft er, durch Verhandlungen (...) so viel Zeit zu gewinnen, daß er auf den Eintritt glücklicher Ereignisse warten kann, die ihm in die Hände spielen, was er selbst mutig zu unternehmen nicht wünscht."

Jedenfalls gab der Minister sich selbst und denen, die er zu beruhigen wünschte, den Anschein großer diplomatischer Aktivitäten. Er schickte einen seiner besten Helfer, Baron von Wessenberg, den Gesandten Österreichs in München, nach London; zum Zaren schickte er Ludwig von Lebzeltern, und außerdem hatte er wiederholt Kontakte mit Hardenberg. Gentz schrieb ein wenig zynisch einem Briefpartner: „Unser System verlangt, daß wir, komme was da wolle, mit jedem Winde segeln und unsere bevollmächtigten Gesandten haben in Wirklichkeit keinerlei Macht, irgend etwas zu tun."

In London jedenfalls gab man sich keinerlei Illusionen hin. Die von Wessenberg überbrachten Nachrichten stießen auf eine Mauer aus Eis. Es sei absurd, so sagte man im Wesentlichen, von Vermittlung sprechen zu wollen, während Österreich doch noch an Frankreich durch den schändlichen Vertrag vom März 1812 gebunden sei. Es solle sich tapfer auf die Seite Rußlands und Preußens schlagen und damit Europa retten. Das einzige Resultat der Mission Lebzelterns war, daß er zusammen mit freundlichen Worten die Bemerkungen des Zaren entgegennehmen durfte, in denen dieser mitteilte, wie er sich die Neuaufteilung Europas nach einem siegreichen Krieg vorstellte: Österreich sollte die 1805 und 1809 verlorenen Provinzen wiedererhalten; jegliche französische Vorherrschaft in Deutschland sollte ein Ende finden; Wiederherstellung des Heiligen Römischen Reiches Deutscher Nation unter der Krone Habsburgs.

Welchen Glauben konnte man diesen Reden schenken? Metternich hatte auf der anderen Seite durchaus greifbare Gründe, sich vor einer russischen Hegemonie zu fürchten, die in Deutschland die französische Hegemonie ablösen würde. Ende März hatte der Zar im Einvernehmen mit Preußen eine Zentralkommission eingerichtet, die die von den alliierten Armeen besetzten Ländereien verwalten sollte; dies sollte ein Koordinationszentrum für die große patriotische deutsche Befreiungsbewegung darstellen. Die Fürsten, die die Zusammenarbeit verweigerten, so sagte Kutusow, der kommandierende russische General, verdienten, daß ihnen ihre Ländereien genommen würden und der Rheinbund würde auf alle Fälle aufgelöst werden.

Dies war jedoch in allen Punkten den Ansichten Metternichs entgegengesetzt, so wie er sie in den Anweisungen an Lebzeltern formuliert hatte. Was sah er? Einen Deutschen Bund, der auf der freiwilligen Verbindung unabhängiger Staaten beruhte; der territoriale Status Quo der bestehenden Staaten sollte garantiert werden, also durchaus auch den Mitgliedern des napoleonischen Bundes.

Es gab auch noch einen anderen Grund, die Absichten Alexanders zu fürchten. Metternich besaß die Kopie eines Briefwechsels zwischen dem Zaren und dessen Freund Adam Czartoryski. Darin war die Rede von der Wiederaufrichtung des Königreichs Polens, was für Österreich den Verlust Galiziens bedeutete und für Preußen den noch schwerwiegenderen Verlust der polnischen Zentralprovinzen, durch deren Besitz es ihm Ende des vorangegangenen Jahrhunderts gelungen war, die beiden Hauptteile des Königreichs der Hohenzollern, nämlich Brandenburg und Ostpreußen territorial zu vereinen. Metternich beeilte sich, Hardenberg diese erbaulichen Unterlagen zukommen zu lassen. Alles, was das Vertrauen zwischen Rußland und Preußen schwächen konnte, war gut für die Politik des Wiener Kabinetts. Und für den Fall, daß Napoleon auch nur den geringsten Geschmack daran gefunden hätte, direkt mit Alexander zu verhandeln, ließ er ihm ebenfalls eine Kopie der gleichen Korrespondenz zukommen, woraufhin Napoleon bei Bubna protestierte: „Ich werde auch nicht ein einziges Dorf des Herzogtums Warschau aufgeben."

Ein aufgedecktes Komplott

Sowohl Zeitgenossen als auch Historiker haben diese Politik Metternichs zu diesem Augenblick als Schwäche oder Falschheit ausgelegt. Will man gerecht sein, so muß man jedoch anerkennen, daß es andererseits eine Menge Mut von ihm forderte, eine Verhaltenslinie so lange durchzuhalten, von der er fast als einziger überzeugt war. Für den Schlafwandler auf dem Hochseil ist Stillstand sehr viel schwieriger und beschwerlicher als Bewegung.

Metternich hatte dem Botschafter Otto zu Beginn des Monats Februar anvertraut: wir riskieren täglich, daß der Kaiser öffentlich beleidigt wird und daß ich selbst ermordet werde. Am 20. Februar berichtete Otto: „Der Minister hat mir Beweisstücke vorgelegt, die auf die Existenz einer Verschwörung gegen sein Leben hinweisen. Zwei Offiziere hatten dieses Attentat auf sich genommen und sollten ihn abends bei seiner Rückkehr aus einem Haus, in dem er ein- und ausgeht, (das Haus der Bagration natürlich) überraschen. Diese Offiziere waren gefaßt worden." Es gab aber Schlimmeres: Seit einigen Tagen wußte Metternich dank des Geständnisses eines gewissen Antonius von Roschmann von der Existenz einer Verschwörung, die die Unterstützung eines Bruders des Kaisers, nämlich Erzherzog Johanns, genoß. In der Alpenregion sollte eine weitreichende patriotische und antifranzösische Erhebung ausgelöst werden; sie sollte von Tirol und Vorarlberg ausgehen und dann auf die Steiermark, Kärnten, Norditalien, Illyrien und, warum nicht, auf den Süden Bayerns übergreifen. Eine englische Flotte sollte in Fiume Waffen und Munition anlanden.

Zweifelsohne ging es nicht darum, den Kaiser aus dem Wege zu räumen, sondern ihn zu Handlungen zu zwingen, so wie es Yorck und vom Stein mit dem preußischen König gemacht hatten. Kaiser Franz konnte, da er aufgrund der unglücklichen Erfahrungen von 1809 gelernt hatte, wie es war, wenn man sich die Finger verbrennt, zu diesem Zeitpunkt keiner Volksbewegung entgegentreten. Bevor man jedoch die Schuldigen demaskieren und schlagen konnte, benötigte man Beweise. Die österreichische Polizei organisierte einen wirklichen Hinterhalt. Am 25. Februar wurde der englische Kurier, der Depeschen von King für Lord Cathcart, den englischen Botschafter beim Zaren, beförderte, bei seiner Reise durch Mähren von angeblichen Wegelagerern überfallen und komplett ausgeplündert. Daß

Metternich diesen Überfall auf einen Agenten der Macht, die er am ehesten schonen wollte, befohlen hatte, zeigte zweifelsohne das Ausmaß der Panik, in das ihn die Enthüllungen Roschmanns gestürzt hatten.

In der Nacht zum 8. März wurden die Häupter der Verschwörung, die sich in Wien befanden, verhaftet. Unter anderem befand sich unter den Verhafteten Hofrat Josef von Hormayr, der Direktor der Staatsarchive. Am nächsten Tag, dem 9. März, kam Erzherzog Johann ganz kleinlaut, um Metternich seine Vergehen zu beichten. Der Minister hatte die Genugtuung, in die schöne Rolle des Vermittlers zwischen Johann und dem Kaiser schlüpfen zu können. Der Erzherzog mußte versprechen, Wien bis auf neue Order nicht zu verlassen. Seine Beziehungen und seine Handlungen sollten eng überwacht werden, ebenso wie die des Erzherzogs Karl und eines Bruders der Kaiserin, des Erzherzogs Franz von Este, auf den die Verschwörer gebaut hatten als Anführer der Bewegung in Italien und Dalmatien. Alle die, die – sowohl in der kaiserlichen Familie wie auch in der hohen Verwaltung – geglaubt hatten, einen Keil zwischen Metternich und seinen Herrscher treiben zu können, wurden von Franz I. mit einer gegenteiligen Handlung enttäuscht. Er erhob nämlich Metternich zur Würde des Kanzlers des Ordens der Maria-Theresia, einer Würde, die seit dem Tode Kaunitz' nicht mehr vergeben worden war.

Ein Trost entstand ihm auch in der Form, die ihm immer notwendiger wude, nämlich in der Euphorie, die sich an die Eroberung des Herzens einer Frau anschließt. Gerade zu dieser Zeit nämlich wurde sein Verhältnis zu Wilhelmine von Sagan, das bis dahin absolut nur gesellschaftlich oder freundschaftlich gewesen war, regelrecht zur Passion. Er schrieb ihr später: „(in jener) Zeit, zu der die Verantwortung für die Welt mich niederschmetterte; zu der Zeit, in der ich von Millionen mißverstanden wurde und das Ziel von Verdächtigungen aller Mächte war; zu der Zeit, als mich das ganze Universum schlecht beurteilte, mit Ausnahme von zwei oder drei Einzelpersonen – meine Freundin, zu jener Zeit gehörtest Du dazu. Der Himmel wird Dich dafür belohnen."

Es ist nicht genau bekannt, zu welchem Augenblick die heiß glühende Gräfin von Sagan sich in Wien niedergelassen hatte, und auch nicht, warum; vielleicht wollte sie näher bei dem schönen österreichischen Offizier sein, der seit 1810 ihr bevorzugter Geliebter war, Alfred von Windischgraetz: „Bei Freunden zählt man die Tage", schrieb sie ihm, „bei Dir zähle ich die Nächte. Ich möchte keine missen." Wilhelmine hatte sich – mit oder ohne Absicht – in der Nähe des Ballhausplatzes in der Schenkengasse niedergelassen und zwar in einem Flügel des Palais Palm, der genau dem der Fürstin Bagration gegenüber lag. Selbst ohne Liebesinteressen hatte Metternich mehr als ein Motiv, um häufig von der einen auf die andere

Seite überzuwechseln: Der britische Agent John King war der Liebhaber der Gräfin gewesen und die junge Schwester der Gräfin, Dorothée, war jetzt die Nichte Talleyrands und in den Tuilerien bei Hofe eingeführt worden: so viele mögliche Quellen für vertrauliche Mitteilungen. Eine vorübergehende Mißstimmung zwischen Wilhelmine und Alfred und auch zwischen Clemens und Cathérine Bagration – welche der Sache ihres Zaren mit zu brennender Leidenschaft ergeben war – und schon war das Bühnenbild aufgebaut, um das unter der Asche schwelende Feuer in den nach Trost suchenden Herzen aufflackern zu lassen.

Reden für den Frieden

Die oben erwähnten Berichte des Botschafters Otto waren die letzten, die er durchzugeben hatte. Napoleon verdächtigte ihn, sich zu leicht durch das freundliche Gehabe des österreichischen Ministers einwickeln zu lassen und er hatte beschlossen, ihn durch Graf Louis de Narbonne zu ersetzen. Es scheint, daß Metternich diesen ohne allzu große Freude zu Beginn des Monats April 1813 in Wien eintreffen sah; der geistreiche und verführerische Grandseigneur konnte ihn in den Salons der ersten Gesellschaft ausstechen, deren Türen der noch zu frischen Adelserhebung des Grafen Otto durch Napoleon verschlossen geblieben waren. Und wenn man dann noch in Dresden hatte lächeln können, als Napoleon von „seinem verstorbenen Onkel Ludwig XVI." gesprochen hatte, so hatte Narbonne es nicht nötig, daran zu erinnern, daß er der Sohn Ludwig des XV. war.

Bei seinen ersten Gesprächen mit dem neuen Botschafter erneuerte Metternich seine Bemühungen zugunsten eines Friedens. „Wenn der Kaiser Frankreichs sich darauf beschränken würde, als Monarch dreimal so mächtig zu sein, wie Ludwig XIV. und wenn er der Herr Europas einzig durch den Einfluß seiner Position und seines Genies sein wollte, so würden sich alle Schwierigkeiten sehr leicht lösen lassen ... Was wir brauchen, ist, daß der Rheinbund nicht bis zum Njemen reicht ..." Am 18. April mußte Narbonne ein letztes Verlangen Napoleons übermitteln: Österreich solle den Waffenstillstand vom 30. Januar brechen, sich entschließen, an seiner Seite zu kämpfen und er werde ihm den Besitz Schlesiens zusichern. Metternich und der Kaiser lehnten ohne zu zögern ab. Am 23. April empfing Kaiser Franz selbst Narbonne. In einem kürzer angebundenen und entschlosseneren Ton als üblich erklärte er ihm, daß er den Allianzvertrag vom März 1812 als nichtig erachte: er könne, so wiederholte er mehrere Male, nicht gleichzeitig der Alliierte einer kriegführenden Partei und der Vermittler sein. Er werde seinerseits Truppen zusammenziehen und könnte sich entschließen, sich den Gegnern Frankreichs anzuschließen, wenn Napoleon nicht die „vernünftigen Bedingungen, die ihm unterbreitet werden würden" akzeptierte.

Auf österreichischer Seite hatte das Oberkommando in der Tat die Ruhepause genutzt, die ihm von den klugen diplomatischen Manövern Metternichs ermöglicht worden war. Das Hilfskorps Schwarzenbergs, das in Böhmen stand, hatte als Kern zum Aufbau einer imposanten Armee von 64.000 Mann gedient, die angeblich dazu bestimmt war, die Grenzen nach allen Seiten zu verteidigen; andererseits waren für Anfang Mai 100.000 Reservisten zu den Fahnen zurückgerufen worden. Das finanzielle Hindernis, das bis dahin jegliche militärische Anstrengung gelähmt hatte, war gelöst worden; auf Rat Metternichs hatte der Kaiser beschlossen, das von dem verfluchten Erlaß vom 20. Februar 1811 geschaffene Papiergeld durch ein neues Papier zu ersetzen, das Eingriffsscheine genannt wurde. Dies war ein wichtiger politischer Sieg für Metternich, denn er hatte sich dadurch gleichzeitig seines härtesten Widersachers im Regierungslager, des Grafen Wallis entledigt, der es vorgezogen hatte, seine Demission einzureichen, statt diesen Entscheid gegenzuzeichnen.

Napoleon greift an

Als Metternich Nesselrode die Entscheidung mitteilte, die am 23. April dem Grafen de Narbonne zugestellt worden war, bezog er sich auf ihre alte Freundschaft, und verlangte, daß man ihm vertraue. Er fügte hinzu: „Napoleon ist so wahnsinnig, daß er sich schlagen will. Versuchen Sie, daß man sich nicht zu sehr auf einen Umschwung versteift, den ich kaum für möglich halte."

Kaum möglich? Nun ja! Zehn Tage später zeigte Napoleon, daß er nichts von seiner meisterlichen Beherrschung der Militärkunst verlernt hatte und daß seine jungen Rekruten sich genauso gut zu schlagen wußten, wie seine alten, erfahrenen Veteranen, die ihre Haut schon in Spanien oder in Rußland zu Markte getragen hatten. Die Preußen unter Blücher, die in Sachsen mit der Unterstützung des russischen Korps von Wittgenstein unvorsichtig vormarschiert waren, erlitten in Lützen am 2. Mai eine enorm blutige Niederlage, weil sie mit dem Mut der Verzweiflung gekämpft hatten. Die Besiegten zogen sich nach Schlesien zurück, wo der Hauptteil der russischen Armee nach den langen Gewaltmärschen durch Polen versuchte, seine Reihen wieder zu ordnen.

War dies nicht vielleicht der Augenblick, den beiden kriegführenden Parteien die „vernünftigen Bedingungen" für einen Frieden genauer be-

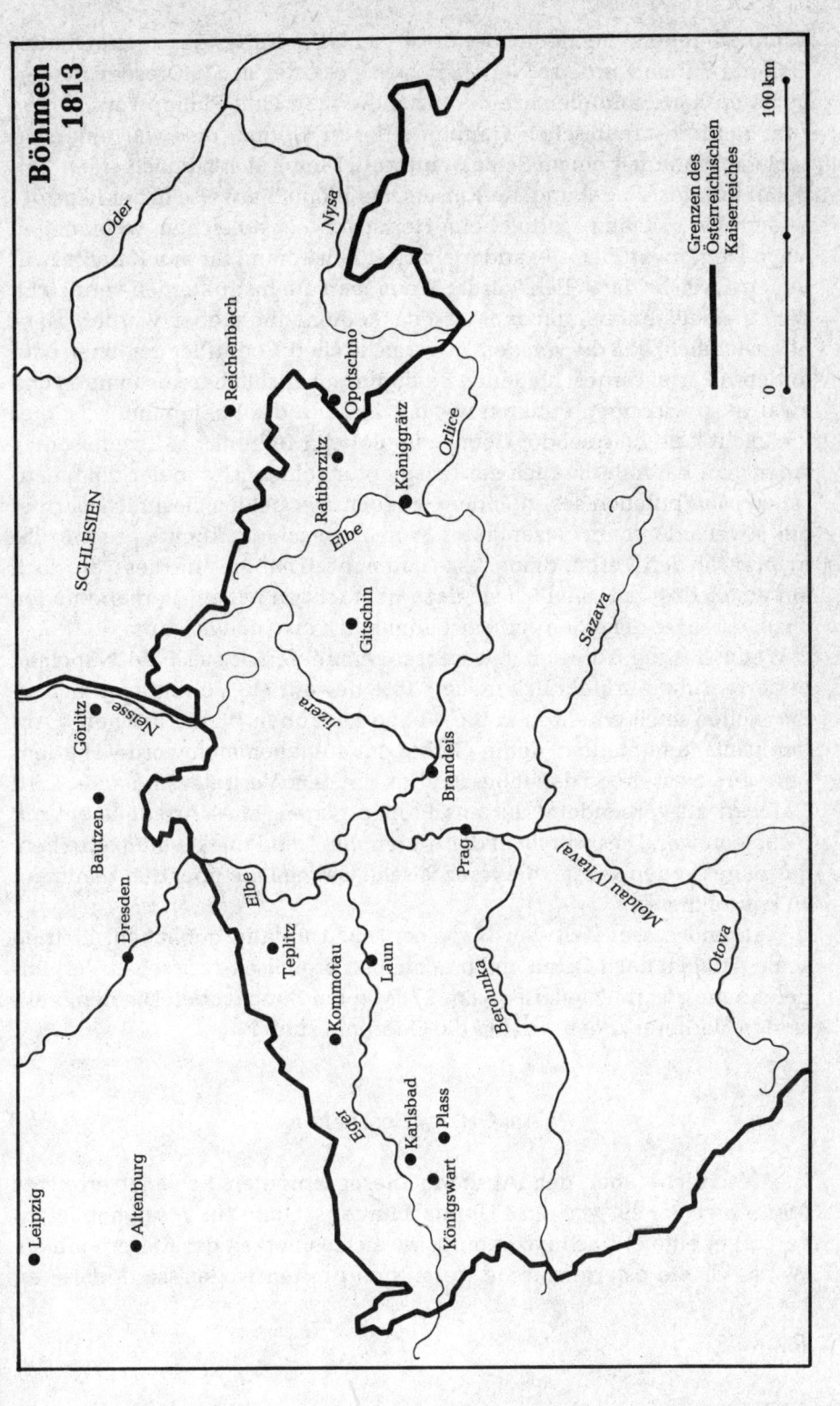

kannt zu geben, von denen der österreichische Kaiser gesprochen hatte? General Bubna wurde zu Napoleon geschickt, der sich in Dresden niedergelassen hatte und gleichzeitig entsandte man Graf Philipp von Stadion zum russisch-preußischen Hauptquartier in Görlitz; dies war eine sehr schlaue Wahl: mit einem Schlag entfernte Metternich nämlich einen Ratgeber aus der Umgebung des Kaisers, der möglicherweise in der Lage gewesen wäre, seinen Einfluß beim Herrscher auszugleichen, wohingegen seine Gegenwart bei Alexander eine Art Faustpfand für den Kampfeswillen Österreichs darstellen würde. Wenn man die Instruktionen vergleicht, die einerseits Bubna und andererseits Stadion mitgegeben wurden, ist es offensichtlich, daß die von dem österreichischen Vermittler der einen oder anderen Partei vorgeschlagenen Bedingungen nicht übereinstimmten und zwar in so wichtigen Punkten wie der Zukunft des Rheinbundes. Ist dies vielleicht kein Beispiel der Doppelzüngigkeit Metternichs? Zweifelsohne. Aber man kann darin auch ein Beispiel für seinen Mut in der diplomatischen Manipulation sehen: indem er jedem der beiden Gesprächspartner ein jeweils durchaus akzeptables Projekt vorschlug, konnte er sich rühmen, sie an den Verhandlungstisch gebracht zu haben; und dies wäre doch ein erstes Resultat, nämlich sie dazu gebracht zu haben, Verhandlungen zuzugestehen, die ihnen zunächst unmöglich erschienen waren.

Wenn dies seine Illusionen waren, so zerstreuten sie sich bald. Napoleon erklärte Bubna brutal: „Ich möchte Ihre bewaffnete Vermittlung nicht ... Sie wollen mich entehren ... Sie wollen im trüben Wasser fischen." Andererseits fand Stadion, der in Görlitz gut aufgenommen wurde, Hardenberg und Nesselrode damit beschäftigt, mit dem Vertreter Englands, Lord Cathcart zu verhandeln, der aus Prinzip gegen jedes Arrangement mit Napoleon war. Dies war nicht der Augenblick, ein Projekt voranzutreiben, das damit enden würde, die französische Hegemonie über den Kontinent zu konsolidieren.

Während dieser Zeit war Napoleon nicht untätig geblieben. Er trieb seine Armeen nach Osten und brachte den preußisch-russischen Verbündeten eine zweite Niederlage am 27. Mai bei Bautzen bei. Die demoralisierten Verlierer zogen sich auf die Oderlinie zurück.

Am Ort des Geschehens

Die Nachricht über den Ausgang dieser erneuten Schlacht erreichte Metternich am 29. Mai um 4 Uhr nachmittags. Ohne einen Augenblick zu verlieren, eilte er nach Laxenburg, wo sich seinerzeit der Kaiser aufhielt. Wenn wir die österreichische Vermittlung retten wollen, so erklärte er, müssen wir uns beide unverzüglich in die Nähe des Ortes des Geschehens begeben. Außerdem können wir dort der nicht etwa nur nebulösen Gefahr entgegenwirken, die eine direkte Verständigung zwischen Napoleon und dem Zar für uns bedeuten würde. Außerdem sei der Kaiser für den Fall, daß man doch in den Krieg würde eintreten müssen, in der Nähe des Hauptquartiers seiner Armee in Böhmen, das seinerzeit in Prag eingerichtet war.

Am frühen Morgen des 1. Juni reisten der Kaiser und sein Minister also mit nur geringem Gefolge nach Böhmen ab; sie nahmen Quartier in dem kleinen Städtchen Gitschin, etwa 60 km nordöstlich von Prag etwa auf dem halben Wege zwischen dem Hauptquartier Napoleons in Dresden und dem der Alliierten in Reichenbach (Schlesien). Ein seinerzeit von Wallenstein im italienischen Stil erbauter geräumiger Palast konnte den ganzen Hofstaat aufnehmen. Unterwegs trafen sie am 2. Juni auf Nesselrode, der ihnen eine gute Nachricht überbrachte, nämlich die des bevorstehenden Abschlusses eines Waffenstillstandsvertrages; vor der Unterzeichnung sollte der Zar jedoch sicher sein, daß sich Österreich für den Fall, daß die Verhandlungen mit Napoleon nicht zum Erfolg führten, auf seine Seite schlüge. Aufgrund der sofort gegebenen Zusicherungen wurde der Waffenstillstandsvertrag am 4. Juni in Pleiswitz unterzeichnet. „Der erste Schritt ist getan, meine liebe Freundin", schreibt Clemens an Eleonore. „Wenn wir auch nur einen Tag später angekommen wären, hätte es den Waffenstillstand nicht gegeben, denn Zar Alexander, der sich uns gegenüber wie ein Engel benimmt, hat sich wegen einer Entscheidung direkt an uns gewandt."

So fand sich eines der kurzfristigen Ziele Metternichs verwirklicht: Zeit gewinnen, die Zeit, die nötig war, die österreichische Armee in einen Zustand zu versetzen, gegebenenfalls in einen Krieg eintreten zu können und also eventuell ihr Gewicht für einen Frieden oder den Krieg in die Waagschale werfen zu können. Aber für welchen Frieden? Für welchen Krieg? Es gibt keinerlei Grund, zu glauben, daß die Entscheidung, die neun Wochen später fallen würde, im Geiste Metternichs und dem seines Herrn bereits festgelegt war. Auf der anderen Seite ist es fast sicher, daß die Entscheidung, gegebenenfalls die Franzosen mit Waffengewalt aus Deutschland zu verjagen, nicht implizit die Verjagung Napoleons vom Thron enthielt. Das, was Metternich zu diesem Augenblick anscheinend im Auge hatte, war ein starkes Frankreich, das auf die Rheingrenze beschränkt war und das durch ein dynastisches Band – wie zu Zeiten von Kaunitz – mit Österreich verbunden war und somit ein unerläßliches Gegengewicht gegen die Drohung einer russischen Hegemonie darstellte, sowie auch ein Bollwerk der monarchistischen Weltordnung gegen die liberalen und nationalen Bewegungen.

Die Liebe und die Politik

Zur gleichen Zeit wie Metternich war Wilhelmine von Sagan nach Böhmen gereist. Sie besaß dort, etwa 30 km von Gitschin entfernt, das Schloß Ratiborzitz, eine charmante, luxuriös ausgestattete Sommerresidenz mit englischem Park. Dort hatte sie im Sommer 1810 zusammen mit Alfred von Windischgraetz die große Liebe kennengelernt und sie rechnete fest auf die Besuche, die er ihr abstatten würde, wenn er sich in Prag seinen Aufgaben und Verpflichtungen beim Militär entziehen konnte. Sie hoffte aber auch, Metternich dort zu sehen. Am 11. Juni schrieb sie ihm: „Ich erwarte Sie hier und weiche nicht ... Nichts auf der Welt kann Sie in meinen Augen schöner machen als die Tatsache, daß Sie der größte Feind desjenigen sind, der selbst der Feind der ganzen Welt ist." Metternich hatte seinerseits den Haken geschluckt. Aus Prag schrieb er ihr zwei Briefe: den einen offensichtlich zum Vorlesen in der Gesellschaft: „Lieben Sie mich ein wenig wie einen alten Onkel und glauben Sie, daß ich mehr an Ihnen hänge als alle Onkel der Welt an ihren jungen, alten, häßlichen oder hübschen Nichten." Der vertrauliche Brief trägt den Widerhall einer ganz anderen Passion: „Ich habe Sie jahrelang gesehen; ich habe Sie schön gefunden; aber mein Herz schwieg noch; warum hat mich diese süße Ruhe verlassen? Warum sind Sie aus einem Nichts zu allem geworden?" Und von diesem Abend an entspannt sich Metternich immer dann, wenn er nicht bei Wilhelmine sein kann, von seinen politischen Arbeiten durch ein fortgesetztes Geschmiere von Liebeserklärungen, gekünstelten Platitüden, aufrichtigen oder geheuchelten Gefühlsduseleien, die sich ständig wiederholen, so daß der heutige Leser gähnende Langeweile empfindet. „Welche Macht hat doch die Liebe! Wie doch Dein Bild mich verfolgt, wie es doch (sic!) ein Parfüm über alles verbreitet! Ach meine Freundin, wie glücklich könnte ich sein, wenn ich es wäre. Dieser Satz wird mit Sicherheit ausschließlich von Dir allein verstanden werden können." Der nicht eingeweihte Leser kann jedenfalls verstehen, daß der schüchterne Liebhaber in hellsichtigen Augenblicken sich darüber klar war, daß Wilhelmine ihn nicht wirklich liebte, daß sie in Wirklichkeit niemanden lieben konnte, daß sie zur Befriedigung ihrer Sinne und aus ihrem Herrschaftswillen heraus von einem männlichen Wesen zum anderen flattern mußte.

In diesen entscheidenden Tagen des Juni 1813 stellte sie die Macht, die sie über Metternich erworben hatte, ganz in den Dienst dessen, den sie als ihren Herrn und Meister betrachtete, des Zaren Alexander. Letzterer war näher an Ratiborzitz herangekommen, weil er in Opotschno seine beiden Schwestern, die Großfürstinnen Katharina und Maria besuchte, die aus Prag angereist waren. Am 15. Juni erhielt Wilhelmine eine Nachricht des

Zaren: Er lud sich für den nächsten Tag mit Stadion zum Abendessen bei ihr ein. Sie war vor Freude und Verwirrung ganz durcheinander und bediente sich der Hilfe Metternichs, wegen des zusätzlichen Personals und der notwendigen Lebensmittel zur würdigen Bewirtung der erhabenen Gesellschaft. Alexander war entsprechend von den schönen Augen dieser Fee bezaubert; er hielt sich länger auf, als geplant, um mit ihr und Stadion über Politik zu sprechen. Kaum war er abgereist, als ein anderer Wagen in der Auffahrt des Schlosses hielt; aus ihm sprang Metternich heraus; seine Geliebte hatte sich gerade zu Bett begeben, denn sie war todmüde. Es ist sicher nicht gewagt, anzunehmen, daß dieser Umstand sie nicht hinderte, den anderen Besucher des Abends sofort zu empfangen und daß diese Müdigkeit für Wilhelmine auch kein Hinderungsgrund war, zu versuchen, ihre Aufgabe zu erfüllen, nämlich eine Annäherung zwischen Alexander und dem österreichischen Minister herbeizuführen.

Schon am nächsten Tag, dem 17., begab sich Metternich in der Tat nach Opotschno. Bei einer ersten, zweistündigen Unterredung am 18. zeigte sich Alexander kalt und mißtrauisch. Am nächsten Tag erlaubten es weitergehende Unterhaltungen, ein gewisses Vertrauen zu fassen und sich über einen Vier-Punkte-Plan zu einigen, der die Basis für einen zukünftigen Frieden darstellen sollte. Wenn Napoleon bis zum 20. Juli die Vorbedingungen nicht akzeptiert haben sollte, würde Österreich seine Armee mit den Russen und Preußen vereinen. Wären die letzteren damit einverstanden? Man konnte sich sofort davon überzeugen: Hardenberg war in Begleitung von Humboldt eingeladen worden, ihn in Ratiborzitz zu treffen. Die Preußen zeigten sich so hartleibig, daß Metternich am Rande der Verzweiflung war. Sie mußten jedoch vor jeglichem Entschluß ihrem Herrscher berichten. Es wurde vereinbart, daß Stadion und Nesselrode sie in Reichenbach erwarten wollten, um den Vertrag schwarz auf weiß festzulegen. Metternich tröstete sich damit, daß er 24 Stunden bei der schönen Wilhelmine blieb. Ist es denn verwunderlich, wenn diese beiden Aufenthalte in Ratiborzitz in den Memoiren des Kanzlers absolut fehlen?

Ein dramatisches Treffen

Eine eilige und sensationelle Nachricht erwartete ihn in Gitschin bei seiner Rückkehr am 24. Juni: Napoleon wollte ihn in Dresden sehen. „Ich kann Ihnen nicht sagen, wie sehr diese Reise mich glücklich macht", schrieb er an Wilhelmine. „Ich komme dort an als wahrer Gottesmann, beladen mit der Last der Welt!" Als Mann des Friedens zumindest, denn der Ruf des Kaisers der Franzosen konnte als Zeichen eines Verhandlungswillens interpretiert werden. Die mündlich in Opotschno getroffenen Verpflichtungen waren allgemein genug gehalten, um sie in einer für Napoleon akzeptablen Art darzustellen. Metternich konnte vielleicht doch noch schließlich seinen Traum, der große Friedensstifter in Europa zu sein, verwirklichen.

Die Art, in der er in Dresden empfangen wurde, sollte allerdings seinem Enthusiasmus eine kalte Dusche verpassen. Bubna, der für ihn Quartier gemacht hatte, unterrichtete ihn, daß der Kaiser sich nicht in der Stadt befände, sondern auf einer Militärinspektion und daß er ihn erst am nächsten Tag nach der traditionellen Parade seiner Garde empfangen würde; offensichtlich hatten es die Franzosen nicht so eilig mit dem Reden.

Am 26. Juni begab sich Metternich also kurz vor Mittag ins Palais Marcolini, das heißt, außerhalb der Stadtmauern, und wurde in eine Empfangsgalerie geleitet, die vor dem Arbeitszimmer Napoleons lag. Dort fand die Marathonunterhaltung statt, die mehr als acht Stunden dauerte. Die Szene ist so oft und insbesondere von Thiers berichtet worden, daß man geneigt sein könnte, schnell darüber hinwegzugehen. Aber darf man denn eine Episode, die Metternich zu Recht als den Gipfel seiner Karriere bezeichnet nur kurz erwähnen? „In diesem entscheidenden Augenblick", schreibt er, „erachtete ich mich als der Repräsentant der europäischen Gesellschaft insgesamt. Werde ich es sagen? Napoleon erschien mir klein." Vier Worte zuviel könnte man denken. Aber was würde man heute nicht geben, um eine komplette Aufnahme des gesamten Gesprächs zu haben? Unglücklicherweise gab es keine anderen Gesprächszeugen als die beiden Gesprächspartner. Von seiten Metternichs existiert ein sofort nach dem Gespräch abgefaßter, sehr kurzer Bericht, den er bereits am 26. an seinen Herrscher schickte und ein langer Bericht, der 17 Jahre später abgefaßt wurde und der, so kann man annehmen, mit Zufügungen und Ornamenten gespickt erscheint, die im Laufe der zahlreichen mündlichen Darstellungen hinzugefügt worden waren. Von seiten Napoleons gibt es ebenfalls eine fast unverzüglich erstellte Zusammenfassung über das Gespräch, die er mündlich Maret übergeben hatte und die von Fain in seinem Manuskript von 1813 niedergeschrieben wurde, in der aber, nach Metternich, „nichts Wahres steht". Dazu kommen noch einige von Napoleon im Exil auf St. Helena an Las Casas und Montholon gegebene Details. Die Neugier der Historiker wird hier also ziemlich frustriert.

Zwei Passagen aus dem von Metternich am 26. Juni geschriebenen Bericht scheinen die Stimmung und den Inhalt der Diskussion gut wiederzugeben. „Diese lange Unterhaltung war ein bizarres Gemisch aus heterogenen Gesprächsstoffen, eine Serie von Freundschaftsbezeugungen, die sich mit heftigsten Ausbrüchen abwechselten." Dies für die Form. Und bezüglich des Inhalts der Debatte: „Ich antwortete (nach diesem ersten Ausbruch), daß ich mich nicht berufen fühlte, hier die Konditionen eines zukünftigen Friedens zu diskutieren sondern nur auf der möglichst baldigen Zusammenkunft der Unterhändler unter Vermittlung Österreichs zu bestehen oder aber die Weigerung des Kaisers entgegenzunehmen, mit dieser Vermittlung zu verhandeln."

Wenn man das gelesen hat, ist es kaum möglich, nicht einige Schlaglichter auf dieses beachtliche Duell zu werfen, denn es ist sozusagen ein wesentliches Element des historischen Porträts Metternichs geworden. Zunächst erscheint der beleidigende Ausbruch Napoleons, der in der Version des Ministers nicht auftaucht: „Gestehen Sie, Metternich, Österreich hat die Rolle des Vermittlers nur übernommen, um seinem Anspruch und seinen Ränken gegen mich zu dienen. (...) Ah, Metternich, wieviel hat Ihnen England gezahlt, um Sie dazu zu bringen, diese Rolle gegen mich zu spielen?" Und Napoleon fügte laut seinem späteren Bericht an Montholon hinzu: „Die Blässe des Herrn Metternich bewies mir die Größe meines Fehlers. Ich hatte mir einen unversöhnlichen Feind gemacht."

In der Folge geben wir das Wort dem anderen Sprecher. Im Laufe einer langen Diskussion über die jeweilige Stärke der aufgestellten Armee hatte Metternich gefragt: „Und wenn diese Armee von Jünglingen, die Sie zu den Waffen gerufen haben, hinweggefegt sein wird, was werden Sie tun?"

„Bei diesen Worten packte Napoleon die Wut. 'Ich bin auf den Schlachtfeldern aufgewachsen und ein Mann wie ich kümmert sich nicht um das Leben einer Million Männer!' Als er diese Worte sagte oder besser noch schrie, warf er den Hut, den er bis dahin in der Hand gehalten hatte[1] in eine Ecke des Salons. (...) Tief bewegt sagte ich zu ihm: 'Warum sprechen Sie hinter vier Wänden mit mir. (...) Wir wollen die Türen öffnen und Ihre Worte sollen von einem Ende Frankreichs bis zum anderen widerhallen.' (...) Napoleon sagte mir danach in einem etwas ruhigeren Ton: 'Die Franzosen können sich nicht über mich beklagen; um sie zu schonen habe ich die Deutschen und die Polen geopfert. Ich habe 300.000 Mann in dem Rußlandfeldzug verloren aber dabei waren nicht mehr als 30.000 Franzosen.'

'Sie vergessen, Sire, daß Sie mit einem Deutschen sprechen.'"

Und schließlich der letzte bemerkenswerte Wortwechsel:

„Als Napoleon mich verabschiedete (...), konnte ich die Züge seines Gesichts nicht mehr erkennen. Er führte mich bis zur Tür des Salons. Er legte die Hand auf den Türknauf und sagte: 'Ich hoffe, wir werden uns wiedersehen.' 'Ich stehe Ihnen zur Verfügung, Sire, aber ich habe wenig Hoffnung, das Ziel meiner Mission zu erreichen.' 'Nun wohl', sagte Napoleon und schlug mir auf die Schulter, 'wissen Sie, was geschehen wird? Sie werden mit mir keinen Krieg führen.' 'Sie sind verloren, Sire', rief ich lebhaft aus; 'ich hatte dieses Vorgefühl, als ich hierher kam, aber jetzt habe ich die Sicherheit.'"[2]

Es war jedoch noch weit hin, bis die Brücken abgebrochen wurden, denn Napoleon hatte Maret damit beauftragt, seine Zustimmung zu dem Prinzip einer letzten Verhandlungsrunde unter der Vermittlung Österreichs schriftlich festzuhalten. Der Minister stritt willentlich oder unwillentlich so gut, daß Metternich drei Tage später noch immer in Dresden war. Dieser Aufschub hatte ihm zumindest die Gelegenheit gegeben, Schwarzenberg einen Boten zu schicken, um ihn zu fragen, welches der letzte akzeptable Termin für eine mögliche Verlängerung des Waffenstillstands von Pleiswitz wäre, dessen Ablauf auf den 20. Juli fiel. Nachdem Metternich diese Auskunft erhalten hatte, konnte er die klassische Szene der diplomatischen Komödie ausspielen: er traf vorgebliche Vorbereitungen für eine Abreise, zwang so seinen Gegner, mit offenen Karten zu spielen. Napoleon rief also den Minister zu einer letzten Unterhaltung zu sich, die in den Alleen des Gartens stattfand. Es ist auch sehr gut möglich, daß dieses Umschwenken in der letzten Minute von der zwischenzeitlich eingetroffenen Nachricht des entscheidenen Sieges Wellingtons in Vitoria (21. Juni) inspiriert war, welcher den Verlust Spaniens für die Franzosen nach sich zog. Wie dem auch sei, das Resultat war die Unterzeichnung eines Vertrages noch während der Sitzung, dessen Bedingungen angeblich von Metternich selbst diktiert wurden.

„1. Der Kaiser der Franzosen akzeptiert die bewaffnete Vermittlerrolle des Kaisers von Österreich.
2. Die Bevollmächtigten der kriegführenden Mächte begeben sich am 10. Juli nach Prag, um mit den Bevollmächtigten des vermittelnden Hofes zu konferieren.
3. Der 10. August wird als Schlußdatum für die Verhandlungen festgelegt.
4. Bis zu besagtem Tag werden alle militärischen Aktionen ausgesetzt."

Dieser Wortlaut stellte den mündlichen Vertrag in Frage, der mit dem Zaren in Opotschno abgeschlossen worden war und der mit der Unterschrift Stadions am 27. Juli in Reichenbach gerade schriftlich bestätigt worden war. Metternich kann sich bei seinem Vater rühmen, in diesem Augenblick „den absolut halsbrecherischsten Akt vollzogen zu haben. (...) Ich habe es auf mich genommen, im Namen der Mächte, ohne ihnen auch nur ein Wort zu sagen, Forderungen festzusetzen, denn hätten sie es gewußt, wäre die Sache unmöglich geworden". Kaiser Franz scheint jedoch keine Einwände gehabt zu haben, als sein Minister ihm in Gitschin seinen Bericht vorlegte.

Aber in Ratiborzitz, wo sich Hardenberg, Stadion und Nesselrode zusammengefunden hatten, herrschte Verwirrung und Ärger. Man erwartete eine sofortige Kriegserklärung seitens Österreich und der Feigling, der Verräter, kam statt dessen mit einer Verlängerung des Waffenstillstands zurück, den abzuschließen ihn weder Preußen noch Rußland bevollmächtigt hatten. Diesen allgemeinen Vorwürfen — denen Wilhelmine als einzige nicht beitrat — konnte Metternich nur zwei Argumente entgegenhalten. Erstens: Sein Herr, Kaiser Franz, war sich noch nicht sicher und würde sich erst entscheiden, wenn festgestellt wäre, daß alles, was er versucht habe, vergeblich gewesen sei. Zweitens: Die Prager Konferenz würde mit Sicherheit scheitern, aber der so erreichte Aufschub würde der gemeinsamen Sache dienen und eine bessere Vorbereitung der österreichischen Armeen gestatten.

Die Prager Nicht-Konferenz

Der Zar mußte, nachdem er den Österreicher als „Gefolgsmann Napoleons" bezeichnet hatte, schließlich am 26. Juli zustimmen und die Verlängerung des Waffenstillstandes gegenzeichnen. Napoleon nahm diesen Aufschub zum Vorwand, selbst die Entsendung seines bevollmächtigten Verhandlungsführers Caulaincourt hinauszuzögern, der in Prag erst am 28. Juli eintraf. Metternich erwartete ihn dort seit dem 12.; er erwartete dort auch mit gleicher Ungeduld Wilhelmine von Sagan, die versprochen hatte, zu ihm zu kommen. Er hatte für sie im Palais Wallenstein ein Appartement reserviert und war selbst im Palais Schönborn abgestiegen. Die Bevollmächtigten Preußens und Rußlands, Humboldt und Anstedt, waren pünktlich eingetroffen. Kaiser Franz war in der Nähe seines Ministers abgestiegen und zwar in Brandeis, ein wenig im Norden der Stadt Prag.

Humboldt und Anstedt hatten mitgeteilt, daß sie unter keinen Umständen Vertreter Frankreichs direkt treffen wollten, ihr einziger Gesprächspartner wäre der Vermittler, Metternich. Unter diesen Umständen von einem „Kongreß" oder auch von einer „Konferenz" sprechen zu wollen, wäre der glatte Hohn. Caulaincourt berichtete über diese unvorhergesehene Situation nach Dresden; Napoleon aber war nicht dort, denn er hatte sich den Luxus einer schnellen Reise nach Mainz geleistet, um in den Armen seiner Marie-Louise zu liegen. Am 5. August erst war er zurück. Die Befehle, die er Caulaincourt übersandte, enthielten keineswegs die Vollmachten, die Metternich erwartete, sondern nur den Auftrag, sich die Absichten Österreichs erläutern zu lassen und darüber Bericht zu erstatten. Dieser Bericht traf in Dresden erst am 9. August ein, und zwar am Ende des Tages.

Am Abend des 10. hatte Caulaincourt immer noch keine Antwort – sie traf erst am 11. morgens ein. An diesem fatalen Abend des 10. August befanden sich im Salon Metternichs im Palais Schönborn nicht nur Humboldt und Anstedt sondern auch Schwarzenberg und Gentz, Paul Esterhazy mit seiner Frau und seiner Schwester. Alle blickten auf die Zeiger der Uhr. Als sich Mitternacht näherte, erstarb die Unterhaltung. Als der erste Schlag der Schicksalsstunde fiel, erhoben sich der Preuße und der Russe, um mitzuteilen, daß ihre Vollmacht ausgelaufen sei. Metternich blieb nichts anderes übrig, als selbst das Ende des „Kongresses" zu verkünden, der niemals richtig eröffnet worden war. „Unsere Wünsche haben sich erfüllt", schreibt eine Stunde später Humboldt an Hardenberg. „Was wir seit dem 4. Januar verhandelt haben, ist erreicht: Österreich hat Frankreich den Krieg erklärt."

Schon seit mehreren Tagen war alles dafür im österreichischen Kanzleramt bereit: die offizielle Mitteilung an den französischen Herrscher, Pässe für seine diplomatischen Vertreter, das Manifest Kaiser Franz' an seine Völker. Dazu kam ein spektakulärer und wunschgemäß symbolischer Umstand, eine lange Reihe vorbereiteter Scheiterhaufen von Prag bis zur schlesischen Grenze wurde entzündet, um dem russischen Kommandanten mitzuteilen, daß seine Truppen endlich die Grenze überschreiten und sich mit den Truppen Schwarzenbergs vereinigen könnten.

Wie eine Schlange aus ihrer alten Haut herauskriecht, so löste sich Metternich in dieser Nacht von der Rolle, die er über Monate hinweg gespielt hatte, nämlich des Ministers eines Verhandlungsfriedens, um nun die Rolle des Regisseurs im Theaterstück eines Siegfriedens zu übernehmen.

„Wenn alle Welt uns geglichen hätte, geliebte Marie", schreibt er drei Wochen später an seine geliebte Tochter, „hätte es keinen Krieg gegeben. Es ist eine traurige Erfahrung, aber es ist unglücklicherweise in der menschlichen Natur. (...) Napoleon weiß nicht, was er tut, und

oft weiß er nicht einmal, was er tun soll, während wir beständig den Mittelweg beschritten haben. (...) Alles beweist, daß die Stunde geschlagen hat und daß mein Auftrag, so viel Übel zu beenden, von den Vorschriften des Himmels selbst als Erlaß gegeben worden ist."
(Zitiert in CORTI, Metternich und die Frauen.)

KAPITEL 11

Minister der Koalition

Störungen im Liebesleben

Jeder kennt die sprichwörtlich gewordene Äußerung von Clausewitz, nach der „der Krieg nur eine Fortführung der Politik mit anderen Mitteln" ist. Aber die Weiterführung dieses Satzes soll nicht unterschlagen werden: „Deswegen muß die Politik die gesamte Kriegsführung durchdringen und einen dauerhaften Einfluß auf sie ausüben." Die Tätigkeit Metternichs nach dem Eintritt Österreichs in den Krieg könnte die Gedankengänge seines preußisch-militärischen Zeitgenossen aufs hervorragendste unterstreichen. Der Fortgang der Entwicklung auf dem Schlachtfeld verlangsamte seinen Arbeitsrhythmus absolut nicht sondern schuf für die Diplomatie vielfache Gelegenheit, einzugreifen und erweiterte ihre Einflußsphäre immer mehr. „Niemals", schreibt gerade Constantin von Grunwald, „hatte Metternich ein solch konzentriertes, ein solch arbeitsames Leben geführt." Aber er irrt sich, wenn er hinzufügt, daß die Frauen zu dieser Zeit keine Rolle spielten; er berücksichtigte nämlich zwei Serien von Liebesbriefen nicht, die seinen Forschungen entgangen waren. Diese zeigen uns, daß Metternich gerade in dem Augenblick, in dem er die schwierigsten politischen Gefechte seiner Karriere zu liefern hatte, nicht nur eine sondern zwei Frauen – sogar drei, wenn man die rechtmäßige Ehefrau, die er niemals vergaß, mitzählt – einen Großteil der Zeit in Anspruch nahmen, die er dazu verbrauchte, Papier vollzuschreiben. Diese Briefe, – Vorsicht verpflichtet – enthalten nicht so sehr Bemerkungen über politische und militärische Pläne, sie sind jedoch kostbar und unersetzlich für die Rekonstruktion der Handlungen und Taten des Mannes, manchmal auch für die komischen oder erbärmlichen Akrobatenstücke seiner Liebesstrategien.

Wilhelmine von Sagan, die er in Prag seit Wochen schon erwartete, hatte ihm jetzt endlich ihre Ankunft für den 16. August angekündigt. Anstelle seiner schönen Geliebten jedoch wurde ihm abends um acht Uhr nur ein

Brief überreicht. Clemens drückt seine bittere Enttäuchung in wirren Zeilen aus, in denen er zwischen dem Du und dem Sie hin und her wechselt und bittere Vorwürfe mit liebevollem Protest vermischt:

> „Sie hatten niemals kommen wollen. (...) Ich bin das unglücklichste Lebewesen auf der ganzen Welt und fern von Ihnen wollte ich gar nicht glücklich sein. (...) Ich bewundere alles um Dich, auch meinen Kummer, den ich nähre und erhebe. (...) Warum hast du mich betrogen? (...) Sie behandeln mich nicht als Liebhaber und nicht als Freund. Ich habe nur ein Herz und dieses Herz ist gebrochen, etc."

Aber die grausame Geliebte ist so unberechenbar, daß sie trotz allem nach Prag würde reisen können; umso mehr, als der schöne Alfred von Windischgraetz zur Armee zurückgekehrt ist, der sich seit Mitte Juli in Ratiborzitz unter dem Vorwand, sich von einer Verletzung erholen zu müssen, aufgehalten hatte.

Da kommt am 17. August ein kurzer Brief von Cathérine Bagration an; sie kündigt an, daß sie die Absicht habe, nach Prag zu kommen, und zwar sowohl um in der Nähe des Vaters ihrer Tochter zu sein, als auch, um ihrem geliebten Zaren ihre Reverenz erweisen zu können. Oh je! Wilhelmine dürfte nie auf ihre Rivalin treffen. Also beeilt sich Clemens, einen privaten Brief mit dem Boten zu schicken, den er an sein Kanzleramt in Wien entsendet: Die beiden Kaiser werden Prag unverzüglich verlassen, erklärt er Cathérine; er selbst muß ihnen ins Hauptquartier folgen und wenn die militärischen Operationen einmal begonnen haben, wird er überhaupt keine Zeit mehr haben.

> „Sehen Sie selbst, ob Sie einen Wettlauf unternehmen können, der mich wahrscheinlich mit dem Bedauern erfüllen wird, Sie in Prag zu wissen , ohne daß ich selbst dort sein könnte. (...) Auf Wiedersehen meine Freundin, ich bin müde von der Arbeit. Ich habe viele Briefe geschickt, viel mit Ihrem Kaiser gesprochen und darüberhinaus noch viele langweilige Dinge unternommen und ich bin tot."

Selbst wenn er es in der Folge nicht verabsäumen wird, ihr jede Woche lange Briefe voller Neuigkeiten und Zärtlichkeit zu schreiben, ihr Ton unterscheidet sich sehr wohl von dem, den man in den Briefen vorfindet, die er zur gleichen Zeit an Wilhelmine abgeschickt hat. Im Liebesleben wie im politischen Leben Europas hat sich im Sommer 1813 einiges umorientiert.

Metternich log jedenfalls nicht, als er sagte, er sei todmüde. Der Streßeffekt der sich häufenden Sorgen und der gleichzeitig zunehmenden

Arbeit zeigte seine Auswirkungen auf die menschliche Maschine. „Ich bin am Ende", schrieb Clemens am 19. August. „Mein Arzt weiß nicht, an welcher Krankheit ich leide." Es war wohl offensichtlich nicht zu schlimm, denn schon am 23. August war der Kanzler wieder unterwegs und schrieb aus Commotau, wohin er sich zu einer Konferenz mit dem Zaren begeben hatte: „Gesundheitlich geht es mir besser, ohne daß ich sagen könnte, daß schon wieder alles in Ordnung ist. Ich bin schwach, als ob ich gerade von einer schweren Krankheit genesen sei. Ich werde versuchen, meine Kräfte bei langen Reisen wieder zu sammeln."

Und auf diesen langen Reisen befindet er sich in der Tat in den folgenden Tagen. Am 25. schreibt er der Bagration: „Ich bin und ich bleibe zwischen den Hauptquartieren, was sehr nützlich sein kann, was aber ganz sicherlich nicht bequem ist. Ich bin seit zweimal 24 Stunden durchnäßt und habe noch nicht einmal die Zeit, in trockene Kleider zu kommen."

Die Ziele des politischen Spiels

Ständig auf den Straßen unterwegs, warum aber? Das müssen wir jetzt zu verstehen suchen ... Und das ist angesichts der Komplexität des Spiels nicht sehr leicht. Als die Preußen sich über das Scheitern des Pseudokongresses von Prag gefreut hatten, hegten sie noch Illusionen über den unwiderruflichen Charakter des Bruchs vom 10. August. In den folgenden Tagen und bis zur Abreise Caulaincourts am 16. hatte Metternich mit dem Franzosen lange Unterredungen geführt, in denen sie sich über den besten Weg einigen wollten, Napoleon schlußendlich zur Vernunft zu bringen und es ihm so zu gestatten, seinen Thron zu behalten. Bubna, der sich noch in Dresden befand, erhielt die folgenden Instruktionen: „Wenn Bassano (Maret) Ihnen gegenüber bedauert, daß unser Verhalten den Frieden verhindert, so sagen Sie ihm kaltblütig, daß der Weg dazu frei ist; er solle den drei Höfen seine Vorschläge machen und wir werden ihn mit all unserem Gewicht unterstützen."

Hier zeigt sich ein erster Fixpunkt in der Politik Metternichs zu diesem Augenblick: Der Wunsch, die Überlebenschancen der neuen Dynastie zu bewahren, die mit der Dynastie Habsburg in einem verkleinerten, aber starken Frankreich verbunden wäre. Zu diesem Fixpunkt gehört ein anderer, der nicht weniger sorgfältig ausgetüftelt war: die Furcht, daß sich eine russische Hegemonie in Deutschland auf den Ruinen der napoleonischen Konstruktion des Rheinbundes aufbauen könnte. Die dritte Konstante ist die Furcht, die die Pläne des Freiherrn vom Stein für ein unter dem Stern liberaler Institutionen geeintes Deutschland Kaiser Franz und seinem

Kanzler einflößten. Die liberalen Institutionen würden die „36 kleinen Despoten", die Napoleon auf den Thron gebracht oder bestätigt hatte, hinwegfegen. Stein hatte jedoch nicht nur die moralische Unterstützung der jungen und enthusiastischen Freiwilligen des Befreiungskrieges, sondern auch die des russischen Autokraten; letzterer hatte, als er nach Deutschland gekommen war, vom Stein an die Spitze eines zentralen Verwaltungsrates gestellt, der dazu bestimmt war, die Zivilverwaltung aller Deutschen in den von den Franzosen zurückeroberten Territorien zu übernehmen.

Nur wenn man immer diese grundsätzliche Besorgnis in Rechnung stellt, kann man in den verschlungenen Wegen und in dem Gesprochenen und Geschriebenen, das aus den Dokumenten der Koalition schimmert, einen gewissen Zusammenhang herauslesen.

Die Frage des Oberkommandos

Als der Wettlauf im August 1813 gestartet wurde, handelte es sich für Metternich darum, den negativen Eindruck zu beseitigen, der sich daraus ergeben hatte, daß Österreich als der unsicherste Partner im Spiel erschien, weil es nur unwillig und als letzter in die Koalition eingeschwenkt war. Es ging auch darum, mit Finessen und unbemerkt die Oberherrschaft des Zaren zu untergraben, die sich dieser aufgrund seines unerhörten Sieges über den korsischen Tyrannen und auch wegen der vorbehaltlosen Unterstützung durch Preußen angemaßt hatte; außerdem fühlte er sich stark wegen der stetigen Unterstützung Englands, die durch den Vertrag von Reichenbach (14. Juni 1813) noch einmal konkretisiert wurde: darin war eine Unterstützungszahlung von zwei Millionen Pfund Sterling als Gegenleistung für die Wiedererrichtung des Königreichs Hannover unter der Herrschaft des britischen Monarchen zugesagt worden.

Schon bei Eintritt ins Spiel gelang es Metternich, sich eines starken Trumpfes zu bemächtigen, indem er nämlich einen Mann als Oberkommandierenden der alliierten Kräfte installieren konnte, der bestens geeignet war, seine Politik zu unterstützen: Fürst Karl von Schwarzenberg. Die Frage hatte sich zu Beginn des Monats August gestellt, als man noch über die Entscheidung Österreichs im Zweifel war. Alexander hatte seinerzeit dem Gedanken eines kommandierenden Generals aus Österreich zugestimmt, dabei aber an Erzherzog Karl gedacht. Weder Metternich noch sein erhabener Herr hatten jedoch auch nur die geringste Absicht, dem Fürsten, der seit 1809 in Ungnade und unter Beobachtung gehalten worden war, eine Gelegenheit zu geben, so viel Prestige zu gewinnen, wie er nach einem Siegfrieden hätte haben können. Er wäre das Idol des Volkes und der Armee geworden und der Schiedsrichter über das Schicksal der Monarchie. Auf ihre Anweisung hin gelang es Stadion am 6. August, Alexander die Zustimmung zur Ernennung Schwarzenbergs zu entreißen.

Aber der Zar hatte sein letztes Wort noch nicht gesprochen. Am 17. August, nach dem Einmarsch seiner Truppen in Böhmen — und noch bevor er sich mit dem österreichischen Kaiser getroffen hatte — berief er Metternich zu sich und teilte ihm mit, daß er das Oberkommando über die alliierten Armeen für sich selbst fordere. Gewiß, so gab er zu, könne es ihm an Kompetenz und Erfahrung fehlen, er habe aber jetzt zwei Taktiker bei sich, die bestens in der Lage seien, die Manöver des genialen Gegners zu erraten und zum Scheitern zu bringen: die Überläufer Moreau und Jomini. Metternich stellte sich diesem extravaganten Anspruch lebhaft entgegen und ging sogar so weit, zu drohen, die österreichischen Truppen vom Schlachtfeld zurückzuziehen. Alexander mußte erneut nachgeben. Einige Tage später wurde Moreau vor Dresden an seiner Seite getötet. Darauf hin sagte Alexander zu Metternich: „Gott hat gesprochen: Seine Meinung war die Ihre."

Alles in allem erwies sich die Wahl von Schwarzenbergs, die von politischem Kalkül bestimmt war, auch auf dem militärischen Sektor als glücklich, denn es ist richtig, daß in einem Bündnis die Rolle des Oberkommandierenden mindestens so viel mit Diplomatie wie mit militärischer Kunst zu tun hat. Gentz kann schreiben: „Es wurde genau ein Mann wie er gebraucht, um den überquellenden Eifer der einen zu dämpfen, den Neid der anderen in Grenzen zu halten und die Ansichten und Pläne von drei Herrschern und einem halben Dutzend Generälen in einem einzigen Handeln zu vereinen, die alle schon aus früheren Zeiten großen Ruhm erworben hatten." Und Metternich selbst: „Ich hatte endlich das Glück, einen General zu finden, der sich genauso wenig um die ungeduldigen Schreihälse kümmerte wie ich."

In der Schlacht

Seine Anfänge im Oberkommando wurden aber in einer ganz traurigen Art und Weise von der Schwäche seiner Position gegenüber den Russen bestimmt. Am 26. und 27. August gab die Schlacht von Dresden, die gegen seinen Rat und unter Druck des Zaren begonnen worden war, Napoleon die Gelegenheit zu seinem letzten großen Sieg; die Alliierten verloren dort fast 30.000 Mann.

Während dieser Zeit war Metternich in Teplitz bei Kaiser Franz geblieben, der so seine Ablehnung der von Alexander gewünschten Operationen demonstriert hatte. Am Abend des 27. war in Teplitz noch nicht das ganze Ausmaß der Niederlage bekannt und Metternich beschränkte sich darauf, Wilhelmine mitzuteilen, daß es am 26. „sehr heiß hergegangen sei". Nachdem er sie sehr großzügig über das Schicksal ihres geliebten Alfred beruhigt hatte, gab er sich, wie um nun wieder die Oberhand über seinen Rivalen zu gewinnen, einer seiner üblichen Selbstbefriedigungsübungen hin.

„Die harte Zeit von Ratiborzitz ist vergessen; alle sagen, daß nur ich die Sachen richtig gesehen und richtig gerechnet hätte. (...) Idioten, Dummköpfe, Verrückte, Enthusiasten, alle haben etwas beginnen wollen, als noch nichts da war. Ich, der ich nicht zu ihnen gehöre (...), bin nicht in die Falle getappt; ich habe alles vorbereitet; jetzt sind alle Gegebenheiten da, auf daß es gelinge."

24 Stunden später zeigte der unerschütterliche Produzent von Liebesgeflüster, der unermüdliche Politiker, das ewige Großmaul, daß er sich, wenn die Notwendigkeit es gebot, in einen Mann der Tat zu verwandeln verstand. Diese Episode ist bisher von keinem anderen Biographen Metternichs[1] berichtet worden; deswegen glaube ich, daß ich den Bericht, den er drei Tage später für Cathérine Bagration geschrieben hatte, hier wörtlich zitieren sollte. Um verstehen zu können, was folgt, muß ich daran erinnern, daß Napoleon nach seinem Sieg bei Dresden seinen General Vandamme beauftragt hatte, den Gegner auf seinem Rückzug durch die Schluchten der böhmischen Berge auf Teplitz hin zu verfolgen.

„Was für eine Nacht habe ich vom 28. auf den 29. verbracht. Wir hatten sichere Nachricht, daß 40.000 Mann bei Peterswalde den Durchbruch erzwingen sollten. Die gesamte Armee war auf der anderen Seite der Berge. Ich, der ich nicht verstehe, andere mit dem zu beauftragen, was ich selbst erledigen kann, bin um sechs Uhr abends in Teplitz aufs Pferd gestiegen, um den Fürsten Schwarzenberg in Altenburg in Sachsen[2] aufzusuchen. Ich habe zehn Meilen in sechs Stunden auf Wegen zurückgelegt, die man gesehen haben muß, um es glauben zu können, so sehr waren alle Straßen mit Artillerie, Gepäck und Munitionswagen verstopft. Ich bin zwei Stunden im Hauptquartier geblieben. Von dort bin ich gegen zwei Uhr morgens wieder in eine Nacht hinausgeritten, in der ein so kalter Regen fiel, wie er im Monat August bisher noch keines Jahres gefallen war; ich bin quer durch den Wald geritten, der sich bei Tagesanbruch mit französischen Scharfschützen füllte. Nachdem ich gegen sieben Uhr morgens in

Teplitz angekommen war, begannen in zwei Meilen Entfernung die Kanonen zu donnern. Alle hatten diesen Platz verlassen, mit Ausnahme der Flüchtlinge mit Waffen und Gepäck, der fliehenden Bürger usw. Um neun Uhr schickte General Ostermann zu mir und ließ mir ausrichten, daß, wenn man ihm keine Verstärkung schicke, er sich nicht mehr länger als zwei bis drei Stunden würde halten können. Ich habe ihm antworten lassen, daß, wenn er nur noch einige Stunden mehr Widerstand würde leisten können, beachtliche Verstärkungen eintreffen würden. Er hat sich bis acht Uhr abends gehalten, und den Feind überrannt. Er hat das Unglück, daß er einen Arm verlor. Die Nacht hat der Schlacht ein Ende gemacht und am 30. sind zwei österreichische Divisionen und zwei österreichische und russische Kavalleriebrigaden eingetroffen, die die gesamte feindliche Armee gefangengenommen haben, inklusive 82 Kanonen und allem was dazugehört. Ich habe schon viele Schlachtfelder gesehen; ich habe aber noch nie ein solches erblickt. Es gab einen Hohlweg, in dem man weder laufen noch reiten konnte, so voll war er mit Leichen gestopft."

Wilhelmine vertraut Metternich die Eindrücke an, die er angesichts aller dieser Toten empfunden hatte: „Den ärgsten Haß für das Wesen, das um einer Phantasie willen, um des häßlichsten Gefühls willen alle diese Hunderttausende von Menschen hatte umbringen lassen."

Ich muß hier ergänzen, daß die Niederlage von Vandamme, die unter dem Namen 'Schlacht von Kulm' bekannt geworden ist, größtenteils der tapferen Attacke zu verdanken ist, die das preußische Korps unter Kleist gegen die französische Nachhut geführt hatte. Diese entscheidende Bewegung war möglicherweise das Resultat der Informationen die Metternich nach Altenburg gebracht hatte. Aber wer könnte das schon genau sagen. Wie dem auch sei, der Sieg bei Kulm löschte die schrecklichen Folgen der Niederlage bei Dresden aus und erscheint wie der Wendepunkt im Feldzug von 1813; um so mehr, als gleichzeitig die Niederlagen zweier anderer französischer Marschälle, MacDonald und Oudinot gegen die Preußen Blüchers und die Schweden Bernadottes bekannt wurden.

Die Teplitzer Allianz

Aufgrund dieses militärischen Aufeinandertreffens gab es eine vierwöchige Atempause. Die in Teplitz versammelten Herrscher und Führer der Koalition hatten die Muße, ihre Allianz durch offizielle und reguläre Dokumente zu besiegeln: es handelte sich dabei um drei analoge und bilaterale

Verträge, die am 9. September unterzeichnet wurden. Nesselrode für Rußland und Humboldt für Preußen waren gemeinsam mit Metternich die Unterhändler und Verfasser gewesen; Stil und Inhalt der Texte lassen wenig Zweifel über den Anteil, der Metternich daran zuzuschreiben ist. Am 28. September rühmte er sich gegenüber seiner Frau: „Wir leben hier wie Brüder, trotz allem was man in Wien darüber sagt. Es gibt nur ein Kabinett und ich stehe an seiner Spitze." In der Tat paßte das feierliche Geschwätz über diesen Zweckbund ganz zu seiner Art, denn es sollte die Illusion einer perfekten Solidarität vermitteln und gleichzeitig die Tür für alle späteren Interpretationen offen halten. Und mehr noch in diese Richtung zielen die geheimen Artikel, die so abgefaßt sind, daß sie das, was für Österreich in den zu Kalisch und Reichenbach von seinen Partnern unterzeichneten Verpflichtungen am unangenehmsten war, umgehen oder verändern.

So ist jetzt nicht mehr die Rede davon, Preußen und Österreich ihre Besitzungen von vor 1805 ungeschmälert wiederzugeben, sondern nur noch davon, ihnen eine territoriale Ausdehnung zu garantieren, die sich so weit wie möglich an die Ausdehnung vor diesem Datum anlehnen sollte. So wird außerdem der Rheinbund aufgelöst, aber die mittleren deutschen Staaten sollen eine „ungeschmälerte und absolute Unabhängigkeit" genießen, womit die Träume des Freiherrn vom Stein und der Patrioten, die von einem großen, geeinten Deutschland träumen, begraben sind. Schließlich soll das Schicksal des Großherzogtums Warschau durch „eine freundschaftliche Regelung zwischen den drei Höfen" beschlossen werden. Alexander und Hardenberg konnten die Tatsache als einen Erfolg ansehen, daß es ihnen gelungen war, Österreich durch einen Vertrag gebunden zu haben, in dem ihm untersagt wurde, einen Separatfrieden zu schließen. Seinerseits konnte Metternich am 1. Oktober dem Rat Josef Hudelist, seinem bevollmächtigten Beauftragten im Kanzleramt in Wien erklären: „Der Unterschied in der Lage der Regierungen ist der, zu wissen, daß Rußland Preußen nach Gefallen befehlen kann, wohingegen wir die Absicht haben, Rußland am Gängelband zu führen, und wir werden es auch tun."

Er hatte sich die praktischen Hilfsmittel dazu selbst verschafft durch eine formlos getroffene Entscheidung, deren Datum nicht bekannt ist: diese Entscheidung besagt, daß die drei in der Koalition verbundenen Herrscher, Franz I., Alexander und Friedrich-Wilhelm III. mit ihren Ministern dauernd beim Hauptquartier der alliierten Armeen sein sollten, und zwar bis zum endgültigen Sieg. Auf diese Art und Weise sollte „die Politik immer die Kontrolle über den Krieg behalten", so wie Clausewitz in seiner Doktrin gefordert hatte. Anders gesagt, es war nötig, die Partner ebensosehr zu überwachen, wie den Gegner.

Wilhelmine kapituliert

Kurz vor der Unterzeichnung der Verträge von Teplitz liegt ein anderes kleines Ereignis einer ganz anderen Art. Wilhelmine von Sagan hatte sich endlich am 1. September entschlossen, in Prag die Wohnung einzunehmen, die ihr seit so langer Zeit vorbereitet worden war. Sofort schrieb Clemens ihr: „Hätten Sie Angst vor einer Reise, die sie halbwegs zwischen hier und Prag führen würde?" In der Tat befinden sich ein Teil seines Gepäcks und seines Personals gerade zu dieser Zeit in Laun und liefern ihm einen guten Vorwand, schnell dorthin zu reisen. Wilhelmine solle sich doch ihrerseits mit Gentz arrangieren, der sie bis Laun begleiten solle; sie würden dort die Nacht zubringen, „denn es ist unmöglich, wegen der Kosaken und Marodeure nachts zu reisen". „Ich kann abreisen, wann immer Sie wollen", antwortet Wilhelmine am 4. September. Und was sagt die Korrespondenz, als sie vier Tage später wieder auflebt?

> *Wilhemine an Clemens, 8. September:* „Ich danke Ihnen tausend und abertausend Mal für die schönen Augenblicke, die ich in aller Ruhe bei Ihnen verbringen durfte ..."
>
> *Clemens an Wilhemine, 9. September:* „Geliebte Freundin, Sie haben mir gegeben, was Sie konnten, Sie haben mich vor Glück trunken gemacht. Ich liebe Sie, ich liebe Sie hundertmal mehr als mein Leben. Ich lebe nur noch für Sie ..."

Die beiden Liebenden sahen sich erneut am 21. September und am 7. Oktober. Bei diesen Gelegenheiten hatte Clemens den ganzen Weg bis Prag zurückgelegt, wo Wilhelmine ein Hospital für die Verwundeten der letzten Kämpfe eingerichtet hatte; unter ihnen befand sich ein Engländer namens Charles Stewart, der einen herausragenden Platz in der langen Reihe ihrer Liebhaber einnehmen sollte. Im Augenblick glaubte Metternich von sich, daß er der Herr ihres Herzens sei; fast jeden Tag gingen aus Prag unendliche Liebeserklärungen ab: „Meine Geliebte und Europa, Europa ist meine Geliebte (...) ich gehe von der einen zur anderen mit extremer Leichtigkeit" (12. Oktober).

Man könnte annehmen, daß die diplomatische Arbeit und die Liebesbriefe die Tage Metternichs in Teplitz ausreichend ausfüllten, wenn nicht die Briefe, die er zur gleichen Zeit an Cathérine Bagration geschrieben hatte, in Ermangelung verliebten Geschwätzes einige mehr auf dem Boden der Tatsachen liegende Informationen enthielten, die in fast ehelichem Ton vermittelt werden: „Ich führe ein Leben, das, seit wir keine Schlachten mehr schlagen, sehr eintönig geworden ist. Ich stehe um sieben

Uhr auf; ich arbeite den ganzen Morgen; ich diniere um zwei Uhr. Ich gehe am Nachmittag spazieren oder ich reite aus. Wenn ich zu Fuß gehe, begleitet mich immer Humboldt." Der Preuße, so scheint es, lenkte ihn immer zum städtischen Waschhaus, wo sie „soses sarmantes" (Anm. d. Übers.: choses charmantes, reizende Dinge, ist offensichtlich auf einen Sprachfehler Humboldts zurückzuführen) bewundernd betrachten konnten, die die über ihre Waschbretter gebeugten Waschfrauen vorzeigen konnten. „Abends arbeite ich und dann kommen einige Leute zu mir, mit denen ich mich bis Mitternacht unterhalte." Er fügt hinzu: „Ihr Kaiser (der Zar) vertraut mir absolut." Ein ein wenig erdrückendes Vertrauen, nach dem, was er Wilhelmine erklärt: „Er zwingt mich jetzt, fast alle Abende unter vier Augen mit ihm zu verbringen, um zu schwätzen, und dann, wenn ich weggehe, lobt er mich vor den Herren seines Hofes und sagt ihnen, daß sie Idioten seien." (1. Oktober)

Später erzählt Metternich der Comtesse von Lieven, daß massenweise Tee getrunken wurde (man kann sich den Samowar auf dem Tisch vorstellen, in dem sich der intime Schein der Kerzen widerspiegelte): „Nach einer dieser langen Unterhaltungen (...) sagte er plötzlich zu mir: 'Guter Gott! Warum sind Sie nicht mein Minister! Wir beide würden die Welt erobern.' – 'Das nun gerade nicht, Sire', sagte ich zu ihm." Bei anderen Gelegenheiten sprach der Zar lange über die Gräfin von Sagan und suchte ihre Beziehungen mit Metternich zu ergründen, wobei er den letzteren mit den schönen russischen Offizieren neckte, die Wilhelmine in Prag umsorgte.

„Ich spreche darüber, weil es mir Spaß macht, ihren Gesichtsausdruck zu sehen."
„Und was sagt er Ihnen?"
„Nichts; aber das beweist nichts, denn Sie haben einen der undurchdringlichen Gesichtsausdrücke, aus denen selbst der Teufel nichts lesen könnte."

Diese kleinen Wortwechsel sind bemerkenswert; sie helfen, den komplexen Charakter der Beziehungen zwischen diesen beiden Männern zu verstehen ... Aber es ist Zeit, nach Europa zurückzukehren.

Die Koalition wird erweitert

Außer den oben erwähnten Bündnisverträgen haben sich aus den Konferenzen von Teplitz zwei andere diplomatische Erfolge ergeben und in Urkunden niedergeschlagen.

Aufgrund des ersten wurden zwischen den Regierungen Österreichs und Großbritanniens die Beziehungen wiederhergestellt, die offiziell seit 1809 abgebrochen waren und die seit der Vertreibung des Geheimagenten John King aus Wien im Frühling 1813 auch ein praktisches Ende gefunden hatten. Es war unmöglich, London aus den aktuellen und zukünftigen politischen Manövern auszuschließen. England hatte durch die Armee Wellingtons, der sich darauf vorbereitete, in Südfrankreich einzumarschieren, starke Trümpfe in der Hand. Außerdem hatte England mit seinen überall präsenten „St.-Georgs-Rittern" die notwendigen Mittel zur Unterstützung aller kontinentalen Armeen. Seit Ende Juni 1813 hatte Lord Castlereagh, der Außenminister, seinen Vertreter beim Zaren, Lord Cathcart, ermächtigt, Österreich eine erste à-Conto-Zahlung von 500.000 Pfund anzubieten, um diesem Land zu helfen, seine Armee in die Lage zu versetzen, an der Seite der Russen und Preußen einzugreifen. Nachdem aber der Rubikon nach dem 10. August einmal überschritten war, war es weder der Würde Kaiser Franz' noch der seines Ministers mehr zuträglich, als Mittelsmann zum Foreign Office Lord Cathcart oder Sir Charles Stewart, den Halbbruder Castlereaghs zu haben, die jeweils die Vertreter Englands beim russischen beziehungsweise beim preußischen Kabinett waren. Zu Beginn September wurde in Teplitz John Gordon, Lord Aberdeen, ordnungsgemäß akkreditiert. Dieses noch junge Mündel von Pitt (29 Jahre alt) sollte einer der treuesten Freunde Metternichs bis zum Ende ihrer jeweils sehr langen Karriere werden. Am Anfang ihrer Beziehungen war der Blick, den sie aufeinander richteten, nicht unbedingt sehr duldsam. Während Metternich sich über den Engländer mokierte – „das liebe diplomatische Unschuldslamm" – schrieb letzterer seinem Vorgesetzten nicht ganz so einfach:

„Glauben Sie nicht, mein lieber Castlereagh, daß Metternich eine so schreckliche Person wäre; da ich jetzt mit ihm dauernd und in allen möglichen Situationen zusammen bin, wie sollte ich ihn dann nicht kennen? Wäre er in der Tat der größte aller Schurken, so könnte er sicherlich diejenigen beeindrucken, die sich leicht täuschen lassen. Ich wiederhole Ihnen, er ist kein sehr geschickter Mann."

Wie dem auch sei, die beiden Männer entwickelten genug Übereinstimmung, um am 3. Oktober einen Bündnisvertrag zu unterzeichnen, der die antifranzösische Koalition auf vier Beine stellte. Als Gegenleistung für die britischen Unterstützungszahlungen hatte Metternich nur ein einziges klares und deutliches Element zugestanden: den Ausschluß eines Separatfriedens. Er hatte aber Sorge dafür getragen, die anderen Interessen Englands, die dieses in den Forderungen von Reichenbach aufgestellt hatte, kunstvoll zu vernebeln: Italien, die Niederlande, Fragen der Marine und der Kolonien, insgesamt also alles, was bei einem mit Napoleon abzuschließenden Frieden unüberwindliches Hindernis gewesen wäre.

Der andere wichtige Vertrag, der Vertrag zu Ried, brachte Bayern in die Koalition; er war am 8. Oktober von Fürst Heinrich zu Reuß, dem Kommandeur der österreichischen Donauarmee unterzeichnet worden, war jedoch ganz offensichtlich von Metternich vorbereitet worden, welcher sich auch beeilte, sich das Verdienst dafür zuzuschreiben. „Die Einbindung Bayerns ist absolut vollständig allein mein Werk, denn alle, ohne Ausnahme, haben behauptet, daß die Angelegenheit unmöglich sei und keiner hat sich darum bemüht." Man muß sich in der Tat daran erinnern, daß der bayerische König von allen Verbündeten Napoleons in Deutschland derjenige war, der sich am gierigsten aus der Aufteilung der Österreich durch die Verträge von 1805 und 1809 entrissenen Gebiete bedient hatte; bei den österreichischen Führern, sowohl bei den Zivilisten als auch bei den Militärs hätte man am liebsten dem Verräter nicht nur alles wieder abgenommen, sondern ihn auch noch streng wegen seines Wortbruchs bestraft.

Dadurch, daß sich Metternich fast ganz alleine dem Geist der Rache entgegenstellte und dem bayerischen König „volle und ungeteilte Souveränität" und „umfangreichste Kompensation" für eventuelle Grenzberichtigungen zusichern ließ, versicherte er der Koalition sofort die nicht unbeachtliche Unterstützung einer Armee von 40.000 Mann und schuf so einen Präzedenzfall, der die anderen Herrscher des als aufgelöst erklärten Rheinbundes in die geöffneten Arme der Alliierten ziehen würde; schließlich konnte langfristig ein freundschaftlich gesonnenes und starkes Bayern ein Stützpfeiler der mittleren Mächte in Deutschland werden, diese in Richtung Wien orientieren, dadurch ein Gleichgewicht zu den Machtplänen Preußens im Norden schaffen und dazu noch den Versuchen Rußlands zum Aufbau einer russischen Hegemonie im Wege stehen. Dadurch, daß er in der Lage war, so weit vorauszuschauen, verdient es Metternich zweifelsohne, daß man ihm über die lächerlichen Prahlereien hinaus die Fähigkeiten eines großen Staatsmannes zuerkennt.

Die Entscheidungsschlacht

Als Metternich von seinem letzten Ausflug nach Prag (7. Oktober) zurückgekehrt war, hatte er sich ins Hauptquartier Schwarzenbergs nach Altenburg begeben. Das so oft hinausgeschobene große Manöver, nämlich die Konzentration aller alliierten Kräfte, vollzog sich langsam, aber unausweichlich. „Wir stehen jetzt vor der größten Epoche in der Geschichte", schrieb Metternich am 9. Oktober und am 13.: „Das Werk kann jede Stunde zur Vollendung kommen."

Ist es notwendig, hier aufzuzeigen, wie diese Vorausschau verwirklicht wurde? Die Völkerschlacht bei Leipzig vom 16. bis zum 18. Oktober versetzte dem napoleonischen Kaiserreich den Todesstoß. Was jedoch festgehalten werden muß, sind die Visionen und Impressionen, die Metternich von dieser Schlacht bewahrte.

„Ich habe niemals eine auch nur ähnliche Kanonade gehört. Ich habe einen Tag auf dem Schlachtfeld verbracht, das, Gott sei's geklagt, mit Toten bedeckt ist. (An Wilhelmine am 18. Oktober.)

Ich habe auch nie etwas gesehen, was Leipzig auch nur einigermaßen geähnelt hätte, nachdem es gestürmt worden war. Alle Straßen sind mit Toten und Verletzten verstopft. Einer der Vororte zeigt alle Anzeichen der Zerstörung: Männer, Pferde, Kanonen, Kisten, Gewehre, Möbel, Ochsen, alles tot, zerbrochen, verletzt; und die Trunkenheit des Volkes und die Schreie der Masse und die Schreie der weinenden Frauen; der König von Sachsen ist in einem großen Hotel festgesetzt."

Armer Friedrich-August! Er hatte sich am Fenster seines Hotels aufgestellt, um die drei siegreichen Herrscher bei ihrer Vorbeifahrt zu grüßen. Sie gönnten ihm nicht einen Blick. Man hatte die Absicht, ihn seine Loyalität gegen Napoleon bezahlen zu lassen, obwohl seine Armee mitten in der Schlacht zur Allianz übergelaufen war. Es wurde beschlossen, daß sein Königreich vorübergehend unter russische Militärverwaltung gestellt würde und daß er selbst in Berlin gefangengesetzt werde. Metternich wurde beauftragt, ihm diese Entscheidungen mitzuteilen. „Ich erfüllte", so sagt er, „meine traurige Mission mit so viel Schonung wie möglich." Das kann man glauben. Im übrigen war alles Anlaß zur Freude und sogar zum Jubel.

„Die Welt hat sich unter meinen Augen erneuert; meine gewagtesten Träume haben sich verwirklicht. (20. Oktober an Wilhelmine) Schon lange hatte ich das Gefühl, von der Vorsehung dazu berufen zu sein, das größte Werk zu vollenden. Es bleiben mir noch manche Dinge zu tun, aber ich werde die Hydra besiegen, ich fürchte ihre hundert Köpfe nicht; ich habe sie ins Herz getroffen. (...) Ich habe Erfolg, weil ich der erste hochgestellte Mann in Europa bin, der den Gegner weder gefürchtet noch verachtet hat, seit seine Existenz mit der Welt unvereinbar geworden war (21. Oktober). Ich werde mich jetzt mit all denen auseinandersetzen, die mir in Zukunft widersprechen werden; ich habe mir das Recht erworben, daß man mir glaubt." (An Cathérine Bagration, 28. Oktober.)

An letzterem Datum hatte er von seinem erhabenen Herrn ein beachtliches Zeichen der Zufriedenheit erhalten: die Fürstenwürde für sich selbst und für seine Nachkommen.

„Der Kaiser hat mich heute morgen zu sich gerufen", erzählt Clemens Wilhelmine. (27. Oktokber) „Er hat mir gesagt, daß er Europa beweisen möchte, daß ich es gewesen bin, der direkt zu seinem Heil und dem Österreichs beigetragen hat (...), daß er von mir nur eines erwarte – das Versprechen, daß ich mich, so lange er lebe, nicht mehr von ihm trenne. (...) Der Kaiser hat sein Handbillet zurückdatiert und es auf den 20. geschrieben, um es dem schönen Tag anzunähern. Diese Tatsache berührt mich mehr, als jede andere Anerkennung."

Das Vergnügen, das Metternich bei dieser Gelegenheit empfand, spiegelt sich in einer anderen Anekdote wider, die er 40 Jahre später seinen Enkelkindern gerne erzählte. An dem Morgen, der auf die Verkündung seiner neuen Würde folgte, erschien sein Kammerdiener, der getreue Giroux, feierlicher als üblich und sagte: „Werden Eure Durchlaucht heute den gleichen Anzug tragen, den gestern Eure Exzellenz getragen haben?" ... Eine schöne Geschichte, mit der man nicht nur die Enkelkinder, sondern auch die Damen zum Lachen bringen konnte.

Zum Rhein

Die Korrespondenz der folgenden Tage zeigt die Etappen des schnellen Vormarsches der Alliierten zum Rhein.

„28. Oktober aus Ordrup (Thüringen) an Cathérine Bagration: „Wir folgen mit Gewaltmärschen einem Feinde, der in wenigen Tagen nicht mehr existieren wird. Wir haben es etwa noch mit 70.000 Mann zu tun, die mit Ausnahme der Garde keine militärische Struktur mehr haben (...), die Straße ist übersät mit Menschen, die vor Hunger und Müdigkeit sterben; es gibt eine ungeheuere Menge Deserteure und wir machen Gefangene zu Hunderten und oft zu Tausenden. (...) Ich verbringe den Vormittag zu Pferde; ich reite um sechs Uhr oder um sechs Uhr dreißig los, ich komme um ein Uhr oder zwei Uhr an, diniere mit dem Kaiser (und, in Klammern gesagt, mehr schlecht als recht) ich kehre in mein Quartier zurück und finde mein Büro ganz eingerichtet. Auf meinen Fersen folgen 20 Sekretäre und 20 Minister, die mich den ganzen Abend beschäftigen. Ich lege mich um elf Uhr zu Bett, um am nächsten Morgen noch intensiver (sic!) weiterzumachen. (...) Ich bin müde wie ein Hund und es geht mir deswegen besonders gut."

31. Oktober aus Schmalkalden an Wilhelmine: „Ich bin nach Meiningen geeilt, um mit Kaiser Alexander einige Angelegenheiten der Welt von geringerer Wichtigkeit zu regeln und bin dann hierher zurückgeeilt, um das Gleiche mit meinem Herrn zu erledigen. So sieht mein Leben jetzt aus. (...) In acht Tagen werden wir am Rhein stehen. (...) Und im Winter werde ich mit Gottes Hilfe, Frieden schließen, sofern Napoleon nicht absolut verrückt geworden ist."

1. November aus Dernbach an Wilhelmine: „Welche Wege, guter Gott! Ich bin im Wagen gefahren, weil es in Strömen regnete. Der Wagen ist umgestürzt; ich habe meine Pferde nachkommen lassen, ich bin auf das Sicherste gestiegen, es ist zusammengebrochen; ich bin zu Fuß gegangen und bin gestürzt. Mit etwas mehr Wasser und viel weniger Schlamm hätte ich mit dem Schiff fahren können und wäre wahrscheinlich ertrunken. Ich schreibe Dir aus einem Zimmer, das man gesehen haben muß, um es sich vorstellen zu können; es ist Gott sei Dank groß genug. Ich habe in einer Ecke Lord Aberdeen, in der anderen den Außenminister von Württemberg und in der dritten Binder, in der vierten Floret und ich selbst sitze in der Mitte, Dir zu schreiben, während alle anderen schlafen."

2. November aus Fulda an Wilhelmine: „Heute habe ich gesehen, was ich noch nie zuvor gesehen habe. Eine Straße, die zehn Meilen lang von Leichen und Tierkadavern übersät war, und alle Überlebenden warfen sich auf die Knie, um den ehemaligen Herrn des Heiligen Römischen Reiches Deutscher Nation anzubeten (denn dies ist das einzige Wort, das den Tatsachen gerecht wird), welches Barbaren hatten zerstören wollen. Fragt doch das Volk von Fulda, wer der Nachfolger Karls des Großen ist – ob der Abenteurer, der vor zwei Tagen hier durchgekommen ist mit 50.000 Gardesoldaten um sich herum, in bürgerlicher Kleidung mit rundem Hut, damit man ihn nicht erkenne – oder dieser Kaiser in der einfachen und bescheidenen Kutsche, alleine mit seinem einfachen Minister und ohne jegliche andere Garde als die Liebe Deutschlands."

Wenn auch die Wiedergeburt des verstorbenen Heiligen Römischen Reiches Deutscher Nation überhaupt nicht zur Debatte stand, so verabsäumte Metternich doch die Gelegenheit nicht, die ihm vom Einzug der Alliierten in die alte Kaiserstadt geboten wurde, um den Ruhm der österreichischen Krone zu verstärken. Er reiste vor dem Kaiser her und kam am Abend des 4. November in Frankfurt an, um den Ablauf der Zeremonie zu regeln.

> *6. November, elf Uhr abends, aus Frankfurt an Wilhelmine:* „Der Kaiser ist um elf Uhr durch das Hanauer Tor eingezogen. Der russische Kaiser ist ihm auf dieser Straße mehr als eine Stunde weit entgegengekommen. Die gesamte österreichische und russische Kavallerie war vor dem Tor aufgereiht: ein enormes Infanteriespalier stand entlang des gesamten Weges des Kaisers. Ich habe ihn direkt zur Kirche geleitet; nach der Kirche hat er den russischen Kaiser zu sich nach Hause begleitet; sie haben das Défilé der Truppen abgenommen und dann sind sie ins Theater gegangen. (...) Ich habe dafür Sorge getragen, daß der Zug durch die Straßen gegangen ist, durch die auch der Krönungszug gegangen war (...). Das Volk schien zu schreien: das alte Glück, die alten Erinnerungen! Jetzt bist Du wieder da, oh Ära des Glücks und des Wohlstandes! Der Kaiser von Rußland war immer an der Seite unseres Kaisers, ließ ihn immer rechts gehen und stellte sich selbst immer in die zweite Reihe (...)."

Nach den Feiern die Geschäfte, durch die Metternich in Frankfurt bis zum 12. Dezember zurückgehalten wurde.

> *7. November, Mitternacht, an Wilhelmine:* „Ich habe seit sieben Uhr morgens bis zwei Uhr unaufhörlich gearbeitet. Mein Vorzimmer bot den erstaunlichsten Anblick – absolut das, was wir aus Paris kennen. Alle Minister der kleinen Fürsten des schönen Deutschland sind gekommen, sich zu meinen Füßen zu werfen und um die Gnade zu bitten, empfangen zu werden. Ich habe Vereinbarungen mit den Häusern Baden, Nassau und Hessen getroffen (...)."

Er hätte noch Württemberg hinzufügen können, dem es gelungen war, sich schon am 2. November Bedingungen zu sichern, die denen Bayerns entsprachen, sowie mehrere andere Fürsten, die das Gleiche an den folgenden Tagen unternahmen. Alles in allem, so sagt Metternich, 21 Verträge. Alle diese kleinen oder großen deutschen Staaten, die „als unabhängig und souverän" anerkannt worden waren, waren ebensosehr Verbündete gegen die Projekte des Freiherrn vom Stein und entzogen ihre Territorien gleichzeitig der Autorität der zentralen Verwaltungskommission, um deren Anerkennung in Leipzig der Zar noch gerungen hatte. „Österreich verhandelt mit Regierungen, nicht mit Völkern", hatte seinerzeit Metternich erklärt.

Erneut verhandeln?

Wenn es der Zar insgesamt Metternich überlassen hatte, im besten Interesse Österreichs die Angelegenheiten der von der französischen Souveränität befreiten deutschen Staaten nach freiem Ermessen zu ordnen, so deswegen, weil es seine größte Sorge war, den Krieg siegreich bis auf französisches Territorium, bis nach Paris zu tragen; erst dadurch wäre die Zerstörung der heiligen Stadt Moskau gerächt, erst dann wäre es möglich, Europa den Frieden zu geben, den man ihm nie würde garantieren können, solange Napoleon Herr Frankreichs sei.

Ein Weitertreiben des Krieges war jedoch ohne Teilnahme Österreichs nicht denkbar und dieses konnte argumentieren, daß die Vereinbarungen von Teplitz nicht dazu verpflichteten, den Krieg über den Rhein hinweg zu tragen. Metternich hatte trotz aller seiner Erklärungen, die er für das breitere Publikum bestimmt hatte, zweifelsohne im tiefsten Inneren nicht darauf verzichtet, in letzter Stunde Verhandlungen zu eröffnen, die damit enden hätten können, auf dem französischen Thron den Enkel seines Kaisers zu installlieren beziehungsweise sogar dort den „vernünftig" gewordenen Schwiegersohn zu halten. Die Gespräche, die er in Prag mit Caulaincourt geführt hatte, versöhnliche Worte, die Napoleon ihm von einem kriegsgefangenen österreichischen General namens Merveldt hatte überbringen lassen, ließen eine Tür offen. Wie aber sollte man sich über die wahren Absichten des Kaisers der Franzosen versichern? Wie wollte er seinen Alliierten den Gedanken neuer Verhandlungen schmackhaft machen?

Das von Metternich eingeleitete Manöver scheint so subtil, so nach allen Seiten hin mit Doppeldeutigkeiten ummantelt, daß die Historiker kaum wissen, was sie sagen sollen, wenn sie bezüglich der seinerzeit wirklich verfolgten Ziele befragt werden. Vielleicht muß man zugestehen, daß der bei dieser Gelegenheit wie bei anderen angewandte Verfahrensweg so gewählt worden war, daß er für jede eventuell eintretende Lage mehrere Optionen offenließ.

Versuchen wir, den gewundenen Pfad nachzugehen. Sie wollen den Krieg nach Frankreich tragen? Nun gut, sagt Metternich, daber da wir zu guter Letzt doch über Frieden reden müssen, warum sollen wir nicht gleichzeitig Krieg führen und verhandeln? Warum sollen wir nicht die moralischen Waffen nutzen? Wir wissen, daß das französische Volk kriegsmüde ist; beweisen wir ihm, daß die kriegerische Starrköpfigkeit Napoleons das Haupthindernis für einen Frieden ist; lassen wir in den Augen der Franzosen einige für ihre Vaterlandsliebe und ihren Nationalstolz akzeptable Friedensbedingungen aufscheinen. Ich verpflichte mich, diese Bedingungen Napoleon so darzustellen, daß er sie weder verweigern noch sie von Anfang an wird akzeptieren können und natürlich auch unter anderem in einer Form, die es den Alliierten gestatten wird, sie je nach Lage der Dinge zu ändern oder zu verschärfen. So sieht das Manöver aus, das Metternich den russischen und preußischen Alliierten vorstellt: „Ich garantiere Ihnen, daß er nicht akzeptieren wird", hatte er zu Alexander gesagt, der ihm schließlich freie Hand gewährt hatte.

Da ist aber auch noch die andere Seite, die vor allen Anderen geheim gehalten wurde, mit Ausnahme Kaiser Franz': Wenn Napoleon überraschenderweise die Vorschläge annehmen würde, würde die so ausgelöste Dynamik zum Frieden führen und die Alliierten dazu veranlassen, mehr zuzugestehen, als sie zunächst zuzugestehen bereit waren und schließlich würde man zu dem für Österreich absolut wünschenswerten Resultat kommen: ein in der territorialen Ausdehnung verringertes Frankreich, das aber friedlich und stark genug wäre, um als Gegengewicht zur russischen Macht zu dienen und das durch ein dynastisches Band mit Österreich verbunden wäre und so einen heilsamen stabilisierenden Einfluß auf Deutschland und Italien würde ausüben können.

Das Instrument für das Manöver hatte das Schicksal schon an die Hand gegeben: der Graf von Saint-Aignan, der Gesandte Frankreichs in Weimar und Schwager Caulaincourts. Er war von dem französischen Debakel überrollt worden und hatte sich zu Metternich führen lassen. Dieser hatte jenen noch vor seiner Ankunft in Frankfurt abschätzen können und ihn durch seinen freundschaftlichen Empfang auf die zwiespältige Rolle vorbereitet, die er für ihn bestimmt hatte: es sollte eine Mission sein, die glaubwürdig genug war, um für den Fall einer – wahrscheinlichen – Ablehnung Napoleons als offiziell gelten zu können und einen Charakter des Offiziösen tragen, der es gestatten könnte, zum Dementi oder zur Uminterpretation zu schreiten für den – unwahrscheinlichen – Fall der Annahme des Angebots. Die Inszenierung selbst erscheint wie ein perfektes Beispiel der machiavellischen Manipulation.

Am 9. November, während sich Metternich mit Saint-Aignan über die gemäßigten Bestimmungen der Alliierten unterhielt, kam, wie durch Zufall, Nesselrode an; er bestätigte die Äußerungen des österreichischen Kollegen, erklärte sich sogar selbst zum Garanten der Zustimmung des preußischen Kanzlers Hardenberg. Saint-Aignan erbittet freudig erstaunt die Erlaubnis die folgenden Worte schriftlich festzuhalten: „Die alliierten Herrscher sind sich über die Macht und die Vorherrschaft einig, die Frankreich als Ganzes hätte, wenn es sich auf seine natürlichen Grenzen, also den Rhein, die Alpen und die Pyrenäen beschränkte. (...) England ist bereit, auf Grundlage dieser Bestimmungen größere Opfer auf sich zu nehmen." Das hatte man nicht zu hoffen gewagt! Bewundernswert! Besser noch, gerade zu diesem Zeitpunkt erscheint Lord Aberdeen: er findet im vorliegenden Dokument nichts, wogegen er sich zu wenden habe, nachdem ihm das Dokument vorgelesen worden war und läßt nur hinzufügen: „England wird niemals einer Sache die Zustimmung geben, die seinen Seerechten Abtrag tun könnte."

So konnte Saint-Aignan Frankfurt verlassen und war überzeugt, daß er zusammen mit dem Frieden die Anerkennung der „natürlichen Grenzen" bei sich trug, was doch der nationale Wunsch aller Franzosen war. War er sich über das geringe Gewicht eines Dokumentes im Klaren, das von keinem seiner drei Gesprächspartner gegengezeichnet war? Metternich hatte ihn beruhigt und ihm versprochen, seinerseits an Caulaincourt zuschreiben. Dieser Brief, der am 10. November geschrieben oder auf den 10. November datiert wurde, ist ein Meisterwerk der Zweideutigkeit. Einerseits spricht Metternich darin von den Saint-Aignan vorgelegten Bedingungen – wobei er sich hütet, diese genauer zu beschreiben – als die großzügigsten, die man erhoffen könne; alle Verzögerungen, sogar eventuelle französische Siege würden die Forderungen der Alliierten nur verschärfen, andererseits bemüht er sich, den absolut informellen und persönlichen Charakter des Gesprächs zu betonen. Jedenfalls konnte man sicher sein, daß durch Caulaincourt und Saint-Aignan der Inhalt dessen, was man – übertrieben – die „Vorschläge von Frankfurt" nennen sollte, in den Pariser Salons und beim französischen Regierungspersonal weiteste Verbreitung finden würde.

– *5. November:* Napoleon empfängt Saint-Aignan. Er beauftragt Maret, mitzuteilen, daß er gewillt sei, einen Vertreter nach Mannheim zu entsenden, der bevollmächtigt sein sollte, mit den Mandatsträgern der Koalition, die mit ordentlichen und offiziellen Vollmachten ausgestattet sein müßten, zu diskutieren.

– *25. November:* Antwort Metternichs: Bevor die Alliierten das Prinzip einer Konferenz in Mannheim akzeptieren könnten, wollten sie sicher sein, daß Kaiser Napoleon die „allgemeinen und wesentlichen Grundlagen" akzeptiere, die von Saint-Aignan formuliert worden waren.

– *1. Dezember:* Caulaincourt, der gerade Maret als Außenminister abgelöst hatte, antwortet auf die Botschaft vom 25. November: Napoleon ist gewillt, sich auf die von Saint-Aignan mitgeteilten Grundlagen einzulassen, „wenn England entsprechende Opfer bringt, damit man zu Wasser und zu Lande zu einem allgemeinen Frieden würde finden können".

Es handelt sich hierbei um die „natürlichen Grenzen", die England Frankreich nicht zugestehen will, nicht zugestehen wollte und niemals zugestehen wird: die Niederlande auf der linken Seite des Rheins mit dem Hafen Antwerpen und die Küste der Nordsee. Der junge Aberdeen mußte sich von seinen erfahreneren Kollegen, Lord Cathcart und Sir Charles Stuart abkanzeln lassen, weil er dies bei der improvisierten Konferenz am 9. November vergessen hatte. Metternich und Nesselrode mußten eingreifen, um den Fehler herunterzuspielen, und um neue Mißverständnisse zu vermeiden, wurde beschlossen, daß London gebeten werden sollte, ins Hauptquartier der Alliierten einen Bevollmächtigten zu entsenden, vorzugsweise den Außenminister selbst, Lord Castlereagh.

— *4. Dezember:* Unter dem Vorwand, daß er keine Antwort auf seine Botschaft vom 25. November erhalten habe (sie trifft erst am 5. ein) läßt Metternich die „Erklärung von Frankfurt" unterzeichnen, die auf den 1. Dezember zurückdatiert wurde.

> „Die alliierten Mächte führen keinen Krieg gegen Frankreich sondern gegen die Vorherrschaft, die Napoleon zum Unglück für Europa und für Frankreich zu lange Zeit außerhalb der Grenzen seines Reiches ausgeübt hat. (...) Die Mächte garantieren dem französischen Kaiserreich eine territoriale Ausdehnung, die es unter den Königen nie gekannt hat, etc."

Welch bewundernswerte Formulierung! Überaus geschickt, um weiterhin in Frankreich all denen Illusionen vorzugaukeln, die auf Grund der eigenen Vorstellungen darunter die berühmten „natürlichen Grenzen"[3] verstehen wollten. Diese Erklärung, die in Frankreich weite Verbreitung findet, sollte in der Tat dazu beitragen, die Widerstandsmoral gegen die Invasion zu schwächen.

— *10. Dezember:* Metternich antwortet Caulaincourt: „Vorkonferenzen" können erst ins Auge gefaßt werden, wenn der erwartete Handlungsbevollmächtigte Großbritanniens eingetroffen sein wird. Und siehe da! Die Falle hat sich geschlossen, der Adler ist im Käfig.

Frankfurt nach Prag: zwei Übungen der hohen diplomatischen Schule, die mehr als alle anderen dazu beigetragen haben, in der französischen Historiographie das Bild eines heimtückischen Metternich zu formen, der ein unerbittlicher Feind Napoleons gewesen sei, wo man doch diese Manöver genausogut als verzweifelte Anstrengungen interpretieren könnte, einige der durch die österreichische Heirat errungenen Vorteile vor dem Untergang zu retten.

Vorspiel zur Invasion

Im Verlaufe dieses Briefwechsels zwischen Frankfurt und Paris arbeiteten die alliierten Kommandeure ihre Invasionspläne für das französische Territorium aus. Der von Schwarzenberg vorgeschlagene Plan – oder vielmehr der Plan seines Generalstabschefs Radetzky – umging die Risiken eines Frontalangriffes gegen die französischen Befestigungen entlang dem Oberlauf des Rheins im Elsaß und sah vor, daß die österreichisch-russische Hauptarmee über die Brücken in Basel und Schaffhausen über den Oberrhein vorrücken sollten. Dies aber hätte die Verletzung der Neutralität des Schweizer Bundes bedeutet, die dieser auf der Bundesversammlung in Zürich Ende Oktober verkündet hatte und die von Napoleon schnellstens anerkannt worden war. Zar Alexander jedoch hatte aufgrund seiner ständigen Verbindungen mit seinem ehemaligen Erzieher La Harpe die Zusicherung gegeben, daß die Alliierten diese Neutralität respektieren würden, im Schutze welcher sein Freund eine Modellrepublik zu gründen träumte.

Am 19. November fand in Frankfurt eine letzte Generalkonferenz der alliierten Kommandeure statt: Metternich war ebenfalls dazu geladen worden. Natürlich unterstützte er den Vorschlag Schwarzenbergs. Der Zar gestand schlußendlich unwillig zu, daß die Brücken der Stadt Basel unter der Bedingung benutzt werden könnten, daß die Schweizer keine Einwände dagegen hätten. Metternich machte sich dafür stark, dieses Einverständnis zu erreichen und entsandte seinen Mitarbeiter Ludwig von Lebzeltern als Gesandten zum Direktorium des Schweizer Bundes und einen anderen Vertrauten, den Grafen von Senfft, nach Bern; letzterer sollte die Parteigänger der ehemaligen aristokratischen Regierungsform dazu auffordern, mit Hilfe der Österreicher die Macht wieder zu übernehmen.

Am 11. Dezember trennten sich die alliierten Herrscher für einige Zeit, da der Zar einige Tage in der Familie seiner Frau, einer geborenen Prinzessin von Baden, in Karlsruhe zubringen wollte, während Kaiser Franz sich auf eine nostalgische Rundreise zu seinen ehemaligen Untertanen in Würzburg und im Breisgau begab. Metternich begab sich ebenfalls sozusagen in die Arme seiner Familie, als er sich in Freiburg im Breisgau bei Verwandten seiner Mutter einfand.

Am 19. Dezember gaben ihm gegen Abend die aus der Schweiz eingetroffenen Nachrichten die Gewißheit, daß der Durchmarsch der alliierten

Truppen nicht auf Widerstand seitens der kleinen schweizerischen Bundesarmee treffen würde. Noch in dieser Nacht begab er sich ins Hauptquartier Schwarzenbergs, um ihm grünes Licht zu geben. Am 20. Dezember gab der schweizerische Generaloberst Watteville am frühen Morgen auf ultimative Aufforderung der Österreicher hin seinen Männern den Befehl, aus Basel abzurücken und die Brücken unbeschädigt zurückzulassen. Am 21. und 22. überschritt das Gros der alliierten Truppen den Oberrhein an mehreren Stellen, marschierte durch die burgundische Pforte auf Belfort zu und umging auf diese Art und Weise die im Elsaß und in den Vogesen vorbereiteten französischen Verteidigungsstellungen.

Am 21. war Metternich wieder in Freiburg, wo Kaiser Franz, den die Initiative seines Ministers überraschte hatte, ihm erklärte, daß er etwas beunruhigt sei über die Art, in der der Zar die Dinge aufnehmen würde. Als er am darauffolgenden Tag Alexander bei sich empfing, vermied er es, mit ihm darüber zu sprechen und überließ Metternich die delikate Aufgabe, dem russischen Autokraten die Art und Weise mitzuteilen, in der seine Wünsche und Verpflichtungen übergangen worden waren. Als Metternich sich schließlich mit Alexander unter vier Augen traf, versicherte er ihm, daß die alliierten Truppen sowohl von den Militärs als auch der Zivilbevölkerung der Schweiz wohl aufgenommen worden seien. Der Zar hörte ihm mit finsterer Miene zu; schließlich nahm er die Hand seines Gesprächspartners: „Der Erfolg krönt jedes Unternehmen; er allein kann rechtfertigen, was Sie getan haben. Als alliierter Herrscher brauche ich Ihnen nicht mehr dazu zu sagen; aber als Mann erkläre ich Ihnen, daß Sie mich äußerst verletzt haben. (...) Was geschehen ist, ist geschehen. Wir werden darüber nicht mehr sprechen." In der Tat wurde zwischen den beiden nie mehr über diesen Zwischenfall gesprochen; es gab aber auch keine langen Abende mehr mit freundschaftlichen Gesprächen um den Samowar.

Der von Metternich errungene – reale und wichtige – Erfolg bei dieser Gelegenheit gab ihm Anlaß zu einer der extravagantesten Rapsodien der Selbstbefriedigung, die je aus einer Feder, die in dieser Hinsicht immer sehr eifrig gewesen war, geflossen ist.

25. Dezember 1813, an Wilhelmine von Sagan: „Gentz ist in einem der stärksten Augenblicke meines Lebens hier eingetroffen. Er wird Dir eines Tages erzählen, wie dieser Purzelbaum aussah, den die letzte Verteidigungslinie Frankreichs meinetwegen gemacht hat. Ich allein habe entgegen dem ausdrücklichen Willen meines lieben Kaisers A. (lexander) gehandelt, ich allein habe es getan, unter dem Risiko, mich mit ihm zu überwerfen, mich mit ganz Europa im Falle des Nichterfolges zu überwerfen und wagte es dennoch, alles auf mich zu nehmen. Jede Stunde, jede Minute war gezählt – die Welt quietschte in ihren Angeln; zwischen Mitternacht und sechs Uhr morgens mußte ich eine Revolution durchführen – entweder konnte ich die Welt nach meiner Überzeugung retten oder 180.000 Mann vor dem opfern, was unseren Alliierten und mir nur wie ein Gespenst vorkam (...) Der Himmel hat mir erneut geholfen."

Einige Tage nach dieser glänzenden Tat begaben sich die Herrscher und ihre Minister nach Basel; die Bürger, die sich von ihren Emotionen erholt hatten, bereiteten diesen unerwarteten Besuchern – potentiellen Kunden – den bestmöglichen Empfang. Metternich wurde bei einem Herrn Bachofen einquartiert, im „saubersten und gepflegtesten Haus der Welt. Schöne Möbel, schöne Bilder, schöne Schlafzimmer, die ganz angestrichen sind." Dazu hatte er als Dreingabe einen direkten Blick auf den Rhein und die Festung Heuningen, die immer noch von den Franzosen gehalten wurde. „So", schreibt Clemens an Cathérine Bagration, „schreibe ich und beobachte gleichzeitig die Beschießung dieser Festung."

Am Tage nach seiner Ankunft (12. Januar) hatte Metternich den Auftrag, den Zaren Alexander auf der Rheinbrücke zu empfangen und die Parade seiner Garde abzunehmen, die aus Anlaß des russischen Neujahrstages abgehalten wurde; es war ein Vorbeimarsch von mehr als vier Stunden, von dem Clemens „moralisch und physisch erfroren" zurückkam. Eine andere Art von Défilé erwartete ihn in seinem Quartier, nämlich das Défilé der Abgeordneten verschiedener Schweizer Kantone und Städte. Er beklagte sich zwar einerseits, andererseits aber ist es offensichtlich, daß diese Menge an Bittstellern ihn amüsierte und ihm schmeichelte.

„Mein Vorzimmer ist voll wie ein Ei", schreibt er am 14. Januar an Wilhelmine, „und es gleicht ziemlich genau dem Tal des Josaphat.(...) Sechzehn schweizer Abgeordnete, drei Deserteure und zwei spanische und holländische Gefangene, der Baseler Oberbürgermeister und der Wiener Bürgermeister, eine Abordnung aus der Franche Comté, die Witwe eines pensionierten österreichischen Offiziers, General Duka und der Graf von Wintzingerode, der Kanzler von Württemberg und Dein Freund Herz aus Wien. Du siehst, ich amüsiere mich wie ein König."

Liebesbriefe

Man kann so feststellen, daß alle offiziellen Beschäftigungen den Minister nicht daran hinderten, lange Nachtstunden auf die Liebesbriefe zu verwenden. Diese Korrespondenz wurde durch die Tatsache erleichtert, daß Wilhelmine Mitte Dezember Prag verlassen hatte, um nach Wien zurückzukehren, von wo die Boten des Kanzleramtes eine sicherere und schnellere Postverbindung herstellen konnten. Metternich war außerdem zusätzlich von der Tatsache beeindruckt, daß seine grausame Geliebte ihm Geständnisse vorgaukelte, aus denen er eine ermutigende Entwicklung im Gefühlsleben seiner Freundin glaubte ableiten zu können.

> „Es ist ein Unglück, daß ich Ihnen nicht schon vor vier Jahren gefallen konnte — wie viele Schmerzen und Sorgen hätten Sie mir erspart — wieviel Glück hätte die Zukunft, vor der ich mich so fürchte, mir doch bieten können. (...) Ich wäre gerne bei Dir, würde mich gerne in Deine Arme werfen und Dich küssen (...) Du bester aller Männer und bester aller Freunde. (...) Ich glaubte, Du seiest ein ganz verderbter Mensch, wiewohl Du ehrlich bist und es hat lange Zeit gedauert, vielleicht mehr als Du glauben kannst, um mich davon zu überzeugen, daß Du wirklich lieben kannst, etc."

Außerdem bemüht sich Wilhelmine, der Familie ihres Freundes näherzukommen. Sie wird von der Mutter Clemens' empfangen; sie versucht, freundschaftliche Beziehungen mit der legitimen Ehefrau aufzubauen. „Ich bemühe mich nicht besonders um Laura, aber ich bemühe mich, selbst fröhlicher zu werden, damit ich nicht so eisig wirke, denn ich möchte sie an mich gewöhnen." Die hochmütige Sagan hat sich sogar dazu herabgelassen, die Bagration zu besuchen, die im gleichen Hause wohnt, „wiewohl sie sich laut darüber geäußert hat, daß sie selbst niemals den ersten Schritt zu einer Art Annäherung machen wollte".

Jeder dieser Liebesbeweise und auch der kürzeste Brief sind Anlaß zu unendlichen sentimentalen Kommentaren in der Antwort, die von besorgten Ratschlägen durchsetzt sind. Clemens mißt diesen Ergüssen ein solches Gewicht bei, daß er von Wilhelmine verlangt, daß sie ihre Briefe so numeriert, wie er es mit den seinen macht; er schickt ihr eine Briefkassette, in der sie ihre Korrespondenz ordnen und aufbewahren soll, damit derjenige, der nach ihrem Tode die Briefe liest „weiß, daß Dein Bild in den Augenblicken, die über das Heil der Welt entschieden haben, einem Mann Stütze war, der dazu berufen war, dieses Schicksal der Welt direkt zu beeinflussen (...) daß, wenn ich die Kraft hatte, Gutes zu tun (...) ich diese Kraft zum großen Teil Dir verdanke".

Er wagt sogar, sich über das delikate Thema der Liebe zu Wilhelmine mit Alfred von Windischgraetz zu unterhalten.

> „Glaubst Du, daß es möglich ist, daß zwei Beziehungen entstehen können, wie diejenigen, die, wenn sie schon nicht das Glück Deines Lebens sind, so doch das Unglück des meinigen? (...) Dein Leben verdient es, geordnet zu sein (...) Du, die Herrin über ein Kind, dessen Leben Du nicht einmal hast in Dich aufnehmen können – und Du, so wie Du bist – glücklich? (...) Eine solche Verbindung erfüllt nicht einmal ein Viertel Deiner Seele (...) Wenn sich unsere Beziehungen so entwickeln, wie ich es wünsche – wenn Dein Leben sich an das meine bindet, so wirst Du sehen, daß diese Welt so schlecht nicht ist."

Welche Art Bindung? Er erklärt: etwas, das es im Gefühlsleben einer Familie nicht gibt, wo die Gefühle, die man für seine Frau, seine Kinder, seine Eltern entwickelt, sich nicht gegenseitig schaden, wohingegen doch Liebe ein exklusives Gefühl ist. Schlußfolgerung: „Man kann seine Frau sehr lieben und seine Freundin anbeten, ohne daß das eine dieser Gefühle dem anderen im Wege wäre" Es ist jedoch nötig, „sich selbst sehr gut zu kennen und eine große Charakterstärke mit deutlichen Trennungslinien zu entwickeln, damit man die beiden Gefühle nicht vermischt". Und natürlicherweise behauptet Clemens von sich selbst, diese Qualitäten zu besitzen, die es ihm gestatten würden, mit absolut ruhigem Gewissen die Art von Gefühlsleben zu führen, die die Gesetze jedem gewöhnlichen Sterbenden verbieten.

Die Ankunft Castlereaghs

Während der Zar sich ungeduldig über die langsame Weiterentwicklung der militärischen Operationen Schwarzenbergs äußerte, schrieb Metternich an Gentz: „Er glaubt, daß es seine Pflicht gegenüber Moskau ist, die Tuilerien in die Luft zu sprengen."

Alexander verließ Basel am 16. Januar nach einem langen und schwierigen Gespräch mit dem österreichischen Kanzler und begab sich zu seinen auf dem Marsch nach Westen befindlichen Truppen, um diese durch seine Anwesenheit zu beflügeln. Dies war eine für Metternich glückliche Entscheidung, denn so hatte er mehr Freiheit, sich alleine mit Castlereagh zu beschäftigen, als der Außenminister am 18. Januar nach einer weiten und beschwerlichen Reise mit vielen Umwegen durch die Niederlande und Deutschland endlich in Basel eintraf.

Der Neuankömmling wirkte sehr kühl. Er war hoch gewachsen und noch dazu in ein für deutsche Augen unverschämtes Kostüm eingezwängt – eine mit Tressen besetzte blaue Jacke und eine rote Hose. Sein aristokratisches Gesicht und sein Gehabe erinnerten ein wenig an Metternich aber er war ebenso kurz angebunden wie sein österreichisches Pendant beredt. Nach den ersten beiden Tagen ungeordneter und unaufhörlicher Gespräche, konnte Metternich seiner Vertrauten schreiben: „Ich stehe zu ihm, als ob wir unser Leben miteinander verbracht hätten; er ist kühl und überlegt; er hat aber das Herz am rechten Fleck; er ist ein Mann und er hat einen ruhigen Kopf. Seitdem arbeiten wir zusammen, wie zwei Angestellte im gleichen Büro." Castlereagh konnte seinerseits mit einer gewissen Herablassung anerkennen: „Dem österreichischen Kanzler werden sehr viel mehr Fehler angelastet, als er in Wirklichkeit hat."

Selbst wenn Metternich es niemals hat anerkennen wollen, selbst wenn sein Dünkel ihm niemals gestattete, sich darüber klar zu werden, der Auftritt des Engländers beendete die Epoche, in der der Kanzler des Kaisers Franz I. gleichzeitig auch praktisch der „Kanzler der Koalition" war.

KAPITEL 12

Baumeister des Friedens

Kämpfen und Verhandeln

Während Metternich in Basel Castlereagh Unterricht in Politik gab und gemeinsam mit ihm, wie er sagte, Europa „wie ein Stück Käse" in Stücke zerschnitt, rückten die alliierten Truppen auf französischem Territorium vor. Gemäß der in Frankfurt erarbeiteten Pläne hatte die schlesische Armee unter Blücher den Rhein zwischen Mannheim und Koblenz überschritten, Nancy und Toul besetzt und war gerade dabei, sich in der Gegend von Langres mit der Hauptgruppe der österreichisch-russischen Verbände unter Schwarzenberg zu vereinigen, die die Vogesen im Süden umgangen hatten. So wurde die geplante erste Phase der militärischen Operation verwirklicht; es war die Phase, nach deren Abschluß die Alliierten sich erneut absprechen wollten – und zwar sowohl über die eventuelle Fortführung der Invasion als auch über die Friedensbedingungen, die der besiegte und erschöpfte Gegner, dessen Vaterland besetzt worden war, jetzt, so glaubte man, geneigt wäre, zu akzeptieren.

Zar Alexander war am 22. Januar in Langres eingetroffen und im Gefolge Blüchers auch König Friedrich-Wilhelm III. Die Österreicher kamen am 25. Metternich war am 23. aus Basel abgereist und hatte die Reise ohne Unterbrechung in Begleitung Castlereaghs gemacht. In Langres wurde er beim bekanntesten Arzt der Stadt namens Pistolet einquartiert, „in einem sehr hübschen Appartement, das aber sehr französisch ist, denn ich friere ständig". Bei einer Zimmertemperatur von nur sechs Grad Celsius hielten die steifen Finger dennoch die Feder, damit Wilhelmine nicht ohne Nachricht blieb.

Die folgenden fünf oder sechs Tage waren erfüllt von fieberhaften und manchmal heftigen Verhandlungen. Die Diskussion ging um die Frage, ob die militärischen Aktionen fortgesetzt werden sollten oder ob die alliierten Truppen auf den eingenommenen Positionen das Ergebnis der Verhandlungen abwarten sollten, denen Napoleon im Prinzip zugestimmt hatte. Verhandeln, ohne vorzurücken, wie Schwarzenberg vorschlug oder vorrücken, ohne zu verhandeln, wie es Alexander und die Preußen wollten? Das Ergebnis war, daß beschlossen wurde, die militärischen Bewegungen und die politischen Diskussionen gleichzeitig und parallel fortzuführen; die Verhandlungen sollten in Châtillon-sur-Seine stattfinden. Dorthin wollte man zu den Gesprächen mit Caulaincourt, dem Minister Napoleons, nur Leute aus der zweiten Reihe entsenden, wobei die Chefminister der Alliierten bei ihren jeweiligen Herrschern bleiben sollten, die selbst zusammen mit ihren Armeen vorrücken wollten. Österreich würde so in Châtillon von Stadion vertreten sein, Preußen von Humboldt und England von Stuart und Aberdeen, sowie Rußland von Razumowsky: letzterem hatte der Zar mündlich befohlen, jegliche Abmachung entweder zu umgehen oder aber zu Fall zu bringen.

Pläne für Europa

Dennoch diskutierten die Minister in Langres sehr ernsthaft über den Inhalt der Aufträge, die sie ihren Vertretern für Châtillon mitgeben würden. Die Zukunft Europas war darin in großen Zügen gezeichnet. Wie immer, war Metternich über seinen eigenen Beitrag entzückt: „Alle Minister haben mir genug Vertrauen entgegengebracht, um mich mit dem Protokoll der Sitzung zu beauftragen. Ich habe es erstellt und ich habe die Genugtuung, zu sehen, daß nicht ein einziges Wort darin geändert worden ist."
Da er nun der Schreiber gemeinsamer Entschlüsse war, konnte er sich nicht mehr rühmen, wie 1813, alles getan und gelenkt zu haben. Seine Tätigkeit als Notar gab ihm aber dennoch einen nicht geringen Vorteil zur Durchsetzung seiner eigenen Gedanken. In Wahrheit war es jedoch Aufgabe Castlereaghs, für das Gleichgewicht zu sorgen. Seinem Auftreten ist insbesondere zuzuschreiben, daß in den Friedensbedingungen nicht mehr von „natürlichen Grenzen" oder „der Rheingrenze" die Rede war sondern nur von den „früheren Grenzen Frankreichs". Metternich, der in diesem Punkt nicht einer Meinung mit dem Briten war, brauchte jedoch dessen gewichtige Unterstützung gegen die Marotten Alexanders über das zukünftige Schicksal Frankreichs, für den Fall, daß Napoleon aus dem Wege geräumt würde. Schon in Basel hatte Alexander den Gedanken gehabt, den von ihm abhängigen Bernadotte auf den Thron Frankreichs zu berufen; jetzt sprach er davon, von allen Franzosen eine Nationalversammlung wählen zu lassen, die über die Regierungsform entscheiden solle. Keinesfalls wollte er die Rückkehr der Bourbonen. Das jedoch war genau das, was

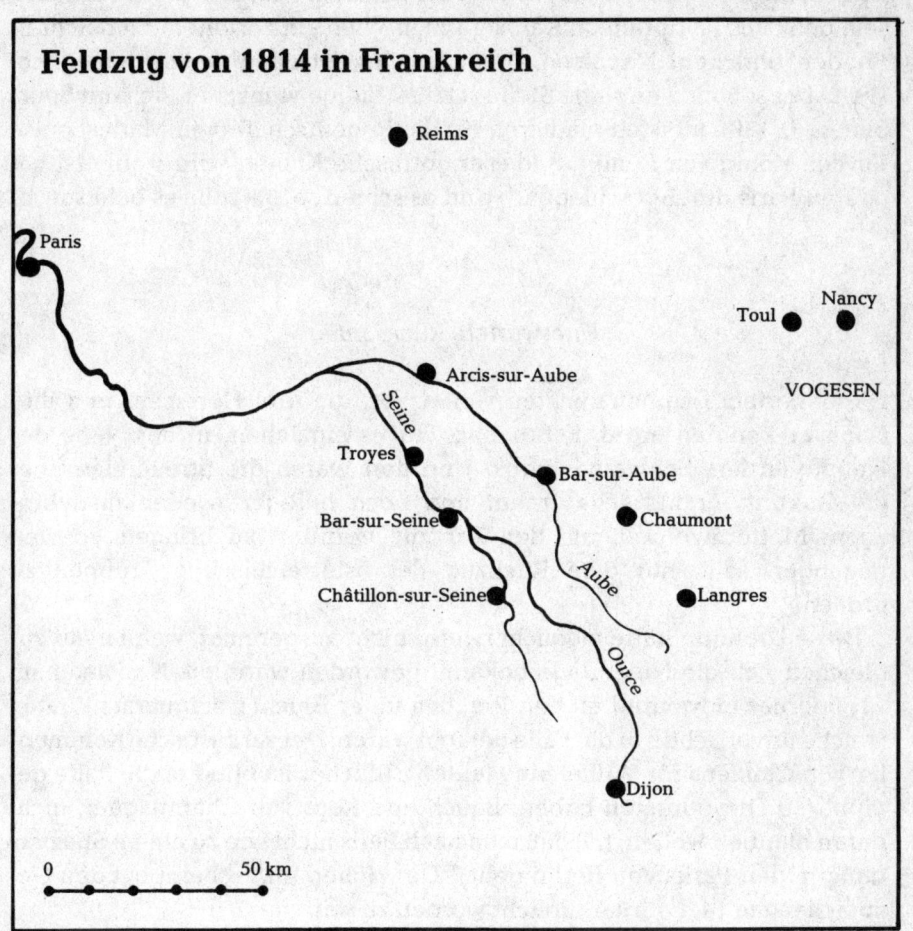

die britische Regierung wünschte, wobei sie allerdings zugestand, daß es nicht Sache der Alliierten war, dies zu erzwingen.

Metternich selbst behauptet, sofern man seinen Memoiren Glauben schenken kann, daß diese Lösung bereits zu jener Zeit diejenige war, die sein Kaiser und er selbst zu unterstützen beschlossen hatten. Dies ist absolut nicht sicher. Am 3. Februar schreibt Metternich an Hudelist, sein getreues Faktotum im Kanzleramt in Wien: „Es ertönt nur ein Schrei: Frieden und kein Napoleon, denn mit ihm ist der Frieden unmöglich. Wen aber soll man an seine Stelle setzen? Einige wünschen sich die Bourbonen, (...) die meisten plädieren für die Regentschaft (von Marie-Louise für den König von Rom) (...), dieser gordische Knoten wird wohl erst vor oder in Paris durchgeschlagen." Und es schien so, als solle es bald soweit sein.

Unerwartete Rückschläge

Die alliierten Truppen rückten weiter vor, die drei Herrscher und ihre Minister konnten am 8. Februar in Troyes einziehen, in der Nähe des Hauptquartiers Schwarzenbergs. Und dort waren die Streitereien über die Zukunft Frankreichs erneut und noch heftiger wieder ausgebrochen. Metternich soll, um den Zar zur Vernunft zu bringen, so weit gegangen sein, mit dem Rückzug der österreichischen Truppen zu drohen.

Diese Drohung hätte möglicherweise nicht ausgereicht, wenn nicht zur gleichen Zeit die Niederlage bekannt geworden wäre, die Napoleon am 11. Februar in Montmirail den Preußen unter Blücher beigebracht hatte, welche unvorsichtig in die Falle getappt waren. Der sarkastische Kommentar von Clemens für Wilhelmine lautet: „Blücher ist blind in die Falle getappt (...) Diese Idioten haben, Bauch und Kopf voll Champagner, nicht daran glauben wollen, (...) daß man nach Paris nicht wie zu einem Spaziergang in den Parks von Berlin geht." Der Höhepunkt scheint bei den Gesprächen am 14. Februar erreicht worden zu sein.

> „Ich hatte gestern den stärksten Tag meines Lebens (noch einen!)", schreibt Clemens am nächsten Tag an Wilhelmine. „Ich habe es auf mich genommen, sie (Alexander und seine Ratgeber) frontal anzugreifen und ich habe einen totalen Sieg errungen. Mein Freund Castlereagh hat zu mir gesagt: 'Sie sind der erste Minister der Welt und ich bitte Sie um Verzeihung, daß ich Ihnen nicht immer volles Vertrauen entgegengebracht habe.' Der Kanzler (Hardenberg) hat mich geküßt.

Mein Kaiser hat mich umarmt; der preußische König hat mir zugelächelt und Dein Schönling (Alexander) hat zu mir gesagt, daß er mich liebe, weil nur ich wüßte, was ich wollte."

Der Pseudo-Kongress von Châtillon

Als Ergebnis dieser Gespräche sollte Castlereagh selbst neue Instruktionen nach Châtillon bringen. Die Bedingungen, die Caulaincourt ultimativ vorgelegt werden sollten, waren die Grenzen von 1791. Es war aber vorgesehen, daß die Alliierten auf jede Einmischung in die inneren Angelegenheiten Frankreichs verzichteten. Metternich nahm so dem Zar die Möglichkeit, in Frankreich eine Regierung nach seinem Geschmack zu installieren. Metternich wußte jedoch in seinem Innersten, daß es Napoleon bei weitem vorziehen würde, sich politisch oder physisch umzubringen, bevor er bereit war, die Eroberungen des revolutionären Frankreich aufzugeben. Und aus dieser Situation würde ganz natürlich die Regentschaft entstehen.

In dem Augenblick, in dem die Alliierten so die Karten neu mischten, wendete sich das Glück der Waffen gegen sie. Napoleon hatte die Brücken von Montereau erobert und griff jetzt das Armeekorps Schwarzenbergs an; dieser befahl den allgemeinen Rückzug. Die alliierten Herrscher und ihre Minister waren gezwungen, sich von Troyes nach Chaumont zurückzuziehen. Erstaunlicherweise wird dieser Aufenthalt in Chaumont in den Memoiren Metternichs mit Schweigen übergangen, genauso wie der wichtige Bündnisvertrag, der seinerzeit unterzeichnet wurde. Glücklicherweise gibt es die Privatkorrespondenz. Seine Unterbringung, so schreibt Clemens an die Bagration, ist doch recht unbequem.

„Es gibt keine Tür und kein Fenster das schlösse, das auch nur so tut, als ob es schlösse. Dazu ein außergewöhnlich harter Winter; seit zwei Wochen etwa ist es hier so kalt wie in Rußland. Die Kamine rauchen so stark, daß man kaum etwas im Zimmer erkennen kann. Die Kosaken fressen alle Lebensmittel weg, und es bleibt nichts Gutes übrig, was man im Kamin noch kochen könnte. Der Krieg ist schon eine traurige und häßliche Angelegenheit."

Von seinen letzten Erfolgen ermutigt, war Napoleon wieder auf die Linie der ersten Instruktion eingeschwenkt, die er Caulaincourt gegeben hatte: Er würde nichts weniger als die „Frankfurter Vorschläge" akzeptieren, anders gesagt: „Die natürlichen Grenzen". Auf dieser Basis, schrieb er direkt an Kaiser Franz, wäre es leicht, einen ehrenvollen Frieden zu schließen.

Als Antwort ließen die Alliierten am 25. Februar Caulaincourt mitteilen, daß ihm zwei Wochen blieben, um die bereits erwähnten Bedingungen unverändert anzunehmen, wenn nicht ...

Am gleichen Tag schreibt Metternich aus Chaumont an Wilhelmine und drückt sich – wenigstens einmal – in Worten aus, die offensichtlich aufrichtig gemeint sind.

> „Ich bin jetzt ständig beschäftigt, arbeite ständig – und welche Art Arbeit! – Bin ständig das Opfer einer Bewegung, die absolut alle Lebenskräfte, sowohl die animalischen als auch die geistigen, aufzehrt und bin immer von Gegenständen umgeben, die ich verabscheue, denn ich verachte den Krieg und alles was dazugehört: das Morden, die Krankheiten, die Schweinereien, das Plündern, die Leichen, die Amputierten, die toten Pferde und sogar die Vergewaltigung! Ich finde, wenn man im Krieg ist, sollte man töten und nicht mit dem Kopf arbeiten. Tagsüber bin ich immer beschäftigt und werde nachts fünf- oder sechsmal wegen irgendwelcher Briefe geweckt; ich reite oder fahre 20 Meilen am Tag und ich muß die ganze Nacht arbeiten. Ich werde gewißlich nie als einer beurteilt werden, der einen Krieg angezettelt oder weitergeführt hat, weil ich Spaß daran gehabt hätte."

Metternich, der Feind der Bourbonen?

In den ersten Tagen des Monats März hatten Schwarzenberg und Blücher ihre Armeen neu geordnet und konnten die Offensive wieder aufnehmen. Wenn die durch Napoleon erlittenen Rückschläge wieder ausgebügelt wären, so wäre dieser möglicherweise bereit, Caulaincourt konziliantere Instruktionen zu geben. Metternich schien noch einen kleinen Hoffnungsschimmer zu haben, den Thron Napoleons für den Enkel seines Kaisers zu retten. Seine Briefe an Caulaincourt haben einen drängenden Ton, wegen dem man sie nicht als reine Komödie abtun kann.

> 3. März: „Gibt es denn gar keine Möglichkeit, den Kaiser über seine Lage aufzuklären? Ist er unwiderruflich entschlossen, sein Schicksal und das seines Sohnes mit dem des Gespanns seiner letzten Kanone zu verbinden? Wenn der österreichische Kaiser 1809 Tirol abgeben konnte, warum kann Napoleon dann 1814 nicht Belgien abgeben?"
>
> 17. März: (An dem gleichen Tag, an dem die Alliierten den Pseudokongreß von Châtillon abgebrochen hatten.) „Kommen Sie an dem

Tag in unser Hauptquartier, an dem Sie entschlossen sind, die für den Frieden unvermeidlichen Opfer zu bringen. (...) Österreich wünscht noch immer, eine Dynastie zu bewahren, mit der es eng verbunden ist. Der Frieden hängt immer noch von Ihrem Herrn ab; binnen kurzem wird dies nicht mehr der Fall sein."

Alles deutet also darauf hin, daß Metternich – was auch immer er später darüber sagte – die Aussicht auf eine Wiedereinsetzung der Bourbonen ablehnte. Als der Marquis de Widranges am 5. Februar nach Troyes kam, um für Ludwig XVIII. einzutreten, hatte Metternich für ihn nur Worte abschätziger Ironie. „Diese Frage ist erledigt", hat er erklärt. Einen Monat später behandelt er den Baron de Vitrolles nur ganz wenig besser, der mit einer Empfehlung Talleyrands am 10. März in Chaumont eingetroffen war. Als Vitrolles zu ihm sagte: „Es wird keinen Frieden mit Bonaparte geben und es wird kein Frankreich ohne die Bourbonen geben", bemerkte Metternich kalt: „Aber wir sind bereits seit zwei Monaten in diesem Frankreich und uns hat sich bisher nichts derartiges gezeigt." Nur unwillig gestand er gerade noch zu, Vitrolles sicheres Geleit zu gewähren, damit dieser den Grafen von Artois aufsuchen konnte, dessen fast geheime Ankunft in Vesoul ihm gerade mitgeteilt worden war.

Die Vierer-Allianz von Chaumont

Am 8. März um zwei Uhr morgens sitzt Metternich nach einer fünf Stunden langen Konferenz mit seinen alliierten Kollegen noch an seinem Arbeitstisch. Er schreibt an Wilhelmine: „Wir haben heute eine große und schöne Sache organisiert, die Du eines Tages sehen wirst."

Diese Sache war noch größer, als sie Metternich selbst sich zu diesem Augenblick vorstellen konnte; was er organisiert hatte und am 9. März unterzeichnen sollte, war der Vertrag von Chaumont, die sogenannte Vierer-Allianz, der Embryo oder Grundstein des internationalen politischen Solidaritätssystems, das ungenau mit dem Begriff Heilige Allianz belegt wurde, die ideale Lieblingskonstruktion des österreichischen Kanzlers, die er bis zum Abschluß seiner Karriere verfolgte. Die Initiative dazu kam nicht von ihm, sondern von Castlereagh, der sich über den ständigen Streit unter seinen Alliierten beunruhigte, den er bei jedem neuen Schritt wieder hatte aufbrechen und sich verschärfen sehen.

Was nun war das „Große und Schöne" in diesem Vertrag? Es war eine Verpflichtung, nicht einzeln mit dem gemeinsamen Feind zu verhandeln; es war eine Verpflichtung, die Waffen nicht eher niederzulegen, als bis die festgelegten Ziele erreicht worden waren; es war die Festlegung der militärischen Mittel, die aufzustellen waren. Alles dies war nicht etwa neu. Die beiden in die Zukunft weisenden Neuerungen waren: erstens die Tatsache, daß die vier Alliierten sich als ein geschlossener Block gemeinsam gegenüber dem Gegner und angesichts ganz Europas präsentierten, es war eine in ungewöhnlicher Form unterstrichene Solidarität, ein einziger Vertrag, der von jedem der drei Partner mit den drei anderen unterzeichnet wurde, zweitens die Zusicherung, daß diese im Krieg erreichte Solidarität sich in die Zukunft hinein fortsetzen und die neue Ordnung Europas prägen sollte, die die Alliierten zu schaffen sich verpflichteten und gemeinsam unterstützen wollten.

Als direkte Folge hatte der Vertrag von Chaumont allerdings nicht die Wiederherstellung der Harmonie.

„Sie können sich nicht vorstellen", schreibt Metternich am 13. März an Stadion, „welche Schwierigkeiten uns alle Generalstäbler machen. Ich kann es bald nicht mehr aushalten und der Kaiser ist regelrecht krank geworden davon. Sie sind alle so verrückt, daß man sie ins Irrenhaus sperren müßte. Unsere Truppen stehen immer noch so, als seien wir daran interessiert, geschlagen zu werden, aufgefressen, als ob Österreich daran interessiert wäre, in die Sklaverei zurückzufallen, als ob wir, mit einem Wort gesagt, alle Idioten wären. Ich allerdings glaube, daß wir als einzige nicht verrückt sind."

Am 14. März entstand im Hauptquartier Schwarzenbergs in Bar-sur-Aube eine heftige Diskussion über die Frage, ob es angemessen sei, direkt auf Paris zu marschieren, wie Blücher es wollte; die Österreicher widersetzten sich dem, nicht nur, um Napoleon nicht die Gelegenheit zu irgendeiner Glanztat zu geben, sondern auch, so versichert Metternich, um zu vermeiden, daß die Preußen, wenn sie alleine in Paris einmarschierten, die Stadt der Brutalität einer Plünderung aussetzten. Am Abend des 15. war Metternich nach Troyes zurückgekehrt – und zwar durch eine geradezu gespenstische Landschaft:

„Nicht ein Haus ist mehr intakt, nicht ein Baum steht mehr, kein Pferd und ich wage fast zu sagen auch kein Mensch mehr, der nicht tot wäre. Auf dieser einen Straße ist viermal eine Schlacht geschlagen worden; dort waren alle damit beschätigt, andere umzubringen und niemand hat daran gedacht, jemanden zu begraben. Der Krieg ist eine absolut häßliche Angelegenheit! Er beschmutzt alles, bis weithin in die Vorstellungskraft hinein."

Hin und Her

Der zweite Aufenthalt Metternichs in Troyes dauerte nicht lange. Napoleon hatte sich, nachdem er zunächst in Richtung Reims vorgestoßen war, schnell nach Süden gewandt und Schwarzenberg bereitete sich darauf vor, am Flüßchen Aube etwa 30 Kilometer im Norden von Troyes eine Schlacht mit ihm zu schlagen. Die alliierten Minister und ihr Personal hatten sich vorsichtig nach Bar-sur-Seine zurückgezogen, von wo aus Metternich den Kontakt mit seinem Herrscher leicht aufrecht erhalten konnte, der in Bar-sur-Aube im Hauptquartier geblieben war.

Die erwartete Schlacht fand in der Tat am 20. März bei Arcis-sur-Aube statt. Napoleon wurde geschlagen und marschierte in einem waghalsigen, aber unerwarteten Manöver mit den ihm verbliebenen Truppen in Richtung Lothringen, wo er sich durch die immer noch belagerten Garnisonen verstärken wollte und dadurch gleichzeitig die Nachschublinien der einmarschierten ausländischen Truppen bedrohte. Aber Schwarzenberg ließ sich nicht ins Bockshorn jagen und beschloß, direkt auf Paris zuzumarschieren, das die letzte Truppenbewegung Napoleons ungedeckt gelassen hatte; Zar Alexander und der preußische König, die diesen Entschluß stark unterstützt hatten, sollten den österreichischen Oberkommandierenden begleiten. Kaiser Franz wäre gerne mit ihnen gegangen, der schnelle Vormarsch der alliierten Armeen nach Westen hätte ihn aber dazu gezwungen, eine Art Niemandsland zu durchqueren, in dem die zerschlagenen Reste der französischen Einheiten und Partisanen herumirrten. Zusammen mit Metternich und den anderen alliierten Ministern zog er sich nach Dijon zurück; von dort aus hätte er gegebenenfalls das österreichische Armeekorps von Bubna erreichen können, dem sich gerade die Stadt Lyon ergeben hatte (21. März).

„Die Bevölkerung nimmt uns aufs Wunderbarste auf", schwelgt Metternich; „das Bürgertum ist mit geringen Ausnahmen absolut royalistisch gestimmt. Unsere Armee benimmt sich unvergleichlich besser, als die anderen. Die Dörfer sind bewohnt, die Städte sehen friedlich aus." Am 25. schreibt er an Laura: „Fast hätte ich den ersten Ochsen, der mir zusammen mit einem Hahn und zwölf Hühnern unter die Augen kam und eine alte Bäuerin, die auf der Schwelle ihres Hauses spann, geküßt." Welch eine Freude, nach diesen schwierigen, unangenehmen Tagen auf den eisigen Straßen und in vom Zufall bereiteten Betten wieder in einem bequemen und zivilisierten Rahmen zu leben. Clemens hatte in bester Laune einen Bummel durch die Geschäfte gemacht; er hatte ein schönes Kleid erworben, das er sofort der Dame seines Herzens übersandte. Sein Kollege Humboldt empfand Dijon wegen der Zugänglichkeit der recht wenig moralischen Damen als die schönste Stadt der Welt; in der Tat sollen sein Geschmack und seine Kapriolen in dieser Angelegenheit nicht unbedingt normal gewesen sein, wenn man den prickelnden Details Glauben schenken will, die Metternich aufgezeichnet hat.

Die unvermeidliche Restauration

Am 27. März schließlich trafen in Dijon Einzelheiten darüber ein, was in Bordeaux am 12. geschehen war: wie sich die Bevölkerung einer großen französischen Stadt in aller Freiheit für die Restauration der früheren Dynastie ausgesprochen hatte. Dies hatten die Engländer immer erwartet. Metternich mußte schließlich das Unvermeidliche akzeptieren. „Ich bin für das, was geschieht", hatte er Wilhelmine geschrieben; und am 23. schrieb er an Hudelist: „Die Ereignisse, die man nicht mehr verhindern kann, müssen gelenkt werden und nur die Schwachen zögern." Er zögerte nicht: er entsandte sofort einen Boten an den Grafen von Artois, um ihn einzuladen, mit den Alliierten zu verhandeln.

Am nächsten Tag, dem 28. März, erschien ein Sendbote der geheimen Organisation der Royalisten in Paris namens Gain-Montagnac. Die Einzelheiten, die er über die Vorbereitungen seiner Freunde und die Vorbereitungen Talleyrands mitzuteilen in der Lage war, gaben den alliierten Ministern die Überzeugung, daß man in Paris die Ereignisse von Bordeaux würde wiederholen können. Gain-Montagnac wurde gedrängt, schnellstmöglich zu seinen Freunden zurückzukehren, um sie über den festen Entschluß der Alliierten zu beruhigen, daß nicht mehr mit Napoleon verhandelt werden sollte; man gab ihm ein Schreiben mit, mit dem er sich beim Zaren ausweisen konnte, dem er die Entscheidung der alliierten Minister mitteilen sollte. „Fürst, unterzeichnen Sie als erster", sagte Castlereagh zu Metternich, „damit der russische Kaiser davon überzeugt sein kann, daß Sie unsere Gefühle teilen und einer Meinung mit uns sind." Dies läßt vermuten, daß gewisse Leute Gründe gehabt hätten, daran zu zweifeln.

Und an diesem Abend stießen die drei Schicksalsbrüder mit ihren Kollegen aus Holland, Bayern und Spanien auf die Gesundheit Ludwigs XVIII. an. Der Minister Bayerns hat die Szene berichtet: „Graf von Stadion brachte den ersten Toast auf den tapferen Bürgermeister von Bordeaux aus, der die weiße Kokarde angesteckt hatte. Lord Castlereagh brachte einen Toast auf Ludwig XVIII. aus, dann auf das französische Volk und schließlich auf die Fürsten. Dieses denkwürdige Abendessen, durch das die weiße Fahne über Frankreich gehißt wurde, beweist, daß wir in dieser Hinsicht den Rubikon überschritten haben."

Daß Metternich in diesem Zusammenhang nicht zitiert wird, läßt vermuten, daß er seinerseits vielleicht nicht so enthusiastisch war. Am nächsten Tag, dem 29., traf sein Mitarbeiter Wessenberg in Dijon ein; er war auf der Straße von französischen Partisanen angehalten worden und Napoleon durch Caulaincourt vorgeführt worden. Der Kaiser hatte zu ihm gesagt, daß er nun bereit sei, die Bedingungen der Alliierten zu akzeptieren und daß er geneigt sei, sich zu diesem Zwecke Österreich zu ergeben. „Wenn mich die Österreicher nicht retten, bin ich verloren. Glauben Sie nicht, daß ich mir etwas vorgaukle, ich kenne meine Lage nur zu genau." Schade, kommentiert Metternich, als er die Sache Laura schreibt: „Wenn er es 14 Tage vorher genausogut gewußt hätte, hätte er den Frieden gemacht."

Man weiß, daß die Entwicklung der Ereignisse in Paris die Mission von Gain-Montagnac unnötig machte. Während der 13 kritischen Tage, vom 25. März bis zum 7. April, hat Metternich sicherlich mit den Hufen gescharrt, weil er in Dijon angebunden und ohne Nachrichten war, während seine Rivalen, die sich am richtigen Platz befanden, die entscheidenden Handlungen vornahmen. Die Nachricht des Einzugs der Alliierten in Paris erreichte Dijon erst am 4. April abends. Eine Menge Neugieriger versammelte sich vor dem Hotel, in dem der Kaiser Österreichs und sein Minister untergebracht waren. Eine Abordnung erschien und fragte, ob es gestattet sei, die königlichen Farben aufzuziehen; nachdem Metternich die Erlaubnis dazu gegeben hatte, wehte die weiße Fahne bald in allen Straßen.

> „Es ist eine besondere Sache", berichtet Clemens Wilhelmine, „das Umschmücken einer ganzen Stadt mitzuerleben (...) Alles hat sich binnen 24 Stunden verändert. Man behandelt uns als Freunde; die dreifarbigen Kokarden sind verschwunden und haben der weißen Kokarde Platz gemacht. Das Volk ist sehr fröhlich. Es ist zufrieden, denn es glaubt, endlich das absolute Ende der unruhigen Zeit zu erleben."

Die vom Senat ausgesprochene Absetzung Napoleons und seine erste Abdankung (4. April) wurden in Dijon am 7. bekannt und beendeten die letzten Unsicherheiten. „Die große Revolution ist beendet", verkündet Metternich. „Napoleon ist nicht mehr. Die Zeder des Libanon ist nicht schneller gefallen. Ich reise in wenigen Stunden nach Paris ab. Der Kaiser bleibt noch hier. Es wäre unpassend gewesen, daß er dort anwesend gewesen wäre, um seine eigene Tochter zu verjagen."

In der Tat blieb ihm diese Peinlichkeit durch den Willen Napoleons selbst erspart, denn bereits am 30. März hatten Kaiserin Marie-Louise und ihr Sohn Paris verlassen und sich nach Blois geflüchtet.

Am Abend des 10. April, dem Ostertag, war Metternich in Paris, nachdem er mit Castlereagh und Hardenberg gemeinsam drei Tage und drei Nächte durchgefahren war. Ein interessanter Zufall ist, daß die Unterkunft, die man ihm zugewiesen hatte, das Hotel de Saxe, seinerzeit Eigentum des Generals Sébastiani, nur hundert Schritte von jenem Hotel de Beauvau entfernt lag, das im August 1806 seine erste Residenz als junger Botschafter gewesen war.[1]

Der Vertrag von Fontainebleau

„Die Stadt bot", so schreibt er an Wilhelmine, einen außergewöhnlichen Anblick."

> „Alles ist so ruhig, als hätte es keinen Krieg gegeben. Die Straßen sind voller Menschen; elegante und geschlossene Wagen, alles das mischt sich in immer neuen Gruppierungen durcheinander, alle kennen sich und alle grüßen sich herzlich. Marschälle mit der weißen Kokarde, der Graf von Artois in der Uniform der Nationalgarde."

Der Bruder des Königs war am 12. April eingetroffen und Metternich konnte den Aktivitäten, die dem Fürsten gestattet hatten, sich als Chef der provisorischen Regierung anerkennen zu lassen, nur als Zuschauer beiwohnen; außerdem hatte er keinerlei Anteil an den Ereignissen, die wenige Tage zuvor zur Bildung dieser Regierung und zur Abdankung Napoleons geführt hatten. Alles war praktisch zwischen dem Zaren Alexander und Talleyrand entschieden worden, die in der Rue Saint-Florentin unter dem gleichen Dach wohnten.

Metternich begab sich einige Stunden nach seiner Ankunft in Paris dorthin. Was er dort erfuhr, gab ihm Anlaß, zu bedauern, daß er sich länger in Dijon aufgehalten hatte. Alexander hatte es auf sich genommen, mit den Bevollmächtigten Napoleons, den Marschällen MacDonald und Ney sowie Caulaincourt den Wortlaut des unter dem Namen „Vertrag von Fontainebleau" bekannten Abkommens festzulegen. Der Zar hatte sich in der Euphorie des Sieges ebenso großzügig gegenüber seinem besiegten Gegner zeigen wollen, wie er bislang verbissen darauf gewartet hatte, das Halali zu blasen. Napoleon sollte den Kaisertitel behalten und in aller Unabhängigkeit die Insel Elba regieren; Marie-Louise sollte ebenfalls ihren Titel behalten und das Herzogtum Parma samt Piacenza und Guastalla als Erblande bekommen. Gegen diese letztere Vorschrift hatte Metternich nichts einzuwenden, ganz im Gegenteil, da dadurch das Haus Österreich seine Hand auf das ausstrecken konnte, was vor der Revolution ein Lehen der Bourbonen gewesen war. Aber die Anwesenheit Napoleons so nahe vor der italienischen und französischen Küste war ein offensichtliches Risiko.

Alexander antwortete auf die Vorhaltungen, daß er sich als durch Ehrenwort gebunden erachte; im übrigen werde Napoleon, solange der Vertrag nicht unterzeichnet sei, Fontainebleau nicht verlassen, wo er noch von Männern umgeben war, die entschlossen waren, für ihn zu sterben, darunter auch seine Marschälle, welche sehr entschlossen waren, dafür zu sorgen, daß er die verlangten Zugeständnisse auch wirklich erhielt, da sie ihn zuvor auf ganz häßliche Art und Weise hatten fallen lassen. Metternich verlangte außerdem, daß Castlereagh und Schwarzenberg befragt werden sollten, die beide ebenfalls über die schlecht verstandene Großzügigkeit des Zaren entsetzt waren, allerdings ebensowenig eine Möglichkeit sahen, aus den Verpflichtungen wieder herauszukommen. Metternich kam also, um seine Kapitulation zu überbringen. „Ich werde meinen Namen unter einen Akt setzen, der uns in weniger als zwei Jahren erneut zum Schlachtfeld führen wird", soll er gesagt haben.

Als er die Angelegenheit seinem erhabenen Herrn vortrug, färbte er die Wahrheit ein wenig ein und stellte sich selbst als denjenigen dar, der die Marie-Louise angebotenen Vorteile vorgeschlagen haben soll. „Sie haben in dieser Angelegenheit gehandelt, wie es richtig war", antwortete ihm Franz I., „und als Vater danke ich ihnen von ganzem Herzen." Aber bezüglich der Insel Elba war er sehr unzufrieden; nicht aus dem Grunde, der Metternich und Castlereagh hatte zögern lassen; man muß den Wortlaut seines Protestes lesen, denn dort kommt ganz deutlich die verständliche Anhänglichkeit an das Land seiner Jugendzeit, aber auch die kleinkrämerische Seele zum Ausdruck. „Elba wird der Toskana weggenommen; es wird zu Gunsten von Fremden über Gegenstände verfügt, die meiner Familie gehören. Dies ist etwas, was zukünftig nicht mehr wird passieren dürfen. (...) Jetzt aber müssen wir versuchen, zu erreichen, daß die Insel Elba nach dem Tode Napoleons an die Toskana zurückfällt, daß ich für das Kind bezüglich des Herzogtums Parma als Vormund eingesetzt werde, etc." Außerdem ist sicherzustellen, daß die besagten Staaten niemals in Gefahr geraten, der Familie Napoleons anheim zu fallen.

Metternich hatte warnend mitgeteilt, daß der Kaiser „mit großer Kälte" empfangen werden würde. Dennoch gelang es ihm, bei dessen Ankunft am 15. April den Grafen von Artois zusammen mit dem Zaren und dem preußischen König dazu zu bewegen, Franz I. an der Porte d'Italie zu empfangen; danach nahmen die Herrscher eine Militärparade auf der Place de la Concorde ab. Schließlich gab es eine Sitzung im Senat, wo der Kaiser sich eine kämpferische Rede von Fouché anhören mußte, auf die er mit einer Rede antwortete, die natürlich Metternich geschrieben hatte. Wenn er auch selbst damit sehr zufrieden war, so hatten doch die Senatoren so wenig Geschmack an den antirevolutionären Worten gefunden, daß sie sich weigerten, sie in das Protokoll der Sitzung aufzunehmen.

Um sich von seinen ermüdenden Tätigkeiten zu erholen, begab sich der mürrische Habsburger in das Hotel de Charost – heute Botschaft Englands – in das parfümierte Bett, in dem bis zu den letzten Tagen des untergegangenen Regimes die Liebesabenteuer der schönen Paulina Borghese stattgefunden hatten – ein Kontrast, wegen dem der treue Minister sardonisch lächelte.

Es blieb ihm noch, das Schicksal seiner Tochter Marie-Louise zu regeln. Sie hätte sicherlich akzeptiert, vielleicht sogar gewünscht, das Schicksal Napoleons zu teilen. Aber am Ostertag erhielt sie in Orléans von ihrem Vater einen verklausulierten und beunruhigenden Brief, den ersten seit langer Zeit. Franz teilte ihr mit, daß er zunächst einmal seine Pflichten als Kaiser und die Wünsche seiner Alliierten zu berücksichtigen habe. Zwei Tage später eröffnete ihr der fröhliche Paul Esterhazy, der von Metternich geschickt worden war, die Maßnahmen, die ihr ein kleines, unabhängiges Fürstentum garantierten und lud sie ein, sich nach Rambouillet zu begeben, wo ihr Vater sie erwartete. Saint-Aulaire, der damit beauftragt wurde, die Antwort zu überbringen, soll Schwierigkeiten gehabt haben, zu Metternich vorzudringen, den er offensichtlich endlich vorgefunden haben soll, als er sich von dem berühmten Harmand frisieren ließ. Das Treffen fand am 16. April statt. Aus diesem zweistündigen Gespräch ohne Zeugen ging die junge Frau mit dem Entschluß hervor, den Wünschen ihres Vaters Gehorsam zu leisten: am 23. würde sie mit ihrem Sohn nach Schönbrunn abreisen. Parma sei für später vorgesehen.

Persönliche Schicksalswende

In der Zwischenzeit hatte der Kaiser eine neue Möglichkeit gefunden, seinem Minister erneut seine Dankbarkeit zu beweisen: durch einen handgeschriebenen Brief vom 21. April wurde es Metternich und seinen direkten Nachfahren gestattet, im ersten Feld ihres Familienwappens das Wappen des Hauses Österreich zu tragen. Andererseits schenkte ihm sein Herrscher in seiner Eigenschaft als König von Ungarn die Herrschaft Daruvàr und übertrug ihm außerdem die Eigenschaft eines „eingeborenen Magnaten" des Königreichs.

Seit seiner Ankunft in Paris hatte Metternich die Häufigkeit und die

Länge seiner brieflichen Ergüsse für Wilhelmine vermindert. Er hatte ganz offensichtlich andere Quellen, um sich von den Arbeiten im Ministerium zu entspannen: er bummelte durch die Läden, besuchte die Theater; er besuchte ebenfalls seine Freunde und Freundinnen, unter denen sich ohne Zweifel auch Laura Junot befand, die zwar von ihrem verrückten Ehemann befreit war, jedoch einen anderen Liebhaber hatte. Dies hinderte ihn allerdings nicht, seine Freundin mit Nachdruck zu bitten, ihn in Paris zu besuchen. Er fürchtete, daß sein junger Rivale Windischgrätz bereits nach Wien zurückgekehrt sei und daß dann binnen einer Minute – einer Nacht – all das Gelände verloren wäre, das er mit viel Mühe und um den Preis so vieler geschriebener Seiten gewonnen hatte. Er sorgte dafür, daß der schöne Alfred in staatlichem Auftrag nach Turin geschickt wurde. Vergebliche Mühe! Ein Polizeibericht gab ihm am 29. April davon Kenntnis, daß Wilhelmine einen neuen Liebhaber in der Person des englischen Gesandten Frederick Lamb hatte. Dies war ein Grund mehr, daß er darauf bestand, daß sie nach Paris käme, wo sie ungeduldig von ihrer Mutter, der Herzogin von Kurland erwartet wurde. Er gehe, so sagt er, fast jeden Tag zu ihr. „Ich finde, sie ist noch schöner geworden; man braucht sich nicht zu wundern, wenn man plötzlich in sie verliebt ist."

Dies passierte in der Tat Talleyrand, dessen „Lieblingssultanin" sie zu dieser Zeit war. Da diese Art von Beziehungen eine Art von Verwandschaft schuf, behauptete Metternich, ihr ein „kindliches" Gefühl entgegenzubringen. Nach der gleichen Logik hätte Metternich sich als „Schwiegersohn" Talleyrands bezeichnen können ..., wobei er später sein „Schwager" werden würde, dann nämlich, als der hinkende Teufel die Mutter durch ihre jüngste Tochter ersetzte, nämlich Dorothée, die Gräfin Edmond de Périgord, die jüngste Schwester Wilhelmines! Sind diese Spiele wirklich absolut vergeblich? Warum sollten diese erstaunlichen Beziehungen nicht zumindest in ihrem Ton die Diskussionen beeinflußt haben, die diese beiden Staatsmänner im Verlauf der folgenden Wochen miteinander hatten?

Wilhelmine erscheint trotz allem am 15. Mai in Paris und logiert bei ihrer Mutter, der Herzogin von Kurland, wo sich auch ihre beiden Schwestern, Pauline, Prinzessin von Hohenzollern-Hechingen und Johanna, die Gräfin von Acerenza aufhalten. Mit geheuchelter Gleichgültigkeit schreibt Clemens am 22. Mai an Laura, daß er „die Prinzessinnen" seit seiner Ankunft erst dreimal gesehen habe. Ganz offensichtlich hatte heftige Wiedersehensfreude geherrscht, aber die Details sind uns nicht bekannt, denn logischerweise werden keine Briefe mehr gewechselt; ein Brief von Wilhelmine – „Ich hasse Paris" – läßt tief blicken. Das gleiche gilt für den Brief, den sie ihm vor ihrer Abreise nach London schrieb: „Ich werde ruhig und ernsthaft sein und Sie werden mit mir zufrieden sein." Man weiß auch, daß Metternich ihr ein goldenes Armband hat überbringen lassen, das das Datum ihrer Liebesnacht in Laun trägt und sie dabei bat, dasjenige abzulegen, das ihr Alfred geschenkt hatte. Sie hat dies abgelehnt.

Und was wurde aus der armen Eleonore? Sie hatte schüchtern vorgeschlagen, daß sie zu ihrem Mann nach Paris kommen könne, das sie so sehr geliebt hatte. Kommt überhaupt nicht in Frage, antwortete ihr Clemens; sein Aufenthalt in Frankreich sei nur von kurzer Dauer; und er vertraut ihr eine sehr wichtige Aufgabe an: sie soll die Wohnung am Ballhausplatz renovieren lassen, nicht nur im Hinblick auf die Empfänge, die man dort aus Anlaß des Kongresses, der seiner Meinung nach dort stattfinden wird, wird geben müssen, sondern auch ob des Komforts seiner eigenen Unterbringung. „Ich habe beschlossen, diese Räume gut auszustatten", schreibt er ihr, „denn ich habe wahrscheinlich mehr Gelegenheit, als ich wünschte, viele Jahre in diesem Haus zuzubringen." Er selbst nimmt es auf sich, in Paris Möbel bei Jacob zu kaufen, Silbergerät bei Biennais und Bronze und Porzellangegenstände bei Thomire. Er hat sogar Tänzer für die Aufführungen und den Maler Isabey engagiert, der die großen Gelegenheiten in Bildern unsterblich festhalten soll. Was die Kleidung angeht, so soll ihm Eleonore nur Listen mit den Dingen schicken, die sie wünscht und Clemens wird diese Dinge bei den Pariser Modistinnen in Auftrag geben.

Aus Anlaß der Umgestaltung des Palais und des Kanzleramtes hat Laura den Wagemut, vorzuschlagen, daß man doch wohl die Familienwohnung vom zweiten Stock in den ersten verlegen könnte, da, wo Metternich selbst sein Schlafzimmer hatte. Oh nein! antwortet Clemens. Wenn Sie dies tun, werde ich selbst in den zweiten Stock umziehen. Dies war eine grausame Art und Weise, ihr zu verstehen zu geben, wie ihr Verhältnis sich wohl entwickeln sollte. Als ob nichts gewesen wäre schrieb ihr Clemens weiterhin regelmäßig kleine Kommentare zu den Ereignissen, die dazu dienen konnten, die Gespräche in den Wiener Salons zu nähren. Am 23. April: „Es gibt keine Spuren mehr von Napoleon. Man spricht von ihm wie von einer Regierungszeit des 14. Jahrhunderts. Alle Adler sind verschwunden; es gibt diese unzähligen N's nicht mehr." Am 24. Mai berichtet er freudestrahlend über die Äußerungen, die Napoleon gegenüber General Koller gemacht haben soll, der ihn auf seiner Reise ins Exil eskortierte:

> „Ich will gerecht sein. Fürst von Metternich hat sich als geschickter Minister erwiesen. Er ist der einzige Staatsmann, der sich in Europa seit der Revolution gezeigt hat. Er hat mich systematisch zerstört und ich habe ihn durch meine Fehler dabei unterstützt. (...) Wir werden sehen, ob Metternich an der Macht bleiben kann und ob sein Appetit beim Essen nicht größer wird."

KAPITEL 13

Erste Früchte des Sieges

Ausrichtung der österreichischen Politik

Eine der ersten Aufgaben Metternichs in Paris war es, die neue französische Regierung vergessen zu machen, daß Österreich das letzte Land war, das „den Usurpator" fallen ließ. Es galt auch, zu vermeiden, daß Frankreich auf dem Kontinent etwa ein russisches Protektorat werde. In diesem Bestreben wurde Metternich bestens von der Haltung des Zaren im Verlauf seiner ersten Triumphtage in Paris unterstützt. Sein Wunsch, als der große Restaurator der Freiheit zu erscheinen, die Unterstützung, die er der ersten Senatoriatsverfassung gab, seine ritterliche Großzügigkeit gegenüber den Besiegten – „Weißt Du, was er zur Zeit auf dieser Welt am liebsten mag?" schreibt Clemens an Wilhelmine: „Die Familie Bonaparte! Er würde ihnen das Menschenmögliche geben, wenn er nur könnte" – All dies konnte den Bourbonen wohl kaum gefallen und Ludwig XVIII. ließ es den Zaren sehr deutlich durch die Kälte seines Auftretens bei ihrem ersten Treffen spüren.

Im Gegensatz dazu stellte Metternich seinen Herrscher als Pfeiler der monarchistischen Ordnung der Dinge dar. Marie-Louise, das unglückliche Symbol der Kollaboration mit dem Usurpator, war wie in einer Falltür verschwunden. Ludwig XVIII., sein Bruder und ihre Umgebung aus Emigranten, konnten diese Haltung nur gutheißen. Ein entschlossen monarchistisches Frankreich, das sich auf ein konservatives England stützte, das war es, was eventuell Napoleon in der Rolle ersetzen konnte, die Metternich ihm gerne bewahrt hätte, nämlich die eines Gegengewichts gegen die russische Macht in Europa.

Das europäische Gleichgewicht, die Grundlage des Friedens, dieses erklärte Ziel in allen offiziellen Urkunden der Koalition, dies war es, was die habsburgische Monarchie mehr als jeder andere Staat Europas suchen mußte, denn sie war ein enormer Polyp, der sich über viele geschichtliche Jahrhunderte hinweg im Zentrum des Kontinents entwickelt hatte.

Ein Reich ohne Rückgrat

Vielleicht ist es hier angebracht, kurz den Lauf des biographischen Berichtes zu unterbrechen, um einen genaueren Blick auf das zu werfen, was ab 1815 Österreich darstellte, so, wie es Metternich mehr als 30 Jahre lang nicht etwa im Sinne des Wortes zu regieren, sondern zu verteidigen, zu repräsentieren hatte.

In Bezug auf seine Ausdehnung und seine Komplexität war es weit von dem Reich Karls V., seines direkten Vorfahren, entfernt, es gab aber im 19. Jahrhundert – und es wird dies wohl auch in der Zukunft nie wieder geben – kein politisches Gebilde wie diesen österreichischen Staat, der in die Hände des schmächtigen Abkömmlings des Hauses Habsburg gefallen war. Das österreichische Wort „Fleckerlteppich" paßt wohl ebenso gut wie das englische „patchwork" auf dieses Gebilde, denn dahinter steht der Gedanke einer geduldigen Kleinarbeit, aus der ein solches Machwerk entsteht.

Im Inneren der Grenzen, die sich bedenkenlos über natürliche Hindernisse wie Flüsse und Berge hinwegsetzen, findet sich eine Ansammlung von auseinandergerissenen natürlich gewachsenen Regionen, eine babylonische Sprachverwirrung größten Ausmaßes, sowie ein fürchterliches Durcheinander von Institutionen. Deutsche, Ungarn, Tschechen, Slovaken, Serben, Kroaten, Polen, Rätoromanen, Rumänen, Italiener, ohne noch von den überall anwesenden Juden reden zu wollen, sind das menschliche Element darin.

Drei Hauptumstände komplizieren unabdingbar ihr Zusammenleben in dem großen, von den Habsburgern gebauten Haus. Zunächst einmal entstehen fast überall, wo einige dieser Elemente auf der Landkarte homogene und örtlich wohl umrissene Gruppen bilden – zum Beispiel die Italiener in der Po-Ebene, insbesondere in den Randzonen Minoritätenprobleme, denn ein dominantes Element vermischt sich dort mit anderen dieser Elemente. Zweitens entspricht die ethnische Karte nicht den geschichtlich gewachsenen politischen Einheiten – Königreiche, Fürstentümer, Erzherzogtümer, Banate, Marken, etc. – deren zufällige Aneinanderreihung das Kaiserreich der Habsburger hervorgebracht hat. So umfaßt das Königreich Ungarn, gegen den Willen der Ungarn, auch slavische Bevölkerungsteile in Kroatien und in der Slovakei und das Königreich Böhmen hat eine deutsche Bevölkerung an der Seite der Tschechen. Als letzte

Schwierigkeit gehören die deutschen Provinzen, ebenso wie Böhmen und Mähren zum deutschen Bund, der in verkleinerter Form das Erbe des Heiligen Römischen Reiches Deutscher Nation angetreten hat. Und der Kaiser Österreichs ist der Präsident dieser neuen Union aus 38 unabhängigen Staaten, wobei ihm Preußen hochmütig die Vorherrschaft streitig macht. Das österreichische Kaiserreich fühlte sich also mehr als jedes andere Reich von den Ideen bedroht, die die Völker — zumindest ihre aufgeklärten Eliten — zu liberalen parlamentarischen Systemen drängten und gleichzeitig zur Bestätigung und Festigung ihrer nationalen Identität. Wenn die friedliche Koexistenz bis dahin durch die gemeinsame Unterwerfung unter einen gütigen Herrscher möglich war, was sollte mit ihm an dem Tag geschehen, an dem jedes nationale Element in sich frei wäre, Sonderansprüche zu stellen und sich eigene Institutionen zur Vertretung der Interessen zu schaffen? Die Minoritätenprobleme würden dann an die Oberfläche kommen und die nationalen Leidenschaften würden angefacht und innere Kämpfe auslösen. Andererseits, wenn Deutschland seine Einheit auf der Grundlage der germanischen Nation aufbaute, was sollte dann aus Österreich werden? Seine nicht deutschen Provinzen würden es ihm nicht gestatten, sich in die neue Konstruktion einzugliedern und der Kaiser würde seine traditionelle Rolle verlieren. Seine deutschen Untertanen würden sich in Bezug auf die anderen Elemente in der Minderzahl wiederfinden und der Anziehungskraft des großen germanischen Vaterlandes erliegen.

Metternich war vor diesen tödlichen Gefahren weder blind noch gleichgültig. Aber wie sollte er mit einer so schlecht angepaßten Regierungsmaschinerie, die so wenig effizient arbeitete, sich gegen alle diese Dinge stellen? Es gab in Wien eine konfuse Anhäufung von Ministerien, Räten, Kanzlerämtern mit schlecht definierten Geschäftsbereichen, wo sich die Verantwortlichkeiten vermengten und gegensätzliche Handlungen geradezu herausgefordert wurden. Der französische Botschafter schreibt im Januar 1817:

„Dieses Land existiert aus seiner eigenen Masse heraus, aber die Regierung hat keinerlei Handlungsfähigkeit und man spürt sie nirgends ... Es gibt hier weder einen gemeinsamen Willen noch eine Autorität. Jeder macht in etwa das, was er will, und es sind die Untergebenen, die herrschen. Fürst Metternich hat keinerlei Einfluß auf irgendetwas, was nicht absolut in sein Ressort fällt. Alle suchen überall die Regierung und keiner findet sie."

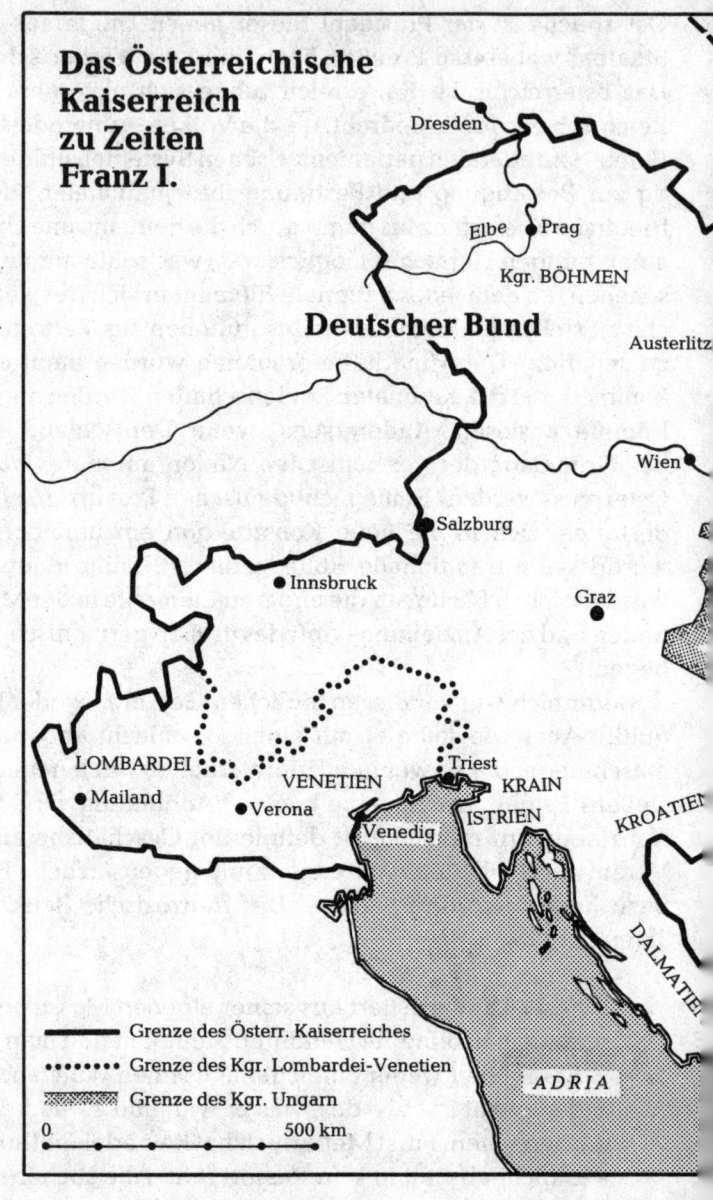

Ein vierfacher Sicherheitsgürtel

Die Außenpolitik ist also das unbestrittene Feld Metternichs. Wenn man die gesamte Komplexität der Aufgabe abschätzen will, die ihn in seiner Rolle als Friedensrichter und Wächter über die Sicherheit des Kaiserreiches erwartete, muß man noch eine zweite Abschweifung vom Thema akzeptieren, und zwar eine geopolitische, die man nur verstehen kann, wenn man eine Karte vor Augen hat. Wenn wir die Dinge schematisieren, kann man sich rund um Wien, das Herz des Kaiserreiches, herum vier konzentrische Kreise vorstellen, in denen sich verschieden stark der Zugriff oder die Wachsamkeit des Staates vollziehen mußte.

Im Zentrum befindet sich der aus den Stammlanden der Habsburger gebildete Block mit Böhmen und Ungarn. Auf diese Ländereien war Österreich durch den Frieden von 1809 zurückgeschnitten worden: genug, um als zweitrangige Macht existieren zu können, nicht genug aber, um eine eigenständige Politik führen zu können. In der Tat war die Sicherheit dieses zentralen Kerns nur durch den Besitz und den militärischen Ausbau weniger ausgedehnter Ländereien am Rande gesichert, die auf verschiedenen Seiten die Rolle eines Vorhofs spielen. Dieser zweite Kreis umfaßt grosso modo Tirol mit den Alpenkämmen, die Gegend um Salzburg, den Inn und Passau, die die große Einfallstraße im Donautal beherrschen. Entsprechend liegt im Osten die Gegend von Krakau, die den Übergang über die Kaparten deckt; im Süden schließlich liefern die illyrischen Provinzen dem Kaiserreich den einzigen Zugang zum Meer. Im dritten Kreis finden sich Staaten, die sozusagen die Außenhöfe oder Vorgärten der Eingangstüren des zweiten Kreises sind; dort mußte sichergestellt werden, daß der österreichische Einfluß vorherrschend war, sei es in Form der Annexion, der dynastischen Union oder der Allianz; es handelt sich dabei um Venetien und die Lombardei, Bayern, Ostgalizien und auch Sachsen. Im vierten Kreis schließlich, in dem, mangels direkter Hegemonie Österreichs, vom Kaiserreich darüber gewacht werden mußte, daß dort keine Hegemonie sich einrichtete: es handelt sich dabei um den Rest Deutschlands und Italiens, um Polen und das Ottomanische Reich.

Wohlgemerkt, Metternich hat niemals die Zielsetzungen seiner Politik derartig formuliert, aber so entspringen sie seinen Handlungen und Direktiven, die er 40 Jahre lang von sich gegeben hat.[1] Ebenfalls wohlgemerkt hängt die Verwirklichung des oben skizzierten Programms vom guten Willen der Partner Österreichs ab und es ist unvermeidlich, daß, als das Ziel, das der Zement der Allianz war, erreicht war – nämlich die Zerstörung des napoleonischen Kaiserreichs –, die Partikularinteressen jedes der Alliierten wieder auftauchten und unter ihnen zahlreiche Konflikte auslösten. Es war ebenfalls unmöglich, ein nicht genau zu definierendes aber dennoch sehr viel gefährlicheres Element zu vernachlässigen: die liberalen und nationalen Bewegungen, die man gegen den Despotismus und den napoleonischen Imperialismus ins Leben gerufen hatte und die jetzt geneigt waren, sich gegen die siegreichen Herrscher zu richten.

Die Verträge von Paris

Die für Europa vorgesehenen territorialen Umgestaltungen konnten erst nach der Wiederherstellung des Friedens mit dem Frankreich Ludwigs XVIII. diskutiert werden. Diese Seite der Angelegenheit stellte keine größere Schwierigkeit dar, da der Bourbonenkönig, im Gegensatz zu Napoleon, ohne sich etwas zu vergeben, die Grenzen seines Königreiches so akzeptieren konnte, wie sie 1792 vorhanden waren. Seitens der Alliierten, erklärt Metternich, „kann ein Frieden nur unter zwei Gesichtspunkten ins Auge gefaßt werden: entweder wird er von dem Wunsch nach Rache diktiert oder aber von dem Willen, ein politisches Gleichgewicht zwischen den Mächten einzurichten, das so perfekt wie nur irgend möglich ist". Die Preußen sollen die einzigen gewesen sein, die sich für die erste Alternative aussprachen; die drei anderen waren einig im Bestreben, Großzügigkeit zu zeigen; man brauchte einen Frieden, der für die Mehrzahl der Franzosen akzeptabel war, damit das Land in Europa wieder den Rang würde einnehmen können, den es zu Zeiten Ludwigs XVI. gehabt hatte, nämlich als Element des Friedens und des Gleichgewichts. „Die Lage", sagt Metternich erneut, „war so, daß es gefährlicher war, über das Ziel hinauszuschießen, als es nicht zu erreichen."

Es ist unmöglich, zu wissen, welchen persönlichen Anteil Metternich am Friedensvertrag hatte, der am 30. Mai 1814 von Talleyrand unterzeichnet wurde. Man kann nur annehmen, daß er darin bestand, die Radlager zu ölen und die Formulierung der im Wesentlichen durch Abstimmung zwischen England und Rußland gefaßten Beschlüsse im Interesse Österreichs zu manipulieren. Das Ergebnis war, daß Frankreich, will man das zu jener Zeit praktizierte System anwenden, 636.000 Untertanen dazugewonnen hatte: dies war nur ein geringer Vorteil angesichts des Verlustes der Territorien des linken Rheinufers, an die man sich über zwanzig Jahre der Besetzung hinweg als an französische Landesteile gewöhnt hatte. Aber die Alliierten hatten allen Grund, sich als großzügig anzusehen, wenn man sich daran erinnerte, mit welcher Brutalität Napoleon nach jedem seiner Siege andere Staaten beschnitten hatte.

Der Wunsch, die Irrungen und Wirrungen des von seinem Sockel gestürzten Despoten auszulöschen zeigte sich noch deutlicher in den nichtterritorialen Klauseln des Vertrages: es gab keine Kriegsentschädigung, keine Militärbesetzung (die alliierten Truppen hatten sogar begonnen, sofort nach Unterzeichnung des Waffenstillstandsvertrages vom 25. April in dem Umfange, wie die belagerten Garnisonen ins Mutterland zurückkehrten, französischen Boden zu verlassen), keine Beschränkungen in der Mannstärke der zukünftigen königlichen Armee. Zu guter Letzt – ein Zugeständnis, das heutzutage undenkbar wäre – verzichteten die Alliierten darauf, die als Kriegsbeute auf Befehl Napoleons im Louvre aufgehäuften gestohlenen Kunstwerke zurückzuverlangen. Es war noch nicht einmal die Rede davon, den außer Dienst gestellten Plünderern, wie den Marschällen Soult und Masséna den Prozeß zu machen und sie zur Herausgabe der in ihren Privatbesitz übergegangenen Dinge zu zwingen.

Sechs anhängende Geheimartikel sahen vor, daß das Schicksal der Frankreich wieder genommenen Territorien auf einem Kongreß geregelt werden sollte, der „auf den von den alliierten Mächten untereinander festgelegten Grundlagen" stattfinden sollte, anders gesagt, ohne Frankreich. Diese Verteilung der Dinge war exakt in großen Zügen die gleiche, wie sie schon bei den Verhandlungen in Langres im Februar vereinbart worden war.

Die italienischen Angelegenheiten

Insbesondere ging es dabei um Italien: es sollte, so hatte man festgelegt, aus „unabhängigen Königreichen" bestehen, und dazu sollte auch dasjenige gehören, das sich Österreich als Kompensation für die endgültig verlorenen Niederlande aus italienischem Gebiet bilden sollte; in diesem neuen Königreich sollte die Gegend von Mailand, einer alten habsburgischen Besitzung und das Gebiet der ehemaligen Republik Venedig, das durch Bonaparte auf Grundlage des Vertrages von Campoformio (1796) besetzt worden war, enthalten sein.

Es ging in der Tat darum, den aktuellen Stand der Dinge, der sich auf der Halbinsel durch die schnelle Bewegung der Ereignisse seit Jahresbeginn entwickelt hatte, in feste Bahnen zu lenken. Es war die Hauptbeschäftigung Metternichs über die Monate April/Mai hinweg, dieses Durcheinander zu entwirren und die Grundlagen für eine österreichische Hegemonie über Italien zu legen; auf diesem Gelände hatten ihm die Alliierten praktisch freie Hand gelassen.

Eine besondere Schwierigkeit entstand aus einem Vertrag, der im Januar 1814 mit Murat, dem König von Neapel, unterzeichnet worden war, welchem Metternich den Besitz seines Thrones als Gegenleistung für sein Zusammengehen mit der antinapoleonischen Koalition garantiert hatte. Man kann wohl glauben, daß diese Kehrtwendung von den geheimen Beziehungen vorbereitet worden war, die die ehrgeizige Caroline stets weiterhin zu ihrem früheren Geliebten unterhalten hatte. Der wilde Joachim war aber nicht damit zufrieden, am Fuße des Vesuvs sitzen zu bleiben: mit seiner „tapferen neapolitianischen Armee" war er in die Toskana eingefallen und hatte sie besetzt; und nachdem er großsprecherische Freiheitsparolen ausgegeben und zur Einheit des italienischen Volkes aufgerufen hatte, bereitete er sich darauf vor, das napoleonisch-italienische Königreich von Süden her anzugreifen, das Eugène de Beauharnais verteidigen sollte.

Letzterer war aber sehr damit beschäftigt, den Angriff der österreichischen Truppen des Feldmarschalls Bellegarde zurückzuschlagen, der sich zu Beginn des Monats Februar bereits auf der Linie des Mincio bei Verona befand. Am 16. April hatte Eugène eine Kapitulationsurkunde unterzeichnet, die auch einen politischen Aspekt beinhaltete, denn sie gestattete in Mailand, wie in Paris, die Bildung einer provisorischen Regierung, die aus dem Senat des Königreiches hervorgehen sollte. Außerdem wurde eine Delegation nach Paris entsandt, die die Beibehaltung eines unabhängigen Königreiches Italien erbitten sollte. Um schließlich die Verwirrung perfekt zu machen, hatte Lord Bentinck, der Botschafter und Vizekonsul Englands beim legitimen König von Neapel, der sich nach Sizilien geflüchtet hatte, in Livorno Truppen an Land gesetzt und rief die Italiener im Namen der Bourbonen zur Unabhängigkeit auf.

Der Zusammenbruch der napoleonischen Herrschaft führte sofort zu tumultartigen Demonstrationen. Französische Beamte wurden mißhandelt. Am 20. April lynchte in Mailand der Pöbel den ehemaligen Finanzminister des Königreichs Italien. Es war Aufgabe Österreichs, diesen gefährlichen Ausbruch revolutionären Fiebers zu beenden. Am 28. April marschierte ein erstes Korps in Mailand ein. An seiner Spitze ritt ein einäugiger General, dessen Name sowohl in ganz Europa als auch in der Geschichte bald bekannt werden würde: Adam-Albert Neipperg; er war es, den Metternich bereits zu Beginn des Monats Januar nach Neapel geschickt hatte, um den Verrat von Murat auszuhandeln und gegenzuzeichnen.

Die Delegation des Mailänder Senats wurde von Metternich am 6. Mai empfangen und am Tag danach vom Kaiser. Dieser erklärte ihnen: „Ihr Land gehört mir aufgrund der Abtretung und aufgrund der Eroberung." Er sagte, daß er später vielleicht gegebenenfalls ins Auge fassen könnte, ein autonomes Königreich Italien für einen Erzherzog aus seiner Familie ein zurichten; aber zum derzeitigen Augenblick würden die Lombardei und Venetien im Namen seiner apostolischen kaiserlichen und königlichen Majestät regiert werden.

Metternich nahm es einige Tage später auf sich, seinen Standpunkt in einem Memorandum zu erklären, das er an den Feldmarschall Bellegarde sandte (15. Mai). Es sei nötig, so sagte er, die Anmaßung einer nationalen italienischen Einheit kategorisch zu negieren. Diese Idee sei von Fremden, wie zum Beispiel Napoleon, Murat, Lord Bentinck und anderen unterstützt und von gewissen lokalen Elementen aufgegriffen worden, die die französische Ideologie in sich aufgesogen hätten. Traditionell sei Italien in eine gewisse Anzahl unabhängiger Staaten aufgeteilt und dies sei auch die Lösung, die die großen Alliierten in ihren Beratungen vorgesehen hätten und die der Errichtung einer österreichischen Hegemonie außergewöhnlich günstig sei. Die Bezeichnung „Königreich Italien" solle zukünftig ebenfalls verboten sein; Kaiser Franz solle als „König der Lombardei" proklamiert werden; das Schicksal Venedigs würde später geregelt.

Nach Erhalt dieser Instruktionen übernahm Bellegarde folglich die Macht in Mailand im Namen des Kaisers und löste die provisorische Regierung und den Senat auf. Am 12. Juni konnten die Mailänder und die Bürger der anderen lombardischen Städte zusammen mit der Mitteilung des Vertrages von Paris eine Proklamation zur Kenntnis nehmen, in der ihnen mitgeteilt wurde: Le vostre provincie sono definitivamente incorporate all'Imperio d'Austria. (Eure Provinzen sind endgültig in das Kaiserreich Österreich eingegliedert.)

In der Zwischenzeit waren andere ehemalige italienische Herrscher wieder in den Staaten eingetroffen, aus denen sie Napoleon vertrieben hatte: Papst Pius VII. in Rom, Großherzog Ferdinand III. der Toskana in Florenz, Herzog Franz von Österreich-Este in Modena, König Victor-Emmanuel von Sardinien in Turin; und sehr bald sollte dazu die Tochter des Kaisers nach Parma kommen. Ein Italien also, das fast ganz österreichisch war ... Hätte es nicht in Neapel als Störenfried Murat gegeben, der durch seinen Vertrag vom Januar 1814 geschützt wurde, den die Engländer allerdings nicht hatten ratifizieren wollen und den Metternich jetzt bitter bereute. Alle diese Bewegungen zeigen sich in einem beständigen Fluß von Papier und Personen im Dreieck zwischen Paris, Wien und verschiedenen Empfängern in Italien. Man kann davon ausgehen, daß Metternich manchmal am Ende seiner Kräfte war.

Zwei andere sehr dornenreiche Fragen beschäftigten ihn weiterhin Tag und Nacht, und zwar die Schicksale Deutschlands und Polens. Der preußische Kanzler Hardenberg bedrängte seine Alliierten, diese Fragen sofort zu lösen, solange man noch in Paris zusammen sei. Nach vielen Diskussionen jedoch zog es der Zar schlußendlich vor, die Entscheidungen hinauszuschieben, was Metternich mit Erleichterung akzeptierte.

Aufenthalt in England

Sie begaben sich beide als Gäste des Prinzregenten nach London. Ursprünglich wollte der britische Souverän allein den Zaren Alexander ehren, für den die Engländer eine anbetende Bewunderung hegten, da er ihnen als rächender Engel vorkam, der Europa von dem schrecklichen Tyrannen „Boney" befreit hatte. Aber aus Paris hatte Castlereagh bereits darauf bestanden, daß die Ehre des Triumphs auf die Gesamtheit der Schmiede des gemeinsamen Sieges ausgedehnt werde: Herrscher, Minister, Generäle. Der preußische König hatte eifrig akzeptiert, aber Kaiser Franz entzog sich dieser Reise: er haßte die pompösen Zeremonien und die Banketts mit Trinksprüchen. Er fürchtete möglicherweise einige feindselige Demonstrationen des Londoner Pöbels; die öffentliche Meinung in Großbritannien war von einer besonders vulgären und zügellosen Presse darauf getrimmt worden, den Österreicher als Feigling und Rabenvater anzusehen, der nicht gezögert habe, seine eigene unschuldige Tochter der unersättlichen Geilheit des korsischen Minotaurus als Opferlamm vorzuwerfen. Der Kaiser hatte also Metternich damit beauftragt, ihn zu vertreten, eine Rolle, die der Minister, der sich immer darüber freute, wie ein Pfau herumstolzieren zu können, übernahm, ohne sich lange bitten zu lassen. Er füllte diese Rolle übrigens wunderbar aus.

Seine eilige Freude, aus der heraus er noch vor Russen und Preußen bereits am 6. Juni in London ankam, war in sich selbst ein Akt geschickter Politik, denn dies gestattete es ihm, sozusagen eine Länge Vorsprung vor seinen Konkurrenten zu gewinnen und sich das Wohlwollen des Prinzregenten, des künftigen Georg IV. zu sichern, der eine gewichtige Figur auf seinem politischen Schachbrett war. Vielleicht ist der Augenblick gekommen, einen Augenblick innezuhalten und sich ein Porträt dieser Persönlichkeit anzusehen, das eine Frau von großem Geist gemalt hat, die ihn so intim kannte, wie es nur irgend möglich war, ohne seine Geliebte zu sein, die Prinzessin von Lieven.

„Zweifelsohne hatte er viel Geist und Durchblick (...) er war gebildet und hatte viel Takt; er führte eine leichte, lebhafte und abwechslungsreiche aber keinesfalls pedantische Konversation. Er verschönerte die Themen, die er behandelte, verstand es, zuzuhören, war sehr höflich. Ich selbst habe niemals jemanden anderen gekannt, der, so wie er, gleichzeitig herzlich, sympathisch und galant war. Er war der Freuden des Lebens müde und hatte nur noch guten Geschmack, aber kein echtes Gefühl mehr. Deswegen war er kaum zu einer persönlichen Bindung fähig und ich glaube, daß er niemals jemandem ein solches Gefühl vermittelt hat. Er vertraute niemandem; keiner seiner Minister vertraute ihm oder respektierte seine Wünsche, denn es war sehr leicht, ihn umzustimmen."

Metternich verstand es zunächst, seiner Eitelkeit und seinem besonderen Gefühl für theatralische Auftritte zu schmeicheln, weil er ihm als Versöhnungsgeschenk den Orden vom goldenen Vlies am Bande überbrachte, eine Auszeichnung, die bis dahin niemals einem protestantischen Fürsten verliehen worden war, sowie die Uniform eines Obristen eines österreichischen Regiments, das seinen Namen tragen sollte. Danach wurde er selbst damit geehrt, daß er den Abend mit ihm verbringen durfte, d.h. „um sechs Uhr abends zum Abendessen dorthinzugehen und dort bis drei Uhr morgens zu bleiben", wie Metternich zu Wilhelmine von Sagan sagt, die in seinem Schlepptau in London eingetroffen war. Bald schon sah der König wegen der delikat verteilten Schmeicheleien in Metternich nur noch den „weisesten der Minister" oder sogar „den Schiedsrichter Europas". Metternich verstand es aufgrund seines Taktes und seiner Gewandtheit, in Salons und bei den britischen Politikern die Vorurteile abzubauen, die durch seine Handlungen seit 1809 gegenüber seiner Person im Besonderen und Österreich im Allgemeinen entstanden waren.

Die Aufgabe wurde ihm von den enormen Ungeschicklichkeiten des Zaren wesentlich erleichtert. Dieser hatte als erstes die Gastfreundschaft abgewiesen, die ihm der Prinzregent im Palais von St. James erweisen wollte und war in einem Hotel untergekommen, unter dem Vorwand, sich dort zusammen mit seiner Schwester, der Großfürstin Katharina aufhalten zu wollen, die er mit sich gebracht hatte. Er badete jeden Tag in den Ovationen des Pöbels, der mit Schlamm nach dem Wagen des Prinzregenten warf, wenn dieser es wagte, sich auf den Straßen Londons zu zeigen. Er verärgerte die Toryminister dadurch, daß er den Führern der Whig-Opposition freundlich zugeneigt war; er konterkarierte ihre Politik und brachte ein Projekt zu Fall, das sie aufgebaut hatten und mit dem sie Prinzessin Charlotte, die Tochter des Regenten, mit dem Prinzen von Oranien, dem Erben des Throns der Niederlande verheiraten wollten. Großfürstin Katharina tat ihrerseits alles dazu, sich unbeliebt zu machen. So verlangte die unerträgliche Pute plötzlich bei einem festlichen Bankett, das die Stadt London in der Guild-Hall gab, daß die Musik, „die sie ermüdete" aufhören solle, zu spielen, sonst werde sie sich zurückziehen. Sie gestand gerade noch mit deutlich schlechter Laune zu, daß das „God save the King" gespielt und gesungen wurde. Während all dieser Zeit bewahrte der Prinzregent eine eisige Stille gegenüber dem Zaren und seiner Schwester.

Metternich berichtete seinem Monarchen über die wachsenden Anzeichen von Abneigung zwischen George und Alexander und schloß, daß es für letzteren wohl vorzuziehen gewesen wäre, überhaupt nicht nach London gekommen zu sein. Es ist nicht bekannt, ob die Schwester des Zaren andere Feierlichkeiten „entehrt" hat, die am 14. und 15. Juni in Oxford stattfanden: ein erstes abendliches Empfangsbankett; am nächsten Morgen die feierliche Verleihung des Doktortitels an Metternich, an Lieven (den Botschafter Rußlands) und an Blücher, gefolgt von einem englischen Breakfast im All Soul's College; am Nachmittag die Verleihung der Ehrenbürgerwürde der Stadt an die gleichen Persönlichkeiten, großes Galadiner in Christ Church und schließlich ein Ball am Amtssitz des Bürgermeisters.

Sicherlich waren nicht alle Tage Metternichs so ermüdend, aber man weiß, daß viele andere Bälle stattfanden und eine Menge Besuche empfangen und abgestattet wurden. Clemens schreibt am 19. Juni an Laura: „Ich war auf nicht einem gesellschaftlichen Ereignis, wo es nicht etwa 200 bis 300 Damen gab, die darum baten, mir vorgestellt zu werden" (wobei diese Zahlen sicherlich durch 10 zu teilen waren, sagte sich wahrscheinlich Laura lächelnd).

Und dann gab es noch die anderen Verpflichtungen, über die nicht gesprochen wurde: es gab die Zeit, die dazu bestimmt war, den gebieterischen Kapriolen Wilhelmines nachzukommen. Diese war wütend, weil sie nicht bei Hofe eingeführt worden war und daß sie nicht so häufig eingeladen wurde, wie ihr Liebhaber. Zum Beweis dient dieses säuerliche Briefchen: „Wir erwarten Sie zum Diner, mein lieber Clemens, obwohl ich nicht daran glaube, denn Sie werden sicherlich im Verlaufe des Tages irgendeine andere Verpflichtung eingehen können."

Politische Gespräche

All dies ließ zweifelsohne der Politik wenig Zeit und Raum im Geiste. Dennoch steckte Metternich in den privaten Unterhaltungen mit Castlereagh und den Vertretern der zweitrangigen Staaten bereits das Terrain für den zukünftigen Kongreß ab. Seine Beziehungen mit Hardenberg wurden in dem Maße wieder enger, in dem beide besorgt auf die Vorstellungen Alexanders für Polen blickten. Sie diskutierten ernsthaft den detaillierten Plan, den der preußische Kanzler, der von dem mondänen Leben wegen seiner Schwerhörigkeit ausgeschlossen war, für die Schaffung eines deutschen Bundes hatte ausarbeiten können. Metternich traf auch zum ersten Mal einen Mann, der einer seiner treuesten Freunde werden sollte, Kardinal Hercule Consalvi, den Kardinalstaatssekretär Pius VII.; er versicherte ihm, daß weder Österreich noch England die Achtung gegenüber einem Papst vermissen lassen würden, der doch schließlich Opfer der napoleonischen Tyrannei gewesen sei.

Castlereagh hatte als Datum für die Eröffnung des Kongresses den 15. August vorgeschlagen. Aber Alexander entdeckte zur allgemeinen Überraschung plötzlich, daß es für ihn zwingend notwendig sei, zunächst einmal in St. Petersburg mit dem Apparat seiner Regierung Kontakt aufzunehmen. Er würde also erst Ende September in Wien sein können. Also Kongreßbeginn am 1. Oktober? Metternich und Castlereagh stimmten dem unter zwei Bedingungen zu: zunächst einmal, daß die Minister sich in Wien bereits ab dem 11. September versammeln sollten, um die Tagesordnung und die Verfahrensordnung vorzubereiten und, vor allen Dingen, daß andererseits keinerlei Änderungen in der Verwaltung und in der militärischen Besetzung der polnischen Territorien stattfände, die sich seit Ende 1813 in Händen der Russen und der Preußen befanden.

Metternich hatte die Lektion, die er in der Schule Napoleons gelernt hatte, nicht vergessen: in jeglicher diplomatischen Diskussion war das beste Argument immer noch das Gewicht der Waffen. Am 6. Juli schreibt er seinem erhabenen Herrn: „Ich kann Eurer Majestät nicht genug empfehlen, sich so stark wie möglich auf eine militärische Haltung einzustellen, bis der Kongreß beendet ist. Nur auf diese Art kann der Kongreß einen erfolgreichen Ausgang haben; mit den entsprechenden Maßnahmen kann ich aber auch ein entsprechendes Ergebnis des Kongresses garantieren."

Rückkehr auf den Kontinent

Am 30. Juni, drei Tage nach der Abreise des Zaren machte sich Metternich in Begleitung Hardenbergs und Humboldts auf den Weg nach Paris. Zwischen Dover und Boulogne herrschten aber ungünstige Winde, die ihre Überfahrt außergewöhnlich hinzogen: 17 Stunden! Erst am 2. Juli waren sie in Paris.

Dort erwartete Metternich eine etwas unangenehme Nachricht: die Exkaiserin Marie-Louise hatte von ihrem Vater die Erlaubnis erhalten, eine Thermalkur in Aachen zu machen; die Ankündigung dieser Reise hatte bei der Regierung Ludwigs XVIII. sofort den Gedanken an eine österreichisch-bonapartistische Aktivität aufkommen lassen, deren Fäden offensichtlich auf der Insel Elba gezogen würden. Metternich beeilte sich, Ludwig XVIII.

und Talleyrand zu beruhigen: sicherlich, wenn er in Wien gewesen wäre, hätte er seinem Herrn empfohlen, seine Tochter bis zum Ende des Kongresses in einem Wandschrank zu verstecken, aber aus dieser Sache würden sich keinerlei Konsequenzen ergeben. Der Kaiser hatte außerdem Vorsichtsmaßnahmen getroffen: er hatte den kleinen König von Rom in Schönbrunn behalten; außerdem hatte er General von Neipperg den Befehl gegeben, sich von Mailand aus auf den Weg zu machen, die Erzherzogin unterwegs zu treffen und als Ehrenritter bei ihr zu bleiben, anders gesagt, als Schutz und Wache. Man weiß, daß der verführerische einäugige General bald noch andere, intimere Funktionen zu erfüllen hatte. Dies war der Anfang eines erstaunlichen Schicksals: er war zunächst der unersetzliche Liebhaber, anschließend, nach dem Tode Napoleons, der legitime Ehemann Marie-Louises und wurde dann ein wirklicher König ohne Krone im Staate Parma, den er mit Weisheit regierte.

Diese erstaunliche Wendung im Liebesleben Marie-Louises paßte so gut in die augenblickliche österreichische Politik, daß man versucht hat, die Mission Neippergs und das, was daraus folgte, auf machiavellistische Machenschaften Metternichs zurückzuführen. Aber schon die Betrachtung der Daten und Tatsachen lassen diese Interpretation hinfällig werden. Es scheint, als ob Schwarzenberg dem Kaiser diese Wahl nahegelegt habe. Metternich, dessen konnte er sicher sein, hätte der Initiative zugestimmt: Neipperg hatte sowohl in Neapel wie auch in Mailand ausreichend seine Fähigkeiten und seine Treue bewiesen.

Die übertriebene Nervosität, die Ludwig XVIII. und seine Minister aus Anlaß dieser unschuldigen Reise Marie-Louises zeigten, schien Metternich ein beunruhigendes Symptom, da sie die geringe Selbstsicherheit zeigte, die das königliche Kabinett in die Verläßlichkeit seiner Wiedereinsetzung hatte. Der König gab ihm eine zweistündige Audienz. Ganz offensichtlich hatte Metternich bei dieser Gelegenheit seine kritischen Bemerkungen über die Regierungsform nach der Charte (Anmerkung des Übersetzers: Charte Constitutionelle: Verfassung nach dem Zweikammersystem) wobei Metternich selbst allerdings seine Bemerkungen in seinen Memoiren auf das unwahrscheinliche Datum der ersten Audienz legt, die Ludwig XVIII. ihm bei seiner Rückkehr nach Frankreich gewährte[2]. Metternich fügt hinzu: „Ich hatte mich davon überzeugen können, daß dieser König sehr feste und sichere Ansichten über alle diese Fragen hatte, daß aber seine Ansichten von den meinigen in mehr als einem wesentlichen Punkt abwichen." Nach allem, was man von der Persönlichkeit beider Männer weiß, kann man wohl glauben, daß Ludwig XVIII. Metternich höflich, aber eisern, zu verstehen gab, daß ein österreichischer Minister einem Nachkommen Ludwigs XIV. und seiner Regierung keine Lektionen zu erteilen habe. Ausgezeichnet belegt ist in jedem Fall eine andere Schlußfolgerung, die er aus dieser Unterhaltung zog, denn sie wurde in dem sofort an den Kaiser gerichteten Bericht bewahrt. „Zwischen diesem Hof und dem Hof Rußlands gibt es mehr Spannung als Annäherung und in den zukünftigen Verhandlungen werden wir die erstaunliche Tatsache feststellen, daß alle Verhandlungsparteien sich ausnahmslos gegen das russische System wenden werden."

Ruhmvolle Tage

Während sich Metternich nicht ohne Erfolg damit beschäftigte, durch seine Aktivitäten den Stellenwert Österreichs bei den Regierungen Englands und Frankreichs zu erhöhen, hatte sein Herrscher den schönsten Tag seines Lebens erlebt. Am 16. Juni war er von seiner guten Stadt Wien mit einem Triumphzug sondergleichen empfangen worden. Er, und er allein, und nicht mehr, wie in Paris, von einem Alexander ausgestochen, und nicht mehr umgeben von intelligenteren Brüdern und Brüdern mit besserem Körperbau – der weise Ferdinand war nach Florenz abgereist; der geniale Karl, der Held der Armee, der seit 1809 nichts anderes mehr zu tun hatte, als seine Blumen zu pflegen und sein Buch über die Prinzipien der Strategie zu verfassen; Josef, der Paladin (Vizekönig) von Ungarn in Budapest zurückgehalten; Johann, der zu populäre, in steirischem Exil; ohne von den fünf anderen reden zu wollen, Leopold, Antonius, Rainer, Ludwig und Rudolph, die in der Öffentlichkeit kaum bekannt waren und als blasse und beliebig austauschbare Staffage bei den Hofzeremonien dienten. Nein, an diesem 16. Juni war es Franz alleine, an der Spitze der Armee, die er bis ins Herz der feindlichen Nation begleitet hatte, der in seinem Gepäck, außer der Tochter, wegen der man ihm so oft den Vorwurf gemacht hatte, daß er sie dem Korsen ausgeliefert hatte, der seinem Land mit dem endgültigen Sieg den Wiedererwerb aller in 20 Jahren beschämender Niederlagen verlorenen Provinzen mitbrachte.

Die gesamte Bevölkerung der Stadt Wien und zusätzlich all diejenigen, die aus dem Rest des Landes hatten herbeieilen können, all diese Leute in ihrer Festtagskleidung standen in dichten Reihen entlang der mit Blumen geschmückten Straßen, die mit frisch geschnittenem Gras bestreut waren, schrien Hurra, lachten und weinten vor Freude; sie ratifizierten jetzt endlich im Ausbruch ihres gemeinsamen Enthusiasmus die Geburt des Kaiserreiches Österreich, das aus dem Kadaver des Heiligen Römischen Reiches Deutscher Nation aufgetaucht war. Franz I. nicht mehr Franz II. und er, der kleine, schmächtige, furchtsame und beschränkte Mann, erschien als das

Symbol, als der Schmied dieser historischen Stunde. Während er ein wenig betäubt von all diesen Schreien, der Musik, den Hymnen, in die Stadt einritt, wie hätte er nicht manchmal an den denken sollen, dessen Ratschläge ihn schließlich zu dieser Apotheose des Ruhmes geführt hatten. Hier können wir an die bewegende Vertraulichkeit erinnern, mit der er seinem Minister einige Zeit zuvor gesagte hatte: „Ich war so lange unglücklich, daß ich zu guter Letzt das Gefühl für Glück und die Gewohnheit der Hoffnung verloren hatte. Eine große Änderung ist in mir geschehen: ich beginne, glücklich sein zu können[3]." Dieses Geständnis, dieses seltene kleine Fensterchen, das sich über dem Geheimnis, in dem sich die Persönlichkeit dieses Mannes eingemauert hatte, zeigt, erhellt die Verbindungen zwischen dem Fürsten und seinem Minister: weil Metternich der Vertraute und der Baumeister dieser Wunder war, hat er zweifelsohne das Vertrauen und die Liebe seines Herrn auf immer gewonnen.

Das Fest des 16. Juni hatte sich in die folgenden Tage hinein fortgesetzt und wurde mit Belustigungen begangen – Feuerwerke, Bälle, Beleuchtungen – all das zusammen belief sich nach einer Schätzung von Gentz auf Ausgaben in Höhe von fast zwei Millionen Gulden.

Wenn auch Metternich an diesen großen Tagen nicht hatte teilnehmen können, so sollte er doch seinen – sicherlich etwas weniger umfangreichen – Triumph haben, der aber allein ihm gehörte. Am 16. Juni wäre er fast unbemerkt hinter der kaiserlichen Familie inmitten der militärischen und zivilen Würdenträger eingeritten, dieses Mal war er der einzige Held des Festes. Am 18. Juli hatte er seine Frau und seine Kinder in ihrem Sommeraufenthalt in Baden getroffen. Am nächsten Tag wurde er feierlich im Kanzleramt empfangen. Die Spitzen der hohen Wiener Gesellschaft waren zwar zweifelsohne in der Sommerfrische, aber es gab sicherlich genug guter Bürger, um den Ballhausplatz und den Minoritenplatz mit wohlwollendem und fröhlichem Publikum zu füllen. Alle Musiker des Burgtheaters und des Theaters an der Wien waren vom Grafen Palffy, dem Organisator der Festlichkeit, herbeigeholt worden. Nach der Ouvertüre aus Prometheus traten der Flötist Bayer und der Geiger Spohr auf; als besondere Überraschung erklang zum ersten Mal die von dem Musiker Josef Kinsky nach Worten von Johann Emanuel Weith besonders komponierte Kantate:

„Gruß Dir, großer Fürst, Dir dessen Vorsicht die loyale Hand führte, damit sie uns die Freiheit bringe, uns und unseren Brüdern ..." etc.

Und nach acht Strophen gipfelte der Text in der Schlußfolgerung:

„Die Geschichte soll Dich der Nachwelt zeigen, als Beispiel für die großen Männer und dein Denkmal soll sich, zeitlos und unberührt, inmitten der Ruinen der Ehrenmäler Anderer erheben."

Was waren dabei die Gefühle des Helden dieses Festes? Man weiß es nicht. Aber man irrt sich wohl nicht sehr, wenn man annimmt, daß er in all dieser Verehrung nichts als unverdient oder übertrieben empfand.

KAPITEL 14

Der Wiener Kongreß. Das große Theater

In Baden

Baden ist eine hübsche kleine Badestadt, die seit der Römerzeit wegen ihrer wohltuenden Schwefelquellen besucht wird. Sie liegt etwa 30 Kilometer von Wien, eingebettet in eine Waldlandschaft, die sich für lange, erholsame Spaziergänge geradezu anbietet und war zu dieser Zeit die bevorzugte Sommerfrische für den kaiserlichen Hof und viele Familien aus der hohen Aristokratie Wiens, die sich dort hübsche Villen hatten bauen lassen.

Dort erholte sich Metternich zwei Monate lang von den ermüdenden Arbeiten des vorangegangenen Jahres und bereitete sich gleichzeitig auf die bevorstehenden Anstrengungen des zukünftigen Kongresses vor. Mit einer Wagenfahrt von zwei Stunden konnte er sich jede Woche nach Wien begeben, um dort einen Blick auf die Arbeit der Sekretäre des Kanzleramtes zu werfen, um notwendige Arbeiten anzuordnen, sei es im Palast am Ballhausplatz als auch in seinem Lusthaus am Rennweg, wo er schon das Fest vorbereitete, das er im Monat Oktober zu geben beabsichtigte.

Eine kleine Episode erhellt die Aufmerksamkeit, die er solchen materiellen Details widmete: er richtete an den Kaiser eine Bitte, in Wien ein zollfreies Lager einzurichten, bei dem sich die außerordentlichen und ständigen diplomatischen Vertretungen mit Wein aus ihren Herkunftsländern versorgen könnten. Erinnerte er sich vielleicht an die ihm 1809 bei ähnlicher Gelegenheit erteilte Abfuhr? In Baden gab es auch genügend gesellschaftliche Treffpunkte, um Metternich die in seinen Abendstunden zur Gewohnheit gewordenen gesellschaftlichen Aktivitäten zu ermöglichen.

Durcheinander im Liebesleben

Und dann vor allen Dingen kam zu Beginn des Monats August Wilhelmine von Sagan dorthin. Sie war am 22. Juli nach Wien zurückgekehrt. Daß Clemens nicht sofort ins Palais Palm und in ihre Arme gestürzt war, war für sie ein Grund zur Überraschung und für Vorwürfe. Am Montag, dem 25. aber begab sie sich selbst zum Ballhausplatz, um dort die Nacht mit ihrem Liebhaber zu verbringen. Es scheint, als habe er mit ihr dort einen seltsamen – und vergeblichen – Pakt geschlossen: sie versprach, sechs Monate lang ausschließlich ihm die Treue zu halten, wohingegen er sie nicht mehr mit Vorwürfen und Bitten quälen wollte und schließlich könnte er für sie das sein, was sie immer gesucht habe, um ihr Liebesbedürfnis zu stillen. Vielleicht hatte sie verstanden, daß sie nach Ablauf dieser Prüfung gegebenenfalls damit rechnen konnte, ihr Leben mit dem Metternichs zu verbinden. Sie war protestantisch, zweimal geschieden und hatte angenommen, daß Metternich ihretwegen seine legitime Ehefrau verlassen oder die arme Eleonore zwingen könnte, die Demütigung einer Art Zweitehe hinzunehmen. Wie dem auch sei, die Auseinandersetzung, die sie wenig später hatten, zerstörte diese Illusionen. Für Metternich war eine Scheidung in seiner Lage undenkbar; er blieb trotz allem fest an seine Familie gebunden. Der folgende Briefwechsel zwischen Baden und Wien erlaubt es uns, sich diese Auseinandersetzung vorzustellen.

> *Clemens an Wilhelmine:* „Eine Verbindung, ein Traum, der schönste Traum meines Lebens, hat sich aufgelöst. Ein anderer bleibt mir noch, der für Dich verloren ist ... Am Ende ist es dasselbe. Ich habe keine Seele mehr für Ränke oder Verzweiflung."
>
> *Wilhelmine an Clemens:* „Alles hat sich so sehr geändert zwischen uns, daß es nicht erstaunlich ist, daß unsere Gedanken und Gefühle sich nirgends mehr treffen. (...) Wir liefen beide einem Gespenst nach. Sie sahen in mir ein Modell der Perfektion und ich in Ihnen all das, was es an Schönheit und geistiger Größe gab. (...) Wegen der natürlichen Folge dieser Illusionen haben Sie geglaubt, daß es gut sei, mich in Ihrer Vorstellung so tief zu drücken, wie ich zunächst hoch oben gewesen bin. Ich (...) habe große Lust, Sie für einen Mann zu halten, wie sie fast alle sind."

Als Ergebnis dieses Briefwechsels gestanden sie sich gegenseitig, daß sie nicht mehr ohne den jeweils anderen auskommen konnten, genausowenig, wie sie sich gegenseitig gehören konnten. Um ihre Beziehungen zu erleichtern, nahm Wilhelmine in Baden eine Wohnung; und jeden Tag um elf Uhr vormittags war ein intimes Zusammensein vorgesehen. Wenn seine Verpflichtungen ihn für zwei oder drei Tage nach Wien zurückführten, fuhr auch sie ins Palais Palm. Und wenn Metternich dort abends erschien, hatte er das unangenehme Vergnügen, sie dort in Gesellschaft von Alfred von Windischgrätz und Frederick Lamb vorzufinden, ihren noch nicht allzu lange abgelegten Liebhabern, die es vielleicht immer noch waren. Humboldt, ein zynischer und sarkastischer Beobachter, vertraute seinerzeit seiner Frau an: „Die drei Thronanwärter teilen sich das Königreich." Welch ein Leiden für Metternich, welch aufgestaute Wut, sich verpflichtet zu fühlen, sein Versprechen vom 25. Juli einzuhalten. Aber ebenfalls aufgrund dieses Versprechens gab es trotz alledem Zeiten gemeinsamen Glücks. Am Ende des Aufenthalts in Baden konnte Metternich ihr schreiben:

„Ich habe Dir in letzter Zeit ganz beachtliche Beweise meiner Zuneigung und eines grenzenlosen Vertrauens gegeben; ich habe Dir mein reines Gefühl zu Füßen gelegt. Bald werden es zwei Monate sein, meine Freundin, seit dem ersten Tag meines Lebens. Ich hatte an den Aufenthalt in Baden große Hoffnungen für unser Glück geknüpft – diese Hoffnungen waren auf deine Versprechungen gegründet; ich habe Dich nicht gemahnt, diese Versprechen einzuhalten, denn mein Herz hätte mich dafür gescholten (...) und weil Du seitdem (...) durch die stärkste Kraft deines Wesens mir gehörst – durch deinen Willen – so hätte ich mich verachten müssen, wenn ich Dir nur einen einzigen Augenblick des Ärgers oder der Schmerzen bereitet hätte. (...) Indem Du mich dem Leben zurückgabst, hast Du mir die Kraft zurückgegeben, die ich verloren hatte: ich werde sie immer nur noch für Deine Ruhe und Dein Glück verwenden."

Familienangelegenheiten

Neben diesen Stürmen und dem Wetterleuchten im Gefühlsleben verlangten die Familienangelegenheiten ebenfalls einige Aufmerksamkeit. Das Fürstentum Ochsenhausen, das den Metternichs als Ersatz für den Verlust ihrer rheinischen Besitzungen gegeben worden war, erschien mehr und mehr als Belastung, die keine Gewinne mehr abwarf und die außerdem ein ständiger Stein des Anstoßes und Anlaß zu Konflikten mit dem König von Württemberg war, der die Absicht hatte, die in seinem Staat eingeschlossenen unabhängigen Herren zu einfachen Untertanen zu machen. Dies war deswegen eine unangenehme Situation, weil es zwischen Prinz Ferdinand von Württemberg, dem Bruder des Königs, und Pauline von Metternich Ehepläne gab, die von dem Mißfallen des dicken Königs Friedrich hinausgezögert wurden.

Er konnte sich nicht länger mit dem Vorwand der Mesalliance herausreden, denn es war schon abgesprochen – und Metternich würde ganz besonders beim Kongreß darüber wachen – daß die Abkömmlinge der mediatisierten ehemaligen Fürsten in einem besonderen Status in den Genuß dessen kamen, was ihnen gestattete, auf gleicher Ebene mit den weiterhin herrschenden Familien zu verkehren – dieses Privileg erhielt den Namen Ebenbürtigkeitsprivileg. Es war auch nicht wichtig, daß Pauline Gräfin blieb, während ihr Vater und ihr Bruder Fürsten waren; es blieb aber die Frage der Mitgift. Der Verkauf des Fürstentums Ochsenhausen hätte alle Probleme mit einem Schlage gelöst. Die Fürstinmutter, Beatrix, und ihre Tochter waren begeistert für diese Lösung und der „gute Pepi" hatte nichts dagegen. Aber Fürst Franz-Georg ließ darüber nicht mit sich reden. Ganz offensichtlich gab es gespannte Diskussionen zwischen Vater und Sohn darüber. Zum guten Schluß mußte man den Tod des glorreichen „souveränen Fürsten" von Ochsenhausen im Jahre 1818 abwarten, um schließlich die Domäne verkaufen und Pauline endlich mit ihrem sehr geduldigen Verlobten verheiraten zu können.

Umgestaltung der Regierung

Seit mehr als einem Jahr wanderte die Regierung in der Person des Herrschers und seines Chefministers über die Straßen Europas und die in Wien verbliebenen Bürokraten hatten sich die Dinge nach ihrem Willen einrichten können; die Präsidenten verschiedener Räte mit schlecht umschriebenen Kompetenzen hatten ihre Position gefestigt. Es war Zeit, die Schrauben der alten Maschine wieder festzuziehen und die unerbittlichen Gegner auf ihren Platz zurückzutreiben, die die Politik Metternichs seit 1809 offen oder insgeheim bekämpft hatten. Nachdem Metternich mit Lorbeer bekränzt nach Wien zurückgekehrt war, konnte er sich stark genug glauben, um dem Kaiser eine rationellere Organisation vorzuschlagen und dafür zu sorgen, daß er diese „französische" Verwaltung akzeptierte, deren Effizienz er bei seinem Aufenthalt in Paris kennengelernt hatte. Zwei detaillierte Berichte zu diesem Thema wurden dem erhabenen Herrn zugestellt und Metternich diskutierte erneut mit dem Herrscher darüber, als er vom 13. bis 17. August nach Persenbeug gereist war, um ihn dort zu treffen. Wir wollen hier weder die Einsparungen bei der ins Auge gefaßten Reorganisation erklären, noch darlegen, wie sie in großen

Teilen von der unerschütterlich konservativen Haltung des Kaisers aufgeweicht wurde.

Metternich hatte zumindest die Befriedigung, daß seine alten Feinde Wallis und Balderacci auf ihre Sonderfunktionen zurückgedrängt wurden. Stadion, der der gefährlichste von allen hätte sein können, wurde von Metternich mit eleganter Geschicklichkeit entwaffnet: er überzeugte den Kaiser, ihn zum Finanzminister zu ernennen, eine Position, der die Umstände eine enorme Wichtigkeit gaben. Daß Stadion diesen Posten trotz der verschiedenen Gründe, die er hatte, sich über seinen glücklicheren Rivalen zu ärgern, akzeptierte, gereicht ihm umsomehr zur Ehre.

Pläne für Deutschland

Im übrigen, d.h. auf dem Schachbrett der europäischen Politik und im Hinblick auf den kommenden Kongreß, hatten zwei Hauptziele die Aufmerksamkeit Metternichs im Juli und August besonders auf sich gelenkt, zwei eng miteinander verbundene Zielvorstellungen: die Reorganisation Deutschlands auf der Basis eines Bundessystems und das Schicksal des Königreichs Sachsen.

Das erste Ziel verlangte nach einer engen Zusammenarbeit mit Preußen, aber die Zusammenarbeit hing von der Art und Weise ab, in der die preußischen Gelüste auf sächsische Landstriche befriedigt werden würden. Bezüglich dieses Punktes hatte der preußische Kanzler Hardenberg mündliche Zusicherungen Metternichs bei den vertraulichen Diskussionen erhalten, die sie zu Beginn des Monats Januar 1814 in Basel miteinander geführt hatten. Und jetzt wurde eine schriftliche Bestätigung in einer offiziellen Depesche geliefert, die am 1. August an den österreichischen Botschafter in Berlin, den Grafen Zichy, abging. „Wie sehr wir auch die Zerstörung einer alten Monarchie bedauern, die so oft unseren Interessen und dem Gleichgewicht der Kräfte in Deutschland gedient hat, so werden doch die Erwerbungen Preußens in Sachsen nicht auf Hindernisse von unserer Seite treffen."

Wie vertrug sich nun diese Erklärung mit den Zusicherungen, die zur gleichen Zeit der Gesandte des Königs von Sachsen, Graf von Schulenburg, in Baden erhielt? Haben Sie Vertrauen, sagte Metternich zu ihm, wir werden nicht ohne Widerstand das Verbrechen geschehen lassen, das darin bestünde, einen legitimen Herrscher aufgrund irgendeines Eroberungsrechtes absetzen zu lassen.

Aber Hardenberg war sich darüber nicht im Klaren; er war zufriedengestellt und sicher, daß er auf die Mitteilung des 1. August mit einer Erklärung des guten Willens antworten konnte, die das zukünftige Schicksal Deutschlands betraf: „Die Stärke Deutschlands, seine Einheit unter der entschiedenen Vorherrschaft Österreichs und Preußens, welch letztere beiden untereinander absolut einig sind, ist die wirkliche Grundlage für die zukünftige Ruhe in Europa und das Gleichgewicht, auf das sich alle unsere Sorgen richten."

Außerdem war Humboldt in Baden und die von Hardenberg für einen zukünftigen deutschen Bund vorgeschlagenen Pläne wurden genau geprüft. Metternich jedoch – später zeigt sich, warum – schien wenig Lust zu haben, einen Abschluß zu finden. Er griff auf die klassischen Verfahrensweisen der Verzögerung zurück: er erklärte, er bedürfe noch einiger Erläuterungen, er schuf eine Kommission aus drei hohen Beamten, die durch ihre Erfahrung besonders qualifiziert waren, die ihrerseits ein österreichisches Projekt ausarbeiten sollten.

Vorspiel zum Kongreß

Unterdessen waren am 14. September die russische, die preußische und die englische Delegation eingetroffen, und mit ihnen eine ganze Horde von geringeren Herren. Metternich hätte sich gewünscht, daß die Vorgespräche in Baden stattgefunden hätten; die Minister wären dort vor unangenehmen Bittstellern sicher gewesen und hätten sich in einer freundlicheren Umgebung befunden. Aber Castlereagh und die anderen weigerten sich, die mühevoll in der Stadt gefundenen und eingerichteten Quartiere zu verlassen. Metternich gab schließlich nach und kam am 15. September zum Ballhausplatz zurück. Er tröstete sich bei Wilhelmine ..., die ihn übrigens aus nächster Nähe begleitete.

> „Ich habe bei meiner Rückkehr in meinem Vorzimmer deinen Freund, den Kanzler (Hardenberg), Marschall Wrede (den Bayern), vier Abgeordnete des Malteserordens, 15 oder 16 andere deutsche Bevollmächtigte (alles verfluchte Senatoren), drei alte Bittstellerinnen und eine junge und hübsche Person vorgefunden, die gekommen ist, mir etwas anzubieten, was nichts wert ist oder was alle Schätze dieser Welt nicht bezahlen könnten und sagte, sie sei eilig, einen Paß zu bekommen, um ihre Mutter in Paris aufsuchen zu können. Ich habe die Schöne mit ihrem Schatz zum Teufel gejagt, ich habe die Alten fortgejagt, ich habe die deutschen Deputierten brüskiert, ich habe den Malteserabgeordneten einige Hoffnung gemacht und ich habe (...) mit dem Kanzler geredet. Abends hatte ich eine fünfstündige Konferenz. (...) Ich

fühle mich ein wenig wie ein Untersuchungskommissar, der irgendwelche Dinge zuläßt oder verwirft. Wir werden binnen sechs Wochen fertig sein, ich sage es Dir. Wenn es nicht möglich ist, so liegt die Schuld bei den anderen."

Selten hat dieser sozusagen unfehlbare Meister eine weniger richtige Äußerung aus seiner Feder fließen lassen. Nicht nur, daß sich die sechs Wochen auf mehr als sechs Monate verlängerten, die Tatsache der Verlängerung war außerdem größtenteils dem Verhalten des hochnäsigen Propheten zu verdanken.

Wien zur Zeit des Kongresses

Die Szene aus dem Vorzimmer Metternichs, von der oben berichtet wurde, zeigt im kleinen Maßstab das, was zu dieser Zeit in der ganzen Stadt geschah. Ein fürchterliches Durcheinander, eine erschreckende Menschenmenge, eine Aufregung hatten die Stadt in diesem Herbst des Jahres 1814 aus dem ruhigen täglichen Einerlei der guten Wiener herausgerissen.

Die Zeiten lagen noch gar nicht so weit zurück, als die Stadt, als vorgeschobene Bastion der Christenheit, hinter ihren Mauern dem Sturm des Angriffs des türkischen Aggressors Stand gehalten hatte. Und jetzt fand sie sich in der Rolle eines Zentrums, einer Kreuzung, eines Gasthofes, eines Treffpunktes, wo sich alle Stämme der großen europäischen Völkerfamilie wiederfanden. Sie war im Verlauf des vorangegangenen Jahrzehnts zweimal besetzt, gedemütigt worden und war jetzt der Ort, an dem die Entscheidungen fielen, die Europa, über das zwanzig Jahre der Sturm gefegt war, eine neue und stabile Form geben sollten.

Insgesamt gesehen bestätigte sich Wien als der ideale Rahmen für diese einzigartige Gelegenheit, bei der nach Aussage des alten Fürsten von Ligne die Lust über den Frieden siegte. Sicherlich, in der Altstadt wurden die engen Straßen von der geschäftigen Menge der Lieferanten, Kommissionäre, Hausangestellten, Gaffer, Müßiggänger und anderer fürchterlich verstopft. Aber in den großen Barockpalästen hinter den feierlichen Torbögen, eingerahmt von Atlanten unter bauchigen Balkonen, gab es große Empfangssäle mit Marmor und Stukkatur, die sich für Bälle und andere gesellschaftliche Zerstreuungen eigneten und in der ersten Etage Wohnungen mit Holzschnitzereien, die mit dem ganzen Luxus des Rokkokostils ausgestattet waren, für die intimeren Zusammenkünfte. Wo hätte man so viele Musiker gefunden, so viele Sänger und so viele Schauspielerinnen, um Opern aufzuführen und Konzerte zu bestücken? Wo gab es eine Bevölkerung, in der die gesamte gehobene Klasse, die Adligen wie die Bürger, Französisch sprechen konnte?

Wollte man sich dem Gedränge und dem Lärm der Straßen entziehen, mußte man nur wenige Schritte tun, um in den Augarten und in den Prater zu gelangen; man konnte langsam über die alten Festungsmauern spazieren und sich an den weiten, sandbestreuten offenen Flächen und den Rasenanlagen erfreuen, die 600 Meter vor der Festungsmauer angelegt worden waren. Jenseits dieser Art Niemandsland hatten sich einige große Aristokraten, die Schwarzenberg, die Auersperg, die Harrach, die Kinsky und die Liechtenstein noch weitläufigere Paläste erbauen lassen, als die in der Altstadt, die zusammen mit der Karlskirche und dem Belvedere des Prinzen Eugen eine Art Kranz rund um die kaiserliche Residenz in der Hofburg bildeten. In dieser Zone, am Rennweg, der Straße, die am Park des Belvedere entlangführte, hatte Metternich begonnen, ein eigenes Haus bauen zu lassen, eine „Lustvilla", deren neoklassizistischer Stil von den einige Jahre zuvor von Fischer von Erlach und Lukas von Hildebrandt gebauten Palästen abstach.

Der Zustrom der Besucher

Die einzigartige Bedeutung des Anlasses war auch im unglaublichen Zustrom von Besuchern und Gästen jeden Kalibers zu spüren, die die Bevölkerungszahl, welche normalerweise auf 250.000 Seelen geschätzt wurde, anschwellen ließ. Bereits Mitte September bezifferte die Augsburger Allgemeine Zeitung die Zahl der eingetroffenen Besucher auf 16.000 und es war nur die erste Welle. Wie sollten diese zusätzlichen Menschen untergebracht werden? Es ist eine Art Wunder, das sich vielleicht teilweise aus der Gewohnheit erklären läßt, die die Bürger der Stadt Wien im Verlauf der beiden französischen Besetzungen gewonnen hatten, zusammenzurücken. Außerdem erklärte sich alles vielleicht auch durch die Möglichkeiten des Gelderwerbs, die sich aus der Vermietung von Wohnraum ergaben.

In der Hofburg, einem Komplex verschiedenartigster Gebäude und Höfe, waren zwei Kaiser, zwei Kaiserinnen, vier Könige, zwei Erbprinzen und ein halbes Dutzend Erzherzöge, Erzherzoginnen und Prinzen untergebracht mit ihren Adjutanten, Dienstboten, Ehrenfräuleins, Pagen, Dienern und Kammerfrauen. Die Minister und die bevollmächtigten Vertreter hatten sich auf dem freien Markt Räume gesucht. Die Reichsten, die der von Castlereagh geleiteten britischen Delegation, hatten sich ein schönes Appartment von 25 Zimmern am Minoritenplatz in der Nähe der Staatskanzlei gesichert. Talleyrand verfügte, sicherlich dank des Eingreifens Metternichs, über das Palais Kaunitz.

Aber wieviele Diplomaten gab es wirklich? Mehr als 200, wenn man alle die zählt, die regulär durch ihre Fürsten – die in Wien anwesend, oder, wie der Papst, zu Hause geblieben waren – oder durch italienische und deutsche Kleinstaaten, durch die Senate der ehemals freien Städte – wie Bremen oder Hamburg –, durch den katholischen deutschen Episkopat, durch den Malteserorden, durch den Deutschritterorden, durch die jüdischen Gemeinden, durch die Handelskammern der Drucker akkreditiert worden waren. Viel zahlreicher noch waren die offiziösen Beobachter, die Geschäftsleute, die Bittsteller, die Artisten aller Art, die Abenteurer, Betrüger und Schlitzohren, und auch noch die Damen der Halbwelt oder die vulgären Prostituierten, die angereist waren, um die Bataillone zu verstärken, mit denen die Stadt Wien bereits bestens ausgerüstet war und durch die sie sich zu dieser Zeit einen Ruf als zügelloseste Stadt Zentraleuropas erworben hatte.

Und mitten in dieser Menschenmenge, eingebettet in allen Schichten, von den Salons bis in die Kneipen, eine Wolke von Spionen und Informanten: vor allen Dingen die der österreichischen Polizei unter der Oberdirektion des Barons Hager. Durch sie fand der Kaiser jeden Morgen auf seinem Schreibtisch einen detaillierten Bericht über die Handlungen und Taten der beobachteten Persönlichkeiten, und dazu Abschriften der geschickt abgefangenen Briefschaften, die von Spezialisten der „Manipulation" des schwarzen Kabinetts, der ganz geheimen Zifferkanzlei, entsiegelt und entziffert worden waren; im Falle der Abwesenheit oder der Krankheit nahm Metternich diese Informationsfülle entgegen und unter keinen Umständen enthielt ihm sein Fürst etwas vor, was für seine Aufgabe wichtig war. Die wichtigsten ausländischen Gesandtschaften hatten ebenfalls ihre Geheiminformanten, die versuchten, das zu entdecken, was bei den anderen gesagt und geschrieben wurde; und da man wohl kaum erwarten konnte, daß nützliche Hinweise im offiziellen österreichischen Blatt, dem Österreichischen Beobachter, veröffentlicht wurden, waren alle auf ihren Lauschplätzen, jeder spionierte jeden aus: dies war eine der Hauptzerstreuungsmöglichkeiten der Wiener und ihrer Gäste.

Festlichkeiten und gesellschaftlicher Glanz

Obwohl der Kaiser die zeremoniellen Anlässe ablehnte, hatte er an nichts gespart um seinen Gästen, wie auch seinem Volk, ein Belustigungsprogramm und Feste zu bieten, die dazu angetan waren, die Demütigungen der vergangenen Jahre vergessen zu machen und den Glanz einer neuen Ära des Friedens und des Wohlstandes feierlicher zu machen. Die Ausgaben beliefen sich auf ungefähr 500 Millionen Gulden, die in Form von Papiergeld mit der Bezeichnung „Vorzugsscheine" unter das Volk gestreut wurden. Im Gegensatz dazu bereicherten die Ausgaben aller ausländischen Besucher die Wiener Bevölkerung ganz außerordentlich, insbesondere die Bankiers, die damit beauftragt waren, die auf Pfund Sterling, Rubel, Franc und andere ausländische Währungen ausgestellten Kreditbriefe in Gulden umzuwechseln.

Dreihundert Pferdewagen mit eintausendzweihundert Pferden, die einer wie der andere aussahen und aus Anlaß des Kongresses gekauft worden waren, waren im Dienste der Gäste der Hofburg und jeder Herrscher verfügte über einen Tisch mit 30 Gedecken, der auf Kosten des Kaisers bestellt wurde. Ein Festkomitee unter Vorsitz des Großkämmerers hatte die Festabfolge und die Ordnung der Zeremonien und Feste zu regeln, die von dem Hof gegeben wurden: Revuen, Paraden, Militärmanöver, Gruppenbesichtigungen in Laxenburg — einer Art österreichisches Fontainebleau — und auf dem Schlachtfeld von Wagram; Messen unter freiem Himmel, Volksfeste im Prater, Jagden, Karusselle, Konzerte, Opernaufführungen, Bankette; und abends Bälle und nochmals Bälle, Maskenbälle, Kostümbälle, offizielle und Familienbälle, die alle manchmal bis ins Morgengrauen dauerten. Wenn während der Advents- und der Fastenzeit die Bälle bei Hof verboten waren, nahm man Rückgriff auf lebende Bilder, Konzerte, Lotterien und, für die weniger Frommen, die Möglichkeit, in „häretischen" oder „schismatischen" Salons zu tanzen. Und nach dem Neujahrstag wurde alles noch hektischer: allein im Monat Januar zählte man 16 Bälle, die allerdings, das muß man zugeben, nicht alle bei Hofe gegeben wurden.

Einige der wichtigsten adligen Familien hatten sich dieser Lustorgie entzogen und sich auf ihre Landgüter zurückgezogen. Es blieben aber genug übrig, um die Feste bei Hofe mit ihrer Anwesenheit zu animieren und mit ihren eigenen Mitteln dazu beizutragen, das gesellschaftlich hektische Leben aufrecht zu erhalten. Der Botschafter Rußlands, Prinz Ratsumovski, zeichnete sich durch Feste einer ganz orientalischen Pracht aus, die in speziell zu diesen Anlässen gebauten feenhaften Dekors stattfanden.

Im Palais Palm

Ein anderes, wenn auch weniger aufwendiges gastliches Haus war allerdings ein besonders neugierig beobachteter Treffpunkt. Es handelte sich dabei um ein Palais, das in dem Teil der Schenkengasse lag, der abgerissen wurde, um dem Burgtheater Platz zumachen. Dort hatte ein heimtückisches Schicksal in den beiden Flügeln, die den Hof einfaßten, einander gegenüber die Hoheiten Cathérine Bagration und Herzogin Wilhelmine von Sagan untergebracht. So konnten sich die beiden Rivalinnen beobachten und die Besuche ihrer jeweiligen Liebhaber zählen.

In den ersten Tagen seit seiner Rückkehr nach Wien kam Metternich gemäß der in Baden eingeführten Gewohnheit jeden Morgen um elf Uhr zu Wilhelmine, um dort sein Herz ohne störende Zeugen auszuschütten. Dies war ein Grund mehr für Talleyrand, sich an den Abendgesellschaften der Herzogin eifrig zu beteiligen; es war nur zu natürlich, daß er sich dorthin von Dorothée de Périgord, seiner Nichte begleiten ließ, der Schwester Wilhelmines, die nach Wien gekommen war, um ihm als Hausdame zu dienen. Der „hinkende Teufel" fand dadurch auch Gelegenheit, im Geschwätz der beiden Frauen einige nützliche Bemerkungen über die inneren Gedanken des österreichischen Ministers aufzuschnappen.

Die Bagration hatte vor, sich für die Einsamkeit zu rächen, in der der Vater ihrer Tochter Clementine sie gelassen hatte. Zar Alexander war gleich nach seiner Ankunft zu ihr gekommen und verbrachte viel Zeit unter vier Augen mit ihr und zwar zu Uhrzeiten, bei denen man annehmen konnte, daß sie sie nicht nur mit Teetrinken verbrachten. Nach dem Polizeiinformanten Hagers, der wahrscheinlich das Vertrauen der Gräfin Aurora von Marassé, der Gesellschafterin der Fürstin, genoß, wollte Alexander alle Einzelheiten ihrer Verbindung mit Metternich erfahren und soll zu ihr gesagt haben: „Metternich hat Sie nie geliebt, weder Sie noch die Sagan. (...) Er ist ein kaltblütiges Wesen. Sehen Sie nicht seinen gipsartigen Gesichtsausdruck?"

Als Liebhaber hat Alexander offensichtlich aber die schöne Cathérine nicht besonders zufriedengestellt. Er hatte doch auch – wenn man so sagen kann – noch andere Eisen im Feuer, wenn man einmal seine Titularmätresse, die Fürstin Naryschkin außer acht lassen will, die ihren Ehemann, den Fürsten Grand Veneur, nach Wien begleitet hatte. Wir wollen auch nicht von all den jungen Damen der Gesellschaft sprechen, denen er ausgiebig den Hof machte und deren nackte Schultern er mit seinen feuchten Händen streichelte, wo er doch allnächtlich eine gewisse Dame namens Schwartz besuchte, die Wien Ende Januar verließ, überhäuft mit Geschenken von stark aussagekräftigem Wert. Der Eifer der Geheimen Zifferkanzlei hat für die Nachwelt ein Beispiel der heißen Botschaften bewahrt, die er gleichzeitig an die hübsche Frau Bethmann schickte, die er in Frankreich erobert hatte: „Ich brauche mein gesamtes Pflichtgefühl", hatte er unvorsichtig geschrieben, „um nicht in Deine Arme zu fliegen und dort vor Glück zu sterben, meine einzig Geliebte."

Die Bagration soll die Ungeschicklichkeit besessen haben, sich über die Liebesabenteuer ihres „schönen Kaisers" aufzuregen, sie, die sich im Verlauf dieses Winters einen ganzen Stall voll Liebhaber leistete: einen Baron von Schoenfeld, Großfürst Constantin, den Bruder des Zaren, den Herzog von Coburg, die königlichen Prinzen von Bayern und Württemberg, den piemontesischen Gesandten Bertone de Sambuy. Im Februar 1815 sind ihre Beziehungen zum Zaren so abgekühlt, daß er darauf achtete, nicht mehr mit ihr allein zu sein. Gleichzeitig hatte sie sich mehr oder weniger wieder mit Metternich vertragen. Abgesehen von den Empfängen, die sie selbst jeden Donnerstag und Sonntag gab, war sie überall aufgetaucht – auf Bällen, Reduten und Diners – , wo ihre schwindelerregenden Dekolletées begehrliche oder empörte Blicke auslösten.

Der eiserne Herzog, Lord Wellington, soll angeblich diesen Dekolletées gegenüber nicht ganz gefühllos gewesen sein, denn es wird berichtet, daß es ihm gelungen sei, am 15. März 1815 zu einem Diner mit einem gewissen sadistischen Humor an seinem Tisch gleichzeitig Cathérine Bagration, die Herzogin von Sagan und den ersten Ehemann der letzteren, Fürst von Rohan zusammenzubringen. Was würde man heute nicht geben, um eine Bandaufnahme des Aufeinandertreffens dieser beiden Tigerinnen zu haben: mörderische Blicke, falsches Lächeln, freundliche Worte mit einer Menge giftiger Doppeldeutigkeiten.

Metternich war nicht dazu eingeladen worden, da seine Beziehungen zur Sagan seit Oktober ganz wesentlich abgekühlt waren.

Wilhelmine: Fortsetzung und Schluß

Nach der Rückkehr von Baden und wegen der Verpflichtungen des Ministers waren die Zusammenkünfte zwangsweise weniger einfach geworden. Dennoch wurde das tägliche Rendezvous um elf Uhr eingehalten. Aber dies genügte Clemens nicht, der am 27. September schreibt: „Wenn die Freundin meines Herzens mir eine weitere Nacht gewährt, habe ich den Lohn für die Mühen meines Lebens erhalten." Und die Freundin hat ihn nicht zu lange warten lassen: schon wenige Tage später, unter dem 1. Oktober, wird sie von ihm mit der Bezeichnung „größtes Glück meines Lebens" belegt.

Etwas allerdings beunruhigt ihn: der Eifer des schönen Obristen Windischgrätz, den er fast immer im Salon Wilhelmines vorfindet. Aus dieser Tatsache ergeben sich peinliche Szenen: Vorwürfe auf der einen Seite,

Tränen auf der anderen; darauf folgen weinerliche Briefchen, in denen um Verzeihung gebeten wird, mit dem Versprechen, sich besser zurückhalten zu wollen. Schließlich hat Wilhelmine die Nase voll und entschließt sich, alles zu gestehen: sie hat ihre Verpflichtung vom 25. Juli nicht eingehalten. Metternich schreibt völlig durcheinander zwei Botschaften, die ohne Antwort bleiben. Am 21. Oktober um vier Uhr morgens schreibt er sich wie im Delirium alles in einem langen Brief von der Seele:

„Ich werde dafür bestraft, daß ich mein Leben dem verführerischen Charme einer Frau ausgeliefert habe. Du bist diese Frau und Du hast mir mehr Schmerzen bereitet als das ganze Universum jemals wird heilen können. Du hast alle Spannfedern meiner Seele zerbrochen. Du hast mein Dasein in einem Augenblick zerstört, in dem das Schicksal meines Lebens sich mit Fragen verbindet, die alle miteinander über das Schicksal ganzer Generationen entscheiden werden. (...) Ich hatte es auf mich genommen, Dir das einzige Opfer zu bringen, das zu bringen ich in der Lage war (...) ich werde eine letzte und unglaubliche Anstrengung unternehmen – es zerreißt mir schier die Seele – ich werde mein eigenes Todesurteil sprechen: es gibt keine Beziehungen mehr zwischen uns. (...) Binde Dich nie mehr mit zwei Wesen gleichzeitig. Respektiere das, was Dir Dein unglücklicher Freund aus seinem Leben, aus seinem Glück und aus allem, was ihn an der Welt festhält, geschenkt hat, wenigstens insoweit, als daß es nicht gänzlich verschwendet ist. (...) Du wirst meinem Herzen immer das Liebste bleiben ... etc."

Die Antwort auf das elegische Gejammere erfolgte zunächst durch eine Geste, die durch die Umstände besonders grausam gemacht wurde. Zar Alexander war seit seiner Ankunft in Wien ein besonders eifriger Verehrer der Bagration. Warum hatte er nie die Mühe auf sich genommen, den Hof des Palais Palm zu überqueren, um die zu begrüßen, die im Juni 1813 seine Gastgeberin in Ratiborzitz gewesen war? Ganz offensichtlich übertrug der russische Herrscher seine lebhafte Ablehnung gegenüber Metternich auch auf die Vertraute und regelmäßige Mätresse des österreichischen Ministers. Angesichts der geographischen Lage der Güter der Familie Sagan war es anscheinend für Wilhelmine jedoch ganz wesentlich, sich mit dem Autokraten wieder gut zu stellen und folglich zu zeigen, daß sie nicht gänzlich Metternich verfallen war. Der von Metternich ausgesprochene Bruch der Beziehungen kam also gerade günstig.

Beim abendlichen Empfang am 22. Oktober im Hause Metternich bat Wilhelmine den Zaren in Metternichs Gegenwart um die Gunst einer

Audienz. „Von einer Audienz kann gar keine Rede sein", antwortete Alexander galant, „ich komme morgen vormittag um elf Uhr zu Ihnen zum Frühstück." Dies war die Stunde der täglichen Besuche Metternichs, seine Stunde! Metternich war niedergeschmettert: Nicht nur, daß er in aller Öffentlichkeit als Trottel hingestellt wurde, er mußte außerdem fürchten, daß Alexander von Wilhelmine die Geheimnisse seiner Politik erführe. Er bat dringend darum, noch vor dem Zaren mit ihr sprechen zu können; sie weigerte sich. In dieser Nacht schrieb sie ihm jedoch eine Erklärung, die ihre Antwort auf den langen Brief Metternichs des Vortages war. Sie habe gehofft, so sagt sie, Clemens so sehr zu lieben, wie er es verdiene, sie habe aber bei ihm nicht die Art der Leidenschaft gefunden, die sie aus dem Griff Alfreds befreit hätte. Anders gesagt, sie war der Meinung, Metternich sei unfähig, sie sexuell zu befriedigen. Sie fügte hinzu – Gipfel an Grausamkeit: „Dieses Unglück hätte vermieden werden können, wenn ich statt der gewünschten Leidenschaft zumindest ein wenig mehr Kunstfertigkeit vorgefunden hätte. (...) Ich komme zu der Überzeugung, daß wir nicht zusammen glücklich sein können und ich sehe die traurige Notwendigkeit vor mir, die Angelegenheit für beendet zu erklären..."

Als Gentz am frühen Morgen des 23. zu seinem Vorgesetzten kam, fand er ihn nahezu zusammengebrochen vor, er nahm sein Frühstück bleich und schweigsam gegenüber einer ebenfalls schweigsamen und düsteren Eleonore ein. Dennoch sehen sich Metternich und Wilhelmine weiterhin, zumindest in der Öffentlichkeit, trotz aller fatalen Worte, die ausgesprochen oder geschrieben worden waren und schreiben sich sogar weiterhin Briefe. Diese Liebe war zu stark gewesen, um sich nicht in Agonie aufzubäumen.

> *Wilhelmine an Clemens (undatiert) Ende Oktober:* „Mein Herz bleibt das gleiche für Sie, wiewohl alles in Ihnen sich geändert hat, nichts ist bei mir anders geworden (...); Sie wollen weder mein Freund noch mein Bruder sein, ich allerdings werde immer Ihre beste Freundin bleiben."

Hatte sie ihm irgendetwas geschrieben oder gesagt, woraus er hätte schließen können, daß die Möglichkeit einer Wiederaufnahme der Beziehungen bestanden hätte? Die Antwort vom 7. November ist ein ungewöhnlicher Ausbruch:

> „Nichts, nichts wird mich jemals wieder in eine Lage bringen, wie die, aus der ich gerade herausgekommen bin. Keine Komplikationen mehr, keine Teilung, nichts mehr von dem, was den edelsten Teil

unseres Wesens in den Schmutz zieht und umbringt. Ich habe eine Verbindung abgebrochen, die für mich und für Sie kriminell war."

Dennoch kaute er noch lange daran herum. Gentz schrieb am 11. November: „Lange Unterhaltung mit Metternich. Immer noch mehr über diese verfluchte Frau als über die Geschäfte."
Mit welchem Ton hat Wilhelmine eigentlich zum Jahresende noch einmal geschrieben?

Clemens an Wilhelmine, 31. Dezember: „Ich antworte nicht auf Ihr Schreiben. Es ist nicht an mich gerichtet. Sie glaubten, an einen Liebhaber zu schreiben: Seit langer Zeit bin ich das nicht mehr gewesen. Es ist nicht an einen Freund gerichtet, denn der Vorzugstitel der Freundschaft fordert zurecht auch Vertraulichkeit. Was haben Sie zerbrochen? Etwas das nicht mehr existiert. Meine Liebe, wissen Sie, was dieser Brief beweist? Daß Sie mich ebensowenig kennen, wie ich Sie gut kenne."

Es wird jedoch eine Art Frieden geschlossen. Aus Anlaß des Geburtstages Wilhelmines am 8. Februar nämlich, der, symbolträchtig, auf Aschermittwoch fiel, hatte Metternich ihr Vasen aus Fayence geschickt und einen leicht bitteren Brief dazu geschrieben. „Ich habe in zwei Jahren mehr Durcheinander, Mühe und Kummer erlebt, als in zwanzig Jahren eines ruhigen Lebens vorher, so wie es die große Mehrheit aller menschlichen Wesen erlebt. (...) Du hast nicht die letzten Fähigkeiten meines Herzens aufgebraucht, sondern alle."
Sie sehen sich manchmal in Gesellschaften wieder; insbesondere im Palais Palm, denn die häufige Anwesenheit Talleyrands oder der Herzogin von Dino machten daraus einen recht nützlichen Ort, sich umzuhören. Aber, versichert der Polizeibeobachter Ende März, Metternich geht nur noch selten dorthin. „Es geht dort kaum noch um Politik. Alles ist nur noch Laster, Unordnung, Sorglosigkeit, Vorspiegelung falscher Tatsachen, Schulden und Leichtfertigkeit." Vielleicht kann man daraus eine Anspielung auf die neue Leidenschaft Wilhelmines ablesen: Charles Stewart, der Halbbruder Castlereaghs. Ihre Verbindung nahm einen so skandalbelasteten Charakter an, daß Metternich über mehrere Jahre hinweg jegliche Verbindung abriß.
Später, wenn er mit seiner neuesten Eroberung, Dorothée von Lieven, über dieses Abenteuer sprach, versucht Metternich, sein Scheitern kleiner zu machen und es so darzustellen, als ob er nur eine Herausforderung oder ein Spiel verloren habe, das er nicht verloren hätte, wenn er sich darauf

konzentriert hätte. In der Tat scheint es, daß seine verrückte Leidenschaft für Wilhelmine von Sagan sowohl die stärkste Erfahrung seines Gefühlslebens war als auch gleichzeitig seine größte Demütigung. Sie hatte ihn, um die Wahrheit zu sagen, nicht wirklich weggejagt, aber er hatte ihr nicht seine Bedingungen auferlegen können. Dies ist die schlimmste Niederlage für den Mann, der niemals an seiner Überzeugungskraft hatte zweifeln können; es war ihm nicht gelungen, zu verstehen, daß die Macht des Sexuellen die Argumente der Intelligenz und des Herzens hinwegfegen kann. Dieses Scheitern machte ihn stumm und hilflos. In seinem tiefsten Inneren verzieh er sich wohl nie, daß er in dieser sinnlosen Leidenschaft einen so großen Teil seiner Zeit und seiner Fähigkeiten verschleudert hatte, die er wohl besser seinen beruflichen Pflichten in einem der kritischsten Augenblicke der Geschichte gewidmet hätte.

Ein glückliches Ergebnis hatte jedoch die große Stunde der Wahrheit auch: die Rückkehr des ungetreuen Ehemanns ins eheliche Bett. Von dieser Wiederannäherung in einer Dezembernacht legt die Geburt der letzten Tochter Herminie am 1. September 1815 Zeugnis ab, die ihm seine sehr geduldige und großzügige Eleonore schenkte.

Metternich, der Organisator der Festlichkeiten

Die Festlichkeiten des „tanzenden Kongresses" sind schon so oft beschrieben worden, daß es kaum richtig erscheint, hier einen neuen Aufguß davon zu geben. Es ist aber kaum möglich, über die Rolle hinwegzugehen, die Metternich dabei gespielt hat. Es ist sicherlich übertrieben, zu sagen, daß er der große Festmeister gewesen sei. Es ist noch nicht einmal sicher, daß er an der Arbeit der Festkommission des Hofes teilgenommen hat. Diese Kommission arbeitete unter der Aufsicht der Kaiserin Maria-Louisa – die ganz nebenbei bemerkt sich ihre Gesundheit ruinierte, weil sie sich viel zu sehr damit abmühte – und es ist bekannt, daß die Kaiserin gegenüber Metternich eine echte Animosität hegte. Letzterer hatte außerdem ausreichend damit zu tun, die Festlichkeiten und Empfänge zu organisieren, die er selbst als Vertreter des Herrschers für die Diplomaten und ausländischen Würdenträger geben mußte. Für die damit geleisteten Dienste gewährte ihm der Kaiser eine Entschädigung in Höhe von 56.000 Dukaten, aber es ist wohl wahrscheinlich, daß die wirklichen Ausgaben diese Summe bei weitem überschritten.

Gemäß den in Paris üblichen Sitten gab es einen „Tag", an dem alle bereits vorgestellten Persönlichkeiten ohne besondere Einladung zum Reden, Tanzen, Spielen oder Essen in die Salons am Ballhausplatz kommen konnten. Es gab aber noch ausreichend andere Gelegenheiten für Empfänge und besser vorbereitete Festlichkeiten.

Ganz an der Spitze dieser Aufzählungen steht ein Galadiner. Dort konnte man, nicht ohne ein gewisses Erstaunen, das große Service aus Sèvres-Porzellan bewundern, das Kaiser Napoleon aus Anlaß der Heirat mit Marie-Louise geschenkt hatte. „Service pour service" (Anmerkung des Übersetzers: Doppeldeutig: Dienst gegen Dienst, beziehungsweise, ein Service für einen geleisteten Dienst) hatte aus diesem Anlaß der alte Fürst von Ligne ironisch bemerkt. Man war auch recht erstaunt darüber, daß Fürstin Eleonore ganz unschuldig den Titel Kaiser benutzte, wenn sie über Napoleon sprach. Diese Metternichs waren doch wohl ganz entschieden französisch orientiert!

Zum Jahrestag der Völkerschlacht bei Leipzig am 18. Oktober wurde eine ganze Anzahl von Festlichkeiten durchgeführt. Um elf Uhr fand vor 20.000 Soldaten, die im Karrée rund um den Prater aufgestellt waren, ein Hochamt mit Tedeum statt; anschließend Militärparade, großes Bankett im Freien unter Vorsitz der Herrscher unter einem mit Trophäen geschmückten Pavillon. In der Abenddämmerung empfing Metternich zum ersten Mal in seiner Villa am Rennweg, wo er aus diesem Anlaß einen Holzsaal hatte aufbauen lassen, der größer war, als das Haus ingesamt. Die 1.500 Gäste durchquerten ein Vorzimmer in Zeltform und gelangten danach in den taghell erleuchteten Ballsaal mit einer Galerie für die Musiker und aufsteigenden Sitzreihen für die Zuschauer. Das Eintreffen der Herrscher und der Beginn des Festes werden durch den Aufstieg einer Montgolfière markiert, die einen Sonnenkranz von Feuerwerk unter dem Klang von Trompeten und Trommeln in den Himmel trug. Die ganze Gesellschaft begibt sich in einem Zug in eine Art Amphitheater unter freiem Himmel, wo eine symbolische Pantomime aufgeführt wird, mit der der Triumph der Eintracht über die Zwietracht dargestellt wird. Anschließend wird das Abendessen serviert. Rund um den großen Tisch mit 60 Gedecken für die Herrscher und die herausragenden Persönlichkeiten stehen kleine Tische mit zehn bis zwölf Gästen, an denen nur die Damen sitzen und die Herren den Auftrag haben, sie zu bedienen. Nach dem Souper beginnt der Ball, den Kaiserin Maria-Louisa mit Zar Alexander eröffnet.

Die Dauer des Festes und die Menge an Pferdewagen war so groß, daß die letzten Gäste erst im Morgengrauen gingen. Der Triumph Metternichs hatte den Zaren ganz offensichtlich in schlechte Laune gebracht. „Das Fest ist schön", brummelte er, „aber nach dem Fest des heutigen Vormittags hätte man kein anderes mehr geben sollen." Und, um den Gegenstand seiner Abneigung besser zu bezeichnen, fügte er hinzu: „Ich habe zu viele Diplomaten gesehen und diese Typen langweilen mich unsäglich." Darauf wagte Fürst Ratsumovski zu erwidern: „Nun wohl! Um Eurer Majestät einen Gefallen zu erweisen werde ich für meinen Ball eine Compagnie des Leibregiments einladen."

Drei Wochen später fand im gleichen Dekor am Rennweg ein Kostümball statt. „Es war das schönste Fest, das nach Meinung aller jemals gegeben wurde", sagt Gentz. Nur die Herrscher waren in schwarzen Dominos ohne Masken; die anderen Damen und Herren versuchten sich im Einfallsreichtum für ihre Kostüme aus den verschiedenen Völkern des russischen und österreichischen Kaiserreiches und anderswoher zu übertreffen. Ganz Wien lachte noch lange über die Erscheinung der großen Lady Castlereagh im Kostüm einer Vestalin, das sie eng auf ihre schwellenden Formen hatte schneidern lassen und zu dem sie auf der Stirn das Band des Hosenbandordens trug, welches mit Diamanten geschmückt war. Die anderen Empfänge zu beschreiben können wir uns schenken. Nach der Zwangspause des Advent wurden die Bälle um so intensiver wieder aufgenommen. Unter den 16 im Monat Januar gegebenen Bällen ist auch der der Fürstin Bagration am 21. Januar, der als wissentliche Beleidigung der französischen Delegation aufgefaßt wurde, die diesen Tag in Erinnerung des Todes Ludwigs XVI. durch ein Hochamt in der Kathedrale begehen wollte. Metternich selbst war taktvoll, und hatte den letzten großen Ball, den er in seinem Haus am Rennweg gab, auf den 23. Januar festgelegt.

„Wiewohl es extrem kalt war", berichtet Lagarde-Chambonas, der Chronist des Kongresses, „so war doch die Menge der Teilnehmer enorm und die Vergnügungen setzten sich bis fünf Uhr morgens fort." Die Könige von Preußen, Dänemark und Bayern waren anwesend ..., nicht jedoch Zar Alexander.

Der letzte wichtige Empfang, den Metternich vor der – recht relativen – Zwangspause der Fastenzeit gab, war der des 6. Februar zu Ehren von Wellington, der zwei Tage zuvor eingetroffen war. Die nahe Zukunft sollte schon zeigen, wie klug Metternichs Bemühungen um diese Persönlichkeit waren. Die Freundschaft zwischen Metternich und ihm war ein Vierteljahrhundert lang eine der geheimen Triebfedern der europäischen Politik.

Metternich hart beurteilt

Wenn man bedenkt, daß Metternich durch seine Funktion verpflichtet war, an allen Festen des Hofes, an allen Bällen oder Diners, die von ausländischen Diplomaten, Fürsten und anderen Spitzen der Gesellschaft gegeben wurden, teilzunehmen und dann noch berücksichtigt, daß regelmäßig montags ein Empfang am Ballhausplatz stattfand, kann man wohl glauben, daß Talleyrand nicht gerade übertreibt, wenn er Ludwig XVIII. schreibt: „Er verbringt Dreiviertel seiner Zeit auf Bällen und Festen." Humboldt stellt seinen österreichischen Kollegen noch strenger dar: „liebestoll, verrückt vor Stolz und Eigenliebe, ein Mann, der seine ganzen Vormittage vergeudet, sich erst um zehn Uhr erhebt, um sofort zu seiner Seufzertour zur Sagan aufzubrechen und der kaum die Zeit hat, drei oder vier der vierzig Personen zu empfangen, die mit ihm sprechen wollen und dabei Hudelist, Gentz und andere stundenlang warten läßt." (14. Oktober). „Für ihn", sagt er an anderer Stelle, „sind Bagatellen ernsthafte Angelegenheiten und er behandelt die ernsten Angelegenheiten wie Bagatellen."

„Seine große Kunst", sagt außerdem Talleyrand, „ist es, Sie dazu zu bringen, Zeit zu vergeuden, wobei Sie noch glauben, Zeit zu gewinnen" (7. Dezember). „Was zum Teufel macht Metternich?" stellt außerdem Capodistria fest, „er macht nichts. Er schleppt uns von einer Woche in die nächste. In der Zwischenzeit betreibt er bei dem einen und bei dem anderen Haarspalterei. Er vernebelt die Dinge und verrennt sich dann darin und hat dabei noch das Aussehen eines Mannes, der eine Aufgabe zu erfüllen hat, die über seine Kräfte geht und bittet um Zeit, weil er nicht den Mut hat, seine Unzulänglichkeit einzugestehen."

Diese Art, die Dinge zu leiten, hat schließlich alle aufgebracht und Metternich einen Ruf als systematisch hinterhältigen Menschen eingebracht, wo er doch offensichtlich nur in aller Leichtfertigkeit, in allem Mangel an Aufmerksamkeit und Methode arbeitete. „Es ist unmöglich, mit Metternich zu verhandeln", protestiert Capodistria. „Er ist zu wetterwendisch (...) er behauptet heute das Gegenteil von dem, was er Ihnen gestern Abend noch gesagt oder zugestanden hat." Und einer der Informanten Hagers berichtet die Meinung, die in der Öffentlichkeit umging: „Wie kann ein solcher Kongress zu einem Ziel gelangen (...) mit einem Ministerium in Wien, das weder Prinzipien noch Methode hat, das im Dezember das wieder wegnimmt, was es im Oktober zugestanden hat, das weder das Vertrauen noch die Achtung der anderen Mächte genießt." In den letzten Monaten des Jahres 1814 gibt Metternich den Eindruck eines einsamen Mannes. Der Zar verbirgt seine Aversion nicht – Gentz spricht sogar von einem „unerbittlichen Haß", einer Art Wut, einem blinden Toben – und alle russischen Agenten, vielleicht außer dem kleinen Nesselrode, behandeln ihn entsprechend. Die Preußen, man wird später sehen warum, verachten ihn; König Friedrich-Wilhelm geht sogar so weit, ihn öffentlich als „Spitzbub" zu bezeichnen. Castlereagh, von dem er gehofft hatte, daß er ein Verbündeter sei, erwies sich als schwach und ausweichend. Talleyrand umwob ihn mit einem Netz aus Spott und weiblichen Intrigen. Die Wiener Salons, vielleicht mit Ausnahme von zweien oder dreien, sollen über den Minister hergezogen sein; man nannte ihn „Graf Gleichgewicht", oder auch „den Scapin der Diplomatie".

Bis hinein ins Kanzleramt, bis hin zu Mitarbeitern, die er mit Gunstbeweisen überhäuft hatte, Hudelist und Hoppe, genierte man sich nicht, die Politik des Chefs zu kritisieren. Selbst Gentz, der unersetzliche Verfasser von Schriftstücken, die aus dem Büro des Ministers kamen, sein Vertrauter in Liebesangelegenheiten, sein bevorzugter Gesprächspartner, stellte ihm in den Anmerkungen seines geheimen Tagebuches ein schlechtes Zeugnis aus. Er zögerte nicht, Geld von allen Seiten anzunehmen; als er seine Jahresabrechnung 1814 machte, vermerkte er mit Befriedigung, daß seine Einnahmen auf 17.000 Dukaten (204.000 Francs dieser Zeit) angestiegen seien. Dazu kommt noch das königliche Geschenk von 24.000 Gulden (624.000 Francs), die ihm von Talleyrand seitens Ludwigs XVIII. bei Ende des Silvesterdiners überreicht wurden. Solche Großzügigkeit läßt auf mehr oder weniger nachprüfbare Gegenleistungen schließen.

Kann man wirklich annehmen, daß Metternich, trotz seiner Fähigkeiten, sich über sich selbst Illusionen zu machen, nicht manchmal in seiner Gelassenheit und in seiner Entschlußkraft schwankte? Aus diesem Umfeld heraus kann man wohl ein wenig das Bedürfnis verstehen, das er empfand, manchmal bei einer Freundin sein Herz auszuschütten, die seine Geheimnisse kannte, und man kann außerdem das Entsetzen verstehen, das ihn packte, als diese Quelle des Trostes ihm in einem der kritischsten Augenblicke seiner Verhandlungen fehlte.

KAPITEL 15

Der Wiener Kongreß. Das politische Werk

Der Grundgedanke

Es ist jetzt Zeit, zu den politischen Problemen überzugehen, die Anlaß des Kongresses waren. Hinter dem erklärten Ziel eines „dauerhaften Friedens auf Basis einer gerechten Verteilung der Kräfte" verbarg sich in der Tat der Wille, wie Gentz erklärt, „unter den Siegern die Hinterlassenschaft des Besiegten aufzuteilen." Und aus dieser Erbteilung ergab sich ein ganzes Bündel von Problemen, die so miteinander verflochten waren, daß jeder Lösungsversuch für ein Problem bedingte, daß seine Auswirkungen auf die anderen Probleme mitstudiert wurden.

Daher rührt die Verzwicktheit des Spieles, das Metternich zu spielen hatte und für den Historiker die nicht zu lösende Schwierigkeit, darüber gleichzeitig global aber auch genau und verständlich abzuhandeln. Da es unmöglich ist, dem Ablauf der einzelnen Tage mit allen verschlungenen Pfaden in der Entwicklung der Dinge zu folgen, ist es absolut notwendig, die beim Kongreß behandelten Probleme künstlich auseinanderzureißen und gleichzeitig abgehandelte Dinge getrennt darzustellen. Was nun sind diese Probleme? Die Zielvorstellungen Zar Alexanders für Polen, die Vorstellungen Preußens für Sachsen und die Reorganisation Deutschlands, die italienischen Angelegenheiten und, nicht zu vergessen, die Verfahrensfragen, die die Veränderungen in den Beziehungen und im Kräfteverhältnis der Partner deutlich machen. Und da wollen wir beginnen.

Verfahrensfragen

Aus den Vorkonferenzen, die vom 16. bis 23. zwischen den Hauptverbündeten — denjenigen des Vertrages von Chaumont — abgehalten worden waren, hatte sich ein Protokoll entwickelt, aus dem sich ergab, daß die zu behandelnden Fragen in zwei Gruppen zu unterteilen waren: Erstens die Fragen bezüglich „der großen Interessen Europas", d.h. die Aufteilung der polnischen, der deutschen und der italienischen Territorien; die „vier alliierten Höfe" wollten darüber gemäß des geheimen Artikels des Vertrages von Paris untereinander verhandeln und das Ergebnis dieser Verhandlungen den Vertretern Frankreichs und Spaniens mitteilen, wobei diese aufgefordert wurden, „ihre Meinung und ihre Wünsche kundzutun". Zweitens die Vorbereitung des deutschen Bundesvertrages, mit welcher Arbeit eine Kommission beauftragt werden sollte, deren Zusammensetzung Metternich bereits vor seiner Ankunft in Paris vorgesehen hatte und die aus den Vertretern Österreichs, Preußens, der Königreiche Bayern, Württemberg und Hannover bestehen sollte. Schließlich wurde beschlossen, daß Gentz, der Sekretär des Rates der Vier werden sollte, der auch mit der Abfassung sowohl der geheimen Konferenzprotokolle als auch der offiziellen Erklärungen des Kongresses beauftragt wurde. Dank dieser Tatsache konnte Metternich durch die diskrete und beständige Arbeit seines engsten Mitarbeiters sozusagen das Steuerruder in der Hand behalten.

Am gleichen Tag, als diese Beschlüsse gefaßt wurden, am 23. September, war Talleyrand angekommen. Seine ersten Kontaktaufnahmen in den folgenden Tagen gestatteten es ihm, die Absichten der Alliierten zu erraten und eine Taktik festzulegen, die er verfolgen wollte, um sie zu zwingen, Rücksicht auf Frankreich zu nehmen. Die Eröffnung des Kongresses war öffentlich für den 2. Oktober angekündigt worden und es war nicht möglich, diesen Beginn ohne fundierte Erläuterungen zu verschieben. Metternich versammelte also am 30. September im intimen Rahmen seiner Villa am Rennweg die Vertreter der Vier mit denen Frankreichs und Spaniens. Dort also, und nicht im Kanzleramt, spielte sich die große Szene ab, von der so oft berichtet worden ist, in der Talleyrand, mit Unterstützung des spanischen Vertreters, unter Berufung auf unbestreitbare Prinzipien, seine Gesprächspartner verpflichtete, die zuvor zwischen ihnen festgelegte Verfahrensfrage zu ändern. „Das Eingreifen Talleyrands und Labradors hat unsere Pläne fürchterlich gestört", schreibt Gentz an diesem Abend in sein Tagebuch. „Sie haben gegen die Form protestiert, die wir gewählt hatten. Sie haben uns zwei Stunden lang ausgeschimpft. Dies ist eine Szene, die ich nie vergessen werde. Fürst von Metternich sieht nicht wie ich das Peinliche oder sogar Schreckliche in unserer Lage." In der Tat, als sie aus dieser stürmischen Sitzung hinausgingen, war Metternich mit Gentz zusammen die Arbeiten begutachten gegangen, die in seinem Garten im Hinblick auf das Fest, das er dort am 18. Oktober geben wollte, im Gange waren und diese Probleme schienen ihm mehr Sorgen zu bereiten als der wesentlich schlimmere Unfall im Ablauf der diplomatischen Versammlung.

In der Tat kann man diese losgelöste Haltung gut erklären: das Eingreifen Talleyrands hatte der Hinhaltetaktik Metternichs einen Dienst erwiesen, denn er sorgte sich darum, daß keine wesentlichen Probleme angegangen würden, bevor er sich nicht selbst hätte eine genaue Vorstellung von den wirklichen Vorhaben und den Hilfsmitteln der beteiligten Parteien machen können, insbesondere von den Möglichkeiten des Zaren Alexander, der mit großem Prunk am 25. September eingetroffen war.

Gentz wurde damit beauftragt, den Entwurf einer Erklärung auszuarbeiten, mit der die Hinauszögerung der offiziellen Eröffnung des Kongresses zum 1. November gerechtfertigt werden könnte. Dieser Entwurf – „ein Beispiel für das Zusammenstellen nicht zusammengehöriger Dinge und falscher Logik", will man dem schwedischen Gesandten Löwenhielm glauben – sollte bei einer Konferenz am 8. Oktober geprüft werden, wozu außer den sechs Teilnehmern der Versammlung vom 30. September die Vertreter Portugals und Schwedens geladen wurden, die mit gleichem Recht wie Spanien Mitunterzeichner des Vertrages von Paris waren.

Erneut war Talleyrand der Star der Sitzung und erregte den Zorn der Preußen wegen seines hartnäckigen Bemühens, dem Text einen Satz hinzuzufügen, aus dem die Prinzipien des öffentlichen Rechtes hervorgingen. Und nochmals hielt sich Metternich bedeckt und war zweifellos zufrieden, daß er Zeuge solcher Mißstimmungen war, die seine eigenen Handlungen erleichtern würden. Dies zumindest kann man aus der Tatsache ableiten, daß er vor der Sitzung darauf bestanden hatte, mit Talleyrand unter vier Augen zu sprechen und daß er ihm die Vorteile vorgespiegelt hatte, die aus einer Kooperation zwischen Frankreich und Österreich zu gewinnen seien.

Der Oktober ging bereits zu Ende, und die aufgeschobenen Fragen waren noch nicht in einem Punkt der Lösung näher gerückt, ganz im Gegenteil. Den feierlich angekündigten Beginn des Kongresses noch einmal zu verschieben hätte bedeutet, die Hoffnungen ganz Europas zu enttäuschen. Gentz schlug eine Lösung vor, die es gestattete, scheinbare Aktivitäten zu entfalten, ohne daß wirkliche Arbeit würde geleistet werden müssen. Am 30. Oktober eröffnete Metternich also offiziell die Arbeiten des Kongresses mit einer Rede von zwei Stunden, in der er, laut Aussage Talleyrands, seine Meisterleistung an „Massenproduktion an vagen und sinnentleerten Äußerungen" gab.

Und was schlug er vor? Da ihm klar war, daß die ernsthaften Probleme noch nicht reif genug waren, konnte man sich in der Zwischenzeit mit der Überprüfung der Vollmachten der Geschäftsträger der Staaten befassen, die Vertreter entsandt hatten; eine Kommission aus drei Mitgliedern, die aus den acht oben erwähnten ausgelost wurden, wurde damit beauftragt. In dem Umfang, in dem es der Fortgang der Verhandlungen erlaubte oder forderte, könnten weitere Kommissionen geschaffen werden. So entstand bereits am 14. November eine Kommission für die Angelegenheiten der Schweiz und konstituierte sich sofort. Es war aber nicht möglich, eine irgendwie geartete Frage vor eine Vollversammlung zu bringen: angesichts der Anzahl der Delegierten hätte es sich dabei um ein diplomatisches Parlament gehandelt, das von vornherein zur Arbeitsunfähigkeit verurteilt gewesen wäre. Dies erläuterte Metternich rein wissenschaftlich in einem Artikel des Beobachters (24. November): dieser anstehende Kongreß konnte nicht den Versammlungen von Diplomaten um einen großen Tisch herum gleichen, wie man sie aus den Kongressen der vergangenen Jahrhunderte kannte. Man mußte ihn vielmehr als eine Art Versammlung der Verantwortlichen betrachten, die ihnen die Möglichkeit, sich zu verständigen, durch informelle Kontakte erleichterte.

In der Tat sollten die Dinge genau so ablaufen. Mehr als in den geregelten Konferenzen des leitenden Komitees der acht und der anderen Komitees, deren Arbeit sich darauf beschränkte, Protokolle abzusegnen, wurden die echten Fortschritte und die echten Lösungen aus Privatgesprächen geboren, die manchmal unter vier Augen in einem Arbeitszimmer, oft genug in einem Salon bei einer zufälligen oder gewollten Begegnung oder aus Anlaß eines Balls, einer Festlichkeit oder eines Diners stattfanden. Zu guter Letzt konnte der Kongreß nur eine einzige Vollversammlung verzeichnen, nämlich am Schlußtag, bei der Unterzeichnung der Schlußakte.

Polen und Sachsen: Probleme mit Sprengstoff

Die oben erwähnten ständigen Verzögerungen waren ganz wesentlich auf einen Konflikt zurückzuführen, der sich zwischen den Hauptpartnern über die miteinander verbundenen Probleme Polens und Sachsens verschärfte. Der Zar war in Wien mit einem schönen Lösungsvorschlag erschienen, den er Metternich am 28. September in einer drei Stunden währenden Audienz erklärte. Preußen sollte auf Grundlage der Verträge von Kalisch und Teplitz die territoriale Ausdehnung wiedererlangen, die es vor 1805 erreicht hatte, es schien allerdings nicht notwendig, daß es deswegen Provinzen wiedererlangen sollte, die es aus den drei Teilungen des ehemaligen Königreichs Polen erhalten hatte. Es hätte einen Ausgleich im Westen dafür finden können durch Annexion Sachsens, eventuell auch, um den genauen Ausgleich herbeizuführen, durch die Annexion einiger rheinischer Gebiete. Mit den durch Preußen abgetretenen polnischen Provinzen und den polnischen Provinzen, die seit den Teilungen am Ende des 18. Jahrhunderts russisch geworden waren, zuzüglich eines Teils der Provinzen, die seinerzeit Österreich zugeschlagen worden waren, die aber Napoleon zugunsten des Großherzogtums Warschau annektiert hatte, wollte Alexander ein großes Königreich Polen bilden, dessen Krone er selbst zu tragen beabsichtigte; so hätte er die in Polen gegebenen Versprechungen in die Tat umgesetzt.

Der Kanzler Hardenberg, der sich aufgrund der Zusicherungen, die ihm Metternich bezüglich Sachsens gegeben hatte, stark fühlte, war sicherlich mit dem Zaren einer Meinung. Letzterer gab am gleichen 28. September eine zusätzliche Garantie ab: in einem geheimen Dokument verpflichtete er sich, demnächst der preußischen Armee das Königreich Sachsen zu übergeben, das seit Ende 1813 unter russischer Militärverwaltung stand.

Metternich bestand zwar sicherlich darauf, eine Zusammenarbeit zwischen Österreich und Preußen aufrechtzuerhalten und zu konsolidieren, denn dies war die Vorbedingung für jede dauerhafte Regelung betreffend Deutschlands, aber aus dem militärischen Gesichtspunkt heraus war eine Ausdehnung der russischen Macht bis an die Grenzen des österreichischen Kaiserreiches genausowenig akzeptabel wie die Anwesenheit der preußischen Armee in Dresden und an der österreichischen Grenze in den böhmischen Bergen. Wenn Metternich auch nur einen Augenblick lang daran gedacht haben sollte, Sachsen aufzugeben, so war sein Kaiser auch nicht einen Moment lang damit einverstanden, einen legitimen Herrscher auf diese Art und Weise ausplündern zu lassen; und die zweitrangigen deutschen Staaten, mit Bayern an der Spitze, verlangten das Überleben eines sächsischen Königreiches und machten daraus sogar eine Bedingung für ihren Beitritt zu einer deutschen Bundesorganisation.

Der Widerstand gegen das russische Projekt

Metternich mußte also alles unternehmen, um die Pläne des Zaren zum Scheitern zu bringen. Er wurde von Talleyrand sehr darin bestärkt, der auf dringende Instruktionen von Ludwig XVIII. handelte und ebenfalls von Berichten aus St. Petersburg, aus denen hervorging, daß es im Offizierskorps der Armee und in der höheren Verwaltung eine starke Opposition gegen die Wiederherstellung eines Königreiches Polen gab.

Auch die Preußen fürchteten, von der Gnade des großen Nachbarn im Osten abhängig zu werden. Hardenberg teilte am 9. Oktober Metternich mit, daß er bereit sei, daran mitzuwirken, die russischen Ambitionen in Polen zu begrenzen ..., unter der Bedingung, daß Metternich sich nicht mehr gegen die Annexion Sachsens durch Preußen stellte. Metternich ergriff diese Gelegenheit um die Solidarität zwischen Russen und Preußen aufzubrechen. Im Einverständnis mit Castlereagh teilte er am 22. Oktober mit, daß man einverstanden wäre, daß die Truppen des Königs von Preußen in Sachsen die Truppen des Zaren ersetzten, es wurde aber auch mitgeteilt, daß dieses Zugeständnis als Gegenleistung für den gemeinsamen Widerstand gegen die Pläne des Zaren in Polen zu sehen sei, wobei die endgültige Lösung dem König von Sachsen einen Teil seines Territoriums belassen sollte.

Die drei alliierten Minister – Castlereagh, Metternich und Hardenberg – erarbeiteten einen Aktionsplan, der dazu angelegt war, Alexander von seinem großen Plan abzubringen. Nacheinander versuchten sowohl Talleyrand als auch Castlereagh vergeblich, den Zaren umzustimmen. Schließlich mußte doch Metternich in den Ring steigen; am 24. Oktober, gerade vor der Abreise Alexanders nach Budapest, wo er mit den beiden anderen alliierten Herrschern vier Tage verbringen wollte, gab es zwischen beiden Männern ein Gespräch mit Blitz und Donner. Metternich, der noch unter dem Schock der Erniedrigung litt, die ihm Wilhelmine von Sagan am Vorabend zugefügt hatte, verlor vielleicht ein wenig sein übliches kaltes Blut und mehr noch der Zar. „Sie sind der einzige Mann in Österreich", schrie er ihn an, „der es wagt, mir so rebellisch zu widersprechen." Nach Aussage Talleyrands soll er ihn „mit einem Hochmut und einer heftigen Redeweise" behandelt haben, „die selbst gegenüber seinen Dienern als ganz außerordentlich erschienen seien". Nach dieser Szene äußerte Metternich sehr erbost, daß er keinerlei Einzelunterredung mehr mit dem Autokraten zu führen gedenke.

Diese verbale Prügelei wurde bald öffentlich bekannt und hatte zwei gegensätzliche Folgen. Für die einen war Metternich damit erledigt. Selbst die Sagan sagte dies jedem, der es hören wollte: „Ein Minister, der das Vertrauen der ausländischen Mächte verloren hat, kann nicht im Amte bleiben." Andere aber sahen mit Freude und Erleichterung, daß Metternich insgesamt bewiesen hatte, daß er seine Meinungen und Auffassungen fest und tapfer vertreten konnte. Unter ihnen befand sich Kaiser Franz; als der Zar sich über die Unverschämtheiten des österreichischen Ministers beklagte und seine Ablösung forderte, antwortete der Kaiser ihm, daß dies nicht in Frage komme und daß der Zwischenfall ihn in dem Gedanken bestärke, daß sein Minister sich darauf beschränken müsse, mit den anderen ausländischen Ministern zu diskutieren und nicht mit ihren Herrschern. Er antwortete aus Budapest auf die Zusammenfassung, die ihm Metternich über den Zwischenfall geschickt hatte (die vom Zar ausgestoßenen Beleidigungen erinnerten ihn, hatte er hinzugefügt, an die Streitereien mit Napoleon), und beruhigte ihn: „Selbst wenn wir weit voneinander entfernt sind, werden wir beide Kaiser Alexander gegenüber unisono reden."

So fand Metternich zum guten Schluß nach der Rückkehr der Herrscher aus Budapest seine Position gefestigt. Selbst Alexander mußte dies zugeben. Und hier nun geschah der seltsamste Zwischenfall, der uns nur von Edward Cooke, einem der Assistenten Castlereaghs, in einem Bericht mitgeteilt wurde, den er dem Premierminister Liverpool übersandte und den wir aus diesem Grunde als seriös betrachten müssen.[1] Im Verlauf eines Maskenballes am 30. Oktober schob ein Unbekannter Metternich ein Briefchen in die Hand, in dem stand, „daß eine Person höchster Ebene die einen Streit mit ihm gehabt habe, geneigt sei, ihn zu bezahlen, wenn er von seinem Widerstand ablasse", wobei die Belohnung eine Million (Gulden?) sowie der Genuß einer Dame hohen Ranges sein solle, welche Metternich offensichtlich besitzen wollte. „Als dieses Papier ihm zunächst gezeigt wurde", berichtet Cooke, „schützte Seine Hoheit überrascht vor, den Inhalt nicht zu verstehen und warf das Briefchen weg. Am nächsten Tag bedauerte er seine Dummheit bitterlich, die ihn ein solches Mittel, den Zaren auf Gnade und Ungnade ausgeliefert zu sehen, hatte verlieren lassen." Man kann eine Bestätigung der Tatsache in einem verschlüsselten Bericht sehen, den Metternich am 2. November an den Kaiser schickte und auch in einem Briefwechsel mit Wilhelmine von Sagan. Metternich empfiehlt ihr zunächst eindringlich, auf keinen Vorschlag zu hören, den ihr Alexander gegebenenfalls machen könnte. Am nächsten Tag schrieb er, als er sich darauf vorbereitete, sie zu besuchen: „Du wirst sehr erstaunt sein über das, was ich Dir erzählen werde; ich wundere mich über nichts mehr, insbesondere, wenn es sich um diesen Mann handelt."

Die Lage wird spannend

Drei Tage später mußte auch Hardenberg den Zorn des Zaren erdulden. Er hatte es bis dahin vermieden, seinem König die Einzelheiten der Abkommen mitzuteilen, die er mit Metternich und Castlereagh getroffen hatte. Alexander, der davon Kenntnis erhalten hatte – man weiß nicht wie – zerrte den unglücklichen Kanzler vor Friedrich-Wilhelm und forderte ihn auf, alles das zu bekennen, was geschehen war und sagte, um ihn definitiv in die Enge zu treiben, daß Metternich seinerseits ein analoges Geschäft vorgeschlagen habe: gegen die Befriedigung der Ansprüche des Zaren wollte er dessen Unterstützung haben, um Sachsen aus den Klauen der Preußen zu retten. Folglich gab der König seinem Kanzler den Befehl, nicht mehr „gegen seinen Bruder und Alliierten zu konspirieren". Metternich verteidigte sich lebhaft: „Nicht nur", schrieb er an Hardenberg

(7. November), „muß ich dieses Faktum dementieren, sondern ich bin auch bereit, vor dem Kaiser (dem Zaren) selbst das Gegenteil zu sagen."

Ein Kompromiß zeichnet sich ab

Im Verlauf der folgenden Wochen schien die Entschlossenheit Alexanders schwächer zu werden. Vielleicht unter dem Einfluß seiner Ratgeber, die sich mehr über die in Rußland aufgekommene Beunruhigung im Klaren waren, welche aus den Polenplänen des Zaren entstanden war; zweifelsohne ebenfalls, weil er die Festigkeit Kaiser Franz' in der Sachsenfrage falsch eingeschätzt hatte. Metternich hatte den Eindruck, daß Alexander nicht mehr so entschlossen war, die preußischen Ansprüche vorbehaltlos zu unterstützen. Außerdem hatte Castlereagh Instruktionen aus London erhalten, die ihm den Befehl gaben, die Unabhängigkeit Sachsens zu retten.

Er glaubte also den Augenblick günstig für einen Paukenschlag. Am 10. Dezember erhielt Hardenberg eine Note, in der die letzten Vorschläge Österreichs genauer dargelegt wurden: man gestand Preußen nicht mehr die Hälfte des sächsischen Staatsgebietes zu sondern nur noch ein Fünftel. Verrat! schrie der preußische Kanzler voller Zorn. Um sich zu rächen unterbreitete er Alexander die gesamte mit Metternich ausgetauschte Korrespondenz, als man seinerzeit sich gegen die Polenpläne des Zaren abstimmen wollte. Als Alexander an dem Brief vom 7. November angekommen war, in dem Metternich kategorisch dementierte, gesagt zu haben, was Alexander ihm unterstellte, wurde der Zar erneut von Zorn erfaßt. Er eilte zu Kaiser Franz: „Ihr Metternich hat mich einen Lügner genannt! Ich verlange Satisfaktion. Ich werde ihn zum Duell fordern." Der Kaiser konnte ihn beruhigen und ihn von dieser lächerlichen Idee abbringen. Metternich erhielt die Erlaubnis, eine Erklärung abzugeben: mit Briefen konnte er untermauern und dem Zaren zeigen, daß der Preuße derjenige gewesen war, der die erste Idee einer konzertierten Aktion gegen Rußland gehabt hatte. „Ich weiß nicht mehr, wem ich glauben soll", schloß Alexander. „In Zukunft werde ich nur noch mit dem Kaiser sprechen." Darauf folgte offensichtlich noch einiges an bitteren Bemerkungen, denn Metternich verließ die Audienz nach allen Berichten mit hochrotem Kopf und murmelte, daß die Hitze im kaiserlichen Büro unerträglich sei.[2]

Von diesem Tag an sahen sie sich nicht mehr unter vier Augen und bei den Festen und Zeremonien vermieden sie es, miteinander zu sprechen. Alexander hatte schon seit Anfang Oktober sein Erscheinen bei den vom österreichischen Minister gegebenen Empfängen eingestellt.

Die Anstrengungen Castlereaghs

Castlereagh mußte also die Vermittlerrolle übernehmen. Da von jetzt ab das Prinzip als anerkannt galt, daß Preußen darauf verzichten werde, ganz Sachsen zu schlucken, mußte für Preußen anderweitig Kompensation gefunden werden; sowohl im Osten, bei seinen ehemaligen polnischen Provinzen, als auch im Westen, im Rheinland. Dieser Kuhhandel führte zu komplizierten Berechnungen und Castlereagh ließ eine „Statistikkommission" bilden, bei der Talleyrand gegen den Willen der Preußen ein französisches Mitglied durchsetzte. Er näherte sich Metternich immer mehr, wobei er sich auf das gemeinsame Interesse der Herrscher berief, das Legitimitätsprinzip gegen das brutale Eroberungsrecht zu bewahren. „Die Völker", schrieb er in einem berühmten Memorandum vom 19. Dezember, „können doch wohl nicht mit dem Vieh eines Bauernhofes gleichgesetzt werden."

Extreme Spannungen

Hardenberg hingegen hatte sein Hauptziel noch nicht aufgegeben; im Einverständnis mit ihm legte der Vertreter des Zaren, Ratsumovski, am 30. Dezember einen Regulierungsplan vor: Preußen würde ganz Sachsen erhalten; für den enteigneten König würde ein kleines Fürstentum im Rheinland geschaffen werden mit Trier, Bonn und Luxemburg. Der Zar sollte Preußen Posen überlassen, aber dafür den gesamten Rest des ehemaligen Großherzogtums Warschau erhalten, aus dem ein unabhängiger Staat gebildet werden sollte, der mit Rußland in Personalunion sein sollte. Hardenberg erinnerte daran, daß die preußische Armee bereits dabei sei, das begehrte Land zu besetzen, so, wie die russischen Truppen in Polen einmarschierten. Wenn irgend jemand versuchen sollte, diese Truppen wieder zu entfernen, würde dies Krieg bedeuten.

In den Generalstäben wurden schon die Truppenstärken gezählt und Operationspläne erarbeitet. Alexander trompetete: „Wir werden schon sehen, ob Schwarzenberg oder ich der größere Heerführer in den letzten Feldzügen war." Die öffentliche Meinung rumorte ängstlich. Würde aus dem Friedenskongreß erneut die Geißel des Krieges geboren werden? Die von den Russen und Preußen vorgeschlagene letzte Lösung war für die Engländer absolut indiskutabel. Der Premierminister, Lord Liverpool, hatte Castlereagh mitgeteilt: „Der sächsische König wäre nach dieser Hypothese wahrscheinlich eine Kreatur Frankreichs und folglich geneigt, die Ansichten der französischen Regierung bezüglich der Niederlande zu unterstützen."

Würden es aber die vereinten Militärkräfte Österreichs und Frankreichs selbst mit der Unterstützung Bayerns wagen, den russischen Koloß und seinen preußischen Alliierten herauszufordern, die beide vor Zorn weißglühend waren? Castlereagh zögerte ängstlich; in diese Spannung fiel – oh Wunder! – am 1. Januar eine unerwartete Nachricht: in Gent war zwischen England und den Vereinigten Staaten ein Frieden unterzeichnet worden. Von jetzt an wurden alle Ressourcen Englands an Menschen und Geld für eine eventuelle Aktion in Europa frei. Die seit einiger Zeit von Talleyrand vorgeschlagenen Möglichkeiten konnten Wirklichkeit werden: am 3. Januar wurde ein geheimer Bündnisvertrag zwischen England, Österreich und Frankreich unterzeichnet; Bayern, Holland, Hannover und Sardinien sollten aufgefordert werden, diesem Vertrage beizutreten.

Die Kompromißlösung

Die sich daraus ergebenden Folgen waren sofort zu sehen. Die absolute Übereinstimmung der von den drei neuen Alliierten vertretenen Positionen zeigten allen sehr deutlich ihr Einverständnis miteinander und es war nicht nötig, daß sie drohten, um zu überzeugen. Der Kuhhandel fing aufs Neue und noch größer an und zwar sowohl innerhalb der Statistikkommission als auch in den Konferenzen der alliierten Minister, an denen jetzt auch Talleyrand teilnahm. Die Verhärtung war allerdings so, daß man sich Ende Januar immer noch in einer Sackgasse befand. Ein äußerer Umstand erzwang sozusagen die Konfliktlösung: die britische Regierung verlangte von Castlereagh, daß er nach London zurückkehre, um bei Parlamentsdiskussionen anwesend zu sein. Der Foreign Secretary konnte aber nicht mit leeren Händen nach Hause zurückkehren; er verdoppelte seine Anstrengungen. Am 6. Februar schließlich entriß er den Preußen ihre prinzipielle Zustimmung zum ausgearbeiteten Kompromiß; die Details sollten anschließend mit Wellington geregelt werden, der schon drei Tage zuvor eingetroffen war, um Castlereagh zu ersetzen.

Die komplexen Dispositionen des Arrangements können hier nur in groben Zügen genannt werden. Der König von Sachsen, dem sein Thron im Prinzip wieder zurückgegeben wurde, gab die Hälfte seines Territoriums an Preußen ab, behielt aber den am stärksten bevölkerten Teil mit Dresden und Leipzig; Preußen erhielt außerdem am Rande der Ostsee Schwedisch-Pommern, Danzig und das polnische Posen. Andererseits würde Preußen Reste des Königreichs Westfalen erhalten, die zum Teil früher schon der Monarchie gehört hatten, und Gebiete an beiden Enden des Mittelrheins, deren alte und junge Traditionen nur schwer in Preußen aufgehen würden.

Für Metternich und Österreich war die Bilanz nicht gerade brillant: Sachsen war vor der Vernichtung bewahrt worden, aber zu geschwächt, um ein wirksamer Alliierter zu sein. Man erlangte auch einen Teil der Territorien Galiziens wieder, die man vor 1805 in Besitz gehabt hatte, der Rest jedoch ging an Rußland. Krakau, das früher einmal ein Eckpfeiler seiner Verteidigung gewesen war, entglitt ihm und wurde eine kleine, unabhängige Republik. Schließlich wurde ein Königreich Polen als konstitutionelle Monarchie mit Parlament neu geschaffen, dessen Bildung die nationalistischen und liberalistischen Tendenzen in den Teilen Galiziens gegebenenfalls würde wieder aufflackern lassen, die Österreich behalten hatte.

Die Erfolge Metternichs beim Wiener Kongreß sind in anderen Gegenden zu suchen: nämlich in Italien und in der Organisation Deutschlands.

Die italienischen Probleme

Bezüglich Italiens hatte der Vertrag von Paris nur ausgesagt: „Italien wird außerhalb der Grenzen der Ländereien, die an Österreich fallen werden, aus souveränen Staaten bestehen.

In welchem Umfang aber sollten die von Napoleon verjagten Monarchen wieder in ihre Besitzungen eingeführt werden? Welche Kompensation sollten sie erhalten für Anrechte, die als mit den Notwendigkeiten der Neuorganisation unverträglich erkannt wurden? Dies alles war der Diskussion des zukünftigen Kongresses vorbehalten worden. Es war schon abgesprochen, daß Österreich dort eine großzügige Kompensation für den Verlust erhalten sollte, den es durch den Verzicht auf seine früheren Besitzungen in den Niederlanden erleiden würde.

Die erste Sorge Metternichs beim Kongreß war also, die Festlegung der Grenze zwischen Österreich-Italien und seinem Nachbarn, dem Königreich Sardinien-Piemont zu erreichen. König Victor-Emmanuel, der seinen Thron nach 20 Jahren eines halben Exils in Sardinien wieder einnahm, hoffte, sich mit der Annexion der Mailänder Gegend schadlos zu halten; man gab ihm aber schon früh zu verstehen, daß Österreich niemand anderem den Vorteil überlassen würde, die große Hauptstadt des ex-napoleonischen Königreiches Italien zu kontrollieren. Der Piemonteser mußte sich mit der Annexion der ehemaligen Republik Genua zufrieden geben. Keine der großen Mächte hatte etwas dagegen, auch nicht Ludwig XVIII., der Schwager des restaurierten Königs. So war die ganze Angelegenheit schnell geregelt: schon Mitte November waren alle notwendigen Urkunden offiziell beglaubigt.

Marie-Louise in Parma

Die Installierung der Ex-Kaiserin Marie-Louise in Parma führte zu mehr Schwierigkeiten. Der französische König konnte nicht unbewegt hinnehmen, daß ein Thron an die Habsburger überging, der traditionell einem Bourbonen gehörte. Sein Protest wurde noch durch den Protest des Königs von Spanien verstärkt, der diese Besitzung für seine Schwester Maria-Louisa, die Ex-Königin der Toskana forderte, welche von Napoleon entthront worden war. Metternich mußte aber in der schwierigen Situation, mit der er sich Ende 1814 herumschlagen mußte, Talleyrand und den Marquis von Labrador, den spanischen Bevollmächtigten, vorsichtig behandeln. Er bat sie, sich zu gedulden und schlug der Reihe nach verschiedene Lösungsmöglichkeiten vor: Marie-Louise solle sich mit einer Art Wittum in Böhmen zufriedengeben; sie sollte die kleine Grafschaft Lucca erhalten, die von der Toskana auszulösen war; man sollte ihr ein kleines, maßgeschneidertes Fürstentum errichten, das aus den ehemaligen Territorien des Kirchenstaates gebildet werden sollte, die von österreichischen Truppen besetzt waren ... Aber kein Mensch konnte doch wohl ernsthaft über die letzte Hypothese nachdenken, bevor man das Schicksal dieser Besitzungen wirklich geregelt wußte.

Nachdem dieses Hindernis beseitigt war – wie nachstehend beschrieben –, konnte Metternich endlich den Wünschen Marie-Louises nachkommen, die nur um eines bat: sie wollte ihre Unabhängigkeit so weit wie möglich entfernt von den Augen ihres Vaters und des Wiener Hofes genießen, damit sie mit ihrem Geliebten Neipperg ihre Tage glücklich verbringen konnte. Betreffs der Einwände der Bourbonen erfand Metternich, um sie zu beruhigen, eine trickreiche Lösung, die den Namen Reversion trug, was bedeutet, daß man vereinbart hatte, daß nach dem Tode der Erzherzogin-Kaiserin-Gräfin das Fürstentum wieder an den legitimen Erben aus dem parmesischen Zweig der Bourbonen fallen sollte. Unterdessen sollte sich die andere Marie-Louise, die spanische, mit dem Miniherzogtum Lucca zufriedengeben, wobei ihr außerdem eine komfortable Pension von Österreich bezahlt werden würde.

Auf jeden Fall war der Sohn Napoleons aus der Thronfolge Parmas ausgeschlossen. Dies war ein Schritt, der nicht nur Ludwig XVIII. gefiel, sondern auch Metternich: ein Abkömmling Napoleons auf dem Thron in Italien wäre ein idealer Sammelpunkt für alle Feinde der österreichischen Herrschaft gewesen! Marie-Louise hatte allen Grund, mit der Art, in der Metternich gehandelt hatte zufrieden zu sein: sie ließ ihm ein kleines Anerkennungsgeschenk bringen – eine mit Diamanten besetzte Tabatière, die auf 36.000 Francs geschätzt wurde.

Die Wiederherstellung des Kirchenstaates

Die größten Sorgen Metternichs in Italien hingen an dem Doppelproblem Kirchenstaat und Königreich Neapel.

Die Wiederherstellung des Kirchenstaates beinhaltete grosso modo zwei Dinge: einerseits die Wiedereinvernahme der Legationsländer (Ferrara, Bologna, Ravenna), die der Heilige Stuhl 1797 in rechtlich einwandfreier Form an die italienische Republik abgetreten hatte und über die die Besieger Napoleons jetzt aufgrund des Eroberungsrechtes verfügen konnten. Ihre Wiederherausgabe hing in der Tat nur vom guten Willen Österreichs ab. Österreichs Alliierte, vor allen Dingen der Zar, ermunterten Österreich, diese Provinzen in Eigentum zu behalten und rechneten damit, daß sie daraus ein Argument für ihre eigenen Landerwerbungen in Deutschland und Polen würden ableiten können. Aber schon im Juni hatte Metternich in London Consalvi in diesem Punkt beruhigt: Österreich würde nur den Teil des Territoriums von Ferrara behalten wollen, der nördlich des Po lag, damit auf dieser Seite dem österreichischen Königreich Lombardei-Venetien eine gute Verteidiungslinie gesichert wäre. Dies jedenfalls sollte erst nach Regulierung aller anderen Probleme erfolgen.

Für die Region Marche mit dem Hafen Ancona lagen die Dinge etwas komplizierter wegen der unvorsichtig mit Murat im Januar 1814 getroffenen Vereinbarungen. Seinerzeit hatte man es so eilig, ihn zum Abfall von Napoleon zu bewegen, daß man ihm nicht nur den Besitz seines Thrones in Neapel garantiert hatte; man hatte sich außerdem verpflichtet, den Heiligen Stuhl zu einer Abtretung von Territorium „auf der Grundlage von 400.000 Seelen" zu bewegen. Murat hatte sich unverzüglich großzügig bedient und die Zeitumstände genutzt, um den größten Teil des Kirchenstaates zu besetzen. Die Rückkehr Pius VII. nach Rom hatte ihn verpflichtet, das Latium aufzugeben, aber dafür setzte er sich in der Provinz Marche fest: er teilte im Juli mit, daß er nur unter der Bedingung dort wieder abziehen werde, daß ihn der Heilige Stuhl als legitimen Herrscher anerkenne. Darauf antwortete Consalvi, daß diese Anerkennung nur nach der Anerkennung durch die großen in Wien versammelten Mächte würde stattfinden können.

Die Ausschaltung Murats

Aber schon bei den ersten Zusammenkünften war klar, daß man diesen übrig gebliebenen Zeugen der napoleonischen Usurpation nicht mehr lange dulden würde. Talleyrand wurde von Ludwig XVIII. angestachelt, die

Rückgabe Neapels an seinen einzigen legitimen Herrn, den unter dem Schutz Englands in Sizilien exilierten bourbonischen König zu fordern. England war bereit, jenem zu helfen, Neapel wiederzugewinnen, denn dies war ein interessanter Hafen für seine Mittelmeerflotte. Metternich war als einziger der alliierten Minister weiterhin bereit, Murat zu protegieren; der Grund war, daß er bei einem eventuellen Krieg gegen Russen und Preußen die aktive Teilnahme des berühmten Menschenführers Joachim I. als heimlichen Trumpf im Hintergrund halten wollte. Diese Gründe und auch der genaue Inhalt des Vertrages von Januar 1814 waren der Öffentlichkeit nicht bekannt; man schrieb die Haltung Metternichs einer Schwäche für seine ehemalige Geliebte, Königin Caroline zu.

Man weiß, wie sehr Murat mit seinen eigenen Initiativen seinen Untergang herbeiführte. Er war sich über die Delikatesse seiner Lage nur zu sehr im Klaren und glaubte, schlau zu handeln, wenn er unter Berufung auf den Vertrag von 1814 die Mithilfe Österreichs für den Fall forderte, daß er sich gegen einen Angriff Frankreichs würde wehren müssen. Metternich antwortete, daß er Talleyrand mitgeteilt habe, daß Österreich den Übergang einer französischen Armee nach Italien nicht tolerieren würde. König Joachim, sagte er, habe nichts zu fürchten und solle sich in seine Grenzen zurückziehen; jeder Versuch, erneut über diese Grenzen hinauszugreifen, würde als Bruch der Allianz betrachtet werden.

Das unvorsichtige Ungestüm Murats ließ ihn in die gestellte Falle tappen, und zwar früher und entscheidender, als es vorgesehen war. Am 4. März erhielt Wellington in Wien Kopien von abgefangenen Briefen, in denen Murat Napoleon seine Dienste anbot, von dem dieser annahm, daß er bereit sei, die Insel Elba zu verlassen. Und sein Verhalten einige Tage später zeigte sich entsprechend seinen erklärten Zielen: er besetzte Rom und die Toskana; aus Rimini rief er das italienische Volk auf, sich zu einen, um das fremde Joch abzuschütteln. Am 12. April erklärte Österreich ihm den Krieg. Sollte Murat verjagt werden und Ferdinand de Bourbon wieder König sein, so mußte dies mit österreichischen Truppen geschehen und vor allen Dingen nicht mit französischen Truppen, wie man es sich in Paris gewünscht hatte. Am 2. Mai wird die neapolitanische Armee in Tolentino von den Österreichern unter Bianchi und Neipperg geschlagen. Das letzte Aufbäumen des Verurteilten ist bekannt: er floh in die Provence, dann nach Korsika; schließlich, im Oktober 1815, versuchte er, in Kalabrien zu landen, wurde gefangengenommen und standrechtlich erschossen; er starb tapfer (13. Oktober 1815).

Metternich erinnerte sich an diese Tragödie und erzählte Clindworth Jahre später: „Murat war für Europa unerträglich geworden. Sein Sturz war unausweichlich; ich habe allerdings seinen Tod nie gewollt. Ich habe ihm durch Macirone, den Agenten, den er bei mir unterhielt, Pässe und die schriftliche Zusicherung bringen lassen, daß er in Österreich sicheres Asyl finden würde.³"

Abschließende Regelungen

Die Ausschaltung Murats hätte die sofortige Rückgabe der unrechtmäßig besetzten Provinzen an den Heiligen Stuhl erlauben können. Aber als Consalvi die Durchführung der so häufig wiederholten Versprechen anmahnte, überraschte ihn Metternich mit einer neuen Forderung, nämlich der nach Aufgabe der kleinen Fürstentümer Benevent und Ponte-Corvo, die bislang als Enklaven im Königreich Neapel lagen. Ponte-Corvo war dem Prinzen Eugen Beauharnais, Herzog von Leuchtenberg, dem Schwager des bayrischen Königs versprochen worden, dem es gelungen war, in Wien die freundliche Zuneigung des Zaren Alexander zu gewinnen; Benevent war ein Lehen für Talleyrand. Sowohl der eine als auch der andere – und Metternich wußte dies – wollten nur Geld. Talleyrand verlangte nicht weniger als sechs Millionen, eine Summe, die der König von Neapel außerstande war, zu bezahlen. Metternich griff ein und zog einen klugen Kompromiß aus seinem Hut: der König von Neapel übergab dem Kirchenstaat an der gemeinsamen Grenze ein Gelände, das dem der übernommenen Enklaven entsprach; andererseits sollte er Talleyrand zwei Millionen bezahlen, von denen ein Viertel zu Lasten des päpstlichen Schatzes ging.

Nachdem dieses Arrangement schließlich akzeptiert worden war, konnte man am 12. Juni eine Vereinbarung unterzeichnen, durch die der Heilige Stuhl wieder in Besitz des Kirchenstaates gelangte. Am gleichen Tag wurden Allianzverträge mit Neapel und der Toskana unterzeichnet. Und ebenfalls eine gerade abgeschlossene Vereinbarung mit Preußen über einen sekundären Aspekt der Regelung der Angelegenheiten in Deutschland, ... die jetzt in ihrer Gesamtheit dargestellt werden müssen.

Deutschland: Aufzählung der Probleme

Die deutschen Probleme beim Wiener Kongreß erscheinen als die Probleme, die offensichtlich die meiste Zeit und die meiste Kraft Metternichs über den ganzen Kongreß hinweg beansprucht haben.

Was war seine Zielvorstellung zu Beginn? Zweifelsohne die schon in den Gesprächen von Langres zu Beginn des Jahres 1814 festgeschriebenen Vorstellungen, die in einem Artikel des Vertrages von Chaumont ausformuliert sind: „Deutschland besteht aus unabhängigen Staaten und wird von einem föderativen Band zusammengehalten." Was aber stand hinter diesen absichtlich vagen Worten? Das wirkliche Ziel Metternichs scheint es gewesen zu sein, im Zentrum Europas eine Masse zu schaffen, die politisch und institutionell neutral war und die sowohl den französischen als auch den russischen Hegemonialansprüchen ein Hindernis entgegenstellen konnte, diesen „beiden hungrigen Großmächten" – wie er sie nannte. Die Ausführung dieser Zielvorstellung bedeutete die Lösung zweier Gruppen von Problemen, nämlich einmal die Lösung der geographischen oder territorialen Probleme und zum anderen die Lösung der juristischen Schwierigkeiten.

Nach dem Zusammenbruch des napoleonischen Rheinbundes bot sich das deutsche Territorium als Puzzle aus voneinander unabhängigen, losgelösten und verwirrenden Gebieten dar, die den deutschen großen und kleinen Fürsten auf dem Tisch ihrer Ansprüche vorlagen. Österreich und Preußen hatten die Absicht, die Provinzen wiederzuerwerben, die ihnen nacheinander entrissen worden waren, wobei sie sich nicht zurückhielten, diese je nach Bedarf abzurunden oder auszutauschen. Das wiedergebildete Königreich Hannover sollte seinem legitimen Herrn wieder zufallen, dem englischen König. Die Herrscher der süddeutschen Mittelstaaten – Bayern, Württemberg, Baden – sowie die Mehrzahl der anderen Mitglieder des aufgelösten Bundes hatten es verstanden, sich durch opportunistischen Beitritt zur großen Allianz die Konservierung ihrer Throne zu sichern, was aber nicht gleichzeitig die Sicherung gewisser Teile ihrer Staaten bedeutete, die sie erst vor allzu kurzer Zeit erworben hatten und die sie freiwillig oder unter Zwang wieder herausgeben mußten.

Gleichzeitig mit der Neuzeichnung einer für alle rivalisierenden Ansprüche akzeptablen Karte wäre die Art des alle einenden Bundes zu definieren, damit dieser mit der anerkannten Souveränität aller Mitglieder kompatibel wäre; auch galt es, Zentralorgane des Bundes zu schaffen und diesen die Möglichkeit anhand zu geben, die Funktionen als Schiedsrichter und Verteidigungsinstitut auszufüllen. Natürlich hätten die zweitrangigen Herrscher und Fürsten ein Interesse an einem Maximum an Unabhängigkeit, das sich gerade noch mit dem Prinzip eines Staatenbundes würde vereinbaren lassen und einige unter ihnen beeilten sich, in ihren Staaten eine Zentralverwaltung aufzubauen, die dem französischen Modell entsprach. Gegen sie standen alle, die sich 1813 für die Befreiung Deutschlands bewaffnet hatten, das moralisch gesehen als eine Nation betrachtet wurde und das die Wiedergeburt des alten Kaiserreichs in einer modernen und liberalen Form wünschte. „Deutschland soll nicht", schrieb vom Stein im November 1814, „den Kapriolen von Despoten ausgeliefert werden, die von einer neidischen und jakobinischen Bürokratie gelenkt werden. Die Rechte aller sollen festgelegt und garantiert werden und Deutschland soll nicht mehr ein weites Betätigungsfeld für Unterdrücker und Unterdrückte sein."

Das deutsche Kaiserreich wiedererwecken? War dies nicht die Rolle, die den Habsburgern natürlich zukam, die ja direkt Abkömmlinge der früheren Kaiser waren und deren letzter, Franz, selbst noch in Frankfurt gekrönt worden war? Aber die Dinge hatten sich geändert; ein deutscher Kaiser konnte jetzt nicht mehr beanspruchen, gleichzeitig auch über Tschechen, Polen, Ungarn, Slowaken, Kroaten und Italiener zu herrschen, die sich alle ihrer nationalen Identität bewußt geworden waren. Dies wollte Franz I. in seiner Antwort mitteilen, die er am 22. Oktober einer Delegation ehemaliger mediatisierter Fürsten gab, die von Franz-Georg von Metternich angeführt wurde und die kam, um ihn zu bitten, die Kaiserkrone wieder anzunehmen. „Ich würde es tun", sagte er, „wenn diese Lösung sich mit den Interessen meiner eigenen Besitzungen vertrüge."

Der Habsburger hatte sich also für unfähig erklärt und der Hohenzoller – der auch nicht-deutsche Territorien hatte – konnte nicht wagen, zu versuchen, jenen zu ersetzen. In den Augen aller Deutschen, auch in den Augen seiner eigenen Untertanen, wäre dies eine nicht zu akzeptierende Usurpation gewesen. Die Ambitionen der Staatenlenker in Berlin zielten also darauf, eine Art Teilung herbeizuführen oder eine Art österreichisch-preußisches Kondominium, das es Preußen erlauben würde, seine Hegemonie über Norddeutschland auszudehnen.

Der Fall Bayern

Um die preußischen Ambitionen zu Fall zu bringen würde sich Österreich natürlich auf die süddeutschen Staaten stützen, und insbesondere auf den größten unter ihnen, Bayern. Metternich hatte sich also schon seit seinem Aufenthalt in Paris dafür verwandt, den schwerwiegenden Streit zu bereinigen, den die Ereignisse des letzten Jahrzehnts zwischen Österreich und Bayern hatte aufkommen lassen und einige Unterlassungen des Vertrages zu Ried auszufüllen, durch den König Maximilian-Josef der europäischen Koaliton beigetreten war. Kaiser Franz forderte die Rückgabe Tirols und Vorarlbergs, was der Bayer im Prinzip schon zugestanden hatte; außerdem forderte er die ehemals kirchlichen Fürstentümer Salzburg und Passau, die Österreich dank des Reichsdeputationshauptschlusses von 1803 bereits einmal kurze Zeit in Besitz hatte. Diese aber wollte Maximilian-Josef nicht so einfach hergeben.

Sein Bevollmächtigter in Paris war Marschall Graf von Wrede, ein tapferer und ehrlicher Militär, der mit Auszeichnung das bayrische Kontingent in der letzten Phase des Krieges kommandiert hatte. Metternich erreichte es, diesen am 3. Juni zur Unterschrift unter ein doppeldeutiges Dokument zu bewegen: der König würde unverzüglich Tirol und Vorarlberg zurückgeben, aber die Rückübertragung Salzburgs und Passaus war an Kompensationen gebunden, die Österreich nur insoweit zusagte, „wie es dazu die Mittel hätte und wie die Umstände es erlaubten". Diese Kompensationen sollten insbesondere die Pfalz umfassen, ein ehemaliges Besitztum des Hauses Wittelsbach und die Stadt Mainz. Diese Stadt – man wußte dies – wurde jedoch heftig von den Preußen begehrt. „Ein schlechter Vertrag" kommentierte Kaiser Franz am Rande des Textes. Und der König von Bayern soll noch unzufriedener gewesen sein.

Die schwierige Geburt des deutschen Bundes

Ich habe bereits darüber berichtet, wie sich Metternich bei den Vorgesprächen zur Eröffnung des Kongresses darauf eingestellt hatte, eine ernsthafte Diskussion der Projekte zu vermeiden, die die Preußen für den zukünftigen deutschen Bund ausgearbeitet hatten. Seine hinhaltenden Manöver setzte er bis nach dem 1. Oktober fort: „Bis jetzt", schreibt er seinem erhabenen Herrn am 3. November, „bin ich dem Prinzip treu geblieben, die weniger Starken gegen die Stärkeren zu verteidigen. (...) Die Rolle, die Eurer Majestät zukommen wird, hat einen solchen Schutzherrencharakter, daß die Vorherrschaft Österreichs mit ein wenig Geschick und einem präzisen und korrekten Vorgehen besser gesichert werden kann und auf eine sicherere Grundlage gestellt wird, als sie es vor dem Umsturz der alten Verfassung war." Im übrigen muß man zugeben, daß Metternich, bevor er sich für die dem Bund zu gebende Struktur festlegte, die Notwendigkeit sah, die endgültigen Grenzen Preußens festgelegt zu wissen und auch die Haltung Preußens gegenüber seinem großen Nachbarn im Osten zu prüfen. Auf dem Höhepunkt der Krise zwischen den großen Alliierten Mitte November 1814 hatte der Ausschuß der fünf Beauftragten bezüglich Deutschlands sogar seine Arbeit eingestellt.

Es ist schon bekannt, wie im Januar 1815 das Problem, das fast den Kongreß zum Scheitern gebracht hätte, sich auflöste. Wenn aber das Überleben eines unabhängigen Sachsen es gestattete, die Gespräche über die zukünftigen Institutionen des Bundes wieder aufzunehmen, so stellten die beachtlichen Vorteile, die Preußen im Rheinland erworben hatte, die mühsam ausgehandelten territorialen Arrangements in den süddeutschen

Staaten wieder in Frage. So weigerte sich der bayrische König, der wütend darüber war, daß die Preußen die Moselprovinzen erhalten hatten, die ihm versprochen worden waren, Salzburg abzugeben. Wegen der deswegen durchzuführenden Neuregelungen mußte das „Statistikkommitee" die „Seelen" immer wieder zählen und noch einmal zählen und den relativen Wert dieser Seelen abschätzen je nach dem Wert der Steuern, die die Herrscher von ihnen würden einziehen können.

Diese Arbeiten waren noch lange nicht abgeschlossen, als am 7. März die erschreckende Nachricht der Flucht Napoleons eintraf. Das Ereignis zwang die Mächte, die politische und militärische Koalition des vergangenen Frühlings wieder aufleben zu lassen. Metternich sah sich seinerseits gezwungen, Bayern und anderen süddeutschen Staaten territoriale und andere Zugeständnisse zu machen, die sie als Preis für ihre militärische Teilnahme am Krieg forderten.

Vor allen Dingen sah er sich verpflichtet, die Angelegenheiten aktiver voranzutreiben, damit der Gründungsakt des deutschen Bundes in die Schlußakte des Kongresses eingebaut werden konnte − gemäß des Beschlusses, den man gerade am Vorabend des Eintreffens der schlechten Nachricht gefaßt hatte. In dieser letzten Phase der Verhandlungen über Deutschland entfaltete Metternich eine Akivität und ein Talent, das alle Beteiligten loben mußten. Allerdings hatte er auch seit Anfang Mai ein freieres Arbeitsfeld; die Herrscher und insbesondere der Zar verließen Wien einer nach dem anderen; keine Festlichkeiten mehr, keine Bälle und, für Metternich, keine verlorene Zeit mehr mit Besuchen bei schönen Freundinnen: die Bagration konnte niemanden mehr empfangen; sie war von ihren Extravaganzen ruiniert und mußte sogar ihren Koch um Kredit bitten. Und die Sagan hatte sich in einem Gasthof in Laxenburg mit Sir Charles Stewart in ein Liebesnest verkrochen. Also wurde gearbeitet, den ganzen Tag und manchmal auch die Nacht; unendliche Gespräche nicht nur mit Humboldt − der sich übrigens kooperativer zeigte − auch nicht mehr nur mit vier oder fünf Mitgliedern eines besonderen Ausschusses sondern mit mehr als 30 Vertretern deutscher Staaten, die alle empfindlich oder borniert oder eingeschüchtert waren. Bis zum letzten Augenblick verhinderten ihre Dickköpfigkeit und ihre Schikanen das Vorankommen.

Die von Metternich auf den 23. Mai einberufene Vollversammlung sah sich einer Fülle von Änderungsanträgen und Einwänden gegenüber, die bis zur Obstruktion gingen. Wessenberg, der Metternichs Hauptverhandlungsführer in dieser Angelegenheit gewesen war, sagte später, daß er gleichzeitig 46 verschiedene Textvorschläge auf dem Tisch hatte. Humboldt hatte die Nase voll und wollte die Annahme des österreichisch-preußischen Planes mit einer Art Ultimatum erreichen. Metternich hin-

gegen bot alle Kräfte auf, um die Unentschlossenen zu überzeugen, die Bedenken der Delegierten durch kleine, geschickte Wendungen zu beruhigen, wie zum Beispiel durch anhängende und offiziöse Erklärungen. Schließlich konnte am 10. Juni feierlich die Gründungsakte des deutschen Bundes unterzeichnet werden. Er bestand aus vierunddreißig Königreichen oder Fürstentümern und vier freien Städten, wobei sein Zusammenhalt durch einen Bundestag gesichert wurde, der in Frankfurt tagte und der grundsätzlich rechtmäßig von dem Vertreter des österreichischen Kaisers präsidiert wurde. Kaiser Franz konnte zufrieden sein: wie es ihm sein Minister versprochen hatte, hatte er jetzt mehr wirkliche Autorität über die deutschen Länder, als irgendein Habsburger seit dem Westfälischen Frieden; im neuen Frankfurter Bundestag würde die Stimme Österreichs deutlicher zu vernehmen sein als im früheren chaotischen Regensburger Reichstag.

In einem letzten Zauberstückchen des Magiers wurde der am 10. Juni unterzeichnete Akt auf den 8. Juni vordatiert, damit so die Gründung des deutschen Bundes in die allgemeine Schlußakte des Kongresses einbezogen werden konnte, die auf den 9. Juni datiert war. Ganz im Gegensatz zur Auffassung einer preußisch inspirierten Historiographie, die Metternich ablehnend gegenüberstand, hatte dieser nicht versucht, das alte Reich wieder zum Leben zu erwecken, sondern sich bemüht, ein neues Deutschland aufzubauen, wobei er sich der Dinge bediente, die aus dem Reichsdeputationshauptschluß von 1803 und dem Rheinbund der napoleonischen Ära übriggeblieben waren. Man kann sogar annehmen, daß Metternich der bessere Baumeister für die deutsche Einheit war als Preußen, das nur daran arbeitete, seine Hegemonie über Norddeutschland aufzubauen und trotz eines Bayern, das den Anspruch angemeldet hatte, als voll unabhängige, erstrangige Macht anerkannt zu werden. Insgesamt erscheint die Deutschlandpolitik Metternichs beim Wiener Kongreß als das Feld seines größten Erfolges: durch alle Wendungen unendlicher Verhandlungen hindurch hatte er schlußendlich seine Ziele erreicht, das heißt, es war ihm gelungen, in Zentraleuropa eine absolut defensive Gemeinschaft aufzubauen, die den französischen und russischen Hegemonialansprüchen eine undurchdringliche Schranke entgegensetzte.

Verschiedene kleinere Fragen

Die deutsche und die italienische Frage waren nicht die einzigen, die den Kongreß im Verlauf seiner letzten Arbeitswochen beschäftigten. So wie ein Läufer in der letzten Stadionrunde die Geschwindigkeit steigert, so gaben sich die Diplomaten einen letzten Ruck und arbeiteten in einer Atmosphäre düsterer Unruhe, die sich gewaltig von dem schwindelerregenden Jahrmarkt des vorangegangenen Herbstes unterschied. Auch das Wetter hatte sich dem angeglichen; noch im Februar war in einem viel zu früh eingetretenen Frühling gleichzeitig mit einer Entspannung der Krise des Kongresses der Prater in voller Blütenpracht gestanden. Im Mai jedoch kam die Kälte mit regnerischem Wetter zurück und man sah sich gezwungen, die großen Kachelöfen in den Wohnungen wieder aufzuheizen.

Im Laufe dieser Zeit wurden die Grenzen des neuen Königreiches der Niederlande festgelegt, wurde die Verfassung des Schweizer Bundes bestätigt und mit einer Garantieerklärung der großen Mächte abgesegnet und auch die Verfassung der kleinen Republik Krakau angenommen. Außerdem gab es Vereinbarungen über die Behandlung von Sklaven, über die Stellung der jüdischen Gemeinden in Deutschland und über die freie Schiffahrt auf Rhein und Donau sowie über die verschiedenen Gruppierungen und die Rangstellung der diplomatischen Vertreter. Bei all diesen Dingen ist der persönliche Beitrag Metternichs unbekannt. Wenn man sich auf das bezieht, was man von seiner Handlungsweise weiß, kann man annehmen, daß er sich damit begnügte, einen schnellen Blick auf das zu werfen, was ihm seine vertrauten Mitarbeiter präsentierten: Hudelist, Mercy, Wessenberg, Binder und vor allem Gentz.

Der 12. Juni, der Tag vor seiner Abreise, war mit besonders hektischer Aktivität gefüllt, denn der Minister hatte nicht weniger als vier Verträge oder Übereinkünfte zu unterzeichnen. Erst am Abend fand er die Zeit zu einem letzten späten Essen mit seiner Familie in Anwesenheit von Gentz. Um ein Uhr morgens stieg er in den Wagen, um seinen Herrn aufzusuchen, der ihn im alliierten Hauptquartier in Heidelberg erwartete. Dachte er vielleicht vor dem Einschlafen oder beim Blick aus dem Fenster seines geschlossenen Wagens auf die vertrauten Punkte der Straße nach St. Pölten daran, daß seine beste Hilfskraft in der letzten Phase des Kongresses erneut der Mann gewesen war, der ihm durch seine Berufung nach Paris in seine große Karriere geholfen hatte, der Mann, dem er zuletzt in Dresden 1813 gegenübergestanden hatte, der fürchterliche Mann, dessen Rückkehr die auseinanderdriftenden Vorstellungen wieder zusammengeführt hatte und der die Alliierten gezwungen hatte, sich über ihre Streitereien hinweg zu verständigen.

KAPITEL 16

Die hundert Tage

Die Rückkehr Napoleons

Unter all den entscheidenden und wichtigen Augenblicken, mit denen sein Hindernislauf während der vorangegangenen Monate gepflastert war, eilten die Gedanken des Reisenden zweifelsohne mehr als einmal zurück zu dem unangenehmen Morgen des 7. März 1815. Die wichtige Konferenz zwischen den fünf „Großen" hatte bis drei Uhr morgens gedauert; Metternich hatte sich erschöpft zu Bett begeben und hatte jede Störung untersagt. Dennoch erschien gegen sechs Uhr sein Kammerdiener und weckte ihn mit einer eiligen Depesche; er war außer sich vor Zorn, legte die Depesche auf den Nachttisch und versuchte, wieder einzuschlafen. Vergebliche Liebesmühe! Um halb acht Uhr entschloß er sich, das Siegel aufzubrechen. Es war die Mitteilung, daß der Vogel Napoleon aus der Insel Elba ausgeflogen war.[1] Alles begann von vorn!

Metternich kleidete sich in aller Eile an und eilte zur Hofburg. Der Kaiser nahm die Nachricht mit seinem üblichen Phlegma auf: Sein Minister solle die alliierten Monarchen benachrichtigen; er solle ihnen sagen, daß er bereit sei, gegebenenfalls seine Armee wieder in den Krieg zu schicken. Der Zar äußerte sich im gleichen Sinne „mit Ruhe und Würde". Als aber Metternich sich verabschiedete, hielt er ihn zurück und sagte: „Wir haben noch eine persönliche Differenz auszuräumen. Wir sind Christenmenschen, alle beide; unser heiliges Gesetz verlangt also von uns, Beleidigungen zu vergeben. Umarmen wir uns und vergessen wir alles." Und so war es denn auch. „In den häufigen Gesprächen, die wir danach hatten", fügt Metternich hinzu, „war nie mehr die Rede von der Zeit, in der wir böse aufeinander waren."

Von den ersten Reaktionen des preußischen Königs und Wellingtons ist nichts bekanntgeworden. Talleyrand vermutete, daß Napoleon irgendwo in Italien an Land gehen werde. Darauf soll Metternich geantwortet haben:

„Er wird sich direkt nach Paris begeben." Als sich die Minister um zehn Uhr im Kanzleramt versammelten, wie es bereits am Vorabend vereinbart worden war, waren schon die Befehle nach allen Seiten ausgesandt worden, um die Truppen in höchste Alarmbereitschaft zu versetzen. Das war nebenbeibemerkt alles, was man im Augenblick tun konnte, denn bevor man einen Feldzugsplan entwerfen konnte, mußte man ja wissen, wohin sich der Gegner wenden würde.

Das Schicksal des Königs von Sachsen

So hatte man nun Zeit, ein Problem zu regeln, das bislang ausgeklammert worden war: Wie konnte man erreichen, daß der König von Sachsen die Verfügungen über sein Königreich akzeptierte. Friedrich-August war von Berlin nach Preßburg verlegt worden und man war zunächst übereingekommen, daß Metternich damit beauftragt werden sollte, ihm die Entschlüsse mitzuteilen und ihm seine Zustimmung abzuringen, die notwendig war, damit das Prinzip der Legitimität gewahrt blieb, das Franz I. ebenso teuer war wie Ludwig XVIII.; die Zustimmung war auch deswegen unabdingbar, weil sonst die Gründungsakte des deutschen Bundes nicht unterzeichnet werden konnte. Das plötzliche Wiederauftreten dessen, an dessen Glück er sich gehängt hatte, hätte aber den alten Monarchen kompromißunfähig machen können. Also wurde beschlossen, daß Wellington und Talleyrand den österreichischen Minister auf seiner schwierigen Mission begleiten sollten.

Sie reisten am 8. März abends ab und erreichten Preßburg um vier Uhr morgens. Der König empfing sie gegen Mittag; er dokumentierte seine Haltung dadurch, daß er sich weigerte, die Urkunde zu lesen, die ihm Metternich entgegenstreckte und gab sie ungelesen und verächtlich an seinen Minister weiter. Die drei Sendboten reisten wieder ab, nachdem sie dem König mitgeteilt hatten, daß die Preußen so lange den Teil seines Königreiches weiter unter Verwaltung halten würden, der ihm noch verbleiben sollte, bis er sich dem Willen der fünf Großen unterworfen habe. Am 18. April schließlich mußte sich der unglückliche Friedrich-August dazu entschließen, seiner teilweisen Enteignung die Zustimmung zu geben.

Die Allianz findet wieder enger zusammen

Noch bevor die drei Sendboten Preßburg wieder verließen, kam aus Wien die Nachricht an, daß Napoleon an der französischen Küste in der Provence gelandet sei. Talleyrand nahm dies zum Anlaß, die Alliierten zu bitten, feierlich ihren Willen zu dokumentieren, daß sie eine Rückkehr des Usurpators nicht dulden würden. Aus diesem Grunde wurde der berühmte Text des 13. März verfaßt, mit dem Napoleon für vogelfrei erklärt wurde:

> „... Bonaparte hat, da er die Vereinbarung so gebrochen hat, welche ihn auf der Insel Elba installierte, den einzigen legitimen Titel zerstört, an den seine Existenz geknüpft war. (...) Als Feind und Zerstörer der Ruhe der Welt wird er der Rache der Völker ausgeliefert."

Die Versammelten erklärten anschließend, daß sie entschlossen seien, die Vereinbarungen der Verträge von Paris vom 30. Mai 1814 aufrecht zu erhalten und zu verfestigen. Zu guter Letzt wird Ludwig XVIII. gegebenenfalls Unterstützung zugesagt.

> „Wiewohl wir im Innersten überzeugt sind, daß Frankreich sich um seinen legitimen Herrscher sammeln und somit den letzten Versuch eines ohnmächtigen, kriminellen Deliriums ins Leere laufen lassen wird, erklären die Herrscher Europas (...), daß, wenn, entgegen allen Berechnungen, aus diesem Ereignis eine irgendwie geartete Gefahr resultieren könnte, sie bereit sind, dem französischen König und der französischen Nation die notwendige Hilfe zu leisten, um die Ruhe wieder herzustellen."

Dies scheint stark und deutlich! Und doch ... man weiß seitdem, daß dieser Text unterhalb der Ebene blieb, die Talleyrand vorgeschlagen hatte, und daß er innerhalb des Rates der alliierten Minister zu heftigen Diskussionen geführt hatte. Metternich seinerseits hatte sich darum bemüht, jegliche Erwähnung der napoleonischen Dynastie zu vermeiden – um diese nicht in die Proskription mit einzubeziehen – und die Ludwig XVIII. versprochene Unterstützung so gering wie möglich zu halten. Daraus ergab sich die gewundene Formulierung des letzten Absatzes, aus dem man das Gegenteil dessen erahnt, was zugesagt wird.

Diese Skepsis sollte sich sofort durch die am 17. März in Wien eingetroffenen Nachrichten gerechtfertigt finden: Napoleon war nach der Zerschlagung von zwei Regimentern in Grenoble einmarschiert und rückte jetzt auf Lyon vor. Der Krieg schien also unvermeidlich. Auf Vorschlag Wellingtons wurde am 25. März der Vertrag von Chaumont „im Sinne der Erklärung des 13. März" erneuert. Auf Drängen Talleyrands war ein achter Artikel hinzugefügt worden, durch den Ludwig XVIII. aufgefordert wurde, seinen Beitritt zu diesem Vertrag zu erklären. Dies geschah formell durch seinen Minister am 27.

Diskussionen über die militärische Organisation

Die von den Alliierten verkündeten Absichten mußten aber noch konkretisiert werden. Dies stellte Metternich vor zwei Arten von Problemen: Einerseits, die Probleme, die sich aus den militärischen Anstrengungen der Koalition ergaben und andererseits die Probleme wegen des zukünftigen Schicksals Frankreichs.

Hinsichtlich der ersten Kategorie konnte Metternich nur in Übereinkunft mit Schwarzenberg und Wellington handeln. Dank des letzteren konnte die ursprüngliche Absicht Zar Alexanders vermieden werden, der das Oberkommando der Kriegshandlungen für sich beanspruchte. Danach gab es mehrere Wochen lang heftige und zähe Debatten zwischen Wellington, Schwarzenberg und den Preußen. Die letzteren verlangten, daß die von den verschiedenen deutschen Staaten gestellten Truppenkontingente unter ihrem Befehl kämen; Wellington hingegen wollte durch diese Kontingente die internationale Armee verstärken, deren Kommando er in Belgien zu übernehmen gedachte; Österreich schließlich, das gezwungen gewesen war, den größten Teil seiner kriegsfähigen Truppen nach Italien zu entsenden, um dort gegen Murat zu kämpfen, bestand darauf, die von den süddeutschen Staaten gestellten Soldaten unter dem Kommando Schwarzenbergs zu halten.

Aus der Gesamtheit dieser politisch-militärischen Verhandlungen – deren langweilige Details völlig unwichtig sind – sollen hier jedoch zwei Punkte festgehalten werden. Zunächst einmal die Unterstützung, die Metternich Wellington ganz allgemein in dessen Meinungsverschiedenheiten mit den Preußen gab: Wenn jene von den Umständen profitieren wollten, um ihre Hegemonie über Norddeutschland einzurichten, so konnte Österreich dies nicht dulden. Andererseits zeigten sich hier sehr deutliche Zeichen eines fortbestehenden Mißtrauens gegenüber Rußland. Der britische Botschafter, Lord Stewart, berichtete am 18. Mai an Wellington: „Die Österreicher wollen damit warten, ihre Truppen in den Kampf zu führen, bis die Russen ebenfalls eingreifen, denn sie fürchten, stärkere Verluste zu erleiden, als ihr Rivale, woraus sich ergeben könnte, daß die Russen in der Folge stärker wären, als sie selbst und ihnen ihre Entscheidungen aufzwingen könnten."

In der Tat hatte alles dieses nur wenig Konsequenzen: Sowohl die einen als auch die anderen waren noch nicht in die Schranken getreten, als die

Kanonen von Waterloo den Zusammenbruch des falschen Gottes donnernd verkündeten.

Und die Zukunft Frankreichs?

Es ist viel interessanter, die Haltung Metternichs bezüglich der rein politischen Frage der zukünftigen Regierung Frankreichs zu beleuchten. Der Einmarsch Napoleons in den Tuilerien (20. März) und die Flucht Ludwigs XVIII., die in Wien am 28. oder 29. bekannt wurden, schufen eine neue Situation. Gewiß, man war mehr entschlossen als je zuvor, Bonaparte auszuschalten, aber war es deswegen notwendig, als Kriegsziel die Wiederherstellung der Bourbonenherrschaft zu verkünden? Hatten sie nicht den Beweis ihrer Unfähigkeit geliefert, das neue Frankreich zu regieren?

Unter den Alliierten war Zar Alexander derjenige, der am meisten gegen sie aufgebracht war. In einem Gespräch am 11. April mit dem britischen Vertreter Clancarty erinnerte er an die Lösung einer Regentschaft Marie-Louises für den Sohn Napoleons, stellte aber bedauernd fest, daß es dagegen einen nicht zu überwindenden Widerstand der Hauptbetroffenen gab; folglich, schloß er, wäre vielleicht die Kandidatur des Herzogs von Orleans geeignet, sowohl die Gegner Napoleons als auch die Gegner Ludwigs XVIII. unter einer Fahne zu versammeln. Von seiten der britischen Regierung machte Wellington klar, daß die feste Überzeugung vertreten werde, daß nur die Wiederherstellung der Regierung Ludwigs XVIII. einen zukünftigen Frieden in Europa sicherstellen könne. Allerdings nahm seine Regierung, die im Unterhaus erheblich und heftig angegriffen wurde, in dieser Frage eine abwiegelnde Haltung ein: Sie glaubte, daß es nötig sei, den Allianzvertrag vom 25. März nur mit einem formellen Vorbehalt zur Ratifizierung vorlegen zu können: „Artikel acht besagten Vertrages wird als für ihre Britische Majestät nicht verpflichtend angesehen bezüglich eines Krieges, dessen Fortführung Frankreich irgendeine besondere Art von Regierung aufzwingen soll."

Die Haltung Metternichs verbleibt zunächst einmal im Nebel. Unter seinen nächsten Mitarbeitern, insbesondere in der Umgebung von Gentz wurde wie 1814 der Gedanke einer Regentschaft Marie-Louises wieder aus der Schublade gezogen; Schwarzenberg selbst erörterte diese Lösung sehr ernsthaft. Kaiser Franz jedoch war strikt dagegen, weil er sich einerseits dem Prinzip der monarchischen Legitimität verpflichtet fühlte und weil er vorsichtig war. Wie Metternich dem österreichischen Botschafter in London erklärte, würde die Regentschaft den Kaiser zwingen, „sich in der inneren Verwaltung Frankreichs zu kompromittieren und würde nur dazu dienen, seine direkten Interessen gegenüber Frankreich und den anderen Mächten unnötig zu komplizieren". Der Kaiser wünschte also vor allem die Wiedereinrichtung der Regierung Ludwigs XVIII., aber „wenn der nationale Wille der Franzosen diese Gelegenheit absolut zurückwies", dann könne er sich für die orleanistische Lösung erwärmen.

Die Alliierten vermieden es aber aus Rücksichtnahme auf den in Gent Exilierten und um dessen Anhänger, die er in Frankreich immer noch hatte, nicht zu entmutigen, diese Hypothese öffentlich zu diskutieren. In dem am 18. Mai in Wien veröffentlichten Manifest, das nach langen Diskussionen ausgearbeitet worden war, stand denn auch nur: „Die Mächte glauben sich nicht autorisiert, Frankreich eine Regierung aufzuzwingen. (...) Sie werden die Freiheit Frankreichs überall dort respektieren, wo sie nicht mit ihrer eigenen Sicherheit und mit der Ruhe in Europa unverträglich ist."

Und jetzt wird Gift gespritzt

Am Rande der auf der Ebene der alliierten Vertreter geführten Gespräche spielte Metternich ein okkultes Spielchen, das wie 1814 dazu bestimmt war, die Gegner durch die Vorspiegelung trügerischer Hoffnungen in den Augen derer zu verwirren, denen weder die kaiserliche Tyrannei noch die Herrschaft der Bourbonen mehr schmeckte.

Der Hauptangelpunkt dieses psychologischen Krieges war Fouché, der perfekte Repräsentant der Interessengruppe, die in der Sprache der Zeit „Jakobiner" genannt wurde. Es ist interessant, festzustellen, daß beide trickreichen Persönlichkeiten, als hätten sie sich schon aus der Ferne gegenseitig gerochen, danach trachteten, einen persönlichen Kontakt herzustellen, und zwar fast zur gleichen Zeit und voneinander unabhängig. Es ist nicht leicht, diese Echternacher Springprozession an Verwirrspiel nachzuvollziehen und kaum leichter, sie in wenigen Worten zusammenzufassen.

Das Instrument des ersten Schrittes Metternichs in Richtung auf Fouché war ein gewisser Louis Bresson, der sich seit November 1914 als Beauftragter der napoleonischen Würdenträger in Wien befand, welche in den ehemaligen eroberten Gebieten mit Adelswürden ausgestattet worden waren. Die Rückkehr Napoleons beendete seine Mission zwangsläufig; Metternich traf ihn vor seiner Abreise am 1. April und beauftragte ihn, Fouché mitzuteilen, daß die Alliierten nur etwas gegen die Person Napoleons hatten; nach dessen Vertreibung seien die Franzosen frei, sich ihre Regierung zu wählen. Zwei Tage nach der Abreise Bressons erschien in Wien Casimir de Montrond, ein Vertrauter Talleyrands, der von Fouché mit einer Erkundungsmission beauftragt worden war. Metternich empfing ihn, soll sich allerdings darauf beschränkt haben, ihm die Entschlüsse der Alliierten zu erneuern, daß nicht mit Napoleon verhandelt werden solle und ihn auf den Widerstand Kaiser Franz' I. gegen den Gedanken einer Regentschaft Marie-Louises hinzuweisen.

Die Bemerkungen, die Montrond über den Stand der Entwicklung in Paris mitteilte, inspirierten Metternich aber zu einem sehr viel präziseren Schritt bei Fouché. Warum hat er sich eigentlich nicht Montronds bedient, der am 12. April wieder abreiste? Zweifelsohne, weil seine Mission Napoleon bekannt war und es deswegen wichtig schien, die Spuren zu verwischen. Metternich bediente sich also dieses Mal eines Wiener Bankbeamten, der unter dem Vorwand nach Paris geschickt wurde, einige Forderungen einzutreiben. Dieses Individuum übergab Fouché einen Brief, der auf den 9. April datiert war und der wie folgt lautete:

> „Die Mächte wollen keinen Napoleon Bonaparte. Sie werden den Krieg gegen ihn so lange weiterführen, bis er gewonnen ist und wünschen nicht, Krieg mit Frankreich zu führen. Sie wünschen zu wissen, was Frankreich will und was Sie wollen. (...) Schicken Sie eine Person Ihres besonderen Vertrauens zu dem Ort, den Ihnen der Überbringer dieses Schreibens angeben wird. Sie wird dort jemanden vorfinden, mit dem sie sprechen kann."

Mit dem sie sprechen kann? Es handelte sich dabei um Ottenfels, einen der sichersten Mitarbeiter Metternichs im Kanzleramt. Er sollte sich nach Basel in den Gasthof „Zu den Drei Königen" begeben und sich dort unter dem Namen Werner eintragen und auf den Abgesandten Fouchés warten. Das Treffen fand am 1. Mai statt; auf alle Fälle fand sich der falsche Werner angesichts eines anderen falschen Namens wieder. In der Tat war es Napoleon ohne Wissen Fouchés gelungen, den Wiener Agenten verhaften und ausfragen zu lassen; so hatte er einen seiner eigenen Leute, Fleury de Chaboulon, nach Basel schicken können. Letzterer hat lustig über dieses Versteckspiel berichtet und wie Fouché sich geschickt aus der Affäre hatte ziehen können, indem er Napoleon höchstpersönlich den Brief Metternichs überbrachte.

Was nun wurde in Basel besprochen? Uns sind nur die ersten Instruktionen bekannt, die Ottenfels erhalten hatte; darin werden nur die von Metternich festgelegten Positionen wiederholt, über die weiter oben bereits berichtet wurde. Bei einem zweiten Treffen, das etwa zwei Wochen später stattgefunden haben soll — Ottenfels war in der Zwischenzeit zwischen Basel und Wien hin und her gereist – soll der falsche Werner gesagt haben: „Ich bin autorisiert, Ihnen formell zu erklären, daß sie (die Alliierten) darauf verzichten werden, die Bourbonen wieder auf den Thron zu bringen und daß sie damit einverstanden sind, Ihnen den jungen Prinzen Napoleon zuzugestehen. Sie wissen, daß die Regentschaft 1814 Gegenstand der Wünsche Frankreichs war und sie schätzen sich glücklich, diese Wünsche heute erfüllen zu können." Wenn Ottenfels sich wirklich so geäußert hat, so muß man glauben, daß Metternich davon ausgegangen war, daß die Regentschaft der geeignetste Köder war, Durcheinander und Zwietracht beim gehobenen Personal des Kaiserreichs zu säen.

Ein drittes Treffen war für den 1. Juni vorgesehen worden. Aber Fleury de Chaboulon erwartete den falschen Werner vergeblich. In der Zwischenzeit hatte Fouché nämlich ein Mittel gefunden, Metternich mitzuteilen, daß sein Manöver durchgesickert war, anders gesagt, daß Napoleon über die Angelegenheit auf dem Laufenden war. Der Überbringer dieser Warnung war ein anderer Gehilfe Talleyrands, der am 9. Mai in Wien eingetroffen war und der den Auftrag hatte, im Sinne des Herzogs von Orleans aufzutreten. Man weiß nicht, ob Metternich, der verächtlich darüber spricht, zugestimmt hätte, ihn zu empfangen. Auf jeden Fall zeigte sich die Vergiftungsaktion der öffentlichen Meinung in Frankreich als fruchtbar. Es ist frappierend, festzustellen, wie nach Waterloo die Hoffnung auf eine Thronbesteigung des Königs von Rom mit Unterstützung Österreichs das entscheidende Argument der treuesten Diener des kaiserlichen Regimes wurde, um Napoleon zu seiner zweiten Abdankung zu überreden.

Die Mission Stassarts

Die Gespräche zwischen Paris und Wien hatten nicht ganz geheim bleiben können. Außerdem hatte Metternich, bevor er Ottenfels nach Basel schickte, die Vorsichtsmaßnahme ergriffen, den Zaren und den preußischen König davon zu unterrichten. Andere jedoch hätten Zweifel haben können über die wirklichen Absichten Österreichs, da man ja die Vorgänge von 1814 noch im Gedächtnis hatte. Metternich mußte höchstpersönlich Gelegenheit geben, diese Nebelschwaden zu zerstreuen. Der Kaiser der Franzosen versuchte, die diplomatische Blockade zu durchbrechen und hatte den Gedanken, sich einer Person zu bedienen, die durch ihre Vergangenheit dem Wohlwollen Franz' I. empfohlen war, es handelte sich um den Baron Goswin-Josef-Antonius von Stassart, der in ehemals österreichischem Gebiet geboren worden war und Napoleon in den besetzten Ländern als Indentant gedient hatte: 1814 war er in Wien gewesen –

man weiß nicht warum – und Kaiser Franz hatte ihm den Titel eines Kastellans übertragen, um ihm für die Art zu danken, in der er die Bevölkerung Tirols geschont hatte. Im Frühling des Jahres 1815 befand er sich in Paris. Napoleon vertraute ihm Briefe für seinen Schwiegervater und für Metternich an: Er sei bereit, versicherte er, die Vorschriften des Vertrages vom Mai 1814 anzunehmen. Stassart reiste am 17. April in Paris ab und erreichte die österreichische Grenze. In Linz jedoch wurde er von der Polizei zurückgewiesen. Aus München, wohin er sich zurückgezogen hatte, blieb ihm nichts anderes übrig, als die Dokumente, deren Bote er war, per Post weiterzuschicken. Metternich legte sie nach Eingang am 3. Mai noch versiegelt der Konferenz der alliierten Minister vor und forderte diese auf, von den Dokumenten gleichzeitig mit ihm Kenntnis zu nehmen. Als Resultat dieser Sitzung wurde beschlossen, daß auf diese Briefe nicht geantwortet werden sollte.

Bediente Metternich sich dennoch Stassarts, um seine psychologische Vergiftungsoffensive auf Napoleon selbst auszudehnen? Will man den Äußerungen Stassarts glauben, die von dem Zeugnis Ménevals in seinen Memoiren unterstützt werden, so soll der allzu vertrauensselige Kastellan in München durch Vermittlung des Prinzen Eugen und des Marschalls von Wrede die folgende mündliche Botschaft Metternichs entgegengenommen haben: Napoleon solle sich selbst seinem Schwiegervater ausliefern und letzterer würde sich bemühen, seinem Enkelsohn die kaiserliche Thronfolge in Frankreich zu sichern. Hier werden die Grenzen des üblen Scherzes erreicht! Es ist nicht erstaunlich, daß die Geschichtsschreibung über Napoleon bis jetzt diese Episode unterschlagen hat.

Heidelberg. Frau von Krüdener

Es ist an der Zeit, die verschiedenen Handlungsstränge, die wir aus Gründen der besseren Verständlichkeit ihrer einzelnen Abfolgen hatten auseinanderzerren müssen, jetzt wieder zusammenzufügen. Und der Knotenpunkt ist der Augenblick, in dem die letzten Unterschriften unter die Kongressakten geleistet waren und Metternich das Haus am Ballhausplatz verließ, um seinen Herrscher im Hauptquartier der Alliierten in Heidelberg aufzusuchen. Er kam am 17. Juni dort an. Die angenehmste Überraschung war, daß der Zar sich sanft und wohlwollend zeigte und geneigt war, nur in voller Übereinstimmung mit seinen Alliierten zu handeln. Metternich wußte zu dieser Zeit noch nicht, daß Alexander in einem kleinen Haus ein wenig außerhalb der Stadt jeden Abend Frau von Krüdener traf, ihre frommen Ermahnungen hörte und mit ihr die Bibel las, betete und weinte. Ihr

Zusammentreffen war erst wenige Tage zuvor erfolgt und zwar am 4. Juni in Heilbronn.

Julia von Krüdener war zu dieser Zeit schon mehr als 50 Jahre alt. Sie war in Riga geboren und aufgewachsen, an den unsicheren Grenzen Europas und war die Tochter von Otto von Vietinghoff, einem großen Herrn und Würdenträger des moskovitischen Imperiums. Sie hatte im Alter von 18 Jahren Baron von Krüdener geheiratet, der doppelt so alt war wie sie; die Eheleute stellten sofort fest, daß sie nicht zusammen leben konnten. Julia verließ ihren Ehemann und führte ein unstetes und etwas frivoles Leben quer über Italien, Deutschland, die Schweiz und Frankreich. Ihre sentimentalen Erfahrungen gaben ihr Stoff für einen Roman mit dem Titel Valérie, den manche Leute mit den literarischen Erzeugnissen der Madame de Staël verglichen.

Im Jahre 1805, so scheint es, wandte sich ihre hypersensible Art unter dem Einfluß ihrer Mutter zur Religion in Form eines exaltierten Pietismus, der von den mährischen Brüdern praktiziert wurde. Der Anblick des Schlachtfeldes von Eylau im Jahre 1807 und die sich über Wochen hinstreckenden Bemühungen um die verletzten Überlebenden dieser schrecklichen Schlächterei veränderten ihr Leben vollends.

Norvins, der sie am Hof in Baden traf, pries ihre Großzügigkeit und ihren Eifer, in allen Klassen die Botschaft des Evangeliums zu verkünden: „Ihre hohe Intelligenz, ihre lebhafte Sensibilität, ihre breite Bildung, ihre Kenntnis des Französischen, des Deutschen, des Englischen, des Russischen und des Italienischen, die sie alle mit seltener Leichtigkeit sprach, und auch ihr Takt und ihre ausgewählt vornehmen Manieren erleichterten ihr den Zugang auch zu den kultiviertesten Geistern." Dieses Zeugnis eines hohen Polizeioffiziers, der an sich sehr bissig war und wenig zur Nachsicht neigte, hilft uns, zu verstehen, welch erstaunlichen Zugriff diese Frau auf die Seele Alexanders genommen hatte.

Im Augenblick hatte sie ihn über die Skrupel beruhigt, die ihn quälten, weil er einen Krieg begönne, von dem er nicht sicher war, ob er dem Willen des Herrn entsprach. Er sei berufen, sagte sie zu ihm, „der Drachentöter und der Völkerlenker" zu sein. In Wien habe er sich in Schuld verstricken lassen durch seine Teilnahme an dem Wirbel mondäner Freuden und an den machtpolitischen Kombinationen; der Drache habe davon profitiert, um sein Haupt wieder zu erheben; es sei nun seine Aufgabe, so zu handeln, daß die Politik dazu diene, die Herrschaft Christi über die Völker aufzurichten.

Nach Waterloo

Man kann sich fragen, ob der Erwählte des Herrn nicht eine gewisse Enttäuschung empfand, als er erfuhr, daß es einem anderen Heiligen Georg gegeben war, den Drachen zu töten. Die Nachricht vom siegreichen Ausgang der Schlacht von Waterloo erreichte Heidelberg am 21. Juni. Wellington hatte dadurch eine entscheidende Autorität gewonnen und man konnte nicht daran zweifeln, daß er diese Autorität zu Gunsten Ludwigs XVIII. in die Waagschale werfen würde. Metternich beeilte sich, ihm mitzuteilen, daß dies auch sein eigener Wunsch sei: „Wir sind überzeugt", schrieb er am 22. Juni, „daß, wenn die Existenz eines legitimen Königs von Frankreich für das europäische System notwendig ist, dies vor allen Dingen ein wesentliches politisches Interesse für Österreich ist." Dennoch war es im eigentlichen Interesse Ludwigs XVIII. nicht nötig, daß die Alliierten sich allzu offen für seine Rückkehr einsetzten. Deswegen war in der von Schwarzenberg am 23. Juni an die Franzosen gerichteten Erklärung nur die Rede davon, mit Bonaparte fertig zu werden. „Europa will die Rechte einer großen Nation nicht mit Füßen treten. (...) Die alliierten Armeen bekämpfen die Soldaten Bonapartes, sie werden diejenigen Provinzen als Freunde behandeln, die sich gegen ihn aussprechen."

In dem gleichen Geist, so erklärte er Talleyrand, hatte er sich auch dem Gedanken königlicher Kommissare widersetzt, die die alliierten Militärkorps hätten begleiten sollen, um sie dabei zu unterstützen, ihren Nachschub aus Frankreich zu beziehen. „Bleiben Sie Ihrem Gedanken treu", fügte er hinzu; „Schicken Sie den König nach Frankreich, in den Süden, in den Norden und in den Westen – wo immer hin Sie wollen, nur damit er zu Hause ist und umgeben von Franzosen, fern von ausländischen Bajonetten und ausländischer Hilfe."

Am gleichen Tag (24. Juni) hatten sich die alliierten Herrscher und ihr Gefolge von Heidelberg nach Mannheim begeben. Dort erreichte sie die Nachricht der Abdankung Napoleons und der Bildung einer provisorischen Regierung in Paris, an deren Spitze Fouché stand. Es war höchste Zeit, offen Partei zu ergreifen, um die verzweifelten Manöver der Anhänger der kaiserlichen Dynastie im Keime zu ersticken. Metternich hatte eine sehr intensive Konversation mit Alexander; danach ließ er Wellington eine von den alliierten Ministern gegengezeichnete Note überbringen: die Abdankung Napoleons könne nicht als endgültig anerkannt werden, denn dies würde bedeuten, ihm eine Macht zuzugestehen, die ihm ja bestritten wurde; man könne außerdem auch nicht einem von den Kammern des französischen Parlaments ausgedrückten Wunsch zustimmen, denn ein solcher Wunsch könne nicht „als der Wunsch Frankreichs" angesehen werden.

Nach Paris

Am Abend dieses wichtigen 24. Juni vertraute Metternich, bevor er aufs Pferd stieg, um in Richtung der französischen Grenze zu reiten, seiner Frau, die in der Zwischenzeit wieder seine intimste Vertraute geworden war, an: „Jetzt stehen wir wieder an einem Anfang, der ganz schrecklich einem Ende gleicht. (...) Die Zusammensetzung der provisorischen Regierung beweist, daß die ganze Angelegenheit von den Jakobinern eingefädelt wurde. Wir werden uns darum bemühen, dieser Regierung den Hals zu brechen; die jakobinische Partei hat ihre Kraft verloren, sie hat nämlich keine Armee mehr." (Unveröffentlicht, in den Archiven von Plasy.)

Die aus Mannheim abgeschickten Briefe erreichten Wellington im Louvre am 29. als er die Delegation der Kammern des Parlaments empfing, die abgeschickt worden war, die Übergabe von Paris auszuhandeln. Der Sieger hatte ihnen ohne Umschweife erklärt, daß sie nichts anderes tun könnten, als Ludwig XVIII. bedingungslos zurückzurufen. Er konnte sich dabei auf die Note der Alliierten berufen, die er gerade empfangen hatte, verweigerte jegliche politische Diskussion und unterzeichnete anschließend nur mit Davout eine rein militärische Kapitulationsurkunde.

Während dieser Zeit hatte es Metternich mit einer ganz anderen Delegation zu tun, die aus Paris einige Tage zuvor abgereist war; sie bestand aus La Fayette, General Sébastiani, Graf d'Argenson, dem Exsenator Pontécoulant und dem ehemaligen Botschafter Laforest; letzterer hatte Metternich in Berlin gut gekannt und wahrscheinlich hatte man ihn deswegen ausgewählt. Ihre von Bignon, dem sehr provisorischen Außenminister, unterzeichneten Instruktionen legen Zeugnis ab von den Illusionen, die man sich in Paris auf Grund der Manöver der vorangegangenen Monate machte; man ging dort in der Tat davon aus, daß der österreichische Kaiser geneigt sein könnte, seinen Enkelsohn auf den Kaiserthron Frankreichs zu setzen; sollte diese Lösung nicht möglich sein, würden die Sendboten über den Herzog von Orleans oder sogar über den König von Sachsen sprechen. Bei den Alliierten war zunächst beschlossen worden, daß La Fayette und seine Kollegen noch nicht einmal empfangen werden sollten: dieser Entschluß wurde allerdings kassiert. Aber, um dem geringen Gewicht Ausdruck zu verleihen, das man ihrer Mission gab, wurden nur zweitrangige Persönlichkeiten zum Treffen mit der Mission entsandt: Capodistria für Rußland, der preußische General Knesebeck, der österreichische General Wallmoden und Lord Stewart. Diese Unterredung, die am 1. Juli in Hagenau stattfand, hatte keinerlei Ergebnisse; die erste von den Alliierten verlangte Bedingung zur Eröffnung ernsthafter Gespräche war, daß Napoleon ihnen ausgeliefert würde. La Fayette wies dieses Verlangen indigniert zurück: „Wir haben sie zurückgeschickt", schreibt Metternich, „weil die Ereignisse mehr Erfolg haben werden, als alles Reden. (...) Er (der Frieden) wird sich leichter in Paris schließen lassen, als hier." (An Eleonore, 1. Juli.)

Am Abend des gleichen Tages hatte man die Ankunft Ludwigs XVIII. aus Cambrai gemeldet. Am nächsten Morgen, gegen sechs Uhr, stieg Metternich in den Sattel, um nach Paris zu reiten. Seine Privatkorrespondenz gestattet uns, die Etappen dieser absolut ungewöhnlichen Reise zu verfolgen.

Aus Saarburg (Anmerk. d. Übers.: in Lothringen), 2. Juli: „Wir sind hier nach einem sehr mühsamen Marsch vor einigen Stunden eingetroffen. Die große Straße von Saverne (Anmerk. d. Übers.: Zabern im Elsaß) nach Paris geht durch Phalsburg (Anmerk. d. Übers.: in Lothringen), und da diese Festung immer noch umkämpft ist, mußten wir uns einen Weg quer durch die Berge suchen, um sie zu umgehen. (...) Wenn man sieben bis acht Stunden mitten unter 25.000 Mann und 6.000 Wagen, Kanonen usw. quer durch das Gelände reitet, hat man einen Vorgeschmack von den Strafen im Hause Luzifers. (...) Außer all den Dingen, die uns unterwegs ermüden, muß man wissen, daß wir im Kriege sind, denn sonst würde man es nicht bemerken. Wir werden überall gut empfangen und gebeten, schnell zu einem Ende zu kommen. Unsere Anwesenheit in Frankreich ist eine Wohltat, die ein wenig einer Amputation gleicht. Wir werden viel Gutes und Schlechtes gleichzeitig tun."

In Saarburg hielt sich Metternich mehr als 24 Stunden auf, denn ein Brief vom 4. Juli ist noch dort geschrieben. Metternich rechnete damit, am übernächsten Tag, dem 6. Juli, in Nancy anzukommen. Die Herrscher selbst waren in der Hauptstadt Lothringens abgestiegen und reisten nach Void-sur-Meuse (Void-Vacon) weiter, als ihnen Nachrichten überbracht wurden, die sie zwangen, ihr Marschtempo zu beschleunigen. Paris sollte von den Truppen Wellingtons und Blüchers besetzt werden; die wüsten vom preußischen Haudegen getroffenen Vorbereitungsmaßnahmen ließen um die Denkmäler und die Bevölkerung von Paris fürchten. Talleyrand wünschte folglich die schnelle Ankunft des Zaren und Metternichs. In Ligny (-en-Barrois) wurde die Reise für eine Beratung unterbrochen. Die drei Herrscher konnten nicht ohne starke Eskorte reisen und auch nicht ohne organisierte Zwischenaufenthalte. Metternich schlug also vor, daß er alleine und ohne Eskorte vorreiten würde. Aber Alexander war nicht damit einverstanden, die drei Kumpane – Talleyrand, Wellington und Metternich – die Dinge ohne ihn regeln zu lassen. Der preußische König bestand darauf, den Zaren zu begleiten. Sollte also Kaiser Franz I. alleine zurückbleiben? Würde dies nicht wieder zu gefährlichen Spekulationen über seine Absichten führen?

Zu guter Letzt entschlossen sich die drei Monarchen, gemeinsam mit ihren Ministern in einem leichten Konvoi abzureisen, der nur aus sechs Wagen bestand und von einer Kosakenabteilung begleitet wurde. Über Saint-Dizier erreichten sie Châlons-sur-Marne, wo sie die Nacht vom 9. auf den 10. Juli verbrachten. Sie mußten sicherlich sehr früh aufstehen, um anschließend die 160 km zurückzulegen, die zwischen Châlons und Paris liegen und um über Château-Thierry und Meaux bis nach Cloyes zu kommen, wo sie ein englisches Kavallerieregiment erwartete, das Wellington ihnen entgegengeschickt hatte.

Am nächsten Tag (11. Juli) berichtete Metternich, noch ein wenig schwindlig von diesem wilden Wettrennen, seiner Frau die Einzelheiten:

„Ich bin da! Es ist, als ob alles mich immer wieder in diese verfluchte Stadt zurückführte. (...) Der Kaiser logiert im Hotel Berthier.[2] Ich wohne nirgends, das heißt, ich bin im Hotel de l'Empire abgestiegen und warte darauf, daß ich ein anderes Unterkommen finde. (...) Ich habe heute acht Stunden lang mit Wellington, Castlereagh, Talleyrand, Fouché und dem Teufel konferiert (...).

Der Augenblick, in dem wir das erste englische Kavallerieregiment bei Cloyes getroffen haben, schien mir bizarr genug, um festgehalten zu werden. Die beiden Kaiser, der preußische König und ihre Kabinette wurden von dem Zweiten Leichten Dragonerregiment des Königs von England bei ihrem Einzug in Paris eskortiert. Das sind so Dinge, die man gesehen haben muß, um sie zehn Jahre später immer noch zu glauben."

Der Johannisberg. Im Vordergrund die kleine Stadt Geisenheim. Das Schloß/Kloster liegt im Hintergrund auf der Anhöhe, links neben dem Glockenturm. (Bildarchiv der Österreichischen Nationalbibliothek, Wien)

Eleonore von Kaunitz, die erste Fürstin von Metternich. (Bildarchiv der Österreichischen Nationalbibliothek, Wien)

Melanie von Zichy-Ferraris, die dritte Ehefrau des Kanzlers. (Bildarchiv der Österreichischen Nationalbibliothek, Wien)

Wilhelmine von Sagan. (Bildarchiv der Österreichischen Nationalbibliothek, Wien)

Dorothée von Lieven, Skizze von Lawrence (Tate Gallery, London)

Franz-Georg von Metternich zur Zeit seines Amtes in Belgien. (Bildarchiv der Österreichischen Nationalbibliothek, Wien)

Clemens von Metternich. (Bildarchiv der Österreichischen Nationalbibliothek, Wien)

Ein großer Ball beim Wiener Kongreß. Der Redoutensaal. (Bildarchiv der Österreichischen Nationalbibliothek, Wien)

Triumphaler Einzug Kaiser Franz' in Wien (16. Juni 1814). Im Hintergrund rechts die Karlskirche. (Bildarchiv der Österreichischen Nationalbibliothek, Wien)

Zar Alexander I. (Bildarchiv der Österreichischen Nationalbibliothek, Wien)

Lord Castlereagh. (Bildarchiv der Österreichischen Nationalbibliothek, Wien)

Kaiser Franz I. von Österreich (und der II. von Deutschland) nach einem Porträt von Peter Krafft von 1828. (Bildarchiv der Österreichischen Nationalbibliothek, Wien)

Graf Franz-Anton Kolowrat. (Bildarchiv der Österreichischen Nationalbibliothek, Wien)

Palais Metternich, Metternichgasse, Wien. (Bildarchiv der Österreichischen Nationalbibliothek, Wien)

Die Villa Metternichs am Rennweg. Klassizistischer Stil. (Historische Museen der Stadt Wien)

*Metternich in seinen letzten Jahren. Daguerreotypie von Mylius.
(Bildarchiv der Österreichischen Nationalbibliothek, Wien)*

KAPITEL 17

Paris. Die Heilige Allianz

Metternich wieder in Paris

Talleyrand hatte Metternich angeboten, daß er bei ihm in der Rue Saint-Florentin logieren könne, aber der Minister lehnte die Einladung ab indem er vorschob, daß er näher bei seinem erhabenen Herrn sein wolle. Zu diesem Zweck war für ihn ein Appartement in der Rue des Capucines bei dem Bankier Delamarre gegenüber dem Hotel Berthier gefunden worden. Dieses aber mißfiel ihm fast sofort und er suchte sich eine Wohnung bei Decrès, dem ehemaligen napoleonischen Marineminister in der Rue du Faubourg Saint-Honoré. „Er fühlt sich im siebten Himmel, weil ich bei ihm wohne", schreibt Metternich, „weil ich ihn nicht auffresse. (...) Ich bewohne die gesamte erste Etage und habe den Blick auf die Champs-Elysées, die in ein englisches Militärlager verwandelt worden sind." Diese Räume hatten einen großen, praktischen Vorteil: Sie lagen nur zwei Schritte vom Hotel de Charost entfernt, das einige Monate zuvor von Paulina Borghese der englischen Botschaft abgetreten worden war. Dort trafen sich dann in der Tat die alliierten Minister zu ihren täglichen Zusammenkünften.

Schon bei ihrer zweiten formellen Sitzung wurde beschlossen, daß die vier alliierten Kabinette sich als alleinige Autorität erachteten; ihre Mitteilungen würden mit Noten erfolgen, die gemeinsam formuliert und unterzeichnet würden. Aber hinter dieser Fassade der Einigkeit der Vier stand, wie schon in Wien, die österreichisch-britische Solidarität: „Wellington und Castlereagh sind wunderbar", schreibt Metternich am 18. Juli, „und unsere Beziehungen sind abolut persönlicher Natur. Wir liegen wirklich auf der gleichen Linie und haben auch die Absicht, dies weiterhin so zu halten."

Zweifelsohne würde Metternich bei den beginnenden Gesprächen nicht mehr an erster Stelle stehen; meistens beschränkte er sich auf die Rolle des Vermittlers zwischen den beiden Hauptakteuren, Zar Alexander und Castlereagh. Er hatte aber auch schon von Beginn an die Aufgabe als Protokollant der Sitzungen der alliierten Minister übernommen und füllte diese Funktion bis Mitte August aus, als Gentz ihn darin ablöste. Dies war eine nicht zu verachtende Einflußmöglichkeit. Die großen Angelegenheiten hinderten Metternich nicht, sich an den Freuden von Paris zu ergötzen, die ihm erneut dank Napoleon offenstanden.

> *An Fürstin Eleonore, 22. Juli:* „Der Feldzug, das heißt, die hundert Meilen, die ich zu Pferde zurückgelegt habe, haben mir sehr gut getan. Schon seit langer Zeit ging es mir nicht mehr so gut wie jetzt. Es gibt kaum oder überhaupt kein gesellschaftliches Leben. Ich verbringe meine Abende bei Herrn von Talleyrand oder bei Madame de Vaudemont oder auch bei Madame Junot, die wütend royalistische Gesinnung zeigt. Ich lege mich um ein Uhr zu Bett und stehe um acht Uhr auf. (...) Wir haben eine regelmäßige Konferenz um elf, die üblicherweise bis drei oder vier Uhr nachmittags dauert. Ich nehme mein Diner um sechs Uhr ein. Ich gehe danach nach Hause, wenn ich zu tun habe oder ich gehe zu irgendeiner Veranstaltung, wenn es eine gute Aufführung gibt."

In der Oper hatte er die gleiche Loge gemietet, die er bereits zu seiner Botschafterzeit hatte, und hatte sich über die zuvorkommende Behandlung durch die Logenschließer gefreut, die sich geradezu überschlagen hatten, ihm, wie früher einmal, Operngläser und Pfefferminzpastillen zu bringen.

Später, als die Beziehungen mit Talleyrand ein wenig gespannt waren, war Metternich häufiger bei Wellington; letzterer, so versicherte er, „kommt ohne mich nicht aus. Ich habe dabei den Vorteil, dort angenehme Frauen vorzufinden, und nach meinem Gusto zu leben, der ganz dem des Herzogs entspricht. Ich verliere nichts, wenn ich keine Franzosen sehe".

Metternich fand auch die Zeit, Einkaufsbummel zu machen; er kaufte viele Möbel, „die billiger sind, als in Wien", Und er nutzte die Möglichkeiten, die ihm die österreichische Armee bot, um zwei große Packwagen voll mit seinen Käufen nach Hause zu schicken. Er läßt sich einen Serviertisch aus feuervergoldetem Silber herstellen; er kauft Tapeten für die Zimmer seiner Villa am Rennweg: goldene Sterne auf weißem Grund mit scharlachroten Bordüren. Und außerdem Stoffe, Kleider und sogar rosenfarbenen Taft für die kleine Herminie, die am 1. September geboren wird. Seine Frau hatte, als sie ihm die Geburt mitteilte, ein wenig besorgt angefragt, ob Clemens nicht etwa enttäuscht sei? Hätte er nicht lieber einen Knaben gehabt? Der Ton der Glückwünsche, die sie von ihrem Mann erhielt, mußte sie absolut beruhigen; man kann darin erneut ein Zeugnis der großen Zuneigung sehen, die Metternich immer für seine Ehefrau empfand.

Kurz nach seiner Ankunft war er nach Saint-Cloud zum Diner gegangen, wo Blücher untergekommen war. Es war schon ein seltsamer Eindruck, sich wieder in der kostbaren Umgebung zu befinden, wo er Napoleon auf der Höhe seines Ruhmes besucht hatte.

> „Die Schneider der Armee sind dort untergekommen, wo man zu den abendlichen Vorstellungen ging und die Musiker eines Jägerregiments angeln die Goldfische im großen Becken unter den Fenstern des Schlosses. Und Blücher brummt: 'Ein Mann, der alle diese schönen Dinge besaß, muß wohl verrückt gewesen sein, nach Moskau zu laufen.'"

Und auch Metternich konnte sich einige philosophische Bemerkungen nicht verkneifen:

> „Wenn ich vom Balkon aus diese immense Stadt betrachte, deren Kuppeln im Lichte der untergehenden Sonne schimmern, sage ich mir: 'Diese Stadt und diese Sonne werden sich noch grüßen, wenn von Napoleon und Blücher und vor allen Dingen von mir nur noch die Geschichte spricht. (...) Wir sind doch armselige Kreaturen, denn wir glauben, wir seien alles und leben doch nur (...), um im Schlamm oder im Treibsand durch unser Auftauchen einige Wellen zu schlagen.'"

Das Schicksal der Familie Napoleons

Am 18. Juli erfuhr man in Paris die bedingungslose Kapitulation Napleons auf der Bellerophon. „Wir haben ihn, meine liebe Freundin", schreibt Clemens an Eleonore, „und mit ihm die besten Garantien für Frieden in der Welt. (...) Ich betrachte dieses Ereignis als das größte Glück des Augenblicks." Er wurde damit beauftragt, Marie-Louise zu informieren und erklärte ihr, daß der Exkaiser in Fort St. George im Norden Schottlands interniert werden würde. Man kennt die Lösung, die schließlich aus den Beratungen der englischen Regierung geboren wurde. Die Österreicher waren nur zu glücklich, sich in dieser Beziehung auf ihren Alliierten zu verlassen. Am 1. August schreibt Metternich mit offensichtlicher Befriedigung: „Die Verschickung Bonapartes auf die Insel St. Helena ist beschlossene Sache. Er wird von dort nicht zurückkommen, dafür können wir garantieren."

Wenn ganz offensichtlich Kaiser Franz I. nicht zugemutet werden konnte, der Kerkermeister seines Schwiegersohnes zu sein, so mußte er doch akzeptieren, als Gegenleistung in seinem Kaiserreich andere Mitglieder der Familie Bonaparte und verschiedene französische Exilpolitiker aufzunehmen. Für Metternich war es in der Tat vorzuziehen, sie unter der Überwachung der österreichischen Polizei zu halten, als sie frei in irgendeinem italienischen oder deutschen Staat, in der Schweiz oder in den Niederlanden gegen Ludwig XVIII. intrigieren zu lassen. Auf seinen Vorschlag hin faßte die Konferenz der vier einen Beschluß in diesem Sinne.

Besatzungsprobleme

Diese Konferenz hatte außer ihrer Hauptaufgabe, nämlich der Vorbereitung eines neuen Friedensvertrages mit Frankreich, noch andere Dinge zu beachten. Die wichtigste dieser zusätzlichen Fragen war zweifelsohne die Frage der Besetzung französischen Territoriums durch ausländische Armeen. Eine wahre Heuschreckeninvasion, denn die Anzahl der ausländischen Soldaten erreichte schlußendlich 1.200.000 Mann, von denen allein die Österreicher 320.000 stellten. Die Kontrolle dieser Menschenmasse oblag ganz augenscheinlich nicht Metternich, da der Oberkommandierende, Schwarzenberg, Befehle nur vom Kaiser entgegenzunehmen hatte. Metternich mußte die Aufforderungen Stadions in Betracht ziehen, der aus Wien immer wieder schrieb, daß es um jeden Preis darauf ankam, die Armeen des Kaisers so lange wie möglich aus dem eroberten Land zu ernähren.

Mehr als einen Monat lang konnte sich das alliierte Militärpersonal also einer zügellosen Plünderung der unglücklichen besetzten Provinzen hingeben — die Hälfte der französischen Departements — und sogar das Recht beanspruchen, das Geld aus den öffentlichen Kassen zu beschlagnahmen. Metternich beschloß schließlich Anfang August, einzugreifen; auf seinen Vorschlag hin verfügte die Konferenz der Vier, daß die ungerechtfertigten Übertreibungen ein Ende haben müßten; als Ersatz dafür sollte die französische Regierung zur Unterhaltung der ausländischen Armeen durch eine monatliche Kontribution in Höhe von 50 Millionen beitragen; die Last würde so auf die Gesamtheit des Staatsgebietes ausgedehnt und wäre leichter zu tragen. Ende September war alles offensichtlich wieder geordnet. „Man muß den Österreichern gerechterweise zugestehen", mußte Pasquier anerkennen, „daß ihre Disziplin beständig besser (als die der Preußen und anderen deutschen Kontingente) war und daß sie die Bevölkerung viel mehr schonten." Einige persönliche Interventionen Metternichs, die in den Archiven Spuren hinterlassen haben, erlauben es uns, zu glauben, daß er hinter dieser Mäßigung stand.

Die Herausgabe der Kunstwerke

Der gleiche Geist zeigt sich in der sehr dornenreichen Angelegenheit der Herausgabe der ausländischen Kunstwerke, die der erste Vertrag von Paris Frankreich belassen hatte. Metternich hatte sich zunächst sehr zurückhaltend über das ganze Problem gezeigt und schätzte, daß die Alliierten ein Interesse daran haben müßten, der schwachen königlichen Regierung eine zusätzliche Erniedrigung zu ersparen. Aber die Engländer, die nichts für sich selbst zu fordern hatten, bestanden darauf, daß der stolzen Nation diese „große Lektion in Sachen Moral", so äußerte sich Wellington, auferlegt werde.

Man weiß, daß die Weigerung Ludwigs XVIII., Verhandlungen zu diesem Punkt zu eröffnen, schließlich dazu führte, daß die Alliierten mit militärischer Macht vorgingen. Aber selbst dann blieben die Österreicher sehr zurückhaltend. Da der Kaiser die Anwendung von Gewalt ablehnte, übernahmen die Engländer und die Preußen alleine das Auseinandersortieren der Sammlungen des Louvre zugunsten der Niederlande und der italienischen Staaten. Dennoch wurden die österreichischen Soldaten eingesetzt, um zwei berühmte Meisterwerke wiederzubeschaffen, die seinerzeit aus Venedig geraubt worden waren: der geflügelte Markuslöwe, der bei der Aktion zerbrochen wurde, und die berühmten Bronzepferde, die Napoleon auf dem Triumphbogen des Carrousel aufgestellt hatte. Dies waren die symbolischen Geschenke, die der österreichische Kaiser seinen neuen venezianischen Untertanen mitzubringen gedachte, die er nach seiner Abreise aus Paris besuchen wollte.

Vorbereitung des neuen Friedensvertrages

Insoweit, als man die Vorstellungen ausmachen kann, mit denen Metternich an die Diskussion des neuen Friedensvertrages heranging, kann man sie so zusammenfassen: Vertrauen gegenüber England, heftiges Mißtrauen gegenüber Rußland, der allgemeine Wunsch, die Sicherheit und den Frieden in Europa zu garantieren, ohne aber eine festgefügte Idee bezüglich der praktischen Maßnahmen zu haben, es sei denn, daß er Frankreich keinen zu harten Frieden auferlegen wollte, welchen diese Nation auf die Dauer nicht hätte akzeptieren können. Bezüglich der österreichischen Eigeninteressen: Keine erneute Vergrößerung der Territorien, aber das Maximum an finanziellen Wiedergutmachungsleistungen, um den kaiserlichen Schatz wieder aufzufüllen. Wenn man die Regierung Ludwigs XVIII. schonen wollte, so nicht nur deswegen, weil man ihre Existenz nicht kompromittieren wollte, sondern auch, um dem Zaren nicht die Rolle eines unbeteiligten Schutzherrn zu geben. Andererseits wollte man auch dem Preußen nicht den Vorzug überlassen, sich als einziger Vertreter der deutschen Interessen darzustellen. Die Rolle des Protokollanten und Sekretärs, die Metternich sich selbst gewählt hatte, erlaubte es ihm, die Art und den Fortgang der Gespräche zu beeinflussen. So konnte er schon zu Beginn zwei Prinzipien durchdrücken: 1. Sobald die vier einig wären, sollten die sekundären Mitglieder der Koalition keine Einwände mehr vorbringen können; 2. es würde mit Frankreich keinerlei Verhandlungen geben, sondern eine unwiderrufliche Willenserklärung der Alliierten, womit Rücksicht auf die Verantwortung Ludwigs XVIII. gegenüber seinem Volke genommen wurde.

Auf dieser Grundlage begannen Anfang August die Verhandlungen der Konferenz der Vier. Am 11. August schrieb Metternich an sein alter ego in Wien, den Rat Josef Hudelist, um ihm von seinen Arbeiten und der Befriedigung, die er daraus zog, zu berichten.

> „Die Einheit der Kabinette ist komplett. Bei der Konferenz in Wien war es anders, als bei der unseren, wo der gesamte Wille der großen Mächte ruhig und gemessen vorgetragen wird. Dieses Resultat erreicht zu haben ist ein Verdienst, das ich für mich einfordern kann, denn schon von der ersten Stunde an habe ich den Fortgang der Angelegenheiten geregelt. Der russische Kaiser sieht endlich und erkennt, daß die Verhandlungen zwischen den Ministern, über denen die Monarchen bleiben, eine sicherere und schnellere Art des Fortschritts ist als die alte Methode." (Haus-, Hof- und Staatsarchiv, Staatskanzlei, Interiora, Korrespondenz, 79.)

Die Heilige Allianz

Diese Art der Loslösung hing sicherlich auch an der Tatsache, daß Alexander im Augenblick mit Dingen in einer Sphäre beschäftigt war, die von der Realpolitik weit entfernt waren. Metternich war sich darüber vielleicht noch nicht klar geworden und erhielt Ende September eine für ihn erstaunliche Aufklärung darüber.

„Während der Verhandlungen, die zum zweiten Frieden von Paris führten, bat mich Kaiser Alexander, zu ihm zu kommen. Er sagte mir, daß er mit einem großen Unternehmen beschäftigt sei, das er unbedingt mit Kaiser Franz diskutieren müsse: „(...) Wenn es sich um eine Liebesaffäre handelte, hätte ich Sie um Rat gebeten; aber die Sache, über die ich spreche, ist von einer Art, daß die Minister mir keinerlei Hilfe geben können; nur die Herrscher können sich darüber äußern. Bitte sagen Sie Kaiser Franz, daß ich mich mit ihm über einen Gegenstand unterhalten möchte, den ich nur ihm selbst eröffnen kann. Wenn ich mit ihm darüber gesprochen habe, liegt es bei ihm, sich mit Ihnen, mein lieber Fürst, zu beraten ..."

Einige Tage danach ließ mich Kaiser Franz rufen und informierte mich, daß er gleichen Tags zu früher Stunde den Zaren besucht habe, der ihn gebeten hatte, sich mit ihm unter vier Augen über ein Thema größter Wichtigkeit zu unterhalten. „Das Thema", fügte seine Majestät hinzu, „werden Sie schon bald aus dem Schriftstück kennenlernen, das er mir übergeben hat, damit ich es intensiv prüfe. (...) Lesen Sie, prüfen Sie es und sagen Sie mir Ihre Meinung über dieses Schriftstück. Was mich betrifft, so gefällt es mir überhaupt nicht und die Gedanken, die ich darin vorgefunden habe, bringen mich viel eher zu sehr ernsten Überlegungen."

Ich hatte es meinerseits nicht nötig, dieses Schriftstück sehr intensiv zu studieren, um zu erkennen, daß es keinen anderen Wert und keinen anderen Sinn hatte, als den einer philanthropischen Neigung, die sich im Mantel der Religion verbarg. (...) Da der Zar gesagt hatte, daß er dieses Schriftstück auch dem preußischen König übergeben werde, befahl mir Seine Majestät, den König aufzusuchen und ihn um seine Meinung über besagtes Schriftstück zu bitten. Der König äußerte sich im gleichen Sinne wie Kaiser Franz; er zögerte nur, die Gedanken des Zaren absolut zu verwerfen (...).

Nach einigen Besprechungen beauftragten mich die beiden Herrscher, den Zaren als ihr absolut bevollmächtigter gemeinsamer Vertreter aufzusuchen. Nach einem Gespräch, das mehr als eine Stunde dauerte, gelang es mir, nicht ohne Mühe, den Urheber des Projektes umzustimmen und ihn spüren zu lassen, daß es unbedingt notwendig sei, daß er mehrere Sätze ändere und gewisse Passagen ganz entferne.

Ich berichtete Seiner Majestät, meinem erhabenen Herrn, über die Einwände, die ich mich nicht gefürchtet hatte, dem Zaren bezüglich dieses zumindest unnützen Unternehmens zu machen. (...) Kaiser Franz stimmte mir zu; aber trotz der natürlichen Ablehnung, die ihm dieses Projekt trotz der vorgesehenen Änderungen einflößte, entschloß er sich, den so veränderten Vertrag zu unterzeichnen und zwar aus Gründen, denen ich meinerseits nichts entgegenzusetzen hatte.

Dies ist die Geschichte der Heiligen Allianz, die selbst im Geiste ihres Urhebers nichts anderes als eine moralische Demonstration sein sollte. (...) Die Heilige Allianz wurde nicht gegründet, um die Rechte der Völker einzuschränken, noch um den Absolutismus zu befördern oder die Tyrannei, in welcher Form auch immer, zu unterstützen. Sie war nur Ausdruck der mystische Gefühle Kaiser Alexanders und der Anwendung der christlichen Prinzipien auf die Politik. Der Entwurf der Heiligen Allianz entstand aus einer Mischung von religiösen und politischen liberalen Ideen; sie entstand unter dem Einfluß von Frau von Krüdener und Herrn Bergasse. Niemand kennt besser als ich alles das, was sich auf 'dieses hohl klingende Monument' bezieht." (Metternich, Memoiren, Band 1, Seiten 209 bis 212.)

Castlereagh urteilte in dem Bericht, den er seiner Regierung am 28. September zukommen ließ, noch strenger über das, was er als „Denkmal sublimen Mystizismus und Nonsens" bezeichnete. Es sei offensichtlich, so sagte er, daß der Geist des Zaren ein wenig durcheinander gekommen sei; und als dieser zu ihm gekommen sei, um ihm und Wellington die Schönheiten seines Planes auseinanderzusetzen, „hatten wir gewisse Schwierigkeiten, dem Vortrag bis zum Ende zu folgen und dabei den passenden Ernst zu zeigen".

Der Foreign Secretary hatte seinerseits an ein anderes und praktischeres Rezept gedacht, den Frieden in Europa zu sichern: ein Bündnisvertrag, der die in Chaumont 1814 und in Wien im März 1815 getroffenen Verpflichtungen der vier großen Alliierten erneuern sollte und dessen erklärtes Ziel es sein sollte, die Durchführung des neuen Friedensvertrags mit Frankreich und die Aufrechterhaltung der in diesem Lande etablierten Ordnung zu überprüfen. Dieser letzte Artikel schließlich, der gleichzeitig einen neuen Gedanken beinhaltete und weit in die Zukunft wies, ließ sogar die Möglichkeit der Schaffung einer permanenten Organisation der internationalen Beziehungen durchscheinen.

„Die hohen vertragschließenden Parteien sind übereingekommen, zu bestimmten Zeiten (...) wieder zusammenzutreten und sich mit den großen gemeinsamen Interessen und der Prüfung der Maßnahmen zu beschäftigen, die zu jeder dieser Zeiten als für die Ruhe und das Wohlergehen der Völker und für die Aufrechterhaltung des Friedens in Europa am heilsamsten bewertet würden."

Zweifelte Metternich bei Unterzeichung dieser Akte, daß sie eine der Grundlagen eines Systemes legte, dessen Durchsetzung er während seiner ganzen ferneren Karriere zu realisieren suchte? Im Augenblick zeigte sich dieser Vertrag der Viererallianz als einfacher Folgevertrag des zweiten mit Frankreich am gleichen 18. November 1815 unterzeichneten Friedensvertrages.

Der zweite Vertrag von Paris

Die Vorbereitungszeit für diesen zweiten Vertrag von Paris war mühsam gewesen. Zwischen den ersten Forderungen Preußens, die bis zu enormen Einschnitten in französisches Territorium gingen, und den gemäßigten von Castlereagh und Alexander vorgeschlagenen Bedingungen hatte Metternich zunächst versucht, die Rolle des Vermittlers zu spielen, bevor er sich voll und ganz den englisch-russischen Standpunkt zu eigen machte. Es ist nicht möglich, hier alle verschlungenen Wege der Verhandlung nachzuzeichnen; der wesentliche Punkt in diesen Verhandlungen war die Entlassung Talleyrands und seine Ersetzung durch den Herzog Richelieu (26. September). Diesem war es durch Unterstützung Alexanders gelungen, den Alliierten einige Konzessionen zu entreißen, die es Ludwig XVIII. gestatteten, sich ohne allzu großen Gesichtsverlust unter die Bedingungen zu beugen. „Der Frieden, wie wir ihn machen", hatte Metternich geschrieben, „ist der einzig vernünftige und gleichzeitig ein unvergleichliches Meisterwerk, wenn man bedenkt, daß er das Ergebnis einer zweiten Koalition ist." (An Eleonore, 23. Oktober 1815.)

Was nun waren die Bedingungen? Die Abtretung des größten Teils der Territorien, die noch im vergangenen Jahr zusätzlich zu den Grenzen von 1792 zugestanden worden waren, eine Reparationszahlung in Höhe von 700 Millionen Francs und die Verpflichtung, alle Schulden zu bezahlen, die vorangegangene Regierungen im Ausland gemacht hatten (die sich schließlich auf 240 Millionen beliefen) sowie die Besetzung der Grenzprovinzen über zwei bis fünf Jahre hinweg durch 150.000 Mann, die ebenfalls auf Kosten Frankreichs zu unterhalten waren. „Wenn man an Ort und Stelle den Zustand Frankreichs sieht", schreibt Metternich an Hudelist, „so kann man sich fragen, ob es in der Lage sein wird, eine solche Last zu tragen, oder ob es eventuell sogar noch mehr ertragen könnte." Und dennoch, das wußte er, gab es in Wien Leute, die ihn kritisierten und behaupteten, daß er bessere Ergebnisse hätte erzielen können. Zum Gebrauch gegen diese Zensoren lieferte er Eleonore die Grundzüge für seine Verteidigung.

„Ich bin für den Zustand der Monarchie verantwortlich. Ich habe sie bei Antritt meines Ministeriums – am 7. dieses Monats waren es sechs Jahre – auf zwei Drittel zusammengeschnitten und ohne Geld noch andere Möglichkeiten vorgefunden. Sie geht aus dem Krieg hervor (...) und hat 2.500.000 Seelen hinzugewonnen und ist territorial besser abgerundet als zu Zeiten ihres größten Glanzes (mit Ausnahme Karls V.) und sie verzeichnet den Eingang von doppelt so viel Geld, wie sie in allen früheren Kriegen an Frankreich gezahlt hat."

Diese Summen, so präzisiert er in einem Brief vom 2. Oktober an Stadion, beliefen sich auf 162 Millionen: Dies reichte, um den kaiserlichen Schatz vor dem Bankrott zu retten.

Arbeitsreiche Tage

Die grundsätzliche Übereinkunft war im wesentlichen schon Mitte Oktober hergestellt. Es waren aber noch einige Details auszuarbeiten, die Gegenstand von Separatprotokollen sein sollten: die territorialen Abgrenzungen, die finanziellen Regulierungen und die Modalitäten der militärischen Besetzung. Man mußte außerdem noch mit den zweitrangingen Koalitionspartnern die Arrangements diskutieren, insbesondere diejenigen, die es Österreich gestatten sollten, mit Bayern das Land Salzburg gegen Landstriche zu tauschen, die Frankreich dem Kaiser abgetreten hatte, unter anderem die Festung Landau. Dies gab Gelegenheit für hartnäckiges Feilschen. Die letzten Wochen des Aufenthaltes in Paris waren also sehr arbeitsreich. „Ich verbringe meine Tage und einen Teil meiner Nächte in Konferenzen", schreibt Metternich am 18. Oktober. Und am 3. November: „Sicherlich, wenn ich auch nicht der größte Minister der Welt bin, so bin ich doch zumindest der aktivste Verhandler der modernen Zeiten. Wir unterzeichnen ab heute binnen fünf oder sechs Tagen sieben Verträge, von denen jeder zu anderen Zeiten mehrere Mächte über Jahre hinweg beschäftigt gehalten hätte."

In der Tat nahm die schriftliche Fixierung der Urkunden mehr Zeit in Anspruch, als vorgesehen war. Kaiser Franz folgte dem Beispiel des Zaren, der Paris am 28. September verlassen hatte, und reiste nach Italien, wobei er in Dijon seine Reise unterbrach, um eine Parade seiner Truppen abzunehmen. Am 18. November teilt Metternich ihm mit:

„Alles ist zu Ende. Seit gestern hatten wir endlose Sitzungen, um die Protokolle und Wortlaute der Verträge zu paraphieren. Morgen und

Übermorgen werden sie abgeschrieben. Am Montag, dem 20. abends werden wir unterzeichnen. Am folgenden Tag werden die Kollegen und ich unsere Abschiedssitzung haben und am Mittwoch, dem 22., werde ich endlich abreisen."

Dies war eine weitere, zu optimistische Vorhersage: er konnte erst am 26. aufbrechen; andere Details hatten die Abreise nochmals hinausgezögert: der Empfang beim König war auf den 23. verschoben worden, Besuche, Regelungen und ein letzter Spaziergang im Palais-Royal, wo Clemens für seine Mutter eine hübsche Dose kaufte. Aus Venedig schreibt er ihr und erzählt ihr von seiner Reise mit Worten, wie sie ein Schüler verwendet, wenn er sich über die Ferien freut. Über Genf, wo er zwei Tage blieb, Sion-en-Valais — wo die lokalen Behörden ihn mit einem Souper ehren zu müssen glaubten, das 79 Gänge umfaßte —, über den Simplon und Mailand erreicht er Venedig endlich am 4. Dezember morgens. Er logiert im Palais Gritti am Canale Grande, weil er sich dort in der Nähe der kaiserlichen Residenz am Markusplatz befindet. Er hat den Kaiser „in ausgezeichneter Gesundheit und so zufrieden mit seinem Aufenthalt" vorgefunden, „wie die Venezianer mit ihm sind".

Jetzt war die Zeit gekommen, sich ernsthaft mit den italienischen Angelegenheiten zu befassen.

KAPITEL 18

Rosen und Dornen des Friedens

Italienischer Winter

Der kleine Sturm, der die Wasser der Lagune während des Aufenthaltes von Mestre in Venedig beunruhigt hatte und der darauffolgende Regen und der graue Himmel raubten Metternich offensichtlich das sprachlose Staunen, das normalerweise beim ersten Kontakt mit der ruhmreichen Stadt vorherrscht. „Venedig erinnert an eine weitläufige Ruine", schreibt er an seine Mutter. Und, zur Erbauung von Hudelist, vergleicht er es mit einem großartigen Palast, dessen Eigentümer durch seine Armut gezwungen ist, in einer Hütte neben dem Denkmal seines ehemaligen Ruhmes zu leben.

Der gute Empfang, den die Venezianer Kaiser Franz bereitet hatten, übertrug sich natürlich auch auf die Person seines Ministers; man dankte ihm für eine Maßnahme, die kurz nach seiner Ankunft veröffentlicht wurde, die Einrichtung eines Freihafens, der dazu beitragen konnte, den venezianischen Handel wieder zu beleben.

Zwei Wochen später reiste Metternich mit Frau und Kindern nach Mailand, welch letztere er offensichtlich bei der Durchreise in Verona abgeholt hatte. In der Hauptstadt der Lombardei waren die Kälte und der Nebel nicht nur am winterlichen Himmel sondern auch in den Seelen der Menschen. Der ursprüngliche Enthusiasmus, der den Sturz des französischen Regimes begrüßt hatte, war vor der Unfähigkeit der österreichischen Regierung zusammengebrochen, die Hoffnungen der Italiener zu verstehen. Die erste Sorge des Kaisers war es, im Juli 1814 eine zentrale Organisierungshofkommission zu schaffen, die beauftragt war, die Eingliederung der neuen italienischen Provinzen in die Strukturen des Kaiserreiches sicherzustellen. Die Mitglieder dieser Komission, hohe Bürokraten, hatten sich sehr darum bemüht, in die Institutionen die Besessenheit des Herrschers für Gleichförmigkeit einfließen zu lassen. Gewiß, man hatte die fiskalischen Strukturen des Exkönigreiches Italien und die Mehrzahl der subalternen Beamten des früheren Regimentes übernommen. Auf der anderen Seite aber zog die Ersetzung des napoleonischen Code Civil durch die österreichische Gesetzgebung den Zuzug von besser mit dieser Gesetzgebung vertrauten Verwaltungsbeamten nach sich, anders gesagt, von Leuten von nördlich der Alpen, von Tedeschi. Außerdem unterbrach die Einbeziehung in das österreichische Zollgebiet die seit 20 Jahren eingerichteten Handelsströme auf brutalste Art und Weise und hatte den Ruin gewisser Handelszweige zur Folge.

Konnte die verspätete Proklamation des Königreiches Lombardo-Venetien (April 1815) die Hoffnungen des italienischen Nationalismus zufriedenstellen? Man hatte ihnen einen Vizekönig aus der kaiserlichen Familie versprochen. Seine Benennung allerdings war in den unergründlichen Tiefen des Sumpfes der kaiserlichen Entschlußlosigkeit hängengeblieben und Ende des Jahres 1815 lag die Herrschergewalt immer noch in den Händen eines Stellvertreters in Person des Feldmarschalls Heinrich de Bellegarde. Die wohlwollenden Absichten dieses tapferen und aufrechten Soldaten hatten keine Oberhand gewinnen können über die Aktivitäten des Chefs der Zivilverwaltung, des Grafen Saurau, eines entschlossenen Vertreters der Zentralisation. Kurz gesagt, die Mailänder hatten den Eindruck, daß trotz der Etiketten und trotz der wohlmeinenden Reden der Versuch unternommen wurde, sie zu germanisieren und Mailand auf den Rang einer einfachen Provinzhauptstadt absinken zu lassen, ganz im Gegensatz zu seinen großen rivalisierenden Nachbarstädten Turin und Florenz, und ganz zu schweigen von Rom oder Neapel.

Alles dies erklärt die deutliche Kälte im Empfang, als der Kaiser am 31. Dezember endlich seinen feierlichen Einzug in Mailand hielt. „In Venedig", sagt er, „war ich inmitten meiner Kinder; in Mailand habe ich nur Untertanen gesehen."

Pläne Metternichs

Metternich war bereit, ihm die Erklärung für diesen Unterschied zu liefern, da er Zeit gehabt hatte, die Früchte der Beobachtungen Bellegardes in sich aufzunehmen und zu durchdenken. In einem langen Exposé von Ende Dezember stellte er eine Bilanz der begangenen Irrtümer auf und schlug konkrete Maßnahmen vor, die den Vorwurf der „ausländischen Unterdrückung" beenden sollten: die wirkliche Anwesenheit eines Vizekönigs, mit einem Hof, der für den erblichen Adel geöffnet war, einen obersten Gerichtshof, der Vollmacht hatte, letztinstanzlich ohne die Möglichkeit einer

Berufung nach Wien zu entscheiden, schließlich, beim Herrscher in seiner Hauptstadt, ein homologes italienisches Kanzleramt, das denen entsprach, die in Wien für die Königreiche Ungarn und Böhmen eingerichtet worden waren. Auf dieses mit starken Argumenten untermauerte Plädoyer wußte der erhabene Meister nichts anderes zu sagen als sein übliches „dient zur Wissenschaft", das Äquivalent des berühmten „wir werden sehen" Ludwigs XIV.

Nachdem die Vorschläge langsam in den unterirdischen Kanälen der kaiserlichen Räte weitergereicht worden waren, wurden endlich im März 1816 Entscheidungen getroffen, die aber die Wünsche Metternichs nur unvollständig wiedergaben. Sicherlich würde endlich ein Vizekönig ernannt werden: Erzherzog Antonius, der fünfte Bruder des Kaisers, aber seine Persönlichkeit eignete sich so wenig für diese Rolle, daß bald darauf verzichtet wurde, ihn in Mailand anwesend zu befehlen. Ein hohes Kassationsgericht sollte in Verona eingerichtete werden, die einzige positive Maßnahme; es sollte aber kein italienisches Kanzleramt in Wien gebildet werden. Um schließlich den gerechten Mittelweg zwischen den Verfechtern der Autonomie und denen eines germanischen Zentralismus zu finden, wurde die Macht in Mailand zwischen einem der Politik Metternichs freundlich gesinnten Militärkommdandanten, General Ferdinand von Bubna, und einem Zivilgouverneur absolut gegenteiliger Orientierung, Graf Franz-Josef von Saurau, aufgeteilt. Es wurde also alles getan, um die zweigeteilte Regierungsgewalt fest in der Unbeweglichkeit zu verankern.

Andere Sorgen

Die Unfähigkeit des Kaisers, sich zu entscheiden, konnte zum Teil aus der Sorge erklärt werden, die ihm die Gesundheit seiner Ehefrau seit ihrer Ankunft in Venedig bereitete. Die zerbrechliche Maria-Ludovica war von Tag zu Tag mehr dahingesiecht; ihr Leben erlosch schließlich in Verona Anfang April 1816. Metternich beweinte sie sicherlich nicht sehr: seit 1809 war sie seine gefährlichste Feindin innerhalb der kaiserlichen Familie gewesen, denn sie war der Macht am nächsten. Er selbst war durch eine Augenentzündung unangenehm behindert. Und außerdem hatte er andere Sorgen.

Da waren zunächst die Bayern, die sich weigerten, die in Paris unterzeichneten territorialen Abmachungen zu ratifizieren. Da König Maximilian-Josef sich weder durch Diplomaten noch durch Briefe erklären wollte, entsandte er schließlich seinen Sohn, Kronprinz Ludwig, nach Mailand. Natürlich gelang es Metternich, einen Kompromiß zu finden, aber nur nach erschöpfenden Konferenzen und einigen territorialen Abtretungen im Rheinland. Diese Krise in den Beziehungen mit Bayern sollte – im Moment nicht vorhersehbare aber ernste – Konsequenzen haben, denn sie trug dazu bei, das Zusammentreten des Reichstages in Frankfurt um mehr als ein Jahr hinauszuzögern und dadurch der liberalen und nationalen Agitation in Deutschland Nahrung zu geben. Wir werden später darüber berichten.

Ein italienisches Bundessystem?

Fieberschauer der gleichen Art hätten auch Italien schütteln können. Die blinde Reaktion, die seit einem Jahr in der Mehrzahl der Staaten die Restauration der früheren Herrscherhäuser begleitet hatte, war auf bestem Wege, Spannungen hervorzurufen und sogar zu Aufständen zu führen. Österreich kam es notwendigerweise zu, die Rolle eines Magisters zu spielen, die einen zur Mäßigung aufzurufen und die anderen zurückzuhalten. Für diese heilsame Tätigkeit brauchte man einen entsprechenden Rahmen. Aber der Rahmen, den Deutschland mit seinem Bundesvertrag bot, war nicht anwendbar, da in den Verträgen genau festgelegt war, daß die Staaten souverän bleiben mußten.

Könnte man nicht, schrieb Metternich an Bellegarde (12. Juni 1815), das gleiche Resultat erhalten und „unter unserer Schirmherrschaft ein föderatives Verteidigungssystem (...) bilden, das in der Lage ist, einen soliden und dauerhaften Frieden nach außen und Ruhe im Inneren sicherzustellen?" Dafür wollte Metternich arbeiten, solange er vor Ort war. Der erste Stein des gewünschten Gebäudes war am 12. Juni 1815 gelegt worden, als der Bourbone von Neapel sich in einem Geheimvertrag mit Österreich verbunden hatte, einem Vertrag, der über eine militärische Zusammenarbeit hinausging, da er auch die Stabilität des politischen Regimes betraf. Die Unterzeichnung entsprechender Verträge sollte in den Staaten, in denen Mitglieder der kaiserlichen Familie regierten, nicht auf Schwierigkeiten treffen: Toskana, Modena, Parma. Aber in Turin stießen die Vorschläge Metternichs auf den düsteren Willen des Königs Victor-Emmanuel, der seine absolute Unabhängigkeit bewahren wollte.

Die Beziehungen zum Heiligen Stuhl

Auch seitens der Regierung des Kirchenstaates gab es keine Möglichkeiten: letztere brauchte keine formelle Verpflichtung, um, wenn nötig, die

Militärhilfe Österreichs zu erlangen. Aber der Papst, der Vater aller Gläubigen, konnte sich nicht in einer besonderen Art und Weise mit irgendeiner katholischen Regierung verbinden.

Metternich bemerkte schnell, daß eine militärische Liga, aus der Piemont ausgeschlossen wäre, nur die Lücke deutlicher hervorhöbe, die man verdecken wollte und er beschied sich damit, was er „moralische Aktion" nannte, anders gesagt, der regelnde Einfluß, den man durch das Beispiel und die Überzeugung ausüben konnte. Ein wesentliches Instrument für diese Aufgabe sollte eine zentrale Beobachtungsstelle sein, die in Mailand eingerichtet wurde. Dort sollten alle Erkenntnisse zusammengeführt und abgeglichen werden, die man im restlichen Italien und insbesondere in Rom gewinnen konnte.

Man konnte zumindest in diesem Punkte auf die Mitarbeit des Kardinalstaatssekretärs Consalvi zählen. Im übrigen aber waren die Beziehungen zum Heiligen Stuhl durch einen gefährlichen Streit auf dem geistlichen Gebiet belastet. Dieser Konflikt, ein neuer Aufguß des alten Streites zwischen geistlicher und weltlicher Herrschaft, entsprang geradenwegs der Verbohrtheit des Kaisers in die Gleichförmigkeit: er beanspruchte, daß im lombardo-venetischen Königreich die Regeln angewandt werden müßten, die sein Onkel Josef II. in Bezug auf das Kirchenrecht eingeführt hatte; so beabsichtigte er, die Grenzen der Pfarreien nach seinem Willen umzugestalten, die Bischöfe auf frei gewordenen Stühlen zu ernennen und wollte seinen so ernannten Untertanen untersagen, nach Rom zu ziehen, um dem Papst zu huldigen, außerdem wollte er in seinem italienischen Königreich die österreichische Ehegesetzgebung einführen. Gegen alle diese Punkte wandten sich Pius VII. und die römische Kurie sehr heftig. Metternich, der sich über die wohltuende Wirkung einer Union zwischen Thron und Altar bewußt war, hätte den Heiligen Stuhl zufriedenstellen und sogar über die Aufgabe anderer staatlich-kirchlicher Praktiken verhandeln wollen, die von Josef II. ererbt worden waren. Sie wurden aber innerhalb der Wiener Religionsverwaltung mit derartigem Eifer verteidigt, wie ihn in Rom die Partei der Zelanti an den Tag legte, die immer schnell bei der Hand war, Consalvi zu beschuldigen, die Rechte der Kirche mit Füßen zu treten.

Ein wenig zu leichtfertig hatte Metternich ohne Zweifel Anfang des Jahres 1815 angekündigt, daß der Kaiser seinen Aufenthalt in Italien nutzen wolle, um Pius VII. in Rom aufzusuchen. Unter dieser Perspektive wurde Consalvi tätig und ließ den Quirinalspalast renovieren. Mitte Februar entdeckte Metternich aber, daß die Gesichtspunkte insoweit unverträglich waren, daß ein persönliches Treffen die Spannungen nur hätte verschlimmern können; die Reisepläne wurden also gestrichen, zum großen Ärger Consalvis, der sich gedemütigt fühlte und gegenüber seinen Widersachern geschwächt wurde.

Ein Königreich Illyrien?

Alle diese Angelegenheiten und noch andere hatten Metternich derartig erschöpft, daß er Anfang April gezwungen war, um Urlaub zu bitten. Es ist nicht bekannt, wohin er ging, um sich auszuruhen und sich die notwendige Pflege angedeihen zu lassen. Im Mai jedoch war er ausreichend wiederhergestellt, um seinen erhabenen Herrn auf den Besuchsreisen zu begleiten, die jenen nach Triest und Laybach führten. Bei dieser Gelegenheit hatte er einen Plan ausgearbeitet, ein Königreich Illyrien-Dalmatien zu schaffen; er stellte sich vor, daß so mit den Kroaten und Slovenen ein fester Block der südlichen Slaven geschaffen würde, der in der Lage wäre, dem ungarischen Imperialismus Widerstand zu leisten und sozusagen ein Pendant zum Block der nördlichen Slaven zu bilden: den Tschechen, Slovaken und Galiziern. Ein Gedanke, dessen Wert sehr viel später von der Geschichte gerechtfertigt werden würde. Leider war der enge Geist des Kaisers unfähig, den Wert des Gedankens zu erkennen. Tatsächlich wurde im August 1816 ein Königreich Illyrien proklamiert, aber es umfaßte weder die kroatischen Territorien, die wieder der ungarischen Krone zugeschlagen wurden, noch Dalmatien, den ehemaligen Besitz Venedigs, das seltsamerweise direkt der Krone in Wien unterstellt wurde.

Rückkehr nach Wien

Als Metternich endlich am 26. Mai 1816 nach einer fast einjährigen Abwesenheit nach Wien zurückkehrte, waren die Angestellten des Kanzleramtes ganz offensichtlich unangenehm berührt von den Veränderungen im Gesichtsausdruck ihres Herrn. General Alexander Tschernitschew, der im Juli 1816 auf der Durchreise in Wien war, berichtete dem Zaren: „Was mich sehr frappiert hat, ist die unglaubliche Veränderung, die sich in der Person des Herrn von Metternich vollzogen hat; er ist erstaunlich gealtert und sein Auge, das ganz mit einem großen Fleck bedeckt ist, ist fast ständig geschlossen, was ihm einen noch weniger wahrhaftigen Ausdruck verleiht, als bisher schon."

Auch Kaiser Franz mußte wohl vom Zustand, in dem er seinen Minister vorfand, berührt sein. War dies nicht das Ergebnis der ermüdenden Arbeiten, die er sich in seinem Dienste auferlegt hatte? „Mein lieber Fürst von

Metternich", schrieb er ihm am 1. Juli, „um Ihnen ein dauerhaftes Zeichen meiner Anerkennung für die beachtlichen Dienste zu geben, die Sie dem Staat und mir in der letzten Zeit des europäischen Durcheinanders geleistet haben, schenke ich Ihnen die vormals von Fulda abhängige Domäne Johannisberg an den Ufern des Rheins mit allen Mobilien und Immobilien, die dazugehören."

Diese großartige ehemalige Benediktinerabtei, die unter französischer Herrschaft säkularisiert worden war, war von Napoleon dem Marschall Kellermann geschenkt worden. Nichts konnte Metternich mehr Freude machen, als so wieder adeliger Besitzer eines Gutes im Rheinland seiner Geburt zwischen Mainz und Koblenz zu werden, den beiden zentralen Punkten seiner Jugend, ohne von der Möglichkeit zu reden, seinen Tisch mit einem ausgezeichneten, fruchtigen Weißwein zu schmücken, der in den Weinbergen gewonnen wurde, die ihre Reben am Fuße des majestätischen Abteigebäudes ausbreiteten. Man kann hier vorweggreifen und sagen, daß Pauline – die ältere Schwester Clemens' – ebenfalls wieder in das Land ihrer Kindheit zurückkehrte; als im Februar 1817 Prinz Ferdinand von Württemberg sie heiratete, wurde dieser tapfere Mann vom Großherzog von Hessen zum Gouverneur der Stadt Mainz ernannt. So konnten sich Bruder und Schwester bei jedem Aufenthalt sehen, den Metternich im nahegelegenen Johannisberg verbrachte.

Eine neue Kaiserin

Drei Tage nach diesem Zeichen des Wohlwollens machte sich der Kaiser selbst das angenehmste Geschenk: eine vierte Ehefrau in der Person von Caroline-Augusta, der Tochter des Königs von Bayern. Mit ihr konnte sich Franz endlich für die langen abstinenten Monate entschädigen, die ihm die Krankheit der verstorbenen Kaiserin auferlegt hatte. Die neue Kaiserin war 20 Jahre jünger als ihr Ehegatte und befriedigte die Sinne des Fünfzigers sicherlich, der in dieser Hinsicht sehr viel anspruchsvoller war, als man angesichts seines schmächtigen Äußeren sich vorzustellen geneigt ist. Er soll gesagt haben: „Die da wird es wenigstens aushalten und mit ihr werde ich nicht schon wieder binnen 14 Tagen eine Leiche in den Armen halten."

Diese Ehe gab auch eine wunderbare Gelegenheit ab, die Beziehungen zwischen den Höfen in Wien und München zu verbessern. Metternich versäumte es sicherlich nicht, der neuen Kaiserin die glücklichen Tage ins Gedächtnis zurückzurufen, die er früher einmal unter dem Dach ihres Vaters in Straßburg zugebracht hatte, als dieser noch als einfacher Fürst von Zweibrücken im Dienst des Königs von Frankreich stand.

Ein neuer Metternich?

Nach einem Sommer, den Metternich anscheinend in der halben Sommerfrische seiner Villa am Rennweg verbracht hatte, bezog er Anfang Oktober wieder seine Räume am Ballhausplatz. Mehrere Zeugen – unter anderem Nesselrode, Gentz, Charles Stewart – haben eine Veränderung mitgeteilt, die im Verlauf des Winters 1816/17 im Lebensstil des Ministers beobachtet wurde. Nachstehend das, was der Botschafter Ludwigs XVIII., Marquis de Caraman, der Metternich bereits 1805 in Berlin gut gekannt hatte, darüber im Mai 1818 an Richelieu schreibt.

> „Seit einem Jahr ist Metternich nicht mehr der Mann, den Sie gekannt haben, und ich glaube, alles zusammenzufassen, was ich zu diesem Punkt sagen kann, wenn ich Ihnen mitteile, daß er sich von einem sehr leichtlebigen und oberflächlichen Menschen in einen Staatsmann verwandelt hat. (...) Der Metternich von heute hat seine Sphäre durch Arbeit und Verstand erweitert. Er versteht es, Menschen gut einzuschätzen, weil er weder Leidenschaften noch Frustrationen hat; er ist zartfühlend genug, um ihre Schwächen zu entdecken und sie auszunutzen. Was ihm vor allem eine sehr große Stärke verleiht, ist, daß er niemals sein kaltes Blut verliert und daß die verletzte Eitelkeit bei ihm kaum Effekt zeigt. (...) Ohne daß er sich besonders anstrengen muß, gelingt ihm alles, weil er dies will. Und die beständige Aktivität, die er ohne Ablenkung verfolgt, seit er die Macht seiner Position und das Ausmaß seiner Mittel kennengelernt hat, haben aus ihm einen anderen Mann gemacht. Die Eitelkeiten und die Flüchtigkeiten dieser Welt haben keine Wirkung auf ihn und daraus ergibt sich die neue Existenz, die er sich geschaffen hat und die er, glaube ich, so schnell nicht wieder aufgeben wird."

Keiner von all denen, die sich über die Veränderung Metternichs wunderten, konnte wissen, daß diese eng mit dem frühzeitigen Tod einer Frau zusammenhing, die Gegenstand einer romantischen und leidenschaftlichen Liebe gewesen war, welche wohl mit der Liebe verglichen werden kann, die er früher einmal Constance de Caumont entgegenbrachte. Dieses Kapitel des Gefühlslebens Metternichs wäre sicherlich ein tiefes Geheimnis geblieben, wenn er nicht zwei Jahre nach diesem Ereignis seiner letzten Geliebten etwas geschrieben hätte, aus dem sich mehr erahnen läßt, als er sagt.

> „Ich habe eine Frau geliebt, die nur vom Himmel herabgestiegen war, um hier den Frühling zu verbringen. Sie liebte mich mit der ganzen

Liebe einer himmlischen Seele. (...) Wir waren die einzigen, die von diesem Geheimnis wußten. (...) Sie hat mir ein kleines, versiegeltes Kästchen hinterlassen; als ich es öffnete, fand ich meine zu Asche verbrannten Briefe und einen zerbrochenen Ring. (...) In diesem Augenblick endete mein Dasein und ich wollte nicht weiterleben. Meine Seele war zerbrochen." (An Dorothée von Lieven, 1. Dezember 1818.)

Die Person, die er nicht mit Namen benannte, war – wir wissen es jetzt – die junge Comtesse Julia Zichy, geborene Festetics, eine der Schönheitsköniginnen des Wiener Kongresses, die während des Kongresses den lächerlich-eifrigen Bemühungen Friedrich-Wilhelms von Preußen ausgesetzt war. Ihre Beziehungen mit Metternich gehen sicherlich auf die Zeit vor 1813 zurück, denn Clemens spielt in einem Schreiben an Wilhelmine von Sagan darauf an; und es ist wahrscheinlich, daß die engelsgleiche Julia darunter litt, wenn sie zusehen mußte, wie ihr Freund einer erklärten Rivalin Aufmerksamkeiten erwies. Nach dem zwischen Wilhelmine und Clemens eingetretenen Bruch hatte letzterer seinen Trost im Herzen der schönen und reinen Geliebten gefunden. Als sie am 18. November 1816 starb, verdunkelte eine Sonnenfinsternis die Stadt Wien. Gentz beschreibt diese symbolische Koinzidenz. Metternich konnte glauben, daß ihr Tod teilweise zumindest ihren Seelenqualen zuzuschreiben war, die sie zwischen dem Ruf ihres Herzens und ihrer heroischen Treue zu ihren Pflichten als Ehefrau hin und her riß. Das Beispiel himmlischer und religiöser Entsagung, das sie in ihren letzten Tagen gab, mochte bei Clemens eine Art geistlicher Krise hervorgerufen haben; er habe wieder begonnen, die Bibel zu lesen, vertraut er Nesselrode an. Seine Familie und seine Arbeit, dies sollten die beiden Pole seines Lebens sein ... Bis zu einer gewissen Begegnung im Herbst 1818.

Neue politische Aufgaben

Ein anderes Element muß in dieser Metamorphose des Staatsmannes in Betracht gezogen werden: Der fundamentale Unterschied in den Aufgaben vor und nach 1815. Das Staatsgebäude war mit vielen akrobatischen Stückchen und Glück vor dem Verderben gerettet worden und hatte wieder eine Form erhalten, die jetzt bewahrt werden mußte. Und dies war nicht weniger kompliziert.

„Wozu dient es denn Europa, daß es gesehen hat, wie ein System materieller Eroberungen unter seinem eigenen Gewicht zusammengebrochen ist, wenn dieses System durch ein System der moralischen Subversion ersetzt wird, welches viel gefährlicher ist, viel schwieriger zu bekämpfen und, dem kann man nicht widersprechen, für die gesamte Gesellschaft viel bedrohlicher, als es die kurzlebige Existenz eines Eroberers je sein könnte." (An General Vincent, 28. Dezember 1818.)

Wo sah er denn die „mögliche moralische Subversion" in diesem Winter 1816/17. Von seiten Frankreichs war zur Zeit nichts zu befürchten. Die Konferenz der vier alliierten Botschafter in Paris war da, um dieses sich neu entwickelnde Gebilde zu überwachen und wurde darin von Wellington und seiner Besatzungsarmee unterstützt. Aber da war Italien, wo das Gegeneinander oder die Dummheit der restaurierten Fürsten die verdeckten Machenschaften von Geheimgesellschaften begünstigte. Da war Deutschland, wo die nationalen und liberalen Wünsche in den Universitäten kochten; sie wurden hier und da von der Unvorsichtigkeit gewisser Fürsten gefördert, unter anderem von dem dicken König von Württemberg, der seine Absicht verkündet hatte, eine parlamentarische Verfassung zu geben und vor allen Dingen vom Großherzog von Weimar, dessen Liberalismus aus seinem Ministaat „einen kleinen Jakobinerstall" machte.

Die Gefahr in den Augen Metternichs war um so ernster, als die liberalen Elemente von der wirklichen oder vorgeblichen Sympathie Zar Alexanders befeuert wurden. Seine Agenten entwickelten einen beunruhigenden Eifer, nicht nur in den deutschen und italienischen Staaten, sondern bis nach Spanien und in den Balkan hinein. Würde der Zar nicht unter dem Banner des Liberalismus seinen Traum der moralischen Hegemonie weiterverfolgen? Unter diesem Gesichtspunkt war ein heimliches Einverständnis zwischen Frankreich und Rußland zu fürchten, welches gewissermaßen die heilsame Kontrolle der Viererallianz unterlaufen würde. Der Präsident des französischen Rates, der Duc de Richelieu, war ein persönlicher Freund des Zaren. War er nicht zu sehr geneigt, auf den russischen Botschafter in Paris, den listigen Pozzo di Borgo, zu hören, der aufgrund der Dienste, die er Ludwig XVIII. bei der Wiedererrichtung des Thrones geleistet hatte, eine starke Position einnahm?

Die Besorgnis Metternichs war so stark, daß er im März 1817 Castlereagh ein großes Aide-Mémoire überreichen ließ, in dem er die Notwendigkeit und Nützlichkeit einer engeren Zusammenarbeit zwischen den Regierungen in London und Wien hervorhob. Der Foreign Secretary rechtfertigte seine Weigerung mit der Bemerkung, daß ein solches Übereinkommen, das nicht geheim bleiben konnte, die befürchtete Achse Frankreich-Rußland nur noch schneller hervorbrächte, beziehungsweise zu deren Verfestigung beitrüge; es sei besser, dachte er, die Gefühle der Franzosen vorsichtig zu behandeln.

Verminderung der alliierten Besatzungsmacht

Dies hatte Metternich allerdings seit Ende 1816 bereits getan. Insbesondere zwei Vorfälle sind unter diesem Gesichtspunkt mitzuteilen: Die Verminderung des alliierten Besatzungsheeres und die Frage der Behandlung des Sohnes Napoleons.

Im ersteren Fall argumentierte der Duc de Richelieu mit den Schwierigkeiten des französischen Schatzes, seine Verpflichtungen gegenüber den Alliierten zu erfüllen. Er hatte vorgerechnet, daß eine Verminderung der Stärke der Besatzungstruppen der finanziellen Belastung erheblich Erleichterung verschaffe und auch gleichzeitig einen moralischen Vorteil böte, denn es sei ein Zeichen des Vertrauens in die Stabilität der Regierung. Die Vorschläge sofort zu akzeptieren, Rußland nicht das Verdienst zu überlassen, sich dafür stark zu machen und den Widerstand Wellingtons zu unterlaufen, ohne den Anschein zu haben, ihn zu etwas zu zwingen, dies alles wurde von Metternich mit üblichem Geschick erledigt und hatte außerdem noch die Konsequenz, daß er sich durch diese Hilfe die Anerkennung und die Dankbarkeit Richelieus erwarb.

Das Schicksal des kleinen Adlers

Die andere Angelegenheit war vielfach komplizierter und delikater, denn durch sie wurde Spanien mitbetroffen und in einer gewissen Weise auch die Ehre der kaiserlichen Familie. König Ferdinand VII. von Spanien hatte sich geweigert, die im Wiener Kongreß getroffenen Vorschriften zu ratifizieren, mit denen der Exkaiserin Marie-Louise der Besitz des Herzogtums Parma gesichert werden sollte. Metternich hatte das Geschick, in dieser Angelegenheit den Duc de Richelieu in seiner Eigenschaft als Chefminister des Hauses Bourbon einzubinden. Seine aktive Mithilfe gestattete es der dauernden Konferenz von Paris, dem spanischen Bevollmächtigten endlich die Ratifizierung der Wiener Verträge zu entreißen. „Durch unseren vollständigen Sieg in der Angelegenheit von Parma", schreibt Metternich, „haben wir einen absoluten Triumph über Rußland und Spanien erzielt."

Richelieu seinerseits beglückwünschte sich für den Beweis, den der Wiener Hof von seinem Willen gegeben hatte, „den kleinen Napoleon auszulöschen". Marie-Louise verzichtete in der Tat auf den kaiserlichen Titel und ihr Sohn auf den eines „Fürsten von Parma". Er nahm einen Rang nach den Erzherzögen der kaiserlichen Familie ein und trug den Titel Altesse Sérénissime (kaiserliche Hoheit). Dies war den unerbittlichen Feinden der Familie Bonaparte aber noch zu viel. Richelieu wagte unter dem Einfluß Pozzos, dem österreichischen Botschafter den Vorschlag zu machen: „Warum bestimmen Sie nicht den Sohn der Frau Erzherzogin für den geistlichen Stand? Dies wäre bequemer und würde alle Welt beruhigen." Die Reaktion Metternichs war schroff und fast bösartig: ein solches Verfahren sei mittelalterlich, sagte er; der Kaiser sei der Einzige, dem es zukomme, die Erziehung seines Enkelsohnes zu lenken; dieser erhalte den Titel Herzog von Reichstadt mit einer Leibrente, die aus den kaiserlichen Domänen in Böhmen bezahlt werde; bezüglich seiner eventuellen Nachkommen war nichts vorgesehen und es wurde auch nicht darüber gesprochen. Und Metternich schloß:

> „Prinz François-Charles wird nicht mehr im Blickpunkt der Störenfriede der öffentlichen Ordnung stehen und der Kaiser glaubt, eine andere Klippe vermieden zu haben, auf die wir zweifelsohne gestoßen wären, wenn wir durch einen vollständigen Verzicht, der des Charakters seiner kaiserlichen Hoheit unwürdig gewesen wäre, den jungen Prinz als Opfer des Schicksals aufgebaut hätten, das doch seine Geburt erlebt hat und nun mit ansehen muß, wie er Gegenstand des Mitleides und folglich des politischen Interesses wird."

Nach Aussage des französischen Geschäftsträgers in Wien warf eine Metternich feindliche Partei diesem vor, die Interessen eines Abkömmlings des Hauses Österreich den Interessen der Bourbonen und den Interessen seiner eigenen ministeriellen Position geopfert zu haben.

Die Reise nach Italien

Ohne Zweifel früher als vorgesehen sollte Metternich die Gelegenheit erhalten, mit der Mutter des kleinen Prinzen über diese Probleme zu sprechen. Ihre jüngste Schwester, Erzherzogin Leopoldine, war dazu bestimmt worden, Dom Pedro de Braganza zu heiraten, den Erbprinzen der Kronen Portugals und Brasiliens. Der zukünftige Ehemann war noch in Amerika, wohin sich seine Familie bei der französischen Invasion 1808 geflüchtet hatte. Man kam also überein, daß, wie bei Marie-Louise 1810, in Wien eine Stellvertreterhochzeit stattfinden solle, wonach Leopoldine sich in Livorno auf einem portugiesischen Schiff einschiffen sollte, welches sie nach Rio de Janeiro bringen sollte. Daß Metternich bestimmt wurde, die junge Dame zu begleiten und bei den Zeremonien als Stellvertreter des Kaisers zu handeln, verstand sich fast von selbst: der Handel mit Erzherzoginnen war, so kann man sagen, seine Spezialität! Außerdem böte ihm die Reise eine ausgezeichnete Gelegenheit, die Lage in Italien selbst zu bewerten. Vielleicht wollte der Kaiser auch in seinem üblichen Wohlwollen seinem getreuen Diener die Gelegenheit verschaffen, seine Gesundheit in der Sonne Italiens zu festigen.

Wie dem auch sei, die Briefe, die er im Verlauf dieser Reise an seine Familie schickte, verdienen es, daß man sich ein wenig bei ihnen aufhält, denn darin kann man eine Facette der Persönlichkeit dieses Mannes erkennen, die selten durchscheint: Sympathischer, gewiß, als das Bild, das durch die Masse seiner schriftlichen politischen Äußerungen durchschimmert und auch wahrhaftiger als das, was er als Liebhaber geschrieben hat, um seinen Mätressen zu gefallen. Hier zeigt sich ein sensibler und kultivierter Mensch ganz natürlich. Er ist ein guter Kamerad, tolerant und fröhlich, ein guter Ehemann und Vater, kurz, einer, den seine Nächsten, die Verwandten und die Mitarbeiter mit zärtlichster Zuneigung umhegen.

Bei der Abreise aus Wien am 5. Juni wurde er von Hudelist und Floret begleitet, die ihm die Arbeit des offiziellen Briefwechsels abnehmen sollten und auch von einem Augenarzt namens Friedrich Jaeger.

Aus Padua, 10. Juni: „Ich bin vorgestern abend hier eingetroffen. (...) Man macht sich keine Vorstellung von der Schönheit dieses Landes; alle Bäume, die bei uns unter der Kälte, dem Wind und dem Staub leiden, gedeihen hier prächtig. (...) Venedig im Juni und Venedig im Dezember sind zwei voneinander völlig verschiedene Städte."

12. Juni: „Ich schreibe Ihnen von unserer letzten Etappe vor Florenz. Der Raum in dem ich mich befinde, erinnert mich an den Zauber unserer Hauptquartiere in den Vogesen. (...) Wir sind mitten im Apennin und man kann kaum glauben, daß dieser Ort zum schönen Italien gehört. (...) Wir sind gestern morgen in Padua aufgebrochen und haben in Ferrara übernachtet, wo wir von drei Kardinälen empfangen wurden. Der Kardinallegat von Bologna hat uns ein elegantes und sehr gutes Mittagessen in der Universität gegeben."

Aus Florenz, 14. Juni: „Wir sind seit gestern elf Uhr vormittags hier. (...) Alles was ich bisher gesehen habe übertrifft bei weitem meine Erwartungen. Guter Gott! Was waren die Männer der Vergangenheit für Kerle! (...) Das Land ist herrlich, (...) das Klima ist göttlich."

18. Juni: „Vorgestern war ich in Pisa. (...) Die letzten Nachrichten aus Lissabon besagen, daß die Regierung zwei Schlachtschiffe aus dem für die Frau Erzherzogin bestimmten Geschwader entsandt hat, um Pernambucco zu blockieren. (...) Dies bedeutet, daß die Übergabe sich um drei oder vier Wochen verzögert. (...) Meine Reise hier ist aber im übrigen eine große und unberechenbare Freude, (...) der Beherrscher ganz Italiens konnte nicht so empfangen werden, wie ich es bin; alle Leute guten Willens — und es gibt sehr viele davon — umdrängen mich. (...) Die Jakobiner verstecken sich und betrachten mich als die Rute, die sie bedroht (...)"

26. Juni: „Meine Reise nach Rom wird (...) jeden Tag problematischer. (...) Der Papst scheint nicht mehr in der Lage zu sein, auch nur die geringste Arbeit zu verrichten und da ich nur wegen geschäftlicher Angelegenheit dorthin fahren würde, werde ich nur dann wirklich dorthin gehen, wenn ich auch mein Ziel erreichen kann ... Ich habe einen schnellen und reizenden Abstecher nach Fiesole gemacht. (...) Eine bemerkenswerte Sache in dieser Landschaft ist, daß das Volk eine besondere Art von Kultur hat. Es gibt nicht einen Bauern, der nicht seine eigene Sprache gewählt und mit der Eleganz eines Akademikers von La Crusca spräche."

29. Juni: „Das Geschwader wird gegen den 15. Juli in Livorno eintreffen. Mein Auge macht hier innerhalb eines Tages einen Fortschritt, wie in Wien nicht binnen acht Tagen. (...) Ich habe eine reizende Kopie der Venus von Canova gekauft und eine enorme Alabastervase."

3. Juli: „Ich warte auf dieses verteufelte Geschwader (...), um endlich mein eigener Herr zu sein. (...) Meine Gesundheit ist sehr gut. Gestern abend habe ich einen reizenden Spaziergang gemacht. Die ganze Umgebung besteht aus einer Reihe von mehr oder weniger hohen Hügeln; von allen hat man einen herrlichen Ausblick, (...) die Pflanzen, die an den Wegen entlang wachsen, sind so aromatisch, daß abends (...) die ganze Luft von Parfum erfüllt ist."

10. Juli: „Wir wissen immer noch nicht den genauen Ankunftstag der Flotte. (...) Erzherzogin Marie-Louise ist seit vorgestern hier."

12. Juli: „Morgen gehe ich nach Livorno. Ich werde dort die Ankunft meiner Prinzessin vorbereiten."

Aus Florenz, 17. Juli: „Ich bin von hier um sechs Uhr abends abgereist. (...) Um drei Uhr morgens sind wir in Livorno eingetroffen. Da wir das Talent besitzen, im Wagen zu schlafen, hatte keiner von uns Lust, schlafen zu gehen. (...) Wir haben also beschlossen, den Hafen zu besichtigen. Wir begannen damit, daß wir auf den schönen Leuchtturm stiegen, der am Ende der neuen Mole emporragt, (...) man kann die Insel Elba von dort sehr deutlich erkennen. (...) Mittags haben wir einen Bummel durch die Boutiquen gemacht. (...) Um sechs Uhr abends sind wir an Bord gegangen, um den amerikanischen Commodore zu besuchen. (...) Das Admiralsschiff ist mit 84 Kanonen eines der schönsten Kriegsschiffe, das ich jemals gesehen habe. (...) Wir sind um elf Uhr zu Bett gegangen und waren schon um sechs Uhr im Wagen auf dem Weg nach Lucca. (...) Ich bin mittags angekommen. Die Stadt ist alt und nichts weniger als schön. 2.000 Schritte entfernt (...) liegt Marlia, ein wahrhaft göttlicher Ort, den Madame Elisa hat bauen und bepflanzen lassen. (...) Nach unserem Rundgang durch die Gärten haben wir in Marlia diniert, wohin ich die ersten Persönlichkeiten aus Lucca eingeladen hatte. Wir haben uns um sechs Uhr abends wieder auf den Weg gemacht und waren um Mitternacht in Florenz. Man kann zwei Tage nicht besser und angenehmer füllen."

26. Juli: „Das Geschwader ist glücklich in Livorno vor Anker gegangen. (...) Ich reise wieder zu den Bädern nach Lucca. Ich werde meine Kur morgen beginnen (...)."

Aus den Bädern von Lucca, 28. Juli: „Ich bewohne ein Haus, das Elisa (älteste Schwester Napoleons) für sich hat bauen lassen, oder besser gesagt, für sich hat umbauen lassen. Dies sagt Euch schon, daß es bequem ist und gut liegt. (...) Die Nachrichten, die mir aus Livorno überbracht wurden, lassen mich nicht vermuten, daß das Geschwader vor dem 15. August Anker lichten wird."

Aus Livorno, 10. August: „Ich bin um acht Uhr abends hier eingetroffen. Ich habe hier alle adligen Höfe und 4.000 Fremde vorgefunden. Ich war bei meiner Prinzessin und bin mit zur abendlichen Aufführung gegangen."

11. August: „Heute morgen war ich auf den portugiesischen Kriegsschiffen. (...) Man kann sich nicht vorstellen, wie viele Menschen auf einem solchen Kriegsschiff sind. Außer den österreichischen Damen ist dort der portugiesische Hofstaat. (...) Die Anzahl der Offiziere aller Ränge ist verdreifacht worden. Dazu eine beachtliche Anzahl von Kühen, Kälbern, Schweinen, Lämmern, 4.000 Hühnern, einigen hundert Enten und zumindest 4.500 Kanarienvögeln sowie große und kleine Vögel aus Brasilien, so können Sie sich vorstellen, daß die Arche Noahs nur ein Kinderspielzeug im Vergleich mit der Johann VI. ist."

12. August: „Ich habe heute meine Zeremonie con brio abgeschlossen. Der Akt der Übergabe war sehr schön und sehr feierlich. (...) Um vier Uhr haben wir uns alle zu einem Besuch bei Admiral Penrose auf die Albion begeben. (...) Der Admiral hat den Erzherzoginnen und dem Großherzog einen sehr guten Nachmittagskaffee gereicht. Es sind viele Kanonenschüsse abgefeuert worden."

13. August: „Heute um vier Uhr habe ich Frau Erzherzogin an Bord ihres Schiffes gebracht. (...) Ihr Appartement gefiel ihr sehr gut, (...) es wäre schwierig, es mit noch mehr Eleganz auszustatten."

Aus den Bädern von Lucca, 16. August: „Ich habe mich von meiner Erzherzogin verabschiedet. Das Geschwader hat gestern morgen um halb sechs Uhr Segel gesetzt."

29. August: „Ich werde morgen früh von hier abreisen. (...) Mein Aufenthalt hier zeigte die besten Ergebnisse für alle Angelegenheiten, die mich nach Italien gebracht hatten. (...) Ich hatte das Glück, hier viele Fehler und Dummheiten in Ordnung bringen zu können. (...) Ich verlasse diesen Ort mit wirklichem Bedauern, aber ich werde mit unendlich mehr Freude zu Ihnen zurückkehren, als ich Trauer empfinde, (...) man muß dieses Land gesehen haben, um zu wissen, daß so etwas existiert."

Aus Modena, 2. September: „Ich habe die Bäder von Lucca am 30. morgens verlassen. Ich bin am gleichen Tag um zwei Uhr in Massa eingetroffen. Nach einer halben Stunde Ruhepause habe ich mich nach Carrara begeben und bin zurückgekehrt, um in Massa zu übernachten. (...) Das Schloß ist groß und gut eingerichtet; aus meinem Bett habe ich einen endlosen Blick. (...) Gestern habe ich an einem verfluchten Ort namens Paulo im Apennin übernachtet, wohin der Erzherzog die Güte hatte, mir eine Köchin und einen Diener zu schikken, die ganz gewißlich nicht zuviel waren. Eine Tatsache, die mich beeindruckt, ist der extreme Unterschied zwischen dem Klima in der Toscana und dem jenseits der Apenninen, (...) die wirklich südländischen Pflanzen gibt es hier nicht mehr."

Aus Mantua, 5. September: „Ich habe gerade fast zwei Tage in Parma zugebracht. (...) Frau Erzherzogin hat mich zum Diner eingeladen. (...) Ihr Hof ist herrlich eingerichtet, nichts ist zuviel, nichts ist zu wenig."

Aus Verona, 6. September: „Zehn Uhr abends. Ich bin um drei Uhr hier eingetroffen. Ich habe in Verona alles besichtigt, was mein verfluchtes Auge mir 1816 zu kennen verwehrt hatte. (...) Auf Wiedersehen, ich muß noch Saurau losschicken und mindestens zwanzig Personen empfangen, die sich in meinem Vorzimmer befinden. Meine Reisen sind keine Freude mehr."

Am 12. September war Metternich endlich wieder in Wien, wo er mit Ungeduld erwartet wurde: Drei Tage danach heiratete seine Tochter Maria mit großem Prunk Graf Josef Esterhazy. Aber die Anstrengungen und die Emotionen waren jedenfalls für Metternich zuviel gewesen und am

Abend dieses Festtages lag der Vater der Braut ganz erbärmlich mit einem Hämorrhoidenanfall mit Fieber im Bett.

Ein großer Plan für das Kaiserreich

Der Zwischenfall verzögerte ein wenig die Abfassung der Berichte, die Metternich schon aus Lucca dem Kaiser gleich für seine Ankunft versprochen hatte. Der erhabene Herr verlor nichts dadurch, daß er etwas wartete: es war nicht ein Bericht, sondern drei Berichte, die er Ende Oktober auf seinem Schreibtisch vorfand, und in zweien dieser Berichte war die Rede von ganz anderen Dingen, als Italien.

Der Minister sprach darin das grundsätzliche Problem des österreichischen Kaiserreiches an: wie konnte man bei einer so großen Unterschiedlichkeit der einzelnen Staatsteile eine anerkannte staatliche Einheit herstellen, wo doch jedes Einzelteil eine starke Bindung an die eigene Kultur und die besonderen Traditionen hatte. Gleichzeitig versuchte Metternich, das Funktionieren der schwerfälligen zentralen Regierungsmaschinerie in Wien zu verbessern, die von der unüberwindlichen Ablehnung des Kaisers behindert wurde, auch nur einen Teil seiner Autorität zu delegieren und auch durch seine nicht weniger festgefügte Aversion gegen die mündliche Diskussion von Problemen in einer Kommission. Aus diesen Gründen war eine Pyramide aus Räten entstanden, die entweder dauernd installiert waren oder provisorisch bzw. ad hoc eingerichtet wurden und die massenweise Berichte produzierten, wobei ein Konsens gesucht wurde, der sich häufig genug auf den kleinsten gemeinsamen Nenner bzw. schlicht und einfach auf Bewegungslosigkeit beschränkte.

Metternich verlangte aus seiner Kenntnis des französischen Systems heraus, daß die Funktionen der Exekutive und der Beratung, also die Domäne der Politik – „moralisches Element" – deutlicher von der Verwaltung – „technischer Teil" – getrennt würden. Die Angelegenheiten des Staates sollten unter sieben Ministerien mit deutlich definierten Geschäftsbereichen aufgeteilt werden: Außenpolitik, Innenpolitik, Finanzpolitik, Kriegspolitik, Justiz-, Polizei- und Rechnungswesen.

Außerdem eröffnete Metternich mit bewundernswerter Klarsicht auf dem Umweg über die vorgeschlagene Organisation des neu zu schaffenden Innenministeriums einen Weg, der das Überleben des Habsburger Imperiums auf lange Sicht in der Form einer weitgefaßten Föderation nationaler Einheiten hätte sicherstellen können. Er schlug die Schaffung von vier unterschiedlichen Kanzlerämtern vor: Böhmen-Mähren-Galizien, Österreich-Steiermark-Tirol, Illyrien-Dalmatien, Italien. Jeder der vier

Kanzler sollte die Gebiete seines Ressorts nach örtlichen Gesetzen verwalten; der Chefkanzler, der Innenminister, sollte für den Zusammenhalt des Ganzen verantwortlich sein. Es war abgemacht, daß die bereits existierenden nationalen Kanzlerämter – die Ungarns und Transsylvaniens – früher oder später neben die vier neugeschaffenen eingereiht würden, wodurch die Ungarn die außerordentlichen Privilegien verlören, die die anderen nationalen Gruppen mit Recht neidisch betrachteten.

In einem anderen Dokument – dessen Text unglücklicherweise nicht bekannt ist – soll Metternich noch weiter gegangen sein und die Schaffung einer Art zentraler und repräsentativer Kammer vorgeschlagen haben, die sich aus von den örtlichen Kammern des Staates delegierten Mitgliedern zusammensetzten, welche bereits existierten oder in den verschiedenen Provinzen neu zu schaffen gewesen wären. Was aus diesen Vorschlägen wurde, erklärte Metternich sehr viel später.

> „Kaiser Franz anerkannte die Wichtigkeit der Frage aber er verschob das Studium dieses Problems von einem Jahr auf das nächste. Schließlich, als er sich von seiner schweren Krankheit erholt hatte, die ihn 1827 betroffen hatte, erklärte er mir, daß er fest entschlossen sei, meinen Vorschlag zu studieren. Zu Ende des Jahres 1834 sagte der Kaiser zu mir (...) daß unbedingt eine Entscheidung vor Ende des Jahres 1835 gefällt werden müsse. Zwei Monate später lebte er nicht mehr!"

Zumindest hatte der Kaiser in einem Patent vom 24. Dezember 1817 Metternich wenigstens dem Augenschein nach in etwa Gerechtigkeit für seine Vorschläge zuteil werden lassen. Die deutlich sichtbarste Reaktion betraf das Königreich Italien; es sollte nicht nur ein besonderes Kanzleramt in Wien erhalten, sondern sein Kanzler sollte auch ein Italiener sein, Graf Mellerio; die italienische Sprache sollte Verwaltungssprache, Schulsprache und Rechtssprache sein. Außerdem sollte in Mailand der schon lange versprochene Vizekönig residieren: Erzherzog Rainer wurde bestimmt, seinen Bruder Anton dort zu ersetzen, der seit mehr als 20 Monaten dickköpfig nördlich der Alpen geblieben war.

Diese Zugeständnisse wurden aber praktisch durch die Besetzung des Schlüsselpostens des Chefkanzlers und Innenministers zunichte gemacht, zu dem der Kaiser den Grafen von Saurau, einen eingefleischten Anhänger der zentralistischen Idee, machte; unter seiner Kontrolle spiegelte die Verwaltung des Königreiches Italien die Besessenheit des Kaisers für die Gleichförmigkeit wieder, während Ungarn andererseits seine alten und unantastbaren Privilegien behielt.

Metternich schwach?

Mehr als ein Historiker hat beim Nachdenken über die einzigartige Gelegenheit, die sich 1817 bot, dem österreichischen Kaiserreich die großzügige föderative Struktur zu geben, die es vielleicht vor dem Auseinanderbrechen hätte bewahren können, Metternich vorgeworfen, daß er es nicht verstanden habe, diese Struktur seinem Herrscher schmackhaft zu machen. Dies heißt aber vergessen, daß er weder Richelieu hieß (wie er selbst schon sagte) noch ein Bismarck war. Das heißt auch vergessen, daß Metternich in den Augen der herrschenden Aristokratie der kaiserlichen Familie als Rheinländer nur ein „Ausländer" war, den man mehr oder weniger wohlwollend tolerierte. Hätte er denn lieber demissionieren sollen als ein System zu stützen, dessen tödliche Fehler er klar erkannt hatte? Dies hätte von ihm nicht nur einen heroischen Verzicht auf die Vorteile aller Art bedeutet, die sich mit der Stellung, die er sich mit solchen Mühen geschaffen hatte, verbunden hatten, es hätte aber außerdem auch bedeutet, daß er sich undankbar dem Manne gegenüber gezeigt hätte, der ihn an einem Tag des Jahres 1813 zu dem Versprechen bewegt hatte, ihn niemals zu verlassen, nämlich gegenüber dem Herrscher und Freund, der ihn mit Ehren und Wohltaten überhäuft hatte und der ihm kürzlich erst die wunderbare Domäne Johannisberg geschenkt hatte.

Agitation in Deutschland

Nach diesem letzten fruchtlosen Ausflug in den Bereich der inneren Verwaltung des Kaiserreiches widmete sich Metternich von nun an fast ausschließlich der Außenpolitik, einer Domäne, in der der Kaiser, der sich seiner Schwächen bewußt war, eher geneigt war, ihm freie Hand zu geben. Dort brauchte er außerdem keinerlei Rivalen zu fürchten.

Die Dinge, die ihn in den folgenden Monaten beschäftigten, hatten Italien ganz im Gegensatz zum vorangegangenen Jahr ein wenig in den Hintergrund gerückt. Gewiß erkannte er in seinem Bericht vom Oktober 1817 an, „daß die Unzufriedenheit in diesem Lande allgemein vorherrscht" und „daß dieser Gärungsprozeß von verschiedenen Sekten unterstützt und unterhalten wird" (Geheimgesellschaften). Aber diese „sind mangels einer zentralen Leitung, mangels entsprechender Köpfe und eines abgestimmten Plans, den sie auch befolgen könnten, weit weniger gefährlich, als man annehmen könnte". Folglich „gibt es in Italien keinerlei revolutionäre Bewegung, die zu fürchten wäre, so lange die Agitatoren nicht von einer ausländischen Macht angetrieben und unterstützt werden". Zur Zeit aber ist keine ausländische Macht in der Lage, uns in dieser Hinsicht ernsthaft zu beunruhigen. Die österreichische Verwaltung im Königreich Lombardo-Venetien soll nur ein Beispiel der Toleranz und der Ehrlichkeit geben und sich bemühen, das Wirtschaftsleben anzuregen und dann wird die öffentliche Meinung im übrigen Italien schließlich beginnen, Österreich als besten Garanten der öffentlichen Ordnung zu sehen.

Sehr viel beunruhigender und schwieriger zu beherrschen erschienen zu dieser Zeit die Bewegungen, die sich in Deutschland entwickelt hatten; die Triebfeder dieser Bewegungen waren die Burschenschaften, also die Kooperationen von Studenten der Universitäten. Sie erzwangen sich öffentliche Aufmerksamkeit durch einen meisterlichen Streich, eine Demonstration, die in die Geschichte eingehen sollte: Am 18. Oktober 1817 hatten mehrere hundert Studenten, die aus verschiedenen Staaten Deutschlands angereist waren, sich in Eisenach mit Zustimmung des Großherzogs von Weimar, zu dessen Staatsgebiet dieser Ort gehörte, versammelt. Der Vorwand für diese Versammlung war zum einen die Feier des 4. Jahrestages der Völkerschlacht bei Leipzig und die 300-Jahr-Feier der lutherischen Reformation. Aus Eisenach stiegen sie in einem langen Zug bis zur Wartburg empor, wo Martin Luther 1521 eine Zuflucht gefunden hatte. Sie sangen patriotische Lieder und hörten sich Reden an, in denen die Befreiung Deutschlands gepriesen wurde, wobei der tyrannische Egoismus der Monarchen verflucht wurde, die weiterhin die Aufteilung des großen Vaterlandes gegen den gemeinsamen Willen der Nation betrieben. Es wurde viel Alkohol getrunken, denn der Anstieg auf die Wartburg war anstrengend gewesen. Das Fest endete schließlich rund um ein Freudenfeuer, in dem die Schlußakten des Wiener Kongresses zusammen mit den Werken reaktionärer Schriftsteller verbrannt wurden, wobei Rufe ertönten wie „es lebe die Freiheit!", und „Tyrannen und ihre heimtückischen Minister sollen untergehen!" Um das Ganze ausgewogener zu gestalten, wurden in die alles verzehrenden Flammen außerdem eine gepuderte Diplomatenperücke und ein preußischer Unteroffiziersstab geworfen, die als Symbole für die Instrumente der reaktionären Tyrannei galten.

Dieses Ereignis wurde von der Propaganda aufgebauscht und erzeugte eine Schockwelle quer durch ganz Deutschland. Metternich zeigte eine größere Beunruhigung, als die, die er wirklich empfand. Er glaubte, auf den preußischen König und seinen Kanzler Hardenberg sowie auf seinen Polizeiminister, Fürst Wilhelm von Wittgenstein zählen zu können. Es gab aber in deren Umgebung Persönlichkeiten, die von dem Virus des liberalistischen Nationalismus angesteckt waren. „Wir erkennen – und alle Informationen bestätigen uns täglich in dieser Meinung – daß der Kern des deutschen Jakobinismus sich in Preußen, und insbesondere in Berlin, befindet. (...) Die Unterdrückung dieser Krankheit ist jetzt noch möglich, wird es aber binnen kurzem nicht mehr sein." So schrieb Metternich am 29. Januar 1818 an den österreichischen Botschafter in Berlin, Graf Stefan Zichy.

Wo und wie sollte diese Unterdrückungsaktion stattfinden? War der Reichstag in Frankfurt in der Lage, staatliche Polizeimaßnahmen zu ergreifen, die in allen deutschen Staaten Anwendung finden würden? Dieser Reichstag befand sich noch im Stadium der Lösung von kleinen Verfahrensfragen, die mit seiner Einberufung zusammenhingen. Und es stand zu fürchten, daß jeder österreichische Vorschlag am bösen Willen der Herrscher Württembergs und Badens scheitern würde, die sich wegen ihrer familiären Bindung mit dem Zaren aller Reußen stark fühlten.

Der rätselhafte Alexander

Wäre nicht jetzt der Augenblick gekommen, den Artikel des Vertrages vom 20. November 1815 ins Spiel zu bringen, nach dem regelmäßige Zusammenkünfte der vier großen Alliierten vorgesehen waren? Aber hätte der undurchschaubare Alexander überhaupt Lust dazu? War er immer noch von den liberalen Ideen seines früheren Erziehers Friedrich-Cäsar La Harpe durchdrungen? In welchem Umfang zeigte sich der Einfluß seines Staatssekretärs für äußere Angelegenheiten, des brillanten Capodistria, der ein großer Verfechter konstitutioneller Lösungen war?

Also mußte sich die beunruhigte Aufmerksamkeit Metternichs hauptsächlich in Richtung St. Petersburg wenden. Glücklicherweise war dort sein fähigster Agent, der Beobachtungen anstellen und nützliche Vertraulichkeiten erreichen konnte: Graf Ludwig von Lebzeltern, der von der Botschaft in Rom auf ausdrücklichen Wunsch des Zaren, der vielleicht dazu von Capodistria angeregt worden war, nach Petersburg versetzt worden. Capodistria hatte in der Tat Gelegenheit gefunden, sich mit Lebzeltern anzufreunden, als alle beide während der Ereignisse von 1814 in der Schweiz waren.

Durch Lebzeltern erfuhr Metternich also von der Entwicklung die die Seele des Zaren durch den Einfluß Frau von Krüdeners gemacht hatte. Er konnte im März 1818 schreiben: „Wir finden jetzt alles das, was sich in der Zeit vor 1815 im Kaiser als liberale und sogar republikanische Prinzipien ausgedrückt hatte, zu religiösen Gesichtspunkten verändert. Diese Veränderung ist glücklich, denn sie bedroht die Welt weniger mit Umsturz, wiewohl wir die Gedanken der Frau von Krüdener genausowenig akzeptieren können, wie die des Herrn de la Harpe." Unter diesem Gesichtspunkt konnte die Heilige Allianz, die 1815 als „hohlklingendes Denkmal" lächerlich gemacht worden war, ein nützliches Instrument zur Unterstützung der diplomatischen Aktionen werden. Schon zu Ende 1817 hatte Metternich das Terrain vorbereitet und schrieb insbesondere an Nesselrode: „Diese edle und große Brüderlichkeit ist mehr wert als alle Verträge und sichert auf lange Zeit das, was der brave Pfarrer von St. Peter für immer hatte errichten wollen."

Die Gelegenheit, diese neue Annäherung zu testen ergab sich Ende 1818 bei einem Zusammentreffen, das sowohl Alexander als auch Castlereagh wünschten.

KAPITEL 19

Ein hübscher kleiner Kongreß: Aachen

Vorbereitung des Kongresses

Die Erleichterungen, die Frankreich im Februar 1817 durch die Verringerung der Besatzungstruppen gewährt worden waren, waren nur eine erste Etappe in Richtung auf das von Ludwig XVIII. und Richelieu angepeilte wesentliche Ziel: es galt, zu erreichen, daß die alliierte Besatzung nicht über den Mindesttermin von drei Jahren hinaus verlängert wurde, der durch den Vertrag von Paris vorgesehen war. Das Nationalgefühl hätte es der Regierung nur schwerlich verziehen, wenn sie die Verlängerung einer ebenso demütigenden wie kostenträchtigen Situation akzeptiert hätte. Die Alliierten wußten dies; schon im Frühjahr 1817 hatten sie zugestanden, daß eine den Wünschen der Franzosen entsprechende Entscheidung bei einem formellen Treffen der Herrscher und ihrer Kabinette gefällt werden könnte, wobei diese Zusammenkunft den Vorteil hätte, die Lebenskraft der konservativen Allianz von 1815 zu demonstrieren: Eifrige Briefwechsel führten Anfang 1818 dazu, daß Ort und Zeit der ins Auge gefaßten Zusammenkunft festgelegt wurden: September 1818, Aachen.

Von da an befaßten sich Metternichs Hauptaktivitäten mit der Vorbereitung dieses Treffens. Die Erklärungen Capodistrias in St. Petersburg und Pozzos in Paris gaben zu der Befürchtung Anlaß, daß Zar Alexander die Gelegenheit nur nutzen wollte, um seine Hegemonialträume der Verwirklichung näher zu bringen, die bislang an dem stillschweigenden Einverständnis zwischen England und Österreich innerhalb der Viererallianz gescheitert waren. Der von Pozzo heftig verteidigte Aktionsplan bestand darin, die Frage der Viererallianz als erledigt zu erklären, sobald ihr Hauptziel, nämlich die Durchführung des Vertrages von Paris, realisiert sei. Jetzt ging es offensichtlich um ein allgemeineres Interesse: Die Stabilität der mit dem Wiener Kongreß eingerichteten Ordnung. Im Rahmen dieser Zielvorstellung mußten natürlich Frankreich und Spanien voll und ganz in das Konzert der großen Mächte mit einbezogen werden. Innerhalb dieser neuen Konstellation würde Rußland seine Handlungsfreiheit in dem Maße wiedergewinnen können, wie es ihm gelang, die beiden neuen Mitglieder zu seinen Verbündeten zu machen.

Metternich war sich sofort über dieses Manöver im klaren und bemühte sich, gemeinsame Zustimmung zu dem Prinzip zu erreichen, daß die Ruhe Europas wesentlich von der Aufrechterhaltung der Viererallianz „in der ursprünglichen Zusammensetzung und folglich in ihrer ganzen Einfachheit" abhing. Zweifelsohne war es notwendig, Vertreter Ludwigs XVIII. beim vorgesehenen Treffen zuzulassen, handelte es sich doch schließlich darum, die Modalitäten für den Abzug der Besatzungstruppen zu regeln, und somit eine Handlung zu unternehmen, die eng mit der Durchführung der finanziellen Klauseln verbunden war. Allerdings war es nicht möglich, darauf bestand er, Frankreich als Teil einer Allianz zuzulassen, deren Stoßrichtung wesentlich gegen dieses Land ging. Es sollte auch nicht zulässig sein, daß das Treffen in Aachen sich mit anderen Fragen beschäftigte, als denjenigen, aufgrund derer es einberufen worden war: es sollte kein Kongreß werden, sondern eine einfache Konferenz.

Über diese Themen lieferte sich Metternich über Monate hinweg eine verbissene Kontroverse mit seinen großen Partnern; er wurde aber schließlich gezwungen, nachzugeben. Denn letztendlich war es undenkbar, daß die Alliierten die Gelegenheit nicht nutzten, um sich gegenseitig ihre Meinungen über alle europäischen Fragen von Interesse mitzuteilen, so wie es in dem Vertrag von 1815 vorgesehen war.

Änderung der Beziehungen mit Frankreich

Die Verbissenheit Metternichs in dieser Frage war auf seine schon fast an Besessenheit grenzende Furcht vor einer französisch-russischen Allianz zurückzuführen, welche Gefahr er 1816/1817 durch eine Offensive der Freundlichkeiten in Richtung Richelieus auszuschalten gehofft hatte. Die herzlichen Beziehungen, die so aufgebaut worden waren, hatten sich allerdings seitdem deutlich abgenutzt, und zwar aus zwei Hauptgründen: die Frage der Reparationszahlungen und der Entwicklung der französischen Innenpolitik.

Der von Frankreich an Privatpersonen geschuldete Reparationsbetrag, der im Jahre 1815 nur sehr vage in der Vorstellung vorhanden war, belief sich, nachdem alle Forderungen aufgelistet worden waren, auf die fabulöse Summe von 1.600 Millionen Francs. Richelieu hatte daraufhin sofort zu erreichen versucht, daß die Alliierten anerkannten, daß Frankreich unmöglich eine solche Last tragen könne. Dennoch mußte dieses Problem geregelt werden, bevor man an ein Ende der Besetzung denken konnte.

Metternich hatte sich zunächst in Zusicherungen des guten Willens verbreitet. Er fand sich aber in die Enge getrieben: einerseits fürchtete er, man könne ihn beschuldigen, leichtfertig die Interessen der österreichischen Untertanen zu opfern, die eventuell von dieser Entschädigungszahlung profitiert hätten; andererseits durfte er Preußen nicht die Rolle dessen überlassen, der sich als Verteidiger der Deutschen aller Stämme aufspielte. Und es war unmöglich, sich in gerade dem Augenblick aus der Solidarität mit Berlin wegzustehlen, in dem die Zusammenarbeit mit den preußischen Ministern gesucht wurde, um das Aufkommen der liberalen Bewegung zu bekämpfen. Schlußendlich war Metternich glücklich, daß er sich aus der Verantwortlichkeit dadurch lösen konnte, daß er einen Vorschlag Zar Alexanders akzeptierte, demzufolge man sich auf einen Schiedsspruch Wellingtons verlassen sollte. Die Forderungen der österreichischen Seite, die zunächst im September 1817 auf 156 Millionen geschätzt worden waren, waren sukzessive auf 30 Millionen herabgemindert worden. Im Schlußabkommen, das am 25. April 1818 unterzeichnet wurde, wurde der Anteil Österreichs auf 25 Millionen von den 240 Millionen festgelegt, die gemäß dem Schiedsspruch Wellingtons zu zahlen waren. Aber die hinhaltenden Manöver, auf die Metternich zurückgegriffen hatte, um zu vermeiden, daß er sich kompromittieren mußte, hatten ihn das gesamte Terrain verlieren lassen, das er 1817 in der Wertschätzung und dem Vertrauen Richelieus gewonnen hatte.

Im langsamen Abbröckeln dieser Beziehungen mit Frankreich ersetzte der Streit über politische Fragen im Verlauf der ersten Monate des Jahres 1818 die Finanzprobleme. Die Stabilität der europäischen Ordnung schien eng mit der Stabililtät der Monarchie in Frankreich verbunden zu sein. Daraus ergab sich die Versuchung für die Alliierten – und insbesondere für Metternich – sich in die Innenpolitik des Landes einzumischen. So hatten die Alliierten einen starken Druck auf die Entscheidung Ludwigs XVIII. ausgeübt, als dieser im September 1816 das Parlament auflöste. Zu dieser Zeit war in der Tat die Gefahr einer Destabilisierung aufgrund der Exzesse der royalistischen Reaktion gegeben.

Aber seit Ende 1817 begann Metternich, die Lage anders zu sehen. Die Kampfpolitik, die Decazes gegen die Partei des Grafen von Artois, des Thronfolgers, führte, hatte den Effekt, daß selbst treue Royalisten entmutigt wurden; sie brachte Männer in Schlüsselpositionen, die der Dynastie nicht wirklich verbunden waren. Gegenstand der Beunruhigung war auch das Wahlgesetz von 1817, das das Vorankommen der liberalen Partei in beiden Kammern des Parlaments begünstigte, sowie das Militärgesetz von

Gouvion-Saint-Cyr, mit dem innerhalb des Offizierskaders der Armee das napoleonische Element gestärkt wurde. Metternich konnte sich nicht zurückhalten und drückte seine Kritik in einer persönlichen Korrespondenz aus, die er mit dem Duc de Richelieu aufgebaut hatte.[1] Der düstere Stolz des Ministers Ludwigs XVIII. litt diese Einmischungsversuche nur unwillig und er teilte dies Metternich auch deutlich mit. Daher ergab sich eine Abkühlung in den Beziehungen zwischen beiden Männern.

Aufenthalt in Böhmen

Die Aktivitäten Metternichs zu Beginn des Sommers 1818 wurden durch eine Krankheit stark behindert, die sehr stark einer Lumbago oder einem Rheumaanfall im Rücken glich. Sein Arzt, Staudenheim, riet ihm, eine Saison in den Wassern von Karlsbad zu versuchen. Metternich traf am 8. Juli dort ein, während seine Frau und die Kinder sich wie üblich in der Sommerfrische in Baden bei Wien aufhielten.

Jedes Jahr traf sich zu dieser Zeit die europäische Oberschicht in Karlsbad unter dem Vorwand, einige der zahlreichen Wehwehchen behandeln zu lassen, die das Wasser dort angeblich heilte. „Ich bin umgeben von den Chefs fast aller der bei Eurer Majestät akkreditierten Gesandtschaften", schrieb Metternich an den Kaiser, „und es gibt für mich keinen anderen Unterschied zwischen Wien und Karlsbad, als den Wechsel der Wohnung." Außer den Diplomaten traf er dort seinen alten Freund Schwarzenberg, der ihn jeden zweiten Tag zum Diner empfing; er ging im Wald spazieren und beendete seinen Tag mit einer Partie Whist. Berühmheiten einer anderen Art trugen zur Unterhaltung bei. Die berühmte Sängerin Angelica Catalani, die Metternich bereits in Florenz getroffen hatte, geruhte in einem improvisierten Konzert mit einem Amateurorchester aufzutreten. Metternich hatte die Freude, sie dem deutschen Dichterfürsten Johann Wolfgang Goethe vorzustellen. Eine andere Begegnung schien ihm nicht besonders viel Freude bereitet zu haben. Er traf nämlich auf Wilhelmine von Sagan; es ist nicht bekannt, wer zu dieser Zeit ihr Liebhaber war, aber ein solcher war für ihre Gesundheit ebenso notwendig, wie die Wasser von Karlsbad.

Der Tod Franz-Georgs

Die Kur beinhaltete zwei Serien von Anwendungen, die durch eine Unterbrechung von vier Tragen getrennt waren. Metternich nutzte diese Unterbrechung, um in der Familiendomäne Königswart aufzutauchen, das nur wenige Stunden von Karlsbad entfernt lag. Er entdeckte dort so viele Dinge, die zu erledigen waren, daß es ihm praktisch erschien, die Wasser von Karlsbad durch die von Franzenbad oder Franzenbrunn zu ersetzen, die beide weniger berühmte Badeorte waren, aber nur wenige Meilen von Königswart entfernt lagen.

Dort erreichten ihn zwei aufeinanderfolgende Boten am 15. August, die ihm die Nachricht überbrachten, daß sein Vater einen Schlaganfall erlitten hatte und kurz danach verstorben war. „Wenn ich nur meinem Gefühl hätte folgen wollen", schrieb Clemens seiner Mutter, „als ich den ersten Kurier erhielt, so wäre ich sofort nach Wien abgereist, aber Staudenheim (...) will absolut, daß ich die begonnene Kur fortsetze." Im übrigen ließ alles darauf schließen, daß er nicht rechtzeitig würde eintreffen können, um seinen Vater vor dessen Tod noch einmal zu sehen. „Mein verstorbener Vater wird zumindest den Trost von dieser Welt mitnehmen, daß ich ihm nicht einen Augenblick der Sorge bereitet habe."

Clemens war zweifelsohne für Franz-Georg ein guter Sohn gewesen, selbst wenn dies nicht immer leicht gewesen war. Die Briefe, die er bei dieser Gelegenheit seiner Mutter schrieb, bewiesen die liebevollste Anteilnahme: „Auf Wiedersehen, meine gute Mutter, möge Gott Sie noch sehr lange erhalten und machen Sie sich eine schmerzliche Pflicht aus der Vernunft, die Sie niemals verlassen soll." Clemens erklärte auch, daß er vorhatte, in Königswart ein angemesseneres Familiengrab erbauen zu lassen, als das, das in der Pfarrkirche existierte: „Wenn man schon in dieser Welt nicht voneinander getrennt sein sollte, so darf man doch auch die Toten nicht voneinander trennen."

Politische Angelegenheiten

Ein anderer Grund, als der oben erwähnte, hatte Metternich daran gehindert, sich zur Beisetzung seines Vaters nach Wien zu begeben. Schon seit Tagen wurde Capodistria in Karlsbad erwartet und es war sehr wichtig, die Absichten zu ergründen, mit denen er nach Aachen reisen würde. Das Gespräch konnte endlich am 16. August stattfinden und Metternich reiste speziell dazu aus Franzenbrunn an. Aus der Zusammenfassung, die dem Kaiser über dieses Gespräch zuging, geht hervor, daß der Minister des Zaren vor allen Dingen weiterhin die Ausweitung des Kreises der Teilnehmer an dem Treffen wünschte, damit dort alle Arten von Fragen besprochen werden könnten, inklusive einer Frage, die ihm besonders am Herzen lag: nämlich die Frage der Griechen im Ottomanischen Reich.

Metternich seinerseits beglückwünschte sich selbst, daß er schon im Vorhinein ein solches Ausufern durch seine Übereinkünfte mit dem britischen Verhandlungsführer verhindert hatte.

Am 26. August verließ Metternich Königswart endgültig in Richtung Frankfurt. Die Versammlung der Alliierten, die zunächst für Mitte September vorgesehen gewesen war, war auf das Ende dieses Monats verschoben worden, weil der Zar darum gebeten hatte. Metternich wollte ernstlich diese Tage ausnutzen, um schnell nach Paris zu reisen. Schließlich war er jetzt persönlich in einen Annäherungsversuch eingebunden, der den Thronerben und die Minister Ludwigs XVIII. einander näherbringen sollte, eine Annäherung, die Metternich als eminent wünschenswert erachtete. Nach verschiedenen Demarchen jedoch, über die hier nicht berichtet werden soll,[2] hatten beide Parteien die Vermittlung des österreichischen Kaisers gewünscht und darum gebeten, daß sein Minister nach Paris kommen solle. Nachdem Metternich darüber nachgedacht hatte, erschien es ihm besser, das Terrain von seinem Vertreter in Frankreich, General Vincent zunächst abklären zu lassen. Letzterer hatte also mehrere fruchtlose Gespräche mit dem Bruder des Königs und mit dem Präsidenten des Rates. „Ich finde", schloß der tapfere General seinen Brief an Metternich, „daß, nachdem der Minister unser Eingreifen so sehr gewünscht hatte, er jetzt mehr Lust zeigt, daraus einen Vorteil gegen Sie zu ziehen."

Metternich war froh, daß er nicht in das Wespennest getreten war; statt nach Paris zu gehen, konnte er sich jetzt einige Zeit nützlicheren und angenehmeren Beschäftigungen hingeben. Das Nützliche zunächst in Frankfurt, wo er sich vom 29. August bis zum 10. September aufhielt, länger, als er vorgehabt hatte, da ihn eine Entzündung in der Brust zwang, sich schon bei seiner Ankunft zu Bett zu legen. Dies hinderte ihn allerdings nicht, den Arbeiten des Bundestages heilsame Impulse zu geben und einen Plan positiv zur Abstimmung zu bringen, der eine militärische Organisation des gesamten deutschen Bundes ermöglichte. Dies war ein sehr notwendiger Beschluß, weil der Rückzug der alliierten Besatzungstruppen aus Frankreich bevorstand, die bis dahin in gewisser Weise einen Schutzschild zwischen Frankreich und Deutschland gebildet hatten. Dank der Annahme dieses Planes, erklärte Metternich seinem erhabenen Meister, „können wir einer russischen Einmischung zuvorkommen, die wir nur allzusehr zu fürchten haben".

Dieser Erfolg und der stürmische Applaus, mit dem er überschüttet worden war, hatten ihn euphorisch gestimmt:

„Ich bin wie ein Messias nach Frankfurt gekommen," schreibt er an seine Frau, „die Bundesversammlung hat einen völlig neuen Aspekt angenommen. Seit ich mich in die Angelegenheiten eingemischt habe, ist alles erledigt worden, was über die ganze Zeit hinweg so aussah, als könne es nie geschafft werden. Ich glaube nicht, daß jemals 12 Tage in einem so wichtigen Augenblick so reiche Frucht getragen haben. Alles, was die Intriganten nach Aachen bringen wollten, um dort den Ablauf der Angelegenheiten zu verstopfen, hat sich erledigt."

Entdeckung des Schlosses Johannisberg

Er konnte also leichten Herzens am 12. September die angenehmste Seite seiner Reise beginnen: die um ein Jahr verzögerte Entdeckung seiner Domäne Johannisberg. Welch blendend schöne Landschaft!

„Hoch oben von meinem Balkon sehe ich 20 Meilen des Rheinlaufs, acht oder zehn Städte, etwa 100 Dörfer und Weinberge, die für 20 Millionen Wein hergeben, unterbrochen durch Wiesen und Felder, die so viel tragen wie Gärten, schöne Eichenwälder und eine enorme, mit Bäumen bedeckte Ebene, die sich unter dem Gewicht ausgezeichneter Früchte biegen, so sieht das Ganze von außen aus. Im Inneren habe ich ein großes und ausgezeichnetes Haus vorgefunden, aus dem man ein schönes Schloß wird machen können."

Es waren schon 10.000 Gulden für den Innenausbau ausgegeben worden, es blieb aber noch viel zu tun übrig und Metternich gab seine Anweisungen. Verwalter und Kellermeister war ein alter Mönch, der in Weinkunde so erfahren war, wie er bezüglich des Verzehrs seines Produktes nüchtern erschien. Das Jahr 1817 war besonders schlecht gewesen, aber die Ernte 1818 versprach mindestens 46 Faß. Alles stand also zum besten!

Diese Inbesitznahme war allerdings viel zu kurz, denn schon am nächsten Tag begab sich Metternich nach Koblenz, wo er sich zwei Tage lang mit dem preußischen Kanzler Hardenberg unterhielt. Diese beiden Tage ließen ihm die Zeit, das wiederzuentdecken, was von der Stadt seiner Kindheit übriggeblieben war; insbesondere das Wohnhaus der Familie, das seit der Besetzung durch die Franzosen in ein Gerichtsgebäude verwandelt worden war und das sich „in dem allererbärmlichsten Zustand" befand. Er schrieb seiner Mutter mit vielen anderen Details in einem reizenden Brief: „25 Jahre", sagte er, „genügen, um eine ganze Generation zu umfassen. Die Straßen sind voll von Kindern der Kinder unserer Zeit und man betrachtet mich wie einen Geist aus einer anderen Welt."

Diese melancholische Wolke löst sich schnell auf, als er am 16. abends wieder in Johannisberg eintrifft. Er hatte Gelegenheit, dort Hardenberg und ein Dutzend anderer Persönlichkeiten großartig zu empfangen. „Ich bin hier nicht wie auf dem Land, sondern wie auf einem Kongreß", schrieb er stolz an Eleonore. Im gleichen Brief kündigt er ihr an, daß der König von Neapel ihm den Titel eines Herzogs von Portella verliehen hatte, „denn dies war der erste Ort, den die kaiserlichen Truppen bei ihrem Feldzug in Italien 1815 in diesem Königreich berührten."

Auf dem Rhein flußabwärts

Er mußte jedoch am 23. September das kleine ländliche Paradies verlassen und traf sich in Mainz mit seinem Kaiser, „der sehr zufrieden war, ihn wiederzusehen". Am 25. konnte er seinen Herrn auf Johannisberg empfangen, wo er ihm „ein sehr gutes Diner" gegeben hat. Danach setzten sie zur Übernachtung nach Bingen über, wo sie sich einschiffen sollten, um rheinabwärts zu fahren. Die Reise Franz' I. durch diese Gegend hatte alle Elemente eines Triumphzuges und bewies fast unangenehm deutlich die Verbindung der Rheinländer, die gegen ihren Willen preußisch geworden waren, mit der früheren kaiserlichen Dynastie: „Hunderte von Booten, tausende Kanonenschüsse und Böllerschläge, mehr als 20 Orchester, die brennende Sonne und ein frischer Wind sowie tausende von lachenden Gesichtern, all das auf dem Rhein und am Ufer des Flusses."

Als Metternich am 26. abends in Köln eintraf, wurde auch er in diesen überschäumenden Enthusiasmus eingeschlossen.

> „Eine enorme Menschenmenge war dem Kaiser entgegengeeilt. Meine sechs Pferde und die Wagen meines Gefolges machten, daß ich für ihn gehalten wurde. Und ich konnte noch so oft alle fünf Minuten anhalten, um dem Volk zu versichern, daß ich so vieler Ehre unwürdig sei, es hat nichts geändert. (...) Das Glockengeläute, die Hochrufe, das Toben einer Bevölkerung von 60.000 Seelen, die alle an meinen Wagen kommen wollten, hatten meine Stimme belegt. (...) Alles was ich vermeiden konnte war, daß man nicht meine Pferde ausspannte (...)."

Aachen. Die ersten Entscheidungen

Aus Köln begab man sich auf der Landstraße nach Aachen. Der preußische König hatte als Landesherr für die Unterbringung und die Sicherheit seiner Gäste gesorgt. Man hatte insbesondere darauf geachtet, die Ankömmlinge streng auszusieben, damit man nicht wie vier Jahre zuvor in Wien mit einer Menge Neugieriger und unerwünschter Personen belastet war. Metternich seinerseits fand sich mitsamt seinen Kollegen – Gentz, Floret, Mercy, Wacken und auch Lebzeltern, der im Gefolge des Zaren angereist war – gut untergebracht im Hause einer Dame namens Brammertz an der Camphausbadstraße.

Die ersten informellen Kontakte mit Castlereagh und Alexander beruhigten ihn: Der Foreign Secretary war mit Metternich absolut einer Meinung, daß die Viererallianz von 1815 aufrechterhalten werden müsse und der Zar hatte sich „wie 1813", gegeben, das heißt, stark mißtrauisch gegen ein Frankreich, in dem ein wiedererwachender, mit dem Liberalismus verbundener militärischer Nationalismus zu befürchten war. Richelieu beruhigte allerdings die Gemüter durch sein augenfälliges Eintreten für die Monarchie, sowie durch sein edles Auftreten.

Zunächst also entwickelte sich der Kongreß absolut harmonisch, da die prinzipielle Übereinstimmung über die Absicht, die alliierte Besetzung Frankreichs zu beenden, schon im vorhinein erzielt worden war. Jetzt ging es nur noch um die Garantien, die für die Bezahlung dessen, was an Kriegsentschädigungen noch zu zahlen sein würde, gefordert werden sollten; sie sollten durch eine Anleihe bestätigt werden, die Frankreich von den Banken Hope und Baring zugesagt worden war. Metternich orchestrierte den ganzen Tag mit Hilfe von Gentz mit Noten, Erklärungen, Memoranden und Protokollen. Und dies trotz eines dicken Schnupfens, der ihn gezwungen hatte, am 4. Oktober das Bett zu hüten, genauso wie den Kaiser und Capodistria; diese Erkältung hatte er sich zugezogen, weil nach dem herrlichen Wetter, das seine Tage auf Johannisberg begleitet hatte, sich über Aachen plötzlich „eine scheußliche Kälte" eingestellt hatte. Clemens schrieb dennoch, immer mit sich selbst zufrieden, an seine Frau: „Unsere Angelegenheiten gehen weiter wunderbar voran. (...) Ich habe nie zuvor einen so hübschen kleinen Kongreß erlebt."

Das neue Gesicht der Allianz

Die einzige Schwierigkeit zeigte sich, als die Frage der Besatzung schon längst geregelt war. Wenn die Allianz von 1815 aufrecht erhalten werden sollte, wie könnte man dann Frankreich einbeziehen, da diese Allianz doch im wesentlichen gegen es gerichtet war? Wie aber sollte man auch andererseits Frankreich aus dem Konzert der großen Mächte ausschließen, ohne zu riskieren, aus Frankreich gewissermaßen den Vertreter und die Hoffnung all der Kräfte zu machen, die der vom Wiener Kongreß eingerichteten Ordnung feindlich gegenüberstanden? Capodistria legte seinen Plan einer „allgemeinen Allianz" vor, der alle Signatarstaaten des Vertrages von Wien beinhalten sollte und dessen Zweck es sein sollte, daß die Staaten sich gegenseitig ihre territoriale Integrität und die Integrität ihrer legitimen Regierungen garantieren sollten. Castlereagh wischte diesen Gedanken mit wenigen verächtlichen Worten vom Tisch: er sei, so sagte er, „so crude and extravagant as to remain stagnant in its impractibility".

Die Lösung, die er sich selbst ausgedacht hatte, und die Metternich sofort unterstützt hatte, war schlußendlich von allen akzeptiert worden, auch vom Vertreter Ludwigs XVIII. Einerseits wurde die Viererallianz, die aus ihrer Anlage heraus dazu bestimmt war, eine Garantie gegen eine Revolution in Frankreich zu bilden, in Form eines Geheimprotokolls bestätigt. Andererseits wurde Frankreich aufgefordert, zukünftig an den von Artikel sechs des Vertrages vom 20. November 1815 vorgesehenen Zusammenkünften teilzunehmen. So wurde das Direktorium der Vier, zumindest für die Galerie, durch eine Art von „Pentarchie" ersetzt. Das Schlußprotokoll vom 15. November sollte die „konservativen Prinzipien" feiern, „die die in Europa unter der Führung der göttlichen Vorsehung wiederhergestellte Ordnung der Dinge bildeten". Außerdem wurde der Wille der Signatarstaaten unterstrichen, „eine enge Verbindung" zu unterhalten, „die bis jetzt bei all ihren Beziehungen geherrscht hatte, (...) eine Einheit, die durch die Bande der christlichen Bruderschaft stärker und unauflöslich gemacht wurden, welche die Herrscher untereinander gebildet hatten".

Insgesamt gesehen nahm die Heilige Allianz, nachdem sie jetzt von ihrem mystischen Sockel herabgestiegen war, einen politischen Wert und einen konservativen Charakter an, den sie zu Anfang nicht gehabt hatte. Bald darauf konnte sie als moralische Begründung und als Institut einer Überwachungsorganisation für die bestehende Ordnung gelten und den Bereich ihrer Überwachungsfunktion auf ganz Europa ausdehnen.

Der Kongreß hatte sich schon, obwohl die veröffentlichten offiziellen Unterlagen dies nicht ausweisen — trotz der Anstrengungen Metternichs zur Eingrenzung der Verhandlungsgegenstände — mit vielen anderen Problemen als nur Frankreich beschäftigt: Ansprüche und Forderungen deutscher Kleinfürsten, Streit zwischen Spanien und Portugal, zwischen Schweden und Dänemark; Unabhängigkeitsbewegungen in den spanischen Kolonien in Amerika, Aufhebung der Sklavenakte für Neger, eine

Seerechtsliga gegen die Piraten an der Barbareskenküste. Metternich seinerseits mußte die Lage der jüdischen Gemeinden in Deutschland und Österreich bedenken; er hatte darüber mit Karl und Salomon von Rothschild diskutiert, die die Gelegenheit wohl genutzt hatten, ihre Angelegenheiten den bequem versammelten europäischen Verantwortlichen vorzutragen.

Stark reduziertes Gesellschaftsleben

Bezüglich des gesellschaftlichen Lebens blieb die Versammlung von Aachen fast inexistent im Vergleich zu den Festlichkeiten des Wiener Kongresses. Die Knickerigkeit des preußischen Königs sowie die Sicherheitsmaßnahmen, die seine Polizei ergriffen hatte, waren nicht allein dafür verantwortlich. Die kleine Stadt selbst bot nur wenig Möglichkeiten: „Es gibt noch nicht einmal beachtenswerte Läden", schreibt Metternich verächtlich, „und die Drogen, die hier angeboten werden, kosten das Doppelte von dem, was man in Paris und London so wunderbar vorfindet."

Während die Diplomaten arbeiteten, hatten die Herrscher alle Zeit, für den Maler Lawrence zu sitzen, der zu diesem Zweck vom englischen Prinzregenten beauftragt worden war. Die Minister selbst gingen nach ihren Sitzungen einer nach dem anderen zu dem unermüdlichen Porträtisten, der so geschickt seinen Modellen zu schmeicheln verstand. „Unsere Porträts von Lawrence werden wahre Meisterwerke", schreibt Clemens am 11. November. „Meines, das er fast fertiggestellt hat, ist eines der besten. Er wird es nach Wien bringen, wo ich es kopieren lassen werde."

Es gab zumindest einen Ball, dessen unbestrittene Königin die junge Gräfin Maria Esterhazy war und unter den wohlwollend stolzen Augen ihres Vaters tanzte sie mit dem preußischen König und mit Zar Alexander Polonaisen, welch letzterer sie mit schmeichelhafter Aufmerksamkeit überschüttete. Im übrigen war die einzige Zerstreuungsmöglichkeit abends ein Whist-Tisch, an dem sich bei Metternich Freunde wie Hatzfeld und Zichy sowie Bankiers wie Baring, Labouchère und Parish zusammenfanden.

Und die Damen? Es war keine da, die es wert gewesen wäre, daß man sich für sie in Ausgaben gestürzt hätte, sagt der blasierte Verführer. Die enorme Lady Castlereagh ist so langweilig, daß man ihrem Salon entflieht, der mit „drei oder vier mehr oder weniger reifen Engländerinnen" geschmückt ist. Eine Princesse de La Tour, die liebenswerte und ehrsame Ehefrau Nesselrodes und drei russische Damen. Das ist alles.

Dieses beißende Urteil stammt vom 18. Oktober. Vier Tage später jedoch saß Metternich bei einer Soirée bei Nesselrode neben einer dieser „russischen Damen", die er bis dahin verachtet hatte. Sie, die ihn bis dahin kalt und einschüchternd gefunden hatte, hatte so viel Geist oder Glück, die Rede auf Napoleon zu bringen, eines der bevorzugten Themen Clemens'; er war blendend, amüsant; sie war aufmerksam, bewundernd. So begann die letzte und berühmteste der außerehelichen Beziehungen Metternichs.

Dorothée von Benckendorff, Gräfin von Lieven, war damals 32 Jahre alt. Sie war groß und dünn und trug auf einem langen Schwanenhals einen mit kastanienbraunen Locken umgebenen Kopf, ihr Gesicht war von großen, dunkelgrauen Augen erleuchtet, die fragend und belustigt in die Welt blickten. Die Skizze von Lawrence in der National-Gallery zeigt eine spitze, weit hervorragende Nase, einen ein wenig großen Mund mit sensitiven Lippen und einen leichten zynischen oder abfälligen Knick im Mundwinkel. Sie wurde von der Kaiserin Maria-Feodorovna, einer großen Freundin ihrer Mutter, protegiert und war im Internat des Klosters Smolny erzogen worden. Sie war im Alter von 15 Jahren mit General Christoph von Lieven verheiratet worden, aus dem eine Laune Pauls I. im Alter von erst 26 Jahren einen Kriegsminister gemacht hatte. ... Unter dem Nachfolger des verrückten Zaren war Lieven aus der Armee in die Diplomatie übergewechselt: 1808 war er Botschafter in Berlin und dann, ab 1812 in London, wo er bis 1834 blieb.[3]

Dorothée liebte ihren Mann zweifelsohne aufrichtig, denn sie schenkte ihm vier Kinder und stellte ihre Talente als Verführerin und Informantin mehr als einmal in seinen Dienst. Sie hatte aber nicht auf Metternich gewartet, um ihre eheliche Treue auf die Probe zu stellen. Der schöne Peter Dolgoruky, der liebste Adjutant Alexanders, soll ihr Liebhaber gewesen sein; und auch – obwohl man Mühe hat, sich dies vorzustellen – der schreckliche Großfürst Konstantin, der aussah wie ein Kalmücke. Sie widerstand jedoch den sehr deutlichen Avancen des dicken Georg IV., den sie durch bewußte Koketterie erregt hatte. Es ist wahr, daß Dorothée sehr ehrgeizig war und vor allem hoffte, eine politische Rolle spielen zu können. Sie war eine kalte Egoistin und in ihrer weiblichen Inkonsequenz zur Heimtücke fähig. „Ich liebe Premierminister sehr", gestand sie offen und Talleyrand präzisiert sarkastisch: „Der Punkt, in dem sich ihr Geschick besonders zeigte, war, daß sie sich fast immer in besseren Beziehungen mit dem Minister befand, der gerade an die Macht kam, als mit dem, der die Macht gerade verlor." Chateaubriand hat sie ebenso grausam beschrieben und übertrug zweifelsohne seine Animosität gegenüber Metternich auf sie.

„Man glaubte nicht, daß sie Geist habe, weil man annahm, daß ihr Ehemann keinen hatte, was nicht stimmt. (...) Frau von Lieven ist mit ihrem spitzen und ungleichmäßigen Gesicht eine gewöhnliche, ermüdende und steife Frau, die nur eine Art Gespräch kennt, die vulgäre Politik; im übrigen weiß sie nichts und verbirgt das bißchen Inhalt ihrer Gedanken unter einem Schwall von Worten." (Mémoires d'Outre-tombe, Buch 27, Kapitel 3.)

Dieses Urteil trifft sich ganz erstaunlich mit dem, was Metternich, der sich viel später von seiner großen Leidenschaft erholt hatte, über seine ehemalige Freundin fällte.

„Sie gehörte zu den Wesen, die Napoleon, der liebe Verstorbene, als sich bewegende Maschinen bezeichnet hatte, nachdem er sie, gerechtfertigterweise als gefährliche Möbel erkannt hatte. Es gibt in der Natur der Fürstin von Lieven etwas von einem anziehenden und abstoßenden Pomp. Sie zieht an und sie zerstreut, aber sie schafft nichts."

Beginn der Liaison

Eine fürchterliche Tigerin insgesamt, aber nur umso verführerischer, wenn sie Samtpfötchen machte. Metternich hatte immer eine gewisse Neigung für den slavischen Charme; vor allen Dingen hatte er bei Dorothée das gefunden, was seine Frau und seine anderen Mätressen – mit Ausnahme vielleicht der Sagan – ihm nicht in gleichem Maße gegeben hatten: die Fähigkeit, sich für den Staatsmann genauso sehr wie für den Geliebten zu interessieren.

„Kennst Du den unaussprechlichen Charme, den Du in meinen Augen hast? Es ist der Charme, der mich versteht. Eine solche gleichartige Überzeugung ist Ruhe für meine Seele und das Herz. (...) Wenn ich ein Wesen treffe, dem ich nichts mehr erklären oder interpretieren muß, so bleiben mir zwei mühsame Geschäfte erspart; wenn dieses Wesen eine Frau ist und wenn diese Frau Du bist, so fehlt meinem Glück nichts mehr." (6. Dezember 1818)

Der erste Funke war also am Abend dieses 22. Oktober übergesprungen, aber das wirkliche Feuer begann drei Tage später zu brennen, als die Familie Nesselrode, die Familie Lieven und ein halbes Dutzend anderer

Diplomaten einen Ausflug zum Thermalbad Spa machten. Auf dem Hinweg und auf dem Rückweg fand Dorothée einen Vorwand, um die Reise alleine und unter vier Augen mit Metternich zu machen. Am 26. abends waren beide hilflos ineinander verliebt. Und die Folge? Clemens erinnerte sich gerne daran: „Am 29. Oktober habe ich Dich nicht gesehen. Am 30. hatte ich das Gefühl, daß der Abend zuvor recht kalt und ohne Sinn gewesen war. Ich weiß nicht, an welchem Tag Du in meine Wohnung gekommen bist, Du warst fiebernd, meine Geliebte, Du hast mir gehört. Frag nicht, was ich seitdem empfunden habe ..."

Am 16. November schreibt er seiner Frau: „Übermorgen reise ich sehr früh morgens nach Brüssel, wo mich wichtige Geschäfte erwarten. (...) Ich werde meine Tage mit Arbeit verbringen." Na ja! Um einen Vorwand zu haben, sich nach Brüssel zu begeben, hatte er General Vincent gebeten, dort mit ihm zusammenzutreffen; man kann annehmen, daß der tapfere General seinen Chef nicht sehr häufig zu sehen bekam. Der Graf von Lieven war gezwungen, den Zaren auf einer Rundreise zu begleiten, die dieser zu seinen Verwandten in Württemberg und Baden unternehmen wollte und die Gräfin hatte die Erlaubnis erhalten, ihn in Brüssel zu erwarten, bevor sie beide wieder nach London zurückführen.

Die Arbeiten des Kanzleramtes verpflichteten Metternich, sich länger als vorgesehen in Aachen aufzuhalten; erst am 23. November konnte er seine Eroberung wiedersehen, die ihn im Hotel Bellevue erwartete. Am 26. konnten sie unter Führung Wellingtons das Schlachtfeld von Waterloo besichtigen. Am 28. mußten sie sich wieder verlassen.

Ein außergewöhnlicher Briefwechsel

Schon bei seinem ersten abendlichen Halt in Tirlemont begann Metternich die Korrespondenz, die über Jahre hinweg eine seiner liebsten Beschäftigungen war. Sie ist erstaunlich, verräterisch und auch emotional: eine unendliche Flut von faden Liebeserklärungen überkreuzt sich darin mit romantischen Schwüren und schwerwiegenden metaphysischen Diskussionen, mit Rückgriffen auf seine eigene Person, die von einem bis zum Lächerlichen gehenden fürchterlichen Hochmut aufgeblasen ist. Bei Metternich wirken diese Vertraulichkeiten wie eine Art mentale Therapie.

„Ich schreibe Dir nicht aus Vergnügen, sondern aus Bedürfnis, und dieses Bedürfnis wird zum Vergnügen." (3. Februar 1819)
„Ich kann nicht mehr ohne angefangenen Brief leben; ich muß wissen, daß ein solcher in meinem Schreibtisch ist. Ich hänge mich in dem

Maße daran, wie er wie ein lebendes Wesen voranschreitet. Ich habe schließlich ein Gefühl von quasi Bedauern, wenn ich ihn beende." (28. Dezember 1818)

„Ich habe alle meine Briefe wieder durchgelesen und ich habe geweint als ich dies tat." (28. November 1819)

Zu Beginn läßt die Liebe, die in allen Tonarten gesungen wird, die Feder des Liebhabers fliegen:

„Mein Glück heute bist Du. Mein Herz, meine Seele, alles was in mir irgendetwas wert ist gehört Dir. (...) Mein so kühler Kopf wirft mir vor, was mein Herz laut bejaht, mein Leben hat sich verdoppelt." (27. November 1818)

„Deine Briefe sind alles, was ich will. Es gibt keine liebenswerteren, keine besseren, keine vernünftigeren, keine stärkeren. (...) Wir denken der eine wie der andere, wir haben den gleichen Geschmack, die gleichen Bedürfnisse. Du bist als Frau das, was ich als Mann bin." (30. Januar 1819)

Aber zu den Erklärungen dieses Genres kommen mehr und mehr Vertraulichkeiten über die Vergangenheit und die Gegenwart. Und dann kommt die Politik dazu; schlußendlich greifen die beiden Briefpartner auf Ziffern zurück, die sie vereinbart haben, um Personen zu bezeichnen, von denen gesprochen wird. In diesem Stadium der Dinge ist ihnen bewußt geworden, daß ihr Briefwechsel gegebenenfalls ein historisch interessantes Dokument werden könnte: „Weißt Du wohl, daß die Welt einen großen Verlust erleiden würde, wenn sie der Kenntnis unserer Korrespondenz beraubt wäre? Die Geschichte unserer Zeit findet sich darin sozusagen ganz und gar" (24. März 1823).

Und Dorothée schreibt:

„Die Briefe, die ich Dir schreibe, sind schon eine muntere Sammlung und die Beziehung zwischen uns ist an sich erstaunlich." (5. April 1820)

„Wem werden wir unsere Korrespondenz hinterlassen? Das Glück welchen braven Mannes werden wir machen? Weißt Du, daß ich gerne auf die Welt zurückkäme, um zu sehen, was die Nachwelt von den beiden intelligenten Personen denkt, deren gemeinsames Genie darauf verschwendet wurde, festzustellen, wie man sich einmal alle drei Jahre vierzehn Tage sehen konnte." (1. März 1823)

Leider für besagte Nachwelt gibt es nur eine authentische Ausgabe dieser Korrespondenz: das ist die aus der Feder Metternichs hervorgegangene. Das, was als von der Dame kommend dargestellt wird, ist ein erbärmlich verstümmeltes Produkt: nicht nur, daß die Verfasserin selbst den Text sorgfältig überarbeitet und korrigiert hat, wobei sie alles daraus entfernte, was auf die ehebrecherische Liaison hätte schließen lassen können (sie ersetzte das Du durch das Sie); die Auszüge daraus wurden nicht nur nach dem Geschmack der Autorin ausgewählt sondern außerdem wurden noch ganz einfach mehr als 50 Briefe aus dem Jahr 1818 herausgenommen, das heißt, zu dem Augenblick, als die Liebesflamme in ihrer ganzen neuen Pracht brannte. Dank jedoch der Indiskretion des schwarzen Kabinetts der Pariser Polizei[4] sind uns einige Musterstücke davon überliefert worden, was an heißen Bemerkungen sie enthalten haben könnten.

„Wie ich Dich liebe, groß, klein. Ich kann Dir Bände schreiben. Ich kann Dir hundertmal auf einer Seite wiederholen, daß ich Dich liebe. (...) Mein Clemens, wenn Du aufhörtest, mich zu lieben, was würde aus mir? Mein guter Freund, versprich mir, mich so sehr zu lieben, wie ich Dich zu lieben gedenke; Dein Leben und das meine sind in diesem Versprechen gefangen." (5. September 1819)

Gemäß dem Ritual der Liebenden dieser Zeit wurden Haarlocken ausgetauscht und ein Armband gegen einen Ring; da der letztere für einen Finger zu groß war, trug ihn Metternich an seiner Uhrkette. Für seine Freundin läßt er in Paris eine beschlagene Kassette für Briefschaften mit geheimem Öffnungsmechanismus herstellen, dessen Zahlenkombination das bewußte Datum des Jahres 1818 war.

Ab Ende des Jahres 1818 ist diese Korrespondenz teilweise von dem Herausgeber der Memoiren des Kanzlers unter dem ebenso schamhaften wie durchsichtigen Titel „Besondere Briefe" abgedruckt worden. Dies wird eine kostbare Quelle sein, aus der man das tägliche Leben Metternichs wird rekonstruieren können, wobei einiges dem Bild hinzugefügt werden kann durch Einsicht in die doppelte Arbeit, die sich Clemens auferlegte, ebenfalls lange Briefe an seine „gute kleine Frau" und seine geliebte Tochter Maria zu schreiben, wann immer er von ihnen getrennt war.

Rückkehr nach Wien

So kann man die Etappen seiner Rückkehr nach Wien verfolgen. Am 29. November war er wieder in Aachen, wo er mit Hardenberg konferierte.

Er hat voller Emotionen das Zimmer wiedergesehen, in dem ... Dann Köln, Koblenz, Johannisberg, wo ihm das Ergebnis der letzten Weinlese präsentiert wurde: „Mehr als 40 wunderbare Fässer, die eines neben dem anderen im schönsten Keller der Welt stehen", und einen Wert von 20.000 Dukaten darstellten. Danach Frankfurt, Etappe in Amorbach, bei den Prinzen von Sachsen-Coburg-Gotha; er konnte seine Tochter grüßen, die vor kurzem Herzogin von Kent geworden war und die schwanger mit dem Kind ging, das einmal Königin Viktoria werden sollte.

Am 7. und 8. Dezember in München, „einer Stadt, die ich verabscheue". Am 11. Dezember schließlich kommt er um halb 12 Uhr abends in Wien an. „Meine Frau ist mir entgegengekommen, voller Freude mich wiederzusehen. (...) Die einzigen Lebewesen, die mich mit Freude gesehen haben, sind die Meinigen und der Kaiser. Ich weiß, daß sie mich lieben. Ich weiß, daß kein anderes Wesen mich bei ihnen ersetzen wird können."

Er wurde aber sofort wieder von seinen Aufgaben im Kanzleramt mit Beschlag belegt. Im Ministerium war die Arbeit umso schwerer geworden, als einige Wochen zuvor der treue und fleißige Staatsrat Josef Hudelist verstorben war, der seit Jahren das Arbeitstier in der Maschinerie gewesen war. Andererseits mußte er für den Zaren Alexander, der sich in Wien aufhielt, Ausgaben tätigen. Dieser floß inzwischen über vor Wohlgefühl, dinierte alle Tage mit dem Kaiser und verbrachte fast jeden Abend bei Metternich, wo er die Hand Paulines küßte, die Herzogin Ferdinand von Württemberg geworden war, und nannte sie feierlich „meine Tante".

Aufgrund aller dieser Anstrengungen fühlte sich Metternich ausgepumpt und leer. „Meine Gesundheit ist recht angegriffen und meine Maschine hat an mindestens 20 Stellen einen Knacks. Das, was einen gewöhnlichen Menschen zusammenhält, hilft mir nicht mehr; es ist meine Seele, die meinen Körper zerbrochen hat" (16. Dezember 1818). Dies alles hindert ihn aber nicht, in der Nacht des 31. Dezember bei Beginn des neuen Jahres nach zweistündiger Anwesenheit beim Ball an seinem Schreibtisch zu sitzen und an seine weit entfernte Geliebte zu schreiben.

KAPITEL 20

Von Italien nach Deutschland

Stärker als je zuvor

Nach der Abreise des Zaren hatten der Kaiser und sein Minister wieder zur friedlichen Routine der laufenden Geschäfte und zu ihrem Familienleben, an dem sie sehr hingen, zurückgefunden. Die Stellung Metternichs scheint zu dieser Zeit stärker, als je zuvor. Sein Hauptgegner innerhalb des kaiserlichen Rates, Graf Wallis, hatte soviel guten Geschmack gezeigt, während des Endes des Aachener Kongresses zu sterben und zwar gleichzeitig mit zwei anderen Mitgliedern der alten Garde, den Brüdern Josef und Wenzel Colloredo. Der französische Botschafter konnte also schreiben:

„Fürst von Metternich hat den höchsten Punkt seiner Einflußmöglichkeiten erreicht, den er jemals unter einem Herrscher erreichen kann, der sehr auf seine Autorität bedacht ist, alles selbst erledigen möchte und auf Grund seines Charakters und aus Prinzip einen sehr ausgeprägten Willen hat. Um in einer solchen Lage dauerhafte Erfolge erzielen zu können brauchte es einen Mann mit all den Qualitäten, die den Fürsten von Metternich auszeichnen: eine immer gleichförmige Stimmung, eine große Leichtigkeit bei der Arbeit, immer bereit, die Gedanken zu verfolgen, die ihm vorgelegt werden, immer bereit, sie mit der gleichen Leichtigkeit auch wieder fallen zu lassen; ohne Pedanterie in den wichtigen Diskussionen und sehr leichtfertig in den Diskussionen, die ihn nicht besonders interessieren. Gleichweit entfernt von Haß und Liebedienerei, mit einer gewissen Leichtigkeit, sich mit allen und jedem zu vertragen; er muß es verstehen, seine Arbeit immer angenehm und häufig notwendig darzustellen; ohne den Kaiser mit Beschlag belegen zu wollen, kann er ihn jederzeit aufsuchen und nutzt diese Gelegenheit mit solcher Zurückhaltung, daß es wenig wahrscheinlich ist, daß ein Revirement ihn aus dem Amte wirft. Auf seiner privaten Seite liebt er die Freuden des Lebens; er liebt die Künste, die Gesellschaft; er sucht alles, was angenehm ist. Im besten Lebensalter ist er zum schönsten Dasein gelangt, zu dem man oft nur am Ende des Lebens kommen kann. (...) Ich würde darauf antworten, daß er die Vorteile, mit denen er überhäuft wird, niemals zur Schau tragen wird (...), weil er ehrgeizig ist."

Erneute Reise nach Italien

Dieser letzte Satz antwortete auf beunruhigende Hypothesen, die in allen Kanzlerämtern, und insbesondere in Paris, über die Gründe für eine erneute Reise nach Italien umliefen, die Metternich als Begleiter seines Kaisers im Frühling 1819 unternommen hatte. Diesmal war es nicht mehr wie 1816 die Inbesitznahme des lombardo-venetischen Königreiches, denn es war vorgesehen, bis nach Neapel zu reisen, nachdem sowohl in Florenz als auch in Rom ein Zwischenaufenthalt eingelegt worden wäre. Für gewisse Politiker, die Verdacht geschöpft hatten, war dies das Vorspiel zur Gründung des italienischen Bundes, der entsprechend dem deutschen Bund als Hegemonialinstrument Österreichs dienen sollte.

In der Tat war es Absicht Metternichs, als er seinen Herrscher nach Rom brachte, ihn in direkten Kontakt mit dem verehrungswürdigen Papst Pius VII. zu bringen und ihn so von seinen antirömischen Vorurteilen abzubringen, die die früheren Ratgeber aufgebaut hatten, welche selbst noch nach den Prinzipien des Josephismus erzogen waren — denn dies waren Vorurteile, die bis dahin die vereinten Anstrengungen Metternichs und Consalvis zur Errichtung einer vertrauensvollen Zusammenarbeit in den Beziehungen zwischen dem Heiligen Stuhl und dem kaiserlichen Thron vereitelt hatten. Der österreichische Botschafter in Rom hatte sich in diesem Problem als äußerst unfähig erwiesen; Fürst Aloys-Wenzel von Kaunitz, ein Vetter ersten Grades Eleonores, hatte sich der ausschweifendsten Art von Unzucht hingegeben; er war in der Gesellschaft durchgefallen und mußte im Januar 1819 von seinem Posten abgezogen werden. Auf der anderen Seite arbeitete der Botschafter Ludwigs XVIII., Graf de Blacas geschickt an der Wiederherstellung der hohen moralischen Position des Frankreichs des Ancien Régimes in der Meinung des Heiligen Stuhls und der römischen Gesellschaft. Der Besuch des Kaisers konnte dazu dienen, Österreich einen besseren Leumund zu verschaffen.

Vielleicht hatte Metternich jedoch auch nur, dies vermutet der französische Botschafter, einen politischen Vorwand gesucht, um seine Kenntnis der Schönheiten Italiens zu vervollständigen, die er 1817 nur sehr rudimentär kennengelernt hatte. ... Der Kaiser selbst, so gefühllos er auch gegenüber den Schönheiten der Kunst und der Landschaften war, hatte wohl gewünscht, die Welt seiner Kindheit wieder aufzusuchen.

War der Augenblick für diese Art politischen Tourismus wohl gewählt? Seitens Rußlands war nichts zu befürchten, denn Alexander hatte in Aachen und Wien seine Meinung in diesen Fragen deutlich geäußert. Seitens Frankreichs aber hatte die Pensionierung Richelieus Ende 1818 Herrn Decazes praktisch die gesamte Macht überlassen, einem Manne, der kaum vertrauenerweckend war und der absolut geneigt schien, sich auf die liberalistische Partei zu stützen, um der unerbittlichen royalistischen Partei des Grafen von Artois widerstehen zu können. Zumindest war jener nicht geneigt, wie Richelieu, Rußland zu dienen.

Die große schwarze Wolke, die man im Observatorium am Ballhausplatz beobachtete, war Deutschland. Dort entwickelte sich seit 1817 weiterhin die liberale und nationalistische Agitation. In Aachen erst hatte Metternich dem preußischen König zwei umfangreiche Denkschriften vorgelegt. In der einen beschuldigte er die Universitätsprofessoren der Sympathie für revolutionäre Gedanken sowie die Studentenverbindungen und die Turnvereine als Schulen der Subversion und beklagte sich vor allen Dingen über die Freiheit der Presse. In dem anderen Dokument versucht er, den König zu überzeugen, nicht weiter auf dem Weg der parlamentarischen Institutionen voranzuschreiten, der unweigerlich und unvermeidlich zur Auflösung der Monarchie führen werde. Unglücklicherweise waren von dem unentschlossenen Friedrich-Wilhelm genausowenig wie seitens des senilen Hardenberg energische Entschlüsse zu erwarten. Um also seine Ratschläge in die Tat umsetzen zu können, konnte er nur auf den Fürsten zu Wittgenstein zurückgreifen, der preußischer Innen- und Polizeiminister war. Aber davon konnte man sich keine augenblicklichen Ergebnisse erwarten.

Florenz

Die Abreise nach Italien war zunächst für den 27. Februar festgelegt worden; ein schwerer Schnupfen zwang Metternich aber, das Bett zu hüten und das unangenehme Wetter eines besonders kalten und feuchten Winters verzögerten die Abfahrt bis zum 7. März. Dann allerdings brach eine wirkliche Karawane von mehr als 40 Personen auf, die dem Wagen des Ministers entweder voranfuhren, oder ihm folgten. Es handelte sich dabei nicht nur um das Personal des Kanzleramtes sondern auch um die Gruppe der Botschafter, die im Prinzip gehalten waren, dem Fürsten, bei dem sie akkreditiert waren, bei seinen Reisen, die eine gewisse Mindestdauer aufwiesen, zu folgen. Über Vicenza, Verona, Bologna erreichte Metternich am 15. März Florenz; es war eine schnelle Reise und er hatte sich nur über „das Übermaß an Ehrungen" zu beklagen gehabt. In der Hauptstadt der Toscana traf er auf den vorangereisten Kaiser, der via Venedig eingetroffen war. Er traf dort auch seine geliebte Tochter Marie; mit ihrem Ehemann war diese direkt aus Frankreich eingetroffen. Weil die charmante und sensible junge Frau, die seinem Herzen so nahe stand, an seiner Seite war, freute sich Metternich doppelt über die Schönheiten der Natur und der Kunst. Niemals vielleicht atmete seine Korrespondenz mehr Lebensfreude, die durch die enthusiastischen Beschreibungen hindurchschimmert, die er seiner Frau und seiner Geliebten schickte, wobei die Beschreibungen für seine Frau – es ist interessant, dies zu betonen – wesentlich detaillierter waren, als die Anmerkungen für seine Geliebte.

In Florenz hielt er sich knapp zwei Wochen im Palais Dragomani auf und genoß aus dessen Fenstern den Anblick der blühenden Orangenbäume. Zwischen den offiziellen Empfängen und den Stunden, in denen er seine Briefe schrieb, genoß er einen Morgen in der Galerie der Uffizien, wo, so sagt er, ihn die Betrachung der unsterblichen Meisterwerke „vom Anblick so vieler moderner und lebender Objekte abgelenkt hatte".

Rom

In Rom, wo er mit seiner Tochter und seinem Schwiergersohn am 31. März ankam, wurde er von Kardinal Consalvi empfangen, der ihn in das Appartement begleitete, das man für ihn im Palazzo della Consultà im Quirinalspalast vorbereitet hatte: 25 wunderbare Salons mit dem dazu passenden Personal. Er fand den Papst „bei guter Gesundheit" vor, „weit besser", als er ihn sich vorgestellt hatte. Der alte Pontifex empfing ihn, „wie er einen alten Freund hätte empfangen können". Sie sprachen viel über Bonaparte und haben mehr als einmal kräftig gelacht.

Der Kaiser selbst kam am 2. April an, in Begleitung zweier seiner Brüder, des Großherzogs der Toskana und des Erzherzogs und Paladins von Ungarn. Die zu seiner Ehre gegebenen Feste „waren die schönsten, die man seit Menschengedenken gesehen hatte": Beleuchtung des Capitols, Feuerwerke, Bankette usw. Es wurde so viel getan, daß sich im Volk kritische Stimmen erhoben, denn schließlich mußte das Volk alle diese Festlichkeiten zwangsläufig bezahlen. Jedenfalls berichtete der Botschafter Frankreichs mit schadenfroher Befriedigung, war der Österreicher recht kühl empfangen worden.

Metternich war aber ganz nebenbei gesagt von Rom geblendet. „Ich habe Rom ganz anders erlebt, als ich es erwartet hatte. Ich glaubte, Rom sei alt und düster, es ist antik und herrlich, sogar glänzend." Aus diesem Grunde verbrachte er den größten Teil seiner Zeit an den Vormittagen mit der Besichtigung der wichtigsten Denkmäler; dies tat er so eifrig, daß er nach den Kirchen und den Katakomben in die sonnenbestrahlten Ruinen wanderte, sich aus der überhitzten Atmosphäre der Empfänge und Zeremonien in die natürliche Frische der Frühlingsluft begab und sich deswegen einen Schnupfen einfing, der ihm zumindest den einen Vorteil bot, daß er sich nämlich darum drücken konnte, zu einem Ball zu gehen, der in dem doch wohl recht unpassenden Rahmen des Augustusmausoleums gegeben wurde.

Neapel

Von diesen physischen Schwierigkeiten ist nicht mehr die Rede, als er sich zwischen dem 25. April und dem 28. Mai in Neapel aufhält. Dort war er erneut geblendet, überwältigt:

> „Enorme Felsen und unglaublich malerische Inseln, ein unvergleichlicher Reichtum der Vegetation und eine sanfte und würzige Luft; in der Ferne bläst der Vesuv eine ungeheure Rauchsäule in die höchsten Ebenen der Atmosphäre über einer mit Palast- und Tempelruinen bedeckten Erde. (...) Ich habe viele Dinge auf dieser Welt gesehen, aber nichts war gleichzeitig schöner und befriedigender für Seele und Sinne."

Alle Touristenattraktionen der Gegend waren besichtigt worden: Pompeji, Paestum, Baja, sogar eine Besteigung des Vesuv hatte er nicht versäumt.

Neben den langen und enthusiastischen Beschreibungen, mit denen der Reisende seine Frau erfreut, bleibt es nicht aus, daß man das Liebesgeflüster, das er zur gleichen Zeit an seine weit entfernt in London lebende Geliebte schickt, für ein wenig künstlich hält: „Schreib mir, immer, immer, und wenn Du es tust, vergiß nicht, daß Deine Briefe die einzige Freude sind, die ich, wenn ich fern von Dir bin, empfinden kann..."

Zurück zu den politischen Sorgen

Der zweite Aufenthalt in Rom war kürzer. Bereits am 17. Juni war Metternich in Perusa, wo er bis zum 22. auf die Ankunft des Kaisers wartete. Noch kürzer war der Aufenthalt in Florenz vom 4. bis zum 11. Juli. Statt anschließend nach Mailand zu gehen, wie es zunächst vorgesehen war, reiste er schnell über Innsbruck und München nach Deutschland. „Ich habe die Donau mit ein wenig Beklemmung im Herzen wiedergesehen. Ihr Anblick erinnerte mich an alles, was ich vom 1. Januar bis zum 31. Dezember jeden Jahres an ihrem Ufer zu tun habe." (An Dorothée von Lieven, 19. Juli.) Die schönen italienischen Ferien waren wohl zu Ende.

In Wirklichkeit hatte die Arbeit keinen Urlaub gemacht. Fast jeden Tag hatte der Minister nach den den Vergnügungen gewidmeten morgendlichen Stunden mit seiner Beschäftigung als Politiker gerungen. Zwei Hauptsorgen nährten seine Briefe im Verlauf der Reise.

Die Lage in Frankreich

Einerseits die innenpolitische Lage Frankreichs. Wie es vorauszusehen war, versuchte Decazes, der von der Rechten bekämpft wurde, sich die Elemente nützlich zu machen, die bis dahin der Regierung feindlich gegenübergestanden hatten. In Florenz erfuhr Metternich von dem kleinen Staatsstreich, den Ludwig XVIII. durchgeführt hatte, um die Mehrheit der Pairskammer dadurch zu ändern, daß er sechzig neue Pairs in das Amt einführte (9. März 1819). Dies war nach Einschätzung Metternichs eine miserable Maßnahme, mehr noch durch die Auswahl der neuen Mitglieder des Oberhauses als durch die Tatsache ihrer Ernennung selbst.

> „Wenn der König aus den Herren Laffitte und Manuel – einfachen aber ehrgeizigen Oppositionspolitikern, von denen man hoffen konnte, sie im Zaum zu halten – Pairs gemacht hätte, hätte ich geglaubt, er habe aus Berechnung gehandelt, (...) aber ich verurteile rückhaltlos die Ernennung des Duc de Cadore (Champagny) und anderer Pairs von 1814 und 1815, Pairs aller Farben (...) Verräter an jeder Regierung, Männer, (...) deren neue Existenz als Schutz vor der Verfolgung für alle vergangenen, aktuellen und zukünftigen Missetaten gilt." (An Paul Esterhazy, 22. März.)

Was aber konnte man tun, um das Übel aufzuhalten? An General Vincent, der aus Paris immer häufiger Anzeichen von Verzweiflung schickte, schrieb Metternich einen Brief, in dem er seine Ohnmacht bekannte. „Ludwig XVIII. steht selbst an der Spitze der Revolutionsbewegung, die seinen Thron erschüttert. Die Ratschläge, die die Herrscher ihm zu geben sich erlaubt hatten (...) haben ihn bei weitem nicht zurückgehalten, sondern vielmehr dazu beigetragen, seinen Marsch in den Abgrund zu beschleunigen."

Eine wie auch immer geartete Demarche der alliierten Regierungen, wie sie von Pozzo di Borgo gefordert wurde, hätte den gegenteiligen Effekt des gewünschten erreicht und wäre möglicherweise sogar den Wünschen der Revolutionäre entgegengekommen.

Aktionsplan für Deutschland

Insgesamt gesehen war der beste Grund, den Metternich hatte, eine Einmischung in Frankreich zu vermeiden, die Notwendigkeit, sich ernstlich mit den deutschen Angelegenheiten zu befassen. Anfang April war in Rom bekanntgeworden, daß in Mannheim August Kotzebue, ein bekanntermaßen von Rußland bezahlter Schriftsteller, ermordet worden war; er war unter dem Dolch eines jungen, fanatischen Studenten gefallen, der in ihm einen Verantwortlichen der antiliberalen Entwicklung des Zaren Alexander sah.

> „Meinerseits", schrieb Metternich an Gentz, „zweifle ich überhaupt nicht daran, daß der Mörder (...) auf Anstiftung und auf Befehl einer Geheimgesellschaft gehandelt hat. Der wirkliche Kummer, den wir empfinden, hat aber auf der anderen Seite auch einen nützlichen Aspekt, denn das traurige Ende des armen Kotzebue liefert uns ein Argument ad hominem, das der Herzog von Weimar mit allem seinem Liberalismus nicht widerlegen kann. Alle meine Anstrengungen richten sich darauf, der Angelegenheit den bestmöglichen Ausgang zu sichern."

Zunächst gab Metternich jedenfalls vor, sich in dieser Angelegenheit auf den Bundestag in Frankfurt verlassen zu wollen, da er es absolut nicht eilig hatte, seine italienischen Ferien abzukürzen. Graf Buol, der Vertreter des Kaisers bei dieser Versammlung, erhielt ausführlichste Instruktionen über die vorzuschlagenden Maßnahmen. Aber Gentz flehte seinen Chef an, zurückzukommen und selbst die Leitung der Aktivitäten zu übernehmen. Schließlich erstellte Metternich zwischen dem 17. und dem 22. Juni im Verlauf von langen Konferenzen mit dem Kaiser in Perusa seinen Aktionsplan für die folgenden Monate. Wie in einer Vier-Stufen-Rakete beinhaltete dieser Plan vier aufeinanderfolgende Tätigkeiten: 1. Man wollte sich die Zusammenarbeit mit der preußischen Regierung sichern; 2. in Karlsbad sollten die Minister der wichtigsten deutschen Staaten zusammentreten, um einen Überblick über die Repressionsmaßnahmen auszuarbeiten; 3. diese Maßnahmen sollten durch den Bundestag in Frankfurt bestätigt werden; 4. in Wien sollte eine Konferenz aller deutschen Staaten stattfinden, die den Sinn und den Inhalt bestimmter Artikel der Bundesakte von 1815 präzisieren oder abändern sollte.

Ein Treffen mit dem König von Preußen

Der erste Akt des Szenario sollte sich auf der Bühne der Stadt Teplitz abspielen, wo im Juli 1813 der Gründungsvertrag der großen Allianz gegen Napoleon unterzeichnet worden war. „Mit Gottes Hilfe", schreibt Clemens an seine Frau, „hoffe ich, die deutsche Revolution zu schlagen, so, wie ich den Eroberer der Welt besiegt habe." Schon am Tag nach seiner Ankunft am 27. Juli wurde er von König Friedrich-Wilhelm empfangen: „Sie wissen, daß ich vollstes Vertrauen in Ihre Ansichten habe", sagte der Herrscher zu ihm. „Sie haben mich schon lange gewarnt und alles, was Sie mir vorhergesagt haben, ist eingetreten." Metternich nutzte diese Bescheidenheit, um dem König lange Vorträge zu halten. Dieser versprach, nicht mehr daran zu denken, in seinem Königreich eine nationale Vertretung einzuführen und seine Verwaltung von Elementen zu säubern, die verdächtigt wurden, mit der liberalen Sache zu sympathisieren. An den beiden folgenden Tagen konferierte Metternich mit den preußischen Ministern Hardenberg, Wittgenstein und Bernstorff und man verabredete sich in Karlsbad für den 2. Akt.

Karlsbad und Frankfurt

Dort trafen außer den preußischen Ministern noch die Minister der folgenden Staaten ein: Bayern, Sachsen, Hannover, Württemberg, Baden, Mecklenburg, Nassau, Kurhessen und Sachsen-Weimar. Die Arbeit dieser Konferenz erfolgte zwischen dem 6. und dem 30. August in einem entspannten Rhythmus, der sich mit den Anwendungen der Thermalkuren vertrug. Die Entwürfe für Erlasse wurden ausgearbeitet und von den Vertretern der wichtigsten Staaten akzeptiert und sollten ohne Diskussion als Bundesgesetze durch den Frankfurter Reichstag drei Wochen später ratifiziert werden. Diese dritte Phase des Plans war nur eine einfache Formalität, und so konnte Metternich bereits am 1. September einen Sieg in die Welt hinausposaunen.

„Was 30 Jahre Revolution nicht geschafft haben, ist das Resultat unserer drei Wochen Arbeit in Karlsbad. Zum ersten Mal gibt es eine abgestimmte Gesamtheit von so antirevolutonären Maßnahmen, die so korrekt und unwiderleglich sind. Was ich schon seit 1813 tun wollte, und was der schreckliche Kaiser Alexander immer verdorben hat, habe ich getan, weil er nicht dabei war. (...) Meine Kollegen haben mir in einer Weise gedankt, wie niemals einem Minister gedankt wurde. Sicher ist, daß noch nie eine solche Übereinstimmung geherrscht hat und sich noch nie alle so außergewöhnlich in einer unserer Konferenzen bemüht haben. Wenn der Kaiser zweifelt, daß er deutscher Kaiser sei, so irrt er sich sehr."

Was nun war in diesen Karlsbader oder Frankfurter Beschlüssen so entscheidend Neues? Gegen die liberale Propaganda in den Universitäten: Auflösung aller Studentenverbindungen und auch der Turnvereine, Schaffung des Postens eines Kurators an jeder Universität, der damit beauftragt war, die Lehre zu überwachen, und der die Vollmacht hatte, Professoren und Studenten, die gefährlicher Meinungen verdächtig waren, zum Teufel zu jagen. Gegen die Presse: die Verpflichtung, alle periodisch erscheinenden Druckerzeugnisse und alle Broschüren mit weniger als 20 Seiten Umfang der Zensur vorzulegen. Gegen Konspirationen und geheime Gesellschaften wurde in Mainz eine Bundeskommission geschaffen, die damit beauftragt war, die Polizeiinformationen über subversive Tätigkeiten in allen Staaten zentral zu sammeln.

Nachdem das große Werk vollendet war, entspannte sich der Chefarchitekt eine Woche lang in seiner Domäne Königswart, wo immer noch einige Arbeiten zu überwachen waren beziehungsweise einzuleiten schienen. Dort, in der Einsamkeit einer kargen Natur und in einer melancholischen Atmosphäre des vorzeitig eingetretenen Herbstes, nahm seine Überlegung eine weniger triumphierende und mehr philosophische Tonart an.

„Ich bin vom Schicksal sehr hoch nach oben geschoben worden. Ich habe nachgedacht und ich habe auf einer Bühne gespielt, die groß genug ist, als daß mein Name mit beachtlichen Ereignissen verbunden bleiben wird, und sei es nur, weil ich das Unglück hatte, der Zeitgenosse der Revolutionsepoche gewesen zu sein. Diese Epoche wird vergehen, wie alle menschlichen Verrücktheiten. (...) Ich bin an dem Punkte angelangt, an dem der Lebensweg einer menschlichen Generation die Hälfte seiner Zeit durchschritten hat und das Schicksal hat mir teilweise die Verpflichtung auferlegt, nach meinen Kräften die Generation, deren Rolle jetzt beginnt, zu hindern, sich auf dem abschüssigen Weg zu verirren, der sie sicherlich zum Ruin führen würde. Die Epoche der Konferenzen in Karlsbad ist aus diesem Grunde eine der wichtigsten meines Lebens."

Die Konferenzen von Wien

Nun mußte nur noch der 4. Schritt des antirevolutionären Plans in die Wirklichkeit umgesetzt werden. Die Generalversammlung der deutschen Staaten in Wien fand erst Ende November statt. Metternich, der am 11. September zum Ballhausplatz zurückgekehrt war, hatte Zeit, sich darauf vorzubereiten.

Viel Zeit und viel Tinte waren nötig, um zu vermeiden, daß die Karlsbader-Frankfurter Beschlüsse im Ausland nicht kritisiert wurden. Die Presse in England und in Frankreich beschrie laut die Reaktion. Seitens der britischen Regierung jedoch waren kritische Äußerungen nicht zu fürchten, da sie selbst Repressalien gegen die Volksbewegung unternommen hatte (the six acts). Wegen Frankreich wandte sich Metternich direkt an Decazes, den wirklichen Regierungschef, um zu erreichen, daß diese Angriffe beendet würden. Mehr noch, er verlangte eine formelle Zustimmung: „Das Schweigen der Regierung eines großen Staates in einer allen gemeinsamen Angelegenheit würde genauso laut reden können, wie ihre Worte." Er maßte sich außerdem an, Decazes die einzuschlagenden Maßnahmen diktieren zu wollen und ließ seine Ratschläge durch den Marschall Marmonte überbringen. Letzterer war im September nach Wien gekommen, um eine irgendwie geartete Entschädigung für die Schenkungen zu erbitten, in deren Genuß er unter napoleonischem Regime gekommen war. Metternich empfing ihn bestens und schickte ihn mit der Zusicherung einer jährlichen Pension in Höhe von 50.000 Francs zurück sowie mit der sofortigen Auszahlung des Betrages für die sechs zurückliegenden Jahre. Konnte er sich denn auch einem Manne gegenüber weniger großzügig zeigen, der es verstanden hatte, seiner Eitelkeit so sehr zu schmeicheln? Nach einem dreistündigen Gespräch hatte der Marschall zu ihm gesagt: „Dies ist ganz außergewöhnlich; seit ich Napoleon, bevor er verrückt wurde, zum letzten Mal habe sprechen hören, ist dies das erste Mal, daß ich Vernunft bei jemandem finde."

Dennoch bereitete die Vorbereitung der Wiener Konferenz mehr Sorgen, als nach den Triumphen von Karlsbad und Frankfurt vorauszusehen gewesen war. Einige Herrscher, die eifrig mitgetan hatten, solange es sich darum handelte, gegen die Revolutionäre vorzugehen, zeigten sich jetzt sehr viel weniger eifrig angesichts gewisser Änderungen, die Metternich am Text der Bundesakte vornehmen wollte. Der Anführer der Opposition war der dicke König von Württemberg, der schon 1815 fast die Unterzeichnung des Wiener Vertrages hätte platzen lassen; seine Opposition hatte um so mehr Gewicht, als er der Schwager des Zaren Alexander war. Da es sich darum handelte, Institutionen zu verändern, argumentierte der Württemberger, sei es doch wohl nötig, zusätzlich zu den deutschen Fürsten, die Vertreter der großen Mächte einzuladen, die 1815 der Gründungsakte zugestimmt hatten. Natürlich unterstützte Capodistria diesen Gesichtspunkt heftig: handelte es sich nicht darum, die konstitutionellen Regierungen zu verteidigen, die in manchen deutschen Staaten eingerichtet worden waren?

Das von Metternich gefundene Gegenargument war geschickt: Castlereagh, der vom russischen Botschafter Lieven befragt wurde – nachdem er von Metternich bestens gewarnt worden war – erklärte, daß die Angelegenheit nur die deutschen Staaten anginge und daß Großbritannien nicht die Absicht habe, sich dort vertreten zu lassen. Rußland konnte unter diesen Bedingungen nicht alleine antreten. So wurde die unangenehme Wendung vermieden, die Wiener Konferenz in einen wirklichen europäischen Kongreß verwandelt zu sehen.

Dennoch war die Abwicklung der Angelegenheit außerordentlich schwierig, da sie sich vom 25. November 1819 bis zum 15. Mai 1820 hinzog, an welch letzterem Datum eine Schlußakte in 65 Artikeln unterzeichnet wurde. Dies war ein Dokument, das weit davon entfernt war, den Wünschen Metternichs zu entsprechen, denn die ärgerliche Opposition des Württembergers und Bayerns hatte manchmal Unterstützung bei den Preußen gefunden, die wenig geneigt waren, ein österreichisches Übergewicht zu begünstigen.

Zwiespältige Bilanz

So hatte man schließlich den Plan aufgegeben, den Artikel XIII des Vertrages von 1815 zu verbessern, nach dem die Mitgliedsstaaten aufgefordert oder ermächtigt wurden, sich Volksvertretungen zuzulegen. Aus diesem wichtigen Grunde wurden die Verfassungen, die schon in einigen Staaten gegeben worden waren, als unantastbar anerkannt. Dies betraf Bayern, Württemberg, Baden, Hessen, Darmstadt, Weimar. Ebenfalls auf die lange Bank geschoben wurde der Plan, in Wien eine dauernde Konferenz der wichtigsten deutschen Staaten zu installieren, die die Entscheidungen, die anschließend vom Bundestag zu fassen gewesen wären, hätten vorbereiten sollen, was ingesamt darauf hinausgelaufen wäre, die Prozedur, die in den Monaten August und September 1819 zwischen Karlsbad und Frankfurt funktioniert hatte, zu institutionalisieren.

Angesichts dieses Zurückbleibens hinter seinen Plänen hatte Metternich trotz allem Grund zu einigen wichtigen Genugtuungen. Die in Anwendung des Artikels XIII gegebenen Verfassungen sollten in keinem Falle die souveräne Autorität des Fürsten beeinträchtigen; die Volksvertretungen, die in diesem Zusammenhang entstanden waren, sollten nicht über Fragen entscheiden dürfen, die die Sicherheit des Staates berührten und vor allen Dingen konnte ein Fürst, der sich einer Rebellion seiner Untertanen gegenübersah, den Eingriff der Streitkräfte des Bundes verlangen; diese konnten sogar ohne formelle Aufforderung intervenieren.

In allen Diskussionen hatte Metternich außerdem geschickt sein Zurückweichen verdeckt und sich den Anschein gegeben, selbst die Initiative für Entscheidungen ergriffen zu haben, von denen er erkannt hatte, daß er sie nicht mehr vermeiden konnte. So hatte er erreicht, daß sein Bild als großer Steuermann Deutschlands gefestigt werden konnte. Und natürlich posaunte er auch hier sofort seinen Triumph hinaus.

> „Das Werk, das wir in Wien vollendet haben, ist das Größte, das heutzutage möglich war. (...) Die Minister der verschiedenen Höfe bereiten sich auf ihre Abreise vor; es ist nicht einer dabei, der nicht von mir positive Anweisungen über den Fortgang haben will, den sein Hof in der Zukunft nehmen sollte (...) Österreich muß nur ein Wort sagen und es hat in ganz Deutschland die Autorität eines unverletzlichen Gesetzes." (An den Kaiser, 14. Mai 1820.)

Wohlgemerkt, die große Sache konnte die Aufmerksamkeit des großen Baumeisters nicht alleine für sich beanspruchen. Rund um Deutschland drehte sich die Welt weiter. Unter den bemerkenswerten poltischen Ereignissen müssen hier mindestens zwei festgehalten werden, da sie in der nächsten Zukunft folgen haben werden.

Frankreich: Wendung nach Rechts

Eines dieser Ereignisse war die politische Veränderung, die sich in Frankreich seit Frühling 1820 eingestellt hatte. Es war die Konsequenz des Attentats, das in der Nacht vom 13. Februar dem Neffen Ludwigs XVIII., dem Duc de Berry, das Leben gekostet hatte. Die Nachricht war mit extremer Schnelligkeit nach Wien gelangt, da Metternich bereits am 20. Februar an Dorothée von Lieven schreiben konnte: „Ich erfahre im Augenblick von der Ermordung des Duc de Berry. Der Liberalismus geht weiter; es regnet Mörder. (...) In Frankreich ist alles verloren, wenn die

Regierung nicht das System ändert." Und an Lebzeltern: „Die Leute, die die Frankfurter Maßnahmen ablehnen, werden es schwer haben, zu beweisen, daß diese ein Kampf gegen Windmühlenflügel sind."

In der Tat wurde in Frankreich die Regierung gewechselt; am 21. Februar dankte Decazes, der ungerechtfertigterweise für die Situation verantwortlich gemacht wurde, die den Mörder zu seiner Tat veranlaßt hatte, ab, und der Duc de Richelieu wurde erneut Präsident des Rates. Kommentar Metternichs: „Niemand mehr als ich läßt dem edlen und uneigennützigen Charakter des Herrn von Richelieu Gerechtigkeit werden, er ist absolut rechtschaffen und liebt das Gute (...) Aber wir können uns nicht hindern, daran zu denken, daß unter seinem Ministerium die Übel das Licht der Welt erblickt haben, an denen wir heute leiden."

Diese Vorbehalte hinderten Metternich nicht, sofort den Faden der Privatkorrespondenz wieder aufzunehmen, den er immer sich bemüht hatte, mit den wichtigsten ausländischen Staatsmännern zu unterhalten. Richelieu ließ sich darauf ein und gab seinem österreichischen Briefpartner ganz klar zu verstehen, daß er den überheblichen Ton des Ratgebers, den Metternich sich mit Decazes erlaubt hatte, nicht dulden werde. „Unsere Empfindlichkeit ist so groß", schrieb er am 16. März, „daß wir uns bei der geringsten Annahme eines ausländischen Einflußversuchs sofort verkrampfen würden. Mehr noch, jegliche Drohung würde einen absolut gegenteiligen Effekt dessen auslösen, was vorgeschlagen wurde." Und Metternich mußte sich dies hinter den Spiegel stecken. Im übrigen waren die von dem zweiten Ministerium Richelieus getroffenen Maßnahmen – zeitweise Einschränkung der persönlichen Freiheit, strenge Pressegesetzgebung, neues Wahlgesetz – dazu angetan, ihn zu beruhigen: „Die gegenwärtige Regierung geht den geraden Weg", urteilte Metternich Ende April, „sie hat große Möglichkeiten." Und er beraubte sich nicht der Freude, den Chef der französischen Regierung zu beglückwünschen ..., wenn er ihn schon nicht hatte beraten dürfen.

Pronunciamiento in Spanien

Die Zeit löste jedoch nicht die andere politische Angelegenheit, die anfangs 1820 aufgetaucht war. Am 1. Januar hatte ein Pronunciamiento in Cadiz die Regimenter zur Erhebung veranlaßt, die sich dort im Hinblick auf eine militärische Expedition gegen die Aufständischen in den spanischen Kolonien Amerikas versammelt hatten. Das Ereignis schien anfangs Metternich nicht besonders bewegt zu haben; er schreibt seinerzeit darüber nichts in seinen Briefen, oder zumindest nichts in denen, die veröffentlicht wurden. In der Tat konnte die Initiative des Kommandanten Riego in Cadiz während der ersten Wochen nicht sehr viele Parteigänger finden. Anfang März jedoch nahm der kleine militärische Aufstand das Ausmaß einer wirklichen Revolution an, als König Ferdinand VII. unter dem Druck der Garnison von Madrid zugestand, daß die liberale Verfassung von 1812 wieder in Kraft gesetzt werde.

In Paris war natürlich die Beunruhigung sehr viel lebhafter, als in Wien. Aber auch in St. Petersburg, denn die spanische Revolution kompromittierte die ständigen Anstrengungen, die Rußland unternommen hatte, um dort eine Basis für seinen Einfluß als Weltmacht einzurichten. Zar Alexander entwickelte die Idee, daß diese Angelegenheit ein Eingreifen der Allianz rechtfertigte, so wie es im Kongreß von Aachen vorgesehen worden war. Richelieu zeigte sich interessiert, nicht aber Castlereagh. In einer berühmten Denkschrift vom 5. Mai 1820 definierte er die britische Interventionsdoktrin beziehungsweise die Nichtinterventionsdoktrin: diese könne nur im Falle der Notwehr greifen ..., die aber in diesem Punkte nicht gegeben war. Metternich hatte sich bis zu diesem Augenblick vorsichtig bedeckt gehalten. Am 23. Mai schrieb er allerdings in einer langen Depesche nach St. Petersburg und sagte voraus:

> „Bei Bränden ist es oft unmöglich, die Gebäude, die in Flammen stehen, zu retten und die Vorausschau ist darauf begrenzt, die Gebäude zu retten, auf die das Feuer noch nicht übergesprungen ist. (...) Kann Spanien durch das Eingreifen oder die Anstrengungen des Auslandes wieder zur Ruhe gebracht werden? (...) Ich glaube, ich kann mich darauf beschränken, die Geschichte aller Länder zu befragen und schöpfe daraus die Überzeugung, daß ein ausländisches Eingreifen nie und nirgends die Effekte einer Revolution aufgehalten oder geregelt hat, es sei denn, das Land sei so klein, daß seine inneren Bewegungen nicht größer sind, als eine lokale Revolte."

Wenn man dazu den spanischen Charakter bedenkt und die Schwierigkeiten einer bewaffneten Intervention, die von Wellington als undurchführbar bezeichnet worden war, der ja der beste Experte in dieser Angelegenheit war, so bleibt also nur eines, die spanische Revolution sich selbst durch ihre unvermeidlichen Exzesse aufzehren zu lassen und sie vom Rest Europas zu isolieren.

Der Tod Clementines

Nachdem er diese Depesche unterzeichnet hatte, die – für den Augenblick – die Interventionsgelüste des Zaren stoppen sollte, reiste Metternich nach Prag, um dort seinen Kaiser zu treffen. Er war sicherlich erleichtert, daß seine Pflichten ihn von einem Haus wegführten, in dem ihn alles an ein geliebtes Kind erinnerte, das der Tod ihm gerade entrissen hatte.

Zu Anfang Februar 1815 war Clementine 15 Jahre alt und war plötzlich stark gewachsen. Zwei unerklärliche Fieberanfälle im Januar und Februar hatten ihre Eltern alarmiert; ein dritter, schlimmerer Fieberanfall Mitte März, brachte Metternich dazu, acht der berühmtesten Ärzte zu konsultieren. Ihre Diagnose: eine fortgeschrittene Schwindsucht, die keine Aussicht auf Heilung ließ. Die verletzte väterliche Zärtlichkeit bringt Metternich zu Ausbrüchen einer mitleiderregenden Schmerzesäußerung, selbst wenn diese mit unvermeidlichen Ausdrücken der Selbstbefriedigung verbunden sind:

„Nichts drückt mich so nieder, wie der Anblick eines kranken Kindes. (...) In der Zwischenzeit, sei ich nun geneigt zu arbeiten, oder nicht, muß ich immer wieder lange Stunden an meinem Schreibtisch verbringen. In schwierigen Augenblicken, wie diesem, muß ich mehr als jemals sonst meine zwiefache Natur zeigen, diese Natur, die viele Leute glauben läßt, daß ich herzlos sei. (...) Ich bewege mich nur zwischen meinem Schreibtisch und dem Bett der Kranken hin und her (...).

Der Pavillon in meinem Garten und mein Garten sind fröhlich, aber ich, ich bin traurig. Große Hyazinthenbündel und ganze Beete von Narzissen verströmen ihren Duft, aber sie erscheinen mir alle welk.

Gestern (1. Mai) ist aus Florenz das Portrait angekommen, das Lawrence von Clementine gemalt hat (...); sie lächelte angesichts ihres Bildes und sagte 'Lawrence hat mich anscheinend für den Himmel gemalt, denn er hat mich mit Wolken umgeben.' Sie wollte, daß das Portrait neben ihrem Bett aufgehängt werde, aber dieses Schauspiel wäre für uns zu grausam gewesen."

Am 6. Mai schließlich verstarb das engelgleiche Kind sanft gegen Mitternacht.

„Am nächsten Morgen brachte ich meine Frau zu meiner Tochter Maria, bei der ich zwei Tage blieb. Die Geschäfte riefen mich zurück und ich habe sie mit dem Eifer erledigt, den man an den Tag legt, wenn man eine Schale Gift leeren soll. (...) Glücklicherweise habe ich die Gabe, mich nicht aufzugeben, selbst wenn mein Herz halb zerbrochen ist. Ich habe dies in den letzten Monaten bewiesen. Die dreißig Mitglieder der Konferenz, die täglich rund um den grünen Tisch sitzen, haben zweifellos nicht gemerkt, was in mir vorging, als ich drei- oder vierstündige Reden hielt und hunderte von Seiten diktierte.

16. Mai. Die Familie ist wieder versammelt. Meine Frau geht nicht aus dem Zimmer meiner verstorbenen Tochter weg. (...) Ich kann in dieses Zimmer nicht hineingehen, ohne zu weinen. Wenn mir dies passiert, kehre ich eiligst zu meinen Geschäften zurück, denen es immer wieder gelingt, schnell eine Barriere zwischen meinen beiden inneren Wesen zu errichten."

Konnte er sich damals denken, daß die im Frühling erlittene Prüfung nur eine Art Generalprobe für die Prüfungen war, die ihn noch schlimmer einige Wochen später in seinen beiden „Ego", in seinen herzlichsten Gefühlen wie auch in seinen wichtigsten politischen Interessen mit voller Macht trafen?

KAPITEL 21

Der Kutscher Europas

Aufenthalt in Böhmen

Der Aufenthalt des kaiserlichen Hofes in Prag wurde am 28. Mai mit der Eheschließung Erzherzog Rainers mit der Prinzessin von Carignan gefeiert; diese Verbindung war für die italienische Politik Österreichs interessant, da der Erzherzog Vizekönig des Königreiches Lombardo-Venetien war und die Prinzessin Schwester des Thronerbes des Königreiches Sardinien-Piemont. Wie ihr Bruder Karl-Albert war sie von außergewöhnlicher Körpergröße, aber, versichert Metternich, der ihre körperlichen Vorzüge aufzählt, „wunderbar schön". Der Minister, der im Palais Fürstenberg in einem extravaganten, barocken Dekor untergebracht worden war, hatte bei diesem Aufenthalt in Prag Gelegenheit, seine Erinnerungen an 1813 aufzufrischen, als er die „Schachpartie" gegen Napoleon spielte.

Am 12. Juni war er auf seiner Domäne Königswart, die er über Teplitz und Karlsbad erreicht hatte, welch beiden letzteren Ortschaften ebenfalls mit Erinnerungen befrachtet waren. Seit Jahren war er niemals länger als eine Woche in der Familiendomäne gewesen. Jetzt ruhte neben seinem Vater dort seine geliebte kleine Clementine. Er beschäftigte sich mit Plänen für ein neues Familienmausoleum „im ägyptischen Stil (...), der einzige, sagt er, der den Jahresabläufen widersteht". Andere praktische Pläne wurden auch ausgearbeitet oder in die Tat umgesetzt: er ließ zwei Töpfereiwarenfabriken erbauen, die es ihm gestatten sollten, das Holz aus seinen Wäldern nutzbringend zu verwerten; außerdem eine Badeanstalt, die von einigen der zweiundzwanzig anerkannten Thermalquellen auf seinem Besitz genährt wurde; schließlich stand auch ein teilweiser Wiederaufbau des Schlosses selbst zur Debatte.

Am 30. Juni begab sich Metternich nach Coburg, wo der dort herrschende Herzog ihn fünf Tage bei sich behielt und ihn mit Aufmerksamkeiten überhäufte. Er schreibt am 4. Juli, „seit drei Tagen habe ich keine

Feder mehr angefaßt". Dies war in der Tat eine außergewöhnliche Abstinenz. Und dafür mußte er bald büßen. In Franzenbad, wo er am 7. Juli auf dem Weg nach Karlsbad Etappe machte, erwarteten ihn seine Sekretäre aus dem Kanzleramt mit vier Briefen, die er sofort beantworten mußte. Dies war jedoch nur ein zarter Vorgeschmack im Vergleich zu den katastrophalen Nachrichten, die ihn in Wien bei seiner Rückkehr am Abend des 13. Juli überfielen.

Drama und Katastrophe

Die ganze Familie war wie jeden Sommer in Baden. Als Metternich am 14. Juli dort eintraf, entdeckte er brutal das Ausmaß des Dramas, das man vor ihm verborgen hatte: Marie, seine geliebte Marie starb! Die Müdigkeit, an der sie seit drei Monaten litt, war zunächst einer beginnenden Schwangerschaft zugeschrieben worden, aber nach wenigen Wochen waren sehr deutlich die Symptome der gleichen Krankheit zu erkennen, die Clementine dahingerafft hatte.

Aber der Vater, vom Kummer verzehrt, hatte noch nicht einmal den Trost, der Sterbenden die letzten Stunden zu erleichtern. Am 15. wurde er von einem Brief des Kanzleramtes dringend nach Wien zurückgerufen, wo ihm eine verblüffende Nachricht zur Kenntnis gebracht wurde: in Neapel hatte ein Militärputsch ohne einen einzigen Schwertstreich dem alten König Ferdinand die gleiche liberale Verfassung aufgezwungen, die sein Cousin in Madrid vier Monate zuvor akzeptiert hatte. Der erste Kommentar Metternichs war: „Wir brauchen bald nur noch einen Trommlerbuben, der durch die Straßen geht und die Verfassungen für sämtliche Hauptstädte Europas verkündet." „In der Tat", berichtet Gentz, „seit ich ihn kenne, habe ich ihn noch nie von irgendeinem Ereignis so betroffen erlebt".

Kaiser Franz war in seinem Schloß Weinzierl an der Donau in Sommerfrische – wenige Kilometer flußaufwärts von Wien. Metternich eilte dorthin, nachdem er einen Umweg über Baden gemacht hatte, um dort noch einmal seine Tochter zu umarmen. Wie immer in kritischen Augenblicken half die unerschütterliche Ruhe des erhabenen Meisters dem Minister, seine Gedanken zu fassen. Zwei Tage lang konferierten beide miteinander und mit den in aller Eile zusammengerufenen Militärkommandeuren. Am 20. Juli abends fand Metternich auf dem Rückweg an der letzten Poststation vor Wien einen Boten vor, der ihm einen Brief seiner Frau überbrachte: Marie war an jenem Morgen verstorben.

„Wie sehr habe ich dieses Kind geliebt!" schreibt er fünf Tage später. „Sie ihrerseits liebte mich mehr als einen Vater. Seit vielen Jahren war sie meine beste Freundin. Ich mußte ihr meine Gedanken nicht mehr erzählen, sie erriet sie. (...) Ich habe einen unersetzlichen Verlust erlitten. (...) Inmitten dieses Schmerzes lastet die Welt auf meinen Schultern. (...) In meinen Pflichten suche ich eine Zuflucht; sie machen mich die Last auf meinem Herzen leichter ertragen und der Schmerz, statt mich niederzuschmettern, beflügelt mich eher, gute Arbeit zu leisten."

Der Ernst der Ereignisse in Neapel

Bis zu welchem Punkt die Ereignisse in Neapel Metternich überrascht hatten, wie sehr ihn die oberflächliche Betrachtungsweise der Dinge und der Menschen blind gemacht hatte, die er während seiner Rundreisen in Italien im vorangegangenen Jahr gewonnen hatte, wie sehr sich seine Agenten als unfähig erwiesen hatten, kann man daran ermessen, was er am 24. Mai 1820 dem österreichischen Geschäftsträger nach Rom geschrieben hat:

„Die Nachrichten, die uns täglich aus allen Teilen Italiens zugehen, beweisen uns, daß außer einigen verrückten Gerüchten (...) sich bislang nirgends ein Indiz für eine Bewegung gezeigt hat, die eine bevorstehende Explosion fürchten ließe; (...) Ich glaube auch weiterhin, daß keine Revolution zu fürchten ist, solange der äußere Frieden nicht gestört wird."

Die schwerwiegenden Ereignisse, die diese Voraussagen brutal als falsch entlarvten, wurden nun ihrerseits nicht unterschätzt. Im Unterschied zur Revolution von Madrid, war die Revolution von Neapel für die österreichische Monarchie eine tödliche Gefahr. Die ansteckende Krankheit der verfassungsgebundenen Regierungsform — die möglicherweise unter der Hand von Rußland und Frankreich unterstützt wurde — konnte sich Stück für Stück auf die anderen italienischen Staaten und insbesondere auf das lombardo-venezianische Königreich ausdehnen und von dort — warum nicht? — auf Deutschland, und dadurch das ganze Werk der Reaktion in Frage stellen, das mühsam und eifrig 1819 und 1820 aufgebaut worden war. Zwischen Deutschland und Italien, die dann beide konstitutionell orientiert wären, würde sich das Gebilde der habsburgischen Monarchie binnen kurzem in seine heterogenen Bestandteile auflösen und dadurch wäre das Prinzip der absoluten Monarchie erschüttert, die dieses Gebäude zusammehielt. Dies war eine Vorwegnahme dessen, was heute „Dominostein-Theorie" genannt wird.

In dieser Gefahr mußte Österreich sich nicht nur um seine eigenen Interessen kümmern sondern bemühte sich auch, sich die moralische Unterstützung der anderen großen Mächte zu sichern. Deswegen war es vor allen Dingen notwendig, daß sich nicht der Eindruck einer von den meisten Neapolitanern gewollten oder akzeptierten friedlichen Revolution verfestigte, wie die Mäßigung der neuen Regierung in allen inneren Angelegenheiten vermuten ließ; im Gegenteil, es war notwendig, daß allen Monarchen so viel Angst eingeflößt wurde, daß sie sich um Österreich sammelten; man mußte diese Angelegenheit als das waghalsige Komplott einer Minderheit von „Aufrührern" darstellen, von düsteren Carbonari, die nach einem Plan internationaler Tragweite handelten; es war insgesamt notwendig, ein Gegengewicht gegen die Argumente zu entwickeln, die seit einigen Monaten im Umlauf waren und die Untätigkeit der Allianz angesichts der spanischen Revolution rechtfertigten.

Diplomatische Vorbereitung

Während der Kaiser, der nach Schönbrunn zurückgekehrt war, die Mobilisierung der militärischen Mittel überwachte, begann sich am Ballhausplatz die Depeschenproduktionsmaschine schnellstens zu drehen. „Österreich", hatte Franz I. dem englischen Botschafter Lord Stewart erklärt, „hat sich lange Zeit darauf beschränkt, gegen die Revolution zu predigen. Jetzt kommt der Augenblick, zu handeln, und Europa wird sehen, wie Österreich seine Macht und seine Mittel einzusetzen versteht." Dies war Inhalt der ersten Welle von Briefen, die in alle Himmelsrichtungen versandt wurden.

Die Reaktionen der deutschen Fürsten waren absolut zufriedenstellend. Umsomehr, als ihnen keinerlei materielle Mithilfe abverlangt wurde: Der österreichische Kaiser solle nur stark reagieren und man sei bereit, ihm mit beiden Händen Applaus zu spenden. Außerdem hatte bei den italienischen Höfen König Victor-Emmanuel von Piemont nur eine Besorgnis: nämlich, daß Österreich keine Truppen mehr in Norditalien unterhielte. Nur die Haltung der Regierung des Kirchenstaates bedeutete ein unangenehmes Problem angesichts der geographischen Bedingungen: der Papst und Consalvi wollten die absolut strikteste Neutraliltät behaupten.

Aber viel wichtiger war es, die Position der großen Alliierten zu erfahren. Die Meinung der britischen Regierung war ebenso einfach, wie zufriedenstellend: die Angelegenheit war für Österreich eine Sache der Notwehr; Österreich brauchte nur selbst stark einzugreifen, wozu ihm übrigens der geheime Unterstützungsvertrag das Recht gab, der 1815 mit dem König von Neapel abgeschlossen worden war. Durch Vermittlung der Gräfin von Lieven bedrängte Wellington Metternich, zu handeln; die Erklärung, so sagte er, könne nachgereicht werden.

Die Regierung Ludwigs XVIII. konnte logischerweise nicht ohne Interesse an dem Schicksal einer bourbonischen Monarchie sein; sie konnte aber auch Österreich nicht alleine handeln lassen und dessen Hegemonie über Italien noch mehr befestigen. Richelieu erklärte, daß eine österreichische Intervention nur dann akzeptabel sei, wenn sie mit einer Art Auftrag eines europäischen Direktoriums versehen sei, nämlich dem der „Pentarchie", die beim Kongreß von Aachen feierlich verkündet worden war. Metternich versuchte, sich aus dieser Schlinge zu ziehen und schlug vor, daß dies im Rahmen einer Konferenz der Botschafter in Wien abgeklärt werden könne, aus der ihm die moralische Unterstützung gegeben werden könne, die er selbst wünschte.

Der Zar verlangt einen Kongreß

Zar Alexander allerdings war auf diesem Ohr taub. Die Gelegenheit war zu schön, Rache für die kleinen Mißerfolge zu nehmen, die er einige Monate zuvor hatte einstecken müssen, als er aus den deutschen Angelegenheiten herausgehalten worden war und man seinen Vorschlag, qua Allianz gegen die spanische Revolution einzuschreiten, auf die Seite geschoben hatte. Aus Warschau teilte er Ende August seine Meinung mit: die größte der Gefahren verlangte nach einer feierlichen Solidaritätsdemonstration der konservativen Monarchien; er verlangte also, daß das Treffen, das er mit Kaiser Franz schon seit einigen Monaten vorbereitet hatte, in einen Kongreß der Allianz umgewandelt werde, der nach dem in Aachen vorgesehenen Ritual einberufen werden sollte.

Metternich sah sich nun vor eine kritische Wahl gestellt: wenn er die Vorschläge des Zaren annahm, war sicher, daß England sich weigern würde, dem beizutreten und das würde eine Schwächung, wenn nicht gar den Ruin der Viererallianz von 1815 bedeuten. Dies würde auch das stillschweigende Einverständnis zwischen Wien und London kompromittieren, das bis dahin gestattet hatte, die Ambitionen der Russen zu bremsen. Andererseits, wie konnte Österreich das Risiko eingehen, alle seine Kräfte in Italien zu engagieren, mit einem feindlichen Rußland im Rücken, das nicht zögern würde, davon zu profitieren, um erneut Einfluß auf Preußen und Deutschland zu gewinnen; und außerdem würde dies Frankreich in seinen Absichten bestärken, die man ihm für eine Konsolidierung einer konstitutionellen Monarchie in Neapel unterstellte, die sich an dem Modell der Charte Ludwigs XVIII. orientieren sollte.

Die Kunst des Herrschens ist oft, wie man weiß, die Kunst, zwischen zwei Übeln zu wählen, und dafür ist dieser Fall hier ein perfektes Beispiel. Metternich entschied sich gegen das Vertrauen, das er seinen Partnern entgegenbrachte. Am 2. Oktober erklärte er seinem Kaiser: „Aus den beiden (unangenehmen Dingen) wird die öffentliche Meinung in Europa weniger ernste Schäden aus einer zurückhaltenden Haltung der englischen Regierung erleiden, als aus der offenen und absichtlichen Zurückweisung des Kaisers Alexander, der von nichts in der Durchführung seiner Pläne gehindert wird."

Es sollte also ein Kongreß stattfinden; und als Tagungsort diente die kleine Stadt Troppau in österreichisch-Schlesien. Dort zumindest hatte Alexander sarkastisch angemerkt, würde man keine Zeit damit verlieren, zu tanzen oder anderen frivolen Zerstreuungen nachzugehen.

Am 12. Oktober reiste Metternich nach Osten ab. Ein kleiner Umweg gab ihm Gelegenheit, 48 Stunden auf einer seiner Domänen zu verbringen, die er selten besucht hatte, nämlich in Witzomirsitz. In welcher Geisteslage? Er war, wie immer, Optimist, oder gab zumindest vor, es zu sein, um sich selbst zu ermutigen. „Morgen", schrieb er seinem treuen Floret, „unternehme ich mein großes Werk. Ich werde den Kaiser in Hollitsch treffen. Am 18. werden wir in Troppau eintreffen. Dies ist eine Angelegenheit der Welt! Ich wiederhole Ihnen, daß ich mein Bestes geben und nicht den Kopf verlieren werde."

Eleonore zieht nach Paris

Die Briefe für Eleonore wurden dieser von Floret zugestellt, denn das treue Faktotum war damit beauftragt worden, der Fürstin bei ihrer Emigration aus Wien und ihrem Umzug nach Paris behilflich zu sein und sie dorthin zu begleiten. Dies war die Durchführung eines Entschlusses, den die Eheleute nach dem Tod Marias gefaßt hatten. Die Tatsache, daß zwei Kinder im Abstand weniger Monate von der gleichen Krankheit dahingerafft worden waren, schien Beweis, daß das Klima von Wien und der Rahmen des Palais am Ballhausplatz in gewisser Weise einen todbringenden Einfluß hatten. Die Mutter und die überlebenden Kinder zeigten schon Anzeichen von Schwächen im Brustbereich. Die absolut natürliche Lösung wäre es gewesen, sie nach Italien zu schicken, wo Victor seine rechtswissenschaftlichen Studien an der Universität Padua hätte machen können; aber die augenblicklichen Umstände gestatteten die Durchführung dieses Gedankens nicht. Also hatte sich die Familie für Frankreich entschieden; Eleonore würde in Paris genügend Freundinnen vorfinden und sich dort nicht isoliert vorkommen.

Am Ballhausplatz ließ Clemens die Zimmerflucht zur zweiten Etage schließen, die bis dahin für die Familie reserviert war und die schon rein räumlich von seiner eigenen Privatunterkunft in der ersten Etage getrennt war. Als Haushälterin und Stellvertreterin der Hausherrin fand sich eine Cousine seiner Mutter, Gräfin Flora Wrbna-Kagenegg. Von ihr ist nichts bekannt, außer daß sie Metternich nach Troppau begleitete; man kann nur annehmen, daß sie in einem Alter war, in dem die Natur ihr eine Tugendsamkeit auferlegte, die jedes üble Gerücht im Keim erstickte; es findet sich jedenfalls bei den Zeitgenossen keinerlei Anspielung dieser Art. Daraus kann man schließen, daß Metternich im Verlauf der folgenden Jahre in Wien eine quasi mönchische Lebensweise pflegte, wobei er zur Tröstung seines Herzens keinen anderen Ausweg sah, als seine fast täglichen Briefe an die weit entfernte Geliebte. Man kann auch sicher annehmen, daß er ebenso häufig und ebenso lang an seine Frau schrieb, wie er es immer gehalten hatte, wenn sie getrennt waren. Unglücklicherweise ist dieser Briefwechsel, der für den Biographen so kostbar gewesen wäre, fast gänzlich verschwunden und zwar zweifelsohne bei dem übereilten Umzug, der auf den Tod der Fürstin in Paris folgte.

Das tägliche Leben in Troppau

Die kleine Stadt Troppau, schrieb Metternich bei seiner Ankunft am 19. Oktober, „enthält eine außergewöhnliche Menge schöner und bequemer Häuser, so daß die Mitglieder des Kongresses gut untergebracht werden können". Dies galt natürlich auch für ihn, „was natürlich seinen Preis kostet", fügt er hinzu. Man kann daran zweifeln, daß das Gleiche auch für das nachgeordnete Personal galt, dessen Gesamtzahl angeblich 400 Personen umfaßte, und auch nicht für die etwa 1.200 durchreisenden Besucher, die aus allen möglichen Gründen eingetroffen waren. Unter anderen, Pauline von Metternich, die Herzogin von Württemberg geworden war und die sich „in einem baufälligen alten Gemäuer" untergebracht fand. Sie kam, um mit ihrem „Neffen", dem Zaren Alexander über eine Angelegenheit zu sprechen, die ihren Gatten, den Herzog betraf. „Der Zar, der immer begeistert ist, wenn er jemanden findet, mit dem er sich unterhalten kann, hat seine Tante in diesen beiden Tagen nicht von sich gelassen.

Außerdem ist sie hübsch anzusehen und hat auch eine angenehme Stimme, sie ist sehr intelligent und hat dazu noch einen charmanten Charakter."

Für Clemens war dieser Besuch seiner Schwester ebenfalls eine glückliche Ablenkung von dem strengen Ernst des Aufenthaltes. Außerhalb seiner Arbeit hatte er in der Tat keine andere Zerstreuung, als das Gespräch beim Tee, den sie entweder bei ihm oder er bei ihr einnahm. Außerdem gab es nur noch die Spaziergänge, die allerdings vom Wetter abhängig waren. Der Herbstregen hatte die Straßen in Schlammlöcher verwandelt und die Gemeinde hatte vom Haupttor aus einen Gehweg aus Brettern legen lassen, der zwar sehr lang, aber sehr schmal war, woraus sich die Häufigkeit komischer Zwischenfälle erklärt, die Metternich berichtet. „Kaiser Alexander spaziert jeden Tag auf diesen Brettern. Alle Männer, die ihm entgegenkommen, müssen natürlich in den Schmutz treten, während er selbst, um die Damen, die ihm entgegenkommen, vorbeizulassen, ebenfalls in den Schmutz tritt, es sei denn, daß die Damen ihm in diesem Opfer zuvorkommen. (...) Was übrigens seiner kaiserlichen Majestät geschieht, geschieht auch dem Minister und dem einfachsten Schreiber. Seit die Welt zivilisiert ist, gab es niemals einen ähnlich gearteten Kampf (...) zwischen der Politik und dem Schlamm."

Die Allianz hinkt

Gehen wir zu den ernsteren Dingen über. Als der Kongreß formell am 23. Oktober eröffnet wurde, wurde deutlich, daß die Allianz nur durch drei von den fünf Akteuren des vorangegangenen Kongresses vertreten war: nämlich von den Herrschern Österreichs, Preußens und Rußlands, die von ihren wesentlichen Ministern und ihren Botschaftern bei den jeweils anderen Höfen begleitet wurden. So hatte Metternich zur Unterstützung nicht nur den unerläßlichen Gentz, sondern auch Lebzeltern und Zichy, seine beiden Botschafter aus St. Petersburg und Berlin. Castlereagh, der von Beschlüssen seines Kabinetts und seinen eigenen Erklärungen vor dem Parlament gebunden war, hatte versucht, den Bruch einer seiner Meinung nach immer noch nützlichen Allianz zu kaschieren. Zu diesem Zweck hatte er seinen Halbbruder, Lord Stewart, den amtierenden Botschafter Englands in Wien, nach Troppau entsandt, mit der Auflage, sich als einfacher Kongreßbeobachter darzustellen, dem es nicht gestattet sei, Vorschläge zu machen oder Schriftstücke zu unterzeichnen. Seitens der Franzosen hatte zunächst Richelieu die Absicht gehabt, Ludwig XVIII. zu vertreten, er hatte aber auf den drängenden Rat von Decazes hin seine Meinung geändert, der aus London weiterhin seinen Einfluß auf den alten König ausübte und auch auf die Ratschläge von Pasquier hin, des Außenministers, der ein heftiger Verfechter des traumtänzerischen Plans einer Ausbreitung des französischen Modells einer konstitutionellen Monarchie war. Während Frankreich, so argumentierten sie, sich mit Österreich und Rußland in deren Unterdrückungsarbeit verband, überließ es England seinen Platz als einziger Anhänger der liberalen und konstitutionellen Ideen. Diese Gedanken, so glaubten sie wie seinerzeit Alexander 1814, hatten die Zukunft für sich. Das britische Beispiel war also von der französischen Regierung befolgt worden: es wurden nur die beiden Botschafter Frankreichs bei Alexander und Kaiser Franz, Graf de La Feronnays und Marquis de Caraman entsandt. Welche Rolle sollten sie spielen? Es waren ihnen nicht nur keine anderen Vollmachten, als diejenigen eines Beobachters und Informanten gegeben worden, sie waren außerdem noch größtenteils durch ihre verbissene Rivalität untereinander gelähmt. „Wenn Frankreich schweigt, um so schlimmer für Frankreich", kommentierte Alexander die Situation. Andererseits konnte dieses Fernbleiben Frankreichs die Aufgabe Metternichs nur erleichtern.

Alexander von Metternich eingefangen

Die Preußen waren immer noch geneigt, treu den Impulsen ihrer beiden großen Alliierten zu folgen, und so beschränkten sich insgesamt die Diskussionen in Troppau auf eine Verhandlung zwischen Österreich und Rußland, anders gesagt, zwischen Metternich und Alexander. Wenn letzterer allein gewesen wäre, wäre die Entwicklung ohne Widerstand gewesen. Bei seiner Ankunft hatte er Metternich „als alten Waffenbruder" empfangen; und in ihrem ersten ausführlichen Gespräch hatte er ihm erklärt: „Jetzt, im Jahre 1820, werde ich um keinen Preis das tun, was ich 1813 getan habe. Nicht Sie haben sich geändert, sondern ich. Sie brauchen nichts zu bereuen, ich für meine Person kann nicht das Gleiche von mir selbst sagen." Was hieß, daß er seine liberalen Ideen überwunden hatte. Während seines Aufenthaltes in Warschau hatte er sich mehr und mehr über die Schwierigkeiten geärgert, die der polnische Reichstag seinem Willen entgegensetzte. In Troppau ließ er sich schließlich von Metternich im Verlauf von langen Gesprächen am Samowar davon überzeugen, daß es eine weit gespannte Konspiration gäbe, deren Ziel die Umstürzung der Sozialordnung sei. Diese Konspiration werde von Geheimgesellschaften angetrieben und von Paris aus durch ein „Direktorenkomitee" koordiniert. Die Vorsehung habe glücklicherweise das Heilmittel gegen diese Plage in der

Heiligen Allianz geschaffen. Ein wichtiges Element bei dieser Bekehrung des Zaren geschah im Verlaufe eben des Kongresses von Troppau: am 15. November kam aus St. Petersburg die Nachricht an, daß in seinem bevorzugten Garderegiment Semenovski die Rebellion ausgebrochen war. Der Zar, berichtet Metternich, „glaubt, daß es einen Grund geben müsse, warum 3.000 russische Soldaten sich zu einer Handlung haben hinreißen lassen, die so wenig dem Nationalcharakter entspricht. Er geht sogar so weit, sich vorzustellen, daß es Radikale waren, die diesen Coup gelandet hatten, um ihn einzuschüchtern und ihn dazu zu veranlassen, nach St. Petersburg zurückzukehren".

Wenn der Zar der einzige Gesprächspartner gewesen wäre, so hätte Metternich sicherlich nicht viel Mühe gehabt, das zu erreichen, was er wollte. Aber der Einfluß des wesentlichsten Staatssekretärs, Capodistria, trieb den Geist des Autokraten in die Gegenrichtung. Dieser hatte seine Überzeugung, daß das beste Mittel gegen Revolutionen nicht etwa Polizei und Bajonette waren, sondern gute, liberale Verfassungen, nicht geändert. Nesselrode, sein Rivale im russischen Kabinett, legte zweifelsohne den Finger an die Grundlagen seines politischen Benehmens, als er sagte, daß sein Kollege „für eine Welt" zu arbeiten glaubte, „die aus ebenso perfekten Menschen besteht, wie er selbst einer war". La Ferronays sagt auch: „Er hat eine so edle und so hohe Seele, ein so großes Wollen für das Gute und die Gerechtigkeit, daß er selbst oft von seinen philanthropischen Träumen in Verwirrung gebracht wird." Dazu gehörte auch eine sehr griechische Fähigkeit, nämlich Diskussionen durch unendlich abstrakte Abhandlungen in die Länge zu ziehen. Es war aber dieser und nicht der Zar, der in den Konferenzen Metternich gegenüber saß. Letzterer empfand deswegen zugestandenermaßen eine wachsende Verärgerung.

Die russische und die österreichische Position

Aus den ersten ausgetauschten Noten waren die unterschiedlichen Meinungen Österreichs und Rußlands zu bestimmten Punkten dargelegt worden; allerdings können wir nicht genau wissen, was in den von Capodistria geschriebenen Positionspapieren nun vom Minister oder von seinem Herrn formuliert worden war.

Metternich zufolge, sollte die gegen die neapolitanische Revolution ins Auge gefaßte Aktion eine im wesentlichen österreichische Operation sein, wobei die Allianz nur eingreifen sollte, um Österreich zu Beginn eine moralische Stütze zu geben. Für Alexander war klar, daß Österreich nur als besonderer Arm der Allianz handeln sollte, die die Operation in all ihren

Phasen ständig kontrollieren sollte. In zweiter Linie bemühte Metternich sich, weil er die britischen Alliierten schonen wollte, die Angelegenheit herabzuspielen, ihre Tragweite zu begrenzen. Alexander aber wollte im Gegensatz dazu eine sichtbare Demonstration der konservativen Aktivitäten der Allianz machen, womit er einen Präzedenzfall schaffen wollte, der später auf Spanien angewandt werden könnte. Drittens: für Österreich gab es keinen Anlaß, mit den Rebellen zu diskutieren, man wollte sie nur ausradieren. Capodistria betonte, daß die militärische Aktion in der öffentlichen Meinung Italiens und Europas um so eher akzeptiert werde, wenn man zunächst einmal versuchte, die Schuldigen durch die Vermittlung des Papstes oder des französischen Königs an den Verhandlungstisch zu bringen. Das letzte Ziel Metternichs war die Wiederherstellung der absoluten Monarchie in Neapel, das Ziel Capodistrias – und vielleicht auch das seines Herrn – war, dort ein gleichzeitig monarchistisches und parlamentarisches System einzuführen.

Aus der Redeschlacht um diese Themen mit all ihren gewundenen und geduldigen Manövern – deren ausführliche Details ein ganzes Buch füllen könnten – wollen wir hier nur zwei Punkte festhalten.

Das Protokoll vom 19. November 1820

Zunächst einmal das „vorsorgliche Protokoll" vom 19. November 1820, eine Urkunde, deren Wichtigkeit durch die Tatsache unterstrichen wird, daß ihre Unterschrift durch ein Bankett mit 50 Gängen gefeiert wurde, das der österreichische Kaiser gab. Dies war die einzige Festlichkeit dieser Art, die in der Geschichte dieses Kongresses erwähnt wird.

Und zu Recht. Quer durch die feierliche und wissenschaftlich ausgewogene Phraseologie kann man daraus die Konzessionen ablesen, zu denen sich beide vertragschließenden Parteien verstanden hatten. Die österreichische Armee sollte entsprechend dem Wunsche Metternichs alleine den Auftrag erhalten, in Neapel die Monarchie wiederherzustellen und es war nicht die Rede davon, dem so wieder eingesetzten König eine irgendwie geartete Beschränkung in seiner Macht aufzuerlegen. Als Gegenleistung für dieses Zugeständnis wurde feierlich ein allgemeines Interventionsrecht gegen die aus Revolutionen hervorgegangenen Regierungen proklamiert.

> „Wenn Staaten, in denen sich auf diese Art ähnliche Änderungen vollzogen haben, anderen Ländern die Furcht vor einer drohenden Gefahr in ihrer räumlichen Nähe einflößen und wenn die alliierten

Mächte ihnen gegenüber eine wirksame und wohltuende Handlung ausüben können, so werden sie, um sie in den Schoß der Allianz zurückzuführen, zunächst freundschaftliche Schritte unternehmen und danach Waffengewalt anwenden, wenn die Verwendung dieser Gewalt unabdingbar wird."

Trotz aller einschränkenden oder ausweichenden Formulierungen war dies genau die Verallgemeinerung des Interventionsrechts, die Metternich hatte vermeiden wollen, denn er wußte, daß sie für England nicht akzeptabel war. In der Tat wandte sich der Foreign Secretary am darauffolgenden 19. Januar in einem in schneidendem Ton gehaltenen Rundschreiben gegen die in Troppau verkündeten Prinzipien, die, so sagte er, den Trend zeigten, „in Europa ein föderatives Unterdrückungssystes einzuführen". Da sich Frankreich unangenehmerweise mit der britischen Haltung solidarisch erklärte, war dies auf mehr oder weniger lange Sicht die Auflösung und das Verschwinden der „Pentachie" von Aachen. Schlimmer noch, für die österreichische Politik bedeutete dies einen Einbruch in der Viereralliianz von 1815. Die Viereralliianz war nur noch mit drei Mitgliedern vertreten und da diese drei ausgerechnet die ersten Gründungsmitglieder und Unterzeichner der Heiligen Allianz des September 1815 waren, schmolz nun jede Unterscheidung zu einer Verwirrung zusammen zwischen dem mystischen Pakt und dem, was von der Allianz des 25. November 1815 übrig geblieben war. Alexander, der Prophet der christlichen Brüderlichkeit zwischen Herrschern und Völkern wandelte sich vollends zum von der Vorsehung berufenen Wächter der monarchistischen Weltordnung, während Metternich, der sicher war, den russischen Autokraten an der Leine führen zu können, sich zum Beweihräucherer des Bundes machte, den er doch zunächst lächerlich gemacht hatte, als er in ihm nur einen „philanthropischen Anspruch im Deckmäntelchen der Religion" sah.

Die Einladung an den König von Neapel

Der zweite wesentliche Akt des Kongresses war eine Einladung, die dem König von Neapel zugestellt wurde, in der er aufgefordert wurde, persönlich mit den Alliierten über die Behandlung der im Protokoll vom 19. November verkündeten Entschlüsse konferieren zu kommen. Hatte Metternich diesen Gedanken selbst entwickelt? Wie dem auch sei, es war ein herrlicher Schachzug. Seit einem Monat hatten die Russen und die Franzosen nicht aufgehört, die gewünschte Aktion durch Vermittlungsvorschläge zu verbessern, nach denen bald Ludwig XVIII., bald der Papst eingreifen sollte. Der Ruf an den Hauptbetroffenen, den König von Neapel, schnitt alle Manöver Capodistrias und der französischen Vertreter kurz und bündig ab. Mit triumphierendem Ton erklärt Metternich seiner Mutter und seiner Frau die Tragweite dieses „entscheidenden Schlages". „Die Spitzbuben von Neapel und die Idioten außerhalb dieses Königreiches versichern, daß der König frei ist und alles bewundert, was die Carbonari machen. Die Tatsachen werden für sich selbst sprechen. Wenn der König frei ist, wird er zur Versammlung der Herrscher kommen und wenn er das bewundert, was bei ihm zu Hause geschehen ist, so wird er es uns sagen können". Wenn man ihn aber auf der anderen Seite nicht reisen lassen wird,

> „so haben wir es nicht mehr mit der Nation zu tun, sondern mit der Fraktion, die den König gefangen hält. Es ist eine Angelegenheit, die ich seit langem überdenke und die der Welt unsere offensichtlich langsame Handlungsweise erklärt (...). Als ich gesehen hatte, daß die Sache reif war, bin ich mit meinem Plan hier aufgetreten, nachdem ich zunächst viele andere Pläne verwandt hatte, der eine schlechter als der andere und alle haben laut geschrien: das ist es! Die Welt ist von Kindern bevölkert!"

Wartezeit in Troppau

Danach hätte sich der Kongreß in Erwartung des Ergebnisses dieser letzten Demarche wohl vertagen oder sich in Wien für den Winter angenehmer einrichten können, als in Galizien. Aber Zar Alexander, den immer noch die Erinnerungen von 1815 plagten, bestand darauf, in Troppau die Antwort aus Neapel abzuwarten. Metternich zerrte am Zügel. Was sollte er tun, um seine Tage auszufüllen? „Ich komme jeden Tag über die Stunden hinweg an den Abend, wie ich einstmals an das Ende meines Lebens kommen werde, das heißt, ohne gelebt zu haben." Er nutzte diese erzwungene Muße, und verfaßte für den Zaren Alexander ein langes „Glaubensbekenntnis". Wer den Mut hat, diese 20 Seiten[1] zu lesen, findet dort zweifelsohne die am vollendetsten ausformulierte Version der Doktrin des Großpriesters der Reaktion.

Abends jedoch wurde der einschläfernde Prediger der liebenswürdigste Gastgeber für die Diplomaten, die es sich angewöhnt hatten, sich bei ihm einzufinden. Der Graf de La Feronnays, der dem Minister sicherlich sehr feindlich gesinnt war, bezeugt dies.

„Ich beendete den Abend üblicherweise bei Fürst von Metternich, wo wir uns versammelten. Dies war der angenehmste Teil des Abends, vor allen Dingen, wenn er die Konversation bestritt. Er hat wirklich den Esprit, der ihm nachgesagt wird; er versteht es, angenehm zusprechen, kann hinreißend erzählen und versteht es, Details interessant zu machen, die ein anderer kaum der Erwähnung Wert halten würde. Wenn man Fürst von Metternich niemals träfe und mit ihm nur gesellschaftlich zu tun hätte, so wäre er einer der Männer auf dieser Welt, die man gerne häufiger sehen würde." (20. Dezember 1820, an die Comtesse de La Feronnays, Privatarchiv.)

Der Kongreß emigriert nach Laibach

Am 23. Dezember vormittags wurde in Troppau bekannt, daß das neapolitanische Parlament zugestimmt hatte, König Ferdinand das Land verlassen zu lassen, um der Einladung der alliierten Herrscher nachkommen zu können. Auf anderen Wegen erfuhr man bald auch, daß den Schwüren, die der armselige Alte geleistet hatte, um seine Freiheit wiederzugewinnen und sich von seinen geliebten Untertanen entfernen zu können, nicht der mindeste Wert beizumessen war.

Am 24. konnte also die Schlußsitzung des Kongresses stattfinden. Es war schon vereinbart worden, daß die Arbeit in Laibach in Slovenien wieder aufgenommen werden sollte. Das Klima war dort selbstverständlich leichter zu ertragen als in Schlesien und der Neapolitaner konnte leichter dorthin kommen. Und nicht nur er, denn Metternich gab bekannt, daß er es für richtig gehalten hatte, die Vertreter der anderen italienischen Herrscher ebenfalls nach Laibach einzuladen. Als er diese letzte Überraschung aus dem Hut zog, schnitt er geschickt das Gras unter den Füßen Capodistrias und der Franzosen ab, die geplant hatten, sich der Ablehnung zu bedienen, die die österreichische Aktion ganz natürlicherweise im Rest Italiens und insbesondere in Rom und Turin auslösen würde.

Am Morgen des 25. machte sich Metternich auf den Weg nach Wien, wo er 48 Stunden später eintraf. Sein erhabener Herr, der Zar, Minister und Botschafter folgten ihm in den nächsten Tagen und die ganze Gesellschaft traf sich freudig wieder in Wien, das von den Vergnügungen des Neujahrstages in Feststimmung versetzt war. Es fehlte allerdings der preußische König, der nach Berlin zurückgereist war; zweifelsohne hatte er die Nase voll davon, als Staffage oder stummer Statist an der Vorstellung teilzunehmen.

Metternich kam am 4. Januar in Laibach an, zwei Tage vor seinem Herrscher. Er leistete sich dort, wie in Troppau, eine Unterbringung, die der Rolle des noblen Gastgebers entsprach, die zu spielen er liebte. Der fast italienische Rahmen der kleinen Stadt mit ihren Kirchen und ihren Barockfassaden war für einen weniger gestrengen Rahmen als Troppau durchaus geeignet. Es gab sogar einen Theatersaal, in dem zwei Opern Rossinis aufgeführt wurden.

Eine große Komödie

Man könnte geneigt sein, hinzuzufügen, daß dieser Theatersaal auch für die Sitzungen des Kongresses hätte dienen können, so groß war bei der Arbeit des Kongresses der Anteil der Komödie.

Diese Komödie führte Metternich für sich selbst und seine Nächsten auf, als er sich darin gefiel, die Wichtigkeit der Aufgabe lächerlich zu übertreiben, damit er sich danach um so mehr den Ruhm würde zuschreiben können.

> „Dies wird die größte Aufgabe (schon wieder!) sein, die jemals ein Mann zu unternehmen gewagt hat, nämlich aus den Elementen, über die ich verfüge, ein einiges Europa angesichts einer Revolte zu machen (...) die stärkste Unternehmung meines Lebens und auch die größte Unternehmung jeden Mannes im Altertum und in der modernen Zeit." (An Fürstin Eleonore, 2. Februar 1821, Archives de Plasy.)

Es war eine Komödie, als Gentz zur Schaffung der Illusion einer feierlichen Prozedur auf Metternichs Anweisung hin Protokolle von sechs Sitzungen anfertigte, die nicht wirklich abgehalten worden waren. Es war Komödie, als der alte König Ferdinand, der sich in Udine von seinen neapolitanischen Bewachern getrennt hatte, nur in Begleitung des Grafen de Blacas, des Botschafters Frankreichs in Rom, in Laibach ankam, der ihm alles vorsagte, was er zu sagen oder zu schreiben hatte, um sein abnormes Benehmen zu entschuldigen und seinen feierlichen Eiden abzuschwören. Es war immer noch Komödie, als der Herrscher seinen Bevollmächtigten für den Kongreß benannte; dieser, der Kommandeur Alvaro Ruffo, war von ebenso großer Unfähigkeit wie absoluter Anhänglichkeit an Metternich und konnte nichts anderes tun, als die von Gentz für ihn abgefaßten Erklärungen vorzulesen. Es war Komödie, als Capodistria von seinem Herrn gezwungen wurde, sich über seine persönlichen Gefühle hinwegzusetzen und seine Verärgerung hinter Wolken von obskurer Phraseologie zu verstecken, was Metternich gewaltig amüsierte. „Capodistria führte sich auf wie ein Teufel im Weihwasserbecken, aber er steckt voller Weihwasser und kann nichts dagegen machen."

Es war Komödie, als Metternich den neuen Vertreter Ludwigs XVIII. Comte de Blacas, sowie die Botschafter der italienischen Staaten mit Zuvorkommen überhäufte und so tat, als wolle er nichts ohne ihre Zustimmung entscheiden, wo doch in Wirklichkeit schon alles in kleinen geheimen Zirkeln mit den Vertretern des Zaren und dem preußischen König geregelt war.

Die große Schlußszene fand am 30. Januar statt. Der Herzog von Gallo, ein Mitglied der parlamentarischen Regierung von Neapel, war im Zuchthaus in Göry festgesetzt worden; er wurde schließlich nach Laibach gerufen. In der Audienz, die er bei seinem Herrn hatte, versuchte er, ihm zu zeigen, daß seine Aufgabe und seine Ehre ihm geboten, gegen die Entscheidungen der Alliierten zu protestieren und nach Neapel zurückzukehren, um seinem Volk als Schutz zu dienen; Ferdinand teilte ihm im Gegenteil mit, daß er sich allem unterwerfen müsse und daß er, Gallo, damit beauftragt werde, die Ultimaten der Alliierten nach Neapel zu überbringen. Die Generalversammlung der Bevollmächtigten begann um acht Uhr abends. Gallo wurde wie ein Angeklagter vor den Areopag geführt, während Ruffo, dem nicht daran gelegen war, den verächtlichen Blick seines Kollegen auf sich zu fühlen, sich aus dem Staube machte. Gallo nahm Platz zwischen Metternich und Lord Stewart, dem britischen Beobachter. Nach Aussage eines Zeugen „hörte er mit gefalteten Händen zu, ohne ein Wort zu sagen und wie ein Kind, dem man die Lektüre von Theaterstücken vorwirft." Danach machte er eine bescheidene Unterwerfungserklärung. Am nächsten Tag sollte er nach Neapel zurückreisen und einen Brief seines Königs an den Prinzregenten, seinen Sohn überbringen, in dem er diesem befahl, widerstandslos die Besetzung des Landes durch österreichische Truppen, die schon in Marsch gesetzt waren, hinzunehmen.

Schluß des Kongresses

In Erwartung des Ergebnisses dieser letzten Aufforderung befaßte man sich mit den anhängenden Vorschriften: die Dauer der Besetzung – sie war auf drei Jahre festgesetzt –, die Finanzierung der Unterhaltung der Truppen, die der Kaiser zu übernehmen sich verpflichtete ..., unter der Bedingung, daß es keinen Widerstand gebe (schon wieder eine Komödie!), die Rolle und die Zusammensetzung einer Kommission aus alliierten Botschaftern, die damit beauftragt war, die militärische Aktion zu überwachen; schließlich das politische System, das in Neapel die vergängliche liberale Verfassung ersetzen sollte. Hier hatte Ruffo einen Plan so absolutistischen Charakters vorgelegt, daß Metternich sich in der paradoxen Situation eines Verteidigers der Rechte des Volkes sah; das schließlich von ihm diktierte System beinhaltete zumindest das Scheinbild einer nationalen Vertretung mit zwei Consultà ..., die nach dem Willen des Herrsches zusammengesetzt wurden. „Wir sind entschlossen, den Polypen auszureißen, der das Königreich Neapel aufzufressen droht", hatte Metternich an Richelieu geschrieben; „er muß bis in seine Verzweigungen hinein getötet werden, denn er würde sonst nachwachsen. Die Leere muß durch (...) das, was den wirklichen Bedürfnissen des Königreiches und dem Geist eines halb afrikanischen und barbarischen Volkes entspricht, ersetzt werden."

Am 22. und 23. Februar sollten diese Vorschriften von den italienischen Vertretern bestätigt werden und am 26. fand die formelle Abschlußsitzung statt mit der Ankündigung einer neuen Generalversammlung, die im September 1822 in Florenz stattfinden sollte; dort sollte begutachtet werden, ob die Situation eine Verlängerung der in Laibach beschlossenen Vorsichtsmaßnahmen notwendig machen würde. Unterdessen hatten die Herrscher und ihre Minister beschlossen, vor Ort das Resultat der begonnenen militärischen Operationen abzuwarten. Metternich war in der Tat etwas beunruhigt. Er vertraute sich am 10. März Stadion an:

> „Alles wird von den Schlägen abhängen, die ausgeteilt werden. Wenn sie entscheidend sind, ist die Angelegenheit erledigt. (...) Wenn wir diese Schläge bekommen, könnte die Welt umkippen. Dann würde geschehen, was geschehen wäre, wenn wir nichts getan hätten, denn Italien würde zum Teufel gehen und mit Italien Frankreich und Deutschland, so wie sie zum Teufel gegangen wären, wenn wir neutrale Beobachter der Entwicklung der Revolution in Neapel geblieben wären."

In der Zwischenzeit waren die Feindseligkeiten eröffnet worden, denn die Neapolitaner hatten auf die von Gallo gebrachten Ultimaten in einem Aufschrei von Stolz dadurch geantwortet, daß sie selbst die Initiative ergriffen, den Krieg zu erklären (15. Februar). Aber schon beim ersten Treffen (7. März) wurde die improvisierte Armee des Generals Pepe von den österreichischen Truppen vernichtend geschlagen, wonach diese unter Befehl des Generals Frimont – ohne auf weiteren Widerstand zu treffen – weitermarschieren konnten.

Putschversuch in Piemont

Die Nachricht über diesen ersten Erfolg erreichte Laibach am 10. März: „Die ganze Geschichte wird sich in Rauch auflösen", triumphierte Metternich, „weil sie insgesamt gesehen nur aus Rauch bestanden hatte." Aber gerade an eben diesem Tag hatte sich ein anderer Brandherd gebildet: in der Nacht vom 9. auf den 10. März übernahm eine Gruppe von jungen liberalen Offizieren die Kontrolle der piemontesischen Zitadelle von Alexandria; die Garnison von Turin folgte ihrem Beispiel und verlangte von König Victor-Emmanuel, daß er die Verfassung von 1812 verkünden solle und Österreich den Krieg erkläre. Statt sich diesen Forderungen zu unterwerfen zog es der König vor, zu Gunsten seines Bruders Karl-Felix, des Herzogs von Genua, abzudanken, der seinerzeit in Modena war und die provisorische Regentschaft seinem jungen Cousin Karl-Albert, dem Fürsten von Carignan zu übertragen. Als einziger Erbe der Dynastie von Savoyen hatte dieser Prinz zweifelhafte Verbindungen zu den Verschwörern gehabt. Am 13. beeilte er sich, die Verfassung zu akzeptieren.

In Laibach war man gerade dabei, sich bezüglich der Entscheidung, dort die Ergebnisse der Operation in Neapel abzuwarten, zu beglückwünschen. Der Bericht Metternichs war erstaunlicherweise einer der kürzesten, die es gab, und wir können uns den Luxus leisten, ihn wiederzugeben.

> „Am 22. wurde ich sehr früh am Morgen von den Nachrichten über die Militäraufstände von Alexandria und Turin geweckt. Ich sagte zu demjenigen, der mir diese Ereignisse mitteilte: „Es ist gut, darauf habe ich gewartet." Ich erhob mich anschließend und ging zu meinem erhabenen Herrn und zum russischen Kaiser. Wir versammelten uns ein zweitesmal bei Kaiser Franz und zur Mittagszeit wurden die hier nachstehend wiedergegebenen lakonischen Befehle abgefaßt und abgeschickt:
> 1. Die neapolitanische Armee soll sich in ihren Operationen beeilen, ohne sich von den Dingen, die in Piemont geschehen, beunruhigen zu lassen.
> 2. 24.000 Mann sollen aus Wien und Umgebung nach Italien abmarschieren.
> 3. 90.000 Russen sollen unsere Grenzen überschreiten.
>
> Daraufhin haben wir uns wieder getrennt, um wie üblich zu dinieren.

Trotz der deutlich gezeigten Zwanglosigkeit verlangte die Lage von Metternich einen außergewöhnlichen Aufwand an Erklärungen und

Appellen nach allen Seiten. „Der Himmel hat mir die Rolle eines Leithammels zugewiesen", schreibt er, „je mehr ich arbeite, desto besser geht es. In den acht letzten Nächten habe ich kaum mehr als zwei Stunden geschlafen (22. März). Ich schreibe ohne Unterbrechung und ohne Ruhepause, bald werde ich so viele Federn kaputtgeschrieben haben, wie alle Gänse Böhmens nur liefern können." Gänsefedern, die sehr Pfauenfedern gleichen, ist man versucht, hinzuzufügen.

Am Abend des 28. März erreichte Laibach schließlich die Nachricht vom triumphalen Einzug der Truppen Frimonts in Neapel. Ein junger französischer Diplomat, Boislecomte, befand sich mit anderen zusammen im Salon Metternichs, als die Depeschen aus Neapel gebracht wurden.

„Ich habe ihn gesehen", so erzählt er, „im ganzen Stolz seines Triumphes. 'Jetzt schlägt die Stunde der Wiederauferstehung', verkündete er. 'Man sagte: Der erste Kanonenschuß wird die Welt umstürzen und der erste Kanonenschuß hat sie gerettet. Jetzt beginnt die wirkliche Restauration, die moralische Restauration. (...) Wenn ich der Vorsehung irgendwie für irgendetwas zu danken hätte, so ist es hauptsächlich dafür, daß sie es mir ermöglicht hat, diese ganze Frage von Anfang an richtig beurteilt zu haben und klar gesehen zu haben, wie sie zu behandeln war, etc.'"

Das Scheitern des Putsches in Piemont

Der Revolutionsversuch in Piemont wurde nicht erwähnt, weil sein Scheitern schon deutlich zu erkennen war. Am 21. März hatte Karl-Albert die Flucht vor der Revolution ergriffen und begab sich zu den treugebliebenen Truppen. Anschließend begab er sich nach Modena, um sich dem neuen König Karl-Felix zu unterwerfen. Kommentar Metternichs: „Es hat sich ein König gefunden, der lieber auf seinen Thron verzichtet hat, als Ja zu sagen; sein Nachfolger sagt Nein und damit ist die Revolution am Ende. Das Beispiel ist nicht schlecht."

Am 8. April griffen die Aufständischen mit dem Mut der Verzweiflung in Novara die unter dem Befehl des Generals Sallier de Latour treu gebliebenen Regimenter an; das plötzliche Auftauchen des österreichischen Korps von Bubna löste unter den Belagerern eine Panik aus.

„Niemals zuvor hatte eine schändlichere Flucht eine Truppe oder vielmehr ihre Kommandeure mehr entehren können", kommentierte der französische Botschafter in Turin, Marquis de la Tour du Pin; sie waren entsetzt zu ihm gekommen, nachdem sie ihre Männer im Stich gelassen hatten und baten ihn, ihnen die Mittel zuzugestehen, sich nach Frankreich zu flüchten.

In den folgenden Tagen besetzten die Österreicher und die treu gebliebenen Piemontesen kampflos Alexandria, Genua und Turin. Die russischen Truppen, die drei Wochen zuvor in Marsch gesetzt worden waren, erhielten den Befehl, umzukehren, noch bevor sie die Grenzen des österreichischen Kaiserreiches erreicht hatten.

Das Endes des Kongresses von Laibach

Nach diesen entscheidenden Schlägen gegen die Revolutionen in Neapel und Turin blieben die Herrscher und ihre Minister noch mehrere Wochen in Laibach. Warum? Es blieb noch, den Status und die Rolle der ausländischen Truppen zu definieren, die dazu bestimmt waren, die restaurierten Monarchien zu stützen und außerdem mußten diese Regime selbst vor den Irrtümern bewahrt werden, die zu ihrer Auflösung beigetragen hatten.

Auf der neapolitanischen Seite wurde die Reorganisation der Regierung durch die Weigerung des alten Königs blockiert, wieder in seine Hauptstadt zurückzukehren, wo, so glaubte er, ihn die rächenden Dolche der Carbonari erwarteten. Metternich hatte viel damit zu tun, ihn aus mehreren Verstecken herauszutreiben, wo er sich unter verschiedenen Vorwänden in Florenz und dann in Rom festbiß.

Bezüglich Piemonts gab es auch ein Personalproblem. Die alliierten Herrscher und Metternich hatten große Anstrengungen bei Victor-Emmanuel unternommen, um ihn dazu zu bringen, seine Abdankung zurückzunehmen. Dies war nicht möglich und Karl-Felix bestieg schließlich den Thron. Dann allerdings hatte Metternich viel Mühe, die unerbittliche Reaktion zu mäßigen, die der schmächtige Monarch durchzuführen vorhatte. Zumindest war der neue König für Österreich ein bedingungsloserer Alliierter, als sein Bruder; und so war für ein Jahrzehnt der Apparat der österreichischen Hegemonie über Italien komplettiert, der auf den Ruinen der nationalen und liberalen Bewegungen aufgebaut worden war.

Gedanken über die Ereignisse

Hätte das gleiche Ergebnis nicht leichter erreicht werden können? Metternich gestand Paul Esterhazy, seinem Vertreter in London:

„Wenn wir zu Beginn der neapolitanischen Revolution über eine Armee von 20.000 Mann in unseren italienischen Provinzen verfügt hätten, die wir zusätzlich zu einer ausreichenden Anzahl von Soldaten hätten einsetzen können, welch letztere Piemont hätten schützen können und die gleichzeitig den Dienst in unseren eigenen Provinzen sichergestellt hätten, so wären wir schon zu Beginn der Subversion nach Neapel marschiert. Da dies nicht der Fall war, haben wir (...) gezwungenermaßen unser Vorgehen auf unterschiedliche Grundlagen aufbauen müssen."

Das heißt, die schwerfällige und endlose Prozedur des Kongresses, der die als unerläßlich angesehene Intervention um sechs Monate verzögert hatte. Aber dieses Vorgehen, das von vielen schlecht verstanden wurde, hatte es zumindest gestattet, zwei wichtige moralische Ergebnisse zu erzielen.

Zunächst eine blendende Demonstration der Entschlußkraft der alliierten Herrscher, einvernehmlich gegen revolutionäre Versuche vorzugehen. Die Bedeutung und der Sinn in der Sache wurden einerseits in einem umfangreichen Rundschreiben in die Welt posaunt, das Metternich an die Gesandtschaften Österreichs schickte und andererseits zum Gebrauch der Weltmeinung in einer kürzeren Erklärung bekanntgemacht, die nur von den Ministern der drei alliierten Herrscher unterzeichnet war, die am Kongress teilgenommen hatten. Dort wurde überhaupt nicht auf die beiden anderen Mitglieder der Allianz von Aachen, Frankreich und England, angespielt; nur das Dreigestirn sollte am europäischen Firmament glänzen, welches wohltätig und allmächtig aus den absoluten Herrschern bestand, die die Heilige Allianz unterzeichnet und gegründet hatten.

Alexander, Spanien und Griechenland

Die andere Frucht dieser sechs Monate Geschwätz war das Vertrauen und die Anhänglichkeit, mit der Zar Alexander jetzt Kaiser Franz bedachte: „Eine Art kindlichen Respektes", erklärt Metternich, „eine Art religiösen Kultes." Alexander erachtete den anderen Herrscher „als den Vertreter des Willens und der Weisheit Gottes". Und natürlich dehnten sich diese Gefühle in gewisser Weise auch auf den Minister aus, der das Vertrauen des weisen Monarchen absolut besaß. Nach einem langen Gespräch mit dem Zar konnte Metternich erfreut feststellen: „Wenn jemals irgend jemand sich von schwarz nach weiß gewandelt hat, dann ist er es! Mein größtes Verdienst in dieser Angelegenheit ist es, daß ich den Einfluß, den ich gegenwärtig habe, dazu gebrauchen kann, ihn daran zu hindern, die Grenzen der Gerechtigkeit und des Guten zu überschreiten" (9. Mai).

Die vorstehende Anspielung betrifft in der Tat die spanischen Angelegenheiten. Mehrfach hatte der Zar die Frage mit Graf de La Feronnays, dem Botschafter Ludwigs XVIII. angesprochen: Warum konnte Frankreich in Spanien nicht die Rolle übernehmen, die Österreich in Neapel gespielt hatte? Rußland würde seine ganze Hilfe und seine ganze Macht dafür einsetzen. Solche Reden, die Metternich berichtet wurden, hatten ihn mit Entsetzen erfüllt; und es war ihm gelungen, Alexander zu überzeugen, daß die französische Armee so sehr vom Carbonarismus durchsetzt sei, daß sie sich gegen den französischen König wenden würde, wenn dieser die Absicht bekundete, sie gegen die Liberalen in Madrid in Marsch zu setzen, so wie sich die Armee Ferdinands VII. in Cadiz im Januar 1820 gegen ihren Herrscher gewandt hatte.

Auch in einer anderen, ebenso schwerwiegenden Angelegenheit hatte sich der mäßigende Einfluß gezeigt, den Metternich ausüben konnte. Am 19. März war in Laibach die Erhebung gegen die Türken bekannt geworden, die zwei Wochen zuvor Fürst Ypsilanti in den rumänischen Provinzen und anschließend bei den Griechen in Morea begonnen hatte. In dem Zusammentreffen des Ereignisses mit dem Augenblick, in dem Metternich den Gipfel seiner Macht erreichte und sich jetzt endlich als „Kutscher Europas" fühlen konnte, liegt etwas Dramatisches. Kaum war der Schlußstein auf das Gebäude gesetzt, als eine Art Nemesis in seinen Grundmauern die Auflösung und die Zerstörung gelegt hatte. Die Allianz, „die heilige Arche", litt an einer unheilbaren Krankheit, sie würde zusammenstürzen und ihren Großpriester isoliert und ohnmächtig zurücklassen.

Letzterer hatte die Gefahr klar erkannt.

> „Dieses Ereignis", so erklärte er dem Zaren, „ist nur eine Strohfackel, die zwischen Österreich und Rußland geworfen wurde, ein Mittel, (...) den liberalen Brand am Leben zu erhalten, ein Mittel (...) das russische Volk in eine Gegenbewegung zu dem zu bringen, was sein Herrscher als seine Politik erkannt hat, diesen Herrscher zu zwingen, seine Blicke vom Westen abzuwenden, um sie ganz auf den Orient zu richten, die Bande zu zerbrechen, die die beiden Kaiser verbinden."

Alexander ließ Ypsilanti fasziniert, beschwätzt und in den eigenen Deklarationen gefangen, höchst feierlich fallen und unterzeichnete ein Dokument, in dem der Aufstand der Griechen den liberalen Bewegungen Madrids und Neapels gleichgesetzt wurde und überließ die Aufständischen dem Strafgericht ihres legitimen Herrschers, des Sultan.

Metternich kleidete seine Beunruhung in eine schreckliche Persiflage, die seines wirklich menschlichen Charakters unwürdig ist. „Die Komplikationen, die im Orient auftauchen können, entgleiten allen Berechnungen. Vielleicht ist das wenig; ob dort, jenseits unserer Ostgrenzen, drei- oder vierhunderttausend Menschen aufgehängt, erdrosselt, umgebracht werden, das zählt kaum" (6. Mai).

Alles dies geschehe, so wiederholte er, „jenseits der Grenzen der Zivilisation". „Ob das dort geschieht oder in Santo-Domingo, das ist dasselbe."

Metternich wird zum Kanzler ernannt

Am 16. Mai verließ Alexander schließlich Laibach, und einige Tage nach ihm auch Kaiser Franz. Metternich reiste vor ihm her nach Wien; als er dort ankam, konnte er im Beobachter die kaiserliche Entscheidung lesen, die ihn zum Kanzler des Hofes und des Staates ernannte, in eine Position also, die seit dem Tode des großen Kaunitz unbesetzt geblieben war. Sehr wahrscheinlich hatte der Kaiser auf diese Art und Weise die Kritiken zum Verstummen bringen wollen, die sich im Verlauf der sechsmonatigen Abwesenheit in den Salons in Wien und bis in die Staatsräte hinein gegen Metternich gerührt hatten. Er hatte sein Mißfallen dadurch zum Ausdruck gebracht, daß er sich direkt nach Schönbrunn begab, statt feierlich in Wien einzuziehen.

Es ist interessant und pikant, in diesem Zusammenhang die Art zu vergleichen, mit der Metternich die Ernennung einerseits seiner Ehefrau und andererseits seiner Geliebten mitteilt. Der ersteren erklärt er bereits am 21. Mai, daß der erhabene Herr ihm seine Entscheidung bereits am Tage seiner Abfahrt aus Laibach mitgeteilt habe. Dorothée von Lieven schreibt er erst am 28. Mai, so, als habe er gerade die Nachricht im offiziellen Mitteilungsblatt gelesen: „Dies ist eine Bombe, die über meinem Kopf geplatzt ist, und ich habe ihr nicht ausweichen können, weil ich sie nicht habe kommen sehen. Wenn ich das hätte vermuten können, hätte ich alles in der Welt unternommen, um es zu vermeiden, was sehr leicht gewesen wäre."

Wenn man zu viel schreibt, Herr Kanzler, riskiert man, der Nachwelt zu zeigen, daß man gelegentlich ein wenig zur Lüge neigte und großsprecherisch war. Andererseits zeigt sich auch in diesem ungewollten Kontrast die Qualität der Bindungen, die sich zwischen den Eheleuten herausgebildet hatte, trotz aller vergangenen und derzeitigen außerehelichen Liebesabenteuer.

KAPITEL 22

Die Orientfrage

Die Allianz in Gefahr

Die Euphorie der triumphalen Rückkehr nach Wien wurde bald von unruhigen Wolken verdunkelt, die aus dem Osten heranzogen. Zar Alexander unterlag nach seiner Rückkehr in sein Land dem Meinungsdruck seiner Umgebung, die durch die Informationen, die aus dem Orient kamen, stark beunruhigt war: die schrecklichen Repressalien, die die Türken gegen die aufständischen Griechen unternahmen, insbesondere die Hinrichtung des christlichen Patriarchen von Konstantinopel durch den Strick. Die Geistlichkeit, die Armee und die hohe Verwaltung konnten nicht glauben, daß der mächtige orthodoxe Monarch den Völkermord an ihren Glaubensgenossen in Griechenland reaktionslos hinnähme. Sie erwarteten von ihm, daß er die Gelegenheit nutzte, die glorreiche Politik Katharinas II. wieder aufzugreifen, nämlich die russische Herrschaft bis zu den Ufern des Bosporus voranzutreiben und diese Politik hatte einen Anwalt mitten im Rat des Zaren: Capodistria träumte von einem unabhängigen Griechenland unter russischem Protektorat.

Die Zielvorstellung Metternichs angesichts dieses Risikos war klar zu definieren: es galt, um jeden Preis einen Krieg zwischen Russen und Türken zu verhindern, weniger noch wegen der gewaltigen Gleichgewichtsverschiebungen, die eine russische Eroberung in Osteuropa hervorrufen würde, als wegen der tödlichen Konsequenzen, die dieser Konflikt im Westen hätte nach sich ziehen können: England würde sicherlich die Unversehrtheit des ottomanischen Reiches verteidigen; Österreich wäre dann in die Enge getrieben und müßte sich zwischen seinen beiden großen Alliierten entscheiden; die Allianz von 1815 würde zu Fetzen fliegen und Frankreich könnte davon profitieren, um eine Revision der Grenzen von 1815 zu erreichen und überall in Europa stünden die Revolutionäre bereit, um sich für die kürzlich erlittenen Niederlagen zu rächen.

Taktik Metternichs

Um diese Gefahrenpunkte zu vermeiden, entfaltete Metternich im Verlauf des Sommers 1821 eine hektische Aktivität im Briefeschreiben. Seine Taktik, wie er Paul Esterhazy erklärte, bestand darin, „diesen Bruch (zwischen Russen und Türken) wegen der ihm zu Grunde liegenden Motive für absurd zu erklären, die jedoch ganz deutlich genannt werden müßten, um dadurch den Bruch schwieriger zu machen."

Dem Zaren würde er Mäßigung predigen und das übergeordnete Interesse darstellen, das darin bestand, die Allianz zu retten, die er ihm als Alexanders ureigenstes Werk pries. Den Türken erklärte er, daß es gefährlich sei, die christlichen Nationen gegen sich aufzubringen und beschwor die Notwendigkeit, daß sie Rußland das zugeständen, was Rußland mit Recht aufgrund bestehender Verträge fordern durfte, das heißt, zunächst einmal die Räumung der rumänischen Provinzen, wo die Armeen des Sultans einmarschiert waren, um den Putschversuch Ypsilantis zu unterdrücken, sowie die Wiederherstellung des Autonomiestatus dieser Provinzen.

In Berlin, in Paris und vor allen Dingen in London wurden die alliierten Regierungen gebeten, mit all ihren diplomatischen Mitteln die Anstrengungen des Wiener Kabinetts zu unterstützen: „Ich habe das Gefühl", schreibt Metternich damals, „mich inmitten eines Netzes zu befinden, das ich webe, wie meine Freundinnen, die Spinnen. (...) Netze dieser Art sind hübsch anzusehen, kunstvoll gewebt und widerstehen leichten Berührungen, nicht aber einem Windstoß." (23. Juli)

Kriegsdrohung

Ende Juli bedrohte ein erster Stoß das zerbrechliche Gebäude. Stroganoff, der Botschafter Rußlands in Konstantinopel, war damit beauftragt worden, dem Diwan die Klagen und die Forderungen des Zaren vorzutragen; auf die Weigerung der Hohen Pforte hin, dieses Ultimatum in Betracht zu ziehen, verließ Stroganoff Konstantinopel. War dies das Vorspiel zu dem so gefürchteten Krieg? Metternich versuchte, sein Netz wieder zu flicken: In Ermangelung eines Kongresses oder einer Konferenz – denn dies waren Verfahrensweisen, von denen die Engländer nichts mehr hören wollten – hätte man doch vielleicht in Wien ein „Verhandlungszentrum" errichten können, das aus den dort ansässigen Botschaftern bestand, die zu diesem Zweck ordnungsgemäß beauftragt würden. Aber diesmal wollte Alexander nicht und in Zukunft konnte man auch nicht mehr auf Frankreich zählen.

Österreichisch-britische Abstimmungen

Der einzig ernsthafte Trumpf blieb England. Glücklicherweise ergab sich eine Gelegenheit, die besonderen Beziehungen, die bis 1820 innerhalb der Allianz zwischen den Kabinetten von London und Wien bestanden hatten, wieder ein wenig Leben einzuhauchen. Der Tod Georges III. im Januar 1820 hatte endlich seinem ältesten Sohn die Gelegenheit gegeben, den Königstitel anzunehmen, dessen Funktionen er seit 10 Jahren bereits als Regent ausübte. Der neue König, George IV. hatte vor, im Herbst des Jahres 1821 zu seinen Untertanen im Königreich Hannover zu reisen und würde auf dem Kontinent von dem britischen Foreign Secretary Lord Castlereagh begleitet werden. George IV. wäre gerne bis Wien gereist, aber der alte Lüstling wurde in seiner guten Stadt Hannover durch einen Gichtanfall aufgehalten; vielleicht blieb er dort auch aufgrund der Einflüsterungen seiner offiziellen Mätresse, Lady Conyngham, die sich vor der Art des Empfangs fürchtete, der ihr am österreichischen Hof wohl gemacht werden würde. Unter diesen Umständen erschien es ganz natürlich, daß Kaiser Franz seinen Kanzler damit beauftragte, dem königlichen Gichtkranken seine besten Wünsche zu übermitteln.

Clemens trifft Dorothée wieder

Metternich reiste am 13. Oktober ab. In kleinen Etappen erreichte er Hannover am 20. morgens. Unter denen, die ihn erwarteten, war sein Freund aus Kindertagen, Clemens-Eduard de Moustier, seinerzeit der Tröster der jungen Comtesse Eleonore in Dresden, der jetzt als Gesandter Ludwigs XVIII. in Hannover fungierte. Ein anderes, weniger vorhersehbares aber sicherlich angenehmeres Treffen war das mit Dorothée von Lieven, die einige Stunden nach ihm eingetroffen war. Wie kam sie dorthin? Es war sicherlich nicht unpassend, daß ein Monarch auf einer Reise von den Botschaftern begleitet wurde, die bei ihm akkreditiert waren; warum aber war nur der Vertreter des Zaren aufgefordert worden, George IV. auf den Kontinent zu folgen? Und wo war er jetzt, der Graf von Lieven? In St. Petersburg, wohin er zu Konsultationen gerufen worden war; seine Gattin erwartete seine Rückkehr in Hannover und bleib in dieser Zeit alleine im Gefolge Georges IV. Es läßt sich nicht leugnen, daß man gerne an ein kleines, vom König, dieser verderbten Person, eingefädeltes Komplott glaubt, der sich die schelmische Freude gönnte, die Rolle des Merkur für seinen „Freund" Metternich zu spielen. Wie dem auch sei, es ist Tatsache, daß der resignierte oder stillschweigend einverstandene Ehemann erst am 28. Oktober wieder in Hannover eintraf, wenige Stunden, bevor die illustre Gesellschaft sich auflöste. So hatten Clemens und Dorothée zwischen den Empfängen und den Konferenzen sicherlich genug Gelegenheit zu wenig diplomatischen Unterhaltungen.

George IV. und Castlereagh

Am Tag nach seiner Ankunft begab sich Metternich nach Herrenhausen, dem kleinen Schönbrunn vor Hannover, um von George IV. in einer ersten Audienz empfangen zu werden. Der König litt immer noch an seinem Gichtanfall, lag auf einer Chaiselongue und stöhnte.

> „Er war in einen österreichischen Husarenmantel mit ziemlich phantastischem Schnitt eingewickelt. Auf der einen Seite der Brust trug er die Spange mit den österreichischen Orden. Er empfing mich mit allen Anzeichen der äußersten Freude. (...) Ich erinnere mich nicht, jemals mit solcher Zärtlichkeit geküßt worden zu sein, und nie im Leben war ich in der Verlegenheit, daß mir so viele hübsche Dinge gesagt wurden (...), ein wahrer Wasserfall an Komplimenten und Lobreden, in denen der König geruhte, mich mit allen großen Männern der Antike und der modernen Zeit zu vergleichen." (Bericht an den Kaiser 24. Oktober 1821 und Brief an die Fürstin, 25. Oktober. In: Memoiren Band III, Seiten 518-480.)

Er drückte auch ausgiebig seine Anhänglichkeit für die Person Franz' I. aus, den er mit Freude „unseren Kaiser" nannte. Diese Komplimente waren durchsetzt mit heftigen Ausfällen gegen Zar Alexander und Capodistria; gleichfalls gegen seine eigene Regierung und insbesondere deren Chef, Lord Liverpool. Nur Castlereagh fand Gnade in seinen Augen: „Er versteht Sie", sagte er, „und er ist Ihr Freund. Das heißt alles."

Kurz, konnte Metternich zusammenfassen, „die Zuneigung des Königs für die Person Eurer Majestät und das österreichische System übertrifft alles, was man sich vorstellen kann". Die Unterhaltungen mit Castlereagh waren ebenso herzlich wie fruchtbar. Der Foreign Secretary war absolut einverstanden mit seinem österreichischen Kollegen sowohl über das Ziel – um jeden Preis einen russisch-türkischen Krieg zu verhindern – als auch über die Vorgehensweise, die anzuwenden wäre. Gemeinsam konzeptionierten sie die Instruktionen, die sie ihren jeweiligen Botschaftern beim Zaren und beim Sultan geben wollten. Die Instruktionen des britischen Ministers, rühmte sich Metternich, „wären bei weitem nicht in so genauer

Art und Weise abgefaßt worden, wie sie es jetzt sind, wenn ich nicht Hand angelegt hätte. Dies ist für mich ein Vorteil, denn ich kann Rußland beweisen, wozu man mit England kommen kann, wenn man sich dazu versteht, seine Sprache zu sprechen".

Dies war eine fast überflüssige Versicherung, denn Lieven, der endlich am 28. eintraf, berichtete, er habe seinen Herrn absolut mit friedlichen Absichten vorgefunden. Als so Metternich am 31. Oktober wieder abreiste, hatte er allen Grund mit seinem Aufenthalt in Hannover zufrieden zu sein. Nach Reiseunterbrechungen beim Kurfürsten von Hessen in Kassel, in Marburg und bei dem Herzog von Nassau in Biebrich konnte er sich drei oder vier Tage Entspannung in Johannisberg gönnen.

„Es ist schon schrecklich, in meiner derzeitigen Lage reisen zu müssen", vertraut er Dorothée an. „Ich bin voller Langeweile, wie ein Herrscher, dank der Höfe, die mich auf meiner Durchreise feiern; zur gleichen Zeit werde ich belagert, wie ein Wahrsager, denn jeder fragt mich um Rat; seitdem ich glücklich genug war, die Carbonari auszuschalten, bildet man sich ein, daß ich mich nur zeigen muß, um alles zu zerstören, was die einen oder anderen stört."

Über Frankfurt, Würzburg, Nürnberg und Regensburg gelangt er endlich am 15. November wieder nach Wien.

Konflikt mit Stadion

Als Metternich auf die Reaktionen auf die Mengen von Depeschen wartete, die er von Hannover abgeschickt hatte, hatte er Zeit, sich um andere Angelegenheiten zu kümmern. Selbstredend mußte er auch das Kanzleramt wieder in die Hand nehmen und, nachdem er so lange abwesend gewesen war, mußte er noch die schlechte Laune Stadions aushalten, des einzigen der Beamten, dessen moralische Autorität und besonderes Gewicht von der Art waren, die des Kanzlers aufzuwiegen. Der Gegenstand ihrer Meinungsverschiedenheit war die dornenreiche Frage der österreichischen Schulden gegenüber Großbritannien. Diese Schulden resultierten aus Anleihen, die nacheinander im Verlauf von 20 Kriegsjahren gezeichnet worden waren und die sich durch die aufgelaufenen Zinsen 1821 insgesamt auf 23.115.000 Pfund Sterling beliefen. Die Tory-Regierung hätte gerne diesen wirklich „unbezahlbaren" Kredit gestrichen, wenn sie nicht zu Beginn des Jahres 1821 von der liberalen Opposition in die Schranken gefordert worden wäre: wie, so regte man sich auf dieser Seite auf, wie kann sich Österreich zahlungsunfähig erklären, wo es doch eine ungeheure militärische Anstrengung in Italien unternimmt? Castlereagh hatte sich also gezwungen gesehen, diese Frage in seinen Gesprächen in Hannover anzusprechen; und Metternich, angesichts der Notwendigkeit, sich des guten Willens des Engländers zu versichern, hatte sich soweit hinreißen lassen, seinem Gesprächspartner einige Hoffnungen zu machen; dieser hatte einen großen Schritt nach vorne getan und darauf hingewiesen, daß man sich mit einer Zahlung von vier Millionen Pfund zufriedengeben würde.

Aber Stadion wollte nichts davon wissen. Er hielt sich an das Argument, das auch der Kaiser unterstützte: wenn England durch sein Gold zu dem gemeinsamen Sieg beigetragen habe, so habe Österreich seinerseits alles mit seinem Blut bezahlt, und dies ließe sich nicht beziffern. Metternich mußte Castlereagh ziemlich kleinlaut erklären, daß er nichts anderes versprochen habe, als dessen Vorschläge in Wien zu unterbreiten; die ganze Angelegenheit werde bei einem nächsten Kongreß noch einmal überprüft.

Es geht um Italien

Die anderen Gegenstände seiner Beschäftigung liegen in Italien. Nach der Schockbehandlung im Frühling 1821 war es dringend, von der zeitweisen Auflösung der Carbonari zu profitieren, um die Konsolidierung der schwachen Regierungen unter der Schirmherrschaft Österreichs zu vollenden. Ein Schutz und eine Aktion, die Metternich weise, möglichst wenig sichtbar ausüben wollte. So sagte es seinerzeit ganz vorsichtig Fossombroni, der Minister des Großherzogs der Toskana: „Ich weiß nicht, ob es Wunsch des Fürsten von Metternich ist, uns zu beherrschen, aber ich glaube sicher zu sein, daß seine Absicht ist, es nicht so erscheinen zu lassen."

In Neapel vor allen Dingen war es schwierig, Resultate zu erzielen, angesichts der Dickköpfigkeit des alten Königs und der Unfähigkeit der seit seiner Rückkehr ins Amt gekommenen Minister. Dort vor allen Dingen war es nötig, trotz der Anwesenheit eines österreichischen Besatzungskorps, alle Anzeichen eines Protektorates zu vermeiden. Außerdem mußte man die Empfindlichkeiten des Grafen de Blacas in Betracht ziehen; als Vertreter des Chefs der Familie Bourbon, behauptete der französische Botschafter, in Neapel einen besonderen Einfluß ausüben zu dürfen. Metternich hatte in Laibach die konservative Ader und die Charakterfestigkeit dieses Mannes schätzten gelernt; seinen Stolz und seinen Hochmut ebenfalls, aus denen er geschickt Vorteil zog, um ihm die offensichtliche Verantwortung für die Maßnahmen zuzuschreiben, die er selbst wünschte.

Die Beruhigungsaktionen Metternichs mußten auch im Königreich Piemont-Sardinien durchgeführt werden: der neue König, Karl-Felix, machte keinerlei Schwierigkeiten – im Gegensatz zu seinem Bruder Victor-Emmanuel –, sich als Österreich absolut ergeben zu erklären. Er hatte aber eine solche Aversion gegen den Thronerben, Prinz Karl-Albert de Carignan entwickelt, welcher in die Vorgänge vom Frühling 1821 verwickelt gewesen war, daß er seine Absicht erklärte, diesen aus der Thronfolge zugunsten eines Habsburgers, des Herzogs von Modena, auszuschließen. Noch einmal zeigte Metternich hier seine Weisheit: ohne die Irrtümer Karl-Alberts herunterzuspielen, bemühte er sich, Karl-Felix die Schwierigkeiten klarzumachen, die sich daraus ergäben, wenn er sich vom konservativen Prinzip der dynastischen Erbfolge entfernte. Zweifelsohne war er wohl auch der Meinung, daß noch ein Habsburger in Norditalien, vor allen Dingen in Turin, für Frankreich nicht erträglich wäre.

Politische Kehrtwendung in Frankreich

Gerade die französische Regierung gab ihm Ende des Jahres 1821 Anlaß zur Sorge. Graf von Richelieu bezahlte jetzt den Preis für die Furchtsamkeit und die Inkonsequenz, die die Außenpolitik seines zweiten Ministeriums gekennzeichnet hatte. Er wurde vom Bruder des Königs fallengelassen als Kugelfang gegen das Störfeuer der Opposition von Rechts und von Links und gab die Partie auf. Am 15. Dezember 1821 stimmte Ludwig XVIII. zu, einen Minister zu ernennen, der absolut aus dem ultraroyalistischen Lager stammte. Metternich, der sich immer hatte zugute halten können, daß er das napoleonische Personal kannte, war völlig verwirrt, sich neuen Gesichtern gegenüber zu sehen. Wer war dieser Montmorency, der jetzt Minister des Auswärtigen war? Wer war dieser Villèle, von dem man sagte, daß er der wirklich starke Mann der neuen Verwaltung sei? Wie würden sich die französischen und russischen Beziehungen entwickeln, die bis dahin von der Freundschaft geprägt waren, die der Zar der Persönlichkeit Richelieus entgegenbrachte? Wie würde sich der neue Minister in der Frage der Angelegenheiten des Orients verhalten?

Die Mission Tatistschews in Wien

Gerade hatten Ende Dezember 1821 und Anfang Januar 1822 Kuriere aus Konstantinopel und St. Petersburg neue, beunruhigende Nachrichten gebracht. In der Türkei verstärkte sich die Repression; die Hohe Pforte verweigerte jede Konzession und antwortete auf die freundschaftlichen Ratschläge Metternichs durch beleidigende Vorwürfe einer Komplizenschaft mit den Russen. Die Drohungen blieben ohne Erfolg: es sei nicht wichtig, so erklärte der Reis Effendi, daß sich die westlichen Mächte für das Schicksal der Christen im ottomanischen Reich interessierten, denn, bevor eine russische Armee Konstantinopel erreichen könne, hätte man Zeit genug, alle ungläubigen Rebellen im gesamten Reich zu massakrieren.

Diese Haltung war natürlich Wasser auf den Mühlen der Kriegspartei in Rußland. Zar Alexander schien erneut geneigt, den Einflüsterungen Capodistrias zu folgen; er beklagte sich bitter, daß er seitens Österreichs in der griechischen Angelegenheit nicht die Unterstützung finde, die er selbst so großzügig gewährt habe, als Österreich in Italien habe eingreifen wollen. Metternich konnte Denkschrift auf Denkschrift an Alexander schicken, Capodistria schlug sie alle durch noch längere und ausgearbeitetere Dissertationen aus dem Feld. Alexander, den diese endlosen Diskussionen anwiderten, entschied plötzlich, Mitte Februar, General Dimitri Tatistschew als außerordentlichen Sendboten nach Wien zu schicken. Seine Aufgabe war es, Metternich dazu zu bringen, formell den Anspruch Rußlands anzuerkennen, eine Art Protektorat über die Christen im ottomanischen Reich auszuüben; andererseits, für den Fall, daß der Krieg unvermeidlich würde, sollte er sich die Zusicherung der moralischen Unterstützung Österreichs geben lassen – wohlgemerkt gegen eine eventuelle Aktion Englands zugunsten der Türkei.

Diese Mission Tatistschews, der am 5. März in Wien ankam, diente schlußendlich Metternich. In sechs Wochen andauernder Konferenzen und vertraulicher Unterhaltungen, die von dem Austausch von Noten begleitet wurden, spielte er mit dem Ehrgeiz Tatistschews und dessen Aversion gegen Capodistria und auf diese Weise gelang es Metternich, den Gesandten des Zaren zu blenden und einzuwickeln, so sehr, daß es soweit kam, daß er selbst die Berichte Tatistschews abfaßte! Das einzige konkrete Resultat, das der glorreiche Gesandte schließlich nach St. Petersburg zurückbrachte, war ein schöner Brief Kaiser Franz' I. an seinen „lieben Bruder" Alexander: Österreich versprach ihm für den Fall, daß der Sultan die gerechten Vorwürfe und Forderungen Rußlands, die sich auf Verträge stützten, zurückwiese, die diplomatischen Beziehungen mit der Hohen Pforte in der feierlichsten Form abzubrechen ..., unter der Bedingungen jedenfalls, daß alle anderen Alliierten das Gleiche unternähmen ..., was logischerweise nicht geschehen würde, angesichts der Haltung der Engländer. Metternich seinerseits hatte noch einmal seine Handlungsweise erklärt, in der er das Problem behandelte und schloß damit, daß in Wien eine Ministerkonferenz geschaffen werden solle, die damit beauftragt werden solle, die Entschließungen vorzubereiten, die dem nächsten Kongreß der Allianz zur Entscheidung unterbreitet werden sollten.

Metternich triumphiert

Fast zur gleichen Zeit, als Tatistschew nach St. Petersburg zurückkehrte traf dort eine gute Nachricht aus Konstantinopel ein: der Sultan erklärte sich einverstanden, die rumänischen Provinzen zu räumen. Diese Geste guten Willens kam genau zur rechten Zeit, um den Effekt der Ermahnungen Metternichs zu verstärken. Am 31. Mai traf in Wien eine ungeduldig erwartete Nachricht ein: Zar Alexander schloß sich allen Vorschlägen Metternichs an und Tatistschew reiste erneut nach Wien, um dort Rußland in den vorgeschlagenen Konferenzen zu vertreten. Triumphierend beeilte sich Metternich, dem Kaiser diesen Erfolg mitzuteilen. „Der totalste Sieg", sagte er, „den jemals ein Kabinett über ein anderes erzielt hat". Capodistria war komplett geschlagen. „Das gegenwärtige russische Kabinett", fügte er drei Tage später hinzu, „hat mit einem einzigen Schlag das große Werk Peters des Großen und aller seiner Nachfolger zerstört."

Es fehlte nur noch eine Sache an seinem totalen Triumph: die Ausschaltung des Gegners. Ende Juni war auch das erreicht: Capodistria wurde vom Zaren dazu aufgefordert, einen unbeschränkten Urlaub zu nehmen. „Er ist ein toter Mann", schloß Metternich; „(...) die Herrschaft Capodistrias ist vorbei."

Melancholische Zweisamkeit

Die Wende im Kampf, die unendlichen notwendigen Briefwechsel, hatten in einer gewissen Weise Metternich geholfen, über den ersten Winter hinwegzukommen, den er seit vielen Jahren getrennt von den Seinen in dem großen, halbleeren Haus am Ballplatz zubrachte. Die zweite Etage war dunkel und still. Das Zimmer, in dem er seine kleine Clementine sterben sah, wollte er nicht mehr betreten und auch nicht mehr das Haus in Baden, wo die bewundernswerte Maria gestorben war. Sofort nach der Abreise Eleonores hatte er es verkauft; er hatte sogar gewünscht, daß es abgerissen werde.

Statt der Intimität der Gefühle in der Familie, die immer den Jahreswechsel bestimmten, fand ihn die Nacht des 31. Dezember 1821 als Beute schwarzer und melancholischer Gedanken.

> „Ich fühle mich jetzt so allein, wie ein Bewohner der Wüste. Nichts lächelt mir zu, nichts beschäftigt mich, es sei denn, daß ich müde werde. (...) wenn ich mich frage, wann dies wohl zu Ende gehen wird, und ich mir sage, daß wahrscheinlich das Ende dieser Dinge nicht

mehr und nicht weniger das Ende alles dessen sein wird, was existiert, fühle ich meine Seele und mein Herz mehr bedrückt, als ich zum Ausdruck bringen kann. Was sicher ist, ist, daß bei den Menschen die Leere immer größer wird je nach der herausragenden Position die sie einnehmen."

Die Bälle des Hofes und in der Gesellschaft, bei denen er sich zeigen mußte, wurden ihm unerträglich, denn er tanzte nicht mehr und konnte dort „nicht eine Ecke" mehr finden, „um dort nach Lust und Laune zu schwätzen": „es gibt nichts Schlimmeres, als die Bewegung und den Lärm ohne Interesse. (...) Einige Zeit nach dem Ball spreche ich immer noch im Takt und teile meine Sätze in Abschnitte, genau wie bei den Liedern, die unabänderlich auf acht Takte komponiert werden."

Künstlerische Zerstreuung

Der einzige Trost war also der tägliche Brief an Dorothée von Lieven, der zu einer Art Tagebuch ausgebaut wurde, bis zu dem Augenblick, als er endlich dem dimplomatischen Kurier nach London anvertraut werden konnte. Die Kunst und die Musik brachten manchmal auch einige Zerstreuung. So hatte Metternich Anfang Februar 1822 das Vergnügen, in seiner Villa am Rennweg die Kopie der berühmten Gruppe Amor und Psyche von Canova aufzustellen, die von dem Künstler selbst hergestellt worden war. Zwei Monate später kann er sich rühmen, in Wien endlich die italienische Oper importiert zu haben, mit Rossini selbst, der als Dirigent fungierte und einem ganzen Ensemble italienischer Sänger. Welch ein Vergnügen! „Dies sind Augenblicke, in denen Sonnenstrahlen in die Dunkelheit meines Gefängniskerkers eindringen."

Nach Beginn des Frühlings konnte er sich einige Ausflüge gestatten. So wurde er am 3. und 4. Mai in Eisenstadt im riesigen Schloß des Fürsten Esterhazy empfangen, wo er ein Konzert hörte, das nur für sechs Personen gegeben wurde und wo er Treibhäuser bewundern konnte, die größer und schöner waren, als die des Kaisers. Später macht er einige Landausflüge. Man geht mit einem Dutzend anderer zum Picknick an irgendeinen hübschen Ort in der Umgebung von Wien. Diese Zerstreuung bereitet die jährliche Auflösung der Wiener Gesellschaft vor. Metternich selbst begibt sich am 16. Juni zu einer Kur nach Baden, was ihm gestattet, ein oder zwei Mal pro Woche ins Kanzlramt zurückzukehren. Mitte Juli jedoch werden die Geschäfte so dringend, daß er seine Kur abkürzen muß und nach Wien zurückkehrt.

KAPITEL 23

Spanien. Der Kongreß von Verona

Dramatische Lage in Spanien

Es ging im Juli 1822 darum, den Kongreß vorzubereiten, dessen Abhaltung bei Abschluß der Arbeiten in Laibach vorgesehen worden war. Der schlußendlich festgesetzte Tagungsort war nicht etwa Florenz, wie zunächst angekündigt, sondern Verona, wo die österreichische Polizei besser über die Sicherheit der Teilnehmer würde wachen können. Man wollte sich nicht darum kümmern, daß einige über das Monopol murren würden, das sich Österreich in der Geographie selbst besorgt hatte.

Die Angelegenheiten in Italien, die im Prinzip Gegenstand der Verhandlungen sein sollten, wurden jetzt von Problemen ersetzt, die ungleich brennender waren: die Gefahr eines russisch-türkischen Krieges und die Ereignisse in Spanien. Diese hatten plötzlich zu Mitte des Jahres 1822 eine dramatische Wendung genommen. Das Scheitern des Versuches einer absolutistischen Revolution in Madrid hatte die extremistische Fraktion der Exaltados an die Macht gebracht, die sogar das Prinzip der Monarchie bestritten. Die Lage König Ferdinands VII., der praktisch Gefangener in seinem eigenen Palast war, ließ düster an das Schicksal Ludwigs XVI. anno 1792 denken. Als Reaktion darauf nahmen die in den nördlichen Provinzen entstandenen royalistischen Guerillabewegungen einen neuen Anlauf; eine absolutistische „Regentschaft" wurde in la Seo d'Urgel unter Vorsitz des Erzbischofs von Tarragona konstituiert; sie erbat Hilfe von Frankreich. Konnte Frankreich noch länger passiv bleiben vor einer Revolution, die einen bourbonischen Thron bedrohte? Schon hatte Frankreich unter dem Vorwand einer aus Gesundheitsgründen notwendig gewordenen Abriegelung gegen eine Gelbfieberepedemie, die Catalonien heimgesucht hatte, Truppen an die Mittelmeergrenze in Marsch gesetzt. Zar Alexander hatte seinerseits den Gedanken einer „Armee der Allianz" vorgebracht, die „damit beauftragt sein sollte, überall die liberalen Revolutionen zu unterdrücken."

Der Tod Castlereaghs

Dies alles gab zu denken, daß die Versammlung der Herrscher und der Minister der Allianz sich primär mit der spanischen Frage würde befassen müssen. Dies war ein Grund mehr für Metternich, die Anwesenheit Castlereaghs an seiner Seite zu wünschen. „Wenn Sie mir fehlen", schrieb er ihm am 6. Juni, „werde ich der einzige sein, der unsere Gedanken vertritt, und dann wird der Kampf ungleich."

Die im vergangenen Jahr gezeigte Haltung gestattete es aber dem Foreign Secretary nicht, an einem Kongreß teilzunehmen, der im Prinzip den italienischen Angelegenheiten gewidmet war. Metternich umging diese Schwierigkeit erfindungsreich: zunächst sollte in Wien eine formelle Versammlung der Kabinettchefs der fünf großen Mächte stattfinden, wo die Fragen vorgeklärt werden könnten, die für England wichtig waren: der Orient und Spanien. Danach wollte man sich, wie vorgesehen, nach Verona begeben und dort, ohne die Engländer, die italienischen Angelegenheiten behandeln.

Dieser Ausweg wurde akzpetiert und Castlereagh konnte ankündigen, daß er am 7. September in Wien ankäme. Drei Tage vor seiner vorgesehenen Abreise beging der unglückliche Minister in einem Anfall von Wahnsinn Selbstmord und schnitt sich die Halsschlagader auf (12. August). Das nicht vorherzusehende Drama schmetterte Metternich zunächst nieder. „Die Katastrophe ist eine der schrecklichsten, die mich hat treffen können. Jetzt (...) bin ich auf mich selbst angewiesen und auf meine Kräfte allein." Mangels dessen, den er als den „sichersten und treuesten meiner Gefährten" beweinte, ließ er London vorschlagen, daß man Wellington entsende. Diese Entsendung wurde aber noch von der Wahl des Nachfolgers Castlereaghs im Foreign Office verzögert.

Canning und Wellington

Dieser Nachfolger — Metternich sollte es zu seinem Nachteil entdecken — war der gefährlichste seiner Gegner. George Canning, ein Überläufer aus der Partei der Whigs, der sich den Tories aus politischem Ehrgeiz angeschlossen hatte, hatte für die Allianz nur Verachtung. Ihm zufolge sollte sich England entschlossen von den konservativen Monarchien des Kontinents abkoppeln; es sollte sich als Anführer der liberalen Bewegungen profilieren, denen die Zukunft gehöre; es sollte von den Auflösungserscheinungen des spanischen Imperiums in Amerika profitieren, um dort seine wirtschaftliche Macht auszudehnen. An Stelle des phlegmatischen und vernünftigen Aristokraten, den Metternich so sehr geschätzt hatte, hatte er es jetzt mit einem genialen Redner zu tun, der aber völlig unberechenbar war und einiges von einem Schmierenkomödianten an sich hatte, der sich darin gefiel, die Diplomatie auf dem Marktplatz zu verramschen und an chauvinistische Nationalgefühle zu appellieren. Castlereagh hatte dadurch, daß er sich die Halsader aufschnitt, auch die Lebensader der Allianz durchschnitten.

Wenn Canning sich damit einverstanden erklärte, Wellington nach Wien zu entsenden, so sorgte er doch dafür, ihn mit kategorischen Instruktionen zu versehen: er sollte sich jeglicher fremder Einmischung in Spanien widersetzen, selbst wenn dies einen offenen Bruch mit den Alliierten des Kontinents nach sich ziehen sollte. Der eiserne Herzog kam schließlich in Wien am 29. September an, als man ihn schon nicht mehr erwartete. Es war zu spät, die Regelungen, die für die Reise der Herrscher getroffen worden waren, zu ändern. Seine Gnaden erklärten schlecht gelaunt zunächst, daß er nicht nach Verona gehen könne. Metternich überzeugte ihn jedoch, daß seine Anwesenheit dort zur Eindämmung der kriegerischen Gelüste des Zaren unerläßlich sei und so entschloß er sich doch, nach Italien zu reisen. Dies tat auch der französische Außenminister Montmorency, der im Prinzip auch nur für die Vordiskussionen nach Wien gekommen war. Die offiziellen Vertreter Frankreichs beim Kongreß in Verona waren schon zuvor benannt worden: Chateaubriand, Caraman und La Feronnays, jeweils Botschafter Ludwigs XVIII. in London, Wien und St. Petersburg. Der erste dieser drei hatte heftig darum gebeten, zu dieser Mission abgeordnet zu werden und war sehr erbost über die Ankunft seines Ministers, der ihm das Privileg raubte, die erste Geige zu spielen.

Ratlosigkeit Metternichs

Solange man Wellington in Wien erwartete, hatte Metternich mit gewissem Erfolg versucht, das Vertrauen Montmorencys zu gewinnen und die Intentionen des Zaren auszuloten. Er selbst gestand, daß er sich in tiefster Unsicherheit über das Vorgehen befand. Niemals zuvor hatte er in der Tat eine solche Masse an Widersprüchen zu entwirren gehabt. Er wünschte sicherlich, den revolutionären Brandherd in Spanien zu löschen, aber nur Frankreich war in der Lage zu handeln. Wollte Frankreich in Madrid das tun, was Österreich in Neapel gemacht hatte? Im Falle eines Scheiterns würde dies die Revolution nördlich der Pyrenäen bedeuten mit der Notwendigkeit, die Koalition von 1815 wieder in Schwung zu bringen und es würde auch bedeuten, daß ein größerer Krieg bevorstünde. Im Erfolgsfalle gäbe es das Risiko, in Madrid ein parlamentarisches Regime zu konsolidieren, eine Perspektive, die in den Augen Metternichs noch trauriger wäre, als eine radikale Revolution, angesichts des Beispiels, das so Italien und Deutschland gegeben würde.

Eine andere Schwierigkeit: wenn man Frankreich unterstützte, würde sich England von der Allianz lösen; seine Unterstützung jedoch war unerläßlich, um Rußland im Orient zurückzuhalten. Außerdem mußte man die Marotten Alexanders berücksichtigen; mit großer Mühe war es gelungen, ihn von einem Krieg gegen die Türkei abzubringen und ihn davon zu überzeugen, daß er seine Kräfte in Reserve halten müsse, um die Westeuropa bedrohende Revolution niederzuhalten. Um den Zaren daran zu hindern, wieder auf seinen orientalischen Traum zu verfallen, war es deswegen um jeden Preis notwendig, einen feierlichen Akt zu vollziehen, der von der Vitalität der Allianz zeugte; es war außerdem undenkbar, daß, nachdem im Klang der Trompeten alle europäischen Spitzenpolitiker versammelt worden waren, man sich ohne augenscheinliches Resultat wieder trennte. Sollte der Berg kreißen und ein Mäuslein gebären? Die Allianz würde die Lächerlichkeit nicht überleben. Eine Erklärung also? Ein Vertrag? Wie aber konnte man hoffen, daß das England Cannings dem beitreten würde?

In diesem Labyrinth gegensätzlicher Interessen war die machiavellistisch inspirierte Taktik Metternichs, die ihm andererseits aber durch seine Ohnmacht vorgeschrieben wurde, die gleiche wie in Troppau: Abwarten, die Partner ihr Spiel aufdecken lassen, die nicht wünschenswerten Lösungen beiseite schieben, wobei man sozusagen die eine gegen die andere würde benutzen können; schließlich, wenn man sich in einer wohl vorbereiteten Sackgasse befände, als deus ex machina erscheinen und irgendeine mittlere Lösung vorschlagen, irgendeinen Ausweg, den die Umstände aufdrängen würden. Und bis dahin souveräne Selbstsicherheit zeigen.

Sekundäre Aspekte der Versammlung

Dies war noch seine Haltung, als er am 1. oder 2. Oktober aufbrach. Allerdings kam er in Verona erst am 12. an, jedoch noch vor dem Geleitzug der Herrscher und der Minister. Es war eine Reise, die im entspannten Rhythmus einer Lustfahrt gemacht wurde. Eine Besonderheit trug zur guten Laune Metternichs bei, eine Tatsache, von der alle seine Kollegen nichts wußten: Salomon von Rothschild hatte dem Kanzler gerade einen persönlichen Kredit in Höhe von 900.000 Gulden gewährt, der innerhalb von zwölf Jahren rückzahlbar war. Einige Tage später übertrug ein kaiserlicher Erlaß den fünf Brüdern Rothschild den Titel Baron. Salomon bekundete seine

Dankbarkeit außerdem dadurch, daß er für alle persönlichen Ausgaben Metternichs während des Kongresses aufkam.

In Innsbruck kamen noch zwei Dinge hinzu, die sehr willkommen waren und dazu beitrugen, die Euphorie Metternichs aufrecht zu erhalten. Zunächst einmal war sein Sohn Victor von Johannisberg her eingetroffen, wo er den Sommer zusammen mit seiner Mutter und seinen Schwestern verbracht hatte. Außerdem war das Ehepaar Lieven aus London eingetroffen. Glück für die Liebenden, Unglück für die neugierigen Historiker, denn aufgrund dieses Zusammentreffens wird die Korrespondenz unterbrochen, in der sich die Gedankengänge und das tägliche Leben Metternichs widerspiegeln. Man wird nie erfahren, ob Clemens und Dorothée im Verlauf des Aufenthalts in Verona die Möglichkeit fanden, sich anderswo als in der Öffentlichkeit zu treffen. Man weiß nur, daß der Kanzler fast jeden Abend im Salon der Botschafterin saß und sich nach Aussage Chateaubriands damit amüsierte, manchmal dort „Seide zu zupfen", während er neben seiner schönen Freundin saß. Diese offensichtliche Liaison hatte der Comtesse die tödliche Beleidigung eingetragen, daß sie durch die Mitglieder der russischen Delegation boykottiert wurde; sie beklagte sich darüber in einem Brief an ihren Bruder.

Den Gästen Österreichs wurden in Verona noch andere Vergnügungen geboten. Metternich hatte darauf geachtet. So wurden dort Opern von Rossini aufgeführt, die der Maestro persönlich dirigierte. Ein großes Bankett mit Fackeln wurde in dem noblen Rahmen der römischen Arenen serviert, bei dem eine Kantate zu Ehren der Heiligen Allianz zu hören war, die ebenfalls Rossini komponiert hatte. Und um die Festivitäten abzuschließen, wurde ein Pferderennen und eine allgemeine Beleuchtung angesetzt.

In der Tat mußten zahlreiche Personen unterhalten und beschäftigt werden, die mit den offiziellen Delegationen angereist waren. Niemals seit den großen Tagen in Wien Ende 1814 hatte es eine solche Mobilisierung der hohen europäischen Gesellschaft gegeben. Acht Herrscher, ohne den Vizekönig von Lombardo-Venetien zu zählen, mehr als zwanzig Botschafter, ein Kardinal (Spina), fünfzehn Minister, eine Wolke von Sekretären aller Ränge, Generale, insbesondere die drei Kommandanten der österreichischen Streitkräfte in Italien: Bubna, Wimpffen, Wrbna, Geschäftsleute, Salomon und Karl von Rothschild, Journalisten, und so weiter. Allein die französische Delegation umfaßte außer dem Außenminister sechs Botschafter, sechsundzwanzig Angestellte und Sekretäre; in der Tat konnte La Feronnays scherzen, „wenn irgendwelche Schwierigkeiten auftauchen sollten, die mit Faustschlägen gelöst werden könnten, hätten wir unbestreitbar einen Vorteil".

Große Manöver

Wie schon in Wien sollten die wichtigen Diskussionen in kleinen Komitees stattfinden. Am 20. Oktober legte der französische Minister Montmorency den vier Partnern eine „Verbalnote" vor, deren Worte sorgfältig mit Metternich abgestimmt waren: Frankreich, wurde darin im Wesentlichen erklärt, könnte sich gezwungen sehen, in Spanien einzugreifen und man bat die Alliierten um Angabe der Hilfe, die sie in erstem Falle zu leisten gewillt seien. Die Antworten wurden est zehn Tage später erwartet.

In der Zwischenzeit wurden hinter den Kulissen kritische Gespräche geführt. Zar Alexander hatte in einer anderen Form das sinnlose Projekt wieder aufgegriffen, das seit Ende September in Wien diskutiert wurde, nämlich eine „Armee der Allianz" eingreifen zu lassen, das heißt, in Wirklichkeit russische Truppen. Metternich soll sich zu dieser Zeit der Mithilfe Montmorencys bedient haben, um dem Autokraten zu verstehen zu geben, daß es für jede französische Regierung selbstmörderisch sei, den Durchmarsch ausländischer Truppen durch ihr Territorium so kurze Zeit nach der Invasion von 1814 und 1815 zu gestatten. Jetzt allerdings sprach Alexander davon, 150.000 Mann in Piemont zu massieren, die in dem Fall eingreifen könnten, der seiner Meinung nach wahrscheinlich sei, daß Frankreich in Spanien Schiffbruch erlitte. Auch Österreich hatte genausowenig wie Frankreich Lust, russische Soldaten auf österreichischem Territorium in Italien zu haben. Metternich bediente sich einmal mehr Montmorencys, um den Zar zu zwingen, sein traumtänzerisches Projekt aufzugeben. Nachdem Metternich dieses Resultat erreicht hatte, konnte er den vorgesehenen Ablauf der Prozedur wieder aufnehmen: am 30. Oktober übermittelten die anderen Alliierten dem französischen Minister ihre Antworten. Die Antwort Rußlands beinhaltete die Leistung aller moralischen und materiellen Unterstützung, die gewünscht wurde; Wellington andererseits verdammte in fast beleidigenden Worten jede Art der Intervention in Spanien; zwischen beiden erklärten sich Österreich und Preußen für eine sofortige moralische Unterstützung, die materielle — anders gesagt, bewaffnete — Unterstützung, sollte nur ins Auge gefaßt werden, falls eine extreme Situation einträte. Montmorency bat daraufhin darum, daß in einem Dokument die Fälle präzisiert würden, in denen die bewaffnete Unterstützung gewährt werden könnte und daß andererseits die moralische Solidarität der Alliierten sofort durch eine Demarche konkretisiert werde, die bei der Regierung in Madrid einzuleiten sei: nämlich die Entsendung getrennter, aber übereinstimmender Noten, die die Drohung eines Abbruchs der diplomatischen Beziehungen enthielten.

Wellington verdammte noch einmal jegliche Aktion und die anderen beschlossen, ohne ihn weiterzumachen. Am 19. November wurde in einer Vollversammlung aller Bevollmächtigten – ohne die Engländer – ein Protokoll unterzeichnet, in dem die Fälle festgelegt wurden, in denen Frankreich die Hilfe der Alliierten würde fordern können. Danach teilten die vier den Text der Instruktionen mit, die sie ihren jeweiligen Vertretern in Madrid schicken wollten, um ihre moralische Solidarität mit Frankreich darzustellen.

Abschluß der spanischen Angelegenheit

Am nächsten Tag, dem 20. Oktober, nahm Wellington davon Kenntnis. Ganz offensichtlich würden diese Demarchen den Abbruch der diplomatischen Beziehungen nach sich ziehen, den England hatte vermeiden wollen. Der Herzog schrieb sehr aufgebracht an Canning, daß er von Metternich glatt aufs Kreuz gelegt worden sei: der österreichische Kanzler, so sagte er, habe ihn bis zum letzten Augenblick glauben lassen, daß er bereit sei, ihn zu unterstützen, obwohl er doch schon seit Anfang des Monats den Entschluß gefaßt hatte, den Wünschen des Zaren nachzugeben. Um seine schlechte Laune zu beruhigen, wurde eine letzte Sitzung am 21. gehalten, damit er eine schriftliche Protestnote vorlegen konnte; um ihm zu helfen, das Gesicht zu wahren und um die Tragweite des unterzeichneten Aktes zu schwächen, erfand Metternich den Dreh, diesen Akt „Niederschrift" statt „Protokoll" zu nennen. Vergebliches Zugeständnis! Montmorency, der am 22. nach Paris abreiste, nahm die Zusicherung mit, daß die Alliierten Frankreich unterstützen würden, wenn es sich in Spanien engagieren wollte: dies war es, was er hatte haben wollen.

Metternich bejubelte wie üblich seinen Sieg: „Unsere Angelegenheiten sind nun wieder einmal so gegangen, wie ich es wollte und die Entscheidungen sind so getroffen worden, wie es meine Absicht war." Er hatte zweifelsohne in seinen eigenen Augen einen wesentlichen Erfolg erreicht, indem er die Aufmerksamkeit des Zaren gerade ausreichend auf Spanien lenkte, um ihn vom Orient abzulenken, ihn aber gleichzeitig daran hinderte, militärisch einzugreifen. Dadurch, daß er dies tat, hatte er zweifelsohne Europa und auch Frankreich einen großen Dienst erwiesen. Aber da er sich angestrengt hatte, eine irgendwie geartete Intervention Frankreichs auf der Halbinsel zu vermeiden, hatte er schließlich dazu geholfen, die Bedingungen festzusetzen, die diese Intervention erst möglich machten. Vor allen Dingen hatte er definitiv die Karte weggeworfen, die seit 1815 sein bester Trumpf im Spiel gewesen war: die Zusammenarbeit zwischen England und Österreich. Deswegen ist der Kongreß von Verona der letzte große Akt der Allianz und offensichtlich der triumphale Abgesang der Karriere des „Kutschers Europas", der somit das Auseinanderbrechen dieser Allianz begonnen hatte.

Die Angelegenheiten des Orients und Italiens

Dies sollte sich bald in der Entwicklung der Angelegenheiten Spaniens zeigen. Zuvor allerdings müssen wir die anderen in Verona besprochenen Fragen ansehen.

Nach der Abreise Montmorencys gab es mehrere Konferenzen mit Wellington über die Frage des Orients. Der Zar zeigte sich zugänglicher, als geglaubt worden war. Er begnügte sich schließlich mit einer Zusicherung der moralischen Unterstützung der Alliierten bei seinen Forderungen gegenüber der Hohen Pforte. Die von den Griechen entsandte Delegation erhielt noch nicht einmal die Erlaubnis, in Verona vorstellig zu werden.

Die italienischen Angelegenheiten, der ursprüngliche Gegenstand des Kongresses, ließen sich ebensoleicht abwickeln. Man einigte sich auf einen genau datierten Abzugsplan für die österreichischen Besatzungstruppen in Piemont und auf eine Reduzierung ihrer Stärke in Neapel. Metternich, so scheint es, hatte ernstlich erwogen, die Umstände zu nutzen, um die italienischen Staaten dazu zu bringen, die Schaffung einer zentralen Kommission für Polizei und Überwachung zu akzeptieren, die dem entsprechen sollte, was für Deutschland in Mainz geschaffen worden war. Die französische Delegation erfuhr von diesem Plan durch eine Vertraulichkeit des Kardinals Spina: er habe, sagte er, formelle Anweisung, sich dem entgegenzustellen. Natürlich ermutigten ihn die Franzosen, keinen irgendwie gearteten Anschlag auf die Unabhängigkeit des Heiligen Stuhls zuzulassen. Die Vertreter Piemonts, der Toscana und Luccas wurden entsprechend bearbeitet und wollten Spina unterstützen. Metternich zog es vor, lieber auf sein Projekt zu verzichten, als die mangelnde Übereinstimmung offenbar werden zu lassen. Die Italiener, die am 11. Dezember zum ersten Mal aufgefordert waren, sich in einer Vollversammlung zusammenzusetzen, hörten nur eine „väterliche Ermahnung", die der Kanzler vortrug, als er im Namen der drei Unterzeichnerstaaten der Vereinbarungen von Laibach sprach. Als La Feronnays es wagte, sich bezüglich des beerdigten Planes zu erkundigen, gab Metternich vor, nur ein solches Gerücht in die Welt gesetzt zu haben, um die Ermahnungen, die für die Selbstachtung der italienischen Führer ein wenig verletzend waren, leichter durchgehen zu lassen: „So führt man Menschen", schloß er, und verbarg elegant sein Mißgeschick.

Wellington hatte an den letzten Sitzungen, die Italien gewidmet waren, nicht teilgenommen. Er hatte Verona am 30. November verlassen und war sehr unzufrieden mit der Rolle, die er dort hatte spielen müssen und hatte einige Illusionen bezüglich seines „Freundes" Metternich verloren. Bevor er abreiste, hatte er die Frage der Behandlung der afrikanischen Sklaven angesprochen und auch die Frage der auf die Dauer gesehen unvermeidlichen Anerkennung der spanischen Kolonien in Amerika, die sich gegen die Regierung in Madrid erhoben hatten, was Chateaubriand Gelegenheit gegeben hatte, endlich in die Rolle des Sprechers Frankreichs einzutreten, die ihm bis zum 22. November durch die Anwesenheit Montmorencys verwehrt worden war.

Die österreichischen Schulden

Wellington hatte aber trotzdem einen kleinen Erfolg erzielt. Er war damit beauftragt gewesen, eine Lösung für das dornenreiche Problem der österreichischen Schulden zu finden, eine Frage, die Metternich immer geschickt hatte ausklammern können. Diesmal, in Verona, stellte Wellington schonungslos die britischen Forderungen. Metternich fand sich angesichts der verzweifelten Anstrengungen, die er entfaltete, um England bei der Allianz zu halten, gezwungen, nachzugeben: zum ersten Mal, seit die Kontroverse 1815 aufgetaucht war, anerkannte er in einem schriftlichen Dokument die Berechtigung der englischen Forderung, wobei er allerdings gleichzeitig behauptete, daß der Zustand der Finanzen Österreichs es nicht gestatte, diese Forderung zu befriedigen und er schob die Verantwortung für dieses Problem auf die Schultern Stadions.

Letzterer hatte keine andere Möglichkeit, als sich Rothschild anzuvertrauen, der ihm die drei Million Pfund Sterling beibringen mußte, mit denen die Engländer sich zufrieden stellten. Ganz geschickt unternahmen die Rothschilds eine gemeinsame Operation mit den beiden großen englischen Banken Baring und Reid-Irwing; Dank ihrer Druckmittel stimmte der Schatzkanzler zu, den zu zahlenden Betrag auf 2.500.000 Pfund zu ermäßigen, also ein Zehntel dessen, was zunächst gefordert worden war. Die großen Gewinner waren die Rothschilds; sie hatten zur Sicherheit österreichische Schatzbons erhalten. Als aber das Verfahren bekannt geworden war, stieg der Wert dieses Papiers so, daß sich der Profit der geschickten Bankiers auf 1.824.000 Pfund Sterling belief. Man kann verstehen, daß Metternich es vermied, sich dieser Operation zu rühmen. Die Episode erinnert nützlicherweise daran, daß hinter der Heiligen Allianz Monarchen standen, und daß diesen die Allianz der Bankiers zu Hilfe kam.

Rückkehr nach Österreich

Das offizielle Ende des Kongresses war am 14. Dezember. Am gleichen Abend verließ Kaiser Franz Verona und reiste nach Venedig, wo er seinem „Bruder" Alexander einen feierlichen Empfang bereitete. Metternich kam erst am 16. abends an. Dort wurden einige Tage verbracht. Alexander war entzückt von den Aufmerksamkeiten, mit denen er überhäuft wurde: Konzerte, Oper, Gondelfahrten. Metternich amüsierte sich damit, selbst als Führer für Nesselrode und Tatistschew zu dienen. Der Zar verließ schließlich voller Bedauern am 22. Dezember die Stadt der Dogen, deren Anblick, so sagte er nicht grundlos, ihn manchmal an den Anblick seiner eigenen Hauptstadt an der Neva erinnerte.

Metternich blieb noch bis zum 25. in Venedig, sodaß er erst am 28. in Innsbruck eintraf, um sich dort vom Zaren zu verabschieden. Letzterer war in der Zwischenzeit kurz nach Stuttgart gefahren, um dort seine Schwester Katharina zu umarmen: „Ich stehe mich mit ihm bestens", versichert Metternich, „und es ist kaum zu fürchten, daß diese Beziehungen sich verändern. Die Gewalttour, die ich vollendet habe, ist nicht normal."

Zweifelsohne spricht er hier auf eine interessante Szene an, die er in einem Zusatzteil seiner Memoiren berichtet: Alexander hatte ihn rufen lassen; nachdem er um den heißen Brei herumgeredet hatte, gestand er ihm, daß es in seiner Umgebung viele Leute gäbe, die ihm vorwürfen, er ließe sich durch den österreichischen Minister lenken: „Ich bin fest entschlossen, ihnen zu widerstehen", sagte er, „meine einzige Befürchtung ist, daß Sie selbst schwach werden." Und das Gespräch endete mit einem gegenseitigen Versprechen unerschütterlichen Vertrauens.

Während Kaiser Franz direkt nach Wien zurückkehrte, wurde Metternich von ihm beauftragt, einen Umweg über München zu machen, um König Maximilian-Josef die Ergebnisse des Kongresses zu erläutern und ihm vorzutragen, „wie gut es für den deutschen Bund sei, die gleichen Prinzipien innerhalb Deutschlands anzuwenden". Metternich hatte sich, damit er nicht mitten in die Feiern zum Neujahrstag geriet, kurz in Innsbruck aufgehalten. Am 2. und 3. Januar hatte er Gespräche mit dem bayrischen König und seinen Ministern; der Inhalt dieser Gespräche wurde nicht bekanntgegeben. Mangels genauer Informationen über die Gründe hatte schon die Anwesenheit Metternichs in der öffentlichen Meinung zu allen möglichen verrückten Spekulationen Anlaß gegeben, bei denen die am meisten verbreitete war, daß der Kanzler gekommen sei, um Bayern zu veranlassen, gewisse liberale Aspekte im Regime einzuschränken. Am 6. Januar schließlich war Metternich wieder zu Hause in Wien und freute sich, daß er dem Frost, der seine Reise sehr schwierig gemacht hatte, nach Überschreiten der Alpen entkommen war.

Chateaubriand ersetzt Montmorency

In Wien erwartete ihn eine wichtige Nachricht: in Paris hatte eine kleine ministerielle Revolution stattgefunden und Chateaubriand hatte den Platz Montmorencys als Außenminister eingenommen. Dies war das Ergebnis des verdeckten Konflikts, der sich im Verlauf der vorangegangenen Wochen zwischen Villèle, dem Präsidenten des Rates und dem Bevollmächtigten Frankreichs beim Kongreß von Verona entwickelt hatte. Letzterer erachtete eine französische Intervention in Spanien als unvermeidlich und wünschenswert und war damit einverstanden, sie unter den Bedingungen der Allianz durchzuführen; diese Solidarität drückte sich insbesondere in den Aktivitäten aus, die dazu bestimmt waren, den Prozeß einzuleiten, nämlich der gleichzeitigen Entsendung von drohenden Noten nach Madrid, die den Bruch nach sich ziehen sollten.

Villèle hingegen hoffte noch, eine bewaffnete Intervention vermeiden zu können und bestand darauf, Frankreich die volle Freiheit seiner Handlungsfähigkeit zu erhalten.

Montmorency verteidigte nach seiner Rückkehr nach Paris die moralische Verpflichtung, die er in Verona eingegangen war, nur in Abstimmung mit den Alliierten zu handeln, wofür er als Gegenleistung deren Unterstützung zugesagt bekommen hatte. Villèle bestand allerdings darauf, sich von den Alliierten abzukoppeln und der König gab ihm schließlich Recht, gegen den Rat der Mehrheit seiner Minister. Montmorency war somit desavouiert und reichte seinen Rücktritt ein.

Aus innenpolitischen Gründen war es wichtig geworden, ihn durch Chateaubriand zu ersetzen. Letzterer aber war, mehr noch als Montmorency, Verfechter der bewaffneten Intervention und er war in der Lage, den Präsidenten des Rates zur Handlung zu zwingen. Metternich, der möglicherweise durch die Haltung getäuscht worden war, die Chateaubriand in Verona dargestellt hatte, klammerte sich weiterhin an die Hoffnung, daß der diplomatische Bruch nicht automatisch zu Feindseligkeiten führen würde; er versuchte mit allen Mitteln, die automatische Weiterentwicklung des Prozesses zu verhindern und ging sogar soweit, eine britische Vermittlung ins Auge zu fassen.

Französische Intervention in Spanien

Aber die Hoffnungen waren vergebens. Am 28. Januar 1823 verkündete Ludwig XVIII. vor den Kammern des Parlaments seinen Entschluß, 100.000 französische Soldaten unter dem Oberbefehl seines Neffen, des Herzogs von Angoulême in Spanien einmarschieren zu lassen. Metternich nahm die Nachricht mit einer fatalistischen Resignation entgegen: „Ich kann darüber nicht unzufrieden sein (...) denn zwischen zwei (Übeln) entscheide ich mich immer für das, was unternommen worden ist, als für die unbestimmten Erwartungshaltungen."

Für die sechs jetzt folgenden Monate beschäftigten Metternich zwei Fragen, welche seine diplomatischen Aktivitäten inspirierten und eine Art Duell mit Chateaubrinand auslösten: 1. in welchem Umfang würde Frankreich eine Art Patronat und Kontrolle der Allianz akzeptieren? 2. hatte Frankreich die Absicht, in Spanien eine absolutistische Herrschaft eines Monarchen zu errichten oder hatte es vor, dort ein repräsentatives parlamentarisches System einzuführen?

Die erste dieser beiden Fragen war für Chateaubriand die wesentliche und er versteifte sich darauf, um jeden Preis die Entscheidungsfreiheit und die Handlungsfreiheit Frankreichs zu bewahren; nicht nur, weil der Nationalstolz der Franzosen alle Anzeichen von Unterwerfung unter die Allianz schlecht ertragen hätte sondern auch weil man Herr der Lage bleiben wollte und die Angelegenheit auf die für das Land und die Dynastie günstigste Art abzuwickeln gedachte. Für Metternich hingegen war die Frage der zukünftigen Regierungsform Spaniens von derartigem Gewicht – angesichts der möglichen Auswirkungen auf Italien –, daß sie ihn geradezu bis zur Besessenheit beschäftigte. Er interpretierte also alle Unabhängigkeitsreaktionen der französischen Seite als Anzeichen dafür, daß etwas Verdächtiges vorging und als Grund, die schikanösen Vorsichtsmaßnahmen zu verstärken. Chateaubriand seinerseits hörte nicht auf, in den Ermahnungen des österreichischen Kanzlers einen Vorwand zu sehen, Frankreich zu zügeln und ihm die Vorteile streitig zu machen, die ihm aus einer gelungenen Operation hätten erwachsen können. Er interpretierte auch schließlich die – dennoch ernst gemeinten – Glückwünsche, die er jedesmal erhielt, wenn Metternich sah, daß er in eine von ihm gewünschte Richtung ging, als Beweis für die Doppelzüngigkeit Österreichs. Dies war, so scheint es, der Hintergrund des Mißverständnisses, das ihre Beziehungen im Verlauf des ersten Halbjahres 1823 beständig verschlechterte. Es ist unmöglich, hier alle Details dieser diplomatischen Schlacht aufzuzählen; es ist anderweitig versucht worden.[1] Die fast manische Verbissenheit Metternichs, die Tatsache, daß er alles, was die Franzosen unternahmen, mißtrauisch begutachtete, brachten ihn dazu, voller Verzweiflung ein geradezu albernes Manöver einzuleiten: es ging um den Plan, den alten König von Neapel, Ferdinand IV., der sich gerade in Wien aufhielt, dazu zu bringen, seinem Neffen, Ferdindand VII., welch letzterer in Cadiz von den Liberalen gefangengesetzt worden war, den Titel eines Regenten zu verleihen.

„Dieser Teufel in Wien", schrieb Chateaubriand, „erreicht in seinem Wunsch, uns Übles zu tun, einen Umfang seiner Aktivitäten, der anscheinend seine Fähigkeiten zu überzeugen und zu schaden verdoppelt." Sollte Frankreich wirklich seine Hilfsmittel und sein Blut vergießen, um das Recht eines alten Königs, der unfähig war, seine eigenen Staaten zu regieren, auf Ernennung eines Thronfolgers zu stützen? Die Angelegenheit war in der Tat so außerordentlich, daß die russischen und preußischen Vertreter sich bei ihren Konferenzen in Paris gegen den österreichischen Vorschlag aussprachen. Metternich mußte sich enttäuscht auf die Rolle eines Beobachters beschränken, eine für ihn wirklich ungewohnte Rolle, die er nicht sehr freudig akzeptierte.

Die Irrtümer Metternichs

Andererseits hatte er auch sehr viele Irrtümer begangen! Er hatte sich in der Beurteilung zu Beginn geirrt, als er seine Aktivitäten auf die Annahme stützte, daß Frankreich nicht im Stande sei, jenseits der Pyrenäen einzugreifen, ohne selbst im Inneren des Landes eine weitere Revolution zu riskieren. Ein taktischer Fehler dann, als er zugelassen hatte, daß Montmorency genau die Garantien gegeben wurden, die es Frankreich gestatteten, gegen Metternichs Willen aktiv zu werden. Als der Krieg unvermeidlich geworden war, hatte er sich darauf beschränkt, die Gefahr zu sehen, daß Frankreich daran arbeiten könnte, in Madrid eine parlamentarische Regierung einzuführen, welch letztere Hypothese eigentlich von den Vorbereitungen der spanischen Royalisten und denen des Königs Ferdinand als unwahrscheinlich denunziert wurden. Aus all diesen Gründen stand die französische Regierung ihm mit Groll und mißtrauisch gegenüber und stellte sich auf etwas ein, was er am allermeisten fürchtete: eine französisch-russische Annäherung.

Schließlich hatte Chateaubriand aufgrund glücklicher Umstände und von den Russen unterstützt erreicht, daß die Politik der Allianz der Politik Frankreichs diente, obwohl die Zielvorstellung Metternichs genau das Gegenteil gewesen war. Daraus erklärt sich zweifelsohne der unerbittliche Haß, mit dem Metternich bis über seine Karriere im Ministerium hinaus denjenigen verfolgte, dem es gelungen war, seinen Willen in einem bestimmten Augenblick zum Scheitern zu bringen.

Wie nun die französische Intervention in Spanien bis zu ihrem entgültigen Erfolg im Oktober ablief, ist eine Geschichte, die hier nicht hin gehört.

Metternich trifft seine Familie wieder

Mehrere Umstände hatten Metternich dabei geholfen, seine Fehleinschätzung zu verdauen. Zunächst einmal die Ankunft seiner Familie Mitte Mai in Wien. Er hatte die Rückkehr dadurch vorbereitet, daß er die Ausstattung der zweiten Etage im Hotel am Ballhausplatz absolut hatte ändern lassen, um die immer noch schmerzlichen Erinnerungen an die Tage im Frühling 1820 dort auszulöschen. Schließlich war er Eleonore mehrere Meilen von Wien aus entgegengereist; er war entzückt, seine Töchter Leontine und Herminie ein gutes Stück gewachsen vorzufinden und offensichtlich bei guter Gesundheit. Er freute sich über seinen Sohn Victor, dessen distinguiertes Benehmen den erzieherischen Einfluß der Pariser Salons bezeugte. Die Gesundheit Eleonores schien sich auch auf dem Wege der Besserung zu befinden. „Ich habe wieder die Gewohnheit angenommen, inmitten der Meinen zu leben, als sei ich niemals von ihnen getrennt gewesen. (...) Wiewohl ich die Meinen nur zum Frühstück und zum Mittagessen sehe, finde ich in diesen Augenblicken doch großen Trost. Ganz entschieden: der Mensch ist nicht geschaffen, allein zu leben." Und vor allen Dingen nicht, wenn er krank ist, hätte er hinzufügen können, denn Ende Juni lag er neun Tage im Bett mit einer Krankheit, die allerdings nicht genauer benannt wird.

Auch auf der politischen Ebene hatten sich die Ereignisse im Verlauf des Sommers 1823 enorm beschleunigt und halfen Metternich, sich von seinen Enttäuschungen in der spanischen Angelegenheit abzulenken: außer der Orientfrage, die im nächsten Kapitel zu besprechen sein wird, war es die Wahl eines neuen Papstes in Rom.

Die Wahl Papst Leos XII.

Am 20. August war Pius VII. nach einer langen Agonie gestorben, während derer sich alle Betroffenen auf die Schlacht um seine Nachfolge vorbereiten konnten. Im Kardinalskollegium gab es zwei Parteien: die Partei der Zelanti und die Partei der Politicanti; die erstere war ein heftiger Gegner der Politik Consalvis und hatte unbestritten die Mehrheit. Diese Leute waren aber auch Österreich sehr feindlich gesinnt, denn sie vermuteten, daß Österreich insgeheim immer noch die Absicht verfolgte, den Kirchenstaat militärisch zu besetzen, oder gar die geschenkten Provinzen zurückzuholen, die 1815 dem heiligen Stuhl wiedergegeben worden waren.

Unter diesen Gesichtspunkten hatte sich Metternich darauf beschränkt, zu versuchen, ein geringeres Übel zu erreichen, nämlich die Wahl eines gemäßigten Zelanti durchzudrücken, der nicht das Gesamtwerk Consalivs umstürzen würde, anders gesagt, der den revolutionären Sekten durch zu reaktionäre Maßnahmen keine Nahrung gäbe. Zu diesem Zweck hatte er versucht, mit Frankreich zusammenzuarbeiten. Chateaubriand hatte sich, obwohl er versöhnliche Worte von sich gab, entschlossen, diese Gelegenheit zur Schwächung des österreichischen Einflusses in Rom und in Italien nicht ungenutzt verstreichen zu lassen. „Kein österreichischer Papst", schrieb er am 27. August an den französischen Botschafter; „dies ist der erste Punkt; der zweite ist es, einen italienischen Papst zu haben, der so sehr wie möglich ein Freund Frankreichs sein soll, (...) alles hängt davon ab, daß wir die Wahl in Richtung auf eine Unabhängigkeit Italiens lenken können."

In dem am 2. September eröffneten Konklave hatte Metternich einen ihm ergebenen Agenten in der Person des Kardinals Albani. Dieser letztere nutzte das „Ausschlußrecht", über das die katholischen Herrscher verfügten, um die Wahl des Österreich am feindlichsten gesinnten Zelanti, des Kardinals Severoli, des ehemaligen Nuntius in Wien, zu verhindern. Er konnte aber anschließend die Wahl des Kardinal Annibal della Genga, eines anderen überzeugten Zelanti, nicht verhindern, der gewisse Neigungen für Frankreich hatte. Letzterer war auch ein erklärter Feind Consalvis: eine seiner ersten Amtshandlungen war es, den Kardinalstaatssekretär von seinem Amt zu entbinden. Die Freundschaft Consalvis jedoch war für Metternich seit 1815 von unschätzbarem Wert. Nach Castlereagh fehlte ihm somit ein weiterer menschlicher Trumpf auf dem europäischen Schachbrett.

KAPITEL 24

Auf dem Weg in die Isolation

Das Treffen von Czernowitz

Die Frage des Orients, die in Verona auf Eis gelegt worden war, gewann natürlich wieder in dem Umfang Leben, in dem das spanische Alibi an Faszination verlor. Da sich Frankreich entgegen allen Erwartungen fähig zeigte, ganz alleine die spanische Revolution niederzuschlagen, wandte Alexander seine Aufmerksamkeit wieder der Türkei und Griechenland zu.

Schon zu Ende Juni 1823 ließ der Zar mitteilen, daß er wünsche, sich darüber mit den österreichischen Führern zu unterhalten. Kaiser Franz war nicht sehr begeistert, aber wie sollte er dem mächtigen und nicht einzuschätzenden Alliierten etwas verweigern? Datum und Ort wurden erst Mitte August festgesetzt: Anfang Oktober in Czernowitz in Galizien. Metternich beeilte sich, trotz seiner Vorbehalte, die Wichtigkeit des Ereignisses aufzublähen: „Die Sache wird viel Wind verursachen", schrieb er am 22. August an Dorothée von Lieven. „Es wird sich wie ein Kanonenschuß mit großem Kaliber anhören. (...) Mein Kopf arbeitet und mein Blut kocht. Es wird von dort etwas ausgehen!"

Er reiste bereits am 16. September ab, um noch einige Tage in seiner Domäne Witzomirsitz zu verbringen. Als er in Przemysl ankam, wurde er von einem hohen Fieber geschüttelt, das mit Schweißausbrüchen verbunden war und dem glich, das er bereits im Juli gehabt hatte, „mehr wohl ein Katharrh, als ein Rheumaanfall", sagte er, was annehmen läßt, daß es sich um eine Rippenfellentzündung gehandelt hatte. Dazu kam eine Entzündung der Augenlider. Er ließ sich dennoch bis nach Lemberg (Lwow) bringen. Dort aber verbot ihm der Arzt, die Reise bis nach Czernowitz fortzusetzen und er war gezwungen, einen seiner treuen Mitarbeiter, André de Mercy, zu seinem Kaiser zu schicken. Der Herrscher selbst kam mehrfach ans Krankenbett Metternichs, um ihn zu zerstreuen und erzählte ihm von allen möglichen Dingen. Man kann sich wundern, daß Alexander nach all seinen Freundschaftsbekundungen nicht auch einen Krankenbesuch machte; vielleicht befürchtete er, der Kritik der Leute Nahrung zu geben die ihn als Spielzeug des österreichischen Kanzlers darstellten. Er begnügte sich damit, ihm Nesselrode zu schicken, der zusammen mit ihm und Tatistschew die Dokumente ausfeilen sollte, welche die zwischen den beiden Herrschern vereinbarten Beschlüsse in die Tat umsetzen sollten.

Der Entwurf einer Lösung

Diese Beschlüsse waren dem entsprechend, was Metternich gewünscht hatte. Und er versäumte nicht, sich das Verdienst dafür zuzuschreiben: „Ich hatte die Angelegenheiten vor der Versammlung so weit vorbereitet, daß der Druck der Umstände ausgereicht hatte, sie ohne meine Mithilfe zu einem guten Ende zu bringen. Der Frieden ist sichergestellt; alles hat sich auf wunderbare Art geregelt und der Triumph ist vollständig."
Der Zar akzeptierte die Unterscheidung, die Metternich immer gefordert hatte und war gewillt, zunächst – und losgelöst von den anderen Dingen – den rein russisch-türkischen Konflikt bezüglich der rumänischen Provinzen und anderer geringerer Beschwerden zu regeln. Die Konstantinopel durch den vereinten Druck des britischen und des österreichischen Botschafters entrissenen Zugeständnisse und Verpflichtungen erschienen ausreichend, um die Wiederherstellung normaler Beziehungen ins Auge fassen zu können. Nachdem diese bilaterale Schwierigkeit einmal geregelt war, würde sich die Hohe Pforte gemeinsam mit den Alliierten der Befriedung Griechenlands widmen. Zu diesem Zweck sollte in St. Petersburg eine Konferenz mit den Botschaftern der anderen Mächte stattfinden, die ordnungsgemäß bevollmächtigt wären. Metternich hatte vor, die ganze Sache in die Länge zu ziehen. „Die griechischen Konferenzen werden lange wie in einer Wurstsuppe schwimmen", schrieb er am 19. Januar 1824 an Lebzeltern. „Dies habe ich mit zwei Hilfsmitteln vorgesehen und vorbereitet. Zunächst einmal, daß diese Konferenzen nach St. Petersburg verlegt wurden und dann durch die Bitte, die ich an Paris, London und Berlin gerichtet habe, daß den jeweiligen Vertretern in Rußland der Befehl gegeben werde, sich anzuhören, was das russische Kabinett ihnen zu sagen hat."
Anders gesagt, sie sollten nicht mit Entscheidungsvollmacht ausgestattet werden und sollten für jede Etappe der Verhandlungen mit ihren jeweiligen Regierungen Rücksprache nehmen müssen. Angesichts der räumlichen Entfernungen versprach das unendliche Zeitverzögerungen.
Am 18. Oktober morgens traf ein Bote aus Paris ein, der zehn Tage zuvor aufgebrochen war und überbrachte die Nachricht der Kapitulation von

Cadiz und der Befreiung König Ferdinands VII. Der gezwungene Ton der von Metternich an Chateaubriand geschickten Depesche spiegelt seine gespaltene Haltung wider: er empfand wirkliche Befriedigung gegenüber der erneuten Niederlage der Revolution und gleichzeitig Enttäuschung, daß dieser Triumph das Werk einer Regierung gewesen war, die das Unrecht begangenen hatte, sich von seiner Leitung zu befreien.

Am 26. Oktober war die Gesundheit des Kanzlers ausreichend wiederhergestellt, daß er die mühsame Rückreise durch ein Land antreten konnte, das durch die Armut seiner Bevölkerung das Gemüt belastete. Der Kaiser, der vor ihm abgereist war, hatte sich selbst darum gekümmert, die Unterkunft auf den Tagesetappen zu regeln und hatte alles so eingerichtet, daß sein lieber Minister überall gut geheizte und bequeme Ruhestätten vorfand. Am 2. November war Clemens wieder zu Hause. Eleonore war noch da, sie sollte aber bald wieder in ihre Pariser Wohnung abreisen.

Genesungszeit

Clemens gestand, daß er geschwächt und abgemagert sei. Bis zum Jahresende war sein Lebensrhythmus der eines Genesenden. Glücklicherweise lagen keine dringenden Angelegenheiten vor. „Wahrscheinlich schon seit langem", schrieb er am 28. November, „hatte ich nicht mehr so wenig Arbeit; das gesamte soziale Umfeld ist dabei, sich zu erholen."

Selbst sein Briefwechsel mit der Lieven schien nicht mehr regelmäßig stattzufinden. Dorothée beklagte sich bitter darüber. Sie hatte Mitte des Jahres Kenntnis von dem Plan einer Reise erhalten, die den Kaiser und seine Minister Mitte oder Ende Februar 1824 nach Italien führen sollte.

In Kenntnis dieser Dinge und unter dem Vorwand, ihre eigene Gesundheit pflegen zu müssen, war es ihr gelungen, selbst den Winter in Italien verbringen zu dürfen. Ihr Geliebter aber verzichtete nicht nur auf diese Gelegenheit, mit ihr zusammenzutreffen, sondern ließ sie außerdem noch ohne Nachricht: „Ich bin wütend", schreibt sie aus Rom. „Ohne Briefe zu bleiben wäre überall fatal, aber um wieviel fataler ist dies in Rom. (...) Wenn ich nur einige Zeitungen hätte. Ich liebe die Politik viel mehr als die Sonne." Man kann hier die ersten Zeichen einer Abkühlung feststellen, die drei Jahre später zur Beendigung dieser Liaison führte.

Chateaubriand und Canning

Der Hauptgrund für die Verärgerung Metternichs zu Anfang des Jahres 1824 war die Art und Weise, in der Chateaubriand die französische Politik lenkte. Trunken von dem Erfolg der Intervention in Spanien wollte dieser nämlich nun eine Vermittlung zwischen Spanien und dessen aufständischen amerikanischen Kolonien herbeiführen. Metternich war sicherlich einer Lösung, in der seine Prinzipien gewahrt wurden, nicht abgeneigt, bestand aber darauf, daß die bestehenden Tatsachen berücksichtigt werden sollten. Chateaubriand jedoch wollte die Angelegenheit selbst erledigen und berief sich dabei auf die Allianz, ohne deren Großpriester zu befragen. Seine Frechheit wurde durch den russischen Botschafter in Paris, Pozzo di Borgo, kräftig unterstützt. Gegen diesen letzteren schleuderte Metternich seinen ganzen Zorn. „Dieser höllische Intrigant macht alles, was er kann, um Europa zu zerstören. (...) Er ist es, der für alle die Dummheiten, die der französische Minister jeden Tag begeht, verantwortlich ist, denn er ist der unfähigste Politiker, den es je gab."

Unglücklicherweise war der Vertreter Österreichs in Paris unfähig, die Intrigen der beiden Kumpel Pozzo und Chateaubriand auszuspielen. „Wenn ich einen Kartoffelsack nach Frankreich schickte", schrieb der Kanzler an seine Frau, „so würde er die gleiche Arbeit leisten können wie Vincent. Er bewegt sich nicht, fühlt und sieht nichts, weist alles von sich und würde es nicht spüren, schösse man eine Kugel durch ihn hindurch; es ist, als ob er nicht existiere und für ein Ministerium, das nicht weiß, was es will, noch was es wollen kann, ist er ein recht ungewöhnliches Glückslos." (22. November 1822).

In London war Canning. Und er war kaum besser als Chateaubriand; auch bei ihm war das unbestreitbar vorhandene Talent durch die Ansteckung mit dem liberalen Geist der Zeit verdorben. „Seit das Unglück Englands diesen Mann an die Spitze der Verwaltung gestellt hat, hat er nie wirklich englische Interessen vertreten. Er hat nur absurde Systeme vertreten und verteidigt."

Als Metternich das gesamte politische Schachbrett im Frühling 1824 betrachtete, wurde er – einmal wenigstens – in seinen Äußerungen ganz lapidar.

„Der wirkliche Punkt der Angelegenheiten findet sich in den beiden Extremen: Auflösung der Prinzipien in Paris und in London; Stärke und Einheit zwischen Wien und Petersburg. Diese Mächte stoßen sich aneinander und bekämpfen sich und das Schicksal der Welt hängt von dem Sieg der einen oder anderen Partei ab. Darin liegt die ganze

Politik und alles, was nicht zu diesem Konflikt gehört, sind nur Symptome." (An Philip Neumann, 25. April 1824. Archives de Plasy.)

Aufenthalt in Johannisberg

Die Notwendigkeit, einen engen Kontakt mit St. Petersburg zubehalten, wurde von Metternich dazu benutzt, einen neuen Aufschub der Italienreise zu rechtfertigen. „Es wäre eine Ungeschicklichkeit", erklärte er, „schon wieder den Abstand zu vergrößern, der uns trennt und so unseren Briefwechsel zu verlangsamen." Statt dessen würde er den Juni in Johannisberg verbringen und nahm Tatistschew dahin mit, um ihn besser unter Kontrolle zu haben.

Auf seinem Weg ins Rheinland unterbrach er die Reise zwei Tage (1. und 2. Juni) am Tegernsee, um dort mit den bayrischen Ministern die nächste Sitzung des Bundestages in Frankfurt vorzubereiten. Dort sollte in der Tat darüber gesprochen werden, die Karlsbader Beschlüsse, die ursprünglich eine Laufzeit von fünf Jahren hätten haben sollen, zu verlängern. In Johannisberg, wo Metternich am 5. Juni ankam, wurde die Vorbereitung der Beschlüsse, die die Bundesversammlung fassen sollte, in Gesprächen fortgesetzt, die der Kanzler mit den Ministern der wichtigsten deutschen Staaten führte, die einer nach dem anderen angereist kamen, um den Tagesbefehl entgegenzunehmen.

Der Herr Johannisbergs war also von einem wirklichen Hofstaat umgeben und gefiel sich darin, fürstliche Gastfreundschaft zu üben. „Mein Tisch wird für fünfundzwanzig Personen gedeckt", erklärt Metternich Gentz, „und häufig genug habe ich vierzig bis fünfzig zu beköstigen. Abends gibt es unzählige Partien Whist."

Eine der ersten angenehmen Besucherinnen zu Beginn des Aufenthaltes war Dorothée von Dino, die jüngere Schwester Wilhelmines von Sagan, die jetzt die Herrin des Hauses und des Herzens Talleyrands war; für Metternich recht interessant waren die Bemerkungen, die sie ihm über die Wendungen der Pariser Politik liefern konnte. Die andere Dorothée, die Gräfin von Lieven, hatte ebenfalls ihre Ankunft mitgeteilt; mit ihrem Mann sollte sie nach St. Petersburg reisen. Mitte Juni jedoch war sie schwanger und mußte in London bleiben. Herr von Lieven hatte offensichtlich das einzige Mittel gefunden, die Aktivitäten seiner intriganten Ehefrau zu beruhigen. Sie fand eine Befriedigung in einer Verstärkung ihrer Aktionen vor Ort. Vielleicht um die Eifersucht Metternichs zu erregen, oder um sich herauszustreichen, erzählte sie ihm von den Avancen, die George Canning ihr machte, von dem sie doch ein Jahr zuvor gesagt hatte, daß sie ihn nicht ertragen könne; sie rühmte sich auch der schmeichelhaften Aufmerksamkeit, die der König selbst für sie hatte, eine Aufmerksamkeit, die ihr eine Eifersuchtsszene der offiziellen Mätresse, Lady Conyngham, eingetragen hatte.

Das schöne Wetter und der dauernde Besucherstrom, das dauernde Summen des Hofstaates von Schmeichlern und Parasiten und die günstige Wendung der behandelten Angelegenheiten versetzten den Herrn von Johannisberg in beste Laune. „Alle Nachrichten, die ich erhalte, sind so frisch und so tröstlich, daß meine Seele die wahre diplomatische Freude empfindet." Zu diesen „tröstlichen Nachrichten" zählte er zweifelsohne auch die Ungnade, in die Chateaubriand gefallen war (6. Juni): „Die Absetzung dieses Ministers", sagte er, „kann uns mehr als gleichgültig sein. Es gibt keine auch noch so vorübergehende Zeit seines Amtes, wo wir ihn hätten loben können und er hat häufig genug uns gegenüber den gerechten Respekt vermissen lassen."

In Bad Ischl

Am 15. Juli verließ Metternich den geliebten Johannisberg und begab sich nach Ischl, einem Heilbad im Salzkammergut. Es war etwas später als vorgesehen: Der große Mann war von „einem Hämorrhoidenanfall" zurückgehalten worden, einer ein wenig demütigenden Krankheit, die wir nur aus Briefschaften des französischen Botschafters, Marquis de Caraman, kennen, der ebenfalls nicht verabsäumt hatte, die Wallfahrt zum rheinischen Olymp, dem Sitz des Orakels, zu unternehmen. Unterwegs traf der Kanzler noch einmal die bayrischen Minister, um die Angelegenheiten für die Bundesversammlung in Frankfurt definitiv zu beenden. Diese Versammlung sollte im August stattfinden; alle von Metternich vorgeschlagenen Beschlüsse wurden dort angenommen — insbesondere die Verlängerung der Beschlüsse von 1819 sowie eine erneute Einschränkung der Pressefreiheit; in Zukunft sollte es nicht mehr gestattet sein, über die Debatten der Parlamentsversammlungen der einzelnen Staaten des Bundes zu berichten. Im Übrigen zeugte der Empfang, der dem Minister bei jeder seiner Reiseunterbrechungen gemacht wurde, ganz deutlich von seiner Wichtigkeit.

> „Mein Leben ist irgendwie apostolisch geworden", schreibt er an Dorothée am 31. Juli. „Überall findet sich eine Herde Gläubiger, die ihren Hirten erwartet (...). Wo immer ich mich aufhalte (...) drängelt sich eine richtige Menschenmasse, die mir folgt, mich umgibt, mich

betrachtet, mir zulächelt und mir die Hand hinreicht (...) manchmal kann ich mich nur dadurch retten, daß ich die verschiedenen Bittsteller zum Lachen bringe."

Die Badekur in Ischl erwies sich als sehr heilsam und nach Abschluß dieser Erfahrung gab sich Metternich selbst das Versprechen, in einem anderen Jahr wieder dorthin zurückzukehren. Vier Monate waren unterdessen vergangen, ohne daß er den Kaiser gesehen hätte: Dies war die längste Trennung, seitdem er das Ministerium übernommen hatte. Der erhabene Herr erwartete ihn in seinem Schloß Persenbeug an der Donau, und man kann sich denken, daß er seinen lieben Minister feierlich-festlich empfing. Letzterer vermerkte den bescheidenen Lebensstil des Herrschers, der sich benahm, wie ein wohlhabender einfacher Privatmann; auf Johannisberg war alles ganz anders!

Metternich war am 27. August wieder zu Hause. Wien war zu dieser Zeit, wie in jedem Sommer, von der hohen Gesellschaft verlassen; man muß hinzufügen, daß für Metternich und seinesgleichen die Tatsache, daß zwanzig Salons geschlossen waren, ausreichte, den Eindruck einer „Wüste" zu erwecken. Aber was soll's! Der Sommer war herrlich und der Garten am Rennweg stand in voller Pracht. Um die Abende auszufüllen gab es die Oper, denn es war trotz allem noch genügend Volk in Wien, um ihr ein Publikum zu garantieren.

Blick auf Frankreich

Der Tod Ludwigs XVIII. wurde in Wien am 23. September, sieben Tage nach diesem Ereignis, bekannt. Kommentar Metternichs: „Was vor wenigen Jahren noch ein großes Ereignis gewesen wäre, ist heute eine unbedeutende Tatsache. Es geht der Welt zur Zeit besser und deswegen können die Könige in aller Ruhe sterben." Bezüglich Karls X. sagte er: „Er hat Mut und ist aufrecht; wenn er nur einen etwas festeren Charakter besäße, so könnte er unter den gewöhnlichen Monarchen herausragen."

Die Krönung des neuen Königs konnte Metternich die Gelegenheit geben, selbst nach Paris zu gehen und dort die Regierungsbeamten kennenzulernen, die er nie zuvor getroffen hatte. Es ging das Gerücht, daß der Kanzler Karl X. die Glück- und Segenswünsche des Kaisers überbringen sollte. Aber diese Demarche wurde als zweifelsohne verfrüht beurteilt; man wußte nicht, ob das Ministerium nicht neu zusammengestellt werden würde. Metternich vertraute die zeremonielle Mission also einem seiner sichersten Freunde, Graf Stefan Zichy, an, seinem unersetzlichen Botschafter in Berlin. Außer dem offiziellen Brief des Kaisers sollte dieser Karl X. ein persönliches Schreiben des Kanzlers übergeben: Er erlaube sich, sagte er, an die Erinnerung zu appellieren, die der neue König von den Umständen der Restauration von 1814 bewahrt haben müßte: „Es war durch uns und fast durch uns allein", wagte er zu sagen „durch die Eure Majestät offen und ehrlich unterstützt wurden." So war mit einem Federstrich alles ausgelöscht, was der österreichische Minister auch immer an verzweifelten Anstrengungen unternommen hatte, um das napoleonische Regime zu retten.

Villèle seinerseits erhielt eine lange Predigt, die in einem Beschützerton in der indirekten Form eines Schreibens an den General Vincent zugeteilt wurde, der den Befehl hatte, ihn dem Präsidenten des Rates vorzulesen. Metternich beließ es nicht dabei: Zichy hatte den Auftrag, Villèle vorzuschlagen, mit dem Kanzler eine Privatkorrespondenz von Mann zu Mann aufzubauen, wie sie seinerzeit mit Richelieu und Decazes existiert hatte. Aber der pfiffige Gascogner umging den Vorschlag, wie schmeichelhaft er auch immer erscheinen mochte. Diese Zurückhaltung reizte die Neugier Metternichs nur um so mehr: Wer zum Teufel war dieser kleine Mann, der die Anmaßung besaß, die Ratschläge des großen Lama der Allianz nicht notwendig zu haben?

Verschiedenes

Im November mußte Metternich häufiger, als er wünschte, die äußeren Anzeichen seiner Würde anlegen und bei Hofe an Zeremonien und Festlichkeiten teilnehmen. Der Anlaß dazu war die Hochzeit von Erzherzog Franz-Karl, dem zweiten Sohn des Kaisers mit Prinzessin Sophie von Bayern. Wer hätte zu dieser Zeit ahnen können, daß das aus dieser Verbindung hervorgegangene Kind die österreiche Krone mehr als ein halbes Jahrhundert tragen würde? Metternich hatte zu dieser Zeit die Freude, in Wien den Vater der Braut zu empfangen, seinen früheren Mentor aus der Zeit seiner Studentenjugend in Straßburg. Der gutmütige Maximilian-Joseph sprach ganz locker mit jedem und war zweifelsohne der einzige zeitgenössische Monarch, der es sich leisten konnte, Metternich mit seinem Vornamen anzusprechen. Es ist noch nicht einmal sicher, ob Kaiser Franz sich diese Vertraulichkeit geleistet hat, zumindest – und dies ist schon erstaunlich – liegt uns kein Zeugnis darüber vor.

Metternich hatte sich zu dieser Zeit in Wien noch mit einer anderen, ganz unterschiedlichen Persönlichkeit zu befassen: Dem Infanten Dom Miguel de Portugal. Dieser war im vorangegangenen Frühling in einen absolutistischen Putschversuch in Lissabon verwickelt gewesen und nach Frankreich ins Exil geschickt worden, wo er sich als unangenehmer Gast gezeigt hatte, denn er war wild und ohne Erziehung, wie ein junger Stier, den man nur sehr schlecht kontrollieren konnte. Der französische Außenminister entledigte sich seiner dadurch, daß er ihn der Aufsicht Kaiser Franz' unterstellte, da es ja eine familiäre Bindung zwischen den Häusern Habsburg und Portugal gab, die 1817 durch die Eheschließung der Erzherzogin Leopoldine mit dem Thronerben Portugals begründet worden war. Metternich wurde damit beauftragt, sich um die Erziehung des jungen Wildlings zu kümmern und ihm insbesondere lesen und schreiben beibringen zu lassen. Was aber die Kunst der Verstellung anging, so brauchte der junge Spitzbub keinen Lehrherrn; Metternich selbst – man kann sich darüber wundern – sagte über ihn: „Der Infant Dom Miguel (...) beginnt, mir sehr zu gefallen", schrieb der Kanzler an seine Frau. „Ich glaube er hat Geist, ein schönes Gesicht, Gehorsam und eine Menge guter Qualitäten." Dies war vor allem eine Karte, die das Schicksal ihm in die Hand gegeben hatte und die er im großen Spiel sicherlich nicht vernachlässigen wollte.

Auf der internationalen politischen Ebene beschäftigten ihn die spanischen Angelegenheiten und die der spanischen Kolonien in Amerika nicht mehr sehr, da die französische Regierung das Prinzip der Allianz akzeptierte und sich zumindest den Anschein gab, die Konferenz der Botschafter in Paris um Rat zu fragen. Gewiß war auch die Entscheidung Cannings zu Ende des Jahres 1824 sehr schwerwiegend, ganz formell die aufrührerischen Regierungen in Mexiko, in Kolumbien und am La Plata anzuerkennen; aber nachdem Metternich seine Verärgerung wegen dieses „politischen Kriminalaktes" ausgedrückt hatte, beschränkte er sich darauf, der Konferenz in Paris die Sorge dafür zu überlassen, was zu tun angemessen wäre.

Die Orientfrage

In seinen Augen sehr viel wichtiger war die Frage des Orients, die seine Beziehungen mit dem Zaren zu belasten drohte, welche doch ein wesentliches Element seiner Politik seit Troppau war. Die Konferenzen, die in Petersburg im Juni 1824 auf der Grundlage der Vereinbarungen von Czernowitz stattgefunden hatten, waren der Lösung des Griechenlandproblemes nicht einen Schritt nähergekommen. Im Herbst legte die russische Regierung einen neuen Plan auf den Tisch, der darin bestand, in Griechenland drei autonome christliche Fürstentümer zu schaffen, in der Art der Fürstentümer, die in Rumänien existierten. Und man forderte, daß die

Prüfung des Plans in Konstantinopel bei einer Konferenz der Botschafter der westlichen Mächte stattfände, die mit weitreichenden Vollmachten ausgestattet sein müßten. Metternich hielt im Gegenteil St. Petersburg für geeigneter, denn die Erfahrung hatte gelehrt, daß dies ein gutes Mittel war, das Weitertreiben der Dinge zu verzögern. Der Zar beugte sich erneut und akzeptierte die Wiederaufnahme der Konferenzen für Januar 1825.

Metternich nutzte die Zwischenzeit, um sein Spinnennetz neu zu weben. Er sandte äußerst umfangreiche Depeschen an seine wichtigsten Botschaften, die mit schulmeisterlichen Allgemeinplätzen und künstlichen Unterscheidungen aufgebläht waren. Je weniger man von der Stelle rücken will, desto mehr muß man die Illusion der Bewegung schaffen. Man mußte das Kabinett des Zaren in Atem halten, es davon überzeugen, daß man bemüht war, ihm zu helfen und es gleichzeitig dadurch einschüchtern, daß dort der Eindruck erweckt wurde, daß alle anderen Höfe den Vorschlägen Wiens nachkämen: Dies schienen die Beweggründe dieser diplomatischen Kampagne gewesen zu sein.

Manche Anzeichen ließen zu Beginn des Jahres 1825 jedoch glauben, daß dem Zaren die Augen geöffnet wurden. Metternich vertraute seine Beunruhigung dem Grafen de La Feronnays, dem Botschafter Karls X. in St. Petersburg, an. Dieser Diplomat hatte auf drängende Bitte des österreichischen Kanzlers einen Umweg über Wien gemacht, bevor er sich nach Rußland begab. Angesichts der Aussicht auf eine Lockerung der Achse Wien – Petersburg und angesichts der entschieden feindlichen Haltung Cannings wurde es dringend, zu erfahren, nach welcher Seite Frankreich neigte. Daraus ergab sich der de La Feronnays anvertraute Plan Metternichs, nach Paris zu reisen. Da sich der Gesundheitszustand der Fürstin Eleonore sehr beunruhigend entwickelt hatte, wurde dies als Deckmantel für politische Zielsetzungen benutzt.

Die Reise nach Paris

Die Entscheidung wurde zu Anfang Februar gefällt angesichts eines Schreibens eines Arztes der Fürstin, Dr. Bourdois, der keinen Zweifel über den tödlichen Charakter der Krankheit ließ. Der Aufenthalt des Kaisers in Italien, der mehrfach verschoben worden war, sollte im Frühling stattfinden; so hätte der Kanzler, wenn er vor ihm abreiste, genügend Zeit, sich den verschiedenen Aufgaben zu widmen, die ihn nach Paris riefen, bevor er seinen Herrscher in Mailand wiederträfe.

Die Abreise Metternichs, die mehrfach verschoben wurde, erfolgte am 5. März abends. Am Montag, dem 14. gegen acht Uhr früh durchquerte der geschlossene Reisewagen des fürstlichen Kanzlers, gefolgt von sechs anderen Wagen den Schlagbaum bei Pantin und fuhr in die Boulevards ein. Er hielt schließlich im Hofe des Hotel de Hollande in der Rue de la Paix (dort, wo heute die Hausnummer 20 ist) an. Diese Wohnung – die sicherlich nicht eine der luxuriösesten unter den Pariser Hotels war – war in der Tat aufgrund der örtlichen Nähe zu der Wohnung ausgewählt worden, wo die Fürstin seit 1821 lebte und jetzt im Sterben lag. Dieses weitläufige und ruhige Haus lag in der Rue Basse-du-Rempart Nr. 26, das heißt, dort wo heute das Grand Hotel steht.[1] Metternich begab sich sofort dorthin. Im ersten Augenblick sah er, daß der Zustand der Kranken noch schlimmer war, als man ihm mitgeteilt hatte; sie hatte nicht mehr lange zu leben und wußte dies. In einem sehr anrührenden letzten Brief vom 11. Februar äußerte sie, daß sie bereit sei, diese Welt zu verlassen: „Trotz aller mir auferlegten Prüfungen war ich immer glücklich. Dafür danke ich Dir, mein guter und edler Ehemann. Du hast mir niemals einen Augenblick der Sorge bereitet, Du warst immer um mein Glück besorgt. Die vierzig Jahre, die ich jetzt durchschritten habe, würde ich nicht anders noch einmal durchleben wollen." Ihre letzten Bitten waren erhört worden, denn er war jetzt da, um ihr in einem der größten Augenblicke die Hand zu halten, der Mann, dem sie ihre Existenz geweiht hatte und der ihr großenteils selbst seinen bewundernswerten Erfolg verdankte. Er war jetzt da und drückte ihr seine dankbare Liebe durch seine Tränen aus: Dies bescheinigt sein Schwiegersohn Josef Esterhazy, der Metternich begleitet hatte, um ein letztes Mal die Mutter Marias, seiner geliebten verstorbenen Frau zu umarmen.

Unter diesen Umständen konnte Metternich ankündigen lassen, daß er nicht in die Gesellschaft gehen würde. Aber die Gesellschaft kam zu ihm: zunächst General Vincent, was nur normal war, anschließend Pozzo di Borgo, der mit dem Kanzler eine erste Unterredung führte. Die Mitglieder des diplomatischen Korps, die Minister, andere Persönlichkeiten – insbesondere James de Rothschild – gaben ihre Visitenkarten ab. König Karl X. hatte den Wunsch geäußert, ihn ebenfalls so schnell wie möglich zu sehen und Metternich empfand diese Einladung als einen guten Grund, aus der zunächst angekündigten Zurückhaltung herauszukommen. Am Mittwoch, dem 16. März, nahm er einen ersten Kontakt mit Baron de Damas im Außenministerium am Boulevard des Capucines auf; und um vier Uhr erschien er in den Tuilerien. Karl X. empfing ihn zu einem einstündigen Gespräch unter vier Augen, wonach der Kanzler dem Herzog und der Herzogin von Angoulême und der Herzogin de Berry seine Aufwartung machte. Der König, erzählt Clemens seiner Mutter, hatte ihn empfangen, „wie einen alten Freund". Er hatte ihm sofort das blaue Band des Ordens vom Heiligen Grab verliehen, band es ihm selbst an den Hals und gab ihm die

Accolade mit freundlichsten Worten. „Ich bin in rot beim König eingetreten (das heißt: mit dem Band der Ehrenlegion) und bin blau von ihm weggegangen. Die Wächter haben sicherlich geglaubt, ihren Augen nicht trauen zu können." Er war doch ein Salonlöwe und konnte dem Vergnügen an einem Wortspiel kaum widerstehen, selbst zwischen zwei Aufenthalten am Bett einer Sterbenden; da er außerdem ein unbedingter Egoist war, verbreitete er sich freudig über seine eigenen Taten und Handlungen und vermied es, Einzelheiten über den Zustand seiner Frau aufzuschreiben; da er außerdem noch ein fürchterlicher Angeber war, behauptete er, mehr als zwei Stunden beim König gewesen zu sein, wiewohl ihm alle anderen Quellen nur eine Stunde zugestehen.

Am Donnerstag, dem 17., ging Metternich erneut in Begleitung Vincents aus, um ein vertiefendes Gespräch mit Pozzo di Borgo in der russischen Botschaft zu führen.

Der Tod Eleonores

Am Freitag, dem 18. März, fiel Fürstin Eleonore in Agonie; sie erlosch sanft in der Nacht zum Samstag, gegen halb vier Uhr; ihr Ehemann war die ganze Zeit bei ihr. Mit seiner großen Fähigkeit, zu vergessen, konnte der flatterhafte, betrügerische und betrogene Ehemann am gleichen Tag dem Kaiser schreiben, daß diese Trennung „nach dreißig Jahren gemeinsamen Lebens" kam, „das von keiner Wolke getrübt war". Selbst wenn er aufrichtig und ernst seine Trauer durch absolut passendes Benehmen ausdrückte – viel zu passend vielleicht, um absolut überzeugend zu sein – so zeigte doch sein Benehmen in den darauffolgenden Tagen, daß er nicht übermäßig niedergeschmettert war.

Sofort nach dem Tod der Mutter kamen die beiden Töchter des Fürsten mit ihrem Bruder Victor ins Hotel de Hollande und blieben dort wohnen. Am Sonntag, dem 20., waren Trauer und innere Sammlung angesetzt. Dennoch hatte Metternich kurz entschlossen Talleyrand empfangen, zweifelsohne aus Wertschätzung für die Gräfin von Dino, die die Verstorbene in ihren letzten Tagen sehr umsorgt hatte.

> „Montag, 21. Heute, um ein Uhr, sind die sterblichen Überreste der Frau Fürstin von Metternich in der Pfarrei Mariä Himmelfahrt aufgebahrt worden, wo eine Messe gefeiert wurde. (...) Nach dem Gottesdienst wurde der Sarg auf einen Leichenwagen mit zwei Pferden gehoben und bis an den Schlagbaum von Pantin geführt. Dort wurde er in einen Reisewagen umgesetzt, der ihn nach Mainz brachte. (...)

Fürst von Metternich hat, genau wie seine Kinder, an dieser Zeremonie nicht teilgenommen." (Journal des Débats, 22. März 1825.)

Die gute kleine Eleonore störte im Tode so wenig wie zu Lebzeiten die Tätigkeit ihres brillanten Gatten. Kaum war sie von der Bühne abgetreten, begann der trostsuchende Witwer einen schwindelerregenden Reigen politischer Konferenzen und gesellschaftlicher Empfänge.

Politische und gesellschaftliche Aktivitäten

Schon am Abend der Beisetzungsfeierlichkeiten war Metternich vom Präsidenten des Rates empfangen worden, bei dem er von acht Uhr abends bis nach Mitternacht blieb. Und danach hatte er mit Villèle noch mehrere andere Unterredungen. Er unterhielt sich auch mit dem Außenminister, mit der Mehrzahl der in Paris akkreditierten Botschafter, vor allem mit Pozzo di Borgo.

Binnen dreier Wochen wird mindestens ein Dutzend Galadiners erwähnt, insbesondere beim Herzog von Orleans im Palais-Royal und bei James de Rothschild. Das außerordentlichste war am 10. April am Tisch der königlichen Familie in den Tuilerien; dies war eine Ehre, die zuvor nur zwei anderen Persönlichkeiten zuteil geworden war: Wellington 1815 und Lord Moira wegen der Dienste, die er den exilierten Bourbonen erwiesen hatte. Metternich versäumte nicht, einen günstigen Bericht darüber für seine Mutter zu schreiben. Nach der Mahlzeit blieb der Gast noch mehr als eine Stunde lang im Gespräch – anders gesagt, zum Vortrag – im Salon. „Unser Gespräch drehte sich im wesentlichen um Napoleon, von dem diese guten Leute fast nichts wußten. (...) Dieser Salon war der gleiche, in dem ich mit ihm rund hundert Stunden zugebracht hatte. (...) Ich bin tausend Jahre alt und lebendige Geschichte." (sic!)[2]

Nur selten erreichte der Ausdruck seiner Selbstbefriedigung solche Gipfelpunkte. Beispiele:

> „In Paris sind die Menschen um mich wie Schwämme, die danach begierig sind, meine Gedanken in sich aufzunehmen." (An den Kaiser, 17. März 1825.)
>
> Wenn eine Fülle von Symptomen mich schon seit längerem darauf hingewiesen hätte, daß ich einen besonderen Platz einnähme, der mir innerhalb der Gesellschaft persönlich gehörte, so hätte ich diese Überzeugung spätestens in Paris gewonnen." (An Lebzeltern, 11. April 1825.)

Außer den Ministern und den Diplomaten hatten insbesondere zwei Arten von Gesellschaften die Ehre seiner Anwesenheit. Einerseits Talleyrand und seine Freunde. Es ist nicht ohne Interesse, festzustellen, welche Dialoge bei ihren letzten Gesprächen geführt wurden. Nach den Berichten des Doktors Bourdois, der mit diesen beiden Staatsmännern alleine diniert hat, und Dorothées von Dino, soll Metternich folgende Rede gehalten haben:

> „Insgesamt gesehen reise ich zufrieden ab mit dem, was ich gesehen und gehört habe. Frankreich ist auf dem rechten Weg.
> (...) Es gibt nur eine unangenehme Sache, meiner Meinung nach: Es sind zu viele kleine Leute an der Spitze. Talent allein genügt nicht, die Gesellschaft braucht Männer, die, wie wir, mein lieber Fürst, die Gewohnheit erworben haben, sie von oben herab zu beurteilen und sie zu lenken. (...) Sieht man nicht in Paris eine Menge von Ehrgeizlingen, die glauben, daß sie fähig seien, Minister zu werden? In Österreich ist dem nicht so; wenn ich krank bin, gibt es niemanden, der behaupten kann, er könne mich ersetzen."

Dreizehn Jahre später, nach dem Tode Talleyrands, erzählte Metternich selbst einen anderen bemerkenswerten Wortwechsel, den er in allen Einzelheiten nur schwer hätte künstlich erstellen können.

> „Ich habe mit ihm über ihn gesprochen und ich erinnere mich, die folgenden (...) Worte gebraucht zu haben: 'Vergessen Sie nie, daß Sie der Welt ein großes Beispiel geben müssen; es ist verachtenswert oder wertvoll, je nach dem, wie Sie sich entscheiden.' Bei diesen Worten ergriff er meine Hand und sagte zu mir: 'Glauben Sie mir, mein lieber Fürst, daß ich weiß, was ich Gott und der Welt schulde, und beruhigen Sie sich.'"

Das andere Milieu, das er besuchte, unterschied sich sehr wesentlich von dem ersteren und war die royalistische und katholische Rechte, die er mit einer Art Überraschung entdeckte. Der Graf von Senfft-Pilsach, ein ehemaliger Minister des sächsischen Königs, der sich zu einem glühenden „Kongregationisten" hatte bekehren lassen und der seit 1821 einer der geheimen Informanten des österreichischen Kanzlers war, führte ihn in diese Kreise ein. Bei ihm traf Metternich unter anderem Bonald, den er als „wesentlich praktischer" empfand, als er sich vorgestellt hatte.

Ende des Aufenthaltes in Frankreich

Da der Kaiser seine Abreise nach Italien um einige Tage verschoben hatte, erhielt Metternich Gelegenheit, seinen Aufenthalt in Paris zu verlängern. Dieser Aufschub gestattete es ihm, kurz nach England zu reisen. Paul Esterhazy hatte ihm am 16. März einen persönlichen Brief Georges IV. überbracht, der den Kanzler nach London einlud und einen anderen Brief Wellingtons, mit dem diese Einladung unterstützt wurde. Dies war, so scheint es, das Ergebnis einer Intrige Dorothées von Lieven, die begierig war, die Leere auszufüllen, die der Tod Eleonores hinterlassen hatte, um ihre Herrschaft über das Herz ihres Liebhabers ganz wiederzugewinnen. Metternich ließ sich nicht verführen; er wollte sich nicht mit Canning auseinandersetzen und hatte Grund, zu befürchten, daß ein derartiges Vorgehen in Petersburg falsch interpretiert werden würde.

Aus dieser Enttäuschung heraus schrieb ihm die Lieven einen bitteren Brief, dessen Inhalt man nur aus der ernsten Antwort, die er am 7. April darauf gegeben hatte, schließen kann. Beklagte sie sich vielleicht darüber, daß er ihr nicht geschrieben hatte, seit er in Paris angekommen war? Er konnte seinerzeit wohl nur an seine Frau denken. Dorothée zeigte schlechten Geschmack und verglich die Äußerungen Metternichs, die dieser beim Tod seiner Frau und dem Tod seiner Tochter Maria von sich gegeben hatte: Ein absolut unwürdiger und hassenswerter Vergleich, sagte Clemens. Sie hatte ihm vorgeworfen, er habe die Fürstin Bagration gesehen, die seinerzeit in Paris wohnte: War es nicht natürlich, daß er gewünscht hatte, seine leibliche Tochter, die junge Clementine, zu sehen? „Du warst nicht vernünftig, als Du mir schriebst", schloß er, „und diese Tatsache ist Deiner nicht würdig. Du warst von einem Gefühl bewegt, das Du vor Dir selbst verborgen hattest: Dieses Gefühl war die Eifersucht; aber nie war Eifersucht so deplaziert." Konnte die liebevolle Vertrautheit lange solche Spitzen überleben?

Am 21. April schließlich verließ Metternich unter einem grauen und regnerischen Morgenhimmel Paris, wohin er niemals zurückkehren würde, die Stadt, die er zugleich liebte und haßte, die Bühne seiner ersten diplomatischen Erfolge und seiner ersten Eroberungen, aber auch die Heimstatt alles dessen, was sich seinen Regierungsprinzipien und seiner internationalen Politik entgegenstellte.

Er entwickelte das Ergebnis seiner Beobachtungen in ausführlichen Berichten an den Kaiser sowie in seinen Briefen an Gentz und an Lebzeltern. Alles dies kann man unter zwei Kapitelüberschriften zusammenfassen. In der Außenpolitik ist die französische Regierung zu furchtsam und zu unerfahren, zu beschäftigt mit den inneren Angelegenheiten, um, wie zu Zeiten

Chateaubriands, eine unabhängige Haltung zu haben; es wird also möglich sein, sie in einem Sinne zu beeinflussen, der vom Wiener Kabinett gewünscht war; die Furcht, die sie vor einem Krieg im Orient hat, sollte sie daran hindern, Rußland fest zu unterstützen. Im Inneren ist die augenblickliche Verwaltung besser als alle, die vor ihr waren. Die Minister haben den rechten Geist, sind brave Leute, aber leider viel zu kleine Leute. Villèle ist zweifelsohne „ein Mann hoher Intelligenz und von großem Durchblick". In der Tat konzentriert sich in ihm die gesamte Stärke der Regierung, aber er ist zu sehr geneigt, von einem Tag auf den anderen zu regieren und mißt den Finanzen eine zu ausschließliche Bedeutung bei.

Dies waren also die Themen, die der Reisende in seinen Gedanken bewegte, als er auf der Straße nach Lyon rollte. Sein Sohn Victor begleitete ihn; die Töchter, Leontine und Herminie waren sofort in Begleitung ihres Schwagers Josef Esterhazy nach Wien geschickt worden. Die erste Etappe war Châtillon-sur-Seine, wo Marmont ihm sein Schloß zur Verfügung gestellt hatte: Eine Art des Dankes für die Leibrente, die er 1819 von der österreichischen Regierung erhalten hatte. In Lyon kam Metternich am Sonntag, dem 24. morgens an. Er logierte im Hotel de l'Europe, dem besten der Stadt, in dem schon eine ganze Galerie berühmter Persönlichkeiten genächtigt hatte. Am nächsten Tag zeigte der Präfekt des Départements Rhône Metternich die Sehenswürdigkeiten der Stadt. Am 26. bewunderten die Reisenden, nachdem sie Avignon besichtigt hatten, den Pont du Gard und in Nîmes die Maison Carrée und die Arenen. Uns ist nichts über den sehr wahrscheinlichen Aufenthalt in Marseille bekannt, aber die Archive der Marine haben eine Spur des Besuches Metternichs im Arsenal von Toulon bewahrt, das, so scheint es, ihn offensichtlich positiv beeindruckt hatte. Danach nahm er die Straße über den Col de Tende, um Genua und Turin zu umgehen und erreichte Mailand am 7. Mai, zwei oder drei Tage vor dem Kaiser.

Blick auf Italien

Ihr Aufenthalt in der Lombardei dauerte zwei Monate; es war ein Aufenthalt, der jeder wichtigen Entwicklung ermangelte. Er erlaubte es allerdings Metternich, die neue Generation der Herrscher besser kennenzulernen, die durch einen erstaunlichen Zufall fast alle gleichzeitig auf verschiedene italienische Throne stiegen: in Lucca Charles-Louis de Bourbon, in Florenz Leopold II., in Neapel Franz I. Die beiden letzten waren nach Mailand gekommen, um dem Kaiser zu huldigen. Metternich nutzte die Anwesenheit des Neapolitaners, um über die Bedingungen eines fristgerechten Abzugs der österreichischen Besatzungsmacht zu verhandeln. Karl-Felix von Sardinien-Piemont war zu besorgt, seine Unabhängigkeit zu demonstrieren, um selbst nach Mailand zu kommen; statt dessen empfing er feierlich den Kaiser und seinen Minister in Genua. Metternich traf dort auf den Fürsten von Carignan und hatte die Befriedigung, festzustellen, daß der Thronerbe Sardiniens sich absolut von seinen liberalen Ideen abgewandt hatte. Papst Leo XII. hatte seinen guten Willen dadurch gezeigt, daß er zur Begrüßung des Kaisers Kardinal Albani nach Mailand entsandt hatte, der der Österreich geneigteste Kardinal des heiligen Kollegiums war.

Dank abgefangener Briefschaften hatte sich Metternich über die beunruhigenden Aktivitäten der französischen Vertreter in verschiedenen Staaten ein Bild machen können; von allen Seiten beschuldigten sie Österreich, den Plan zu haben, sich die Hegemonie durch die Schaffung eines Bundes in Italien zu sichern, der dem deutschen Bund entspräche. Der Kaiser und sein Kanzler bemühten sich also, die Existenz eines solchen Planes formell zu dementieren.

Am Ende seines Aufenthaltes konnte Metternich schreiben:

> „Die Revolution in Italien ist beendet (...) Die Phantastereien, die die italienischen Revolutionäre ihrem eigenen Land vorgegaukelt hatten (...) haben ihren Wert insgesamt verloren, denn dieser war nur eine Leihgabe. (...) Ein großer und enormer Wohlstand deckt den Boden Italiens (...); es sind nicht die Männer, die viel zu verlieren haben, die sich leichten Herzens in die Löwengrube der Revolution stürzen."

Der Kanzler hat also – das kann man glauben – mit einem Gefühl der Erleichterung und der Freude das erstickende Klima der lombardischen Hauptstadt hinter sich gelassen um die klare Bergluft in Bad Ischl in seine Lungen zu ziehen. Er blieb dort bis zum 18. August.

Im ruhigen Rahmen der Familie, umgeben von seinen Kindern, fand Metternich, wiewohl er die Angelegenheiten des Hofes im Schongang verfolgte, genügend Muße, um seine Memoiren über seine Aktivitäten in der Zeit von 1809 bis 1815 aufzuschreiben. In dieser Zeit schrieb ersein berühmtes Portrait Napoleons.[3]

Beunruhigende Signale

Mit diesen Arbeiten tröstete sich seine unermüdliche Feder über die Unterbrechung seines Briefwechsels mit Dorothée von Lieven hinweg. Diese hatte London Ende Juni verlassen und wollte drei Monate in Rußland verbringen; aus diesem Grunde war es schwierig geworden, einen regelmäßigen und geheimgehaltenen Fluß ihrer gegenseitigen Mitteilungen sicher zu stellen. Wenn Clemens gewußt hätte, was Dorothée vorhatte, hätte er beunruhigt sein können. Sie war zunächst von Alexander kalt empfangen worden und hatte dann langsam aber sicher sein Vertrauen gewonnen. Der Autokrat gestand ihr, daß er über den Wert der Freundschaftsbekundungen Metternichs und sogar über den Wert der Allianz seine Illusionen verloren hätte; er war entschlossen, um jeden Preis etwas für die Griechen zu unternehmen. Er wurde von Äußerungen geplagt, die Metternich unvorsichtig bei seinem Aufenthalt in Paris von sich gegeben hatte und die zwangsläufig dem Zaren berichtet worden waren: Der Kanzler hatte sich nicht nur gerühmt, den Geist des Zaren nach seinem Willen manipulieren zu können, sondern hatte manchmal sogar beleidigende Äußerungen getan und insbesondere gesagt: „Ich habe den Kaiser (den Zaren) als Jakobiner kennengelernt und aus ihm einen Ultra gemacht, jetzt bleibt mir nur noch übrig, ihn zu einem Tyrannen zu gestalten."

Die Lieven hatte von dieser Geisteshaltung des Zaren profitiert, um ihm vorzuhalten, daß Metternich die liberalen Tendenzen Cannings übertrieben hatte. Als Ergebnis dieser Gespräche hatte Nesselrode ihr am Vorabend ihrer Rückreise nach England den Auftrag gegeben, dem Foreign Secretary mitzuteilen, daß man mit Interesse seine Vorschläge über eine direkte englisch-russische Verständigung im Hinblick auf eine Regulierung der Orientfrage erwarte.

Ohne Metternich mitzuteilen, was geheim bleiben sollte, schrieb ihm Dorothée am 2. September von Reval aus einen drängenden Brief, um ihn über die schlechte Stimmung des Zaren ins Bild zu setzen und flehte ihn an, seine Hinhaltetaktik aufzugeben. Diese Warnung wurde abschätzig aufgenommen.

> „Man scheint in St. Petersburg sehr gegen mich aufgebracht zu sein, und das ist nur natürlich. Stimmen erheben sich gegen mich. Aber was sollen diese Stimmen heutzutage, wo sich verschiedene Stimmen von allen Seiten erheben. (...) Schwere Nebel liegen über den Ufern der Newa, aber sie werden sich zerstreuen."

Ein kriegerischer Entschluß war für den Augenblick nicht zu fürchten, denn der Zar hatte beschlossen, den Winter auf der Krim zu verbringen. Außerdem war Lebzeltern dort bei Nesselrode und er würde die Angelegenheit schon überwachen.

Schwierigkeiten in Ungarn

Die Aufmerksamkeit Metternichs wurde durch eine Art Sorge geteilt, die er bis dahin nicht gekannt hatte. Der Reichstag des Königsreichs Ungarn, der zum erstenmal seit 1811 zusammengetreten war, brachte den unruhigen Adel des Landes zum Kochen, das einzige Element der Nation, das ein Recht hatte, seine Meinung zu äußern. Da die Versammlung in Preßburg von Mitte September bis Mitte November tagte, war Metternich dazu verdammt, zwischen dieser Stadt und Wien hin und her zu reisen. Nicht nur, so sagte er, war dies „eine der verfassungmäßig festgelegten langweiligsten Belustigungen auf der Erde"; nicht nur störte ihn dies in seinen Gewohnheiten und in seinem täglichen Leben, sondern er war außerdem auch noch verpflichtet, in anderer Sprache zu sprechen und in anderer Kleidung aufzutreten. „Dort", erklärt er, „muß ich Latein reden und mich wie ein Husar kleiden; ich lasse meinen Schnurrbart nicht wachsen und das ist die einzige Freiheit, die ich mir bei dieser Gelegenheit gestatte."

Im Endeffekt war die ganze Übung nicht nutzlos gewesen; sie hatte gestattet, die beiden Oppositionen auszumachen und voneinander zu trennen, die sich zu Anfang einig gezeigt hatten: diejenige, deren Grundlage die frühere ungarische Verfassung war, und die sich im Nationalismus ihr Gedankengut suchte; und diejenige, die sich aus den demokratischen Ideen inspirierte; die letztere war für eine wild an ihre Klassenprivilegien geklammerte Aristokratie absolut unakzeptabel. Andererseits hatte der Kaiser erneut die Kompetenz der Ständeversammlung des Königreiches in Sachen Steuergesetzgebung und Militärdienst anerkennen müssen.

Die Sitzung des Reichstages in Preßburg verlängerte sich bis zum Frühling 1826, aber das Wesentliche war bereits im Verlauf der ersten Wochen gesagt und getan worden. Ab Ende Dezember konnte Metternich seine ermüdenden Reisen zwischen Preßburg und Wien einstellen. Dann verlangte eine sehr viel schwerwiegendere Sorge seine ganze Aufmerksamkeit.

Tod des Zaren Alexander

In der Nacht vom 13. auf den 14. Dezember, kurz nach Mitternacht wurde ihm von seinem konsularischen Agenten in Warschau ein Schriftstück überreicht, das dreimal die Aufschrift „Sehr eilig" trug. Es war die Mitteilung des Todes des Zaren Alexander, der am 1. Dezember in Taganrog verstorben war: „Welch fürchterliches Ereignis", schrieb Metternich; „trotz meiner Kaltblütigkeit berührt mich diese unerwartete Katastrophe tief."

Und der Fortgang der Ereignisse war angetan, seine Sorge nur noch zu verstärken.

Metternich war zunächst davon ausgegangen, daß der natürliche Thronerbe, Großfürst Konstantin, den Thron besteigen würde und diese Perspektive war ihm durchaus beruhigend erschienen: dieser Mann war zweifelsohne ungeschliffen und brutal, er würde es aber verstehen, die Räte in St. Petersburg von den Ideologen und Hohlköpfen zu befreien, auf die sein Bruder zu sehr gehört hatte; und außerdem verabscheute er die Engländer und verachtete die Griechen. Mit ihm würde man vielleicht leichter eine Lösung für die Orientfrage finden. „Entweder ich irre mich sehr oder aber die Geschichte Rußlands wird da beginnen, wo der Roman ein Ende findet."

Vergebliche Hoffnungen! Es wurde bald offenbar, wie Konstantin sich von vornherein die Gunst seines Bruders Nikolaus verscherzt hatte; wie letzterer dennoch zunächst Konstantin hatte zum Zaren ausrufen lassen; wie die sich aus dem Streit zweier störrischer Köpfe ergebene Unsicherheit eine Gruppe waghalsiger Offiziere dazu gebracht hatte, einen Umsturzversuch des Regimes zu unternehmen; wie die Entschlußkraft Nikolaus', der die Macht ergriffen hatte, den Aufstand hatte niederschlagen können und wie schließlich anschließend die Existenz eines weitgespannten konspirativen Netzes entdeckt worden war. „In Wahrheit", sagte Metternich, „ist diese Angelegenheit nicht mehr oder weniger die genaue Kopie der Affären in Madrid, Neapel und Turin." Hatte er nicht Recht gehabt, immer den internationalen Charakter der revolutionären Hydra zu betonen? Dies war alles Schuld des blinden Vertrauens des unglücklichen Alexander.

Was unternimmt Nikolaus I.?

Wie wäre nun die Haltung des neuen Zaren in der Frage des Orients? Metternich war umso erstaunter, als ihm ab sofort der ausgezeichnete Beobachter fehlte, der Ludwig von Lebzeltern für ihn in St. Petersburg als Botschafter gewesen war. Einer der Anführer der zu Fall gebrachten Verschwörung, Fürst Sergei Trubetzkoi war sein Schwager, und der Unglückliche hatte sich, bevor er sich der Polizei ergab, mit der Bitte um Asyl an seine Schwester in der österreichischen Botschaft gewandt. Aus diesem Grunde war Lebzeltern „gebrandmarkt"; er wurde als pestkrank behandelt und durfte in Rußland nicht mehr dienen. Metternich beeilte sich, ihn zurückzurufen.

Die Krönungszeremonien für Nikolaus I. konnten Gelegenheit geben, die Absichten des neuen Zaren zu sondieren. Wen aber sollte man für eine so delikate Angelegenheit entsenden? Metternich selbst? Der Gedanke an das unglückliche Abenteuer von Czernowitz brachte ihn von dem Gedanken ab, sich mit dem harten russischen Winter einzulassen. Die unangenehme Aufgabe wurde also einem der präsentabelsten Habsburger, dem Erzherzog Ferdinand von Este anvertraut; wohlgemerkt war seine Rolle allerdings nur rein repräsentativ.

Metternich konnte sich beglückwünschen, daß er sich nicht von Wien entfernt hatte. Zu Beginn des Monats März 1826 wurde Kaiser Franz so schwer krank, daß man mehrere Tage glaubte, er müsse sterben.

> „Ich habe sozusagen drei ganze Tage unter einem neuen Herrn gelebt", schreibt Metternich an Neumann. „(...) Außer mir hat es niemand gewußt. Ich aber war berufen, eine große und nützliche Erfahrung zu machen; ich habe gelernt, was ich bin (...) Ich brauchte niemanden aufzusuchen; alle sind gekommen und haben sich um mich gesammelt und an mich gedrängt, Freunde, Neutrale und Gegner."

Erstaunlicher englisch-russischer Vertrag

Unterdessen war Wellington in St. Petersburg angekommen, um den König Englands bei der feierlichen Beisetzung Alexanders zu vertreten. Metternich hatte ihm ausrichten lassen, daß er sich ganz auf ihn verließe, um die Russen davon abzubringen, der Türkei den Krieg zu erklären. Er wußte nicht, daß der Herzog ganz andere Vorschläge bei sich trug. Canning hatte sich in der Tat entschlossen, auf das Angebot einzugehen, das ihm sechs Monate zuvor vom Ehepaar Lieven überbracht worden war. Folglich unterschrieb Wellington das berühmte Protokoll vom 4. April 1826, das das Gleichgewicht, auf dem seit 1815 die Beziehungen zwischen den Hauptmächten Europas bestanden, dramatisch änderte. Diese Urkunde vom 4. April beschreibt in einer Art „Jalta-Abkommen" die Aufteilung der Einflußzonen zwischen den beiden großen Rivalen. Rußland erhielt die Erlaubnis, das Schicksal der Donauprovinzen nach eigenem Gutdünken zu regeln, während England eine Vermittlungsinitiative zwischen dem Sultan und seinen aufständischen griechischen Untertanen unternehmen wollte, wobei das Ziel dieser Vermittlung die Schaffung eines autonomen griechischen Staates unter internationaler Garantie sein sollte; diese Lösung würde nötigenfalls durch Zwangsmaßnahmen durchgesetzt werden, die von Rußland und England gemeinsam beschlossen werden würden.

Metternich war verblüfft und indigniert: „Unglaublicher Vorgang, unverzeihlicher Anschlag auf die Allianz, Kompromittierung der Ehre des russischen Kabinetts, politisches Verbrechen gegen sichere und erprobte Alliierte." Dies waren einige seiner Ausdrücke in seinem Zorn. „Was würden England oder Rußland zu einer Transaktion sagen, die zwischen Frankreich und Österreich stattfände und die festhielte, daß Irland oder Finnland nicht mehr von seiner britischen Majestät oder dem russischen Kaiser abhingen?"

Im Anschlag

Was blieb also dem Kutscher Europas zu tun übrig, den sein Gespann verlassen hatte? Zum ersten Mal seit langer Zeit war er seltsamerweise arbeitslos: „Ich habe nichts zu tun, was irgend etwas wert wäre", schreibt er am 12. Juni. „Mit Ausnahme von einigem innenpolitischen Plunder und einigen langweiligen Protokollen des ungarischen Parlaments könnte ich ebensogut in Madrid oder Madras sein, wie in Wien." Er tröstete sich damit, daß das verfluchte Protokoll, werde es nun ratifiziert oder nicht, nur ein totes Stück Papier bleiben würde.

Und außerdem war das Kriegsrisiko — für den Augenblick zumindest — ausgeschaltet, da die vorgesehenen Gespräche zwischen Rußland und der Türkei über die Regulierung ihres Konfliktes in den rumänischen Provinzen beginnen sollte und sich sicherlich über lange Zeit ziehen würden. So könnte Metternich verlängerte Ferien fernab von seinem Büro nehmen. „Ich werde mich von meiner Nichtswürdigkeit zwei Monate weg von hier erholen", hatte er Ende Mai erklärt.

Er reiste am 16. Juli aus Wien ab und besichtigte zunächst die Domäne Plass, die er im Februar für die kokette Summe von 4.000.000 Gulden erworben hatte. Woher hatte er soviel Geld? Vielleicht aus dem Erbteil Eleonores; jedenfalls waren die Ämter und Würden, die der berühmte Großvater Eleonores angehäuft hatte, nicht von der Art, daß sie ihren Inhaber arm gemacht hätten. Aber nur Salomon von Rothschild hätte wirklich sagen können, wie der Käufer sich das Geld beschafft hatte. Plass, diese ehemalige Zisterzienserabtei, ging zu Zeiten Josefs II. in Staatseigentum über und war vom österreichischen Finanzministerium, das ständig auf der Suche nach Geld war, versteigert worden. Mit seinen weitläufigen Gebäuden, seinen Nebengebäuden — Bauernhöfen, Wäldern, Eisenmanufaktur, Holzmanufaktur — war dies für Metternich eine besonders interessante Geldanlage wegen der Nähe zu Königswart. Es gab ganz offensichtlich sehr viel zu sehen und viele Befehle zu geben. Ebenfalls in Königswart, wohin Metternich am 1. oder 2. August begab. Das Schloß befand sich in der vollen Wiederaufbauphase, aber in einem schon fertiggestellten Flügel konnten durchreisende Gäste aufgenommen werden. Und daran fehlte es nicht, denn es war leicht von Marienbad aus zu erreichen. Unter diesen sommerlichen Besuchern hat Metternich — das ist ganz interessant — insbesondere Ludwig von Rohan und Alfred von Windischgrätz erwähnt, die erster Ehemann respektive verflossener Liebhaber Wilhelmine von Sagans waren. Schließlich erreichte er am 12. August Johannisberg. Die zuvor angeordneten Arbeiten hatten das Aussehen des Wohnhauses wunderbar verbessert. Metternich konnte seiner Mutter ganz verzückt einen Bericht schicken; seine Pflanzungen vor allen Dingen waren bestens gediehen: „Das ganze Land läuft herbei, um meinen Garten zu bewundern, der den Reisenden zum Staunen Anlaß gibt." Jeden Tag hatte er immer noch 30 bis 40 Personen zum Essen. So tröstete er sich über seine politische Untätigkeit hinweg.

Der russisch-türkische Vertrag

Die Dinge hatten sich kaum weiterbewegt, als er am 21. September wieder am Ballhausplatz eintraf. Zu Beginn des Monats Oktober jedoch wurde ein wichtiger Schritt unternommen: zum Abschluß langer Gespräche zwischen den Russen und Türken wurde der Vertrag von Ackerman unterzeichnet. Der Zar erhielt absolute Satisfaktion bezüglich der Streitpunkte in den rumänischen Provinzen. Metternich hätte sich für dieses Ergebnis einer Taktik beglückwünschen können, die er selbst vorgeschlagen hatte, man hatte ihn aber absolut außerhalb einer Regulierung gehalten, an der Österreich, eine Donaumacht, doch interessiert war, und diese Tatsache unterstrich grausam das geringe Aufhebens, das man zukünftig in St. Petersburg von den Ansichten des österreichischen Ministers machen würde. „Kaiser Nikolaus empfindet mir gegenüber ein ausgesprochenes Mißtrauen", erkennt Metternich, „denn seine ganze Umgebung hat ihn in dieser Feindseligkeit verankert. Die ganze Hölle ist gegen mich. (...) Je treuer ich der Verhaltensweise bleibe, die ich gewählt habe, umso größer wird die Anzahl meiner Gegner, denn sie sind Gegner der Sache des allgemeinen Rechtes und seines wirklichen Vertreters, des gesunden Menschenverstandes."

Isolierung in der griechischen Frage

Rußland, das somit seine besonderen Differenzen mit der Hohen Pforte bereinigt hatte, konnte jetzt der zweiten Etappe des Protokolls vom 4. April

1826 Folge leisten, welches Griechenland betraf. Zunächst wollte man die Alliierten bitten, formell den Zielsetzungen und der Prozedur beizutreten, die im englisch-russischen Vertrag festgelegt waren. Diese Demarche bot natürlich Metternich die Hoffnung, sich wieder in Szene setzen und die hinhaltenden Manöver wieder aufnehmen zu können. Seine offizielle Antwort vom 22. Dezember definiert die Haltung, von der er sich nicht mehr löste: der Kaiser sei bereit, an jedem Befriedungsversuch mitzuarbeiten, solange darin keine Maßnahmen enthalten wären, die den Sultan zwängen, auf seine Souveränität über die Griechen zu verzichten und solange nicht eine Vermittlung zwischen dem legitimen Herrscher und den aufständischen Untertanen enthalten sei. „Die Allianz in ihr Gegenteil zu verkehren", erklärte er, „würde nicht bedeuten, sie zu retten, sondern sie zu töten und es wäre tausendmal besser, daß sie dem Vergessen anheim fiele, als daß man sie daraus hervorzöge, um aus ihr eine destruktive Gewalt zu machen." (16. Februar 1827)

Die französische Regierung andererseits hatte sich positiv zu der im englisch-russischen Vertrag vorgesehenen Aktion erklärt. Sie wurde von der gewaltigen panhellenistischen Bewegung in der öffentlichen Meinung getrieben, die es ihr nicht gestattete, anderen die heilige Aufgabe zu überlassen, das heroische kleine christliche Volk vor der Vernichtung zu retten. Metternich versuchte vergeblich, Frankreich in der gleichen Bewegungslosigkeit zu halten, in der er selbst Position bezogen hatte. Der unglückliche Graf Apponyi, der Vincent in der Pariser Botschaft ersetzt hatte, hatte die undankbare Aufgabe, den französischen Ministern die endlosen Dissertationen seines Chefs vorzulesen, der immer unfähiger erschien, zu erkennen, daß ihre Wirksamkeit umgekehrt proportional zu ihrer Länge war.

Am 16. Juli 1827 wurde in London ein Vertrag unterzeichnet, durch den die drei vertragschließenden Mächte — England, Frankreich, Rußland — sich verpflichteten, die Befriedung Griechenlands durch eine Vermittlung zwischen dem Sultan und seinen aufständischen Untertanen herbeizuführen, eine Vermittlung, die notfalls durch eine Flottenaktion im Mittelmeer erzwungen werden sollte. Der ohnmächtige Zorn Metternichs verbreitete sich daraufhin in abschätzigen Beschwörungen: „Eine Verletzung des geltenden Rechtes; Mangel an Respekt für eine einfache politische Schamhaftigkeit; unförmiges Werk, das nicht in die Praxis umgesetzt werden kann." Er selbst würde um jeden Preis der Gottheit treu bleiben, zu deren Großpriester er sich aufgeschwungen hatte. „Die Allianz ist in ihrer wirklichen Akzeptanz unzerstörbar", predigte er. „Sie ist die politische Moral. (...) Die Allianz kann nicht untergehen; sie würde selbst ohne Alliierte existieren."

Ohne Alliierte! Das war der Punkt, an dem man nur fünf Jahre nach den triumphalen Fanfaren von Verona angekommen war. Der Verfall war zu deutlich, um nicht mit Bitterkeit empfunden zu werden.

KAPITEL 25

Der Hauch des Übels

George Cannings Tod

Im Sommer des Jahres 1827 hatte Metternich auf das Vergnügen verzichten müssen, nach Johannisberg zu reisen, da die Wohnung durch die Wiederaufbauarbeiten am Dach unbewohnbar geworden war. Statt eines Aufenthaltes im reichen und geliebten Rheinland seiner Geburt würde er also mit der traurigen Landschaft Böhmens in Königswart vorlieb nehmen müssen. Von dort könnte er zumindest die in Plass anbefohlenen Arbeiten überwachen und eine Kur im Wasser von Teplitz unternehmen. Folglich hatte er sich länger als üblich in Wien aufgehalten, denn er kam erst am 9. August in Königswart an.

Dort erfuhr er am 13. August vom plötzlichen Tod George Cannings, den er „den Chefaufwiegler", den üblen Meteor, genannt hatte. Letzterer blieb ihm übrigens keinerlei Freundlichkeiten schuldig, als er zum Beispiel an Grandville schrieb (11. März 1825), daß Metternich „der größte Spitzbub (rogue) und der größte Lügner auf dem Kontinent und vielleicht in der zivilisierten Welt" sei. Der Tod dieses unerbittlichen Gegners gab einige Hoffnung, daß der Dialog mit London wieder angeknüpft werden könne. Wellington erschien dort als der unerläßliche Pfeiler für jede weitere Regierung und man wußte, daß er jetzt das fatale Protokoll vom 4. April 1826 bedauerte.

Zwei andere Umstände ermutigten Metternich außerdem. In Teplitz, wohin er sich am 21. August begeben hatte, hatte er Gespräche mit dem König von Preußen, Friedrich-Wilhelm, und mit dem Grafen de La Ferronnays, der zu einer Konsultation nach Paris zurückkehrte. Ersterer hatte seine bedingungslose Unterstützung der österreichischen Politik erklärt; der zweite machte sich zum Überbringer von Avancen angesichts einer konzertierten Aktion, zur Vermeidung des Krieges im Orient. Nach allem, was er so empfand, war offensichtlich die Isolierung Metternichs vielleicht nicht unumkehrbar. Auf dem Rückweg nach Wien – wo er am 24. September eintraf – verbrachte Metternich zwei Tage beim Kaiser in Weinzierl; er erläuterte ihm die geheimen Manöver, die er schon eingeleitet hatte, um in der Angelegenheit, aus der er sich früher mit großem Lärm zurückgezogen hatte, wieder Fuß zu fassen, ohne das Gesicht zu verlieren.

Antoinette von Laykam

Der Herrscher konnte ihm seinerseits mitteilen, daß er beschlossen hatte, einer gewissen kleinen Baronesse Antoinette von Laykam den Titel einer Gräfin von Beilstein zu verleihen. Die Entscheidung wurde am 8. Oktober öffentlich bekannt gemacht, zur gleichen Zeit, als die bevorstehende Eheschließung besagter Antoinette mit Fürst Clemens-Wenceslas-Lothar von Metternich-Winneburg bekanntgegeben wurde, dem Kanzler des Hofes und des Staates, dem Granden Spaniens, Herzog von Portella, etc.

Dies nun setzte alle bösen Zungen in den Salons Wiens und ganz Europas in Bewegung. Nicht nur war die zukünftige Ehefrau 33 Jahre jünger als ihr mehr als fünfzigjähriger Ehemann, sie kam auch noch aus einer so bescheidenen Familie, daß man sich sogar fragen mußte, wie Metternich ihre Bekanntschaft hatte schließen können, so groß war der Abstand zwischen den jeweiligen Welten. Der Vater Antoinettes, der kürzlich erst zum Baron ernannt worden war, hatte einige konsularische Posten eingenommen; von einem von ihnen hatte er eine charmante italienische Ehefrau mitgebracht, die in der Oper in Neapel gesungen hatte. War dieses musikalische Talent der Schlüssel, der ihr Zugang zu einem Salon verschafft hatte, in dem Metternich verkehrte? Man weiß, daß er das italienische Lied liebte. Vielleicht hatte er das Mädchen auf einem der kleinen Privatbälle getroffen, die er im Verlauf des Winters 1826/27 für seine Tochter Leontine organisiert hatte, die fünfzehn Jahre alt wurde.

Eheschließung aus Vernunft und Liebe

Wie dem auch sei, die Eheschließung war keine Kurzschlußhandlung. Sechs Monate nach dem Tod Eleonores fragte er sich, wie er sie ersetzen solle.

> „Eine Witwe? Ich kenne keine, die ich haben wollte. Eine sehr junge Person? Welche Qualitäten und welche Sicherheiten würde ich brauchen, damit Ihre Wahl mir nicht als Wahnsinn erschiene. Eine Dame

entsprechenden Alters? Aber sie erreichen dieses Alter doch nur, weil sie nicht vernünftig gewesen sind oder weil der, der sie erwählt haben würde, ohne Vernunft wäre. (...) Die Person, die ich mit zwei Händen nehmen würde, ist verheiratet und also nicht zu haben." (An Dorothée von Lieven, 1. Oktober 1825. Unveröffentlicht, Archives de Plasy.)

Er war auch nicht zur Witwerschaft berufen. Um seine Wiederverheiratung zu erklären, beruft er sich auf die Notwendigkeit, ein Familienleben zu haben, ein wirkliches Heim für seine beiden Töchter, deren Erziehung mehr Sorgfalt verlangte, als die französische Gouvernante ihnen geben konnte, die mit ihnen aus Paris angereist war und die kurzen Augenblicke, die ihnen ein mit wichtigen Beschäftigungen überlasteter Vater widmen konnte. Es gab auch das, was niemals ausgesprochen wurde, was man aber annehmen kann: die Notwendigkeit einer geliebten weiblichen Person, eine physische wie psychische Notwendigkeit, die auf Dauer nicht von der Art sentimentaler Masturbation befriedigt werden konnte, die seine Korrespondenz mit einer weit entfernten Freundin darstellte. Warum sollte er nicht, wie viele Persönlichkeiten seiner Zeit und seiner Klasse, wie sein eigener Vater, diskrete Tröstungen in der Wiener Halbwelt suchen? Aber in seiner Lage als Kanzler wären solche Ausflüge nicht unbekannt geblieben und hätten sein Ansehen beim Kaiser und vor allem bei der vierten Kaiserin, die in Fragen der Moral sehr streng war, geschwächt und außerdem seinem Bild in der Gesellschaft geschadet; und schließlich – warum soll man es nicht sagen? – seinem Sinn für Ehre und Gewissen als Vater und Christ entgegengestanden.

Die Reaktionen

Die einzige Lösung war also schließlich die Wahl der „sehr jungen Person", deren Qualitäten sorgfältig studiert werden mußten. Ab Mai 1826 war diese Absicht zu offensichtlich, um nicht den eifersüchtigen Verdacht Dorothées von Lieven zu erwecken. Wer zum Teufel ist, so fragte sie bitter, diese Demoiselle Laykam, die der Kanzler mit seinen Besuchen ehrt? War sie seine zukünftige Frau oder seine gegenwärtige Mätresse? Sie sei, so sagte man, sehr hübsch. Aber „welch seltsamer Mann sind Sie doch. Einem kleinen Mädchen Aufmerksamkeit zu schenken! Wäre ich nicht lächerlich, wenn ich mich mit einem jungen Knaben abgäbe?" Metternich nahm diese Lästerungen mit Ruhe auf. Er reagierte ganz anders, als ihm klar wurde, daß seine Vertraute ihn effektiv verraten hatte und sich zur Komplizin seines Feindes George Canning gemacht hatte. Er hörte auf, ihr zu schreiben.

Als er Anfang August 1827 nach Böhmen abreiste, war sein Entschluß gefaßt. Er würde sich den „unwürdigen Sprüchen" der hohen Gesellschaft entgegenstellen; „diese Gesellschaft denkt nicht immer daran, wohin sie den Willen unabhängiger Männer treibt." Er hatte die Zustimmung und die Unterstützung des Kaisers, der sich bei dieser Gelegenheit, wie bei anderen, „als sicherster Führer und zärtlichster aller Väter" erwiesen hatte. Seine drei Ehen, in denen die Frau verstorben war, und seine vierte Ehe mit einer sehr viel jüngeren Frau waren in der Tat dazu angetan, ihm Verständnis für seinen lieben Minister einzuflößen. Die Familie war ebenfalls befragt worden; die Fürstinmutter hatte zunächst etwas gezuckt, sie war aber bei der Heirat anwesend; Pauline, die ältere Schwester, eine Frau mit großem Herzen, hatte ihr Schloß Hetzendorf in der Nähe von Wien angeboten, um die in kleinem Rahmen abgehaltene Feier durchzuführen, die Anfang November stattfand; der jüngere Bruder Josef sollte Trauzeuge sein; die beiden Töchter, Leontine und Herminie, akzeptierten ihre junge Stiefmutter mit offenem Herzen. Daß diese es erreicht hatte, die Liebe der beiden Mädchen so gut zu gewinnen, daß sie dadurch anschließend sogar die Ablehnung einer erbarmungslosen Gesellschaft in sich zusammenbrechen ließ, dies beweist, daß sie außer allen Attributen einer schönen blonden Puppe, die man auf dem großen, nachträglich gemalten Bild von Enders erkennen kann – das sicherlich ein wenig idealisiert ist – eine intelligente und taktvolle Seele hatte.

Victor sah sie nie wieder. Wenn es wahr ist, was gesagt wurde, daß er nämlich früher ein wenig in sie verliebt war, so war sein Herz jetzt anderweitig gebunden; seit mindestens vier Jahren war er der Liebhaber einer großen Dame, die sieben Jahre älter war als er, einer Marquise de Castries, die Balzac als Modell für die Duchesse de Langeais gedient haben soll. Der Vater Victors mußte von dieser Liaison wissen; aber vielleicht wußte er nicht, bis zu welchem Punkt sein großer Sohn in gerade dem Augenblick sein Mitleid brauchte, in dem er selbst um dessen Verständnis bat: am 21. Oktober hatte seine Mätresse einem kleinen Metternich von der linken Hand das Leben geschenkt.[1]

Am 5. November steckte also in der kleinen Kirche von Hetzendorf der alte Beau, vielleicht verliebter, als er es sich selbst eingestehen wollte, den Ring an den Finger der kleinen Fürstin. Am Abend selbst traf in Wien eine Nachricht ein, die die Flitterwochen verdarb und den Minister zwang, sofort die Last der Geschäfte wieder auf sich zu nehmen: es war die Nachricht über die Seeschlacht von Navarino (23. Oktober); die türkisch-griechische Flotte war von den vereinten Kräften der westlichen alliierten Mächte vernichtend geschlagen worden.

Der Zorn Dorothées

Es gab in London jemanden, der sich böse über das Zusammentreffen freute. Seit öffentlich die Wiederverheiratung ihres ehemaligen Liebhabers bekannt gemacht worden war, empfand Dorothée von Lieven kalte Wut. Am 25. Oktober tauchte sie ihre Feder in die Tinte, um ihm den endgültigen Bruch mitzuteilen.

> „Nach fast einem Jahr des Schweigens Ihrerseits und vor allen Dingen nach dem Ereignis Ihrer Heirat werden Sie wohl kaum überrascht sein, wenn ich Sie bitte, mir meine Briefe zurückzugeben. Sie sollten mir bei Ihrem Tod zurückgegeben werden, wenn es mir bestimmt gewesen wäre, Sie zu überleben. Ich kann Sie jetzt nicht mehr anders betrachten als für mich gestorben. Ich fordere die Briefe zurück, die ich an den Fürsten von Metternich geschrieben habe; es handelt sich um 279 Briefe. Der Herzog von Wellington hat es übernommen, das versiegelte Paket in Empfang zu nehmen, das sie enthält."

Metternich wartete einige Wochen, bevor er ihr mit gleicher Tinte am 28. November antwortete.

> „Sie erklären mich für tot, nachdem Sie mich lange Zeit haben sterben sehen. Ich muß mich Ihrem Gefühl unterwerfen, wiewohl es weit entfernt von dem meinen ist. Ich danke Ihnen, mir als Vermittler Ihrer Erklärungen den Herrn Herzog von Wellington ausgewählt zu haben. Ich stehen Ihnen zur Verfügung und schicke Ihnen die komplette Sammlung Ihrer Briefe zurück. (...) Ich bitte Sie ebenfalls, dem Herrn Herzog meine gesamte Korrespondenz zu übergeben. Ich versichere Ihnen, daß ich meine Briefe erneut lesen werde und wäre sehr überrascht, wenn ich auch nur ein Urteil darin fände, das ich heute widerrufen müßte. Ich wünsche, daß Sie, wenn Sie ihre Briefe erneut lesen, das gleiche Gefühl empfinden können."

Um das Kapitel der Herzensangelegenheiten Metternichs abzuschließen, kann man sich also eine besondere Szene im Salon Wellingtons in Aspley House vorstellen, die an einem der letzten Tage des Monats Dezember 1828 stattfand: Dorothée von Lieven durchblätterte mit zusammengekniffenen Lippen methodisch zwei Stunden lang ihre Briefe, um sich davon zu überzeugen, daß kein Blatt fehlte und vor ihr, kalt und still und zweifelsohne etwas ironisch, der Sieger von Waterloo, der seinerseits die im Austausch überbrachten Dokumente zählte.[1]

In Zukunft wird der Mann, den sie seinerzeit in den Himmel gehoben hatte, für die in ihrem Stolz verletzte Frau nur noch ein „politischer Harlekin", der „Ritter der Heiligen Allianz, die eine Mesalliance geworden ist", „das große weiße Gespenst", „der große Betrüger der Welt" sein, wie ihn ihr letzter Freund, der verstorbene George Canning genannt hatte.

Die Folgen von Navarino

Bosheit kann die Klarsicht schärfen. Die Schlacht von Navarino konsternierte Metternich. „Die fürchterliche Katastrophe" vernichtete zehn Jahre steter Bemühungen: das ottomanische Reich war jetzt ohne Verteidigung gegen eventuelle Angriffe, die über das Meer geführt wurden; in Konstantinopel mußte man mit einer verzweifelten Explosion moslemischen Fanatismus' rechnen. Während die Welle chauvinistischen Stolzes, die sich im französischen Volk wegen der Leistungen ihrer Marine erhob, zu dem Glauben Anlaß gab, daß ihre armselige Regierung, statt Österreich darin zu unterstützen, den Frieden zu erhalten, im Gegenteil den Zaren in seinen kriegerischen Zielvorstellungen unterstützte; „dieses Land ist verderbt bis ins Mark" sagte der Kaiser einmal.

Die Befürchtungen Metternichs wurden unfehlbar verwirklicht. Der Sultan beschloß in der Tat im Dezember, die diplomatischen Beziehungen mit den westlichen Mächten abzubrechen und verkündete den Heiligen Krieg. Bitterkeit und Entmutigung sprechen aus einer Botschaft, die er an seinen Sohn aus Anlaß des 1. Januar 1828 richtete.

> „Nichts lächelt mir von irgendwo her zu, und ich stehe allein in einer Welt, die sich auflöst. Ich sollte zumindest das Recht haben, mich in meiner Einsamkeit zu langweiligen, wenn das Gefühl der Langeweile sich nur mit dem des Zornes und der Verachtung vertrüge. (...) Alles ist in Unordnung in Paris und in London und alles wäre in Petersburg in Unordnung, wenn die eroberungssüchtige Autokratie nicht da wäre, um die Fetzen der Welt aufzufressen, die ihm die liberale Allianz zu diesem Zweck vorwirft."

Der Krieg im Orient

Drei Wochen später jedoch wurde sein Mut von einer guten Nachricht aus London wieder aufgerichtet. Lord Wellington war Premierminister geworden; man wußte aber, daß er, wie in Wien, die Schlacht von Navarino ein

„beklagenswertes Ereignis" (untoward event) nannte und dies auch den König in seiner Thronrede erklären ließ. Sofort machte sich Metternich wieder auf seinen Feldzug: enorme Depeschen gingen nach London und Berlin ab, mit denen er versuchte, das Unwetter zu beschwören, das auf das ottomanische Reich niederzugehen drohte. Verlorene Liebesmüh? Ende März 1828 erklärte Nikolaus I. der Türkei den Krieg und seine Truppen überschritten massiert den Pruth, rückten auf die Donau zu und wollten danach sicherlich gegen Konstantinopel und seine Meerenge marschieren.

Andererseits hatte die französische Regierung unter Druck des neuen Außenministers, des Grafen de La Feronnays beschlossen, ein kleines Expeditionskorps nach Morea zu entsenden, das damit beauftragt war, die Rettung der unglücklichen Griechen vorzubereiten, die von der Ausrottung bedroht waren. Diese Initiative Frankreichs und der Enthusiasmus, den sie in der öffentlichen Meinung hervorrief, brachten Metternich schier um den Verstand. Dies war, so sagte er, das Vorzeichen der unwiderstehlichen Bewegung, die in Frankreich wuchs, und die eine Rückkehr in die Ära der Eroberungen aus den düsteren Zeiten der Republik und des Kaiserreiches verlangte. „Diese Expedition ist ein unsinniger Akt, an den sich nur Lächerlichkeit knüpft oder eine Ausdehnung der Übel, die unmöglich im Vorhinein berechnet werden können."

Diesen üblen Voraussagen gaben die Ereignisse absolut Unrecht. Das französische Expeditionskorps unter General Maison landete ohne Zwischenfall in Morea Anfang September 1828. Es brauchte noch nicht einmal zu kämpfen; die ägyptischen Hilfstruppen Ibrahim Paschas akzeptierten, auf Schiffen, die die westlichen Alliierten stellten, nach Ägypten zurückgebracht zu werden; einige übrig gebliebene türkische Garnisonen beschränkten sich auf einen ehrenvollen Kampf, bevor sie kapitulierten. Im Oktober war alles erledigt: was an griechischer Bevölkerung auf dem Peleponnes übrig geblieben war, war unter die Verwaltung einer provisorischen Regierung gestellt worden, der Capodistria, der alte Feind Metternichs, vorstand.

Österreichisch-russische Spannungen

Als ebenso falsch erwiesen sich die Voraussagen des Kanzlers über das andere Kriegstheater. Die Armeen des Zaren, die er schon unwiderstehlich ins Herz der europäischen Türkei hatte vorrücken sehen, wurden schon an der Donau von der Verteidigung des befestigten Platzes Silistrien aufgehalten; die Belagerung zögerte sich endlos hinaus, während der Typhus und die Versorgungsschwierigkeiten die Armee des Zaren dezimierten.

Anfang November war Nikolaus gezwungen, den Rückzug zu befehlen und anzuerkennen, daß es eines zweiten und besser vorbereiteten Feldzuges bedürfe, um einen Gegner zu besiegen, der widerstandsfähiger war, als er sich vorgestellt hatte.

Metternich, der diese Illusion geteilt hatte, hätte aber um nichts in der Welt zugegeben, sich geirrt zu haben. Die Befriedigung, die ihm die Niederlage der Russen bereitete, schimmert durch unvorsichtige Reden hindurch. „Dies ist ein komplettes Scheitern", schrie er vor dem neuen Botschafter Frankreichs. „Dies ist das Bild Moskaus, (1812) mit dem erheblichen Unterschied, daß es kein überlegenes Genie gibt, das dieses Desaster reparieren kann." Ausbrüche wie dieser, die mündlich verbreitet wurden, gelangten bis nach St. Petersburg und Tatistschew, der russische Botschafter in Wien, erhielt den Befehl, beim Kanzler zu protestieren.

Seit fast zwanzig Jahren hatte es keine ähnliche Spannung mehr zwischen den beiden kaiserlichen Höfen gegeben. Sie wurde auch von den großen Militärmanövern genährt, die die österreichische Armee im Sommer durchgeführt hatte, wie um den Zaren daran zu erinnern, daß er noch mit ihrer Stärke würde rechnen müssen.

Metternich Ende 1828

In diesem Sommer war Metternich weder am Rhein noch in Böhmen gewesen. Statt dessen hatte er seine Familie in Waltersdorff in der Nähe von Baden untergebracht, was es ihm gestattete, einmal pro Woche zum Ballhausplatz zurückzukehren. Man kann annehmen, daß er dadurch seiner geliebten kleinen Antoinette die Ermüdungen langer Reisen hatte ersparen wollen; seit April wußte er nämlich, daß sie sein Kind unter dem Herzen trug. Man kann ebenfalls annehmen, daß die Tröstungen, die er jeden Abend in ihren jungen Armen fand, zur heiteren Gelassenheit beitrug, mit der er den Schandmäulern ins Gesicht lachte.

So hat ihn im Oktober 1828 der neue Botschafter Frankreichs in Wien, Herzog Adrien de Montmorency-Laval erlebt, ein Mann, den Metternich übrigens ganz zu Unrecht als halben Hohlkopf erachtete. Wenn er das folgende Porträt hätte lesen können, so hätte er sich sicher in seinem Urteil berichtigt.

> „Niemals zuvor beherrschte wahrscheinlich ein Mann so vollkommen und so leicht das Meinungsbild seiner Landsleute. Und diese meinungsbildende Tätigkeit übt er ohne die Unterstützung des enthusiastischen Patriotismus aus, ohne den Hebel der großen moralischen

Hilfsmittel, durch die man anderswo ganze Nationen erschüttert, mitreißt oder verdirbt. Sein Reich ist die Gewöhnung, das Übliche. Man hat Zutrauen zu seinem Talent. Er hat die Angelegenheiten einer ruinierten Monarchie in die Hand genommen, er hat sie wieder aufgerichtet, vielleicht mehr mit Glück, als mit Geschick, aber diese Zufälle werden ihm als Berechnung ausgelegt.

Mehr als nur ein Mitglied des nachgeordneten diplomatischen Korps hat wegen des Versuchs einer Art Opposition oder vielleicht auch nur wegen des Wagemuts, sich locker über eine unkontrollierte Autorität zu äußern, die persönliche Wertschätzung verloren und die Art von Terror, die solche Beispiele bei ausländischen Beamten auslösen, ist eine Schwierigkeit mehr für jeden Beobachter mit unabhängigem Geist."

Das Prestige des Ministers in der hohen Gesellschaft war durch seine letzte Eheschließung ein wenig kompromittiert worden.

„Auf alle Fälle waren seine Autorität im Kabinett und sein Einfluß auf seinen Herrn dadurch nicht mehr erschüttert worden, als seine Wertschätzung bei den anderen Klassen. Er übt seinen Einfluß auf alle Verwaltungsakte aus, die auch nur den geringsten Kontakt mit den Angelegenheiten seines Kabinetts haben. Die Mehrzahl der Ministerien sind im übrigen Männern anvertraut worden, deren Mittelmäßigkeit ohne Streben nach Höherem ebenfalls dazu beiträgt, die Vorherrschaft des Kanzlers sicherzustellen. Vor allen Dingen der Polizeidirektor (Sedlnitsky) ist absolut von ihm abhängig. (...) Diese Übereinstimmung ist um so wirksamer, als der Kaiser alle geheimen Berichte liest, und er mit schöner Regelmäßigkeit dort die persönlichen Feinde seines Ministers als Revolutionäre (eine auf seinen Geist allmächtig wirkende Beschuldigung) findet. Diese Berichte werden hauptsächlich über Ausländer geschrieben, die sich noch nicht an Vorsichtsmaßnahmen gewöhnt haben und ihre Kritik in aller Freiheit äußern.

Es gibt allerdings einen Bereich der Regierung, der den Tätigkeiten Herrn von Metternichs härtesten Widerstand entgegenstellt, das ist das Innenministerium. Der Innenminister, Graf von Saurau, verkündet ganz offen entgegengesetzte Doktrinen. Er gehört zur Schule Josefs II., das heißt, daß er den Trend hat, die alten Institutionen zu verändern, nicht etwa in dem Sinn der jenseits des Rheines vorherrschenden Ideen, sondern im Sinn neuer Methoden, die die Wege der Verwaltung zu vereinfachen und zu regeln trachten. Graf von Kolowrat, der böhmische Kanzler, der als solcher dem Grafen von Saurau untergeben ist, teilt seine Prinzipien. Diese beiden Männer bilden die einzige Opposition, und der Kaiser, wiewohl natürlich weit entfernt von jeder Neuerungsidee, gibt manchmal ihrem Einfluß aus dem Grunde nach, weil er sich selbst zu überzeugen versucht, daß er nicht unter dem Joch seines Premierministers lebt."

Kolowrat

Kolowrat und Sedlnitsky. Hier erscheinen zum erstenmal in dieser Geschichte die Namen der beiden Personen, deren Karrieren untrennbar mit der Metternichs in seiner letzten Phase verbunden sind. Der erstere in einer zwiespältigen Rolle und ein wenig beunruhigend, als immer hinter dem Sessel vorhandene Leibwache, die den Kanzler durch ihren drohenden Schatten an die Grenzen seiner Macht erinnerte.

Graf Franz-Anton von Kolowrat-Liebsteinsky, ein Abkömmling des böhmischen Hochadels, war erst neunundzwanzig Jahre alt, als er 1809 zum Gouverneur der Stadt Prag ernannt wurde; drei Jahre später wurde er Oberstburggraf des Königreichs Böhmen. Der Hauptvorzug, den er sich offensichtlich in den Augen seines Herrschers erworben hatte, scheint sein Eifer gewesen zu sein, ihm Berichte über alle Personen zu liefern, die verdächtigt wurden, zu Geheimgesellschaften zu gehören, denn dies war eine Manie des Herrschers. Als 1826 Graf Karl Zichy verstarb, wurde Kolowrat nach Wien gerufen, um seine Stelle als Abteilungspräsident des Staatsrates mit dem Geschäftsbereich der inneren Angelegenheiten und dem Titel eines Staats- und Konferenzministers zu übernehmen, in Wirklichkeit eine Art stellvertretender Innenminister. Der Tod Sauraus 1830 gab ihm die Beherrschung dieses Ministeriums ganz.

Die Persönlichkeit dieses Mannes ist uns nur sehr wenig bekannt. Einer seiner engen Mitarbeiter, Karl-Friedrich von Kübeck, beschreibt ihn in seinen Memoiren als eine seltsame Mischung aus brennendem Ehrgeiz und unordentlicher Nachgiebigkeit, der sich seine Macht durch ein Netz von Kreaturen erhielt, mit dem er eifrig alle Verwaltungsabteilungen ausgestattet hatte, ein arroganter Adeliger und zentralistischer Verwalter in der Art Josefs II. Und was dachte Metternich von ihm? „Der Graf von Kolowrat", schreibt er 1837, „ist dazu geboren worden, ein Instrument zu sein und nicht selbst die Leitung auszuüben. Dies weiß er auch in Stunden ruhiger und kaltblütiger Überlegung und dann läßt er sich von der Lust mitreißen, alles aufzugeben."

Sedlnitsky

Graf Josef Sedlnitsky entsprang dem schlesischen Adel. Er hatte zunächst in den östlichen Provinzen des Reiches gedient, in Galizien, Mähren und Schlesien. Danach leitete er die Polizei in Krakau und in Lemberg. Im Mai 1815 hatte Baron Hager, der Polizeiminister, der von der Arbeit, die ihm der Wiener Kongreß auferlegte, ermüdet war, erreicht, daß man ihm einen Assistenten beiordnete: Sedlnitsky. Kurz darauf machte der Tod Hagers im August 1816 aus ihm den einzigen Chef der Polizei. Metternich, der sich für seinen Aufstieg stark gemacht hatte, fand in ihm den sichersten Bundesgenossen, der immer bereit war, die Verantwortung für die schmutzigsten Überwachungsmaßnahmen, für die Zensur der Presse und des Theaters auf sich zu nehmen, sodaß der Kanzler immer die wunderbare Rolle eines aufgeklärten und gemäßigten Ministers spielen konnte.

Nach dem Tode Kaiser Franz', der selbst ein eifriger Leser der Polizeiberichte war, hatte Sedlnitsky keinen anderen wirklichen Herrn mehr, als Metternich. Aus dem Tagebuch der Frau, die die dritte Ehefrau des Kanzlers sein wird, kann man lesen, daß der große Polizeichef der eifrigste Speichellecker des Fürsten und der Fürstin geworden war, der stets zu dem kleinen Kreis regelmäßig in den Salon und zu Tisch geladener Freunde gehörte.

Eine Häufung von Unglücksfällen

Die zwölf Monate nach November 1828 waren für Metternich die am meisten mit seelischen Schmerzen beladenen seit dem fatalen Sommer 1820, wo er nacheinander Clementine und Marie verloren hatte.

Die schwarze Serie begann am 23. November mit dem Tod seiner Mutter. Ihr Dahinscheiden machte Clemens tief traurig: „Wenn meine Mutter nicht meine Mutter gewesen wäre, so wäre sie die Freundin meines ganzen Lebens gewesen", schreibt er, „so viele innere Kontakte gab es zwischen ihr und mir." Verdankte er ihr nicht alles, was er geworden war? Dieser Tod jedoch war keine Überraschung gewesen, denn schon seit mehreren Monaten konnte man beobachten, wie die alte Dame dahinsiechte.

Aber der Schlag, der Metternich zwei Monate später traf, war absolut unvorhersehbar. Am 8. Januar 1829 hatte er Victor schreiben können: „Antoinette hat gestern einen wohlgenährten, sehr gesunden und wohlgebauten Knaben geboren. Er wird heute auf die Namen Richard-Clemens-Josef-Lothar getauft. (...) Mutter und Kind geht es wunderbar." Am 16. Januar jedoch schreibt er, daß die junge Frau an einem Fieber leide.

Und am 17.:

> „Heute hat die schlimmste aller Katastrophen mich niedergeschlagen. Antoinette ist heute morgen um acht Uhr, zehn Tage nach der Niederkunft, gestorben. Was Gott gegeben hat, kann er wieder wegnehmen und der Mensch muß das Haupt senken. (...) Mein Leben ist zu Ende, was mir davon übrigbleibt, gehört meinen Kindern. (...) Der Grund für den Tod meiner armen Antoinette ist wahrscheinlich ein Kindbettfieber. (...) Um Dir diese Zeilen schreiben zu können, mußte ich meine gesamten Kräfte zusammenraffen. Ich kann nicht mehr."

Durch alle Schichten der Bevölkerung Wiens hindurch wurde lebhaft die Grausamkeit des Schicksals empfunden, die eine Geschichte als Tragödie beendete, die als Märchen begonnen hatte. Am Tag der Beisetzung drängte sich eine mitleidvolle Menschenmenge auf dem Weg des Leichenzuges zur Kirche St. Michael. Alle in dieser Woche angesagten Bälle wurden abgesetzt. Der Kaiser, der selbst sehr betroffen war, schlug seinem Minister vor, in der Hofburg zu wohnen. „Ich habe dies abgelehnt", erklärt Metternich. „Ich mußte doch früher oder später in das Trauerhaus zurückkehren; es war also besser, es nicht zu verlassen." Seine beste moralische Unterstützung fand er in seiner Tochter Leontine „durch eine sorgsame Pflege, die nicht ihres Alters ist". Und dann, wie immer, in der Arbeit.

> „Ich arbeite Tag und Nacht. Ich rette mich so vor mir selbst (...) Meine Tage laufen ab, wie sie schon immer abgelaufen sind (...) Was zerstört ist, ist das innere Gefühl der Ruhe und der Befriedigung, an dem in der Vergangenheit so viele Sorgen zerbrochen sind (...) Jetzt stehe ich wieder allein auf der Welt!" (4. Februar)
>
> „Meine Maschine ist fürchterlich aus dem Takt gekommen; vor allen Dingen meine Nerven sind in einem beklagenswerten Zustand." (21. Februar)

Nach dem Osterfest kam Metternich aus der relativen Isolierung wieder heraus, in die er sich zurückgezogen hatte. Aber ihn traf ein erneuter Kummer. Aus der Ferne wie aus der Nähe hatte er niemals aufgehört, über die junge Clementine zu wachen, seine illegitime Tochter, die 1802 aus seiner Liebe mit der Fürstin Bagration geboren worden war; im Juni 1828, als die Rede davon war, sie mit einem schwedischen Adligen, Graf Otto Blome, zu verheiraten, hatte er alles getan, um eine falsche Geburtsurkunde von der österreichischen Botschaft in Paris für sie ausstellen zu lassen. Aber elf Monate später, im Mai 1829, starb die junge Frau bei der Geburt eines Sohnes: genau wie Antoinette! Die grausame Übereinstimmung wurde vom Vater sicherlich empfunden, obwohl er in seinem Briefwechsel mit seinem

Sohn Victor in dieser Zeit nicht darauf anspielt oder aber zumindest nicht in dem, was Fürst Richard, der Herausgeber der Memoiren Metternichs, für gut gehalten hat, davon zu veröffentlichen.

Der Tod Victors

Der junge Mann war zu dieser Zeit selbst Anlaß für ernste Sorge. Er war seinerseits von der Krankheit ergriffen, an der seine Mutter und zwei seiner Schwestern gestorben waren. Im Herbst des Jahres 1828 hatte ihn sein Vater über Winter nach Italien geschickt; seine Geliebte war sogar nach Rom gekommen, um ihn dort zu treffen; Chateaubriand teilt seine Ankunft in einem seiner Briefe an Madame Récamier mit. Der in Neapel verbrachte Frühling hatte ihm nicht sehr gut getan. Metternich zweifelte an der Kompetenz der Ärzte des Landes und ließ Victor nach Wien kommen, damit er von seinen eigenen Ärzten, den Doktores Staudenheim und Jaeger behandelt werden könne. Eine „schreckliche Behandlung" und die liebevollen Sorgen der Schwestern schienen zunächst einigen Erfolg zu zeitigen und Metternich fuhr etwas beruhigt mit Gentz Mitte August für 14 Tage nach Königswart und nach Plass; wahrscheinlich wollte er in Plass das Familienmausoleum errichten lassen, das er schon seit Jahren geplant hatte.

Mit der Rückkehr der schlechten Jahreszeit verschlechterte sich der Zustand des Kranken rapide. Am 3. November erlebte Metternich voller Schmerz, daß sein großer Sohn, dessen Krankenbett er seit Tagen nicht verlassen hatte, wie eine Kerze erlosch, der doch seinem väterlichen Stolz durch seine seltenen Geistesgaben und seine Fülle an Gefühl geschmeichelt hatte.

Die Angelegenheiten Portugals und Italiens

In diesem düsteren Jahr 1829, das von Trauer für den Familienvater geprägt ist, brachten auch die politischen Angelegenheiten dem Staatsmann keinen Trost. Er hatte eine ungeheuere Masse an Briefschaften in die portugiesischen Angelegenheiten investiert. Aber alle die einfallsreichen Lösungen, mit denen verhindert werden sollte, daß in diesem Land ein parlamentarisches System eingerichtet werde und die der Enkeltochter Kaiser Franz', Donha Maria de Bragance den Thron sichern sollten, waren von der List und dem Wagemut Dom Miguels ausgespielt worden, der den österreichischen Kanzler glatt aufs Kreuz gelegt hatte, und dem es gelungen war, sich mit Hilfe absolutistischer Elemente zum König ausrufen zu lassen.

In Italien hatten die Vertreter Frankreichs trotz des Endes der österreichischen Besetzung Neapels (Februar 1987) nicht aufgehört, gegen alle Anzeichen einer österreichischen Hegemonie zu intrigieren, zum großen Ärger Metternichs, der gezwungen war, regelmäßig die angeblichen Pläne zu dementieren, die ihm unterschoben wurden. Eine Befriedigung war jedoch im gleichen Bild vorhanden: die Wahl des neuen Papstes, Puis VIII. Castiglioni, im Frühling 1829, der Frankreich weit weniger günstig gestimmt war, als sein Vorgänger. Sein erster Regierungsakt war die Ernennung des Kardinals Albani zum Staatssekretär, der der Vertrauensmann Österreichs war. Metternich delektierte sich am Ärger Chateaubriands, der als Botschafter Karls X. beim Konklave nicht erreicht hatte, daß der Kandidat gewählt wurde, den er vorgeschlagen hatte.

Andererseits hatte Metternich eines der besten Instrumente des österreichischen Einflusses in Norditalien verloren: am 22. Februar 1829 war in Parma General Neipperg, der geheime Ehemann der Erzherzogin Marie-Louise gestorben, der dem Herzogtum eine beispielhafte Regierung gegeben hatte. Er hinterließ ein Testament, das Metternich viele Sorgen bereitete; nicht so sehr wegen der Tatsache, daß er sich darin als Ehemann der Erzherzogin bezeichnete – diese Tatsache war ziemlich bekannt – sondern wegen der Regelungen, die er zu Gunsten der aus ihrer Verbindung geborenen Kinder getroffen hatte, Vorkehrungen, die der Absegnung durch den Kaiser bedurften. Wenn jedoch Franz die morganatische Ehe seiner Tochter gekannt und akzeptiert hatte, wenn ihm die Existenz zweier Kinder ebenfalls seit September 1828 bekannt war, so hatte man ihm doch die Geburtsdaten dieser Kinder verschwiegen. Metternich wurde damit beauftragt, die Angelegenheit zu klären; die in Tränen aufgelöste Marie-Louise mußte gestehen, daß die beiden Kinder einige Zeit vor ihrer Wiederheirat im September 1821 geboren worden waren. Der Kanzler hatte einigen Grund, Mitleid mit der Unglücklichen zu haben und man kann glauben, daß er die ganze Empfindsamkeit und sein Können aufbot, um die Gefühle des erhabenen Herrn und seiner Tochter zu schonen. Der aufgebrachte Vater schrieb an Marie-Louise: „Ich kann Dir die tiefe Sorge nicht verbergen, die mir diese Situation bereitet hat, gegen die heute nichts mehr zu machen ist, und die dennoch niemals vor Gott und den Menschen hätte existieren dürfen." Auf Eingreifen Metternichs und aus Wertschätzung für einen Mann, der ihm im Grunde genommen gut gedient hatte, gestand der Kaiser zu, seinen beiden Bastardenkelsöhnen eine offizielle Existenz mit dem Namen Montenuovo zu verleihen – einer italienischen Version des Namens Neipperg (Neuberg).

Aber es war noch nicht alles geregelt. Marie-Louise, das war augenscheinlich, konnte nicht ohne Mann sein. Metternich, der behilflich sein wollte, fand den Mann, den sie brauchte, in der Person des Charles de Bombelles; er war Großkämmerer der Erzherzogin und hatte sich immer als Metternich treu ergebener Agent gezeigt. Man weiß nicht, welche Argumente ins Feld geführt wurden; er stimmte zu, und wurde der dritte Ehemann der unersättlichen Witwe Napoleons. Diese zeigte ihre Dankbarkeit auf sehr erstaunliche Art und Weise: in Königswart kann man das Toilettennecessaire des Königs von Rom bewundern, das Metternich nach dem Tod des kleinen Adlers geschenkt wurde: ein Beweis der Dankbarkeit der Mutter, mehr als der des Sohnes.

Die Orientfrage

Aber alles dies waren nur kleine Geplänkel rund um die große Angelegenheit, die schon seit langem die Hauptsorge Metternichs war: die Orientfrage.

Die französische Intervention im Problem der Unabhängigkeit Griechenlands hatte den Anfang einer Lösung durchscheinen lassen: eine Konferenz der Botschafter der drei Westmächte, die sich nach Poros geflüchtet hatten, sah im März 1829 die Schaffung eines autonomen griechischen Fürstentums vor. Der Sultan, der zunächst diese Lösung abgelehnt hatte, sah sich schließlich gezwungen, sie anzunehmen, als eine neue russische Offensive im Sommer 1829 den Übergang über die Donau und anschließend über die Bergkämme des Balkan erzwungen hatte. Der Vertrag von Adrianopel, der am 14. September 1829 unterzeichnet wurde, gab Rußland außerdem große Vorteile: ein Protektorat über die rumänischen Provinzen, die Öffnung der Meerenge am Bosporus für russische Schiffe und Handelsfreiheit im ganzen Reich. Eine zweite, in London abgehaltene Konferenz entschied schließlich, aus Griechenland ein absolut unabhängiges Königreich zu machen (30. November 1829).

All dies wurde abgewickelt, ohne daß irgend jemand den Eindruck erweckte, sich um Metternich kümmern zu wollen. Dieser konnte seine üble Laune nur schlecht verbergen und kritisierte alles. „Es gibt nichts, oder fast nichts, das ich so getan oder abgefaßt hätte, wie die Konferenz geglaubt hat, tun zu müssen." Dennoch fand er sich mit der Schaffung eines neuen griechischen Staates ab, obwohl dieser aus einer verdammenswürdigen Revolte hervorgegangen war. „Eine gesunde Praxis (...) zwingt uns, Fälle zuzugeben, in denen Umstände, die außerhalb unserer Macht liegen, Situationen schaffen zu können, die so zwingend sind, daß der Versuch, sie zu verbessern, nur in Gedanken stattfinden kann."

Nun konnte der Frieden von Adrianopel eine neue Phase in den europäischen Beziehungen eröffnen. „Europa wird sich jetzt in der Lage eines Menschen befinden, der einen sehr ausschweifenden Abend hinter sich hat; die Stunde der Abrechnung hat geschlagen." Es war für Österreich Zeit, wieder auf die Bühne zu treten. Die Elemente der ehemaligen Allianz existierten noch: „der Augenblick, in dem sie wiedergeboren wird, ist vielleicht nicht weit." Die in einem großen Bericht vom 9. Oktober 1829 dem Kaiser entwickelten Ideen enden mit Bemerkungen über die Innenpolitik. „In dem Augenblick, in dem eine neue politische Ära beginnt, ist es nötig, daß die Staatsfinanzen so geordnet sind, daß sie den Notwendigkeiten einer nahen Zukunft entsprechen."

Innere Angelegenheiten

Die Finanzen, das war der Bereich Kolowrats. Zu Beginn des Jahres 1830 schlug er einen Plan zur Verminderung der öffentlichen Schulden vor. Da der Kaiser sich geweigert hatte, diesen Plan anzunehmen, bot Kolowrat seine Demission an und zog sich schmollend auf seine Besitzungen in Böhmen zurück. Metternich wurde also zur Hilfe gerufen; der Herrscher beauftragte ihn damit, die Dinge in Ordnung zu bringen und er erledigte dies zur großen Erleichterung seines erhabenen Herrn. Kolowrat gelang es aber, seinen Fehler wieder gut zu machen, denn im August 1830 war er in der Lage, einen ausgeglichenen Haushalt vorzulegen: der erste seit vielen Jahren.

Dennoch war dies eine wunderbare Gelegenheit für Metternich, sich seines gehaßten Rivalen zu entledigen; der Kaiser war nicht weit davon entfernt gewesen, sich von diesem zu trennen, da er nach Kenntnisnahme des Berichtes des Kanzlers über die Angelegenheit geschrieben hatte: „Ich bin gezwungen, zu glauben, daß ich nicht fähig gewesen wäre, den österreichischen Staat zu erhalten, wenn ich nur Diener wie den Grafen von Kolowrat gehabt hätte." Die Großzügigkeit oder die Schwäche Metternichs in diesem Zusammenhang erklärt sich ohne Zweifel durch die Art Mutlosigkeit oder Schlaffheit, in die ihn die privaten Prüfungen von 1829 gestürzt hatten. Die große Politik war mehr als ausreichend, den Rest seiner Energien aufzuzehren. Sollten sich doch andere um die Geldangelegenheiten schlagen!

Bald sollte die Explosion von 1830 dem Kanzler Gelegenheit geben, aus seiner relativen Stimmlosigkeit herauszukommen, die ruhmreichen Erinnerungen an Laibach und Verona aus ihrer Ecke zu holen und die Zügel einer erneuten Allianz in die Hand zu nehmen.

KAPITEL 26

Die Hydra erhebt ihr Haupt

Sorge um Frankreich

Metternich wurde Anfang 1829 von einem Regierungswechsel in Paris überrascht, der den ultraroyalistischen Minister de Polignac an die Macht brachte. „Dieses Ereignis hat den gleichen Wert, wie eine Gegenrevolution", schrieb er an den Kaiser. Er war trotz alledem nicht sehr beruhigt, da die neuen Minister kaum die Mittel hatten, die guten Prinzipien ins Werk zu setzen, die zu befolgen sie vorhatten. Die Algerienexpedition war eine gewagte Störaktion.

„Ich glaube, daß die ganze Angelegenheit nur heiße Luft ist, die erzeugt wurde, weil irgendetwas getan werden mußte. Die französische Regierung will zuschlagen. Sie will einen Böllerschuß abfeuern. Das sind römische Zirkusspiele. (...) Es ist ein glücklicher Umstand für Europa, daß der in Frankreich im letzten Ministerium so unvorsichtig hochgeputschte kriegerische Elan sich jetzt auf weit entfernte Länder richtet. Dies ist (...) der seinerzeit von der liberalen Aktion zum Rhein gelenkte Eroberungsgeist, der jetzt auf die algerischen Gestade gerichtet wird." (An Esterhazy, 25. Februar 1830.)

Die politische Krise des März 1813 verdoppelte natürlich seine Beunruhigung. Sicherlich hatte Karl X. Recht gehabt, eine Kammer aufzulösen, die es gewagt hatte, seine Autorität herauszufordern. Was aber sollte jetzt geschehen? „Es ist schwer, sich zu retten und dabei gesetzestreu zu bleiben und man verliert sich unheilbar, wenn man aus den Gesetzen ausbricht." In diesem letzten Punkt war er ganz hart. „Die Regierung muß auf dem Boden der Charte gebildet werden. (...) Dieses Terrain dem Feinde zu überlassen wäre ein schwerwiegender Fehler." (14. April)

Die Unruhe verfolgte ihn Ende Mai bis zum Johannisberg, wo er sich schon zwei Jahre lang nicht aufgehalten hatte. Er ließ den österreichischen Botschafter in Paris, Graf Apponyi zu Konsultationen dorthin kommen und auch noch einige andere Diplomaten. Während dieser Zeit hielt sich der Kaiser in der Steiermark auf. Metternich traf ihn in Wien Anfang Juli, bevor er sich in eine andere Sommerresidenz begab. Dort erfuhr er aus dem Munde Raynevals, des Botschafters Frankreichs, die Nachricht von der Einnahme Algiers. Zu seinen offensichtlich aufrichtigen Glückwünschen fügte er seine Ratschläge hinzu. „Es ist nur gerecht, daß Frankreich die Früchte der Arbeit erntet, die es geleistet hat (...); eine so beachtliche Expedition aus reiner Philanthropie zu unternehmen (...), es wäre pure Dummheit, dies zu glauben und man muß sagen, daß es eine Dummheit war, diese Expedition zu unternehmen." Er hoffte jedenfalls, daß Polignac sein Versprechen erfüllen werde, die anderen Mächte wegen des weiteren Vorgehens zu befragen.

Inzwischen würde er seine Ferien in Böhmen fortsetzen. Statt aber direkt nach Königswart zu gehen, wollte er über Teplitz reisen, wo er sich mit dem preußischen König unterhalten konnte, der dort jedes Jahr eine Kur machte und sich anschließend nach Karlsbad verfügen, wo er die Gelegenheit nutzen wollte, Nesselrode zu treffen. Die beiden Männer hatten sich seit 1823 nicht mehr getroffen und viele gegenseitige Anwürfe hatten ihre Beziehungen verhärtet. Es gab eine offene Aussprache und als Metternich am 1. August nach Königswart abreiste, war die alte Freundschaft offensichtlich wiederhergestellt.

Die Revolution in Paris

Am 2. August erfuhr der Kanzler durch einen Boten aus Frankfurt von dem Staatsstreich, den Karl X. versucht hatte. „Die beschlossenen Maßnahmen", sagte er „sind vollständig und sollten gemäß einer ganz normalen Berechnung großes Wohl hervorbringen." In seinen Augen besonders zufriedenstellend war die Präambel, die beredte Forderung des Siegelbewahrers Chantelauze gegen den Mißbrauch der Presse. Das Ergebnis des wagemutigen Staatsstreiches war jedoch problematisch.

Nicht für lange. Am 4. August berichtete ein aus Frankfurt dank eines Kuriers des Bankiers Rothschild übermittelter Brief von dem Erfolg des Pariser Aufstandes. Der Dienstbote, der ihn gebracht hatte, sah, wie der Kanzler auf seinem Schreibtisch zusammenbrach; er lief, Doktor Jaeger zu holen. Der Arzt fand den Minister ruhig: „Die Arbeit meines ganzen Lebens ist zerstört", seufzte er nur. Aber es gab eine Medizin gegen die Entmutigung: schreiben, immer schreiben. Natürlich zunächst an den Kaiser.

„Eine Revolution übelster Sorte hat triumphiert. Diese Tatsache beweist zwei Wahrheiten: zunächst einmal, daß sich das Ministerium über die Wahl seiner Mittel getäuscht hat; dann, daß ich Recht hatte, als ich vor zwei Jahren die Kabinette auf die Gefahren der Lage aufmerksam machte. Unglücklicherweise hat sich meine Stimme in der Wüste verloren!"

Als er einige Tage später von Apponyi die Einzelheiten der Angelegenheit erfuhr, konnte er sein Urteil abschließen: „Das ganze ist aus Dummheit geschehen, aus Dummheit und noch einmal aus Dummheit!"
Die Gesamtsituation war ernst; er mußte ohne zu zögern mit dem Kaiser sprechen. Bevor er aber nach Wien zurückreiste, wollte Metternich sich mit Nesselrode abstimmen, der seine Kur in Karlsbad beendete. „Es erschien mir nicht schwierig, ihn dazu zu bringen, meinem Urteil in mehreren Punkten zuzustimmen (...); ein volles Gefäß läßt sich ganz leicht ins Leere schütten." Ohne Schwierigkeiten hatte Nesselrode in der Tat akzeptiert, eine Grundsatzerklärung gegenzuzeichnen, die Metternich vorbereitet hatte.

„Wir wollen einerseits uns nicht in die inneren Angelegenheiten und Auseinandersetzungen in Frankreich einmischen, andererseits aber auch nicht dulden, daß die französische Regierung weder den materiellen Interessen Europas, wie sie durch die allgemeinen Transaktionen garantiert werden, noch dem inneren Frieden der verschiedenen Staaten, aus denen Europa besteht, Abtrag tut."

Dies hindert nicht, daß der Minister Nikolaus' I. hartnäckig eine Maßnahme abgelehnt hatte, die eine Wiedergeburt der Troppauer Allianz zur Folge gehabt hätte: nämlich die Einrichtung eines Abstimmungszentrums in Berlin bezüglich der Haltung, die gegenüber dem neuen französischen Regime anzuwenden wäre.

Louis-Philippe wird akzeptiert

So würden die betroffenen Monarchen sich also unabhängig voneinander äußern. Jeder von ihnen erhielt im Verlauf des Monats August über einen Sonderbotschafter des neuen französischen Königs ein persönliches Schreiben von Louis-Philippe I. Er habe die Krone nur gegen seinen Willen angenommen, versicherte er, um schlimmste Anarchie zu vermeiden; er bat herzlich darum, daß man den Nationalstolz Frankreichs schone und ihm eine offizielle Anerkennung zuteil werden lasse. Die nach Wien entsandte Persönlichkeit war geschickt ausgewählt: General Augustin-Daniel Belliard, ein Veteran aller napoleonischen Kriege, der allgemein wegen seiner Tapferkeit und seines gesunden Menschenverstandes respektiert war. Metternich empfing ihn gern am 25. August und hatte mit ihm drei Gespräche; er war so zufrieden, daß er eine schriftliche Zusammenfassung darüber abfaßte, die anschließend zur Mitteilung an alle diplomatischen Vertretungen im Ausland lithographiert wurde.

Der Kaiser empfing Belliard am 4. September, um ihm die Entscheidung mitzuteilen, daß der neue König der Franzosen anerkannt werde. England und Preußen hatten sich schon im gleichen Sinne ausgesprochen. „Es gibt Zeiten und Umstände", erklärte Metternich, „wo das wirkliche Wohl unmöglich ist. Dann verlangt es die Weisheit, daß sich Regierungen wie Menschen um das bemühen, was das geringste Übel ist."

Also Louis-Philippe! ... Solange er blieb. Denn das neue Regime erschien sehr unsicher, weil es seine Herkunft weder dem Erbrecht, noch der Wahl durch die Nation verdankte, sondern einer willkürlichen Entscheidung aufrührerischer Kammern. Seine einzige derzeitige Macht, so räsonierte Metternich, liegt in dem allgemein empfundenen Bedürfnis nach öffentlicher Ordnung, aber dieser Faktor sollte normalerweise sein Gewicht in dem Maße verlieren, in dem es diesem Regime gelingt, die Ordnung und die Sicherheit wiederherzustellen. Und ein genau solches Regime ist die Julimonarchie. „Man kann ihr sowohl die Existenzfähigkeit für einen Tag, als auch die unendliche Bestandsfähigkeit zugestehen."

Auswirkungen auf Deutschland und die Niederlande

Die Akzeptanz des fait accompli in Frankreich vermied für den Augenblick das Kriegsrisiko, stellte jedoch genausowenig die Ruhe wieder her. Die von Paris ausgegangene Schockwelle sorgte weiterhin hier und da für Unruhe. In Berlin und im Rheinland gab es Volksaufstände, die von der preußischen Armee relativ leicht unterdrückt wurden. In Braunschweig wurde Herzog Karl in seinem Palast belagert und dankte zugunsten seines Bruders ab. In Sachsen entließ König Friedrich-August unter dem Druck der Demonstrationen in Leipzig und Dresden sein Kabinett und gab seine Privatdomäne auf. Als erster Oberherr und Präsident des deutschen Bundes war der Kaiser wohl entschlossen, sagte Metternich, „nicht über einen bestimmten Punkt hinaus wohlwollender Zuschauer angesichts von Volksunruhen und Unfähigkeit der Regierungen zu bleiben".

Diese Zwischenfälle wurden aber sofort durch ein wesentlich schwerwiegenderes Ereignis beiseitegeschoben: Der Brüsseler Aufstand vom

5. August eröffnete die Perspektive einer Auflösung des Königreichs der Niederlande, vielleicht sogar der Anbindung Begliens an Frankreich. Das Werk des Wiener Kongresses, das europäische Gleichgewicht, stand auf dem Spiel. Die größte Beunruhigung war der Enthusiasmus, den diese Brüsseler Bewegung in Paris hervorgerufen hatte, wodurch es Louis-Philippe nicht möglich wäre, tatenlos abzuwarten, wenn der preußische König auf den Hilferuf reagierte, der ihm vom niederländischen Herrscher gesandt worden war; die französische Regierung hatte mit der Stimme von Molé, dem Außenminister, ein „Nichtinterventionsprinzip" verkündet. „Es sind die Banditen, die die Gendarmerie fürchten", kommentierte Metternich, „und die Brandstifter, die gegen die Feuerwehr protestieren." Österreich seinerseits forderte nach wie vor für sich das Recht, einem Hilferuf Folge zu leisten, der ihm von einer legalen Autorität zugesandt wurde.

Deswegen konnte der österreichische Kanzler darauf hoffen, daß man auf ihn höre, wenn er die konservative Allianz als „letzten Rettungsanker" darstellte. Zar Nikolaus kam aus seiner Reserve heraus; er entsandte General Alexis Orlow nach Wien, der den Vertrag von Adrianopel ausgehandelt hatte, um sich mit Metternich abzustimmen. Es war die Rede von einem Treffen zwischen dem Zaren und dem Minister Franz' I.

Nationale Erhebung in Polen

Bevor eine neue österreichisch-russische Zusammenarbeit Formen hatte annehmen können, brach am 29. November in Warschau eine nationale Erhebung aus, die ein Jahr lang die militärischen Hilfsmittel des russischen Kaiserreichs beschäftigte und alle Aktionen des Zaren auf anderen Sektoren lähmte. Aus diesem Grunde sahen sich Preußen und Österreich auch gezwungen, praktisch England und Frankreich die Sorge zu überlassen, das Schicksal Belgiens nach ihrem Willen zu regeln. Wenn Österreich und Preußen sich damit einverstanden erklärten, an der Londoner Konferenz teilzunehmen, die damit beauftragt war, das Problem zu behandeln, wenn ihre Vertreter den Auftrag hatten, die Urkunden zu unterzeichnen, die Regelungen festsetzten, die als den 1815 verkündeten Prinzipien entgegengesetzt erachtet wurden, so war dies nur das kleinere Übel und wurde als Mittel betrachtet, Druck auf den niederländischen Herrscher auszuüben, um ihn dazu zu bringen, die Tatsachen anzuerkennen.

Österreich nahm an dem schrecklichen Krieg in Polen nur durch die moralische Unterstützung teil, die es Rußland gab, und durch die Schließung seiner Grenze mit Polen. Man beglückwünschte sich außerdem ganz heimlich wegen der Ruhe, die noch in österreichisch Galizien herrschte:

ein Beweis für die ausgezeichnete Verwaltung der Habsburger Monarchie. Bemerkenswert jedoch ist die Änderung in der Sprache, die Metternich benutzte, um das Ereignis zu charakterisieren: Im Dezember 1830 setzt er es noch mit den Aufständen der Carbonari in Spanien und Italien von 1820 bis 1830 gleich; im Juni 1831 jedoch erkennt er darin „eine nationale Angelegenheit, die mit Heftigkeit und Wut verfochten wird".

Italien

Wenn man auch noch behaupten konnte, daß man sich aus der oben beschriebenen Angelegenheit heraushielt, so gab es doch ein Gelände, auf dem Österreich sich in vorderster Linie befand: Italien. So lange, wie in Paris entschlossen konservative Regierungen vorgeherrscht hatten, hatten sich die italienischen liberalen Patrioten stumm verhalten müssen, denn sie wußten, daß sie von nördlich der Alpen keine Hilfe erwarten konnten. Die Revolution von Juli 1830 hatte die Perspektiven geändert, die antiösterreichischen Verschwörungen wurden verstärkt fortgesetzt und mehr oder weniger offen aus Paris unterstützt. Österreich und Frankreich riskierten also, in einen bewaffneten Konflikt hineingezogen zu werden, den sie beide nicht wollten.

Durch einen erstaunlich glücklichen Zufall wurden die vorhersehbaren Komplikationen von dieser Seite ausreichend hinausgezögert, um Metternich zu gestatten, in aller Stille am 30. Januar 1831 das letzte große Ereignis seines Privatlebens zu feiern: seine Heirat mit der jungen Komtess Melanie von Zichy-Ferraris.

Die dritte Fürstin von Metternich

Erstaunlicherweise verband diese dritte Heirat die Züge der ersten beiden miteinander. Durch ihren herausragenden Platz in der hohen Gesellschaft und im Dienste des Staates und durch den Umfang ihres Landbesitzes war die Familie Zichy der Familie Kaunitz nicht unterlegen; andererseits war der Altersunterschied zwischen den Eheleuten – achtundzwanzig Jahre – nur ein wenig geringer als der zwischen dem verliebten Fünfziger und der jungen Antoinette von Laykam. Aber im Übrigen, welch ein Unterschied! Statt der zarten, blonden Antoinette, die bescheiden und vernünftig war, kam jetzt eine ungarische Amazone mit ebenholzschwarzen Haaren; mit breiten Hüften und brüsken Bewegungen; Stolz und Verachtung zeigten sich oft auf ihrem schönen Gesicht, das an eine griechische Statue erinnerte und in ihren ungleichen Augen (grün und blau). So hat sie der Graf von Sainte-Aulaire, der Botschafter Louis-Philippes, gesehen, der das Gewicht ihrer Abneigung bei manchen Gelegenheiten spüren konnte. Dazu kamen noch ihre Taktlosigkeit und ihre indiskrete Art, sich in Staatsangelegenheiten einzumischen. Metternich war davon manchmal gestört, aber, erklärt Sainte-Aulaire, „getreu seiner üblichen Praxis, die Dinge und die Menschen so zu nehmen, wie sie sind, konnte er es als bequemer empfinden, die Fehler seiner Frau auszunutzen, als sie ihr abzugewöhnen". Der gleiche Zeuge erkennt auch die Tugenden Melanies, ihre Frömmigkeit, ihre Ergebenheit in ihre Aufgaben, ihr gefühlvolles und großzügiges Herz. Und außerdem liebte sie ihren alten Ehemann wirklich; sie war sogar zu sehr verliebt, denn man weiß aus den vertraulichen Mitteilungen des Doktors Jaeger, daß dieser sich verpflichtet glaubte, seinem berühmten Kunden zu empfehlen, bei der Ausübung seiner ehelichen Pflichten einige Pausen einzulegen; aus diesem Grunde zog sich der Doktor den Zorn der Fürstin zu, die nicht mehr mit ihm sprach.

Diese dritte Heirat hätte genausogut die zweite sein können. Schon 1823 hatte Metternich die Gelegenheit, die „große und sehr hübsche" Melanie bei einem Empfang zu bewundern, die ihn ein wenig an seine geliebte Clementine erinnerte. Und später hatte er das Mädchen oft im Salon ihrer Mutter, der Gräfin Marie-Wilhelmine (Molly) von Zichy-Ferraris gesehen. Diese war seit seinem Bruch mit der Lieven die Hauptvertraute seiner Gedanken geworden. Man kann annehmen, daß die Mutter und die Tochter von der Heirat im Oktober 1827 enttäuscht waren, denn Melanie, so scheint es, hatte schon davon geträumt, den so charmanten großen Mann zu heiraten. Es gab noch andere Bewerber zu dieser Zeit, unter denen sich auch Baron Karl von Hügel befand. Melanie scheint seine Hoffnungen genährt zu haben. Aber der Tod Antoinettes hatte ihre Hoffnungen wieder in eine andere Richtung gelenkt. Der arme von Hügel wartete, wartete ... Metternich seinerseits überlegte, überlegte ... Der Tod Antoinettes hatte ihn tief getroffen, aber auch seine Überzeugung verstärkt, daß er nicht ohne weibliche Präsenz würde leben können. Er brauchte trotz allem mehr als ein Jahr, um sich zu entscheiden. Schließlich, am 16. Oktober 1830, hörte Melanie aus dem Munde von Clemens die so lange erwarteten Worte: Oh ja! Sie wollte wohl! Sie würde Fürstin von Metternich! Schade um den armen Hügel. Er versuchte, sich mit einer langen Orientreise zu trösten. Bei seiner Rückkehr war es ihm dann gestattet, bei Melanie die Rolle eines respektvollen und ergebenen Hausfreundes zu spielen.

Am Abend des 30. Januar 1831 wurde in der Privatkapelle Metternichs die dritte Ehe durch den Nuntius des Papstes gesegnet. Er brauchte nicht wie 1827 der üblen Neugierde der hohen Wiener Gesellschaft auszuweichen. Diesmal konnte die neue Fürstin von Metternich die ergebenen Ehrungen der Repräsentanten der „Crème de la Crème" erhobenen Hauptes entgegennehmen, die sich bei dem Empfang um sie drängten. Am nächsten Morgen, berichtet Melanie in ihrem Tagebuch, das uns von jetzt an begleiten wird, kam Clemens zu ihr an den Tisch, wo sie ihr Frühstück einnahm. „Er war sehr bewegt, als er sich zu mir setzte und sagte mir, daß er in Zukunft nicht mehr allein wäre, und daß dieser Gedanke ihn sehr glücklich mache, (...) kurz, er sagte mir Dinge, die ins Herz gehen, und die eine Frau mit einem Gefühl der Glückseligkeit erfüllen."

So begann das letzte Kapitel seines Liebeslebens: Constance, Eleonore, Cathérine, Caroline, Laura, Wilhelmine, Dorothée; alle diese Frauen hatten auch diese „Dinge gehört, die zum Herzen gehen". Jetzt war mit dem Alter die Zeit einer gewissen Stabilität gekommen: Die Herrschaft Melanies über sein Herz, die von drei Geburten gefestigt wurde, war ungeteilt. Wobei Melanie vielleicht nicht ganz ohne rückwirkende Eifersucht war, wenn man der nachstehend berichteten Anekdote Glauben schenken kann: Das große Portrait Antoinettes, das Metternich nach deren Tod vom Maler Enders hatte anfertigen lassen, war in seinem Büro so aufgehängt, daß er es beständig sehen konnte; Melanie soll die Abwesenheit ihres Gatten genutzt haben, um dieses Bild hinter seinem Arbeitsplatz aufhängen zu lassen.

Melanie hat sicherlich Wilhelmine von Sagan gekannt und auch oft getroffen. Die Gräfin war nach vielen Abenteuern in der Tat im Mai 1826 nach Wien zurückgekommen und hatte sich dort niedergelassen und Metternich hatte offensichtlich wieder begonnen, sie zu besuchen. „Sie ist immer noch sehr schön", schrieb Leontine, nachdem sie sie gelegentlich eines Diners getroffen hatte, das Wilhelmine gegeben hatte, um den 53. Geburtstag ihres ehemaligen Geliebten zu feiern. Während der Krise des Jahres 1830 und noch bei anderen Gelegenheiten diente Wilhelmine durch ihre Briefwechsel mit ihrer jungen Schwester Dorothée, der Herzogin de Périgord, als nützlicher Mittelsmann zwischen Talleyrand und Metternich. 1833 schickte sie Clemens ein Exemplar ihres lithographischen Portraits mit folgenden Worten: „Ich habe Sie zu sehr geliebt, um Sie nicht immer zu lieben. Sagen Sie mir, daß Sie mir ein wenig des Interesses bewahrt haben, das mein Herz immer wünscht." Metternich war es offensichtlich gelungen, Melanie zu beruhigen, denn man findet den Namen der Herzogin von Sagan unter den Gästen eines privaten Diners, das die Fürstin im Juni 1839 fünf Monate vor dem Tod Wilhelmines gab.

Sechs Jahre später hatte Metternich bei der Rückkehr von einer Reise die Überraschung, in seinem Arbeitskabinett den herrlichen Schreibtisch vorzufinden, der der Herzogin von Sagan gehört hatte, nachdem er der des

Herzogs von Choiseul gewesen war. Dies war eine Idee Melanies, der es gelungen war, den Schreibtisch über zwei Erbfolgen hinweg wiederzubeschaffen. Hätte sie weiterhin eine so großzügige Aufmerksamkeit geübt, wenn sie die vor Leidenschaft brennenden Briefe hätte lesen können, die auf diesem Möbelstück zwischen 1813 und 1815 hin und her gegangen waren?

Störungen in Italien

Am 12. Februar 1831 notiert Melanie in ihrem Tagebuch: „Clemens wurde von einem halben Dutzend Staffetten geweckt, die schlechte Nachrichten aus Italien brachten". Am Tage nach der Wahl eines neuen Papstes – Gregor XVI. –, vom dem man angenommen hatte, daß er Österreich ergeben sei, hatte ein revolutionäres Komitee die Kontrolle über Bologna an sich gerissen und die Bewegung hatte den ganzen Norden des Kirchenstaates erfaßt. Sie hatte sich sogar auf Modena und Parma ausgedehnt, dessen Herrscher in die österreichische Lombardei hatte flüchten müssen. Die Anwesenheit von zwei Söhnen Louis Bonapartes bei den Aufständischen gab der Bewegung einen besonders beunruhigenden Touch.

„Dies ist die Revolution der Bonapartisten, die von den Anarchisten unterstützt werden", kommentierte Metternich. „Wir sind entschlossen, sie zu bekämpfen. (...) Wir erweisen damit Louis-Philippe den bestmöglichen Dienst." Wie hätte letzterer sich auch neben einem Italien unter einem Napoleon II. an der Macht halten können? Hat er jemals Kaiser Franz für seine korrekte Haltung gegenüber dem Sohn Napoleons I. Dank gewußt? Louis-Philippe sollte nur auf die Dynastie Orleans aufpassen, wenn er vorhatte, die Rolle eines Präsidenten der revolutionären Propaganda zu spielen: „Wenn wir gezwungen sind, uns um unsere Existenz zu schlagen, sind wir keine Engel mehr und werden aus allen Kanonenrohren schießen."

Der französische König war zu intelligent, um nicht den Sinn dieser Bedrohung erfaßt zu haben; außerdem hatte er sich zu sehr in der delikaten Angelegenheit der belgischen Unabhängigkeit engagiert; und schließlich wollte er mit allen Kräften den Frieden. Das neue Ministerium, das er am 13. März unter Vorsitz von Casimir Perier ins Amt berief, teilte alle diese Sorgen. Metternich konnte also die österreichischen Truppen marschieren lassen, die seit Ende 1830 bereit waren, auf diesen möglichen Fall zu reagieren. Bis Ende März hatten sie fast kampflos die aufständischen Provinzen besetzt.

Die Regierung Louis-Philippes konnte sich nicht damit zufriedengeben, laut tönende Proklamationen zu verkünden, um ihre Inaktivität in den Augen der französischen Initiatoren und Helfer des Aufstandes zu kaschieren. Er sprach davon, der Regierung des Kirchenstaates ein Programm liberaler Reformen aufzwingen zu wollen. Reformen in Rom? Aber das war es doch, was Metternich unaufhörlich gefordert hatte, da er darin das beste Mittel gesehen hatte, den Unzufriedenen den Wind aus den Segeln zu nehmen. Er erklärte sich also gerne bereit, eine Konferenz der Botschafter der großen Mächte beim Heiligen Stuhl einzurichten; dies war wiederum Gelegenheit für ihn, Ratschläge zu erteilen. Sobald die Regierung Gregors XVI. Anzeichen ihres guten Willens gegeben hatte, wurde den österreichischen Truppen der Befehl gegeben, sich auf ihre Ausgangsstellungen nördlich des Po zurückzuziehen.

Alles wies jedoch darauf hin, daß die Agitatoren, die aus Paris ermuntert wurden, die Hoffnung nicht aufgesteckt hatten. So glaubte Metternich, es sei an der Zeit, ein deutlicheres Warnzeichen zu setzen: Wenn der souveräne Pontifex noch in der Lage sei, Österreich um Hilfe zu bitten, so würde der Kaiser nicht zögern, ihm zu Hilfe zu eilen, selbst wenn Frankreich darin einen casus belli sähe. „Der Kaiser wäre entschlossen, dies auf sich zu nehmen, ehe er sich der Gewißheit eines Verlustes der Monarchie unterwerfe, falls er nicht in Italien kämpfte."

Dieser Fall trat im Januar 1832 in der Tat ein, als in Bologna und der Romagna neue Erhebungen erfolgten. Der österreichische General Radetzky folgte dem Ruf des päpstlichen Legaten und besetzte Bologna, noch bevor Befehle aus Wien eingetroffen waren. Casimir Perier landete zur Beruhigung der öffentlichen Meinung, und um sich selbst nicht zu widersprechen, ein kleines Expeditionskorps, das den Hafen Ancona besetzte. Er kam, so gab er vor, um die Autorität des Papstes zu schützen, wie es die Österreicher in Bologna getan hatten; er vergaß nur, zu sagen, daß in letzterem Falle die Intervention formell erbeten worden war, während die Ankunft der Franzosen in Ancona in der Tat als Ermutigung für die Liberalen angesehen werden mußte und auch so angesehen wurde, welche ja die Feinde der päpstlichen Regierung waren.

Die Emotionen nicht nur in Rom und Wien kochten hoch. „Dies ist ein Attentat gegen die Souveränität des Heiligen Vaters (...) gegen die Prinzipien der Menschenrechte", verkündete Metternich. „Eine unglaubliche Beleidigung, (...) wie in den schlimmsten Tagen der Revolution und des Kaiserreiches sie sich weder der Wohlfahrtsausschuß noch Napoleon erlaubt haben." Bezüglich des Rundschreibens, mit dem Casimir Perier versucht hatte, seine Handlung zu rechtfertigen, so war dies für Metternich „ein Monument diplomatischen Kleingeistes". Nachdem jedoch beiderseits laut gepoltert worden war, wollte man doch wegen „dieses Elends" keinen Krieg gegeneinander führen. Metternich stützte eine Lösung, die dank einer formellen Zustimmung der päpstlichen Regierung die Prinzipien aufrechterhielt, und die Anwesenheit der französischen Truppen in Ancona nachträglich für rechtens erklärte (16. April 1832). Es war selbstverständlich, daß sich diese Gruppen zurückziehen sollten, wenn Österreich selbst Bologna evakuierte ..., was erst 1838 eintrat.

Unterdessen hatten die Ereignisse insgesamt den Druck Österreichs auf die italienischen Staaten festgeschrieben, wie Metternich mit Befriedigung feststellte: „Durch ihre Union mit uns und unseren Alliierten haben die italienischen Fürsten die einzige Hoffnung gefunden, die ihnen noch blieb, ihr Verderben zu vermeiden." Unter diesen Fürsten gab es einen, bezüglich dessen man gerechterweise einige Zweifel nähren konnte: Karl-Albert von Savoyen-Carignan, der am 27. April 1831 seinem Cousin Karl-Felix auf dem Thron gefolgt war, einem Ausbund des monarchistischen Absolutismus. Karl-Albert hingegen zeigte sich mehr gewillt, eine Militärallianz mit Österreich abzuschließen, so sehr fürchtete er eine Unternehmung Frankreichs in Savoyen. Wie aber ließ sich dann erklären, daß er in Turin den Druck und die Veröffentlichung des berühmten Buches von Silvio Pellico, „Le mie prigioni" gestattete, das alle romantischen Seelen Europas zum Weinen brachte und der österreichischen Regierung die geifernde Maske des Polizeiterrors schlimmster Prägung umhängte, ein Buch, von dem Metternich später sagte, daß es Österreich mehr geschadet habe, als eine verlorene Schlacht. Der Gesandte des Kaisers in Turin hatte nicht versäumt, diese Angelegenheit indigniert bekanntzumachen und schlug vor, die Ungenauigkeiten des Berichtes in den Mailänder Zeitungen richtigstellen zu lassen. Die Reaktion Metternichs beweist Kaltblütigkeit: Das Übel ist nun einmal geschehen, antwortete er seinem Beamten; alles was man dem entgegenstellen könnte, wäre, die Einfuhr des Buches in die österreichischen Staaten zu verbieten; was nun aber eine öffentliche Richtigstellung anging, so würde sie nur dazu beitragen, das Werk zu verbreiten. Zweifelsohne hatte Karl-Albert, der entschlossen war, jeden Versuch der Opposition gegen seine eigene Krone zu unterdrücken, ein Mittel gefunden, sich bei den italienischen Patrioten das Wohlwollen zu erkaufen, und zwar sowohl bei denen auf der Halbinsel als auch bei denen in der Diaspora des Exils.

Der Sohn Napoleons

Im übrigen hatten die italienischen und französischen Konspiratoren seit Sommer des Jahres 1832 den Kristallisationspunkt verloren, der in ihren

Kampf die bonapartistische Leidenschaft eingebracht hatte. Der kleine Adler, Franz-Karl, Herzog von Reichstadt, Napoleon II., war in Schönbrunn am 22. Juli elendiglich gestorben.

Es gibt sicherlich mehr als einen ernsthaften Historiker, der sagt oder schreibt, daß der junge Mann von Metternich vergiftet oder mißhandelt worden sei. Es ist nur möglich, daß ein Aufenthalt in Italien sein Leben hätte verlängern können, wie dies bei Victor von Metternich der Fall gewesen war, aber die politische Vernunft stellte sich dem angesichts der deutlichen Absichten des Bonapartismus entgegen. Über die Beziehungen des Kanzlers mit dem Sohn Napoleons kann man sich ernstlich an das halten, was der letzte Freund des jungen Prinzen, Antonius Prokesch-Osten schrieb.

> „Von 1815 bis 1830 hat sich der Fürst (von Metternich) überhaupt nicht um den Herzog gekümmert. Schon wenn man ihn an den Herzog erinnerte, war ihm dies unangenehm. (...) 1830 wurde er wegen Frankreich und wegen der Wahl der Offiziere seines Hauses gezwungen, mehrfach an ihn zu denken; er tat dies mit dem Gesichtsausdruck eines Mannes, der eine bittere Pille schluckt."

Sein Tod wurde sicherlich mit gemischten Gefühlen aufgenommen. Gewiß beraubte er vordergründig Metternich eines nützlichen Erpressungsmittels gegenüber der Regierung Louis-Philippes, aber unvorhersehbare Komplikationen und angsterregende Kombinationen wurden auf diese Art in Zukunft vermieden!

Der Tod Gentz'

Ein anderer Sterbefall, der sechs Wochen zuvor eingetreten war, war sehr viel schmerzlicher empfunden worden, nämlich der Tod Friedrichs von Gentz, des Mitarbeiters aus heroischen Zeiten, des Geistes, der am ehesten in der Lage war, alle Finessen des politischen Spiels seines Herrn zu verstehen, und der auf Anordnung Depeschen, Memoranden, Artikel usw. abfassen konnte. Zweifelsohne hatte er sich in den letzten Jahren die Wertschätzung seines Herrn wegen seiner Spielschulden und seiner sinnlosen Passion für die Tänzerin Fanny Elßler verscherzt, die er mit Schmuck überschüttete; er war außerdem unerträglich wegen seiner Indiskretionen, seiner Kritik gegen die Politik des Kanzlers. „Wenige Leute beweinen ihn", schreibt Melanie, „und dennoch ist sein Verlust nicht zu ersetzen." Vor allen Dingen weil „Clemens von jetzt ab niemanden mehr hat, mit dem er morgens sprechen kann".

Die liberale Agitation in Deutschland

Die Mithilfe von Gentz wäre Metternich in den unendlichen schriftlichen Arbeiten sehr nützlich gewesen, die von ihm durch das gefordert wurden, was von 1831 bis 1834 seine Hauptangelegenheit war, ein Geschäft, in dem er der unumstrittene Orchesterdirigent war, nämlich die Unterdrückung der nationalen und liberalen Bewegung in Deutschland.

Die südwestlichen Staaten – Bayern, Württemberg, Baden – hatten natürlich empfindlicher auf die Auswirkungen der Ereignisse von 1830 im großen Nachbarland Frankreich reagiert. Nicht nur, daß diese Staaten im Falle eines Krieges zwischen den konservativen Monarchien und dem Juli-Frankreich riskiert hätten, in vorderster Linie auf dem Schlachtfeld zu stehen, die Schaffung einer auf dem Prinzip des Volkswillens begründeten Regierung in Paris hätte außerdem diejenigen beflügelt, die dieses Prinzip in den von den Herrschern nach 1815 zugestandenen Institutionen durchsetzen wollten. Für Metternich war diese Entwicklung gleichbedeutend mit einer Form heimtückischer Revolution, „weil sie am schwierigsten zu bekämpfen und zu besiegen ist, denn sie kann von keiner Seite einer materiellen Attacke ausgesetzt werden". Die legitimen Sorgen der betroffenen Herrscher wegen des Kriegsrisikos hätten die moralische Hegemonie Habsburgs über den Deutschen Bund und den Zusammenhalt dieses Bundes schädigen können. Schon im November 1830 hatte sich der König von Württemberg mit seinen Nachbarn in Bayern und Baden darüber verständigt, eine Art neutrale Zone unter dem Schutz Preußens zu schaffen, dem das benachbarte Rheinland gehörte. Da dieser Prozeß außerdem geeignet war, sie zu einem Beitritt in den von Preußen geführten Zollverein anzuregen, konnte man den Augenblick absehen, in dem Österreich praktisch aus den militärischen und ökonomischen Strukturen Deutschlands ausgeschlossen sein würde.

Hinhaltende Manöver 1831

Gegen diese verschiedenen Gefahren mobilisierte Metternich alle Mittel, die ihm die Institutionen des Deutschen Bundes und seine persönlichen Beziehungen mit den deutschen Monarchen und ihren Ministern gaben. Seine Kampagne bestand zunächst in Geheimmissionen, die er in verschiedene deutsche Hauptstädte entsandte oder zu denen er nach Wien einlud, sowie aus Briefen, die immer noch überreichlich aus seiner Feder quollen. Die Tatsache, daß das Gros der Militärmacht Österreichs in Italien gebunden war, zwang ihn, auf Zeitgewinn zu spielen.

Danach wurden die Annäherungsarbeiten mehr oder weniger im Sommer 1831 durch die Drohung einer Choleraepidemie hingehalten, die in Ungarn tobte. Der Kaiser mußte sich nach Schönbrunn flüchten und bat seinen unersetzlichen Minister ebenfalls mit seiner Familie, die er zunächst in Baden untergebracht hatte, im kaiserlichen Palast zu wohnen, damit er den Kontakt mit ihm nicht verlöre. Zum großen Entsetzen Melanies ließ sich Metternich allerdings nicht daran hindern, mehrfach in der Woche zum Ballhausplatz zur Arbeit zu gehen. Die Lage änderte sich im November, als der Kaiser unter dem Beifall seines guten Wiener Volkes wieder in die Hofburg einzog.

Neue Frankfurter Erlasse

Dem Jahr 1832 blieben die entscheidenden Aktivitäten vorbehalten. Im Frühling sah sich Metternich in der Lage, die Vorschläge zu formulieren, die dem Bundestag in Frankfurt unterbreitet werden sollten; alle betroffenen Regierungen waren im Prinzip einverstanden. „Die Fürsten", sagte Metternich, „haben nur noch die Wahl, zu regieren oder unterzugehen." Und sie waren alle miteinander überzeugt, „daß ein Deutschland ohne Österreich ein Deutschland ohne Monarchen wäre". Nur der König von Bayern zierte sich noch, denn er war bemüht, seine souveräne Unabhängigkeit zu unterstreichen.

Ein Ereignis kam sehr gelegen, um die dringende Notwendigkeit, die Eile der repressiven Aktionen zu unterstreichen. Am 27. Mai 1831 wurde in Hambach in der bayrischen Pfalz ein großes Treffen abgehalten, bei dem sich etwa 30.000 Demonstranten versammelten. Die Organisatoren hatten es unternommen, die Agitationsmethoden auf Deutschland zu übertragen, die die britischen Reformatoren in ihrem eigenen Land ins Werk gesetzt hatten. Den aus allen Teilen Deutschlands angereisten Teilnehmern – vor allen Dingen Studenten mit den Fahnen ihrer Korporationen – hatten sich Expilpolen und Exilitaliener sowie französische Republikaner beigesellt. Die Menge berauschte sich an patriotischen und revolutionären Reden und verdammte den Verrat der Herrscher, hob die Solidarität der unterdrückten Völker in den Himmel und besang das Idealbild eines großen republikanischen Deutschland.

Die in den deutschen Höfen dadurch entstandene Erregung – die Metternich durch seine apolkalyptischen Kommentare noch verstärkte – bewog den Frankfurter Bundestag, den Text aus sechs Dekreten, die der österreichische Kanzler vorbereitet hatte, ohne Änderung anzunehmen (28. Juni 1832). Darin wurden die Autorität der Herrscher gegenüber der lokalen repräsentativen Versammlung sowie die Vorherrschaft des Bundes in Bezug auf die Einzelregierungen erneut bestätigt; letztere waren gehalten, die mündlichen oder schriftlichen Demonstrationen zu unterdrücken, die sich gegen den Bundesakt richteten. Dies war, grob gesprochen, eine Neuauflage der Karlsbader Beschlüsse von 1820, die man abgestaubt und aufs Laufende gebracht hatte.

Palmerston

Auf die Bemerkungen, die sich die französische und die englische Regierung erlaubten, antwortete Metternich hochmütig: „Kümmern Sie sich doch um ihre eigenen Angelegenheiten." Dies war der erste ernsthafte Streit, aber nicht der letzte, mit demjenigen, der von jetzt an sein schlimmster Feind werden sollte, Henry-John Temple Lord Palmerston. „Anmaßung und Naivität, Wagemut und Genierlichkeit bilden den wesentlichen Charakter von Lord Palmerston", schrieb Metternich 1833. Später warf er ihm vor, „er habe die selbstquälerischen Launen" eines Menschen, der schlecht geschlafen habe. „Sein Dünkel und eine gewisse Bosheit ersetzen bei ihm die Festigkeit." „Der aggressivste aller Staatsmänner (...) dessen Anmaßung sich ganz offensichtlich über den schamlosen Hochmut erhebt, zu wünschen, daß alle ausländischen Staaten nur von Männern seiner Wahl regiert werden sollten."

Man war wirklich überall auf diesen verfluchten Nachfolger Cannings getroffen, wo er eine der österreichischen Politik entgegengesetzte Position hatte einnehmen können: Beziehungen mit dem Frankreich Louis-Philippes, Schaffung eines unabhängigen Griechenland und eines unabhängigen Belgien, Ermunterung für die Liberalen in Spanien und Portugal und sogar – welch unerträglicher Wagemut – für die Liberalen in Italien.

Wiederaufleben der Orientfrage

Zu Beginn des Jahres 1833 war das wesentliche Gebiet, auf dem man sich mißverstand, der Orient. Kaum war die Frage der Unabhängigkeit Griechenlands geregelt, als die Existenz des ottomanischen Reiches durch die waghalsige Rebellion des Vizekönigs von Ägypten, des mächtigen Pascha Mohamed Ali, in Frage gestellt wurde. Seine von seinem ältesten Sohn Ibrahim befehligten Truppen, die mit Hilfe französischer Offiziere auf europäische Art organisiert und bewaffnet worden waren, hatten die Türken kurz und klein geschlagen; Anfang 1833 stand die Armee Ibrahim

Paschas nicht mehr sehr weit von Konstantinopel entfernt. Metternich glaubte, daß die Gelegenheit günstig sei, um den Dialog mit England wieder aufzunehmen. Die beiden Mächte hätten doch wohl das gleiche Interesse, die Existenz des ottomanischen Reiches zu bewahren und damit die Russen zu hindern, sich am Bosporus niederzulassen. Palmerston weigerte sich schließlich, nachdem er lange Zeit den Eindruck erweckt hatte, diese Sprache zu verstehen, die von Metternich vorgeschlagene Konferenz auch nur ins Auge zu fassen; er war vielmehr damit beschäftigt, sich mit den Aktivitäten der französischen Regierung auseinanderzusetzen, die geglaubt hatte, ganz alleine eine Vermittlung zwischen dem Sultan und dem Pascha von Ägypten organisieren zu können. Schließlich zog der Zar Profit aus diesen Streitereien und er war es, der den am 8. April in Kutajeh zwischen Mohammed Ali und seinem Herrscher unterzeichneten Frieden erzwang. Mehr noch, er nutzte die Gelegenheit, dem Sultan die Vereinbarung von Unkiar-Skelessi (8. Juli) zu entreißen, einen Vertrag, der praktisch die Türkei unter russisches Protektorat stellte.

Metternich war so verblüfft, daß er es auch dann nicht glauben wollte, als am 4. Juli der französische Botschafter Sainte-Aulaire ihn vertraulich über die bevorstehende Unterschrift unter den Vertrag unterrichtete.

Abstimmung mit Preußen in Teplitz

Dieses Ereignis verstärkte jedenfalls seinen Wunsch, endlich Nikolaus I. von Angesicht zu Angesicht gegenüberzustehen, diesem harten Spieler, der so viel Geschick im Aushandeln von Vereinbarungen zeigte, wie er Energie in die bewaffneten Handlungen legte. Der Sommer 1833 sollte ihm gestatten, so hoffte er, diesen Wunsch zu verwirklichen, wobei dieses Treffen eine Gelegenheit sein sollte, im Angesicht Europas die Solidarität der drei großen kontinentalen Monarchien zu bestätigen. Der ausgewählte Ort, Teplitz, war an sich schon symbolträchtig; dort hatte im September 1813 Alexander I. die Grundlagen für die große konservative Allianz gelegt. Wie um den großen Fisch anzulocken, ließ der österreichische Kaiser ankündigen, daß er dort im August den preußischen König zu treffen beabsichtige und drückte die Hoffnung aus, daß der Zar, der den Wunsch hatte, seine deutschen Verwandten zu sehen, über Teplitz würde reisen können.

Am 16. Juli reiste Metternich nach Böhmen. Er war glücklich, seiner jungen Frau sein Königswart vorführen zu können, wohin er selbst seit dem dramatischen Sommer 1830 nicht mehr gekommen war. Es war auch gut, sie aus Wien zu entfernen, nach der Prüfung, die sie am 10. Juni erlitten hatte: Der frühzeitige Tod ihres zweiten Kindes, eines Sohnes, dessen Geburt den Eltern so viel Freude gemacht hatte. Es fehlte nicht an Zerstreuungen, die Nähe von Karlsbad erlaubte einen beständigen Strom von Besuchern. Melanie empfing den russischen Gesandten Bernstorff, den russischen Botschafter Tatistschew, die Königin von Württemberg usw.

Am 7. August begab sich Familie Metternich nach Teplitz, wo sie sich für etwa zehn Tage im Hotel „Zum Fürsten von Ligne" niederließ. König Friedrich-Wilhelm von Preußen residierte mit einer umfangreichen Suite von Ministern und Militärs im Schloß, während Kaiser Franz und sein Gefolge sich bescheidener in Theresienstadt, etwa dreißig Kilometer entfernt, niedergelassen hatten. Da er indisponiert war, unternahm Friedrich-Wilhelm – natürlich mit Clemens – die Reise, die es den beiden Monarchen erlaubte, sich nach zehn Jahren der Trennung wiederzusehen: Der Preuße viel dicker geworden und der Österreicher noch dünner. Aber in dieser Aufführung fehlte die Hauptperson: Nikolaus. Der Zar hatte zwar angekündigt, daß er die Absicht habe, nach Böhmen zu kommen, aber ohne einen Zeitpunkt festlegen zu wollen. Friedrich-Wilhelm verlor die Geduld und reiste nach Berlin zurück, während Metternich, ein wenig enttäuscht, nach Königswart zurückkehrte, um dort die Nachrichten abzuwarten (17. August).

Die Wartezeit in Teplitz war nicht verloren, dachte er. „Ich habe mich mit dem preußischen Kabinett bestens über die Maßnahmen verständigt, die unternommen werden müssen, um Deutschland zu retten", konnte er dem österreichischen Geschäftsträger in Paris schreiben.

Das Treffen von Münchengraetz

Am 30. August schließlich kam die erwartete Nachricht endlich an: Seine kaiserliche Majestät, der Zar aller Reussen wollte in den ersten Tagen des September nach Böhmen kommen und bat um Mitteilung eines Treffpunktes in der Nähe der Grenze. Das so gewünschte Treffen sollte also in Münchengraetz im Norden Prags stattfinden, „einer sehr kleinen und sehr häßlichen Stadt" nach Aussage der Fürstin Melanie. Metternich und sein erhabener Herr kamen vor dem Zaren an; dieser bat um Vergebung und zeigte sich absolut freundlich. „Ich komme hierher, um mich den Befehlen meines Chefs zur Verfügung zu stellen", soll er sogar Metternich gesagt haben; das war ein so dick aufgetragenes Kompliment, daß wohl doch einige Ironie darin zu entdecken war. Nach einer anderen Quelle soll der erste Wortwechsel ganz anders gewesen sein: „Sire, ich flehe Sie an, nicht zu denken, daß ich mit ihnen Haarspaltereien betreiben will." „Fürst, ich kenne Sie." Es wäre trotz allem recht erstaunlich, wenn nicht im Verlaufe der Gespräche gewisse Vorbehalte abgeschwächt worden wären. Der Zar konnte einige Funken des schlagfertigen Geistes genießen, der seinerzeit Napoleon bezaubert hatte; diesen hier zum Beispiel: „Fürst, was denken Sie vom Türken, ist er nicht ein kranker Mann?" „Wendet sich Eure Majestät an den Arzt oder an den Erben?"

Während versucht wurde, den Autokraten mit Militärmanövern und Luxusdiners zu amüsieren, arbeitete der Kanzler mit Nesselrode den Text der Resolutionen aus, die das Verständnis der drei Herrscher bekunden sollten; dazu war es nötig, daß der Preuße, der nicht anwesend war, seine Zustimmung gab; dies wurde Anfang Oktoker nachgeholt. Die Vereinbarung von Münchengraetz, die vom 15. Oktober datiert, forderte: „Jeder unabhängige Herrscher hat das Recht, einen anderen Herrscher um Hilfe anzurufen und keine andere Macht (...) hat das Recht, diese Hilfe zu verhindern." Dadurch wurde das „sogenannte Prinzip der Nichtintervention" in den Papierkorb geworfen, das in Paris, der Hauptstadt der revolutionären Propaganda, erfunden worden war.

In Geheimartikeln wurde noch die Art der Hilfe präsizisiert, die Österreich und Rußland sich gegenseitig zusicherten, um ihre Vorherrschaft zu sichern, Österreich in Italien und in Deutschland, Rußland in Polen und in der Türkei. Die öffentliche Meinung in Europa wußte nichts davon und nichts von den Schwierigkeiten, aufgrund derer ein wirkliches Treffen der drei Herrscher nicht hatte stattfinden können; sie erinnerte sich nur an eines: Die Heilige Allianz erhob ihr Medusenhaupt. Aber war dies nicht gerade der Effekt, den Metternich gesucht hatte?

Die franzöisch-britische Antwort

In Frankreich und in England regte man sich darüber auf. Palmerston quälte sich um eine Antwort. In Spanien und in Portugal lagen Regime mit liberaler Tendenz im Streit mit konservativen Gegenregierungen. In Spanien waren dies die Christinos gegen die Carlistos, anders gesagt, die Parteigänger der Königin Christine, der Witwe Ferdinands VII., der Regentin für ihre junge Tochter Isabella, gegen die Parteigänger von Don Carlos, dem Bruder des verstorbenen Königs; in Portugal waren es die Gefolgsleute des absolutistischen Königs Miguel gegen die seines Bruders Dom Pedro, der namens seiner Tochter Donha Maria verhandelte. Palmerston verständigte sich mit Talleyrand, der seinerzeit Botschafter in London war, um einen sichtbaren Akt der Unterstützung zu demonstrieren, die England und Frankreich der liberalen Sache geben wollten: es war der Vertrag, der

Viererallianz genannt wurde (22. April 1834). „Ich würde gern das Gesicht Metternichs sehen, wenn er unseren Vertrag zu Gesicht bekommt", schrieb Palmerston an seinen Bruder. Tatsächlich nahm der Kanzler die Sache sehr ruhig auf: Dieser Vertrag, erklärte er, entbehre jeder praktischen Tragweite und könne nur seinen Signatarstaaten, vor allen Dingen Frankreich, wohl schaden. „Passen Sie nur auf", sagte er zu Sainte-Aulaire, „nichts ist nützlicher, als die Allianz des Menschen mit dem Pferd, aber nur, wenn man der Mensch ist und nicht das Tier."

Metternich konnte umso beruhigter sein, als Paul Esterhazy, der durch Paris gereist war, ihm von einem langen Gespräch mit Louis-Philippe am 23. Mai berichtete. Der König hatte Esterhazy in der Tat klar gesagt, daß der Vertrag der Viererallianz in seinen Augen keinen anderen Wert habe, als ihm ein Mittel in die Hand zu geben, die Handlungen Palmerstons zu kontrollieren. Er selbst war wohl entschlossen, die Finger von dem spanischen Wespennest zu lassen. Er gab zu verstehen, daß er geneigt sei, mit Metternich zusammenzuarbeiten, wenn dieser gegen die russischen Ambitionen im Orient die gleiche dämpfende Rolle spielen wolle, die er sich schmeichelte angesichts der britischen Unternehmungen im Mittelmeer und anderweitig aufgebaut zu haben. Schlußendlich, so mußte Metternich wohl denken, wurde der „Barrikadenkönig", der „Usurpator mit dreifarbiger Kokarde" ein beruhigender Partner, „ein feiner und praktischer Geist, (...) ein Mann mit viel Verständnis". „Ich mache eine große und sehr gerechte Unterscheidung zwischen dem König und seinen Ministern."

Neue Konferenzen in Wien

Da sich Metternich zukünftig auf die Unterstützung durch die größte Macht des Kontinents sowie auf die Neutralität Frankreichs stützen konnte, konnte er ganz beruhigt letzte Hand an ein Werk legen, das von den sechs Frankfurter Erlassen vom Juni 1832 vorbereitet worden war.

Diese Beschlüsse waren in der Tat auf den erwarteten Widerstand gestoßen. Ein Widerstand, der in einem Fall bis zu einer gewaltsamen Aktion geführt hatte, als nämlich am 3. April 1833 ein hirnloser Haufen von über fünfzig Leuten die Frankfurter Hauptwache stürmte und versuchte, eine Volksbewegung auszulösen.

Anderswo aber hatten Parteigänger des Liberalismus in mehreren lokalen Versammlungen in verschiedenen Staaten gefordert, daß die Bundesakte geändert werde. Metternich bemächtigte sich wie ein Judoka dieses Wunsches, um die unvorsichtigen Reformatoren auf die Matte zu legen.

Einige Tage nach seiner Rückkehr nach Wien schickte der Kanzler allen deutschen Staaten eine Einladung, ihre Vertreter nach Wien zu entsenden; dort wolle man gemeinsam prüfen, wie die Bundesgesetzgebung am wirksamsten angewandt werden könne. Es sollte im Wesentlichen eine Neuauflage des Kongresses von 1820 sein. Das Programm war wohl festgelegt, der Mechanismus erprobt und der Orchesterdirigent fühlte sich in seiner unbestrittenen Rolle sehr wohl. Alles wurde ohne Schwierigkeiten abgewickelt.

1. Januar: Feierliche Eröffnung durch eine Rede des Kanzlers und einen großen Ball, der von Fürstin Melanie präsidiert wurde. An den folgenden Tagen herrliche Verfahrensgeplänkel; Bildung von fünf Kommissionen. Schließlich Diskussion in der Generalversammlung über Punkte und Kommata in den ausgearbeiteten Resolutionsentwürfen. Diese Resolutionen, es waren insgesamt 60, bestätigten die Unantastbarkeit der Rechte der Herrscher erneut und sahen Verfahrensweisen vor, die es gegebenenfalls den Bundeseinrichtungen – dem Bundestag in Frankfurt und einem Bundesschiedsgericht, das neu geschaffen wurde – gestatten würden, bedrohten Regierungen zur Hilfe zu eilen. Am 12. Juni 1834 beendete die Konferenz ihre Arbeit so, wie sie sie begonnen hatte, nämlich mit einer langen Rede des großen Regisseurs.

Politische Bilanz des Jahres 1834

„Der politische Horizont beginnt, sich aufzuhellen", hatte Metternich im Januar 1834 diagnostiziert. „Es gibt in Wahrheit keine politischen Affären in Europa." Jetzt, nach dem Juni 1834 konnte er das gleiche von Deutschland sagen. Aber um welchen Preis? Soll man die tausende von politischen Gefangenen vergessen, die seit 1830 verhaftet worden waren? Die sehr viel größere Anzahl von Leuten, die freiwillig ins Exil gingen und sich nach Frankreich oder in die Vereinigten Staaten zurückgezogen hatten? Die intellektuelle Sprachlosigkeit, die von den Schikanen der Zensur und der Überwachung der Universitäten erzwungen wurde?

Aus rein österreichischem Blickwinkel war der Preis für eine Mitarbeit Preußens bezahlt worden: Die Zustimmung zur Ausdehnung und Konsolidierung des Zollvereins, der langfristig die Ausklammerung der Wiener Habsburger zugunsten der Hohenzollern in Berlin vorbereitete. Metternich war nicht blind gegenüber dieser Gefahr, worauf ein großer Bericht, den er im Juni 1833 seinem Kaiser geschickt hat, hinweist.

„Die in der Bundesakte geforderte Gleichheit der Rechte der Konföderierten (...) endet jetzt (...) und macht den Beziehungen zwischen Patron und Klientel Platz, zwischen Schutzgeber und Schutznehmer (...). Man kann nicht daran zweifeln, daß die Bande, die Österreich mit den anderen Staaten des deutschen Bundes verknüpften, auf Dauer gelöst werden (...) dank der einfallsreichen Tätigkeiten, die die Absicht verfolgen, die materielle Trennung in eine politisch-moralische Trennung zu verwandeln."

Es wäre Aufgabe des Kanzlers gewesen, die Alarmklingel zu ziehen, aber leider ging ihm die Fähigkeit ab, Gegenmaßnahmen auszudenken und einzuleiten, denn diese hingen vom Innenminister ab und also vom unmöglichen Kolowrat. Und außerdem mußte die einzige Möglichkeit einer radikalen Parade – nämlich der Einschluß des ganzen Kaiserreiches in einen großen „gemeinsamen deutschen Markt" –, sich allerdings an der unbeugsamen Opposition der Ungarn stoßen.

Familiäre Ereignisse

Nach einem teilweise in Baden, teilweise in Wien verbrachten Sommer hatte das Jahr 1834 insgesamt friedlich und fast glücklich geendet. Am 7. Oktober war das gesamte Personal des Kanzleramtes gekommen, dem Chef aus Anlaß seines fünfundzwanzigjährigen Jubiläums als Minister zu gratulieren. Abends hatte Melanie einen schönen Empfang für die ausländischen Diplomaten organisiert; das ganze Talent ihrer Schneiderin konnte nicht verhindern, daß die Gäste einen bald bevorstehenden Zuwachs in der Familie des Kanzlers erkennen konnten. Am 14. Oktober gebar Melanie in der Tat einen „schönen, schweren Jungen", der mit dem Namen Paul, dem seines Paten, des Playboydiplomaten Paul Esterhazy getauft wurde, für den Metternich schon immer eine erhebliche Schwäche gehabt hatte, selbst als es ihm 1819 passiert war, seine Zurückhaltung über Bord zu werfen und mit Wilhelmine von Sagan durch Italien zu reisen. Der frommen Melanie gab Clemens aber einen anderen Grund an: Seine Bewunderung für die Schriften des heiligen Paulus.

Ein anderes glückliches Ereignis trat einen Monat später ein: Die Verlobung Leontines mit Moritz Sandor, der ihr seit mehr als einem Jahr ernsthaft den Hof machte; Metternich hatte in der Tat lange gezögert, bevor er seine Zustimmung gab. Sandor war ihm ein wenig zu träumerisch erschienen; dies war ein Temperament, das auf Sandors Tochter überging, die zitternde Pauline, die gleichzeitig Schwiegertochter und Enkeltochter von Clemens war.

Schließlich hatte Metternich auf einer ganz anderen Ebene die Befriedigung, von der Abdankung des Whig-Kabinetts von Lord Grey in London zu erfahren und die Rückkehr der Tories zur Macht unter der Vorherrschaft seines alten Freundes Wellington. Er genoß die Worte, die Palmerston benutzt hatte, um seinen Rückzug seinem Vertreter in Wien mitzuteilen: „Bringen Sie diesen Brief unverzüglich zum Fürsten von Metternich. Ich bin davon überzeugt, daß er in seinem ganzen Leben noch keine größere Freude empfunden hat, als in dem Augenblick, in dem er es liest." Dies war in etwa das Gleiche, was im Juni 1824 Chateaubriand dem Marquis de Caraman geschickt hatte: „Es ist wahrscheinlich, daß meine Entlassung Herrn von Metternich mindestens zwei Wochen lang große Freude bereiten wird."

Das Jahr jedoch endete schlecht. Ein starker Anfall von Rheuma nagelte den Familienvater am Bett fest und hinderte ihn so, an den traditionellen Festlichkeiten teilzunehmen. Melanie, die alleine bei ihrem alten Ehemann war, der auf seinen aufgeschütteten Kopfkissen saß, machte ihm bald Kompressen, bald las sie ihm die wichtigsten Depeschen vor und war ganz glücklich, seine Antworten im Diktat aufzunehmen. Dies ist das Bild, das man von dem großen Mann bei Ablauf des letzten erfolgreichen Jahres seiner Karriere bewahren kann.

KAPITEL 27

Willenloses Dahintreiben

Der Tod Kaiser Franz'

„Heute morgen", schreibt Melanie am 25. Februar 1835, „war ich fürchterlich erschreckt, als Clemens mir erzählte, daß der Kaiser gefährlich erkrankt sei." In der Tat hatte sich am Tag zuvor die Lungenentzündung gezeigt, die sich der Kaiser zugezogen hatte, als er am Montag, dem 23. im Burgtheater gewesen war. Im Alter von 67 Jahren, im 43. Jahr seiner Regierung war der Mann schon recht schwach für sein Alter; seine Ärzte schwächten ihn noch zusätzlich durch wiederholte Aderlässe, die zur Bekämpfung des Fiebers angewandt wurden. Am Mittwoch, dem 2. März, kurz vor ein Uhr morgens entschlief Franz II. (von Deutschland) und der I. (von Österreich) sanft in Anwesenheit seiner zahlreichen Familie.

Man kann nicht an der Tiefe der Betroffenheit und der Aufrichtigkeit der Gefühle zweifeln, die Metternich seinerzeit zeigte, wie man sie, unter anderem in einem Brief findet, den er an die älteste Tochter des Verstorbenen, Marie-Louise, die Herzogin von Parma, schrieb: „Ich habe in dem seligen Kaiser mehr als einen Vater verloren, mehr als einen Herrn; ich habe in ihm den Freund meines ganzen Lebens verloren, das Herz und den Geist, die mit den meinen am meisten übereinstimmten und den ich auch selbst gleichermaßen verstanden habe. Ich habe das Gefühl, nur noch die Hälfte meines Bewußtseins zu besitzen." Hätte er nicht auch hinzufügen können, „die Hälfte meiner Macht"?

Seit langen Jahren hatte die Zusammenarbeit der beiden Männer aus dem Herrscher und seinem Minister sozusagen einen einzigen Staatschef geschmiedet. „Der Kaiser tut immer das, was ich will, aber ich will immer nur das, was er tun muß." Diese eines Tages Dorothée von Lieven eröffnete Vertraulichkeit war das Geheimnis der Macht, die ihm zuerkannt wurde. Der Beitrag des Herrn und seines Dieners zur Macht erscheinen indiesem Dialog, der 1832 von Melanie berichtet wird:

Franz: „Ich bitte Gott vor allem, daß er Sie bewahrt, denn ohne Sie wüßte ich nicht, was ich werden sollte."

Metternich: „Ohne Sie, Majestät, könnte ich nicht darauf hoffen, auch nur irgendetwas Gutes tun zu können, die Kraft zu handeln würde mir fehlen."

Und die beiden Freunde sagten sich mit Tränen in den Augen Adieu.

Wer hat jetzt die Macht?

Wo würde der Minister jetzt Kraft und Unterstützung finden? Die Krone wechselte von einem beschränkten, aber soliden und wohlorganisierten Kopf auf ein in der Tat debiles Haupt. Der legitime Thronerbe, Erzherzog Ferdinand, der älteste Sohn, der aus der zweiten Ehe Franz' entsprungen war, war ein mongoloider Schwächling mit großem Kopf und leerem Gesicht, der außerdem noch an Epilepsieanfällen litt; er war allerdings nicht verrückt genug, als daß sein Vater gezwungen gewesen wäre, die Rangordnung der Thronfolge zu ändern oder aber eine Regentschaft zu errichten. Er war also schon im September 1830 in Preßburg zum ungarischen König gekrönt worden und man hatte ihm auch eine Ehefrau gegeben: Maria-Anna-Caroline, Fürstin von Piemont-Sadinien. Die unglückliche junge Frau, die ebenso intelligent wie gutmütig war, verbrachte heiligmäßig ihr Leben als Krankenschwester, beauftragt, die Handlungen und Worte ihres kindhaften Ehemannes zu überwachen und zu inspirieren.

Wo fand sich unter diesen Bedingungen die für eine monarchistische Regierung notwendige Autorität? Das Testament des Verstorbenen vom 28. Februar 1835 hatte durch die Benennung von drei Personen vorgesorgt, die eine Art Regentschaftsrat bildeten, ohne daß sie den Titel trugen. Die kaiserliche Familie war darin durch die Erzherzöge Ludwig und Franz Karl vertreten, den Onkel und den jüngeren Bruder des kaiserlichen Popanz. Ludwig war der vorletzte in der zahlreichen Reihe der Onkel und zweifelsohne einer der am wenigsten fähigen, aber der einzige, der sich absolut aus den Affären unter der Herrschaft seines Bruders herausgehalten hatte; im Falle von Abwesenheit oder Krankheit hatte Franz I. ihm gewisse Vollmachten übertragen. Unter anderem waren seine Brüder Karl und Johann, wertvolle Männer, seit mehr als zwanzig Jahren, in Ungnade fern von Wien gehalten worden; Josef war Vizekönig von Ungarn, Rainer in der Lombardei, Max in Galizien und Ferdinand in Siebenbürgen. Ihr gemeinsamer Neffe Franz-Karl repräsentierte die Zukunft der Dynastie, zunächst aus sich selbst heraus und dann durch seinen jungen Sohn Franz-Josef, der 1830 geboren war. Er war körperlich präsentabler als sein älterer Bruder aber leider nicht sehr viel intelligenter als der arme „Nandel, der Trottel" – wie er im Volk genannt wurde. Er wurde absolut von seiner Ehefrau, der schönen und ehrgeizigen Erzherzogin Sophie, einer Prinzessin von Bayern manipuliert; zusammen mit ihrer älteren Schwester Caroline-Augusta, der Witwe Franz' I. und respektierten Hüterin des letzten Willens des Verstorbenen bildete sie gemeinsam mit der „herrschenden Kaiserin", die an den Fäden der kaiserlichen Marionette zog, eine Gruppe von drei Frauen, die immer anwesend waren und – einem Ausdruck Kübecks zufolge, eines der hohen Beamten des Regimes – „eine theologisch-diplomatische" Clique darstellten, deren Macht vielleicht verkannt worden ist, aber deren Einfluß sehr wohl hat entscheidend sein können, wenn es darum ging, den Konsensus der weit um Wien verstreuten kaiserlichen Familie sicherzustellen oder auszudrücken.

Das dritte Mitglied des Triumvirats war von Franz I., in dem an seinen Nachfolger gerichteten Testament mit folgenden Worten bestimmt worden:

> „Gib dem Fürsten von Metternich, meinem treusten Diener und Freund, das Vertrauen, das ich ihm während einer so langen Reihe von Jahren entgegengebracht habe. Triff keine Entscheidung in öffentlichen Angelegenheiten und auch über Personen, ohne ihn zunächst befragt zu haben. Andererseits mache ich es ihm zur Aufgabe, Dir gegenüber mit der gleichen Offenheit und mit der gleichen treuen Bindung zu handeln, die er mir gegenüber immer gezeigt hat."

Kolowrat war nicht ernannt worden; seit Jahren jedoch hielt er praktisch das Räderwerk der Innenregierung in den Händen und hatte nicht die Absicht, dies aufzugeben. Am 4. März hatte er eine gespannte Auseinandersetzung mit Metternich und drohte, wie er es schon oft getan hatte, sich nach Böhmen zurückzuziehen. Dies war die Gelegenheit, sich des unbequemen Rivalen zu entledigen. Warum Metternich sie nicht ergriffen hat kann man schlecht erklären. Vielleicht wollte er zu einer Zeit, die für die Monarchie schwierig war, jeglichen Wirbel vermeiden. Vielleicht auch fehlte es ihm an Kampfeswillen oder Ehrgeiz, weil er der Freuden der Macht schon müde war. Vielleicht auch war es die Furcht, sich in den ihm wenig vertrauten Dschungel der Innenverwaltung stürzen zu müssen. Wie dem auch sei, das Ergebnis dieser Auseinandersetzung war, daß Kolowrat weiterhin, wie in der Vergangenheit, die Angelegenheiten der Innenverwaltung zu überwachen hatte, während Metternich die Außenpolitik regierte; Erzherzog Ludwig diente ihnen bei der kaiserlichen Familie als Vermittler. Von Franz-Karl war nicht mehr die Rede. Wie Kolowrat sarkastisch bemerkte, ähnelte die Regierung des österreichischen Kaiserreiches derjenigen des Dalai Lama. Die Wiener Schandmäuler, die nichts von Tibet wußten, behaupteten, daß das Kaiserreich von dreißig Personen regiert werde, Ludwig, Metternich, Kolowrat und einer Null: Dem Kaiser.

Metternich erklärt später seinem Nachfolger Ficquelmont: „Mein Ministerium und ich haben die österreichische Macht in der Welt nach außen vertreten, während sich im Inneren die Leere ausbreitete. So bin ich (...) eine Chimäre geworden, ein Geistwesen, ein Geist ohne Körper, der Vertreter einer Sache, die hätte existieren müssen, die aber nicht mehr existierte."

Eine solche Regierung — oder vielmehr Nicht-Regierung — war bestens geeignet für die Durchführung des im Testament des verstorbenen Kaisers ausgedrückten Willens: „Bring nichts in den Grundlagen des Staatsgebäudes durcheinander; regiere und ändere nichts." Quer durch die gesamte Verwaltung war folglich die Parole: Alles bleibt beim Alten. Metternich bemühte sich, in seinen schriftlichen Mitteilungen in alle Himmelsrichtungen diesen Eindruck der Kontinuität zu konsolidieren, es gab noch nicht einmal unverzüglich eine neue Eidesleistung sondern erst im Juni eine kurze Zeremonie in Schönbrunn; außerdem gab es keine anderen Krönungen als die schon für Ungarn in Preßburg 1830 erfolgte. Die für Böhmen wurde auf den September 1836 in Prag verschoben. „Welche Lektion für die von dem Fortschritt aufgerührten Nationen", begeisterte sich Metternich, „diese herrliche Ruhe, dieser Übergang ohne irgendwelche Erschütterungen von einem Herrscher auf den nächsten."

In Böhmen. Feste und Konferenzen

Da er sich durch seine Kapitulation vor Kolowrat von den Sorgen der inneren Verwaltung befreit hatte, konnte sich Metternich den zeremoniellen Aufgaben widmen, die ihm als Kanzler zukamen, sowie den Geschäften der außenpolitischen Beziehungen. Am 14. Juni wurde die Eidesleistung gegenüber dem neuen Kaiser in Anwesenheit aller deutschen Fürsten und der Vertreter der europäischen Staaten in Schönbrunn durchgeführt. Dies war das erste Mal, daß eine solche Zeremonie stattfand, welche die frühere Krönung in Frankfurt ersetzte; Metternich hatte sich also die Details ausdenken oder sie regeln müssen. Melanie weinte vor innerer Erregung, als ihr Ehemann eintrat. „Er sieht so großartig aus, er hat ein so edles Auftreten, er allein belebt dieses ganze traurige Korps."

Auf der anderen Seite verzieh sie ihm nur schwer, daß er ihre erneute Schwangerschaft als Argument genommen hatte, um sie zu verpflichten, über den September hinweg in Baden zu bleiben, während er selbst mehr als einen Monat in Böhmen zubrachte. Der erste Vorwand für diese Reise war die Grundsteinlegung der beiden Denkmale, deren Idee er ausgearbeitet hatte. Das eine, in Königswart selbst: Ein Obelisk zu Ehren Kaiser Franz'I.; bei dieser Gelegenheit empfing er Kaiser Ferdinand und seine Ehefrau bei sich. Dann, nach einem kurzen Aufenthalt in Plass, begab er sich nach Teplitz, wo sich, „inmitten eines Sturzbaches von Prinzen und Fürsten", der preußische König und Zar Nikolaus trafen, welch letzterer dieses Mal pünktlich gekommen war. Es ging in der Tat darum, ein Denkmal zur Erinnerung an den heroischen Kampf des Regiments der kaiserlich-russischen Garde zu enthüllen, der entscheidend den Sieg in der Schlacht von Kulm (29. August 1813) beeinflußt hatte. Welch eine Menge um die Herrscher herum! Metternich zählt sie für Melanie auf, er schreibt in höchsten Tönen wie früher: „Vierundfünfzig Prinzen und Prinzessinnen, ebensoviele Würdenträger und ihre Frauen, die doppelte Anzahl an Kämmerern und Ehrenjungfrauen, alles dies wirbelt durcheinander und ich, der arme Kanzler, sehe mich gezwungen, diese Menschenmasse zu bewegen."

Am Rande der Festlichkeiten und Feierlichkeiten war genügend Raum für politische Gespräche, in denen man es nicht versäumte, an 1813 zu erinnern. „Damals hatten wir den Stier bei den Hörnern gepackt; heute gibt es keinen Stier, sondern Geister und die sind sehr viel schwieriger zu packen." Für die drei Partner von Münchengraetz ging es grob gesprochen darum, sich gegenseitig ihres Willens und ihrer Fähigkeit zu versichern, die ein Jahr zuvor getroffenen Vereinbarungen einzuhalten. Dies war nicht allzu schwer zu erfüllen, angesichts der klar erklärten Absichten des Zaren. „Passen Sie auf sich auf", soll Nikolaus sogar zu Metternich gesagt haben, „denn Sie sind der Schlußstein in unserem Gewölbe." Der Kanzler konnte sich also entzückt zeigen. „Von allen Versammlungen von Herrschern und Kabinetten, die im Verlauf der letzten zwanzig Jahre stattgefunden haben, hat keine diese umfassende Gesamtheit von Gedanken, Wünschen und Ansichten gezeigt." Es gab kein Manifest oder Rundschreiben, das an die diplomatischen Missionen abgeschickt werden würde, „so sehr sind die Positionen jetzt bekannt".

Auf dem Rückweg verweilten die beiden Kaiser einige Tage in Prag. Metternich nutzte die Gelegenheit, um Karl X. in Butschierat zu besuchen; dies war die provisorische Residenz, die der Herzog de Blacas ihm beschafft hatte, damit der österreichische Hof über den Hradschin in Prag verfügen konnte, welcher seit Oktober 1832 das Asyl des exilierten Königs gewesen war. Der Besucher fand den alten König „bei guter Gesundheit vor und eher jünger, als älter geworden".

Beziehungen mit Louis-Philippe

Nach seiner Rückkehr nach Wien am 14. Oktober hatte Metternich die Beziehungen wieder aufgenommen, die sich erstaunlicherweise im vorangegangenen Frühling zwischen König Louis-Philippe und ihm selbst geknüpft hatten. Da es unpassend schien, daß ein Herrscher sich direkt mit einem ausländischen Minister unterhielt, erhielt der österreichische Botschafter in Paris außer den offiziellen Depeschen lange vertrauliche Briefe, die er dem französischen König vorlesen lassen mußte und schrieb dessen Antworten und Anmerkungen auf. Der schlaue Monarch, der fast ebenso schwatzhaft war wie Metternich, spielte dieses Spiel gern mit. Viennet berichtet in seinem Tagebuch von einer Gelegenheit, bei der der König mehr als eine Stunde mit dem Botschafter hinter verschlossenen Türen blieb, während seine äußerst unzufriedenen Minister im Vorzimmer warten mußten.

So wuchs ganz allmählich zwischen den beiden Männern eine Art Komplizenschaft. Ende des Jahres 1835 war der ernsteste Gegenstand ihres Gedankenaustausches die Befürchtung eines englisch-russischen Konflikts wegen der Frage des Orients. Um ihm entgegenzuwirken wurde eine Rollenteilung beschlossen: „Nehmen Sie es auf sich, die englischen Verrücktheiten zu verhindern", sagte Metternich, „wir unsererseits nehmen es auf uns, Kaiser Nikolaus zu friedlichen Gedanken zu bewegen."

Eine als unpassend verweigerte Heirat

Der König der Franzosen, der von diesen freundschaftlichen Eröffnungen ermutigt wurde, wagte es, einen Plan wieder aufzunehmen, den er schon im Jahr zuvor vorgetragen hatte und den der Tod von Kaiser Franz zwangsläufig aufgeschoben hatte. Es ging darum, seine beiden ältesten Söhne bei Hofe in Wien empfangen zu lassen, mit der Hoffnung, die Hand einer Erzherzogin für den Herzog von Orléans zu erreichen: Genauer gesagt, die Hand der Tochter von Erzherzog Karl. Dadurch hätte sich nicht nur die Annäherung in der Politik beider Länder dokumentieren lassen sondern auch – und daran lag Louis-Philippe vor allem sehr viel – die Anerkennung der Dynastie Orléans im Schoße der großen Familie der „legitimen" europäischen Herrscher; sozusagen die Absolution für das Stigma der revolutionären Usurpation von 1830.

Die Unternehmung war delikat und sogar gefährlich, denn im Falle eines demütigenden Scheiterns hätten sich die Beziehungen zwischen Frankreich und Österreich auf Dauer verhärtet. Für den unglücklichen Botschafter Frankreichs in Wien, den Grafen de Sainte-Aulaire, wurde dies die größte Angelegenheit seiner Botschafterzeit. Die über hundert Seiten, auf die er seinen Bericht über das Hin und Her niederschrieb, werden dem Takt und der Geschicklichkeit Metternichs unter diesen Umständen absolut gerecht. Der Kanzler, der dem von Louis-Philippe gewünschten Ehebund prinzipiell negativ gegenüberstand, verbarg sein Gefühl zunächst sorgfältig und sorgte dafür, daß die beiden jungen französischen Prinzen, als sie in Wien Ende Mai 1836 ankamen, von der kaiserlichen Familie besonders herzlich und distinguiert aufgenommen wurden. Als es schließlich nötig wurde, die Weigerung mitzuteilen, richtete es Metternich so ein, daß sie einzig der Furcht Erzherzogin Thereses zuzuschreiben war, die sagte, sie habe Angst, sich den zu deutlich von den wiederholten Aufständen und Attentaten gegen das Leben des Königs gezeichneten Risiken zu stellen. Sie sei, so sagte man, alptraumhaft über das Schicksal ihrer Großtante Marie-Antoinette bedrückt. Der Herzog von Orléans selbst verdiente sich wegen der Eleganz seiner Haltung und der Weisheit seines Auftretens das Lob Metternichs: „Ich muß der Haltung Gerechtigkeit widerfahren lassen, die der junge Prinz hier gezeigt hat: Er war damit beauftragt, eine Erzherzogin im Sturm zu erobern und er hat sich mit perfektem Takt benommen." Und später erklärte Metternich Apponyi: „Eine Ehe des Herzogs von Orléans wäre ein enormer Fehler für beide Seiten gewesen. Sowohl für die herausragende konservative Monarchie als auch für das liberale Frankreich hätte dies eine Art Verzicht auf vitale Prinzipien bedeutet." Und für Monsieur Thiers, den eifrigsten Betreiber des Versuchs: „Aus Wien kann man nichts im Sturmangriff entführen, weder das Kabinett, noch eine Prinzessin. (...) Niemand zweifelt daran, daß das Haus Orléans ein großes und berühmtes Haus sei; es ist der Thron vom 7. August, der es erniedrigt. Der Herzog von Chartres wäre eine begehrte Partie gewesen, der Thronfolger der Franzosen ist es nicht."

Wieder in Böhmen

Kaum waren die Prinzen von Orléans abgereist – zur großen Erleichterung aller – zeigte der fürchterliche König von Neapel seine Nase, der ebenfalls auf der Suche nach einer Ehefrau war, die diejenige ersetzen sollte, die er zu Beginn des Jahres 1836 beerdigt hatte. Da diesmal kein politisches Problem betroffen war, sah sich Metternich nicht verpflichtet, seine übliche sommerliche Reise nach Böhmen deswegen zu verschieben. Diesmal reisten auch Melanie und sogar deren Mutter, die schreckliche Gräfin Molly, mit.

Sie behielten die beiden Wochen in Königswart vom 9. bis zum 23. August in bester Erinnerung. Und Metternich umso mehr. „Er ist hier ein anderer Mensch, als überall anderswo", stellt Melanie fest. Anschließend reiste die Familie über Karlsbad und Plass nach Prag, wo die Krönung Kaiser Ferdinands und der Kaiserin stattfinden sollte. Dann weitere Festlichkeiten, Besuche, Empfänge, die locker von Fürstin Melanie beschrieben werden, die sich ansonsten sehr mit ihrer Toilette beschäftigte.

Regierungskrise

Sie wäre weniger euphorisch gewesen, wenn sie gewußt hätte, was in den unnatürlich langen Gesprächen zwischen ihrem Mann und Kolowrat verhandelt wurde. In der Tat schüttelte ein wahres Gewitter den Kanzler kräftig nach seiner Rückkehr nach Wien Mitte Oktober. Kolowrat, der sich unruhig und unzufrieden über die kritische Finanzsituation – für die er zum großen Teil verantwortlich war – geäußert hatte, hatte um einen langen Urlaub nachgesucht, angeblich um seine Gesundheit wiederherzustellen. Dies war eine ausgezeichnete Gelegenheit, das Räderwerk der Regierungsmaschinerie zu überprüfen. Metternich wurde darin von einigen hohen Beamten sehr bestärkt, insbesondere von Clam-Martiniz, dem Präsidenten des Hofkriegsrates, das heißt praktisch, des Kriegsministers. In enger Zusammenarbeit erstellten beide ein neues Organigramm, das schlußendlich eine gewisse Einheitlichkeit in der Regierungshandlung sichergestellt hätte. Kolowrat erhielt eine Warnung, gesundete auf wunderbare Art und Weise und kehrte holterdiepolter nach Wien zurück; dort fand er zu seiner Verteidigung die Unterstützung Erzherzog Johanns und des Barons Eichhoff, des Präsidenten des Rechnungshofes, des wahren Finanzministers. Es ist unnötig, hier alle Einzelheiten dieses Kampfes aufzuzeichnen, da das Schlußresultat die Rückkehr zum Ausgangspunkt war, nämlich eine Kompetenzteilung zwischen Metternich und Kolowrat, die unversöhnlicher waren, als je zuvor, wobei der unfähige Erzherzog Ludwig ihre Auseinandersetzungen präsidierte. Im Juli 1837 faßte Metternich die Gegebenheiten des unlösbaren Problems in folgenden Worten zusammen:

> „Soll ein einzelner Mann an der Seite des Kaisers alle Macht in seinen Händen konzentrieren? Wo ist dieser Mann? Ist es Erzherzog Ludwig? Er will diese Macht nicht. Bin ich es? Ich will sie auch nicht und der Graf von Kolowrat? Es ist ihm unmöglich. Der Baron Eichhoff? Niemand gehorcht ihm. Wir brauchen also einen Rat. Wir können uns

gegen eine solche Lösung auflehnen, sie wird aber immer die einzig mögliche bleiben."

Vielleicht. Aber wie dem auch sei, Metternich hatte in dieser Krise erneut bewiesen, wie sehr ihm die Kampfeslust und Entschlußkraft fehlten, sodaß seine besten Freunde ihre Enttäuschung nicht verbergen konnten, unter anderem Erzherzog Franz-Karl und bis hin zur bedingungslosen Bewunderin, Fürstin Melanie. Man muß anerkennen, daß der Kanzler deswegen als für das Heißlaufen oder das heillose Durcheinander in der österreichischen staatlichen Regierungsmaschinerie verantwortlich gehalten werden muß und daß seine Unfähigkeit, diese Maschinerie zu reformieren, letztlich der Anlaß für die Katastrophe von 1848 wurde.

Welche Rolle bleibt Metternich?

Von jetzt an und bis zum Ende seiner Karriere als Minister hatte Metternich praktisch keinen Zugriff mehr auf die Innenverwaltung des Kaiserreiches. „Es ist mir nicht einmal gestattet, einen Hausmeister zu ernennen", sagte er eines Tages mit bitterer Ironie. Eine von Sainte-Aulaire berichtete Anekdote zeigt die wirklichen Schwächen seiner Autorität, die im Ausland als allmächtige Tyrannei dargestellt wurde. Der Schwiegersohn Metternichs, Josef Esterhazy, hatte sich eines körperlichen Angriffs auf einen Ortspolizeibeamten schuldig gemacht. Der Magistrat der Stadt verhängte ein strenges Urteil über ihn, aufgrund dessen er ins Gefängnis kam. Metternich erhielt vom Kaiser ein Handbillet, das es dem Schuldigen ermöglichte, seine Gefängnisstrafe im eigenen Haus zu verbüßen. Kurz danach wollte Metternich für seinen Geburtstag die ganze Familie zum Diner versammeln; für Esterhazy wurde ein Hafturlaub von einem Tag erbeten: Die Stadtverwaltung weigerte sich. Daraufhin organisierte Metternich das Zusammentreffen am Wohnort des Verurteilten: Antwort der Stadtverwaltung: Graf Josef mußte wieder ins Gemeindegefängnis. Und so war es denn auch!

Auf dem Gebiet, das das seine geblieben war, nämlich die internationale Politik, waren die wahren Herren des Spiels inzwischen Palmerston, Nikolaus I. und Louis-Philippe. Die Rolle des ehemaligen „Kutschers Europas" erinnerte mehr und mehr an die eines kommentierenden Zuschauers, der häufig ohnmächtig grollte, und der stirnrunzelnd die diplomatischen Gebräuche und die Sprache der Diplomaten überwachte.

Unterdessen wird er von allen – und zunächst von sich selbst – als unersetzliches Element angesehen. In ihm setzt sich eine gewisse Art von Vormundschaftsgeist des verstorbenen Monarchen fort. In dem relativ kleinen Zirkel der europäischen Staatschefs kennt er jeden und jeder kennt ihn. „Ich bin überall in Europa wie zu Hause", schreibt er im Juli 1838. Da ein armseliger Idiot die Krone trug und die kaiserliche Familie zu weit auseinandergerissen war, manchmal unfähig, manchmal nicht präsentabel, erschien der Kanzler des Hofes und des Staates im Glorienschein seiner Erfolge aus der Vergangenheit elegant und majestätisch, der mit Leichtigkeit Wort und Feder handhabte, der ein aufgeklärter Kunstmäzen war, in den Augen der Welt als die herrlichste Verkörperung des österreichischen Staates. Wie die bewegten Figuren der großen Spieluhren durchläuft Metternich von Jahr zu Jahr rein mechanisch den gleichen Zyklus, unternimmt die gleichen Gesten, spricht die gleichen Orakelsprüche aus. Man ist deswegen manchmal geneigt, den Stil des biographischen Berichtes zu verlassen, und ganz einfach die Kalenderblätter umzublättern.

1837

Januar: Metternich unterhält einen indirekten Dialog mit Louis-Philippe. Hauptthema: Die spanische Angelegenheit, die, so sagt er, „nur eine in die Praxis umgesetzte Revolution ist". Früher schon hatte er für Sainte-Aulaire in folgenden Worten seine taktische Position definiert: „Wir bleiben die Menschen der Zukunft; wir werden den Sieger beglückwünschen, wenn wir an seinen endgültigen Sieg glauben".
April: Man glaubte an den bevorstehenden Tod des Erzherzogs und Paladins von Ungarn, was den Kanzler „in einen Zustand extremer Tätigkeit" versetzte. Unterdessen kaufte er ein Nachbargrundstück seiner Villa am Rennweg, was es ihm gestattete, sich dort ein neues, weitläufigeres Haus zu bauen.
Mai: Am 15. feiert Clemens seinen fünfundsechzigsten Geburtstag. Großes Diner am Ballhausplatz und am kaiserlichen Hof ein Konzert, das Erzherzogin Sophie organisiert hat.
Juli: Metternich reist am 5. mit dem Grafen Zichy, dem Vater der Prinzessin Melanie nach Tirol. Diese ist böse, daß sie nicht mitreisen kann: Sie ist schon wieder schwanger.

Über Ischl und Salzburg, wo er den Kaiser getroffen hat, erreichte er München (am 14.). Er ist verblüfft über die Anzahl und die Großartigkeit der öffentlichen Gebäude, die der König hat bauen lassen. Unter anderem die „Walhalla", die in der Nähe von Regensburg den Lauf der Donau überragt; seiner Meinung nach „ein unangebrachter Bau", da dort nichts weiter als die Büsten von berühmten Persönlichkeiten aufgestellt werden sollen. „Ein Wald von abgeschnittenen Köpfen kann keinen guten Eindruck machen."

In Teplitz (am 22. und 23.) konferiert er mit dem preußischen König, der ihm immer noch das gleiche Vertrauen entgegenbringt und trifft auf viele alte Bekannte. Nach einer kurzen Etappe in Plass (24. bis 26.) begibt er sich für zwei Wochen nach Königswart.

August: Er gefällt sich in Verschönerungen seines Schlosses. Er empfängt dort viele Leute; unter anderen Marmont und den Nuntius Cappacini. Am 9. reist er nach Karlsbad und am 15. ist er in Wien zurück. Die entzückte Melanie findet jedoch, daß er „schlecht aussieht".

September: Am 9. schenkt Melanie ihrem letzten Sohn das Leben: Lothar.

Dezember: Empfang des preußischen Thronfolgers. Clemens ist sehr beschäftigt in der Angelegenheit des Erzbischofs von Köln, Droste zu Vischering, ein Konflikt, der die Freiheit der katholischen Kirche in ganz Deutschland aufs Spiel setzt. Er versucht, einen Kompromiß zu finden.

1838

Mai: Einweihung der ersten Eisenbahnteilstrecke von Wien nach Brünn. Marie-Louise, die Herzogin von Parma, kommt mit ihrem dritten Ehemann, Charles de Bombelles, nach Wien und beehrt Metternich mit einem Besuch in seiner Villa am Rennweg.

Juni: Ernste Krankheit Melanies.

Juli: Am 16. reist Clemens alleine nach Teplitz ab, wo er den preußischen König und Zar Nikolaus treffen soll. „In alle dem zeigt sich, daß die beiden Monarchen und ich absolut übereinstimmen." Am 24. reist er nach Königswart und empfängt dort den preußischen Thronfolger. Am 31. ist er in Wien zurück.

August: Am 12. ist er in Innsbruck zur Eidesleistung der Tiroler beim neuen Kaiser. Melanie hat ihn dort treffen können. Am 18. und 19. schnelle Reise nach Kreutz in Bayern, wo er Zar Nikolaus begrüßt. Vom 20. bis zum 30. August Reise in kleinen Etappen über Trient, Brescia, Como und Monza nach Mailand, wo die Krönungszeremonie Kaiser Ferdinands als König Lombardo-Venetiens stattfinden soll.

September: Vom 1. bis zum 15. Festlichkeiten aller Art. Metternich hat die Gelegenheit genutzt, um eine Generalamnestie für politische Gefangene zu erlassen. Am 16. trifft er den König von Sardinien in Pavia, begibt sich dann nach Genua, Carrara, Lucca, Pisa, Florenz. Seine Reise „gleicht überall einem Triumphzug" schreibt Melanie ganz stolz. Hat er nicht dennoch gefühlt, daß er diesen Himmel, den er so sehr liebte, nie wiedersehen würde?

Oktober: Abreise aus Florenz in zwei Etappen nach Bologna, Ferrara, Padua. Ankunft in Venedig zum feierlichen Einzug des Kaisers. Vom 18. bis 21. in Triest. Am 24. in Wien. „Clemens", schreibt Melanie, „ist von einer Art Verzweiflung erfaßt; diese Luft drückt auf ihn" und dennoch konnte er am 30. September schreiben: „In meiner Seele und in meinem Gewissen bin ich zufrieden mit dem moralischen Zustand der Teile Italiens, die ich bereist habe." Ein weiterer Grund zur Zufriedenheit: Der Streich, den er der französischen Regierung durch die unilaterale Ankündigung des bedingungslosen Rückzugs der österreichischen Truppen aus dem Kirchenstaat gespielt hatte, in dem diese seit 1831 in Garnison gelegen waren, womit er dem Kabinett Louis-Philippes den moralischen Zwang auferlegt, seinerseits seine Truppen aus Ancona abzuziehen.

1839

Januar: Metternich verfolgt immer noch mit Unruhe die Weiterentwicklung der französischen Innenpolitik; er charakterisiert die Regierungswechsel recht treffend als „einen Hexenring aus einem halben Dutzend Familiennamen". Er gewährt Molé jedoch sein Satisfecit.

Februar: Große Empfänge für einen Sonderbotschafter des Schahs von Persien.

März: Festlichkeiten zu Ehren des Erbgroßherzogs von Rußland, des zukünftigen Zaren Alexander II. Melanie verbreitet sich mit Enthusiasmus über dessen Persönlichkeit, die ihr sehr verführerisch erschienen war.

Juni: Vom 5. bis 23. Aufenthalt im Schloß Karlsburg wegen der Teilnahme an den Eröffnungsfeierlichkeiten des ungarischen Reichstags in Preßburg. Am 26. empfängt der Kanzler in Wien den jungen Herzog von Bordeaux zum Diner. „Er versteht es, angenehm Konversation zu betreiben und ist nicht sehr schüchtern", schreibt Melanie voller Sympathie. Clemens hat ihn ihr entführt „um ihn einige Papiere lesen zu lassen", wahrscheinlicher ist aber, daß er ihm einen Vortrag über hohe Politik halten wollte.

Wiederaufleben der Orientfrage

Zu Beginn des Jahres jedoch stürzte ein aus dem Orient kommendes Gewitter die großen europäischen Nationen in den Wirbel einer ernsten Krise:

Dies war für Metternich die Gelegenheit, ein letztes Mal die gesamte Virtuosität seiner diplomatischen Erfahrung zu entfalten.

Auslösendes Element war die Entscheidung des Sultan Mahmud gewesen, sich an seinem zu mächtig gewordenen Vasallen, dem Khedive von Ägypten, Mohamed Ali, zu rächen, der ihm 1833 die Herrschaft über Syrien entrissen hatte. Die von der türkischen Armee Anfang Juni begonnene Offensive hatte sich in der schrecklichen Niederlage von Nezib (24. Juni) aufgelöst. Einige Tage später starb Mahmud in einem Anfall von Delirium Tremens; und darüber hinaus war die türkische Flotte Mohamed Ali durch den Reïs-Effendi, einem Feind des Großwesirs, ausgeliefert worden. Würde nun das ottomanische Reich in die Hände des Khedive von Ägypten, eines Klienten Frankreichs fallen? Würde Rußland, das stark aus dem Vertrag von Unkiar-Skelessy hervorgegangen war, nicht seine Stärke benutzen, um jetzt seine Beherrschung der europäischen Türkei und der strategisch wichtigen Meerengen sicherzustellen? Würde England nicht reagieren, um diese Übernahme zu verhindern?

Metternich hatte sofort die Risiken abgeschätzt. Vergeblich hatte er zunächst versucht, Mahmud zurückzuhalten; dann, als die Katastrophe passiert war, begann er die Rettung des türkischen Reiches durch eine konzertierte Aktion der Großmächte zu organisieren. Die guten Beziehungen, die er einerseits mit Zar Nikolaus und andererseits mit Louis-Philippe aufgebaut hatte, schienen seinen Anspruch zu begründen, in Wien unter seiner Präsidentschaft nicht etwa einen Kongreß sondern eine Konferenz von Bevollmächtigten zu versammeln. Frankreich und Preußen akzeptierten diese Prozedur. Zu seiner freudigen Überraschung stimmte sogar Palmerston diesem Vorschlag zu. Ohne eine formelle Zustimmung aus St. Petersburg abzuwarten versicherten die Botschafter der fünf Mächte Konstantinopel, daß die Aufrechterhaltung des Reiches ihre gemeinsame Sorge sei.

Metternich begann in seinem Kanzleramt jetzt mit großartigen Vorbereitungsarbeiten; er soll an einem Tag sogar 15 Stunden an einem Stück an seinem Schreibtisch geblieben sein. Am 7. August jedoch fiel aus Rußland wie ein Blitz aus heiterem Himmel eine unerwartete Nachricht über ihn herein, die ihm Graf von Ficquelmont, der Botschafer Österreichs beim Zaren, überbrachte: Letzterer lehnte den Plan einer Konferenz in Wien ab, da er darin ein Gemauschel Österreichs mit seinen Gegnern Louis-Philippe und Palmerston erblickte.

Physischer Zusammenbruch

Drei Tage lang bemühte sich Metternich mit Ficquelmonts Hilfe verzweifelt, die Fäden wieder zusammenzuknüpfen. Die Enttäuschung, die moralische Anspannung und die offensichtliche Übermüdung ließen das Räderwerk seiner inneren Maschine knirschen. Am Sonntag, dem 11. August, fand Melanie ihn in einem beunruhigenden Zustand des Kräfteverfalls vor. In den folgenden Tagen befürchtete man einen Schlaganfall. Am 25. jedoch war der Kranke in der Lage, das Bett zu verlassen, aber die Ärzte und die Umgebung beschlossen, daß er unbedingt eine absolute Erholungspause von mehreren Wochen weit weg von seinem Schreibtisch benötige. Während dieser Zeit sollte Ficquelmont, den er bereits als seinen möglichen Nachfolger in seinem Amt betrachtete, die begonnenen Angelegenheiten weiterverfolgen.

Am 10. September begaben sich Metternich und seine Frau in kleinen Etappen ins Rheinland. Am 16. waren sie in Johannisberg. „Clemens strahlte vor Freude", schreibt Melanie. Die schöne Jahreszeit war schon im Vergehen, aber es fehlte nicht an Besuchern und Metternich gönnte sich die Freude, Melanie die Orte zu zeigen, wo er seine glückliche Kindheit verbracht hatte, Koblenz und Mainz. Ganz zu schweigen von den anderen Sehenswürdigkeiten der Gegend.

Entwicklung der Orientkrise

Nach einem sechswöchigen Urlaub traf Metternich am 29. Oktober wieder an seinem Schreibtisch am Ballhausplatz ein. In der Zwischenzeit hatte die Angelegenheit, die er mit soviel Verve angegangen war, ein völlig anderes Gesicht gewonnen. Nikolaus I. hatte, genau wie im April 1826 mit Canning, plötzlich beschlossen, sich direkt mit seinem Hauptgegner, England, zu verständigen. Statt also in Wien würde die Konferenz in London stattfinden und Palmerston würde statt Metternich der Orchesterchef sein.

Folglich blieb dem Kanzler nichts weiter übrig, als seine Enttäuschung hinunterzuschlucken und die Rolle des ehrlichen Maklers und Vermittlers zwischen den beiden betroffenen Mächten zu spielen, was er nicht ohne Erfolg mit Hilfe von Instruktionen erledigte, welche er seinem Vertrauensmann Philip Neumann, der mit einer Sondervollmacht in London tätig war, übermittelte.

Die Krankheit und die Demütigung, die Zügel aus den Händen haben geben zu müssen, hinterließen einen tiefen Eindruck. Melanie beobachtete Ende Dezember 1839: „Oft stelle ich bei ihm eine Verletzlichkeit fest, die ich von früher her bei ihm nicht kenne." Es war aber auch eine Schwäche und eine unglaubliche Gefühlsbetontheit; als Ende Februar 1840 sein treuer Freund Clam-Martiniz starb, weinte er bitterlich. Um sich zu trösten und vielleicht auch, weil er selbst seine Tage dem Ende zugehen sah, hatte er begonnen, seine Memoiren zu schreiben, die er seiner Ehefrau Stück für Stück zu lesen gab.

Einer der letzten Zeugen und Akteure der heroischen Epoche der großen Allianz, von der er erzählte, war gerade gestorben. Im Juni 1840 beendete Friedrich-Wilhelm III. seinen Lebensweg. Sein Sohn und Nachfolger konnte an Metternich schreiben: „Ich werde es nicht verabsäumen, Sie als meinen Ratgeber und meinen Freund zu betrachten." Der neue König, unstabil und romantisch, erwies sich bald als zusätzliche Sorge für den Kanzler, der ihn wie folgt beurteilte: „Außergewöhnliche Mischung hervorragender Qualitäten mit gewissen Fehlern, zu denen die Leidenschaft gehört, mit der er alles durcheinanderbringt."

Nationalistisches Fieber in Frankreich und Deutschland

Der Hauptgegenstand für die Beunruhigung ab Frühling 1840 war die Haltung der neuen französischen Regierung unter Adolphe Thiers und die nationalistische Agitation, die dieser in der öffentlichen französischen Meinung unterhielt. Während sich die vier anderen europäischen Mächte über einen Regulierungsmechanismus des türkisch-ägyptischen Konfliktes geeinigt hatten, wollte die Regierung Thiers eine Einzelaktion unternehmen und erklärte, sie sei, zur Unterstützung ihres ägyptischen Klienten, bereit, in Europa einen Krieg anzuzetteln. Metternich verstärkte völlig außer sich seine sarkastischen Bemerkungen: „Die französische Politik ist übelwollerisch, agitativ, kleinkrämerisch und angeberisch." „Welche Sorte Krieg ist das eigentlich, mit der Herr Thiers Europa bedroht? Ist es wohl ausreichend, daß ein Ratspräsident sich vorgenommen hat, den Ruhm eines Napoleon erwerben zu wollen, um einem Land die Möglichkeit zu geben (...), Europa als Waffensaal zu betrachten? (...) Es wird der Tag kommen, an dem wir den Großmeister zu fragen haben werden, mit wem er eigentlich Krieg führen möchte."

Alles dies, Metternich war sich darüber sicher, war nur Bluff. Er glaubte nicht, daß er deswegen auf seinen üblichen Sommeraufenthalt in Böhmen würde verzichten müssen. Zunächst reiste er vom 19. bis zum 26. Juli nach Plass, wo er die neue Zinkschmelzerei besichtigen konnte, die in der Nähe der Eisenschmieden eingerichtet worden war, in welchen mehr als 100 Arbeiter beschäftigt wurden. In Königswart blieb er bis zum 19. September.

Dieser lange Aufenthalt wurde durch einen Ausflug nach Dresden und Teplitz unterbrochen, wo er sich mit dem König von Sachsen und dem König von Preußen traf; am 13. September empfing er selbst den Besuch des Erzherzogs Franz-Karl; und natürlich auch die übliche Runde an Botschaftern, zu denen der Graf von Sainte-Aulaire zählte.

Mit letzterem war der Hauptgesprächsgegenstand das unverantwortliche Verhalten von Thiers; die kriegerische Erregung, die jener in Frankreich angefacht hatte, hatte schließlich in Deutschland analoge Nationalstimmungen erweckt. Metternich konnte, selbst wenn er dieses Säbelrasseln hüben und drüben nicht ernst nahm, nicht gänzlich passiv bleiben; er riskierte sonst nämlich, Preußen die vorteilhafte Rolle als Promotor eines „großen deutschen Vaterlandes" zu überlassen. Nachdem er am 23. September nach Wien zurückgekehrt war, entwickelte er den Gedanken, in Wiesbaden einen Kongreß zusammenzurufen, der die Möglichkeiten zu prüfen hätte, wie man vermeiden könne, daß dieser Konflikt zu einem europäischen Krieg ausartete. Palmerston hatte diesen Vorschlag verächtlich zurückgewiesen und Metternich versuchte, zumindest die Ambitionen des preußischen Militarismus zu kontrollieren. Sein Bevollmächtigter dazu war Ficquelmont, den er zum Staatsminister und zum Präsidenten des Hofkriegsrates anstelle des verstorbenen Clam-Martiniz hatte ernennen lassen. Die von Ficquelmont und dem preußischen General Grolmann am 28. November unterzeichnete Vereinbarung bestimmte die Zusammensetzung und die Modalitäten des Eingreifens einer Bundesarmee.

Ende der europäischen Krise

Aber schon hatte das Kriegsgeschrei abgenommen. Mohamed Ali hatte unter dem Druck der englischen Flotte erbärmlich die Segel gestrichen, welch letztere von gesamt Europa unterstützt worden war. Thiers hatte seinen Ton zurückschrauben müssen und schließlich auf die Macht verzichtet. Guizot, der neue, von Louis-Philippe berufene Ministerpräsident, flößte Vertrauen ein. Seine Vorsicht gestattete es in der Tat, die Kriegsrisiken zu beseitigen. Aber am 31. Dezember 1840 endete dennoch ein für Metternich ungeheuer arbeitsreiches Jahr! Melanie hat die Anzahl der Sendungen notiert, die im Verlauf der verflossenen zwölf Monate vom Schreibtisch ihres Ehemannes abgegangen waren — achtundneunzig — wobei jede mindestens zwanzig und bis zu hundert geschriebene Seiten umfaßte.

Das erste Halbjahr des folgenden Jahres erlebte endlich eine vernünftige und friedliche Lösung: Der Vertrag vom 13. Juli 1841, der unter der Bezeichnung „2. Londoner Konvention (Meerengenvertrag)" bekannt geworden ist, weil darin – unter anderen Verfügungen – vorgesehen war, daß die Durchfahrt zwischen dem Schwarzen Meer und dem Mittelmeer für ausländische Kriegsschiffe grundsätzlich geschlossen sei. Im übrigen wurde dem Khedive von Ägypten die Erblichkeit seiner Regierung bestätigt und die Anerkennung seiner Unabhängigkeit vom Großsultan von Konstantinopel garantiert; die Sicherheit des ottomanischen Reiches wurde als Gegenstand gemeinsamen Interesses für die fünf großen westlichen Signatarstaaten des Vertrages bestätigt. In den Verhandlungen, die zu diesem Resultat geführt hatten, war die Rolle Metternichs, wenn sie auch nicht entscheidend war, so doch nicht nutzlos gewesen, vor allen Dingen, weil es darum gegangen war, Palmerston davon zu überzeugen, daß keinerlei Regulierung des Konfliktes im Orient ohne Beteiligung Frankreichs von Dauer sein könne. Aufgrund dieser Tatsache sah es so aus, als habe er sich gegen die Politik Zar Nikoklaus' gewendet, woraus sich eine fühlbare Abkühlung in ihren Beziehungen ergab.

Um diesen Preis waren die für Österreich erworbenen Vorteile deutlich und wichtig. Österreich hatte verhindert, daß ein absolut nebengeordneter Konflikt einen europäischen Krieg nach sich zöge, es hatte erreicht, daß der Teil des Vertrages von 1831 annulliert worden war, mit dem Rußland eine Art exklusiven Protektorats über die Türkei zugesprochen wurde, es hatte außerdem dafür gesorgt, daß der russischen Kriegsmarine die freie Passage zum Mittelmeer verbaut wurde. Unter den Gründen zur Befriedigung, die Metternich durch seinen Erfolg in der Regulierung der Angelegenheit erhielt, war zweifelsohne nicht der geringste, daß sein alter Gegner Kolowrat zu ihm kam, um ihn zu beglückwünschen.

KAPITEL 28

Lange Dämmerung

Die Last der Routine

Die internationale Krise der Jahre 1839/1840 hatte einen Metternich gezeigt, der immer noch in der Lage war, seine Arbeitsmenge und seine frühere Virtuosität in der diplomatischen Manipulation zu mobilisieren. Aber im Verlauf der folgenden Jahre wird er feststellen, vielleicht mit einer Nuance des Bedauerns: „Wenn die Welt in Verwirrung gerät, gibt es keine diplomatischen Angelegenheiten zu behandeln." Die unwiderstehliche Gewohnheit des Schreibpultes bewegt ihn dennoch dazu, enorm umfangreiche Abhandlungen über einige geringfügige Fragen abzufassen, die ihm unterkommen; er produziert „aphoristische Notizen" über die politische Philosophie, gibt nach rechts und links Ratschläge und hat als letztes Hilfsmittel immer noch die weitere Bearbeitung seiner Memoiren. Ficquelmont, einer seiner treuesten Mitarbeiter, wird später erkennen: „Zur Zeit seiner Allmacht verbrachte Metternich seine Zeit damit, zu schreiben und tat nichts. (...) Er hat den Staat in seinem Tintenfaß ertränkt, das er gleichzeitig als Schanzwall und Waffenarsenal benutzte."

„Der arme Clemens bringt sich mit seiner Arbeit um", seufzt Melanie wiederholt. Aber ihrerseits erschöpft sie sich darin, Diners, Bälle, Konzerte und Empfänge zu geben, solange sie nicht selbst in großem Putz bei Hofe, in einem Salon oder im Theater erscheint. In ihren eigenen Salons am Ballhausplatz oder in der Villa Metternich am Rennweg herrscht ein ständiges Kommen und Gehen von Mitgliedern der kaiserlichen Familie, ausländischen Fürsten, Diplomaten, Damen und Herren der „Crème de la Crème", europäische Herrschaften von Rang und Namen und Berühmtheiten jeder Art; zum Beispiel erscheinen der Chemiker Liebig, die Sängerin Jenny Lind, sogar die Tänzerin Fanny Elßler, die ehemalige Geliebte des verstorbenen Gentz.

Unter dieser Belastung trägt auch Fürstin Melanie genau wie ihr Mann an der schweren Last der Jahre. Daher die grausame Beschreibung der Gräfin Fanny de Ficquelmont, der Enkelin des großen Kutusow. „Ich habe kürzlich Melanie gesehen (Oktober 1844) sie hat ihr ganzes Aussehen verändert und hat jetzt einen enormen Bauch, der alle Welt erschreckt. Er (der Fürst) wird extrem mager und taub; (...) es gibt hier mehrere alte Männer, die zwölf oder 15 Jahre älter sind als er und doch frischer und elastischer wirken." Und fünf Monate später: „Wenn die Dinge etwas schwieriger werden, so ist er zur Zeit immer krank."

Und doch drehte sich das Räderwerk weiter, Jahr um Jahr.

1841

Januar: Am Sonntag, dem 3., erster wöchentlicher Empfang im Rahmen der Salons des renovierten Kanzleramtes: Für den Säulensaal, weißer Stuck und mit roter Seide bezogene Möbel, grüne Seidentapete aus Lyon für den eigentlichen Salon.

Februar: Clemens hat vom Papst das große Kreuz mit Brillanten des Ordens des heiligen Gregor des Großen bekommen. Am 29. hat Metternich, im Gegensatz zu seinen sonstigen Gewohnheiten, sich zu einem Maskenball bei Fürstin Maria Esterhazy schleppen lassen und es scheint, als habe er sich „bestens amüsiert".

Juni: Einweihung der Eisenbahnlinie von Wien nach Baden. Gelegenheit für Metternich, schriftlich einige Gedanken über die Rolle niederzulegen, die der Staat bei der Entwicklung der Eisenbahnen spielen sollte.

Juli: An dem Tag, an dem die Abreise vorgesehen war, wurde Clemens von einem Drei-Tage-Fieber ergriffen, das ihn ans Bett nagelte... natürlich drei Tage lang. Aus diesem Grunde Ankunft in Königswart erst am 17.

August: Am 6. besichtigt er ein Haus, das er in Marienbad besitzt. Am 18. reist er nach Johannisberg, wo er am 21. ankommt. Er bleibt dort bis zum Ende des folgenden Monats. Vom 28. bis zum 29. macht er eine Dampferfahrt von Koblenz nach Köln; er wird bei seiner Vorbeifahrt mit Artilleriesalven gegrüßt.

September: Unter den zahlreichen Besuchern auf Johannisberg waren Emile de Girardin und die Brüder Rothschild. Auf Einladung von Anselm geht er nach Frankfurt, wo ihn der Bankier mit einem großartigen Diner ehrt.

Oktober: Auf der Rückreise wird er in Karlsruhe vom Großherzog von Baden und in Stuttgart vom König von Württemberg wie ein Herrscher empfangen. Vom 3. bis zum 6. bleibt er in München, wo er beim Nuntius wegen der Regulierung der Kirchenkonflikte in Nassau und in Württemberg interveniert. Er besucht das Atelier des Bildhauers Schwanthaler und die Gießerei Miller, in der die Kolossalstatue der Bavaria hergestellt wird. Am 10. ist er in Wien.

1842

März: Metternich unterstützt die französische Regierung in ihrer Aktion zugunsten der Christen des Libanon mit seinen Ratschlägen.
Juni: Er beglückwünscht Guizot wegen der Beständigkeit seines Vorgehens und teilt ihm seine Gedanken über Spanien mit.
Juli: Am 18. erfährt er vom Unfalltod des Herzogs von Orléans, „eine Katastrophe", sagt er, „deren Konsequenzen nicht absehbar sind". Am 22. unternimmt er eine große Umsetzung des Botschaftspersonals; insbesondere werden Maurice Dietrichstein nach London, Felix Schwarzenberg nach Berlin und Franz Colloredo nach Petersburg entsandt.
August: Aufenthalt in Plass vom 2. zum 27., Metternich ist glücklich über die neuen Maschinen, die in seinen Fabriken aufgebaut worden sind. Danach geht er nach Johannisberg.
September: Vom 3. bis zum 6. ist er zur Eröffnung der Bauarbeiten am Dom in Köln. Er hat sehr zufriedenstellende Gespräche mit dem preußischen König Friedrich-Wilhelm IV., der ihm als „von besten Absichten bewegt" erscheint. Auf seinen Ratschlag hin hatte der König nicht gezögert, ihm über mehrere Erlasse zu berichten, die er schon herausgegeben hatte. Im übrigen hatte der Kanzler das Gefühl, er werde „von Besuchen überrollt"; es kommen „alle preußischen Minister der Vergangenheit, der Gegenwart und der Zukunft", „alle großen und kleinen Herzöge, Fürsten, Grafen aus allen Teilen Deutschlands".
Oktober: Am 1. kommt er nach Wien zurück; und am 28. hat er einen Anfall von „Nervenfieber".
Dezember: Metternich rät Guizot, auf den Plan einer Zollunion zwischen Frankreich und Belgien zu verzichten, denn er bezeichnet diesen Plan als „undurchführbar", weil England dies nie würde zugestehen können, und weil dieser Plan den Verträgen entgegenstünde, aus denen heraus das Königreich Belgien geschaffen worden war. „Die ganze Angelegenheit hat den Wert eines Knallkörpers, der in einen Versammlungsort mit friedlichen Menschen geworfen wird. Die Fragen dieser Art muß man kurz behandeln und schon bei ihrem Entstehen abwürgen." Er äußert sich auch streng zu den Erfolgen der britischen Armeen in China und Afghanistan, „dies sind waghalsige Unternehmungen, die unter jedem politischen oder auch einfachen moralischen Gesichtspunkt zu verdammen sind".

1843

März: Melanie notiert, daß sie mit ihrem Ehemann einen „absolut originellen" Spaziergang durch die Vororte Wiens unternommen habe, „eine Welt, die ich überhaupt nicht kannte"; und offensichtlich Clemens auch nicht, dem „dies sehr viel Spaß gemacht hat".

April: Metternich schickt Louis-Philippe eine lange Abhandlung über die Spanienfrage. Die beste Lösung wäre, gemäß Metternich, die Heirat zwischen der jungen Königin Isabella und dem in Frankreich im Exil lebenden carlistischen Thronprätendenten. Er macht sich aber keine Illusionen: „Die einzige Schlußfolgerung, zu der ich gekommen bin, ist, daß das, was der Vernunft am ehesten entspräche, am seltensten geschieht."

Mai: Am Morgen des 15. bei der Vorbereitung der Feierlichkeiten zu seinem siebzigsten Geburtstag erfährt Metternich vom Tod seines Enkels Leon Sandor, dem Sohn von Leontine: „Jetzt ist also dieser schöne Tag für den Rest meines Lebens verdorben." Vom 18. bis zum 22. hält er sich in Preßburg auf, wegen der Eröffnung des Reichstags von Ungarn durch den Kaiser. „Im Lande herrscht eine absolute Anarchie", meint der Kanzler. Bei seiner Rückkehr nach Wien zieht er mit seiner Familie in die Villa am Rennweg zurück.

Juli: Aufenthalt zu einer Badekur in Ischl.

August: Aufenthalt in Königswart vom 15. bis zum 30. Melanie beobachtet, daß „der arme Clemens von traurigen Gedanken aufgefressen" zu sein scheint. „Bei jedem Schritt scheint er dem Leben Adieu sagen zu wollen".

September: Von Plass, wo er nur einige Tage geblieben war (vom 30. August bis zum 4. September), kommentiert er für seinen Vertreter in London die Ansprüche der Familie Coburg auf den Thron von Spanien: „Eine degoutierende moralische Obszönität, die Karrikatur des industriellen Geistes, kombiniert mit dem Geist des Erwerbs. So behandeln die Coburgs Throne." Am 7. kommt er nach Wien zurück, nachdem er drei Tage in Linz zugebracht hatte. Am 21. großer Empfang in der Villa Metternich am Rennweg für den Kaiser und seine Familie.

November/Dezember: Die Herzogin de Talleyrand (Dorothée de Sagan), die sich in Wien aufhält, kommt häufig zu den Metternichs zum Diner. „Sie interessiert und amüsiert Clemens." Leontine Sandor kommt mit ihrer Tochter Pauline, „einem Kind voll Geist und absolut charmant".

1844

Februar: Metternich ist so beschäftigt mit den ungarischen Angelegenheiten, daß er vorschlug, freie Hand für einen Versuch der Wiederherstellung der Ordnung im Königreich zu bekommen.

März: Er ist sehr beunruhigt über die revolutionären Unternehmungen in Italien, die nach seinen Informationen aus London von Mazzini geleitet werden.

April: Er besteht beim Kaiser darauf, ein Konkordat auszuhandeln, das die Beziehungen zwischen der Kirche und dem österreichischen Staat auf bessere Grundlagen stellt.

Juni: Metternich ist beunruhigt über Arbeiteraufstände, die in Prag und Schlesien ausgebrochen waren.

Juli: Badeaufenthalt in Ischl.

August: Ab dem 25. Aufenthalt in Triest aus Anlaß eines Besuches des Kaisers in dieser Stadt. Metternich interessiert sich für die Schiffsbauten und alle Maßnahmen, mit denen der Wohlstand des Hafens verbessert werden könnte, der zum Hauptzugangstor des Kaiserreiches zum Meer bestimmt wurde.

September: Vom 17. bis 23. Aufenthalt in Venedig. Bei seiner Rückkehr nach Wien notiert Melanie: „Der Eindruck, den mein Clemens, der vor Müdigkeit erschöpft ist, auf diejenigen gemacht hat, die ihn wiedergesehen haben, war schon schmerzlich."

Dezember: Metternich verfaßt eine lange Abhandlung über die sehr beunruhigende innere Lage im ungarischen Königreich. „Die wahre Macht, die dem Fortschritt feindlich entgegensteht, welche in Ungarn weiterhin besteht, ist die namenlose Unordnung, in der das Land sich heute befindet, weil die Parteien dahingehend agitieren."

1845

März: Er beunruhigt sich über den Erfolg der Radikalen in der Schweiz, eines Landes, das er als „befestigte Kloake" abqualifiziert, welche als Zuflucht für alle diejenigen dient, die als Abenteurer und Anstifter von sozialen Unruhen in Europa nicht gelitten sind.

Juni: Er präzisiert seine Position über die Frage, die den inneren Frieden der Schweiz beunruhigt.

„Man glaubt, daß wir die Zulassung der Jesuiten im Kanton Luzern wünschen. Dem ist nicht so. (...) Was wir wünschen, ist der Respekt vor den souveränen Rechten der Kantone (...), weil es ohne souveräne Kantone keinen Schweizer Bund gäbe und weil die Verträge diesem Bund und nicht einem einigen und unteilbaren Schweizer Staat die dauernde Neutralität garantieren."

Juli: Er hat sich damit abgefunden, die dringende Einladung anzunehmen, die ihm der preußische König hat zukommen lassen und in der dieser ihn bat, zu ihm ins Rheinland zu kommen um dort an dem Empfang für Königin Victoria und Prinzgemahl Albert teilzunehmen. Er erklärt sein Zögern:

„Für Preußen kann nichts wirklich Nützliches daraus entstehen, daß ich Kontakt mit dem aufnehme, der das Land in einen Abgrund führt; während sich aus einem Treffen zwischen dem König und mir die Annahmen ableiten, ich würde einen Einfluß auf die Irrtümer des Fürsten nehmen (...). Einen solchen Geist auf den geraden Weg zu bringen ist ein unmögliches Unterfangen."

Am 21. Juli reist er also aus Wien ab. Er überquert den Bodensee mit einem Dampfschiff und reist auf die gleiche Art den Rhein abwärts von Mannheim nach Mainz, von wo aus er am 30. auf Johannisberg eintrifft.

August: Vom 14. bis zum 16. Empfang der englischen Königin auf Stolzenfels. Gespräche mit dem König von Preußen und Lord Aberdeen, dem Außenminister in der Regierung Peel. Der König behandelte Metternich absolut freundlich, aber letzterer vertraut Erzherzog Ludwig an: „Die Tage, die gerade verflossen sind, haben mich in einem traurigen Zustand zurückgelassen. (...) Was ich gesehen habe, erinnert mich an den Totentanz von Holbein. (...) Das Auseinanderfallen der alten politischen preußischen Maschinerie ist ein fait accompli. (...) Ich bin wirklich todmüde."

September: Am 4. reist Metternich nach Frankfurt, wo er von Königin Victoria zum Diner eingeladen war. Nützliche politische Gespräche mit Aberdeen. Der Kanzler verbringt anschließend zwei Wochen in Böhmen; in Königswart (vom 12. bis zum 18.), in Plass (vom 19. bis zum 22.), schließlich in Prag (am 23.) wo ihn Erzherzog Karl-Ferdinand empfangen wollte. Am 26. ist er in Wien wieder in seiner Villa.

Oktober: Am 20. ist er wieder am Ballhausplatz eingezogen und ist überrascht, zu erfahren, daß Zar Nikolaus, der sich nach Italien begeben hatte, es ganz demonstrativ vermieden hatte, über Wien zu reisen, sondern direkt von Prag nach Mailand weitergefahren war.

Dezember: Abfällige Kommentare über die französische Innenpolitik. „Das Haus Rothschild (...) spielt eine wesentlich größere Rolle in Frankreich, als die ausländischen Kabinette. Die große Triebfeder in Frankreich ist das Geld. (...) Hinter offenen Türen werden Bestechungsgelder gezahlt, dies ist offensichtlich die deutlichste Praxis der Volksvertretung."

1846

Januar: Am Neujahrstag hatte Zar Nikolaus I., der am Vorabend Melanie einen Höflichkeitsbesuch gemacht hatte, eine lange Unterhaltung mit Metternich; diese Unterhaltung beurteilte der Kanzler als „sehr nützlich". Der Zar reiste am nächsten Tag ab. Metternich schlägt vor, in Wien eine Wissenschaftsakademie zu gründen.

Februar/März: Versuch eines nationalen Aufstandes in Polen, der aus der freien Stadt Krakau geleitet wurde. Metternich schafft eine „Krisenzelle" mit Militärs und hohen Verwaltungsbeamten aus den Bereichen Polizei, Inneres und Justiz, zur großen Enttäuschung Kolowrats. Als Ergebnis dieser Gespräche besetzte die österreichische Armee Krakau. In den Feldzügen in Galizien unterstützen die Bauern die österreichischen Behörden; auf Versprechen der Zerschlagung feudaler Rechte hin greifen sie die Schlösser an und liefern den Kleinadel aus, der die Waffen ergriffen hatte.

Mai: König Karl-Albert von Piemont-Sardinien scheint die nationale italienische Erhebung zu stützen. Dies ist eine Gelegenheit für Metternich, über diese Frage eine lange Dissertation abzufassen: Kurz gefaßt, die italienische Einheit ist unmöglich, denn sie setzte das Verschwinden des Kirchenstaates voraus, der ein Pfand für die Unabhängigkeit der geistlichen Herrschaft des Papstes ist; andererseits könnte die Einheit wegen der ebenfalls gerechtfertigten Ansprüche der wesentlichen Herrscher nur unter der Form einer Republik erreicht werden.

Juni: Wahl eines neuen Papstes, Pius IX. Metternich läßt ihm folgende Botschaft überbringen: „Jedesmal, wenn Pius IX. die großen konservativen Wahrheiten zu verteidigen haben wird, deren Verteidigung Hauptanliegen des Papsttums sein muß, (...) so wird er uns an seiner Seite finden, um ihm herzlichste Unterstützung zu gewähren.

Juli: Eisenbahnreise von Wien nach Krems und anschließend nach Prag und Karlsbad. Er konferiert mit Ficquelmont, Botschafter in Rußland. In Karlsbad trifft er ebenfalls seine ehemalige Mätresse, Cathérine Bagration, eine seltsame Erscheinung, die Dolly de Ficquelmont beschreibt: „Sie sieht aus wie eine kleine Fee, ganz zusammengedörrt und gelb, aber rosa gekleidet mit einem Hut von Pamela." Einige Tage nachdem er sich für den Sommer in Königswart eingerichtet hat, geht Metternich am 29. nach

Marienbad, um dort mit dem preußischen König und seinen Ministern zu konferieren.

August: In Königswart empfängt er unter anderen den Nuntius Viale Prela, der einer der treuesten Freunde und Korrespondenzpartner des Fürsten bei seiner Pensionierung werden wird. Von Marienbad aus kam mehrfach Anselm von Rothschild, ein Sohn des großen Salomo aus Frankfurt. Metternich wollte den Prälaten und den Bankier in Verbindung bringen; er wünschte in der Tat, daß die Regierung des Kirchenstaates selbst den Bau von Eisenbahnen unternähme – ein Fortschritt, den Gregor XVI. hartnäckig verweigert hatte –, weil, so glaubte er, „ansonsten vielleicht diese gefährliche Waffe in die Hände der Parteien und Gesellschaften fallen könnte, die eigens zu diesem Zweck gegründet werden". Er nahm an, daß Rothschild geneigt wäre, die Angelegenheit zu finanzieren.

September: Am 13. dieses Monats sind die Metternichs in Wien zurück und beziehen, wie im Jahr zuvor, ihre Villa am Rennweg bis Ende Oktober. Clemens macht Pläne, um auf dem Gelände, das er kürzlich erworben hatte, ein Haus zu bauen, wo er über die ganze Saison hinweg wohnen könnte, wenn er in Pension geht. Ermüdende Empfänge in Schönbrunn für Großfürst Michael, den Bruder des Zaren, für den königlich-preußischen Thronfolger und für alle Kommandeure der Bundesarmee.

Oktober: Metternich weigert sich, in der Angelegenheit der spanischen Hochzeit Stellung zu nehmen, in der Louis-Philippe seiner Meinung nach Palmerston offensichtlich viel zu geschickt ausgestochen hat. Die beiden Regierungen, so schätzt er, haben beide gleichermaßen unrecht.

November: Mit Zustimmung Rußlands annektiert Österreich die freie Stadt und das Territorium von Krakau. Diese kleine Republik, so sagt Metternich, war von 1830 bis 1840 im Dauerzustand der Konspiration gegen die Höfe, die sie als freien Staat geschaffen hatten". Er antwortet ausführlich auf die von Frankreich und England abgeschickten Protestnoten.

Das Gewitter kündigt sich an

Im Jahre 1847 steigen an drei Seiten des Himmels große schwarze Gewitterwolken auf, die den katastrophalen Sturm von 1848 ankündigen.

Der preußische König hatte Anfang Februar einen „einigen Landtag" nach Berlin einberufen, in dem die traditionellen Provinzstände zusammengefaßt wurden; diese Initiative heizte einen politischen Gärungsprozeß auf, der auf alle anderen deutschen Staaten überzuschwappen drohte.

In Italien sind laut Metternichs Aussage der Kirchenstaat und die Toskana Beute einer „flagranten Revolution". Die von den beiden Herrschern begonnen Reformen werden von radikalen Elementen inspiriert und dienen diesen nur als kleiner Schritt in Richtung auf die Volksherrschaft. „Der Papst zeigt sich jeden Tag mehr als jeden praktischen Geistes ermangelnd," erklärt Metternich. „(...) Ein liberalisierender Papst ruft Geister, die er nicht mehr klein wird halten können." In Turin verkündet König Karl-Albert, unter Beratung durch einen Sendboten Palmerstons namens Lord Minot Ende Oktober liberale Reformen; es schien, als wolle er sich an die Spitze der nationalistischen Bewegung setzen, die die Österreicher verjagen und Italien vereinigen wollte.

Diese ganze Agitation hallte in Mailand und Venedig wider. Das harte Durchgreifen der Polizei konnte die Demonstrationen nicht verhindern, in denen skandiert wurde: „Es lebe Italien! Es lebe Pius IX.! Deutsche raus!" Erzherzog Rainer, der Vizekönig, war ganz offensichtlich nicht in der Lage, einer solchen Situation Herr zu werden und Metternich überlegte einen Moment lang, sich selbst nach Mailand zu begeben; schließlich beschloß er im August, seinen getreuen Ficquelmont als Sonderbotschafter dorthin zu entsenden; zu dessen Unterstützung hatte er den alten Radetzky, aber dieser konnte von Wien nicht die militärischen Mittel erhalten, um die er gebeten hatte. Der Tod Marie-Louises, der Herzogin von Parma, im Dezember 1847, begründete eine Thronfolge, die den nationalistischen Agitatoren eine Gelegenheit geben konnte, diesen kleinen Staat zu destabilisieren, einen der Pfeiler der österreichischen Hegemonie in Norditalien.

Außerdem war da noch die Schweiz. Der Konflikt zwischen den Radikalen und den Konservativen führte zu einem regelrechten Bürgerkrieg. Die katholischen Kantone um Luzern bildeten eine Verteidigungsliga unter dem Namen „Sonderbund". Die protestantischen und radikalen Kantone, die im Bundestag die Mehrheit vertraten, erließen ein Gesetz zur Auflösung des Sonderbundes, da dieser der Bundesakte entgegengesetzt sei und bereiteten sich darauf vor, diese Entscheidung mit Waffengewalt durchzusetzen.

Abstimmung mit Guizot

Das Weitergedeihen dieser Gefahren trieb Metternich dazu, einen Bundesgenossen in dem Land zu suchen, das er seit dreißig Jahren als Quelle allen Übels bezeichnet hatte. Der französische Botschafter in Wien war zu dieser Zeit Graf de Flahaut, ein unehelicher Sohn Talleyrands; er war liebenswürdig und distinguiert und wurde bei den Metternichs als Freund empfangen, sowohl in Wien als auch in Königswart. Außerdem wurde sein erster Botschaftssekretär, Adolphe de Bacourt, von Fürstin Melanie und ihrem Ehegatten gern gesehen. Ein weiterer Schritt wurde im Frühling 1847 unternommen, als Guizot einen Geheimboten, Klindworth, nach Wien entsandte, der damit beauftragt war, das zu sagen, und das zu hören, was man der Indiskretion der Ministerialbürokraten entreißen wollte. Danach entstand ein privater Briefwechsel, wie dreißig Jahre zuvor, als Metternich mit dem Herzog de Richelieu korrespondiert hatte. Die Gegenstände dieses Briefwechsels waren die oben erwähnten. Deutschland, wo Frankreich und Österreich ein gemeinsames Interesse daran hatten, eine Übernahme des Bundes durch Preußen zu verhindern. Italien, wo die beiden großen katholischen Mächte, wenn sie gemeinsam handelten, die Revolution im Kirchenstaat beenden konnten. Die Schweiz schließlich, um zu verhindern, daß sie eine radikale Einheitsrepublik würde.

Scheitern der Konservativen in der Schweiz

Metternich hatte dem Sonderbund Waffen liefern lassen und die österreichischen Truppen waren in Alarmbereitschaft gesetzt worden. Rußland und Preußen bestärkten Metternich in dieser Haltung, aber Palmerston setzte sich dem entgegen und berief sich auf das Prinzip der Nichtintervention. Guizot, der die Gefahr sehr deutlich empfand, hatte ein Szenario ausgearbeitet, das es Frankreich gestattet hätte, zugunsten der katholischen Kantone einzugreifen, ohne deswegen als mit Österreich abgestimmt zu erscheinen: Die österreichische Armee sollte die Initiative ergreifen und dann könnte Frankreich selbst Truppen entsenden, die angeblich das Gleichgewicht wieder herstellen sollten. Metternich verweigerte sich dieser Komödie indigniert: Dies wäre eine Wiederholung der Angelegenheit von Ancona aus dem Jahre 1832; er würde, auch nicht Guizot zu Gefallen, Frankreich nicht die vorteilhafte Rolle des Schützers der helvetischen Unabhängigkeit und des Gegengewichts gegen „die rückwärts gerichteten Unternehmungen" Österreichs überlassen. Er mußte sich also mit einer diplomatischen Intervention der vier Mächte begnügen, die 1815 den Schweizer Bundesakt garantiert hatten.

Aber das Vorgehen der Bundestruppen unter Befehl des entschlossenen Generals Dufour überrollte die Anstrengungen der Diplomatie. Der Widerstand des Sonderbundes brach schneller zusammen, als vorgesehen. Dieses Scheitern traf Metternich tief. Nach Zeugnis seiner Ehefrau, das von Louis Veuillot berichtet wird, soll diese Nachricht ihm bittere Tränen entrissen haben. „Meine Rolle ist beendet", soll er geseufzt haben. „Die Rolle aller menschlichen Weisheit ist beendet. Hier auf Erden wird zukünftig die

Gewalt regieren und die Welt ist verloren, weil das Recht, das zukünftig kraftlos ist, in dieser Welt nur noch ausgelacht werden wird."

Ende des Jahres 1847

Alle Angelegenheiten waren so dringend geworden, daß Metternich in diesem Sommer darauf verzichtete, sich von Wien zu entfernen. Der alte Staatsmann vertraute seiner Frau entmutigt und niedergeschlagen an: „Ich verstehe jetzt, was die Bibel über Abraham sagt: Seiner Existenz müde, legte er sich nieder, um in die ewige Ruhe hinweg zu entschlafen. (...) Ich bin so sehr des Lebens müde!" Aus seiner Villa vom Rennweg konnte er die Arbeiten an dem Haus überwachen, das nebenan gebaut wurde und er ging nur selten ins Kanzleramt.

Eine andere Zerstreuung waren die Unterrichtsstunden in Diplomatie, die er jeden Sonntag dem jungen Erzherzog Franz-Josef gab, an denen auch sein eigener Sohn Richard teilnahm. Dies war eine Anregung der Erzherzogin Sophie; nachdem 1833 ihre erste Ambition, nämlich die Krone direkt auf ihren Ehemann, anstelle auf den unfähigen Ferdinand übergehen zu sehen, enttäuscht worden war, hatte sie es verstanden, ihren Revanchegedanken Einhalt zu gebieten, die sie dem Ratgeber Franz I. hätte entgegenbringen können, und hatte offensichtlich beschlossen, Metternich zumindest insoweit zu benutzen, als sie mit seiner Hilfe ihrem Sohn ein glorreiches Regiment vorbereiten wollte. Es gab kaum eine schmeichelhafte Aufmerksamkeit, die sie nicht für den alten Kanzler gehabt hätte und – dies war besonders bewunderungswürdig – für die umfangreiche Fürstin Melanie. Als diese 1842 ihren letzten Sohn gebar, hatte sie den Metternichs mitteilen lassen, daß sie es für ein glückliches Omen halte, daß das Kind an einem 15. Mai geboren worden sei, dem Geburtstag des großen Ministers.

Europa in der Revolution

„Das Jahr, das gerade vergangen ist", schreibt Metternich am 2. Januar 1848, „war das verrückteste aller Jahre, in denen ich als Beobachter und Schauspieler die Bühne der Welt durchlaufen habe. (...) Das Jahr 1848 wird viele Positionen klären und ich meinerseits ziehe den Tag der Nacht vor, was auch immer der Tag bringen mag." Was der Tag brachte, oder vielmehr die folgenden Wochen, würde bald seine schlimmsten Befürchtungen bei weitem übersteigen.

Eine in Sizilien entstandene Erhebung (9. Januar) verbreitete sich schnell über das ganze Königreich Neapel und zwang König Ferdinand II., eine nach der französischen Charte von 1830 gebildete Verfassung zuzugestehen (11. Februar). In Turin kündigte König Karl-Albert ebenfalls eine liberale Verfassung an (8. Februar); Großherzog Leopold der Toskana eiferte ihm sofort nach (11. Februar), gleichermaßen Papst Pius IX. (12. Februar).

Im lombardo-venezianischen Königreich verstärkte sich die revolutionäre Agitation. In Mailand hatten sich Patrioten eine bislang unbekannte Provokation ausgedacht: Sie untersagten, die Produkte der staatlich kontrollierten Tabakindustrie zu rauchen, die sie als Symbol der Ausbeutung durch das Ausland bezeichneten, was in den Straßen zahlreiche Keilereien hervorrief. Dieser „Zigarrenkrieg" dehnte sich auf Venedig und andere Städte aus, und degenerierte zu tumultartigen Demonstrationen.

Auf diese Nachrichten reagierte Metternich nur durch lange Abhandlungen über die Verantwortlichkeit der lokalen Autoritäten. Alles dies hätte vermieden werden können, sagt er unnötigerweise, wenn man auf ihn gehört hätte ... bereits 1817. „Mit Bajonetten kann man nicht regieren", hatte er auch gesagt, aber wie sollte man vermeiden, sich ihrer zu bedienen, wenn es eine Seite gab, die die Bajonette herausforderte? Deswegen hatte sich Radetzky dazu entschlossen, Ende Februar das gesamte lombardo-venezianischen Königreich unter das Kriegsrecht zu stellen. Metternich seinerseits beklagte laut gegenüber jedem, der es hören wollte, die dumm-dreisten Handlungen Mazzinis, der wollte, „daß sich der Papst an die Spitze des konfusen und schlecht verdauten Pantheismus der neuen humanitären Religion stellte, damit in Europa eine allgemeine Revolution herbeigeführt werden könnte". Am 6. Februar hatte er Guizot noch bedrängt, ihm zu sagen, was er tun könne, um die Schäden zu begrenzen; zweifelsohne konnte der Minister Louis-Philippes die italienischen Monarchen nicht desavouieren, wenn er ihnen die Freiheit zugestand, ihren Ländern Verfassungen zu geben, die der Frankreichs entsprachen, aber zumindest konnte er mit Österreich zusammenarbeiten, um die weltliche Macht des Papsttums zu erhalten, die der Garant der Unabhängigkeit des Hirten der allgemeinen Kirche war.

Die Revolution in Frankreich

Ist es wohl nötig, zu erklären, was Guizot daran hinderte, auf diese Anfrage zu antworten? Eine von Rothschild am 29. Februar um fünf Uhr nachmittags überbrachte telegraphische Depesche machte dem Kanzler den katastrophalen Sturz des Ministers, des Monarchen und des Regimes bekannt. „Dieser Umsturz war zweifelsohne unvermeidlich", kommentierte Metternich: Die 1830 eingerichtete Ordnung der Dinge basierte auf einem zerbrechlichen Fundament und war nur „ein anormales Produkt, das sich aus ungesunden sozialen Elementen zusammensetzte." Man hätte jedoch annehmen können, daß die Krise sich erst beim Tode des Königs ereignen würde. Und jetzt?

„Heute, wie vor einem halben Jahrhundert, befindet sich Europa angesichts der französischen Revolution und angesichts eines neuen 1793. (...) Die Revolution der drei neuen Tage (Anm. d. Übers.: Februarrevolution Paris 22. bis 24.2.1848) ist radikal; sie hat die letzten Erscheinungsbilder der liberalen Geisterwelt verjagt, die dem Radikalismus als Schleier gedient hatten. Die beste aller Republiken begnügt sich heute damit, eine Republik ohne Adjektiv zu sein."

Das Prinzip der Nichteinmischung in die inneren Angelegenheiten der anderen Länder erlaubte es nicht, das neue Regime nicht anzuerkennen; dennoch war es nötig, sich zu diesem Zweck mit den Herrschern Preußens und Rußlands abzustimmen und auch alle Dispositionen zu treffen für den Fall, daß die französische Republik die existierenden Verträge aufkündigte oder sich aggressiv zeigte.

Noch ohne daß österreichischerseits ein Wunsch ausgesprochen worden wäre, hatte König Friedrich-Wilhelm von Preußen General Radowitz nach Wien entsandt, um eine eventuelle gemeinsame militärische Aktion zu planen.

Vorboten der Wiener Revolution

Erstaunlicherweise schien sich der alte Kanzler nicht darüber im Klaren zu sein, daß seine eigene Position und die seiner Regierung möglicherweise bedroht waren. Vielleicht hätte er sich auch weniger auf die Unterstützung durch die kaiserliche Familie verlassen, wenn er geruht hätte, anzuerkennen, daß Erzherzog Ludwig um die Anwesenheit seines Bruders Erzherzog Johann gebeten hatte, des Intelligentesten seiner Brüder und des Metternich am wenigsten günstig gestimmten. Er hätte auch einige Überlegungen an den Inhalt des anonymen Pamphletes knüpfen können, das im Januar unter dem Titel „Die sibyllinischen Bücher für Österreich" erschienen war: Der Autor gehörte zur Umgebung Erzherzog Rainers und widmete sein Werk der Erzherzogin Sophie; Metternich wurde darin aufgefordert, „Österreich die dreißig verlorenen Jahre wiederzugeben" (unterschwellig war dadurch gemeint dreißig Jahre in Unbeweglichkeit). Vergebliche Spekulationen: Noch am 1. März erklärte der Kanzler, daß es unmöglich sei, daß er entlassen werde, „denn dies würde die Revolution bedeuten".

Die Bevölkerung der Stadt Wien teilte dieses Vertrauen nicht und drängte sich an den Bankschaltern, um die verschiedenen in Umlauf befindlichen Wertpapiere in Metallgeld umzutauschen. Am 3. März stellte der Abgeordnete der Stadt Pest, Lajos Kossuth, vor dem Reichstag in Ungarn eine Adresse an den Kaiser zur Abstimmung, in der das existierende System wagemutig verdammt und eine nationale und liberale Verfassung gefordert wurde. Metternich und Sedlnitsky bemühten sich, diesen Text in der Versenkung verschwinden zu lassen, aber sie konnten nicht verhindern, daß Kopien davon nach Wien gerieten und dort umliefen. Ein frivoler Umstand, der sich nur im Rahmen des Wiener sozialen Lebens erklären läßt, verhinderte zweifelsohne den Doppeleffekt der Revolution in Paris und der Demonstrationen der Ungarn. Die Fastenzeit begann dieses Jahr sehr spät und so wurde der Fasching erst vom 5. bis zum 7. März gefeiert: Die Studenten und die Bürger hatten absolut kein Interesse daran, der Politik die traditionellen Tanz- und Trinkvergnügen zu opfern.

Die Demonstrationen vom 9. bis zum 12. März

Erst am Freitag, dem 9., beschloß eine erste Versammlung von Studenten die Einberufung einer Generalversammlung der Universität für Sonntag, den 12., unter der Tagesordnung der Abfassung einer Petition, die den Ständen von Niederösterreich vorgelegt werden sollte, deren Sitzung am Montag, dem 13., eröffnet wurde. Dies war eine schöne Gelegenheit für verschiedene andere Elemente, die ebenfalls ihre Beschwerden zu Gehör bringen wollten und ihre Forderungen durch Petitionen oder Resolutionspläne durchzusetzen versuchten: So zum Beispiel der Gewerbeverein, eine Organisation der Manufakturen, der Leseverein, und vor allen Dingen die Petition, die von dem brillanten Rechtsanwalt Alexander Bach abgefaßt wurde, die dem Sekretariat der Ständeversammlung vorgelegt wurde, ein Dokument, das von hunderten von Persönlichkeiten aller Berufe unterzeichnet worden war.

Am 12. März, sonntagsmorgens, nahmen die Studenten nach einer Messe den Text einer Petition an, in dem unter anderem liberale Maßnahmen, das Verbot der Zensur und die Einrichtung einer repräsentativ gewählten Regierung für das gesamte Kaiserreich gefordert wurden; zwei

Professoren, die für ihre weitgreifenden Meinungen bekannt waren, wurden damit beauftragt, die Petition in die Hofburg zu bringen. Sie wurden dort nacheinander von Erzherzog Ludwig und dem Kaiser selbst empfangen, ohne aber etwas anderes zu erhalten, als die Zusicherung, daß man die ausgedrückten Wünsche berücksichtigen werde. Daraufhin beschlossen die Studenten, sich selbst in einem Zug zum Landtag zu begeben, dem Sitz der Ständeversammlung, der nur wenige Schritte vom Ballhausplatz entfernt lag.

Wie jeden Sonntagabend war am Ballhausplatz allgemeiner Empfang. Die Diplomaten und üblichen Besucher aus der hohen Gesellschaft drängten sich dort, um auf dem Gesicht des Hausherrn ein Zeichen der Beunruhigung zu lesen oder irgend etwas zu erfahren. Sie wurden aber um die Früchte ihrer Bemühungen betrogen: Der Kanzler zeigte sich absolut ruhig und schien sich wohl zu fühlen; nein, alle diese Agitation war doch wohl nur Kindergeschrei; Sedlnitsky hatte sichergestellt, daß nichts zu fürchten war, und es waren keine außergewöhnlichen Maßnahmen der Ordnungskräfte vorgesehen. Melanie war weniger heiter; sie hatte Mühe, ihren Zorn zu beherrschen, als ihre Cousine, Fürstin Felizia Esterhazy, sie mit falscher Naivität fragte: „Ist es denn wahr, daß Sie morgen abreisen?" „Was soll diese Frage?" „Man hat uns gesagt, wir sollten Kerzen kaufen, damit wir morgen welche zum Anzünden hätten, denn es soll offensichtlich etwas Wichtiges passieren."

13. März. Der Sturz

Am Montag, dem 13., erschienen die Studenten, wie vorgesehen, mit ihrer Petition vor den Toren des Landhaus, begleitet von einer Menge Neugieriger. Der Präsident der Ständeversammlung verweigerte ihnen den Zutritt zum Saal. Daraufhin erläuterten spontane Redner, die sich auf Meilensteine oder auf die Schultern ihrer Kameraden gestellt hatten, die verschiedenen Punkte ihrer Forderungen und jeder Satz wurde von Geheul begleitet, insbesondere die zum ersten Mal ausgesprochene Forderung einer Entlassung Metternichs. Melanie beobachtete aus den Fenstern ihres Palastes die Ereignisse und stellte indigniert fest, daß es kein Militär und keinen Polizeioffizier gab, um den Zugang zum Kanzleramt zu bewachen.

Gegen Mittag beschloß der Präsident der Ständeversammlung, der eine Invasion des Saales befürchtete, die Sitzung zu unterbrechen, während eine Deputation die Wünsche der Versammlung in die Hofburg bringen sollte. Kurz vor 13 Uhr befahl Erzherzog Ludwig Metternich ins kaiserliche

Palais. Die Menschenmenge, die zwischen dem Ballhausplatz und der Hofburg gedrängt stand, öffnete eine erstaunte Gasse, um den einzelnen alten Mann durchzulassen, der, den Umständen entsprechend, bestens in einen dunkelgrünen Gehrock mit hellgrauen Hosen und schwarzer Seidenkrawatte gekleidet war und in seiner Hand einen Stock mit Goldknauf hielt. Sein würdiger Mut in der Haltung war so, daß nicht eine Beleidigung geäußert wurde.

Dem Erzherzog gegenüber erklärte Metternich, daß es Zeit sei, die Truppen marschieren zu lassen, um die Straßen „von der Kanaille" zu befreien. Erzherzog Albert, ein Neffe Ludwigs, sollte damit beauftragt werden, einen Teil der in den Kasernen außerhalb der Mauern stationierten Truppen herbeizuholen und die Tore zur Alstadt schließen zu lassen. Im Verlaufe dieser Operation gab es einen ernsten Zusammenstoß auf dem Freiungsplatz: Der Erzherzog und sein Bruder Wilhelm wurden an der Spitze einer Kompanie italienischer Pioniere mit einem Hagel von Steinen und anderen Wurfgeschossen empfangen; die Truppe eröffnete das Feuer und tötete fünf bis zehn Demonstranten. Gleichzeitig wurde bekannt, daß gefährliche Elemente aus der Bevölkerung der Vorstadt damit begonnen hatten, Läden zu plündern und Feuer an die Barrikaden zu legen.

Es wurde offensichtlich, daß die Ordnung nicht ohne brutale Unterdrückung wieder hergestellt werden könnte. Die bis dahin von allen respektierte kaiserliche Familie sollte nicht mit dieser schmutzigen Arbeit befaßt werden. Es war nötig, den jungen und inkompetenten Erzherzog Albert durch einen erfahrenen und gewichtigen Militär zu ersetzen. Der Zufall hatte aber gerade den Mann nach Wien gebracht, der nötig war: Feldmarschall Alfred von Windischgrätz, der gleiche schöne Alfred, der seinerzeit mit Metternich um die Gunst der faszinierenden Wilhelmine von Sagan gestritten hatte. Auf Vorschlag seines ehemaligen Rivalen, der seitdem sein Freund geworden war, sollte Windischgrätz den Befehl über alle Ordungskräfte in Wien übernehmen. Der Bürgermeister jedoch hatte andere Ideen: Er hatte die bürgerliche Zivilgarde mobilisiert und die Studenten gaben vor, selbst an der Aufrechterhaltung der Ordnung im Rahmen einer „akademischen Legion" teilnehmen zu wollen. Diese beiden Elemente, die von einem Teil der Mitglieder der Ständevertretung Niederösterreichs unterstützt wurden, stellten der Hofburg eine Art Ultimatum: wir sind bereit, Ordnung und Sicherheit zu garantieren, unter der Bedingung, daß die Soldaten verschwinden und daß Metternich geht; es wurde bis neun Uhr abends Zeit gegeben für eine kategorische Antwort, wenn nicht ...

Gegen sechs Uhr abends wurden Metternich und Windischgrätz von Erzherzog Ludwig einbestellt. Der General erhielt die Bestätigung seiner Mission und ging nach Hause, um die Uniform anzuziehen. Erzherzog

Ludwig jedoch ließ die Truppen, ohne die Rückkehr des Generals abzuwarten, aufgrund neuer Forderungen abrücken und fand schließlich den Mut, Metternich zu sagen, daß seine Entlassung, die allgemein gefordert werde, als Bedingung zu einer Rückkehr zur Ruhe erschiene. Darauf hielt der alte Kanzler eine sehr lange Rede: Sehr wahrscheinlich äußerte er eine seiner Lieblingsideen, nämlich daß eine Regierung nur aufgrund ihrer eigenen Entschlußlosigkeit falle; es ist aber auch bekannt, daß er die Konsequenzen deutlich klar erklärte, die ein Erfolg der liberalen Reaktion in Wien auf die anderen Teile des Kaiserreiches und Europa hätte. Man hörte ihm mit bewundernswerter Geduld ein und eine halbe Stunde lang zu. Erzherzog Johann zog schlußendlich seine Uhr hervor: „Fürst", sagte er, „es bleibt uns nur noch eine halbe Stunde und wir haben noch nicht über die Antwort gesprochen, die wir dem Volk geben sollen." Daraufhin schoß Kolowrat folgenden Pfeil ab: „Kaiserliche Hoheit, ich konferiere jetzt seit fünfundzwanzig Jahren mit dem Fürsten von Metternich und es war noch immer so, daß er auf diese Art spricht, ohne zu einem Ende zu kommen." Daraufhin erklärte sich Metternich bereit, sich zu opfern, erinnerte aber andererseits an den Schwur, den er seinerzeit Kaiser Franz geleistet hatte, niemals den Dienst seines Nachfolgers zu verlassen und bat jedes anwesende Mitglied der kaiserlichen Familie – inklusive des jungen Erzherzogs Franz-Josef, der zum ersten Mal an einer Versammlung dieser Art teilnahm – ihn von dieser Verpflichtung zu entbinden. Der arme Kaiser Ferdinand, der an dieser Sitzung teilgenommen hatte, gab ihr einen burlesken Epilog und erklärte: „Sagen Sie dem Volk, daß ich mit allem einverstanden bin. Ich gehe jetzt schlafen."

Metternich selbst hatte dem mehr oder weniger repräsentativen Querschnitt aus Betroffenen, die im Vorzimmer saßen, seinen Entschluß angekündigt, und verließ das Palais, als Windischgrätz in Galauniform erschien: hatte er wirklich zwei Stunden gebraucht, um alle Knöpfe polieren zu lassen? Der Feldmarschall behauptete indigniert, er wolle die Erzherzög von ihrer feigen Entscheidung wieder abbringen. „Wozu", sagte Metternich, „die Monarchie geht nicht mit mir aus dieser Tür. Niemand hat Schultern, die breit genug wären, sie hinwegzutragen." Und in der hereinbrechenden Nacht fuhr er langsam zurück zum Kanzleramt. Melanie erwartete ihn ungeduldig und ängstlich: „Nun", schrie sie ihn an, „sind wir endgültig gestorben?" „Ja, meine Liebe, wir sind tot."

Er erzählte, was geschehen war. „Clemens war resigniert, ruhig, fast glücklich", berichtet Melanie. „Ich danke Gott", sagte er, „daß er mich von allem, was jetzt passieren wird, ausnimmt. (...) Ich hätte die Konzessionen, die notwendigerweise zu unserem Ruin führen werden, nicht vermeiden können. Ich entgehe der Schande, sie unterzeichnen zu müssen." Nachdem er sich erfrischt hatte, legte er sich zu Bett und schlief friedlich, während in den Straßen Triumphzüge vorbeigingen, die seinen Sturz beklatschten und die Fenster derjenigen Häuser eingeworfen wurden, die den Mut gehabt hatten, nicht das Licht zu entzünden. Morgens, als Doktor Jaeger ihn weckte und versuchte, ihm den Puls zu fühlen, sagte der Fürst mit traurigem Lächeln zu ihm, als er die Augen öffnete: „Sie täten besser daran, Österreich den Puls zu fühlen."

KAPITEL 29

Exil und letzte Jahre

Abreise aus Wien

Im Verlauf des Vormittags des 14. fand Metternich sein Gleichgewicht an seinem Schreibtisch im Kanzleramt, wie jeden Tag, mit seiner üblichen Therapie: Schreiben, immer nur schreiben. Und zunächst, wie ein abgedankter Monarch, um von denen Abschied zu nehmen, die seine Hauptgesprächspartner gewesen waren: Zar Nikolaus I. und der König von Preußen. Wie üblich auch wurde seine Schreibarbeit durch eine Serie von Besuchen unterbrochen: Die einen kamen, um ihm ihre Ergebenheit zu versichern, die anderen baten ihn um Anweisungen. Letzteren antwortete er: „Mit wem glauben Sie zu sprechen? Ich bin nichts mehr. Ich habe nichts mehr zu tun, nichts mehr mit niemandem zu besprechen." Er konferierte länger mit seinem Vermögensverwalter Ranzoni; es waren sicherlich Vorsichtsmaßregeln zu treffen, um seine persönlichen Besitztümer zu schützen; Revolution und Spoliation — er wußte dies aus Erfahrung — gingen üblicherweise Hand in Hand.

Draußen herrschte unterdessen in den Straßen der Altstadt eine anarchistische Agitation. Nachdem die Soldaten verschwunden waren und die Polizei durch die Abdankung ihres langjährigen Chefs Sedlnitsky erschreckt und gelähmt war, paradierten die Bürgerwehr und vor allen Dingen die Studenten und sorgten für Ordnung. Erzherzog Ludwig ließ Metternich mitteilen, daß er nicht für seine Sicherheit garantieren könne. Melanie, die daran gewöhnt war, bedient zu werden, die auch daran gewöhnt war, von ihrer Umgebung hofiert zu werden, wußte nicht mehr, wo ihr der Kopf stand; sie regte sich darüber auf, daß sie sich plötzlich ganz alleine im Sturm befände. Sie übertrieb. In der Tat waren sie und ihr Ehemann in ihrem Unglück von dem Mitleid eines ganzen Netzes ergebener Freunde umgeben. Der wertvollste in diesen Tagen war Baron Karl von Hügel, der dem diplomatischen Dienst angehörte und Bruder des ehemaligen Bewerbers um Melanies Hand; letzterer war zu jener Zeit zu krank, um handeln zu können. Karl fand einen ersten Zufluchtsort für seinen ehemaligen Herrn: bei Graf Taafe, dem Präsidenten des Obersten Gerichtshofes, dessen Residenz in der Löwenstraße nur wenige hundert Meter vom Kanzleramt entfernt lag. Aber die Metternichs konnten nicht sehr lange dort bleiben, ohne daß ihr Gastgeber daraus Schwierigkeiten gehabt hätte. Als Metternich − man weiß nicht durch wen − Erzherzog Ludwig hatte fragen lassen, ob er Wien verlassen solle, war die Antwort darauf die lakonische Botschaft: „Heute Sie, morgen ich."

Fürst Karl von Liechtenstein, der über die Situation alarmiert war, bot sein Schloß Feldsberg in den Grenzgebieten Mährens an. Der gute Hügel organisierte die Abreise.[1] Die Kinder, die nichts riskierten, sollten mit der Eisenbahn bis Nicolsburg fahren und dabei von einem anderen egebenen Freund begleitet werden, dem Grafen von Rechberg. Hügel begleitete den alten Kanzler und seine Ehefrau bei Einruch der Nacht in einem gemieteten Fiaker aus der Stadt; dort erwartete sie eine von Liechtenstein bereitgestellte Equipage. Die Straße war schlecht und der Wagen war schlecht gefedert; Melanie hörte ihren armen Ehemann vor Schmerz stöhnen bei den Stößen, die ihm an die Nieren gingen. Sie kamen gegen zwei Uhr morgens in Feldsberg an. Richard war bereits mit seinen beiden jüngeren Brüdern und ihrer Schwester dort. Fünfunddreißig Jahre später schreibt der ergebene Sohn über diese traurige Nacht.

> „In diesem Schloß, in dem eine Eiseskälte herrschte, in dem nichts für unseren Empfang vorbereitet war, war es mit großer Mühe gelungen, ein einziges Schlafzimmer mit einem Feuer im Kamin zu beheizen. Dort legte sich mein armer Vater, bevor er ins Bett gelegt werden konnte, auf ein Sofa, wo wir Kinder ihn mit unseren Mänteln und mit unseren Schals bedeckten, um seinen müden und zerschlagenen Körper ein wenig zu erwärmen."

Am 17. morgens, nach einem oder zwei Tagen der Ruhe hatte sich der Kanzler ausreichend von seinen Anstrengungen erholt, um die Tiefe seines Sturzes zu empfinden: Zum ersten Mal seit 40 Jahren hatte er nichts mehr zur Abwicklung der Dinge zu sagen, keine Befehle mehr zu geben. Melanie fand ihn ganz niedergeschlagen und orientierungslos wegen dieser ungewohnten Untätigkeit vor. Aber mit der Feder in der Hand erholte er sich bald und am 20. März konnte er Ficquelmont Überlegungen und Ratschläge anvertrauen, denn dieser hatte seine Nachfolge im Außenministerium angetreten. Er hatte auch genügend Sinn für die praktischen Dinge des Lebens wiedergefunden, um ihn zu bitten, in einem Raum des

Kanzleramtes die Dinge unterzubringen, die ihm an Geschirr, Kunstgegenständen und leichten Möbeln am Kostbarsten waren. „Die großen Möbel", fügte er mit schwarzem Humor hinzu, „können in meine Wohnung am Rennweg gebracht werden, dort sind sie so lange sicher, bis sie eines Tages zusammen mit dem Haus, das sie enthält, geplündert werden."

Auf dem Weg ins Exil

Kaum hatten die Metternichs begonnen, sich in Feldsberg einzurichten, so mußten sie schon einen anderen Zufluchtsort suchen. Der Bürgermeisters des Ortes, der einen Übergriff einiger übererregter Elemente aus der Nachbarstadt Nicolsburg befürchtete, bat den Kanzler, seinen Einflußbereich zu verlassen. Wohin aber sollte er gehen? Leontine Sandor war am 21. März mit Rechberg gekommen, um die drei kleinsten Kinder in ihre Obhut zu übernehmen und sie nach Wien zurückzubringen; sie stimmte für England und Hügel auch. Aber die Reise wäre nicht einfach, auch wenn sie nicht so gefährlich wäre, wie die arme Melanie annahm, die sich allein bei dem Gedanken, in einem Eisenbahnabteil, das nicht reserviert wäre, reisen zu müssen, vor Furcht verzehrte und die angesichts jedes Individuums, das eine Kokarde oder eine Studentenmütze trug, zu zittern begann. In der Tat wurde Metternich jedesmal, wenn er erkannt wurde, mit Respekt behandelt. Die grausamste Erfahrung war diejenige in Olmütz, wo Hügel die Reise zu unterbrechen gedachte; der Ortskommandant und der Erzbischof, die beide dem ehemaligen Minister verpflichtet waren, fürchteten, sich zu kompromittieren und forderten die Reisenden auf, ihre Reise in die Nacht hinein fortzusetzen. Man vermied es, nach Prag hineinzufahren und stieg in der letzten Station vor der Stadt aus, um einen Wagen zu benutzen. Über Teplitz wurde Dresden erreicht. War dies die gleiche Straße, die der junge Clemens mehr als einmal 1813 auf der Suche nach Ruhm und Liebe genommen hatte?

In der sächsischen Hauptstadt war man endlich in befriedetem Land. In Dresden erhielt Metternich auch von Rechberg einen Kreditbrief über tausend Dukaten, den ihm Salomon von Rothschild sofort ausgestellt hatte, ein Beweis treuer Anerkennung umso mehr, als er nicht darum gebeten worden war. Am meisten zufrieden über diesen unerwarteten Mannaregen war zweifelsohne der gute Hügel, der bis dahin aus seiner eigenen Tasche für die Ausgaben der flüchtigen Familie aufgekommen war. Der österreichische Gesandte in Sachsen, Kuefstein, der tapferer und mutiger war als die Autoritäten von Olmütz, stellte sich seinem ehemaligen Chef zur Verfügung und verschaffte ihm einen Paß mit dem Namen Matteux; sein britischer Kollege Forbes wollte die Reisenden bis Leipzig begleiten.

Es gab noch einige schwierige und etwas beunruhigende Durchfahrten durch die Städte Magdeburg, Hannover und Minden. In einer miserablen Herberge in Fürstenau, wo die Metternichs ihre letzte Nacht in Deutschland verbrachten, hatten die Dienerinnen die Fürstenkrone auf der Wäsche der Reisenden entdeckt und sagten untereinander: „Das ist gewiß wieder ein König, der gezwungen wurde, zu fliehen."

Am 29. März überschritten die ins Exil Reisenden ohne Schwierigkeiten die Grenze des Königreichs der Niederlande und wurden in Arnhem komfortabel untergebracht. Metternich, der auf den schlechten Straßen sehr unter seinen Nierenkrämpfen gelitten hatte, konnte sich dort eine Woche lang ausruhen. Dieser Aufenthalt war auch moralisch sehr zufriedenstellend. Graf Moritz Esterhazy, der Gesandte Österreichs in den Niederlanden, riß sich alle Beine aus, um den Flüchtigen zu helfen; der Provinzgouverneur kam persönlich und versicherte ihnen, daß sie willkommen seien; später brachte er einen Brief des Außenministers, der Metternich die Einladung des Königs überbrachte, die Gastfreundschaft seines Landes so lange er wollte zu nutzen. Sehr tröstlich war auch das Schreiben, das er von Erzherzogin Sophie erhielt: ihr herzliches Mitleid und ihre Anerkennung und Dankbarkeit waren darin in so anrührenden Sätzen und mit so offensichtlicher Aufrichtigkeit ausgedrückt, daß sie die Hypothesen derjenigen als unhaltbar erscheinen lassen, die angenommen hatten, daß die Mutter des künftigen Kaisers Franz-Josef innerhalb der kaiserlichen Familie die Anstifterin oder Komplizin der Entlassung des Kanzlers gewesen wäre.

Am 6. April begaben sich die Metternichs nach Den Haag, wo Moritz Esterhazy sie in seinem eigenen Haus unterbrachte. Sie blieben dort zwei Wochen. Clemens wurde vom König empfangen; die Prinzessin von Oranien und ihr Ehemann, der Thronerbe, die Mitglieder des diplomatischen Korps und eine ganze Anzahl anderer Persönlichkeiten machten sich eine Freude daraus, sie zu begrüßen und ihnen ihre Dienste anzubieten. „Wir können uns gar nicht genug selbst über unseren Aufenthalt hier beglückwünschen", schreibt Metternich seiner Tochter Leontine; „es scheint, daß wir hier unser ganzes Leben verbracht haben und daß unsere ganze Umwelt uns gegenüber zarteste Fürsorglichkeit walten läßt."

Aufenthalt in England

Fast mit Bedauern gingen also Fürst und Fürstin am 19. April in Rotterdam an Bord. Donnerstag, den 20., mit Ende des Vormittags erreichten sie

Blackwall, von wo ein Zug sie ins Herz Londons brachte. Drei Viertelstunden später waren sie im Brunswickhotel am Hanoversquare eingerichtet, einem provisorischen Aufenthaltsort, während sie weiterhin nach einer passenden Unterkunft suchten. Wellington hatte Metternich herzlich eingeladen, sein schönes Haus in Stratfield Saye (Hampshire) zu bewohnen, aber es gefiel Metternich nicht, so weit von London weg zu sein, wo man sich traf und wo die Nachrichten vom Kontinent ankamen. Mit Hilfe der Gräfin de Flahaut, die im Lande geboren worden war, fand Melanie schließlich ein schönes Haus, das im aristokratischen Viertel Belgrave in der Nummer 44 am Eton Square lag. Der vom Eigentümer, Lord Denbigh, geforderte Mietpreis – 4.500 Gulden für vier Monate – erschien der Fürstin „schrecklich teuer", aber ihr Ehemann war bezaubert:

„Unsere Wohnung gleicht einem Landhaus", erklärt er Leontine; „unsere Fenster gehen auf einen Platz hinaus, der so groß ist, wie zwei Drittel der Stadt Wien. Wir sind nur zwei Schritte von Hyde Park und Green Park entfernt. Hier gibt es eine Unmenge von Blumen (...).
Wir führen ein außerordentlich regelmäßiges Leben, fügte er hinzu. Um neun Uhr setze ich mich an den Schreibtisch; um elf Uhr frühstükken wir; da ich einen sehr nüchternen Lebensstil zu pflegen gewohnt bin, begnüge ich mich mit zwei Tassen Tee (...). Ab ein Uhr kommen Besucher aller Art, die einen zu Melanie, die anderen zu mir. Es ist dies eine komplette Sammlung der Welt, die London heißt."

In dem Maße, wie es seine Zeit und sein Gesundheitszustand zuließen, ging Metternich gerne durch die Straßen spazieren; er bewunderte die neuen Viertel, die den Anblick der Stadt enorm verändert hatten, so wie er sie 1794 und 1815 gekannt hatte; er vermerkte Verbesserungen in den Details des praktischen Lebens, aus denen er später Vorteil zu ziehen hoffte; manchmal stellte er sich auf eine der Themsebrücken und bewunderte das aktive Leben auf dem Fluß.

„Wir dinieren zur Londoner Zeit, das heißt, um halb acht Uhr. Ab neun Uhr kommen die Besucher; dann gleicht der Abend denjenigen, die ich zu Hause verbracht habe (...); da mein kleines Eckchen das einzige ist, das den Leuten offensteht, die schwätzen wollen, so erfüllt es den Zweck, den ich ihm zugedacht hatte und der darin besteht, so wenig wie möglich meine vordiluvischen Gewohnheiten zu ändern."

Besucher und politische Interessen

Unter diesen Besuchern war der eifrigste der alte Wellington, der jeden Tag am Nachmittag oder am Abend unweigerlich den alten Freund und Begleiter seiner glorreichen Jahre zu trösten kam. Manchmal nahm er ihn zur irgendeiner Sehenswürdigkeit mit, wie zu jener chinesischen Dschunke, die aus Fernost in London angekommen war oder auch in die Lagerhallen am Hafen. Ein anderer wohl aufgenommener Besucher war Guizot, der ebenfalls im Exil war; mit dem ehemaligen Minister Louis-Philippes mangelte es nicht an Konversationsthemen. Es gab aber auch genügend Gelegenheit zur Übereinstimmung. Dies war nicht der Fall bei einer anderen Persönlichkeit, die zu treffen im Salon Metternichs man nicht genug erstaunt sein kann: Lord Palmerston persönlich, der so oft im Verlauf der vorangegangenen Jahre beschimpfte Gegner. Der britische Minister seinerseits kommentierte den Sturz Metternichs in einem Brief an Lord Minto: „Es wäre ein Glück für Kontinentaleuropa gewesen, wenn dieses Ereignis einige Jahre früher stattgefunden hätte. Aber lieber spät, als nie."

Unter den anderen Besuchern erwähnt das Tagebuch Melanies den preußischen Erbprinzen, die Lords Aberdeen, Londonderry, Brougham, Beauvale, die Herzöge von Devonshire, Beaufort und so weiter. Freundliche Mitteilungen waren von der königlichen Familie eingegangen: vom Herzog von Cambridge und der Witwe des verstorbenen Königs Wilhelm IV. Aber seitens der Königin Viktoria nicht das kleinste Zeichen des Wohlwollens: als Richard von Metternich sich am Hofe vorstellen ließ, hatte die Königin wenigstens geruht, ihm einige Worte zu gönnen, aber der Prinzgemahl hatte schmal zusammengepreßte Lippen: die Coburger waren nachtragend.

Neben den alten Freunden aus alten Tagen, die sozusagen den Grundstock an regelmäßigen Besuchern bildeten, erschien auch ein Neuankömmling, die junge Hoffnung der konservativen Partei im Unterhaus, Benjamin Disraeli. Schon bei ihrem ersten Treffen im Mai 1848 war der Funke übergesprungen und seitdem hatte der junge Redner mehr als einmal gezeigt, daß er die Lektionen des alten Meisters gut gelernt hatte. Nach einem seiner Besuche schreibt er: „Ich habe niemals göttlichere Worte vernommen; er hat mir ein Exposé über den Zustand Europas gegeben und mir mehr weise und geistvolle Dinge gesagt, als ich je zuvor von ihm an einem Tage gehört hatte. Er war in der Tat brillant und seine Augen lachten manchmal in strahlender Sympathie mit seinen funkelnden Gedanken."

Unterhaltungen dieser Art waren dazu angetan, der alten Muse seines Geistes, dem hochmütigen Stolz, neue Flügel zu verleihen. Sie inspirierte ihm jetzt die Illusion, eines Tages eine Rolle in der englischen Innenpolitik spielen zu können.

> „Diese Situation gibt mir die Rolle eines Protagonisten der Vernunft, schreibt er im Januar 1849. Die großen Tageszeitungen und die periodischen Schriften stehen zu meiner Verfügung; es genügt, sie zu lesen, um in der *Times*, und vor allen Dingen im *Morning Chronicle* eine scharfe Kehrtwendung in der Art zu entdecken, wie die ernstesten Fragen betrachtet werden."

Will man ihm Glauben schenken, so erschienen auch in der *Quarterly Review* von ihm diktierte Artikel. Es ist wahr, daß niemand in London in einer besseren Position war, als er, um die revolutionären Ereignisse zu kennen und zu verstehen, die auf dem Kontinent und vor allen Dingen im österreichischen Reich vor sich gingen. Seine Studienstunden am Vormittag waren der aufmerksamen Lektüre der Zeitungen, seiner zahlreichen Korrespondenz, die aus Wien und anderswo eintraf, sowie den Nachrichten gewidmet, die Besucher brachten oder die das Personal der österreichischen Botschaft von London lieferte.

So konnte der Exkanzler fast täglich die Phasen des Einsturzes des alten Gebäudes verfolgen, das er versucht hatte, aufrecht zu erhalten: die Schaffung – die er übrigens immer gewünscht hatte – eines wirklichen Ministerrates, der die ineffiziente Staatskonferenz ersetzte; die Präsidentschaft dieses Rates, die schnell von Kolowrat auf Ficquelmont überging, von Ficquelmont auf Pillersdorf und von Pillersdorf auf Wessenberg. Eine parlamentarische Verfassung, die am 25. April verkündet und drei Wochen später unter dem Druck des Wiener Aufstandes zurückgezogen wurde; die Flucht des Kaisers und des Hofes nach Innsbruck; die Einberufung eines verfassunggebenden Reichstages; die schnelle Entwicklung des ungarischen Separatismus, der selbst von einem kroatischen Unterseparatismus bedroht wurde; die nationalistische Agitation in Böhmen; in Italien zu guter Letzt der momentan siegreiche Aufstand in Mailand und Venedig, der den Eintritt von Piemont in den Krieg nach sich zog, mit dem die Österreicher verjagt werden sollten.

Dies alles berührte Metternich natürlich unangenehm, es gab ihm aber die Befriedigung, unablässig betonen zu können, wie hellsichtig er in seinen Voraussagen gewesen war und welche Irrtümer begangen worden waren, als man nicht auf ihn gehört hatte. „Ich bestätige mich selbst immer mehr in der Überzeugung, daß mein Geist sich nie geirrt hat und mir immer den richtigen Weg zeigte. Während meiner langen Karriere als Minister, war ich unter all den Herrschenden der einzige, der in der Lage war, zu herrschen." Aber er beunruhigte sich auch über alles, was gegen ihn geschrieben wurde; selbst wenn er bekannte, moralisch nicht davon berührt zu sein, so bat er doch seine Tochter Leontine, ihm „alle Infamien dieser Art" zu übersenden.

Alles dies hatte für ihn sehr unangenehme materielle Konsequenzen. Am 23. Juni beschuldigte ihn die *Wiener Abendzeitung*, insgeheim von den Zaren Alexander und Nikolaus bezahlt worden zu sein, öffentliche Gelder zur Unterhaltung eines Netzes von Spionen und Konfidenten im Ausland und zur Unterhaltung seines eigenen aufwendigen Lebensstils verschwendet zu haben. Diese Beschuldigungen wurden im Reichstag von einem demokratischen Abgeordneten aus Mähren aufgegriffen, zusammen mit der Beschuldigung, daß er es verabsäumt habe, seine Steuern für die Domäne Plass zu zahlen. Finanzminister Philip Kraus wagte es nicht, diese Behauptungen sofort zurückzuweisen, und stimmte der Einleitung einer Untersuchung zu. Solange ein Resultat dieser Untersuchung nicht vorlag, wurde über alle Vermögenswerte des Exilpolitikers das Staatssequester verhängt. Das Labyrinth der österreichischen Verwaltung machte eine Untersuchung dieser Art wenn schon nicht unmöglich, so doch zumindest extrem schwierig; in der Tat wurde sie zwei Jahre lang hingeschleppt, bevor sie sich zur Feststellung der Unhaltbarkeit der vorgebrachten Beschuldigungen entschloß. Gewiß hatte Metternich, wie alle Diplomaten dieser Zeit, von dem einen oder anderen Herrscher ein kleines Geschenk erhalten; gewiß hatte er viel Geld ausgegeben, wenn es sich darum gehandelt hatte, das Prestige der Krone bei den großen Kongressen zu wahren; zweifelsohne hatte er von den Diensten der Rothschild profitiert, um die Verwaltung seiner persönlichen Interessen sicherzustellen, aber zu guter Letzt hatte er nach den Kriterien seiner Zeit und seines Milieus saubere Hände; nichts Vergleichbares zur zynischen Korruption eines Talleyrand oder der Minister Louis-Philippes. Aber würde ihn diese Sequestrierung seiner Güter nicht zum ersten Male in seinem Leben vielleicht dazu zwingen, auf seinen Lebensstil zu achten? Zar Nikolaus schickte ihm 100.000 Rubel, die er allerdings nur als Anleihe entgegennahm und für die er zur Sicherheit seine Güter in Böhmen gab. Und außerdem zahlte Rothschild weiterhin Vorschüsse.

Aufenthalt in Brighton

Die Sorge um die Finanzen bestimmte sicherlich auch die Entscheidung, Anfang September nach Brighton zu ziehen. Die Mietfrist für das Haus am Eton Square war abgelaufen und die Sommersaison hatte die gesamte hohe Londoner Gesellschaft in ihre Landhäuser verjagt. Metternich fand also seinen Salon verlassen vor. In Brighton, einer fashionablen Sommerresidenz, würde er zumindest zum Teil seine Welt wiederfinden. Zweifelsohne traf er dort seine ehemalige Freundin, die seine Feindin geworden war, Dorothée von Lieven wieder, die aus Frankreich im Kielwasser Guizots, ihrer letzten großen Liebe, eingetroffen war. Unter Exilpolitikern und nach so vielen Jahren konnte eine Art Versöhnung stattfinden. Die Dame schrieb an Barante: „Ich sehe Herrn und Frau von Metternich jeden Tag. Sie: fett, vulgär, natürlich, gut und leicht zu handhaben. Er: heiter, voll innerer Zufriedenheit, ein unendlicher Schwätzer, weitschweifig, langsam, sehr metaphysisch und langweilig, wenn er von sich selbst spricht und von seiner unfehlbaren Klarsicht, charmant, wenn er von der Vergangenheit erzählt und vor allen Dingen von Kaiser Napoleon" ... Oh ja, man hat den Abend des Jahres 1818 in Aachen nicht vergessen! Und die große Dame selbst, wie sah sie nach dreißig Jahren aus? Pauline Sandor erzählt es uns in ihren charmanten Kindheitserinnerungen. „Sie sah aus, wie eine Dame aus einem Ahnenbild, die aus ihrem Rahmen herabgestiegen war. Sie war immer schwarz gekleidet und trug einen enormen Hut mit grünem Schleier. Sie hielt ständig einen riesigen Fächer in der Hand. Sie war imposant und feierlich und ging an uns vorbei, ohne zu geruhen, auf uns arme Regenwürmer auch nur einen Blick zu werfen."

Der Wind schlägt um

Die Nachrichten vom Festland, die in Brighton zwei Stunden später als in London eintrafen, vermittelten jedoch den Eindruck, daß die revolutionäre Woge kurzatmig wurde. In Frankreich war nach den blutigen Junitagen „die Republik krank" und „das allgemeine Elend hatte einen Grad erreicht, in dem die Völker die Nase voll haben von hohlen Phrasen". In Italien hatte Radetzky die Piemonteser schwer geschlagen und Mailand zurückerobert (Juli 1848). Am 15. Juni hatte Windischgrätz die Rebellion in Prag niedergeschlagen, nachdem seine Ehefrau, die von der Kugel eines Aufständischen getroffen worden war, in seinen Armen gestorben war. Dieser Umstand hatte Metternich sehr bewegt; das Opfer war die Tochter seines alten Freundes Schwarzenberg und als deren Mutter bei dem dramatischen Brand der Botschaft in Paris, 1810 ums Leben gekommen war, hatten die Metternichs sie wie eine Tochter aufgenommen und behandelt.

Anfang Oktober war der Konflikt mit Ungarn in Wien selbst zu einem Höhepunkt gekommen: ein Militärregiment, das dazu bestimmt worden war, gegen Budapest zu marschieren, rebellierte und wurde dabei durch einen Volksaufstand unterstützt; der Kriegsminister, Graf von Baillet-Latour, wurde auf offener Straße massakriert. Der Hof flüchtete sich nach Olmütz und der Sitz des Reichstages wurde nach Krems transferiert. Windischgrätz wurde zum Oberkommandierenden der kaiserlichen Armeen ernannt, belagerte die Stadt, und stürmte sie mit Hilfe der Kroaten von Jellatschitsch (31. Oktober). Als Retter der Monarchie konnte er die Bildung einer neuen Regierung durchsetzen, die von seinem Schwager, Fürst Felix von Schwarzenberg, geleitet wurde. „Dies ist ein Mann mit ausgeprägtem Charakter, von erprobtem Mut" schreibt Metternich über ihn. War er nicht auch irgendwie ein Fohlen aus seinem Stall, da er doch unter seinem Befehl seine ersten Schritte in der Diplomatie unternommen hatte? Eine der ersten Handlungen des Fürsten Felix war die Herbeiführung der Abdankung des armen Kaisers Ferdinand, wodurch die Krone auf den jungen Erzherzog Franz-Josef überging.

Die Revolution hatte ihre Kräfte bei weitem noch nicht erschöpft – in Deutschland, in Ungarn, in Italien – aber die konservativen Kräfte hatten die Initiative wieder an sich gerissen und man konnte wieder hoffen. Der Winter in Brighton jedoch war nicht sehr fröhlich. Da es keine neuen Gesprächspartner gab, endeten die Abende sehr häufig am Whisttisch und man ging früher ins Bett. Tagsüber betrachtete der alte Mann das Meer und beobachtete mit einer gewissen Nostalgie das Ablegen der Fähren zum Kontinent: schließlich, so vertraute er Leontine an, hätte er nur weniger als zwölf Stunden gebraucht, um in Paris zu sein. Eine willkommene Zerstreuung war der Aufenthalt der Metternichs Ende Dezember in Stratfield Saye auf Einladung Wellingtons; dies war eine Gelegenheit für den alten Genießer vom Rennweg, wegen des Komforts und der Ordnung, die in diesem schönen Hause herrschten, in Enthusiasmus auszubrechen.

In Richmond

Im Frühling des Jahres 1849 zog Metternich wieder näher nach London und mietete sich etwa 15 Kilometer vom Zentrum der großen Hauptstadt entfernt in Richmond ein. Er behauptete, er sei entzückt von der Wohnung, die glücklicherweise ihren Namen Old Palace nicht rechtfertigte. „Es ist eine charmante Villa; sie besteht aus einem wunderbar eingerichteten Haus und aus einem Garten, der den Raum zwischen dem Haus und der Themse ausfüllt und ist nur durch einen Leinpfad (Treidelpfad) vom Fluß getrennt." Dorthin konnten Besucher sehr viel leichter kommen, zu denen ein unerwartetes Gesicht aus weit entfernten Zeiten der Restauration zählte: Herzog Elias Decazes.

Der Aufenthalt in Richmond wurde jedoch durch eine schlecht zu beschreibende Krankheit verdüstert, die mit Schwindelanfällen und fast täglichen Ohnmachtsanfällen einherging. Am 2. Juli fand Melanie, als sie aus dem Garten ins Haus zurückkehrte, ihren Ehemann auf dem Fußboden liegend vor. Er war unfähig, wieder aufzustehen und trat mit den Füßen gegen einen Wandschirm. Er mußte mehrere Tage ins Bett und seine Umgebung war sehr beunruhigt. Wellington schickte ihm seinen eigenen Arzt; dessen Pflege stellte ihn nach und nach wieder auf die Füße. Von großem moralischen Trost war der Brief, den er am 2. August von dem jungen Kaiser Franz-Josef erhielt, der ihm seine liebevolle Anerkennung versicherte. Zum Schluß des Briefes schrieb der Kaiser: „Ich wäre sehr glücklich, Ihnen die Versicherung dieser unveränderlichen Gefühle persönlich wiederholen zu können, wenn glücklichere Umstände sie in einer Zeit, die ich nicht allzu weit entfernt hoffe, wieder auf heimatliche Erde führen." Dieser Hoffnungsschimmer trug zweifelsohne zu der Entscheidung bei, die im Dezember gefaßt wurde, sich „der heimatlichen Erde" wieder zu nähern und aus London nach Brüssel überzusiedeln.

Abreise nach Brüssel

„Der Aufenthalt in England ist für eine zahlreiche Familie zu teuer", erklärt Metternich Hübner. „Zwischen den Lebenshaltungskosten in Brüssel und in London ist ein Unterschied von etwa 40 Prozent. (...) In Brüssel bin ich seit langer Zeit zu Hause. König Leopold selbst bittet mich, in Brüssel dauernd Wohnsitz zu nehmen." Ein anderer Grund war das beständige Bitten von Fürstin Melanie. Sie hatte den Aufenthalt in England niemals so sehr wie ihr Ehemann genossen; als praktizierende Katholikin fühlte sie sich in der protestantischen Gesellschaft nicht sehr wohl; sie gab dem Klima die Schuld an den Krankheiten, an denen sie selbst litt; und schließlich war ihr die ganz allgemeine Parteinahme der öffentlichen Meinung in England für die Ungarn schmerzlich, die 1849 in verzweifeltem Kampf gegen die vereinigten Armeen der Österreicher und Rußlands standen.

Wellington und der Herzog von Cambridge kamen beide von ihren Landsitzen, um Metternich zu verabschieden. Am 10. Oktober reisten die Metternichs in einem Wagen der Königin nach Dover in Begleitung des österreichischen Botschafters Colloredo und eines halben Dutzends Freunde. Am 11., gegen fünf Uhr abends, waren sie in Brüssel. Richard, der einige Tage zuvor eingetroffen war, erwartete sie am Bahnhof mit einer Enttäuschung; trotz seiner Bemühungen hatte er keine passende Wohnung gefunden. Provisorisch bezog man also einige Zimmer im Hotel

Bellevue. In den folgenden Tagen bemühte sich Melanie energisch und besichtigte 30 bis 40 Häuser. Sie fand schließlich eines am Boulevard de l'Observatoire 11; es gehörte dem Geiger Charles Bériot, dem Exehemann der Malibran; da er sich auf eine Tournee begab, war er mit einer Vermietung einverstanden. Für Melanie erschien ein Haus mit acht Fenstern pro Etage „recht klein" zur Unterbringung ihrer Truppe, die außer ihrem Ehemann aus zwei Töchtern (Herminie und Melanie), zwei Söhnen (Paul und Lothar), deren Erzieher, dem Arzt und den Hausangestellten bestand. Richard sollte sich eine Junggesellenwohnung suchen; Leontine und ihre Tochter Pauline sollten nach Wien zurückkehren. Metternich, der die beiden anbetete, vergoß deswegen heiße Tränen.

Nachdem er sich eingerichtet hatte, ging der alte Exilpolitiker zu König Leopold, um dort seine Aufwartung zu machen. Der Herrscher empfing ihn mit größtem Zuvorkommen; als Coburg hätte er doch wohl gute Gründe gehabt, ein böses Gesicht zu machen. Die gute Königin Louise war ebenfalls sehr freundlich, als sie Melanie empfing. „Sie hat viel Geist", vertraute sie ihrer Mutter, Königin Amelie, an, „und was noch besser ist, ich glaube, sie hat Mut. Sie hat mich interessiert, denn sie hat mir von ihren Gefühlen für ihren Mann erzählt (...). Die arme Frau ist monströs geworden; ich habe nie zuvor einen solchen Bauch gesehen; er geht über die Knie hinaus (das heißt, wenn sie sitzt)."

Aufenthalt in Belgien

Das Aussehen von Clemens blieb genauso unveränderlich, wie seine Gedanken; seine Gesichtshaut ähnelte mehr und mehr altem Pergament, die Schläfen waren zerfurcht, aber das Auge hatte immer noch den durchbohrenden Blick und die abschätzige Lippe prägte seinen Mund. Er kleidete sich nach wie vor mit nüchterner Eleganz. So sahen ihn die Besucher, die nicht zögerten, dem Exkanzler die Freude der Konversation zu liefern, die ihm in dem Maße, wie sich sein Auge und sein Gehör verschlechterten, immer notwendiger wurde. Am 31. Oktober kann er Hübner schreiben: „Man gewöhnt sich langsam daran, abends zu uns zu kommen. Brüssel hat große Ähnlichkeit mit einer Poststation, die an der Kreuzung mehrerer Straßen steht." Und einige Wochen später:

„Die Position, die ich hier einnehme, ist für einen Beobachter außerordentlich günstig; alle kommen zu mir, ohne daß ich zu irgend jemand hingehen müßte. Ich wünschte, daß die Männer, die zur Zeit die politischen Angelegenheiten in der Hand halten, genauso viel erführen, wie ich weiß, ohne daß ich meine Sessel verlassen muß, der fast einem Beichtstuhl gleicht zu dem die reuigen Sünder eilen. (...) Ich bin in gewisser Weise Inhaber einer Professorenstelle für fundamentale Wahrheiten. So muß ich mich nicht um gesellschaftliche Kontakte emühen sondern muß mich eher darum bemühen, sie einzuschränken."

Wie in London gefiel er sich darin, sich einen gewissen Einfluß auf das Leben des Landes vorzustellen. „König Leopold, der von großer, klar vorausschauender Intelligenz ist, (...) glaubt – und hat dies auch überall herumerzählt –, daß meine Anwesenheit hier ein schmeichelhafter Beweis dafür ist, daß Belgien sich weise verhält." In der Tat konnten sich in seinem Salon so unterschiedliche belgische Politiker treffen, oder nacheinander eintreffen, wie der liberale Josef Lebeau und der konservative Adolphe Dechamps; und auch Franzosen, die in ihren Überzeugungen genauso weit auseinander lagen, wie Adolphe Thiers, Louis Veuillot und Charles de Montalembert. Der Rest der Zeit wurde, wie schon immer, der Lektüre von Zeitungen und der Korrespondenz vorbehalten. Für nur einen einzigen seiner Briefpartner, Alexander Hübner, der seinerzeit in Paris akkreditiert war, sind nicht weniger als 107 Briefe gezählt worden; und was für Briefe! Jeder von ihnen bedeckte Seiten und Seiten, die sich manchmal über Tage hinwegstreckten, mit einem Postskriptum nach dem anderen, die von Stunde zu Stunde angefügt wurden.

Hoffnung auf Rückkehr

Natürlich schrieb Metternich auch viel nach Deutschland, England und Österreich; insbesondere an Schwarzenberg. Letzterer schien jedoch die Ratschläge seines alten Meisters nicht sonderlich zu mögen, denn er enthielt sich der Antworten. „Ich rege mich darüber nicht auf", versichert Metternich, „denn ich schreibe, um mein Gewissen zu beruhigen und dies verpflichtet mich dazu, meine Gedanken auszudrücken. Durch die Tatsache, daß ich mich aus den laufenden Angelegenheiten zurückgezogen habe, habe ich allerdings nie behauptet, darauf verzichten zu wollen, zu denken und meine Meinung auszudrücken."
Im November 1850 schließlich gab Fürst Felix ein Lebenszeichen von sich; der Inhalt seines Briefes war geeignet, sein langes Schweigen vergessen zu machen: er kündigte Metternich die Aufhebung des Sequesters an, mit dem seine Güter 1848 belegt worden waren, sowie die Entscheidung der Regierung, ihm eine Pension von 8.000 Gulden auszusetzen, auf die er

als ehemaliger Minister Anrecht hatte. Diese Sauerstoffdusche kam genau rechtzeitig: vier Monate zuvor war Ranzoni, der Verwalter, nach Brüssel gekommen, um den Verkauf der beiden Häuser am Rennweg vorzuschlagen, damit die Schulden in Höhe von 200.000 Gulden abgedeckt werden könnten. Aber der alte Mann hing viel zu sehr an diesen Gebäuden, die er geschaffen hatte und in die er hoffte, früher oder später zurückkehren zu können.

Der Aufenthalt in Brüssel war im übrigen weniger angenehm geworden, seit Bériot im Oktober 1850 sein Haus wieder hatte beziehen wollen und die Metternichs erneut umziehen mußten, wobei sie sich dieses Mal in dem relativ exzentrischen Viertel Sablon in einem gewissen Hotel Arenberg niedergelassen hatten, das nach Norden zu lag und sehr traurig war. Im März 1851 entschloß sich Metternich, formell anzufragen, ob es irgendeinen Widerstand gegen seine Rückkehr gäbe. In seiner Antwort vom 6. April gestand Schwarzenberg zunächst einmal, daß diese Rückkehr „sicherlich Anlaß zu viel Geschwätz wäre", schloß aber, „daß der Kaiser keinen Grund sieht, sich einer in sich gesehenen gerechten Sache entgegenzustellen, die ein alter Diener der Monarchie wünscht."

Auf dem Johannisberg

Der Mangel an Enthusiasmus war deutlich fühlbar. Metternich vermied es also, seine Abreise zu überstürzen und direkt nach Wien zurückzukehren. Statt dessen sollte ein angenehmer Sommer auf Johannisberg dazu dienen, die Weiterreise vorzubereiten. Erst am 9. Juni verließ Metternich mit seiner ganzen Großfamilie in einem Sonderwagen, den König Leopold bestellt hatte, zum letztenmal die ehemalige Hauptstadt der österreichischen Niederlande, Brüssel, wo er sich seine ersten Sporen in Liebesangelegenheiten und im diplomatischen Geschäft verdient hatte.

Am 11. Juni abends traf er endlich zu Hause ein; und mit welcher Freude! „Der Rhein fließt in meinen Adern", schreibt er. „Ich spüre ihn und deswegen verzaubert mich sein Anblick." Die Wohnung und die Domäne waren in gutem Zustand. Metternich war zufrieden damit, festzustellen, wie sehr die Pflanzungen gediehen waren, die er hatte anlegen lassen, insbesondere die Zedernpflanzungen, deren Einführung in der Region er sich zuschreiben konnte.

Kaum hatte er sich eingerichtet, so begann auch schon der Besucherstrom. Es begann mit dem Landesvater, dem Herzog von Nassau. Ein ärgerlicher Besuch war der des Königs von Preußen, Friedrich-Wilhelm IV.; angesichts der zu dieser Zeit zwischen Berlin und Wien bestehenden

Spannung konnte Schwarzenberg dies übelnehmen. Wie aber sollte man sich weigern, einen König zu empfangen, der fast unterwürfig geschrieben hatte: „Ich möchte Sie darum bitten, mir zu gestatten, bis zu Ihnen hinaufzusteigen. Darf ich der Fürstin die Hand küssen, die einen solch noblen Charakter gezeigt hat?" „Der König", berichtet Melanie, „küßte meinen Mann mit rührender Gemütsaufwallung", und er wiederholte mehrfach: „Ich habe mit der Revolution gebrochen und es ist mir wichtig, daß dies bekannt wird."

Ein anderer Besuch ereignete sich zu dieser Zeit fast unbemerkt, aber die Geschichte sollte ihn als Symbol für den Übergang einer Ära in eine andere registrieren: es war der Besuch des Grafen Otto von Bismarck, der seinerzeit als Vertreter Preußens beim Bundestag in Frankfurt war. Er verachtete jetzt schon dieses Österreich, dessen Sturz er später unerbittlich verfolgen sollte, er verstand es aber auch, Samtpfötchen zu zeigen: „Er scheint die allerbesten politischen Prinzipien zu haben", schreibt Melanie. „Vom ersten Augenblick an hat er meinen Mann sehr interessiert. Ich habe ihn als angenehm und außergewöhnlich geistvoll empfunden." Dieser Mann hatte sicherlich Intelligenz genug, um die Wichtigkeit der Möglichkeit zu erkennen, in den Erinnerungen des einzigen Zeugen eines halben Jahrhunderts europäischer Geschichte blättern zu dürfen. Zweimal noch pilgerte er im Verlauf dieses Sommers nach Johannisberg. Ebensosehr wie die Reden des alten Meisters schätzte er, gestand er viel später, die Erzeugnisse seines Weinberges.

Rückkehr nach Wien

Die beständigen Bitten der Fürstin, diejenigen seiner Freunde in Wien und zweifelsohne auch die Notwendigkeit, die Verwaltung seiner Güter zu kontrollieren verpflichteten Metternich, seinen geliebten Johannisberg früher als gewünscht wieder zu verlassen. Wie schon in vergangenen Jahren bereiteten ihm der Großherzog von Baden in Mannheim und der König von Württemberg in Stuttgart einen fürstlichen Empfang. Am 24. September schließlich führte ein Dampfschiff auf der Donau die Reisenden an den Landesteg in Nußdorf; eine Menge von Freunden und Dienern drängten sich dort zu ihrem Empfang. Sie hatten Wagen in Menge mitgebracht, um sie nach Hause zu begleiten. Das Haus und die Villa am Rennweg waren mit dem gesamten Personal an alten Dienern bereit, sie aufzunehmen.

Schon am nächsten Tag kam Schwarzenberg, um seinen ehemaligen Vorgesetzten zu begrüßen und nach ihm alle Minister, alle in Wien anwesenden Erzherzöge. Der Kaiser befand sich in Galizien; aber sofort nach seiner Rückkehr am 3. Oktober kam auch er, den alten Staatsmann zu umarmen; ihre Unterhaltung dauerte mehr als zwei Stunden.

Franz-Josef und Metternich

Würde Metternich, diesmal offiziös, den Einfluß wieder ausüben können, den er vor 1848 ausgeübt hatte? Manche Leute vermuteten dies; die einen hoffnungsvoll, die anderen mit Ablehnung. Der russische Botschafter Meyendorff zweifelte daran: „Ich weiß nicht, ob er sich seinem jungen Herrscher verständlich wird machen können, der in seinen langen doktrinären Entwicklungen vielleicht nur ein Feuer sieht, dessen Ausgangspunkt so weit in der Vergangenheit liegt, daß man oft sagen könnte: 'Herr Rechtsanwalt, lassen Sie uns bei der Sintflut beginnen!'" Franz-Josef und Metternich konnten nicht mehr die gleiche Sprache sprechen, hat richtig Constantin von Grünwald festgestellt. „Der junge Monarch war ein unermüdlicher Arbeiter und geneigt, eine prosaische und positive Tätigkeit zu entfalten, die Kompetenzen voneinander zu trennen, die Probleme zu vereinfachen, seinen Geist von allem freizuhalten, was nicht dazu beitrug, die Einheit, die Zentralisation, herzustellen. Metternich auf der anderen Seite hatte zusammen mit den Traditionen des früheren Römischen Reiches Deutscher Nation die Liebe zum Komplexen, zum Ungewissen und zum Improvisieren geerbt; dies war die Domäne, in der er seinerzeit seinen persönlichen Charme, seine Kenntnis der Menschen und die Möglichkeiten seines subtilen Geistes hatte spielen lassen können."

Man weiß, daß bei verschiedenen Gelegenheiten der junge Herrscher den ehemaligen Minister um Rat fragte oder ihn um Berichte und Vorschläge bat; aber der wirkliche Einfluß seiner Ratschläge kann wohl nur sehr sehr schwierig herausgefiltert werden. Metternich kannte Schwarzenberg, seine starke Persönlichkeit und seinen unerbittlichen Willen viel zu genau, um sich einzubilden, einen irgendwie gearteten Einfluß auf seine Politik ausüben zu können, obwohl Fürst Felix häufig den Abend am Rennweg verbrachte. Aber am 5. April 1852 wurde Schwarzenberg ganz plötzlich von einem Schlaganfall hinweggerafft. Franz-Josef beschloß, selbst sein eigener Premierminister zu sein; zur Leitung des Außenministeriums wählte er sich Graf Buol-Schauenstein, den ehemaligen Botschafter in Rußland. Da sich Buol sehr deutlich seiner eigenen Mängel bewußt war, nahm er in der ersten Zeit sehr häufig Rückgriff auf die Vorschläge Metternichs. Letzterer – ein unglaublicher Vorgang – kam sogar eines Tages im Februar 1853 seinen Nachfolger am Ballhausplatz besuchen, wohin er die Füße seit dem 13. März 1848 nicht mehr gesetzt hatte. Tatsächlich war dies eine Gelegenheit, bei der das gesamte diplomatische Korps sich dort versammelt hatte, um nach einem fehlgeschlagenen Attentat gegen das Leben des Kaisers seinem Entsetzen Ausdruck zu geben.

In der Folge aber, sei es, daß er von den langatmigen Vorträgen seines alten Vorgängers ermüdet wurde, sei es, daß er glaubte, jetzt stark genug zu sein, um mit eigenen Flügeln fliegen zu können, dehnte Buol den Abstand zwischen seinen Besuchen immer weiter aus und gab der österreichischen Außenpolitik eine gefährliche Richtung. In dem Krieg, in dem sich 1854/1855 Frankreich und England gegen Rußland gestellt hatten – was ungenau mit dem Begriff „Krimkrieg" gekennzeichnet wird, wegen des Hauptkriegsschauplatzes – brachte Buol Österreich dazu, sich schließlich der französisch-englischen Koalition anzuschließen, wobei er den einzigen Alliierten, dessen Hilfe es dem Kaiserreich der Habsburger gestattet hatte, die Krise von 1848/1849 zu überleben, mit unglaublicher Undankbarkeit lohnte. Metternich hatte für eine absolute Neutralität im Dienste des Friedens plädiert. „Österreich nach Osten zu drücken", hatte er vorhergesagt, „ist ein sicheres Mittel, die Auflösung Österreichs im Westen zu betreiben."

Der Tod Melanies

Am 15. Mai 1853 wurde der achtzigste Geburtstag Clemens' gefeiert. Der Kaiser kam persönlich, um dem alten Diener seine Wünsche zu überbringen. Außerdem die Kaiserinmutter, der belgische König, der zu dieser Zeit mit seinem Sohn, dem zukünftigen Leopold II., auf der Durchreise in Wien war, der Erbprinz von Sachsen und eine Menge anderer Persönlichkeiten.

Dies war die letzte von Melanie festgehaltene große Freude. Kurze Zeit darauf hörte sie damit auf, ihr Tagebuch zu führen, was ein Zeichen der Verschlimmerung ihrer – nicht genauer beschriebenen – Krankheit war, an der sie schon seit Jahren litt. Sie schleppte sich immer schwächer werdend über den Winter und starb sanft am 3. März 1854. „Der Schmerz, den man selbst empfindet, geht die anderen nichts an", schrieb drei Wochen später Metternich an den treuen Clemens von Hügel. Und in der Tat blieb der Ausdruck seines Schmerzes weit unterhalb dessen, was er beim Tod seiner Kinder und beim Tod von Antoinette gezeigt hatte. „Ich konnte nicht mehr verlieren, als das, was ich verloren habe", sagte er ganz einfach. In der Tat, wenn Melanie so oft die Geduld ihres Ehemannes durch ihr Herausplatzen und ihre Taktlosigkeiten auf die Probe gestellt hatte, so war sie doch dreiundzwanzig Jahre lang seine absolut ergebene Ehefrau, Krankenschwester, Sekretärin, Hausverwalterin und Priesterin des Ich-Kultes gewesen.

Andere Zeitgenossen und Freunde verstarben fast zur gleichen Zeit: Pauline, die ältere Schwester, Herzogin von Württemberg, Wellington, Nikolaus I., Radetzky, Kübeck, Antonius Apponyi, Marmont, Clemens von Hügel, einer seiner bevorzugten Briefpartner, schließlich Raymond, der alte französische Kammerdiener, der ihm seit vierzig Jahren gedient hatte. 1857, im gleichen Jahr, verstarben Dorothée von Lieven und Cathérine Bagration. „Dies ist", stellt Metternich fest, „eine der finstersten Seiten des Älterwerdens." Und schließlich verglich er sich mit den Denkmälern, die in einer der Plünderung ausgesetzten Stadt aufrecht stehen bleiben, „sie sind umgeben entweder von Ruinen, oder von neuen Bauten, die ihnen fremd sind und stehen inmitten einer neuen Gesellschaft."

Letzte Jahre

Der achtzigjährige Witwer blieb jedoch nicht alleine im großen Haus in Wien oder bei seinen Sommeraufenthalten, die er weiterhin in Königswart und seltener am Rhein verbrachte. Zweifelsohne kamen die Kinder aus seiner dritten Ehe nicht nur auf der Durchreise dorthin. Paul und Lothar, die in der Uniform der kaiserlichen Armee dienten; die junge Melanie, die mit einem Grafen Josef Zichy verheiratet war, der doppelt so alt war wie sie; Richard, der älteste Sohn, der seine Lehre als Diplomat in Paris als Botschaftssekretär begonnen hatte. So blieb nur die letzte Tochter der Eleonore von Kaunitz, Herminie, beständig beim Patriarchen der Familie, die, nachdem sie schon auf die vierzig zuging, ganz entschieden auf dem besten Wege war, eine alte Jungfer zu bleiben; und Leontine Sandor, deren Ehemann, der exzentrische Moritz, nachdem er zum besten Reiter Europas geweiht worden war, jetzt in einer Heilanstalt für Geisteskranke in Prag dahinvegetierte. Ihre gemeinsame Tochter Pauline bezauberte ihren Großvater durch ihren Geist und ihre Fröhlichkeit.

Sie bereitete ihm eine absolut unerwartete Überraschung. Richard, ihr Onkel, war Anfang des Jahres 1856 auf Urlaub nach Wien gekommen; er beschloß, um die Hand Paulines anzuhalten; sie war 19 Jahre alt, er 26 und hatte weder die Schönheit seiner Mutter noch die Beständigkeit seines Vaters geerbt; er war aber intelligent, weise, sehr kultiviert und ein sehr guter Musiker; sie war nicht hübsch, mit ihren dicken Lippen und ihren unregelmäßigen Gesichtszügen, hatte aber einen funkelnden und unermüdlichen Geist; beide gemeinsam bildeten sie ein wunderbares Gespann in der diplomatischen Welt. Leontine, die Mutter, war zunächst wie vor den Kopf geschlagen und sehr abweisend, aber der Alte zeigte sich begeistert; er küßte Pauline zärtlich und sagte zu ihr: „Ich bleibe für Dich der Großvater. Du sollst mich nicht Schwiegervater nennen; als Großvater bin ich Dir sehr viel näher." Und er bemühte sich selbst darum, das junge Ehepaar mit allem auszurüsten, dessen es bedurfte, in Dresden ein Haus zu führen, da Richard als Gesandter des Kaisers von Österreich beim König von Sachsen genau den gleichen Posten einnehmen sollte, auf dem sein berühmter Vater seine Karriere begonnen hatte. Metternich nahm alle diese Dinge aus seinem eigenen Silberkasten und von seinem eigenen Mobiliar. Von Dresden nach Königswart war der Abstand nicht so groß, als daß man nicht in den folgenden Jahren zahlreiche Gelegenheiten schaffen konnte, daß der Großvater-Schwiegervater seine liebe Pauline wiedersehen konnte.

Dieser verdanken wir charmante kleine Berichte über den alten Staatsmann in seinen letzten Jahren.

> „Sein Leben (...) war so regelmäßig eingeteilt, so ordentlich, so ausgefüllt, daß ihm kein Augenblick der Langeweile blieb. Er erhob sich um acht Uhr, kleidete sich sofort an, (...) frühstückte eine Tasse Tee und setzte sich an seinen Schreibtisch, um die Zeitungen zu lesen oder Briefe zu schreiben. Er verschlang geradezu alle interessanten Bücher, die erschienen. (...) Wenn er im *Charivari* blätterte, das man ihm jeden Samstag aus Paris schickte, (...) lachte er so herzlich, daß wir uns nicht enthalten konnten, mit ihm zu lachen. (...) Jeden Nachmittag machte er seinen kleinen Spaziergang im Park oder im Garten und erfreute sich an den Schönheiten der Natur. (...) Wenn er beim Gang über den Hof erlegtes Wild sah, wandte er sich ab und sagte: 'Arme Tiere'."

Er hatte in der Tat die Jagd immer verabscheut. Abends, zumindest auf dem Lande, spielte er Whist, dachte aber beim Spielen immer an andere Dinge ... zum großen Ärger seiner Partner.

> „Das Jahr über, wenn er in der Stadt war, machte er nach dem Diner ein kleines Nickerchen, das nicht länger als eine Viertelstunde dauerte. Danach las er die Abendzeitungen. Wenn er des Lesens müde war, sprach er mit uns. Jeden Abend kamen nach dem Theater Besucher. Häufig genug war deren Zahl so groß, daß es kaum einen Sitzplatz gab. Großvater, der sehr taub geworden war, konnte sich nur noch mit einer Person gleichzeitig unterhalten, mit der er sich in eine Ecke zurückzog und die sehr stark schreien mußte.
>
> An den Sonn- und Feiertagen ging er regelmäßig zur Messe und las fromm die Episteln des heiligen Paulus, für die er eine große Bewunderung hegte."

Zu diesem, durch das Näherkommen der Ewigkeit belebten religiösen Gefühl, kam auch die Art Heiterkeit, die alle jene betroffen machte, die ihn seinerzeit näher kannten. Lag darin aber nicht auch ein Teil Egoismus des alten, verbrauchten Mannes? Als er vom Tode der Fürstin Bagration erfuhr, sagte er nur: „In der Tat, ich bin erstaunt, daß sie so lange gelebt hat." Alexander Hübner hat ein absolut sympathisches Bild von ihm bewahrt. „Er war ein guter und charmanter alter Mann, voller Wohlwollen für die Männer, die ihm nachgefolgt waren, (...) und er vereinte mit viel Größe ein absolutes Fehlen von Hochmut; in dieer Beziehung hatte er sich in der Tat geändert, denn zur Zeit seiner Macht war er nicht ohne diesen Fehler."

Letzte Tage

Am 20. April 1859 kam Franz-Josef, um den alten Meister über das kritische Italienproblem zu befragen, wo sich Buol schließlich doch von den geschickten Manövern Cavours hatte einwickeln lassen. Sollte man die Herausforderung annehmen, wie die Militärs es wünschten? „Um Gottes Willen", sagte Metternich, „kein Ultimatum an Piemont." „Es ist gestern abend abgegangen", antwortete der Kaiser ein wenig gequält. Und er sollte es um so mehr sein, als die ersten Nachrichten über Niederlagen Österreichs in der Lombardei eintrafen. Daraufhin ersetzte Franz-Josef auf Ratschlag Metternichs Buol durch Rechberg und entschloß sich, sich selbst auf den Kriegsschauplatz nach Italien zu begeben.

Bevor er abreiste, wollte er noch einmal zum Rennweg gehen (21. Mai), um Metternich zu bitten, ihm bei der Vorbereitung eines Testamentes behilflich zu sein, so wie dieser es dreißig Jahre zuvor bei seinem Großvater getan hatte. Der alte Mann lag zu Bett und hatte dort mit seinem jungen Herrscher ein letztes und langes Gespräch von drei Stunden Dauer. Einige Tage später war Alexander Hübner aus Paris eingetroffen, enttäuscht über den unglücklichen Abschluß seiner Botschaft bei Napoleon III. Metternich hatte ihn auf den 15. Mai zur Feier seines 86. Geburtstages zu Tisch geladen.

„Bei Tisch war er fröhlich und sprach viel, aber wir waren alle schmerzlich berührt von der Veränderung, die sich in seiner Persönlichkeit zeigte.

Am 25. abends sollte ich nach Neapel abreisen. Ich verbrachte noch den ganzen Vormittag bei ihm. Wir machten einen kleinen Spaziergang im Garten. Er stützte sich auf meinen Arm. Ich war überrascht, die Last so leicht vorzufinden. Dann folgte ich ihm in sein Arbeitszimmer. Die Unterhaltung war lebhaft und angeregt. Als ich ihn verließ, sagte er mir mehrfach und mit Nachdruck: 'Ich war ein Fels der Ordnung in der Brandung.' Ich hatte schon die Tür geschlossen und als ich sie leise noch einmal öffnete, um den großen Staatsmann noch einmal zu bewundern, saß er da, an seinem Schreibtisch, die Feder in der Hand, den Blick nachdenklich und in weitem Raum verloren, ruhig, aufrecht, stolz und majestätisch, wie ich ihn so oft früher in der Staatskanzlei im ganzen Glanze seiner Macht gesehen hatte. Der Schatten, der dem Tode vorangeht, den ich in den letzten Tagen bei ihm zu bemerken geglaubt hatte, war von seinem Gesicht verschwunden. Ein Sonnenstrahl erhellte das Zimmer und der Reflex des Lichtes verzauberte seine edlen Züge. Nach einigen Augenblicken bemerkte er mich an der Tür und blickte mich mit einem langen Blick voll tiefen Wohlwollens an. Dann wandte er sich ab und sagte halblaut: ‚Ein Fels der Ordnung in der Brandung.'"

Am 5. Juni, als Minister Rechberg sich mit ihm unterhielt, wurde ihnen die Nachricht über die Niederlage von Magenta gebracht. Metternich brach bewußtlos zusammen. In den folgenden Tagen wurde er auf sein Drängen hin angekleidet und aus dem Bett geholt. Am 10. ließ er sich im Rollstuhl in seinen Garten bringen, wobei er von Paul Esterhazy begleitet wurde. Am nächsten Vormittag stellte er fest, daß er sich nicht mehr erheben konnte und bat um die Sterbesakramente, die er in Anwesenheit der Seinen und einiger treuer Freunde empfing. Danach näherte sich Dr. Jaeger dem Bett, um ihm den Puls zu fühlen; der Sterbende machte mit der Hand lächelnd eine Geste, die bedeuten könnte: „Das ist unnütz." Und er verschied. Es war fast Mittag. Mit ihm stieg die umfangreichste Sammlung historischer Erinnerungen in den Friedhof des Vergessens hinab, die zweifelsohne ein menschliches Gedächtnis im 19. Jahrhundert überhaupt aufgenommen hatte.

Seine sterblichen Überreste wurden, nachdem sie am 15. Juni in dem barocken Dekor der Karlskirche in Wien aufgebahrt worden waren, nach Plass transportiert und dort in der kleinen Mausoleumskapelle begesetzt, die er hatte bauen lassen. Dort ruht Fürst Clemens-Wenceslas-Lothar von Metternich-Winneburg nach seinem Tode in einem Staat im Exil, den er verachtet hätte – und der ihm dies durch das übelwollende Vergessen bestens heimzahlt, in das ihn die Historiographie des Regimes fallen läßt – inmitten der Särge seiner drei Ehefrauen und fünf seiner Kinder.

Epilog

„In hundert Jahren", schrieb eines Tages Metternich an Dorothée von Lieven, „werden mich die Historiker besser verstehen." Wie kommt es, daß heute immer noch eine solche Verwirrung von widersprüchlichen Beurteilungen existiert? Diese mangelnde Übereinstimmung ist umso erstaunlicher, als es sich in keinster Weise in diesem Fall um eine rätselhafte Persönlichkeit handelt. Es gibt kein „Geheimnis Metternich". Handelt es sich etwa um sein politisches Werk? Es zeigt sich im hellen Licht der Geschichte seiner Zeit. Handelt es sich um seine Persönlichkeit? Kein anderer hat mehr Gefälligkeit gezeigt, über sich selbst zu erzählen und sich selbst zu analysieren.

Es wäre sicherlich hochmütig von mir, nach so vielen Anderen versuchen zu wollen, ein gerechtes und abschließendes Urteil auszusprechen. Zumindest können wir aber versuchen, das Problem einzugrenzen. Vielleicht sollte man zwischen zwei Gegenständen der Überlegung und der Wertung unterscheiden: Einerseits das Werk des Staatsmannes, andererseits die charakteristischen Züge des Individuums.

Unter dem ersten Gesichtspunkt sind Meinungsunterschiede unvermeidlich. Und sei es nur aufgrund der Tatsache, daß dieses politische Werk Metternichs noch nicht genügend bekannt ist, wie weiter unten in der Bibliographie anzumerken sein wird. Außerdem müssen die Ideologien und die in den nationalen Historiographien verankerten Traditionen berücksichtigt werden. Wir haben schon über die gesprochen, die unsere französische historische Literatur koloriert haben. Es gibt aber genausoviele – und vielleicht sogar mehr – auf deutscher Seite, wo Metternich von einer ganzen Generation als Gegner der nationalen Einheit und verbohrter Bewahrer überalteter monarchistischer Institutionen verdammt wurde. Für die Italiener war es nicht leicht, denjenigen zu vergessen, der den Dominationswillen Österreichs über ihr Land verkörperte, denjenigen, der sich in den Kopf gesetzt hatte, in Italien nur eine „geographische Bezeichnung" zu sehen. Die russische Historiographie des Zarenreiches konnte nur Antipathie gegen ihn hegen, denn er hatte allzu geschickt die großzügigen Anwandlungen Zar Alexanders genutzt, um diesen in den Netzen der Heiligen Allianz zu fangen und ihn daran zu hindern, das Eroberungswerk Katharinas der Großen zu Lasten des ottomanischen Reiches fortzuführen. Die sowjetische Geschichte kann, ohne wesentlichen Dogmen des Regimes zu widersprechen, nichts anderes als „negative" Urteile über den „Felsen der Ordnung in der Brandung" – der monarchistischen und aristokratischen Ordnung – zu fällen. Britischerseits sind die Meinungen mehr geteilt: Die liberale Schule hat manchmal das Werk und die Persönlichkeit Metternichs verdammt oder sogar ins Lächerliche verkehrt, aber die nützliche Rolle der monarchistischen Institutionen in diesem Lande hatte auch dazu geführt, daß die Ergebenheit des großen Ministers gegenüber der habsburgischen Dynastie besser geschätzt wurde und außerdem hat man ihm seine Teilnahme im Kampf gegen Napoleon nicht vergessen. Vielleicht kann man von Seiten der fruchtbaren amerikanischen Historiographie im Verlaufe der letzten beiden Jahrzehnte unseres Jahrhunderts die allgemein objektivsten Beiträge erwarten.

Es scheint, daß der wirkliche Gesichtspunkt, unter dem das politische Werk Metternichs zu beurteilen und zu betrachten sein wird, derjenige sein muß, der sein eigener war: Hat er der Sache des österreichischen Reiches gedient? Konnte er denn angesichts dessen, was er vorgefunden hatte, besseres leisten? Was hier vermieden werden muß, ist der heiligenlegendenmäßige Ton einer gewissen österreichischen Historiographie, die allerdings zu Recht stolz auf eine Persönlichkeit ist, die eine große Epoche ihrer Geschichte dominiert hat. Es ist wichtig, das Lob genauso wie den Tadel zu nuancieren. Bewundernswert sind sicherlich die Klarheit, der Mut und die geschickten Aktivitäten, die er Napoleon gegenüber bewiesen hat und die es ihm gestattet haben, ein von zwanzig Jahren der Niederlage gedemütigtes Land wiederaufzurichten. Bewundernswert auch sind sicherlich seine Verpflichtung dem Frieden gegenüber, seine Verpflichtung zur fundamentalen Solidarität der großen europäischen Mächte, seine Verbundenheit gegenüber dem Wert der diplomatischen Beziehungen und sein Respekt gegenüber einer gewissen internationalen Moral. Aber alle seine Geschicklichkeit hat ihm nicht geholfen, schmerzliche Niederlagen zu erleiden, wie in den Fragen Spaniens und des Orients. Hat er sich nicht im Übrigen nach 1815 viel zu leicht und viel zu schnell der konservativen Unbeweglichkeit seines erhabenen Herrn resignierend ergeben? Wenn man sich an seine dezentralisierenden Vorschläge von 1817 erinnert, an sein wiederholtes Drängen auf Modernisierung der alten Staatsmaschinerie, so kann man bedauern, daß der Mut zum Handeln nicht immer seinem Weitblick ebenmäßig war. Respektvolle Zuneigung zu einem Herrn, der ihn mit Wohltaten überhäuft hatte? Die Furcht, die Vorteile einer unter allen Gesichtspunkten beneidenswerten Lage zu verlieren? Nachlässigkeit oder Leichtherzigkeit eines Mannes von Welt, den die langweiligen Routinearbeiten des Regierens abstießen? Wer kann sich wagen, den Anteil der verschiedenen Faktoren in der Art Untätigkeit oder Unbeweglichkeit zu ermessen, die das fatale Dahinkümmern des österreichischen Staates ermöglicht haben?

Wenn das politische Werk sicherlich noch lange Zeit Anlaß zur Diskussion sein wird, so scheint die Physiognomie des Staatsmannes und des Privatmannes im Gegensatz dazu relativ leicht einzugrenzen zu sein. Relativ, denn wir finden uns angesichts einer sehr komplexen Persönlichkeit, die Anlaß zu sehr viel gegensätzlichen Bewertungen geliefert hat. Gewisse Unterschiede können nicht erstaunen, wenn man an die Irrungen und Wirrungen einer Karriere denkt, die sich über mehr als ein halbes Jahrhundert ausgedehnt hat. Drei Porträts, die von Metternich bekannt sind, gestatten es uns, einige der Facetten seiner Persönlichkeit zu beleuchten.

Zunächst einmal das Porträt des jungen Botschafters Österreichs am Hofe Napoleons, wie ihn François Gérard gesehen hat: Ein Gesicht mit leicht rundlichen Zügen, fast weiblich, die gelockten und gepuderten Haare heben die Jugendlichkeit der Person noch hervor, in den Augen hat er einen streichelnden Blick. Er ist der „Rosenkavalier", der mondäne Verführer in der Art eines Höflings des 18. Jahrhunderts, der fähig ist, gleichzeitig Liebesaffairen und politische Intrigen zu spinnen, er ist der schillernde Schmetterling, der Gentz und andere Mitarbeiter durch seine Leichtfertigkeit und Wetterwendigkeit zur Verzweiflung und zum Entsetzen trieb.

Der zweite Metternich ist der der triumphalen Periode der großen Kongresse nach 1815. Er ist die Persönlichkeit, die Lawrence 1818 malte: Der allmächtige Minister, und bald Kanzler des Hofes und des Staates, eingezwängt in seine schwer bestickte Jacke, den Hals mit einer Krawatte umbunden und behängt mit Kordeln und Orden. Die ganze Haltung und der Ausdruck spiegeln den Stolz wider, sich als „Kutscher Europas" zu fühlen, als unersetzlicher Diener seines Herrn. Die Reife der vierziger Jahre hat das Profil schärfer gemacht und der Haaransatz auf der majestätischen Stirn ist nach hinten gewandert. Die Zeit der außerehelichen Liebesverhältnisse und der großen Herzensangelegenheiten ist vorüber; ebenfalls die Zeit der frivolen Zerstreuungen. Nichts zählt mehr sehr außerhalb der Befriedigung in der Arbeit, die die Illusion vermittelt, die Welt zu lenken. Die Eitelkeit kann sich also freien Lauf verschaffen und drückt sich manchmal ganz extravagant aus.

Der dritte und letzte Metternich ist der, wie ihn die berühmte Daguerreotypie von Mylius überliefert hat: Er befindet sich in den letzten Jahren seines Daseins, aber das Bild würde ebenso auf das Ende seiner Ministerkarriere passen. Er ist absolut schwarz gekleidet und sitzt in nachdenklicher Haltung mit einer Zeitung in der Hand in seinem Sessel, das edle Gesicht vom Alter ausgetrocknet, auf den Lippen ein verächtliches oder desillusioniertes Halblächeln, er ist der „Professor der fundamentalen Wahrheiten", der „Protagonist der Vernunft", das Orakel der Gegenwart und der Zeuge eines halben Jahrhunderts Geschichte. Er ist auch der gute Großvater, den Pauline, seine Enkelin kennengelernt hat: Er ist fähig, zu lieben und glücklich, geliebt zu werden, heiter und nachsichtig, sowohl aus Erfahrung, als auch aus Egoismus.

Hinter diesen drei Bildern steht dennoch das gleiche Menschenwesen und nur im Zusammenfügen der verschiedenen Züge, die sie uns präsentieren, erfaßt man die Persönlichkeit in ihrer authentischen Komplexität. Der, der daraus auftaucht, gleicht nur sehr wenig dem schwarzen Mann der traditionellen liberalen Mythologie, der aus Luzifer und Machiavelli aus Torquemada und Matamoro zusammengesetzt ist. Er unterscheidet sich nicht weniger von der heroischen Statur, als die sich Metternich zu seiner Zeit am liebsten selbst dargestellt hätte: Das untrügliche Orakel, der heitere Genius, der über den schwachen Menschen schwebt, der Erste in Wahrheit und Recht, der „Felsen der Ordnung in der Brandung".

Metternich erscheint uns viel prosaischer als ein Mann guten Willens und gesunden Menschenverstandes, der bewundernswert über die Persönlichkeiten und die Probleme der Politik seiner Zeit Bescheid wußte, der sich bestens in den Wassern der diplomatischen Manipulation auskannte und der weniger doktrinär als vielmehr opportunistisch und realistisch war, mehr jedenfalls, als er es auf den ersten Blick zu sein scheint. Die Umstände haben seiner Karriere ebenso sehr weitergeholfen wie seine Geistesgaben, die nicht so sonderlich außergewöhnlich waren; sein Aufstieg wurde von einer Lage begünstigt, in der Finesse und Geduld die einzigen Waffen waren, die man der Macht und dem Genie entgegensetzen konnte; und schließlich hängt die erstaunliche Dauer seiner Herrschaftszeit zum großen Teil vom Zufall ab, der ihn, den konservativen und außergewöhnlich vorsichtigen Minister an die Seite eines Herrschers stellte, der ein Feind jeder Veränderung war, der jeglicher Phantasie ermangelte und der mit ihm zusammen ein Reich zu leiten hatte, das, um zu überleben, vor allen Dingen Frieden und Stabilität benötigte.

Wenn Metternich unbestritten eine große historische Figur bleibt, so deswegen, weil sich in ihm ein ganzer Aspekt des Denkens und politischen Handelns seiner Zeit darstellt. Aber eine ganze andere Reihe von Werten fehlte ihm und deswegen muß man doch zögern, ihn als einen großen Menschen zu bezeichnen. Er war eine Persönlichkeit der Aufklärungszeit, die in einem romantischen Jahrhundert verirrt war, und es fehlte ihm zweifelsohne die Fähigkeit, die Leidenschaften seiner Zeit zu verstehen und zu gebrauchen, was darin an Wertvollem möglicherweise vorhanden war. Er war ein Grandseigneur, der, wie die Engländer sagen, „mit einem Silberlöffel im Mund" geboren wurde, er war unfähig, in den liberalen und demokratischen Ansprüchen etwas anderes zu sehen, als vulgären Neid, der an den materiellen Vorteilen der Macht teilhaben wollte, jener Macht, die eine weise Vorsehung bis dahin glücklicherweise für die geborene Aristokratie und die Aristokratie der Erziehung reserviert hatte. Er, der ausgesprochene Europäer, war auch unfähig, die Nationalismen zu verstehen, die er so gerne – wie hundert Jahre später Albert Einstein – als Kinderkrankheiten der Menschheit bezeichnete.

Er war insgesamt gesehen zu vernünftig, um wirklich genial zu sein, es fehlte ihm vielleicht auch jene Antriebsfeder, die aus dem Herzen kommt, die Art von Phantasie, die Aktivitäten in ferne Zukunft hinein projiziert, der unerbittliche Wille, der Hindernisse zerbricht und das Schicksal zwingt. „Es scheint mir", schrieb 1849 Louis Veuillot „wenn ich vor allen Dingen an die letzte Phase seiner Karriere denke, daß sein Hauptfehler die Weisheit gewesen ist. (...) Die dauernde Sorge, nicht das Unmögliche unternehmen zu wollen, um den Frieden zu erhalten, verhindert nicht immer die großen Fehler, sie verhindert sicherlich die großen Werke und die großen Taten."

Fußnoten

KAPITEL 1:

1 Nach eigenen Schätzungen, die er für die Regelungen von 1803 vorlegte, beliefen sich die Einkünfte aus seinen linksrheinischen Besitzungen auf 62.000 Gulden jährlich. Dazu kamen die wesentlich geringeren Erträge aus anderem Besitz, deren genaue Höhe allerdings nicht bekannt ist. Dies alles wurde noch durch die Bezüge aus öffentlichen Ämtern ergänzt.

2 Der dritte Vorname – Lothar – ehrte zweifelsohne das Andenken des Erzbischofs von Trier im 17. Jahrhundert, des ersten Metternich, der wirklicher Souverän war.

KAPITEL 2:

1 Ein anderes deutliches Beispiel für diese Ausschmückungen: Metternich hat behauptet, daß der Leutnant Bonaparte in Straßburg Waffenmeister gewesen sein soll, wobei dieser kurz vor ihm in Straßburg angekommen wäre. Jeder weiß jedoch, daß die Karriere des jungen Artillerieoffiziers ihn niemals ins Elsaß geführt hat.

2 Christian de Liedekerke-Beaufort: Graf Hilarion, Erinnerungen und Biographie des ersten Grafen von Liedekerke-Beaufort, Paris, 1968-1969, 2 Bände.

3 Diese Schlacht wird weder in der Geschichte von Dünkirchen noch in der Marinegeschichte irgendwo erwähnt. Man kann also annehmen, daß Metternich hier einen ganz einfachen Zwischenfall ziemlich dramatisiert hat.

KAPITEL 4:

1 Zitiert bei Bibl, Franz II.

2 Maria Ulrichowa hat 1966 durch die Veröffentlichung der bislang unbekannten Korrespondenz zwischen Metternich und der Sagan dazu beigetragen; mehr noch aber das Buch von Dorothy McGigan (1975).

KAPITEL 5:

1 Erstaunlicherweise wird dieser Umstand von Napoleon selbst aufgeschrieben. Nachdem er ihn in einem kleinen Schreiben an seinen Bruder Josef (3. Dezember) mitgeteilt hatte, bediente er sich seiner für die politische Propaganda. Im 33. Tagesbefehl der großen Armee (7. Dezember) kann man lesen: „Die Schlacht von Austerlitz wurde über dem Grab des berühmten Kaunitz geschlagen. Dieser Umstand hat in den Köpfen der Wiener Bevölkerung großen Eindruck gemacht. Denn er hatte Österreich immer vorsichtig in Harmonie mit Frankreich gehalten und es so zu hohem Wohlstand geführt." (Correspondance, Band XI, Seite 504.)

2 Diese Zitate entstammen Botzenhart, Metternichs Pariser Botschafterzeit.

KAPITEL 6:

1 Ihm zufolge soll Napoleon eine Einmischung Metternichs in die Verhandlungen gefürchtet haben, die seinerzeit in Paris mit dem Vertreter des Zaren, Pierre d'Oubril, geführt wurden. Letzterer jedoch hatte Paris bereits am 22. Juli verlassen und trug dabei einen unterzeichneten Vertrag bei sich ..., der allerdings Makulatur blieb.

2 In der Tat beginnt die Serie der diplomatischen Schreiben, die sich aus dem Aufenthalt in Paris ergeben haben, erst im Juli 1807, wie sich aus der großen Veröffentlichung der Mémoires et Documents ergibt. Konstantin von Grundwald hat teilweise das veröffentlicht, was in den Zeitraum dieser Lücke fällt (Revue de Paris, 1936).

3 Dies sind bisher unveröffentlichte Details, die sich aus Forschungsarbeiten in den Archiven der Stadt Paris (Grundbuch DQ 18333) und bei den französischen Nationalarchiven (Minutier central CXXXI 634) ergeben haben.

KAPITEL 7:

1 Diese beiden Versionen sind die, die uns in dem Bericht Metternichs an Stadion (17. August 1808) und in dem Bericht Champagnys an General Andreossi in Wien (25. April 1808) gegeben werden, welch letzterer im Moniteur universel vom 25. April 1809 wiedergegeben ist. Ein genauer Vergleich der beiden Berichte ermangelt nicht einer gewissen Pikanterie.

2 Der Haupterfinder dieser Legende ist Metternich selbst in seiner Autobiographie. Diesem spät geschriebenen (1844) Bericht ist ganz offensichtlich der gleich geschriebene Bericht an Stadion vorzuziehen.

3 In: Botzenhart, Metternichs Pariser Botschafterzeit, Seite 249.

4 Zwei davon befinden sich, auf den 4. Dezember 1808 nachdatiert, in der großen Sammlung der Memoiren und Dokumente (Band II, 240-257). Der dritte findet sich zusammengefaßt in Botzenhart, Metternichs Pariser Botschafterzeit, Seiten 279 und 280.

KAPITEL 8:

1 Der Text, der hier gegeben wird, ist leicht abweichend von dem, den man in der großen Veröffentlichung der Memoiren Metternichs (Band II, Seiten 304, 305) lesen kann. Angesichts seiner kapitalen Bedeutung habe ich es vorgezogen, eine wörtliche Übersetzung dessen zu geben, was in der deutschen Ausgabe steht, denn für den Kaiser hat Metternich immer deutsch geschrieben. Und hier finden wir genau formuliert die Politik Metternichs für die folgenden Jahre.

2 In diesem reizenden kleinen Haus befindet sich heutzutage die Gesellschaft der Literaten.

3 Nach dem Bericht von Laura Junot selbst, der in CHANTE MESSE, Der unbekannte Roman der Gräfin von Abrantès (1927), zusammen mit den Details aus den Memoiren von Golowski und dem Tagebuch von Girardin Grünwald im Rahmen seiner Metternich-Biographie abgedruckt ist, werden zwei Briefe der Gräfin Eleonore zitiert, die diese Tatsachen bestätigen, ohne daß weitere Details hinzugefügt werden.

4 Angesichts der kurzen Zeit, in der die Metternichs dort wohnten, war es nicht möglich, diesen vorübergehenden Aufenthaltsort genau zu lokalisieren.

5 Der von Metternich für Kaiser Franz geschriebene Bericht findet sich nicht in Band II der Sammlung der „Erinnerungen und Dokumente" zusammen mit den anderen Briefen aus seiner Mission, sondern im Band I (Seiten 307-313) im Anhang des großen Napoleonporträts.

KAPITEL 9:

1 Der Irrtum rührt daher, daß man sich an das gehalten hat, was Metternich in seiner mehrere Jahre später abgefaßten Autobiographie schreibt. Natürlich ist den Angaben aus seinem Bericht vom 17. Januar 1811 mehr zu trauen.
2 Nicht zu verwechseln mit dem Kurort Baden-Baden im deutschen Rheingraben.

KAPITEL 10:

1 Wegen der Sache mit dem Hut muß hier der wenig bekannte Bericht darüber zitiert werden, den Clemens am 28. Juni an Eleonore schrieb. „Viermal warf der Kaiser seinen Hut in eine Ecke des Zimmers und fluchte dabei wie der Teufel selbst. Jedesmal, wenn ich sah, daß ihn die Wut packte, legte ich meinen eigenen Hut sorgsam und ruhig auf einen Stuhl, um ihm zu zeigen, daß wenigstens ich mich beherrschen konnte." (In: MCGUIGAN, Metternich and the Duchess.)
2 Die Schlußfolgerung im gleichen Brief vom 28. Juni ist nicht weniger bemerkenswert: „Schließlich erklärte er mir in der neunten Stunde, daß ich einer der Männer sei, die er auf der Welt am meisten liebe und daß, wenn wir schon Krieg gegeneinander führen müßten, er mich deswegen doch nicht weniger liebe."

KAPITEL 10:

1 Dieses Schweigen erklärt sich aus der – in sich selbst erstaunlichen – Tatsache, daß Metternich an keiner anderen Stelle den hier zitierten Zwischenfall beschreibt. Er wurde erst 1945 zusammen mit mehreren anderen Briefen im Annuaire bulletin de la Société d'histoire de France, Jahrgang 1943, veröffentlicht.
2 Metternich präzisiert: Altenburg in Sachsen, um die Verwechslung mit einem anderen Altenburg in Thüringen zu vermeiden, denn ersteres war größer und wichtiger als Sitz des Herzogtums Sachsen-Altenburg.
3 Metternich hat in seinen Memoiren dazu beigetragen, in der Historiographie einen ungenauen Zug festzuschreiben. Napoleon soll, als er von Savary ein Exemplar der Frankfurter Erklärung erhielt, gerufen haben: „Nur Metternich kann das geschrieben haben und vom Rhein, den Alpen und den Pyrenäen sprechen (...) eine solche Idee kann nur jemandem kommen, der Frankreich so gut kennt, wie er!" Dieses Wort Napoleons – wenn es denn überhaupt gesprochen wurde – konnte nur bei Kenntnisnahme des Berichtes von Saint-Aignan gesagt werden, denn die geographischen Festlegungen *stehen nicht* in der Frankfurter Erklärung.

KAPITEL 12:

1 Dieses zwischen 1765 und 1769 für den Finanzier Bouret erbaute Hotel wurde im Zuge der Trassierung der Rue de l'Elysée abgerissen.

KAPITEL 13:

1 Diese Analyse stammt von Professor Enno Kraehe, der seit der Zeit des sehr berühmten von Srbik der in meinen Augen der beste Kenner der Politik Metternichs ist.
2 Zu diesem Datum unwahrscheinlich, aus dem einfachen Grund, weil die Charte noch nicht existierte.
3 Metternich an Wilhelmine von Sagan, 25. Dezember 1813.

KAPITEL 15:
1   In: WELLINGTON, Supplementary Dispatches, Band IX, S. 473.
2   Mehr als ein Biograph Metternichs hat diese Szene mit der des 24. Oktober verwechselt. Über die Szene vom 13. Dezember siehe vor allem den Bericht, den Metternich unverzüglich im Anschluß daran an Talleyrand sandte. In: Mémoires von Talleyrand, Band II, S. 527.
3   Zitiert in dem von Michel RICHARD verfaßten Artikel: Herr Metternich hat mir erzählt ... In: Histoire-Informations et documents, März 1970, S. 69. Die Mémoires von Macirone (alias Maceroni) bestätigen die Aussage Metternichs ganz wesentlich; darin findet sich sogar der Text des fraglichen Dokumentes (in der englischen Ausgabe von 1838, Band II, S. 260).

KAPITEL 16:
1   In diesem Zusammenhang geben die Mémoires Metternichs ein unrichtiges Detail wieder, das aber von den meisten Biographen aufgegriffen wurde. Die Depesche, so sagt er, kam vom österreichischen Botschafter von Genua, bei dem Colonel Neil Campbell, der britische Kommissar auf der Insel Elba, eingetroffen sei, um sich zu erkundigen, ob man dort keine Spur des Flüchtigen habe. Der sehr präzise Bericht des besagten Campbell (Napoleon at Fontainebleau and Elba, being a journal of occurences in 1814-1815 by the late Major-General Sir Neil Campbell (...) London, 1869) erklärt, wie er, nachdem er den Ausbruch Napoleons am Morgen des 28. Februar entdeckt hatte, die Nachricht davon sofort nach Livorno und Florenz habe bringen lassen, während er selbst seine Suche zur Insel Capraia und dann nach Antibes ausdehnte. Genua, wo starke englische Truppenverbände lagen, wäre in der Tat der letzte Punkt der italienischen Küste gewesen, wo Napoleon hätte daran denken können, zu landen. Im Übrigen nennen alle anderen zeitgenössischen Quellen Livorno als Ursprungsort der Nachricht. Die Verwirrung in den Erinnerungen Metternichs rührt ohne Zweifel von der Tatsache, daß die Nachricht von der Landung im Golfe Juan in der Tat via Genua nach Wien gelangt war. Solche Verwechslungen sind in der Feder Metternichs häufig festzustellen; so gibt er zum Beispiel für das in Frage stehende Ereignis zwei verschiedene Daten an: den 7. und 6. März (Mémoires, Seiten 204 und 328). In einem Brief vom Juli 1817 ist daraus sogar der 5. geworden!
2   Das von dem Generalfinanzinspekteur Bertin gebaute weitläufige Hotel war 1807 von Marschall Berthier aufgekauft worden. Später wurde es der Sitz des Außenministeriums. Das Hotel de l'Empire, der provisorische Sitz Metternichs, lag in der Rue d'Artois, heute Rue Laffitte.

KAPITEL 19:
1   Ich habe den bis dahin unveröffentlichten Briefwechsel unter dem Titel „France and the European Alliance" in der University of Notre Dame Press 1968 veröffentlicht.
2   Ich habe darüber ein detailliertes Exposé im Kapitel VII des Bandes I meines Werkes „Metternich et la France après le congrès de Vienne", Paris, 1968, gegeben.
3   Die Umstände seiner Abberufung können hier kurz aufgezeigt werden, da seine Frau in gewisser Weise dafür verantwortlich zeichnet. Der englische Botschafter in St. Petersburg sollte ausgetauscht werden; Nesselrode teilte Lieven mit, daß unter gar keinen Umständen die Entsendung Sir Stratford Cannings akzeptiert werden könne, da dessen Benehmen in Konstantinopel Nikolaus I. mißfallen hatte. Die Fürstin von Lieven nahm es auf sich, Palmerston und dem Premierminister, Lord

Grey, dies mitzuteilen. Ihr herrischer Ton verärgerte beide und veranlaßte sie, gerade den zu ernennen, der ausgeschlossen werden sollte. Nikolaus I. weigerte sich erbost, Stratford Canning zu empfangen und Palmerston ließ als Gegenmaßnahme die englische Botschaft in St. Petersburg von einem einfachen Geschäftsträger leiten. Nun sah sich der Zar gezwungen, seinen eigenen Botschafter in London abzuberufen. Dorothée von Lieven, die wütend darüber war, die gesellschaftliche Stellung, die sie sich in London aufgebaut hatte, verlassen zu müssen, weigerte sich wegen der Vorhaltungen ihres Ehemannes, mit ihm nach Rußland zurückzukehren und zog nach Paris, wo sie in aller Unabhängigkeit ein zweitesmal eine Karriere als politische Muse mit ihrer Liaison mit Guizot begann.

4 In: Ernest DAUDET, „A travers trois siècles", Seiten 163-227 (Paris, 1911). Die getroffenen Vorsichtsmaßnahmen waren äußerst ausgefeilt. Die Briefe Dorothées gingen in London mit der Post ab, die für die britische Botschaft in Paris bestimmt war. Sie befanden sich in einem vierfachen Umschlag: 1. in einem schwarzen, versiegelten, an Binder, den ersten Sekretär der österreichischen Botschaft in Paris adressierten; 2. der Umschlag trug in der Handschrift Philipp Neumanns, des Sekretärs der österreichischen Botschaft in London, die Bemerkung: „Es ist wohl nicht nötig, lieber Freund, Ihnen Beiliegendes besonders ans Herz zu legen."; 3. adressiert an Floret, in Wien; 4. ohne Aufschrift.

KAPITEL 21:

1 In: Mémoires Metternichs, Band III, Seiten 426-445.

KAPITEL 23:

1 In meinem Werk: „Metternich et la France après le congrès de Vienne, Band II, Kap. XIX und XX.

KAPITEL 24:

1 Über die Identifizierung der Lokalitäten und über die Einzelheiten dieses Aufenthaltes in Paris siehe mein Werk „Metternich et la France après le congrès de Vienne", Band III, Kap. XXIV.
2 In: 11. April 1825, Archives de Plasy.
3 In der Sammlung der Mémoires, Seiten 277-309.

KAPITEL 25:

1 Er wurde vom Großvater nicht fallengelassen, der, bevor er die Macht verlor, persönlich dafür sorgte, ihn in den diplomatischen Dienst Österreichs zu übernehmen, nachdem er dafür gesorgt hatte, daß ihm der Titel eines Barons von Altenburg verliehen wurde, ein Name, der an eine der großen Leistungen seines Großvaters im Jahre 1813 erinnert.
2 Diese erstaunliche Episode ist keinem der Biographen Metternichs bekannt geworden, noch wurde sie von einem berichtet. Dies gilt sogar für die Zeit nach meiner Veröffentlichung in einer Ausgabe des Figaro Littéraire (26. Dezember 1959). Aus diesem Grunde glaubte ich, es sei wichtig, diesen Briefwechsel hier gemäß dem kleinen, in den Archiven des Schlosses Plass aufbewahrten Dossier wiederzugeben.

KAPITEL 29:

1 Die zur Verfügung stehenden Quellen erlauben es uns nicht, zu sagen, ob die Abreise am Mittwoch, dem 16. oder am Donnerstag, dem 17. erfolgte.

Chronologie

1746		Geburt des Grafen Franz-Georg von Metternich.
1756		Bündnisvertrag zwischen Österreich und Frankreich, ausgehandelt von Kaunitz, Kanzler der Kaiserin Maria-Theresia.
1765		Josef II., Kaiser von Deutschland, Mitregent der österreichischen Staaten.
1769	15. August	Geburt Napoleon Bonapartes.
1770		Der spätere Ludwig XVI. heiratet die Erzherzogin Marie-Antoinette.
1711	8. Januar	Franz-Georg von Metternich heiratet Maria-Beatrix von Kagenegg.
1773	15. Mai	In Koblenz Geburt von Clemens-Wenzeslas-Lothar von Metternich-Winneburg.
1774		Tod Ludwigs XVI. Regierungsbeginn Ludwigs XVI.
1776		Unabhängigkeitserklärung der englischen Kolonien von Nordamerika.
1777		Geburt von Alexander Pawlowitsch, des zukünftigen Zaren.
1780		Tod der Kaiserin Maria Theresia.
1782		England erkennt die Unabhängigkeit der Vereinigten Staaten an.
1786		Tod des Königs Friedrich II. von Preußen.
1789	Mai	Versammlung der Generalstände in Versailles.
1789	18. Juli	Volksaufstand in Straßburg.
1790	Februar	Tod des Kaisers Josef II.
1790	Oktober	In Frankfurt Krönung des Kaisers Leopold II.
1791	Juni	Franz Georg von Metternich ist Statthalter Österreichs in Belgien.
1792	März	Tod des Kaisers Leopold II.
1792	10. April	Frankreich erklärt Österreich den Krieg.
1792	Juli	In Frankfurt Krönung des Kaisers Franz II.
1792	10. August	Sturz der französischen Monarchie.
1792	20. September	Kanonade von Valmy.

1792	November	Schlacht von Jemappes. Erste französische Invasion in Belgien.
1793	21. Januar	Hinrichtung Ludwigs XVI.
1793	März	Niederlage der Franzosen in Neerwinden. Die Österreicher erobern Belgien zurück. Die Metternichs kehren nach Brüssel zurück.
1794	März-Juni	Clemens von Metternich besucht England.
1794	Juni	Tod des Kanzlers Kaunitz. 2. französische Invasion in Belgien. Die Metternichs fliehen nach Böhmen und Wien.
1794	Juli	Sturz Robespierres.
1795		Dritte Teilung Polens. Friedensverträge zwischen der französischen Republik und Preußen, Holland und Spanien.
1795	27. September	Clemens von Metternich heiratet Eleonore von Kaunitz.
1795	Oktober	In Frankreich folgt das Direktorium auf den Konvent.
1796		Siege Napoleons in Norditalien.
1795	November	Tod Katharinas II. von Rußland. Paul I. Zar.
1797	Oktober	Der Frieden von Campoformio wird Österreich von Napoleon aufgezwungen.
1797	November	Thronbesteigung König Friedrich-Wilhelms II. von Preußen.
1797	Dezember	Vater und Sohn Metternich beim Kongreß in Rastatt.
1798	Mai	Napoleon bricht zur Eroberung Ägyptens auf.
1799	März	Ende des Kongresses von Rastatt. Österreich tritt an der Seite Englands und Rußlands wieder in den Krieg ein.
1799	November	Bonaparte ergreift in Frankreich die Macht.
1800	14. Juni	Bonaparte schlägt die Österreicher in Marengo.
1800	3. Dezember	Sieg Moreaus in Hohenlinden.
1801	Februar	Friede von Lunéville zwischen Frankreich und Österreich. Metternich zum Botschafter Österreichs in Dresden ernannt.
1801	März	Zar Paul I. ermordet. Alexander I. folgt auf dem Thron.
1802	März	Friede von Amiens zwischen Frankreich und England.
1802	August	Bonaparte Konsul auf Lebenszeit.
1803	Januar	Metternich zum Botschafter in Berlin ernannt.
1803	Februar	Reichsdeputationshauptschluß in Regensburg.
1803	Mai	Wiederaufnahme des Krieges zwischen England und Frankreich.
1804	Mai	Napoleon I. Kaiser. Franz II. als Franz I. österreichischer Kaiser.

1805	März	Napoleon ernennt sich zum König von Italien.
1805	August	Österreich tritt der dritten Koalition gegen Frankreich bei.
1805	Oktober	Niederlage der Österreicher bei Ulm. In Berlin bemüht sich Metternich vergeblich, Preußen zum Eintritt in die Koalition zu bewegen. Erstes Treffen mit Zar Alexander I.
1805	2. Dezember	Austerlitz.
1805	23. Dezember	Friede von Preßburg zwischen Frankreich und Österreich.
1806	Januar	Tod von William Pitt.
1806	Mai	Metternich zum Botschafter in Paris ernannt.
1806	Juli	Napoleon schafft den Rheinbund.
1806	August	Franz II. legt Kaiserkrone nieder, Ende des „Heiligen Römischen Reiches Deutscher Nation".
1806	Oktober	Niederlage Preußens bei Jena und Auerstedt.
1806	November	In Berlin verkündet Napoleon die Kontinentalsperre.
1807	14. Juni	Niederlage der Russen bei Friedland.
1807	7. Juli	Vertrag von Tilsit.
1808	Mai	Abdankung der spanischen Bourbonen.
1808	15. August	In St. Cloud dramatische Konfrontation Metternichs mit Napoleon.
1808	Dezember	Metternich zu Konsultationen in Wien.
1809	1. Januar	Metternich wieder in Paris.
1809	27. Januar	Napoleon kommt aus Spanien zurück.
1809	April	Österreich tritt in den Krieg gegen Frankreich ein. Metternich wird als Geisel zunächst in Paris und dann in Wien festgehalten.
1809	2. Juli	Metternich reist nach seiner Befreiung zum Kaiser.
1809	5. bis 6. Juli	Schlacht von Wagram.
1809	4. August	Metternich wird zum Minister der Konferenz und des Staates ernannt.
1809	August/September	Vergebliche Friedensverhandlungen.
1809	Oktober	Friedensvertrag von Wien (oder von Schönbrunn). Metternich wird Außenminister.
1810	Januar/Februar	Verhandlungen über die Eheschließung Napoleons mit Erzherzogin Marie-Louise.
1810	März/Oktober	Metternich in Paris.
1811	20. März	Geburt des Königs von Rom.
1812	Juni	Napoleon beginnt den Rußlandfeldzug. In England Bildung eines Torykabinetts mit den Lords Liverpool und Castlereagh. Die Vereinigten Staaten im Krieg gegen England.

1812	14. September	Napoleon erobert Moskau.
1812	Oktober/November	Das Desaster auf dem Rückzug aus Rußland.
1812	5. Oktober	Napoleon verläßt die Armee und kehrt nach Paris zurück.
1813	März	Preußen tritt an der Seite Rußlands und Englands in den Krieg ein.
1813	Mai	Napoleon schlägt die Russen und Preußen bei Lützen und Bautzen.
1813	Juni	Metternich versucht eine Vermittlung zwischen Napoleon und der Koalition.
1813	26. Juni	Dramatische Konfrontation zwischen Metternich und Napoleon.
1813	Juli/August	Scheinverhandlungen in Prag.
1813	10. August	Österreich tritt der Koalition bei.
1813	8. September	Unterzeichnung der Vereinbarungen von Teplitz.
1813	16. bis 18. Oktober	Völkerschlacht bei Leipzig.
1813	20. Oktober	Der Kaiser verleiht Metternich die Fürstenwürde.
1813	November	In Frankfurt verhandelt Metternich über den Beitritt der deutschen Fürsten zur Koalition.
1814	Januar	Die Alliierten tragen den Krieg nach Frankreich.
1814	1. März	Unterzeichnung des Vertrages von Chaumont.
1814	14. bis 15. März	Konferenzen von Châtillon.
1814	12. März	Bordeaux erklärt sich für die Wiedereinsetzung der Bourbonen.
1814	31. März	Einzug der Alliierten in Paris.
1814	6. April	Abdankung Napoleons.
1814	10. April	Metternich trifft in Paris ein.
1814	3. Mai	Einzug Ludwigs XVIII. in Paris.
1814	30. Mai	Vertrag von Paris.
1814	Juni	Aufenthalt Metternichs in England.
1814	September/Dezember	Wiener Kongreß.
1815	3. Januar	Geheimer Allianzvertrag zwischen Österreich, England und Frankreich, um die Zielvorstellungen Preußens zu Fall zu bringen.
1815	7. März	In Wien wird bekannt, daß Napoleon von Elba entflohen ist.
1815	8. März	Erneuerung der Allianz von Chaumont gegen Napoleon.
1815	9. Juni	Offizieller Abschluß des Wiener Kongresses.

1815	18. Juni	Schlacht von Waterloo.
1815	22. Juni	2. Abdankung von Napoleon.
1815	11. Juli	Metternich trifft gemeinsam mit dem Kaiser in Paris ein.
1815	26. September	Heilige Allianz.
1815	20. November	2. Vertrag von Paris. Vertrag der Viererallianz.
1815	Dezember	Aufenthalt Metternichs in Norditalien.
1816	Juli	Der Kaiser schenkt Metternich die Domäne Johannisberg.
1817	Juni/Oktober	Aufenthalt in Norditalien und in der Toskana.
1818	11. August	Tod Franz-Georgs von Metternich.
1818	Oktober	Kongreß von Aachen. Beginn der Liaison mit Dorothée von Lieven.
1818	21. Dezember	Demission der Regierung Richelieu.
1819	Mai/Juli	Reise mit dem Kaiser nach Rom und nach Neapel.
1819	Juli/August	Metternich organisiert die Unterdrückung der liberalen Bewegung in Deutschland. Karlsbader Beschlüsse.
1819	25. November	In Wien Eröffnung der Konferenz für die Stärkung des deutschen Bundes.
1820	29. Januar	Der Prinzregent von England wird unter dem Namen Georg IV. König von England.
1820	Februar	In Paris Ermordung des Herzogs de Berry. Sturz der Regierung Decazes.
1820	6. Mai	Tod Clementines von Metternich.
1820	15. Mai	Schlußakte der Konferenzen von Wien.
1820	Juli	Liberale Revolution in Neapel.
1820	20. Juli	Tod der Maria, der ältesten Tochter Metternichs.
1820	Oktober/Dezember	Kongreß von Troppau.
1821	Januar/Mai	Kongreß von Laibach.
1821	10. März	Liberaler Putschversuch in Piemont.
1821	März	Beginn einer nationalen Erhebung in Griechenland.
1821	5. Mai	Tod Napoleons.
1821	25. Juli	Metternich wird zum Kanzler des Hofes und des Staates ernannt.
1821	Oktober	Metternich trifft Georg IV. und Castlereagh in Hannover.
1821	Dezember	Installierung eines reaktionär-royalistischen Kabinetts in Paris.

1822	August	In London Selbstmord Castlereaghs, im Foreign Office durch George Canning ersetzt.
1822	September	Stellvertreterkonferenzen in Wien.
1822	Oktober/Dezember	Kongreß von Verona.
1823	April/Oktober	Französisches Eingreifen in Spanien.
1823	September	Wahl des Papstes Leo XII.
1823	Oktober	Metternich schwer krank in Lemberg.
1823	Dezember	Verkündung der Monroedoktrin.
1824	Juni/Juli	Verhandlungen in Frankfurt zur Verlängerung der repressiven Erlasse von Karlsbad.
1824	16. September	Tod Ludwigs XVIII. Thronbesteigung Karls X.
1825	Januar	England erkennt die Unabhängigkeit der spanischen Kolonien in Amerika an.
1825	März/April	Aufenthalt Metternichs in Paris.
1825	19. März	Tod der Fürstin Eleonore.
1825	November	Der ungarische Reichstag in Preßburg.
1825	1. Dezember	Tod Zar Alexanders. Nikolaus I. triumphiert über eine liberale Verschwörung.
1826	Februar	Metternich kauft die Domäne Plass in Böhmen.
1826	April	Englisch-russische Vereinbarung über die Orientfrage.
1827	6. Juli	Vertrag von London (England, Frankreich, Rußland) zur Regulierung der Griechenlandfrage.
1827	August	Tod George Cannings.
1827	5. November	Metternich heiratet Antoinette von Leykam.
1828	Januar	Wellington wird Premierminister. In Frankreich ersetzt eine Regierung mit liberaler Tendenz die Regierung Villèle.
1828	Mai	Beginn des russisch-türkischen Krieges.
1828	28. November	Tod der Maria-Beatrix von Kagenegg, Mutter Metternichs.
1829	Januar	Geburt von Richard von Metternich und Tod Antoinette von Leykams.
1829	März	Wahl des Papstes Pius VIII.
1829	30. November	Tod Victors von Metternich.
1830	Juni	Tod des Königs Georg IV. von England auf den sein Bruder Wilhelm IV. folgt. Whig-Regierung unter Lord Grey.
1830	5. Juli	Eroberung Algiers.
1830	28./30. Juli	Revolution in Paris.

1830	9. August	Louis-Philippe wird König der Franzosen.
1830	25. August	Beginn eines Aufstandes der Belgier in Brüssel.
1830	September	Erzherzog Ferdinand wird zum König von Ungarn gekrönt.
1830	30. November	Aufstand der Polen in Warschau.
1831	30. Januar	Metternich heiratet Melanie von Zichy-Ferraris.
1831	2. Februar	Gregor XVI. wird zum Papst gewählt.
1831	März	Casimir Perier wird mit der Regierungsbildung in Frankreich beauftragt.
1831	August	Choleraepidemie in Wien.
1831	September	Eroberung Warschaus durch die Russen.
1831	15. November	Die Unabhängigkeit Belgiens wird durch den Vertrag von London anerkannt.
1832	Februar	Drohender Konflikt mit Frankreich aus Anlaß der Besetzung Anconas.
1832	März	Tod Johann Wolfgang von Goethes.
1832	Mai	Hambacher Fest.
1832	Juni	Neue Frankfurter Erlasse gegen die liberale Agitation in Deutschland.
1832	23. Juli	Tod des Sohnes Napoleons.
1832	Dezember	Die ägyptische Armee ist siegreich und bedroht Konstantinopel.
1833	Februar	Europäische Krise wegen des Orientkonfliktes.
1833	Juli	Vertrag von Unkiar Skelessi stellt die Türkei unter russisches Protektorat.
1833	September	Gespräch Metternichs mit Nikolaus I. in Münchengraetz. Engerer Zusammenschluß der konservativen Allianz.
1834		Bau der ersten deutschen Eisenbahn Nürnberg-Fürth.
1834	Januar	Preußen gründet Zollverein, Österreich bleibt außerhalb.
1834	Januar/Juni	In Wien neue Konferenz der deutschen Staaten. Beginn der Karlistischen Kriege in Spanien.
1835	2. März	Tod Kaiser Franz'.
1835	28. Juli	In Paris Attentat des Fieschi gegen Louis-Philippe.
1836		Die Besiegelung des Zollvereins sichert die preußische Vorherrschaft in Deutschland.
1836	Juni	Besuch der Prinzen von Orléans in Wien.
1836	Oktober	Putschversuch des Louis Napoleon Bonaparte in Straßburg.

1837	Juni	Thronbesteigung der Königin Viktoria von England. Ernst August von Cumberland König von Hannover.
1837	Juli	In Teplitz trifft Metternich auf Nikolaus I. und den König von Preußen.
1838	17. Mai	Tod Talleyrands.
1838	August-Oktober	Reise nach Italien.
1839		Zweite Orientkrise. Metternich krank und muß Urlaub nehmen.
1840	Juni	Thronbesteigung des Königs Friedrich-Wilhelm IV. von Preußen.
1840	Juli	Meerengenvertrag.
1842	13. Juli	Unfalltod des Herzogs von Orléans.
1844	September	Aufenthalt Metternichs in Triest.
1845	August	Er trifft im Rheinland Königin Viktoria und den König von Preußen.
1845	Dezember	Die katholischen Schweizer Kantone gründen den Sonderbund.
1846	März	Aufstand in Galizien.
1846	November	Annexion Krakaus.
1847		Metternich läßt sich in Wien am Rennweg eine neue Residenz bauen.
1847	November	Bürgerkrieg in der Schweiz.
1848	Januar	Aufstände in Mailand.
1848	17./29. Februar	Revolution in Paris. Sturz Louis-Philippes.
1848	13. März	Aufstände in Wien. Rücktritt Metternichs.
1848	31. März	Eröffnung des Frankfurter Vorparlaments.
1848	2. April	Aufhebung der Karlsbader Beschlüsse.
1848	20. April	Metternich kommt in England im Exil an.
1848	28. Mai	Nationalversammlung in Frankfurt.
1848	Juli	Radetzky schlägt die Piemonteser in Custozza und stellt die österreichische Vorherrschaft in Italien wieder her.
1848	November	Revolution in Rom. Pius IX. flüchtet sich nach Gaëta.
1848	Dezember	Schwarzenberg an der Spitze einer neuen Regierung in Österreich führt die Abdankung Kaiser Ferdinands herbei, der von seinem Neffen Franz-Josef ersetzt wird.
1848	10. Dezember	Louis-Napoleon Bonaparte wird zum Präsidenten der französischen Republik gewählt.
1849		König Friedrich Wilhelm IV. von Preußen lehnt deutsche Kaiserkrone ab.

1849	März	Wiederaufflammen des Krieges in Italien. Nach seiner Niederlage in Novara dankt Karl-Albert von Piemont zugunsten seines Sohnes Victor-Emmanuel ab.
1849	23. Juli	Kapitulation der Aufständischen in der Festung Rastatt.
1849		Ungarn wird mit Hilfe der Russen wieder erobert.
1849	11. Oktober	Metternich zieht nach Brüssel.
1851	Juni	Metternich kehrt zum Johannisberg zurück.
1851	24. September	Er wird in Wien empfangen.
1852	5. April	Plötzlicher Tod Schwarzenbergs.
1854		England und Frankreich im Krieg gegen Rußland.
1854	3. März	Tod Melanies, der dritten Frau Metternichs.
1856		Kongreß und Frieden von Paris.
1856	Juni	Heirat Richards von Metternich mit seiner Nichte Pauline Sandor, der Enkelin des Kanzlers.
1858	Juli	In Plombières bereiten Napoleon III. und Cavour die Intervention Frankreichs in Italien vor.
1859	April	Österreich im Krieg gegen Piemont.
1859	21. Mai	Letzter Besuch des Kaisers Franz-Josef beim alten Kanzler.
1859	11. Juni	Tod Metternichs.

Bibliographie

Eine vollständige Biographie Metternichs wäre immens: sie müßte nicht nur die Arbeiten umfassen, die ihm namentlich oder in der Hauptsache gewidmet sind, sondern auch alle die Arbeiten, die seine Zeitgenossen betreffen, welche mit ihm gearbeitet haben, wie Kaiser Franz, Stadion, Kübeck, Wessenberg, Gentz; ebenfalls die Arbeiten über diejenigen, die mit ihm öffentlich oder privat in irgendeiner Beziehung standen; außerdem auch noch alles, was über die politischen Probleme des halben Jahrhunderts europäischer Geschichte geschrieben worden ist, denn es gibt nicht viel in dieser Zeit, worin Metternich nicht auf die eine oder andere Art verwickelt gewesen wäre. Bevor ich auch nur versuche, mich diesem vergeblichen Bemühen zu widmen, beschränke ich mich von vornherein darauf, demjenigen, der einige Pfade in diesem Wald erkunden möchte, eine Karte und einen Kompaß in die Hand zu drücken.

Praktisch jedes Druckwerk, das irgendwie verwendungsfähig und vor 1925 erschienen ist, ist in dem klassischen Werk des Ritters Heinrich von Srbik rezensiert, „Metternich, der Staatsmann und der Mensch (München, 1925, 2 Bände), ein Werk, das unverändert 1957 neu gedruckt wurde, das aber leider nie ins Englische oder Französische übersetzt worden ist. So wertvoll es auch ist, so leidet es doch an einem wesentlichen Mangel aufgrund der Tatsache, daß es die Archive praktisch nicht verwendet hat. Das, was als Band III dieses Titels veröffentlicht worden ist, ist in der Tat eine ergänzende bibliographische Aufstellung durch einen Schüler von Srbiks, Taras von Borodajkewycz, wie aus dem Untertitel „Quellenveröffentlichungen und Literatur, eine Auswahlübersicht von 1925-1952, (Wien, 1954)" hervorgeht. Außerdem gibt es drei wesentliche Werke: Paul W. Schroeder, Metternich studies since 1925, in: The Journal of Modern History, Band XXXIII (September 1961), Seiten 237-260; Arthur C. Breycha-Vauthier, More sources on Metternich, in: Austrian History Yearbook, Band I. (Rice University, Huston, 1965) Seiten 38-44; Enno H. Kraehe The Metternich Controversy, (New York, Chicago, London, 1971). Dieser letztere zählt auch mein kleines Werk von 1959 auf, Metternich et son temps (Paris, 1959), das auch nach der Publikation der vorliegenden Biographie seinen Wert behält, denn darin finden sich Exposés über die Persönlichkeit und das politische Denken des Staatsmannes, Gegenstände, auf deren Besprechung in einem rein biographischen Bericht willentlich verzichtet wurde; die beiden Bücher sollten sich ingesamt gegenseitig komplettieren.

Seit der kritischen Besprechung von Enno Kraehe sind einige sehr wertvolle Bücher erschienen.

EGON RADVANY: Metternich's Projects for Reform in Austria (Den Haag, 1971).

ELLEN PALMER: Metternich. A Biography (New York und London, 1972). Die beste und lesbarste unter den jüngeren Biographien Metternichs.

G. DE BERTIER DE SAUVIGNY: La Sainte Alliance (Paris, 1972) – dokumentarische Studie eines wesentlichen Aspektes der Politik Metternichs.

G. DE BERTIER DE SAUVIGNY: Metternich et la France après le congrès de Vienne, Band III, Au temps de Charles X., 1824-1830, (Paris 1971). Die beiden ersten Bände tragen die Titel: De Napoleon à Decazes 1815-1820, und Les grands congrès, 1820-1824 und sind 1968 und 1970 erschienen.

ANDICS ERSZÈBET: Metternich und die Frage Ungarns (Budapest, 1972).

STELLA MUSULIN: Vienna in the Age of Metternich (London und Boulder USA, 1975).

DOROTHY McGUIGAN: Metternich and the Duchess (New York, 1975) — mit dem Auftauchen einer romanhaften Geschichte der Liebe zwischen Metternich und Wilhelmine von Sagan ist dies ein sehr nützliches Werk, da die Autorin Zugang zu wenig bekannten Dokumenten hatte; selbst nach der Publikation der Korrespondenz Metternich-Sagan (siehe weiter unten).

ALAN J. REINERMANN: Austria and the Papacy in the Age of Metternich. Bd. I: Between Conflict and Cooperation, 1809-1830 (Washington 1979). Ein zweiter Band soll binnen kurzem erscheinen.

ENNO H. KRAEHE: Metternich's German Policy. Bd. II: The Congress of Vienna, 1814-1815, (Princeton, 1983) — Ein erster Band mit dem Titel The Contest with Napoleon, 1799-1814 ist 1963 erschienen. Der Autor sagt, er habe vor, seine Studie mindestens bis 1820 fortzusetzen.

ROBERT D. BILLINGER: Metternich's Policy towards the South-German-States, 1830-1834 (unveröffentlichte Doktorarbeit der Universität North Carolina in Chapel Hill, N.C.).

Alle diese Arbeiten gehören in die Kategorie der sogenannten „Halbfertigprodukte", deren Anhäufung eventuell die „abschließende Synthese" ermöglichen kann, die wir alle wünschen. So müssen wir hoffen, daß einige den Mut haben, sich an die offenen Fragen in der Geschichte der Politik Metternichs gegenüber Deutschland und Frankreich zu wagen und daß andere die noch nicht bearbeiteten übrigen nationalen Sektoren abdecken werden: England, Rußland, Spanien, Portugal, Belgien ... Und vielleicht interessiert sich irgend jemand auch schließlich für einen Aspekt, der ebenso wichtig ist, wie er bislang vernachlässigt wurde: die Anhäufung und Entwicklung des Vermögens Metternichs.

Quellen

Alle diese Arbeiten müssen, wie die zuletzt zitierten, sich auf die Quellen stützen, die bis jetzt schlecht oder überhaupt nicht ausgewertet wurden. Bezüglich dieser Quellen gestatten Sie mir hier einige Bemerkungen:

1. Die Archive des Haus-, Hof- und Staatsarchivs in Wien sind grundlegend, aber ihr unvergleichlicher Umfang sollte nicht dazu verführen, daß man andere Quellen, die nicht weniger wichtig sind, in anderen großen europäischen Ländern zu befragen verabsäumt, deren Minister und Botschafter mit Metternich zu tun hatten. Und nach Maßgabe des Möglichen sind auch die Privatarchive dieser Politiker zu konsultieren.

2. Archive der Familie Metternich. Die Papiere des Kanzlers, die bis zum letzten Krieg in seinem Schloß Plass (heute Plasy) aufbewahrt wurden, sind zusammen mit dieser Domäne enteignet worden und jetzt in Prag in der 4. Abteilung der Staatsarchive (Stàtni Ustredni Archiv) eingelagert. Immer noch wertvoll ist das Inhaltsverzeichnis, das Ottokar Weber in seinen „Archivalien zur neueren Geschichte Österreichs", Band I., Seiten 140 bis 156 veröffentlicht hat. Zwei Bemerkungen sind aber hier nötig: A. Diese Archive sind weniger unerläßlich, als man annehmen könnte: der größte Teil der unter der Rubrik Acta Clementina gruppierten Dokumente befinden sich in der großen gedruckten Sammlung der Memoiren über die nachstehend diskutiert wird. Außer dem, was bereits veröffentlicht wurde, finden sich darin einige intime Briefe höchsten Interesses. Ohne jetzt auf die Briefwechsel mit Freunden wie Lord Aberdeen und Sir Travers Twiss eingehen zu wollen (1848-1851); die Originale der Briefe Metternichs an letzteren befinden sich in der Manuskriptsammlung der Nationalbibliothek in Paris (neue französische Erwerbungen, 12629).

3. Memoiren, Dokumente und verschiedene Schriftstücke aus dem Nachlaß des Fürsten von Metternich (...) veröffentlicht von seinem Sohn, Fürst Richard von Metternich (...), Paris, 1880-1884, 8 Bände. Diese monumentale Sammlung bleibt das unerläßliche Fundament für alle Studien über Metternich. Aber auch hier sind einige Bemerkungen nötig. A. Im Gegensatz zu dem, was die Historiker englischer Muttersprache durchblicken lassen, ist die beste Edition nicht die deutsche, die gleichzeitig veröffentlicht wurde und zwar, weil 80 bis 90 % der abgedruckten Dokumente im Original in französischer Sprache geschrieben waren. Bezüglich der englischen Ausgabe, so ist dies eine Auswahl in vier Bänden, also absolut unbefriedigend. B. Wenn die offiziellen Schriftstücke – diplomatische und andere Korrespondenzen – auch getreu abgedruckt wurden, so gilt dies nicht für die Privatkorrespondenz. Der Vergleich, den ich mit den Originalen habe anstellen können, zeigt, daß Fürst Richard, sei es aus Respekt für die Erinnerung an seinen Vater, sei es aus übertriebener Sorge um die Reinheit des Stils, sich gestattet hat, die Texte zu korrigieren, ja, sie manchmal fast gewaltsam zu entstellen. Es mag noch angehen, daß in den Briefen, die an Dorothée von Lieven gerichtet sind – die nur als eine Freundin bezeichnet wird – Richard das Du systematisch durch ein weniger kompromittierendes Sie ersetzt hat, aber was soll man davon halten, wenn man die nachstehende Passage des Originalmanuskripts mit dem der Memoiren vergleicht?

Originaltext	*Gedruckter Text*
Das große Ereignis von Neapel hat sich außerhalb aller Berechnungen bewegt. Seine Folgen werden demnächst offenbar; die Hilfsmittel, diesen abzuhelfen, dürfen also nicht zögerlich sein. Gibt es denn wirksame Hilfsmittel? Ich weiß es nicht, aber ich werde nicht der Letzte sein, der in der Mauerbresche stirbt. Das Schicksal hat mich so leicht gemacht, es werden mir bald nur noch so wenige Bindungen an die Erde bleiben, daß ich schließlich noch nicht einmal mehr ein Verdienst darin haben werde, alles zu entfalten, was der Schöpfer an Kraft und Stärke in meine Seele und in mein Herz gelegt hat.	Die Revolution in Neapel ist ein Ereignis, das sich allen Berechnungen entzieht. Die Folgen dieser Bewegung werden schon bald auftauchen; es ist also nötig, daß das Hilfsmittel nicht auf sich warten läßt. Aber gibt es denn ein sicheres Mittel, diese Revolution zu bekämpfen? Ich weiß es noch nicht; jedenfalls bin ich nicht der Letzte, der sich in die Bresche wirft. Das Schicksal hat mich so leicht gemacht, das heißt, daß es bald nur noch so wenige Bande geben wird, die mich an die Erde binden, daß ich noch nicht einmal ein Verdienst darin finden werde, alle meine seelische Kraft und die Kraft meines Herzens zu entfalten. (Memoiren ... Band III, Seite 360.)

Aus diesen Feststellungen ergibt sich, daß sich für alle zukünftigen Arbeiten über Metternich eine vorrangige Aufgabe als Vorarbeit zwingend ergibt: und zwar eine sorgfältige und authentische Edition der in Prag aufbewahrten Privatkorrespondenz. Die Regierung hat sich das Recht angemaßt, Hand auf diese Familienarchive zu legen und sollte jetzt wenigstens den Mut haben, diesen Raub dadurch zu rechtfertigen, daß eine solche Unternehmung ins Werk gesetzt wird. Derjenige oder diejenige, die damit beauftragt werden wird, kann nichts besseres tun, als sich an der bewundernswerten Publikation durch Jean Hanoteau inspirieren zu lassen, der „Die Briefe des Fürsten von Metternich an die Gräfin von Lieven" (Paris, 1909) veröffentlicht hat. Nach dem, was Hanoteau erklärt, waren die Dokumente, die er in Händen hatte, in zwei kleine Bände gebunden und umfaßten die Briefe, die zwischen 1819 und den ersten vier Monaten von 1820 geschrieben wurden; er nahm an, daß die Fortsetzung noch irgendwo vorhanden wäre: und in der Tat, sie findet sich in den Archiven der Familie, die zur Zeit in den Staatsarchiven in Prag aufbewahrt werden. Da ich das Privileg hatte, sie dort einsehen zu können, habe ich festgestellt, daß die Fortsetzung, von Mai 1820 bis Oktober 1826 neun kleine Bände bildet. Diejenigen, die Hanoteau hatte, waren in der Tat nur der Anfang der Sammlung; wie sind sie in seine Hände gefallen? Wie sind sie aus den Archiven Metternichs herausgekommen? Ein Geheimnis. Hanoteau spricht nur von einem „glücklichen Zufall". Ernest Daudet, der über die Publikation berichtet, sagt, daß er von ihrer Existenz fünfunddreißig Jahre später von verschiedenen Personen erfahren habe. Man kann also nur annehmen, daß es sich um einen Diebstahl handelte, der zum Schaden Richards von Metternich zwischen 1870 und 1880 begangen wurde. Betreffend alles dessen, was im Besitz der Familie geblieben war, so waren die in den Memoiren veröffentlichten Auszüge nur ein kleiner Teil des Ganzen und, wie wir oben gezeigt haben, eine miserabel verfälschte Version.

Das Gegenstück zum Briefwechsel Metternichs, das heißt, die von Dorothée von Lieven als Antwort geschriebenen Briefe, ist nicht besser behandelt worden, wie wir kurz schon oben im 19. Kapitel beschrieben haben. Die von Peter Quennell herausgebrachte Edition mit dem Titel „The Private Letters of Princess Lieven to Prince Metternich, 1820-1826" (London, 1937), ist ganz offensichtlich unvollständig, da der erste darin enthaltene Brief vom 6. Januar 1820 datiert, obwohl die beiden Personen doch bereits seit 1818 miteinander korrespondierten; so hat Frau Lieven in ihrem Schreiben vom 14. Februar 1820, dem neunten der Sammlung Quennells, den Empfang einer

Nummer 60 bestätigt. Es ist offensichtlich, daß Dorothée alle ihre ersten Briefe an Metternich hat verschwinden lassen, in denen sich ihre Leidenschaft gezeigt hat, welche sie vergessen zu machen trachtete; es gibt aber glücklicherweise ein Muster davon in einigen Stücken, die das französische cabinet noir hatte abfangen können, und die von Ernest Daudet zunächst in der Revue Hebdomadaire (Juli/August 1890) und dann in seiner Sammlung mit dem Titel „A travers trois siècles" (Paris, 1911) veröffentlicht wurden. Nicht nur ist die Veröffentlichung Quenells deswegen ohne die Teile, die das Gegenstück zu der Veröffentlichung Hanoteaus gewesen wäre — was die Daten angeht — amputiert, sie wird außerdem von der Tatsache disqualifiziert, daß sie auf einer von der Dame selbst durchgeführten Auswahl basiert, welche den Briefwechsel lange Zeit danach zur eigenen Imagepflege sortiert hat; und schließlich ist dies eine englische Übersetzung eines im Original französisch geschriebenen Textes. Wo befinden sich die Originale? Man weiß es nicht. Montgomery Hyde versichert in seiner Biographie der Fürstin von Lieven, die 1938 in London veröffentlicht wurde, daß ihm der Inhalt von Papieren dieser Person mitgeteilt worden sei, die sich seinerzeit in den Händen eines Nachkommen, des Fürsten Paul von Lieven, befanden, der damals in Brüssel lebte. Es ist unglücklicherweise wahrscheinlich, daß Dorothée, nachdem sie das, was sie so beurteilt hatte, daß es ihre Kinder lesen dürften, ausgesondert hatte, die restlichen Beweise ihrer Passion zerstört hat.

4. Verschiedene Briefwechsel. Es gibt eine ganze Anzahl gedruckter Sammlungen von Briefen, die Metternich an verschiedene Briefpartner geschickt hat: Buol-Schauenstein (sein Nachfolger im Amt von 1852 bis 1859), Benkendorff (Polizeichef Nikolaus' I. und Bruder der Lieven), Cathérine Bagration, Henry und Edvard Cheney, Kardinal Consalvi, Constanze von Caumont, Gervay, Hübner, Hartig, Kübeck, Rottenfels, Richelieu, Senfft-Pilsach, Fürst Karl von Schwarzenberg, Wilhelmine von Sagan, Kardinal Viala-Prela. Die Kataloge der öffentlichen Bibliotheken und die Biographien der weiter oben zitierten Werke gestatten es jedem Interessierten, sie leicht aufzufinden. Ich füge eine Bemerkung zum Gebrauch für diejenigen hinzu, die danach trachten könnten, aus diesem Material die Elemente einer politischen Philosophie Metternichs herauszufiltern: es wäre wahrscheinlich am besten, vor allen Dingen die Briefe nach 1848 zu diesem Zweck zu begutachten, denn solange der Minister im Amt war, wurden seine schönen Prinzipienerklärungen allzu häufig von der Notwendigkeit inspiriert, irgendeine Augenblickshandlung rechtfertigen zu müssen.

Zwei der oben erwähnten Sammlungen verlangen nach einigen Kommentaren.

A. René Jouanne, einige unveröffentlichte Briefe des Fürsten von Metternich, 1813-1814, in: Annuaire Bulletin de la Société de l'Histoire de la France (Jahrgang 1943, veröffentlicht 1945).

Diese an die Fürstin Bagration gerichteten Briefe waren bis jetzt von keinem anderen der Biographen Metternichs verwendet worden. Wer hätte denn auch auf die Idee kommen sollen, sie da zu suchen, wo sie heute sind: in den Archiven des Departements Orne? Warum denn befinden sie sich dort? Sie waren Teil einer Sammlung von Handschriften, die von dem großen Sammler Léon de la Sicotière hinterlassen wurde. Man kann annehmen, daß er sie bei einem Verkauf erworben hatte, der nach dem Tod der Fürstin 1858 stattfand. Was man von der Graphomanie Metternichs weiß und von den freundschaftlichen Beziehungen, die zwischen Clemens und seiner ersten außerehelichen Eroberung immer weiter bestanden, gibt zu glauben, daß dieses Bündel von sechsunddreißig Briefen nur einen sehr geringen Teil aus einer sehr umfangreichen Sammlung darstellt, von der man hoffen kann, daß sie eines Tages vielleicht aus irgendeinem Privattresor auftaucht.

B. Clemens Metternich, Wilhemine von Sagan. Ein Briefwechsel, 1813-1815. Herausgegeben von Maria Ulrichova (Graz-Köln, 1966). So verdienstvoll die Entdeckung dieses passionierenden und leidenschaftlichen Briefwechsels in den Archiven Metternichs, die in Prag aufbewahrt werden, auch war, so notwendig und nützlich auch diese Veröffentlichung war, die mehr von der geheimen Persönlichkeit Metternichs enthüllt, als seine Schreiben an Dorothée von Lieven, so muß man doch sagen, daß sie zu wünschen übrig läßt. Warum? A. Es scheint, daß die Sagan selbst einen Teil dieser Korrespondenz aus der Zeit vor Juni 1813 zerstört hat, der zweifelsohne noch enthüllender gewesen wäre. B. Frau McGuigan, der wir dieses Detail verdanken, zitiert in ihrem Buch einige Schreiben, die nicht in der Sammlung Frau Ulrichovas auftauchen. C. Die von der Letzteren gemachten Bemerkungen sind traurig unangemessen.

Personenregister

Aberdeen, Georges Gordon, Lord 183, 187, 191, 494, 512
Abrantès, Joséphine-Laura Junot, Herzogin 92-93, 124-126, 130, 133, 207, 209, 213-214, 227, 290, 456
Albani, Guiseppe, Kardinal 405, 423, 446
Albert, Herzog von Sachsen-Teschen 27
Albert, Prinz von Sachsen-Coburg 494, 512
Albert, Erzherzog von Österrreich 504
Alexander I., Zar von Rußland 60, 104-105, 156, 164, 165, 177, 180, 193-195, 200, 203, 225, 230, 243, 245-246, 249, 250, 253, 255, 257-261, 267, 279-279, 283-285, 287, 290, 294-297, 310, 321-323, 331, 333-334, 339, 343, 347, 349, 351, 354, 361-369, 377-382, 385, 388, 389, 391, 394, 396, 400, 407, 424-427, 464, 514
Alexander II., Zar von Rußland 7, 482
Amelie, Königin von England 518
Andreossi, General 87, 114
Angoulême, Louis-Antoine, Herzog von 402, 417
Angoulême, Marie-Thérèse, Herzogin 32, 417
Anna, Erzherzogin von Rußland 123
Anton, Erzherzog von Österreich (auch Antonius) 230, 303
Apponyi, Graf 430, 450-451, 477, 524
Argenson, Graf 286
Auersperg, Fürst 240
August III., König von Sachsen 11
August der Starke, König von Polen, Kurfürst von Sachsen 59

Bach, Alexander, Doktor 502
Bacourt, Adolphe de 498
Bagration, Cathèrine 60, 110, 145, 157, 159, 174, 181, 186, 195-196, 203, 243-245, 250, 271, 421, 444, 456, 495, 524, 526

Bagration, Clementine, s.a. Metternich, Clementine von 60, 243, 421, 443-444, 455
Baillet-La-Tour, Fürst 516
Baldacci, Baron 142, 237
Balzac 93, 436
Barante 515
Baring 331, 333, 399
Beaufort, Herzog von 512
Beauharnais 94, 124, 126, 240, 267, 283
Beauvale, s.a. Lamb, Frederick 213, 235, 512
Beilstein, Gräfin von, s.a. Laykam, Antoinette von 434
Bellegarde 143, 223, 302, 304
Belliard, Augustin-Daniel 452
Benckendorff, Dorothée von, s.a. Lieven, Dorothée von 334
Bergasse 296
Bernadotte, Karl Hans XIV., König von Schweden 51, 134, 141, 179, 200
Bernsdorff 348, 465
Berry, Herzog 352, 417
Berthier, Marschall 114, 129
Bethmann 243
Beurnonville 31
Bianchi 266
Bignon, Louis, Baron 286
Binder 274
Bismarck, Otto von, Fürst 319, 521
Blacas 342, 371-372, 386, 475
Blome, Otto, Graf 444
Blücher, Lebrecht, Fürst 179, 199, 202, 206, 287, 291
Boislecomte, Graf 375
Bombelles, Charles de 447, 481
Bonald 420
Bonaparte, Elisa 71, 315
Bonaparte, Louis 457
Bonnier d'Alco, Ange 48, 52
Bordeaux, Heinrich von, Herzog 482
Borghèse, Paulina 289

557

Bourbon, Charles-Louis de 422
Bourdois, Doktor 416, 420
Bouret de Vézelay 88
Braganza, Donha Maria de 445, 466
Braganza, Dom Pedro de, König von Portugal und Brasilien 312, 466
Brammertz 331
Braunschweig, Herzog 73
Bresson, Louis 280
Brougham, Heinrich, Baron 512
Bubna, Ferdinand von 122, 154, 157, 166, 175, 303, 375, 395
Buol-Schauenstein, Karl, Graf 347, 522-523, 526
Burke 37, 64
Bériot, Charles 518, 520

Cadore, Herzog von 346
Calonne, Karl-Alexander von 25
Cambacérès 122, 124
Cambridge, Herzog von 512, 517
Canning, Lord 392-394, 397, 410, 411, 415-416, 421, 424, 427, 433, 435, 438, 463, 484
Canova, Antonio 390
Capodistria, Herzog 251, 286, 321, 323, 327, 331, 332, 351, 366, 367, 369-371, 381, 384, 388-389, 439
Caraman, Marquis de 308, 365, 393, 412, 470
Carignan, Maria-Elisabeth-Françoise, Prinzessin 358, 374, 423
Carlos de Bourbon 466
Carlos IV., König von Spanien 101
Carnot, Lazare-Nicolas, Graf 37
Caroline-Augusta, Kaiserin von Österreich 307, 473
Castlereagh, Robert Stewart, Lord 183, 197, 199, 203, 208, 225, 227-228, 238, 240, 247, 250-251, 258-262, 288-290, 297, 322, 331-333, 351, 354, 364, 383-386, 392-393, 405
Castries, Marquise de 436,
Catalani, Angelica 326,
Cathcart, Lord 157, 183, 192
Caulaincourt, Herzog 105, 123, 127, 169, 170, 175, 189, 191-192, 200, 203-204
Caumont, Marie-Constance de 26-27, 36, 42, 135, 308, 456
Cavours, Graf 526
Chaboulon, Fleury de 281-282

Champagny, Herzog 98, 102-103, 110, 111, 122, 131, 346
Chantelauze 450
Chartres 477
Chateaubriand, François-René von 334, 393, 395, 399, 401-403, 405, 409-410, 412, 422, 445-446, 470
Choiseul, Herzog 457
Christine, Königin von Spanien 466
Clam-Martiniz, Graf 478, 485-486
Clancarty, Lord 279
Clausewitz, Karl von 173, 180
Clerfayt, General 31
Clindworth 266
Cobenzl, Graf 47, 49, 50, 55-56, 66, 71, 76
Coburg 31-32, 244
Colloredo 55, 66, 76, 341, 491, 517
Condé, Herzog 26
Consalvi, Hercule, Kardinal 137, 228, 265, 267, 305, 342, 344, 360, 405
Constantin, Großfürst von Rußland, 244, 334, 426
Conyngham, Lady 383, 412
Cooke, Edward 259
Czartoryska, Isabella 60
Czartoryski, Adam, Fürst 73, 156

Damas, Baron von 417
Davout, Marschall 286
Debry 52
Decazes, Elie, Graf später Herzog 325, 343, 346, 350, 353, 364, 414, 516
Dechamps, Adolphe 519
Decrés, Admiral 289
Delamarre 289
Della Genga, Annibal, Kardinal 405
Denbigh, Graf 511
Devonshire, Herzog 512
Dietrichstein, Maurice 491
Dino, Dorothée von, Herzogin 60, 159, 213, 247, 411, 418, 420
Disraeli, Benjamin 512
Dolgoruki, Katharina, geb. Bariatinski 69, 72
Dolgoruki, Peter 334
Droste zu Vischering, Erzbischof von Köln 481
Dufour, General 498
Dumouriez, General 29, 31-32

Eichhoff, Josef, Baron 478
Einstein, Albert 533
Elßler, Fanny 460, 489
Esterhazy 390, 449
Esterhazy, Felizia, Fürstin 503
Esterhazy, Josef, Fürst 316, 417, 422, 479
Esterhazy, Maria, Fürstin 333, 490
Esterhazy, Moritz, Fürst 510
Esterhazy, Paul, Fürst 170, 212, 346, 376, 382, 421, 467, 469, 527

Ferdinand, Herzog von Württemberg 13, 235-236, 307, 339
Ferdinand, Großherzog der Toskana 224, 344, 386
Ferdinand I., Kaiser von Österreich 118, 427, 472, 475, 478, 481, 499
Ferdinand II., deutscher Kaiser 9
Ferdinand IV., König von Neapel 249, 358, 370-372, 403, 466
Ferdinand VII., König von Spanien 311, 354, 378, 391, 403, 409, 466
Ficquelmont, Ludwig, Graf 474, 483-484, 486, 489, 495, 497, 508, 513
Ficquelmont, Fanny de 490, 495
Fischer von Erlach 240
Flahaut, Graf und Gräfin 497, 511
Floret, Engelbert von 122, 313, 331, 362
Forbes, Reginald 510
Fossombroni, Graf 386
Fouché 90, 97, 108, 144, 280-282, 285, 288
Fox, Charles-James 37
Francois-Charles 312
Franz II., Römisch Deutscher Kaiser (Franz I., Kaiser von Österreich) 29, 38, 41, 46, 55, 58, 70, 83, 75, 83, 85, 95, 102, 104-106, 115, 117-119, 127, 131, 133, 143, 145, 147, 149, 153, 157-158, 169-170, 175, 177, 180, 190, 193-194, 207, 211, 224-225, 230, 258, 260, 269, 272, 276, 279, 281-283, 288, 291, 295, 298, 301, 306, 318, 330, 358, 360-361, 365, 374, 377-378, 383-384, 388, 400, 407, 414-415, 422, 427, 443, 445-446, 453, 457, 465, 471-473, 475-476, 499, 505
Franz-Josef I., Kaiser von Österreich 7, 472, 499, 505, 510, 516-517, 522, 526
Franz-Karl, Erzherzog von Österreich 312, 414, 472-473, 479, 486
Friedrich I., König von Württemberg 236, 310, 321, 351, 521

Friedrich-August I., König von Sachsen 148, 185, 276, 452
Friedrich Wilhelm II., König von Preußen 30
Friedrich-Wilhelm III., König von Preußen 72, 73, 154, 180, 199, 251, 259, 309, 343, 348, 433, 465, 485
Friedrich-Wilhelm IV., König von Preußen 491, 501, 520
Frimont 373, 375

Gain-Montagnac 208, 209
Gallo, Herzog 372-373
Gentz, Friedrich von 55, 61, 63-64, 75, 121, 155, 170, 194, 246-247, 250-255, 274, 279, 290, 308-309, 331, 347, 358, 364, 371, 411, 421, 445, 460-461, 489
George III., König von England, 34, 383
George IV., König von England 225, 334, 383-384, 421
Georges, Madame 90
Girardin, Emile de 490
Goethe, Johann Wolfgang von 326
Golowkin, Fedor 59
Gordon, John 183
Gouvion-Saint-Cyr, Marschall 326
Grand Veneur 243
Grandville 433
Gregor XVI., Papst 457-458, 496
Grey, Charles 37, 470
Grolmann, General 486
Grünwald, Constantin von 173, 522
Guizot, François-Pierre 486, 491, 497, 498, 500, 512, 515
Gérard, François 531

Hager, Franz, Baron 241, 243, 251, 443
Hardenberg, Karl-August, Fürst 169, 170, 191, 202, 227, 237, 238, 248, 257-261, 320, 329-330, 338, 343
Harrach 240
Hastings, Warren 35
Hatzfeld, Fürst 26, 333
Haugwitz, Fürst 68
Hildebrandt, Lukas von 240
Hofer, Andreas 141
Hohenwart 129
Hope 252, 331
Hormayr, Josef von 158
Hudelist, Josef 180, 202, 208, 251-252, 274, 294, 297, 301, 313, 339

Humboldt, Karl-Wilhelm 169, 170, 180, 181, 200, 207, 238, 251, 271
Hübner, Alexander 517-519, 526
Hügel, Clemens von 523-524
Hügel, Karl von 455, 507-509

Ibrahim Pascha 439, 463-464
Isabella, Königin von Spanien 466, 492

Jaeger, Friedrich, Doktor 313, 445, 450, 455, 506, 527
Jellatschitsch 516
Joachim I., König von Neapel, s.a. Murat, Joachim 266
Johann, Erzherzog von Österreich 116, 143-144, 158, 230, 472, 478, 501, 505
Joséphine, Kaiserin von Frankreich 112, 124
Josef II., Deutscher Kaiser 10, 28-29, 137, 305, 428
Josef, Erzherzog von Österreich 105, 116, 143, 230, 344, 472, 480
Junot, Jean-Andoche 92, 125-126

Karl, Erzherzog von Österreich 70, 116-117, 129, 176, 452, 472, 476
Karl X., König von Frankreich 25, 205, 208, 210-211, 325, 343, 413, 416-417, 446, 449, 450, 475
Karl-Albert 358, 374-375, 387, 459, 495, 497, 500
Karl-Felix 374-376, 386-387, 423, 459
Karl-Ferdinand, Erzherzog von Österreich 494
Katharina, Großfürstin von Rußland 123, 226, 400
Katharina II., Zarin von Rußland 7, 381
Kaunitz, Wenzeslas-Anton, Fürst 9, 11, 13
Kaunitz, Aloys-Wenzel, Fürst 342, 454
Kaunitz, Ernst von 41, 46, 122, 142, 163
Kellermann, Marschall 307
Kent, Herzogin von 339
Kinsky, Josef, Graf 240
Klindworth 498
Knesebeck, General 286
Koller, General 214
Kolowrat, Graf 441-442, 448, 469, 473, 474, 478, 487, 495, 505, 513
Kossuth, Lajos 502
Kotzebue, August von 347
Kraus, Philip 514
Krüdener, Baron von 284

Krüdener, Julia von 283-284, 296, 321
Kuefstein, Franz, Graf 509
Kutusow, General 490
Kübeck, Karl-Friedrich von 442, 473, 524

La Fayette, Gilbert, Marquis 286
La Feronnays, Graf 365-366, 369, 370, 378, 393, 395, 398, 416, 433, 439
La Harpe, Friedrich-Cäsar 321
La Tour du Pin, Marquis 375
La Tour, Princesse de 333
Laborde, Alexandre de 122-124
Labouchère 333
Labrador, Marqúis 254, 264
Laffitte 346
Laforest 73, 286
Lagarde-Chambonas 250
Lamb, Frederick, s.a. Beauvale 213, 235, 512
Lawrence, Sir Thomas 333-334, 355, 531
Laykam, Antoinette von, s.a. Beilstein, Gräfin 434-435, 440, 443-444, 454-456, 523
Lebeau, Josef 519
Lebzeltern, Ludwig von 136, 155, 193, 321, 331, 352, 364, 408, 419, 421, 426
Lehrbach, Graf 46
Leo XII., Papst 404, 423
Leopold I., Deutscher Kaiser 10
Leopold I., König von Belgien 517-520, 523
Leopold II., Deutscher Kaiser 22-23, 28
Leopold II., Großherzog der Toskana 230, 422, 500
Leopold II., König von Belgien 523
Leopoldine, Erzherzogin von Österreich 312, 415
Leuchtenberg 267
Liebig 489
Liechtenstein, Johann von, Fürst 118-120, 122, 240
Liechtenstein, Karl von 508
Liechtenstein, Lori von 41, 48
Liedekerke, Comtesse von 33
Liedekerke, Hilarion de 34, 36
Lieven, Christoph von 334, 336, 351, 383, 385, 395, 411, 427
Lieven, Dorothée von 182, 247, 334-338, 346, 352, 361, 379, 383-385, 390, 395, 407, 409, 411-412, 421, 423-424, 427, 435, 437, 455-456, 471, 515, 524, 529
Ligne 45, 239, 249

Lind, Jenny 489
Lipona, Caroline, Gräfin, a. Bonaparte, Caroline 91, 93, 125, 133, 266, 456
Liverpool, Lord 259, 261, 384
Londonderry, Lord, s.a. Stewart 512
Louis Ferdinand, Prinz von Preußen 61
Louis-Philippe I., König von Frankreich 451-453, 455, 457, 460, 463, 467, 476-477, 479-480, 482-483, 486, 492, 496, 500, 512, 514
Louise d'Orléans, Königin von Belgien 518
Ludwig I., König von Bayern 244, 303
Ludwig, Erzherzog von Österreich 472-474, 478, 494, 501, 503-505, 507-508
Ludwig XIV., König von Frankreich 303
Ludwig XV., König von Frankreich 7
Ludwig XVI., König von Frankreich 11, 14, 29, 31, 250, 391
Ludwig XVIII., König von Frankreich 205, 208, 221, 228-230, 251-252, 257, 263-265, 276-277, 279-280, 285-286, 292-294, 297, 308, 323-326, 328, 332, 342, 346, 352, 361-362, 364, 368, 372, 378, 383, 387, 393, 402, 413
Luise, Königin von Belgien 68
Luther, Martin 320
Löwenhielm, Gustav, Graf 255

MacDonald, Marschall 179, 210
Macirone 267
Mack, General 71
Mahmud II., Sultan 483
Maison, General 439
Malet 150
Malibran 518
Manuel, Jacques-Antoine 346
Marassé, Aurora von, Gräfin 243
Maret 124, 150, 153
Maria-Anna-Caroline, Kaiserin von Österreich 472
Maria-Christine 12, 27, 31
Maria-Feodorovna, Kaiserin von Rußland 334
Maria-Louisa, Herzogin von Parma 248-249, 264
Maria-Ludovika, Kaiserin von Österreich 144, 148, 303
Maria-Theresia, Kaiserin von Österreich 7, 10, 41
Marie-Antoinette, Königin von Frankreich 477

Marie-Louise, Herzogin von Parma 122, 131, 135, 149, 170, 202, 210-212, 215, 229, 248-249, 264, 279, 281, 291, 311-313, 446, 471, 481, 497
Marmont, Marschall 350, 422, 481, 524
Maximilian, Erzherzog von Österreich 472
Maximilian-Josef IV., König von Bayern 20-21, 269, 303, 400, 414
Mazzini, Josef 493, 500
Mellerio, Graf 318
Méneval 283
Mercy, André, Graf 274, 331, 407
Mestre 301
Metternich, Clementine von, s.a. Bagration, Clementine 355, 357-358, 389
Metternich, Eleonore von 51, 63, 77-78, 87, 122, 124, 126, 130, 144, 145, 163, 214, 234, 246, 248-249, 291, 330, 342, 362, 371, 383, 389, 404, 409, 416, 418-419, 421, 428, 434,456, 524
Metternich, Franz-Georg von 10-12, 14-15, 20, 22, 25, 29, 38, 39, 40, 46-47, 49, 51-52, 65, 67, 79, 104, 108, 113, 141, 269
Metternich, Herminie von 248, 290, 404, 422, 436, 518, 524
Metternich, Joseph 13, 130, 436
Metternich, Leontine von 133, 404, 422, 434, 436, 444, 456, 469, 492, 509-511, 514, 516, 518, 524
Metternich, Lothar von 518, 524
Metternich, Maria von 170, 316, 338, 344, 355, 358, 362, 389, 417, 421, 443
Metternich, Maria-Beatrix, geb. von Kagenegg 11, 13, 43, 220
Metternich, Melanie von 518, 524
Metternich, Paul von 518, 524
Metternich, Pauline von 13, 236, 307, 339, 363, 436, 524
Metternich, Richard von 444-445, 499, 508, 512, 517-518, 524-525
Metternich, Victor von 362, 395, 404, 418, 422, 436, 443, 445, 460
Meyendorff, Baron 522
Michael, Großfürst von Rußland 496
Miguel, König von Portugal 415, 445, 466
Miller 491
Minto, Lord 497, 512
Mirabeau, Graf 30
Modena 387
Mohamed Ali, Pascha von Ägypten 463-464, 483, 486

Moira, Lord 419
Molé, Graf 453, 482
Montalembert, Charles de 519
Montenuovo 446
Montmorency, Herzog 387, 393, 396-399, 401, 403
Montmorency-Laval, Adrien de 440
Montrond, Casimir de 280
Moustier, Clemens-Eduard de 14, 63, 383
Murat, Joachim, König von Neapel 82, 105, 141, 222, 224, 265-267, 278
Mylius 531
Müller, Adam 142
Münster, Graf 145

Napoleon I., Bonaparte 71-72, 76, 81, 85-86, 92, 95, 99, 100, 102, 104-105, 107, 112-114, 119-120, 123, 126-127, 132, 139-141, 148-149, 154, 159-160, 166-167, 190-191, 206-207, 209-211, 214, 221, 224, 249, 257-258, 263-266, 271, 275-277, 279, 283, 285-286, 290-292, 307, 311-312, 315, 334-335, 344, 348, 350, 358, 419, 457-460, 466, 515, 530-531
Napoleon II. 201, 457, 460
Napoleon III. 526
Narbonne, Louis de 159
Naryschkin 243
Nassau 520
Neipperg, Adam-Albert 223, 229, 264, 266, 446
Nesselrode 160, 169, 251, 308, 309, 322, 333-335, 366, 400, 408, 424, 450-451, 466
Neumann, Philip 411, 427, 484
Ney, Marschall 131, 210
Nikolaus I., Zar von Rußland 426, 429, 439, 440, 451, 453, 464-465, 475, 479, 481, 483-484, 487, 494,-495, 507, 514, 524
Norvins 284
Nugent, General 118

Orlow, Alexis, General 453
Orléans, Louis, Herzog 279, 419, 476-477
Ostermann, General 179
Ottenfels, Baron 281-282
Oudinot, Marschall 179

Palmerston, Lord 463-464, 466, 467, 470, 479, 483-484, 486-487, 497-498, 512

Parish, David 333
Pasquier, Etienne-Denis 292, 365
Paul I., Zar von Rußland 52, 65, 334
Peel, Sir Robert 494
Pellico, Silvio 459
Penrose, Admiral 315
Pepe, General 373
Perier, Casimir 457-458
Peter II., Biren 61
Peter der Große 389
Pichegru 38
Pillersdorf 513
Pitt, William 37, 42, 183
Pius VII., Papst 132, 136, 224, 265, 305, 342, 404
Pius VIII., Papst 446
Pius IX., Papst 495, 500
Polignac, Jules de 449-450
Pontécoulant 286
Portella 330
Pozzo di Borgo 323, 347, 410, 417-419
Prokesch-Osten, Antonius 460
Provence 25, 27
Périgord, Dorothée de 243, 456

Radetzky, Josef, General 458, 497, 500, 515, 524
Radowitz, General 501
Rainer, Erzherzog von Österreich 230, 318, 357, 472, 497, 501
Ranzoni, Josef 507, 520
Raymond 524
Rayneval, Graf 450
Razumowsky, Leon, Graf 200, 242, 250, 261
Rechberg, Graf 508-509, 526-527
Reid-Irwing 399
Reinach von Werth, Baron 50
Reuß, Heinrich zu 184
Richelieu, Herzog 297, 308, 311, 312, 319, 323-326, 331, 343, 353-354, 361, 364, 373, 387, 414, 498
Riego, Kommandant 354
Roberjot 52
Rochefoucauld, Alexandre de la 63, 77, 78, 87
Rohan, Ludwig von 61, 244, 429
Rossini, Giacomo 371, 390, 395
Rothschild, Anselm von 490, 496, 500, 514
Rothschild, James von 417, 419, 450, 514

Rothschild, Karl von 333, 395, 399, 490, 494
Rothschild, Salomon von 394-395, 428, 496, 509
Rudolph, Erzherzog von Österreich 230
Ruffo, Alvaro 371-373
Récamier, Madame 445

Sébastiani 210, 286
Sagan, Dorothée von, s.a. Dino, Dorothée von 492
Sagan, Wilhelmine von 60, 69, 164, 173, 174, 179, 181, 187-188, 194, 196, 202, 205, 209-210, 213, 226-227, 234, 238, 243-249, 251, 258-259, 271, 309, 326, 335, 411, 456, 469, 504
Saint-Aignan, Graf 190-191
Sainte-Aulaire, Graf 212, 455, 464, 467-477, 479-480, 486
Sallier de Latour, General 375
Sambuy, Bertone de 244
Sandor, Leon, Graf 492
Sandor, Moritz, Graf 469, 524
Sandor, Pauline, Gräfin 469, 492, 515, 518, 524-525, 532
Saurau, Franz-Josef, Graf 302-303, 316, 318, 441-442
Savary, Herzog von Rovigo 114
Schoenfeld, Baron 244
Schulenburg, Graf 237
Schwanthaler 491
Schwartz 243
Schwarzenberg, Felix von 127-128, 131, 154, 168, 170, 193, 197, 200, 202, 206, 240, 261, 278-279, 285, 292, 326, 491, 515-516, 519-522
Schwarzenberg, Karl von 121, 176-177
Schwarzenberg, Pauline von 135
Sedlnitsky, Graf 441-443, 502-503, 507
Senfft, Graf 193, 420
Severoli, Kardinal 405
Sheridan 37
Sophie, Erzherzogin von Bayern 414, 473, 480, 499, 501, 510
Spina, Kardinal 395, 398
Stackelberg, Graf 147
Stadion, Philip, Graf 12, 65, 76, 82, 86, 94, 104-107, 110, 121, 161, 165, 169, 206, 208, 292, 298, 385-386, 399
Staël, Madame de 69, 284
Starhemberg 35
Stassart 282-283

Staudenheim, Doktor 326-327, 445
Stein, Charles, Baron 155, 175, 188, 268
Stewart, Charles, a. Stuart 183, 192, 200, 247, 271, 278, 286, 308, 360, 364, 372
Stroganoff, Baron 382
Stutterheim, General 75

Taafe, Graf 508
Talleyrand, Charles-Maurice de 61, 77, 82, 86, 97, 99, 104-106, 109, 213, 221, 241, 243, 247, 251-252, 254-255, 257-258, 261-262, 264-267, 275-277, 281-282, 285, 287-290, 297, 334, 411, 418, 420, 456, 469, 504
Tatistschew, Dimitri 387-389, 400, 408, 411, 440, 465
Thiers, Adolphe 477, 485, 486, 519
Thugut, Johann Amadeus, Baron 40, 46, 54-55
Thürheim, Lulu, Gräfin 128
Tolstoi, Pjotr, General 99, 103, 108
Trautmansdorff, Josef, Graf 56
Treilhard, Jean-Baptiste 48
Trubetzkoi, Sergei 426

Vandamme, General 178-179
Vaudemont, Madame de 290
Veuillot, Louis 519, 533
Viale Prela 496
Victor-Emmanuel I., König von Sardinien 224, 263, 304, 360, 374, 376
Vietinghoff, Otto von 284
Viktoria I., Königin von England 7, 339, 494, 512
Villèle, Joseph, Graf 387, 401, 414, 419, 422
Vincent, General 310, 328, 336, 346, 410, 414, 417-418, 430

Wacken 331
Wallis, Joseph 142, 237, 341
Wallmoden, Ludwig, Graf 286
Watteville 194
Weimar, Großherzog von 347
Wellington, Arthur Wellesley, Herzog 168, 244, 250, 262, 266, 275-279, 285-290, 293 421, 427, 433, 437-438, 470, 511-512, 516-517, 524
Wessenberg, Baron 271, 274, 513
Widranges, Marquis 205
Wilhelm, Erzherzog von Österreich 504
Wilhelm IV., König von England 512

Wimpffen 395
Windischgraetz, Alfred von 9, 158, 164, 174, 213, 235, 244, 429, 504-505, 515-516
Wintzingerode, Graf 195
Wittgenstein, Wilhelm von 320, 343, 348
Wrbna, Graf 395
Wrbna-Kagenegg, Flora, Gräfin 363
Wrede 238, 270, 283

Yorck, General 154
Ypsilanti, Alexander 378, 382

Zichy, Etienne, Graf 237, 321, 333, 364, 413-414, 454, 480
Zichy, Josef, Graf 524
Zichy, Julia, Gräfin 309
Zichy, Karl, Graf 442
Zichy-Ferraris, Marie-Wilhelmine von, o.a. „Molly" 455, 477
Zichy-Ferraris, Melanie von 454-457, 460, 462, 465, 468-471, 474, 475, 477-482, 484, 486, 489-490, 492-493, 495, 498,-499, 503, 505, 507-509, 511-512, 517-518, 521, 523